Bayer. Beamten-Besoldungsgesetz

(BBesG.)

vom 20. April 1928
(GVBl. S. 205)

Erläutert von

August Legat,
Ministerialrat im bayer. Staatsministerium der Finanzen

**2. Auflage von Reindl-Legat,
Bayer. Beamten-Besoldungsgesetz**

1928
München, Berlin und Leipzig
J. Schweitzer Verlag (Arthur Sellier)

Printed in Germany.

Junge & Sohn, Universitäts-Buchdruckerei, Erlangen.

Vorwort zur 2. Auflage.

Trotz der günstigen Aufnahme, die die im Jahre 1920 erschienene Handausgabe des Beamtenbesoldungsgesetzes, erläutert von Ministerialrat Dr. Reindl und mir, bei den Behörden und Beamten gefunden hat, habe ich mich nur schwer zur Erläuterung auch des rückwirkend auf den 1. Oktober 1927 in Kraft gesetzten Beamtenbesoldungsgesetzes vom 20. April 1928 entschlossen, da ich auf die wertvolle Mitarbeit des Herrn Ministerialrats und Reichsbahndirektors Dr. Reindl wegen dessen dienstlicher Verhinderung leider verzichten mußte und mir zur alleinigen Bearbeitung recht wenig Zeit zur Verfügung stand. Die zahlreichen Aufforderungen, die mir aus den Reihen der Beamtenschaft zugegangen sind, haben mich aber schließlich meine Bedenken überwinden lassen. Wie vorauszusehen war, hat sich die Fertigstellung des Werkes bei der mir nur in geringem Maße verfügbaren freien Zeit länger, als es mir lieb war, verzögert. Diese Verzögerung hatte aber wieder das Gute, daß ich die bis Mitte September 1928 erschienenen Vollzugsvorschriften und die bei der Durchführung des Gesetzes aufgetauchten Zweifelsfragen noch berücksichtigen konnte.

Meine Absicht war, unter Benützung der Begründung des Gesetzentwurfs und unter Verwertung der bisherigen praktischen Erfahrungen die einzelnen Vorschriften des Gesetzes zwar knapp, aber doch ausreichend zu erläutern und den Zusammenhang des Gesetzes mit den vor dem 1. Oktober 1927 gültigen Vorschriften sowie mit den wiederholt ergänzten oder abgeänderten Vollzugsvorschriften und auch mit dem Reichsbesoldungsgesetze klarzulegen. Zahlreiche praktische Beispiele wurden eingeflochten, um die Wirkung der gesetzlichen Bestimmungen, insbesondere der Ueberleitungsvorschriften aufzuzeigen.

Wenn ich die mir gestellte Aufgabe gelöst habe — darüber mögen andere urteilen —, so, glaube ich, wird das bescheidene Werkchen immerhin geeignet erscheinen, den staatlichen und gemeindlichen Behörden als Behelf für die Auslegung und Anwendung des Gesetzes zu dienen und den Beamten des Staates und mittelbar auch den Beamten der Gemeinden und sonstigen öffentlichen Körperschaften Aufschluß über ihre Rechte und Pflichten zu geben.

München, Ende September 1928.

August Legat.

Inhaltsübersicht.

Abkürzungen.

AendGes.	=	Abänderungsgesetz
AendVO.	=	Abänderungsverordnung
AusfGes.	=	Ausführungsgesetz
BayVerf.	=	Verfassung des Freistaates Bayern vom 12. August 1919
BBesG.	=	Beamtenbesoldungsgesetz und zwar, wenn nichts anderes vermerkt ist, das Besoldungsgesetz vom 20. April 1928
BBesGAussch.	=	Beamtenbesoldungsgesetzausschuß des bayer. Landtags
BDA.	=	Besoldungsdienstalter
BesGr.	=	Besoldungsgruppe
BesO.	=	Besoldungsordnung
Bl. f. Adm. Pr.	=	Blätter für Administrative Praxis
BG.	=	Beamtengesetz vom 16. August 1908
BGB.	=	Bürgerliches Gesetzbuch
Begr.	=	Begründung zum Entwurf eines Beamtenbesoldungsgesetzes (Beilage 3678 der Landtagsdrucksachen 1927/28)
Bek.	=	Bekanntmachung
FinMinBek.	=	Bekanntmachung des Staatsministeriums der Finanzen
GO.	=	Gehaltsordnung für die etatmäßigen Staatsbeamten vom 6. September 1908
Ges.	=	Gesetz
GVBl.	=	Gesetz- und Verordnungsblatt für den Freistaat Bayern
HGO.	=	Gehaltsordnung für die Hofbeamten und Hofbediensteten vom 4. August 1909
JW.	=	Juristische Wochenschrift
KMBl.	=	Amtsblatt des Ministeriums für Unterricht und Kultus
KZBek.	=	Bekanntmachung des Staatsministeriums der Finanzen vom 13. März 1923 (GVBl. S. 132) / 25. April 1924 (GVBl. S. 147) über die Kinderzuschläge

LBG.	= Landespolizeibeamtengesetz vom 26. August 1922 (GVBl. S. 427)
Ldt.	= Landtag
MinBek.	= Ministerialbekanntmachung (gem. = gemeinschaftliche MinBek.)
PBG.	= Polizeibeamtengesetz vom 12. April 1928 (GVBl. S. 193)
PEG.	= Pensionsergänzungsgesetz vom 23. März 1921
RBG.	= Reichsbeamtengesetz vom 18. Mai 1907
RBesBl.	= Reichsbesoldungsblatt
RBesG.	= Reichsbesoldungsgesetz vom 16. Dezember 1927
RBesV.	= Ausführungsbestimmungen des Reichsfinanzministers vom 12. März 1928 zum Besoldungsgesetz vom 16. Dezember 1927 (RBesBl. S. 33)
RG.	= Reichsgericht
RGZ.	= Reichsgericht, Entscheidungen in Zivilsachen
RGes.	= Reichsgesetz
RR.	= Reichsrat
RT.	= Reichstag
RVerf.	= Reichsverfassung vom 11. August 1919
RVO.	= Reichsversicherungsordnung
S.	= Seite
SchAG.	= Schulaufsichtsgesetz vom 1. August 1922 (GVBl. S. 385)
SchBG.	= Schulbedarfsgesetz vom 14. August 1919 (GVBl. S. 489)
StAnz.	= Staatsanzeiger
StenBer.	= Stenographischer Bericht
Verh.	= Verhandlungen
VLG.	= Volksschullehrergesetz vom 14. August 1919
VO.	= Verordnung
ZPO.	= Zivilprozeßordnung in der Fassung der Bek. vom 13. Mai 1924 (RGBl. I S. 437).

Wird auf Artikel ohne nähere Angabe Bezug genommen, so sind Artikel des BBesG. gemeint.

Druckfehlerberichtigung.

S. 403. Die Jahreszahl 1928 muß in 1927 geändert werden.

S. 404. Unter Jahresbetrag des Wohnungsgeldzuschusses und Jahresbetrag der Kinderzuschläge muß die Jahreszahl 1927 heißen.

I.

Einleitung.

A. Geschichtlicher Ueberblick und parlamentarische Behandlung.

Das BBesG. vom 2. Juni 1920 (GVBl. S. 275), das mit Wirkung vom 1. April 1920 an die Stelle des III. Abschnitts des BG. getreten ist und die GO. sowie die HGO. und die einschlägigen besoldungsrechtlichen Vorschriften des BLG. außer Kraft setzte, hatte grundlegende Aenderungen im Aufbau und in der Zusammensetzung der Dienstbezüge gebracht und die Besoldungsgruppen nach Grundsätzen gegliedert, wie sie durch sachliche, wirtschaftliche, soziale und politische Gesichtspunkte entsprechend der Entwicklung der damaligen Zeitverhältnisse bedingt waren. Im Laufe der Jahre hat das BBesG. vom 2. Juni 1920 mehrfache Aenderungen namentlich infolge der in der Geschichte beispiellos dastehenden Entwertung der Mark (zuletzt 1 Friedensmark = 1 Billion Papiermark) und der Umstellung der Währung von Papier- auf Renten-, Gold- und zuletzt Reichsmark sowie wegen der Einführung des Frauenzuschlags (ab 1. Dezember 1923) und der Umwandlung des früheren Ortszuschlags in einen Wohnungsgeldzuschuß (ab 1. April 1924) erfahren. Einschlägig sind das Ges. vom 5. Januar 1921 (GVBl. S. 1), das PEG. vom 23. März 1921 (GVBl. S. 117), das Ges. vom 23. Mai 1921 (GVBl. S. 323), das Ges. vom 25. Nov. 1921 (GVBl. S. 551), das Ges. vom 16. Dezember 1921 (GVBl. 1923 S. 1), das 6. Aend.-Ges. vom 5. April 1922 (GVBl. 1923 S. 4), das 7. AendGes. vom 9. Januar 1923 (GVBl. S. 7), das 8. AendGes. vom 29. August 1923 (GVBl. S. 309), das 9. AendGes. vom 29. Februar 1924 (GVBl. S. 117), das 10. AendGes. vom 24. März 1924 (GVBl. S. 122), die 11. AendVO. vom 31. Mai 1924 (GVBl. S. 169), die 12. Aend.-VO. vom 4. Juli 1924 (GVBl. S. 177), die 13. AendVO. vom 28. Oktober 1924 (GVBl. S. 208) sowie die Bek. vom 1. Dezember 1924 Nr. 54 330 (StAnz. Nr. 280) und vom 30. April 1927 Nr. 18 985 (StAnz. Nr. 93).

Abgesehen von der jeweiligen Anpassung der Höhe des Wohnungsgeldzuschusses an die steigenden Wohnungsmieten und von den einmaligen Beihilfen, die einem Teil der Beamten zu Weihnachten 1925 und 1926 gewährt wurden, sind die Beamtenbezüge, die aus währungspolitischen Gründen bewußt niedrig gehalten waren (Entbehrungsfaktor), seit dem Dezember 1924 unverändert geblieben. Die Kosten der Lebenshaltung dagegen sind seit dieser Zeit ständig gestiegen. So hat sich der Lebenshaltungsindex von 124 im Januar 1925 auf 150,2 im Oktober 1927 entwickelt; dabei gibt dieser Index die Teuerungsverhältnisse aber nur für den großen Durchschnitt der Masse wieder. Es ist daher verständlich, daß die Beamtenschaft wiederholt die Angleichung ihrer Besoldung an die gestiegenen Lebenshaltungskosten gefordert hat. Die Reichsregierung und die Länderregierungen haben sich der Berechtigung dieser Forderung nicht verschlossen. Der Weg vom Willen zur Tat war aber noch lang. Schon gegen Ende des Jahres 1926 hatte man mit den Vorarbeiten für ein neues BesG. im RFinMin. begonnen; im Frühjahr 1927 hatte der Reichsfinanzminister wiederholt die Erklärung abgegeben, daß noch in diesem Jahre mit der Besoldungsreform gerechnet werden könne. Aber erst am 22. September 1927 kam der zum Teil noch unvollständige Entwurf eines Besoldungsgesetzes an den Reichsrat (RRDrucksache 127). Durch die Beschlüsse des Reichsrats in der Sitzung vom 13. Oktober 1927 wurde der Entwurf in mehreren Punkten geändert. Dies veranlaßte die Reichsregierung, dem Reichstag den Entwurf eines Besoldungsgesetzes, soweit sie den Beschlüssen des Reichsrats nicht zustimmen zu können glaubte, in Doppelfassungen vorzulegen (vgl. RTDrucksache 1924/27 Nr. 3656 vom 14. Oktober 1927). Die Beratungen im Reichshaushaltsausschusse dauerten bis zum 10. Dezember 1927 (vgl. RTDrucksache 1924/27 Nr. 3765). Der Reichstag nahm das Gesetz, das gegenüber der Vorlage der Reichsregierung durch die Beschlüsse des Reichstags mehrfach abgeändert oder ergänzt worden war, in der Sitzung vom 14. Dezember 1927 bei 16 Stimmenthaltungen mit 333 gegen 53 Stimmen an. Das Gesetz ist datiert vom 16. Dezember 1927 im RGesBl. 1927 Teil I S. 349 verkündet.

Dem Vorgehen des Reiches schloß sich Bayern an, da aus staats-, beamten- und finanzpolitischen Erwägungen die bayerischen Staatsbeamten unmöglich ungünstiger gestellt bleiben konnten als die der Zahl nach stärkere Reichsbeamtenschaft in Bayern und weil der bayerische Landtag diesen Standpunkt mit Beschluß vom 21. Juli 1927 (StenBer. Nr. 172 S. 430) grundsätzlich gebilligt hatte. Ein noch im Dezember 1927 ausgearbeiteter Referentenentwurf wurde innerhalb der Ministerien in den ersten 2 Wochen des Januar 1928 eingehend beraten und sodann den Spitzenorganisationen (Bayerischer

Beamtenbund und Reichsbund der höheren Beamten, Landesverband Bayern) zur Stellungnahme vertraulich mitgeteilt. Ueber die Anträge dieser Spitzenorganisationen fanden sofort nach ihrer Vorlage mündliche Verhandlungen mit dem Besoldungsreferenten des Finanzministeriums statt. Der daraufhin vom Finanzministerium aufgestellte Entwurf des Besoldungsgesetzes wurde nach vorheriger eingehender Beratung in Referentenbesprechungen vom Ministerrate nach mehrtägigen Verhandlungen in 1. Lesung am 15. Februar genehmigt. Dann setzten Verhandlungen mit den Koalitionsparteien ein, die sich wegen der Haltung des Bayerischen Bauernbundes schwierig gestalteten und recht in die Länge zogen. So kam es, daß die Staatsregierung den Entwurf eines Besoldungsgesetzes erst am 9. März dem Landtage vorlegen konnte (LdtDrucksache Beil. 3678). Der Besoldungsausschuß des Landtags befaßte sich in 4 Sitzungen mit dem Gesetzentwurf (20.—23. März 1928). Nach einer achtstündigen allgemeinen Aussprache und nach der Einzelberatung der ersten 8 Artikel des Gesetzentwurfs beschloß der Ausschuß, dem Antrage Dr. Samer, Burger, Doerfler, Eisenbeis und Dr. Buttmann vom 22. März 1928 auf Enbloc-Annahme des Gesetzentwurfs zuzustimmen. Der Beschluß des Ausschusses war wesentlich dadurch beeinflußt und erleichtert, daß der Bayerische Beamtenbund, der Zentralverband der Gemeindebeamten Bayerns und der Landesverband der bayerischen Staatsbeamten in einem sämtlichen Fraktionen des Bayerischen Landtags zugestellten Schreiben vom 22. März 1928 folgende Erklärung abgegeben hatten:

„Das Reich hat bereits vor 3 Monaten die Bezüge seiner Beamten neu geregelt. Seit dieser Zeit warten die bayerischen Staats- und Gemeindebeamten auf die Angleichung ihrer Besoldungsverhältnisse an die der Reichsbeamten. Die unterzeichneten Verbände der bayerischen Staats- und Gemeindebeamten stehen auf dem Standpunkt, daß die bayerische Neuregelung unter allen Umständen vor Ostern im Plenum des Landtages verabschiedet werden muß, um eine begreifliche und berechtigte weitere Verstimmung in der Beamtenschaft hintanzuhalten. Als den richtigen und im Hinblick auf die augenblicklichen parteipolitischen Einstellungen einzig möglichen Weg zur Erreichung dieses Zieles erachten wir — unter Wahrung unserer bisherigen Stellungnahme — die Annahme des Regierungsentwurfes im ganzen, ohne daß vorläufig auf Einzelheiten weiter eingegangen wird. Wir bitten daher, in diesem Sinne zu beschließen und gleichzeitig auszusprechen, daß sämtliche vorliegenden Anträge und Eingaben dem neuen Landtage zur eingehenden Prüfung und Verbescheidung überwiesen werden und dabei die bestehenden Härten und Unebenheiten sowie Verschlechterungen gegenüber der Reichsbesoldungsordnung ihren Ausgleich finden."

Entsprechend dem Antrage des Ausschusses beschloß die Vollversammlung des Landtags am 27. März 1928 die unveränderte Annahme des Besoldungsgesetzes in der Fassung der Regierungsvorlage (StenBer. S. 457) und zwar mit 71 gegen 43 Stimmen der Sozialdemokraten, des Bauernbundes, der Kommunisten sowie der Abgeordneten Munzinger (Deutsche Volkspartei), Rambacher (Völk. Block) und Wiesenbacher (fraktionslos).

Der einschlägige Beschluß des Landtags lautet:

1. Der in Beil. 3678 vorgelegte Entwurf eines Beamtenbesoldungsgesetzes und einer Besoldungsordnung wird mit der in Ziff. 2 vorgesehenen Einschränkung unverändert angenommen.
2. Die Einführung der neuen Amtsbezeichnungen bleibt bis zu einer Nachprüfung des Gesetzes durch den kommenden Landtag zurückgestellt.
3. Die Staatsregierung wird beauftragt, bei der Reichsregierung dahin zu wirken, daß in eine Prüfung der Frage eingetreten wird, ob und in welcher Weise eine Besserstellung der unteren Gruppen des Reichsbesoldungsgesetzes sowie die Wiedergewährung der örtlichen Zuschläge für die pfälzischen Beamten erreicht werden kann.
4. Die zum Entwurf eines bayerischen Beamtenbesoldungsgesetzes vorliegenden Eingaben und Anträge sind dem kommenden Landtage mit dem Ergebnis der Verhandlungen zwischen Reichs- und Staatsregierung zur Verbescheidung vorzulegen.

B. Allgemeiner sachlicher Ueberblick.

Für das Ausmaß und die Art der Besoldungserhöhung waren, wie der Begründung des Gesetzentwurfs zu entnehmen ist, folgende Erwägungen maßgebend:

a) Bei der Festsetzung der Grundgehälter muß unter Wahrung der sozialpolitischen und staatspolitischen Belange den finanziellen und wirtschaftlichen Gesichtspunkten Rechnung getragen werden. Für die große Masse der Beamtenschaft muß unter Voranstellung des sozialpolitischen Gesichtspunktes der Erhaltung einer gesicherten Lebensstellung und der Erreichung des Gefühls der Zufriedenheit eine Besoldung vorgesehen werden, die den notwendigen

Lebensunterhalt deckt, darüber hinaus die Beamten in die Lage versetzt ihrer sozialen Lage entsprechend an den Errungenschaften der Kultur einen angemessenen Anteil zu nehmen und sie instand setzt, bei sparsamer Lebensführung sich wenn auch bescheidene Mittel für die Erhaltung ihrer Familien zurückzulegen. Aus diesem Grunde werden besonders in den unteren Gruppen der Beamtenschaft die Bezüge nicht unwesentlich erhöht.

Zu dem Gesichtspunkt der Sicherung der Beamtenstellung und der Zufriedenheit tritt noch der Gesichtspunkt der Bewertung der Leistung. Es gilt insbesondere bei denjenigen Beamtengruppen, von deren Anwärtern der Staat eine erhöhte und länger dauernde Vor- und Ausbildung fordert und bei denen er die ständige Weiterarbeit an der Entfaltung ihres Könnens und ihrer Persönlichkeit voraussetzt. Hier zeigt sich auch die Gefahr besonders stark, die besteht, wenn die Beamten nicht in der Lage sind, an den kulturellen Errungenschaften unserer Zeit teilzunehmen, die den aus gleichen Schichten hervorgegangenen, in der Wirtschaft tätigen Persönlichkeiten offenstehen. Für die besonders qualifizierten Stellungen des Staatsdienstes bedarf es der Persönlichkeiten, die nicht nur in ihrer Ausbildung und ihrem Können hervorragen, sondern denen auch eine gewisse Unabhängigkeit sichergestellt ist. Die große Verantwortung, die sie zu tragen haben, muß in einem ausreichend bemessenen Gehalt ihren Ausgleich finden. Sonst bleiben hochqualifizierte Persönlichkeiten dem Staatsdienst fern oder wandern aus ihm ab.

b) Der Wohnungsgeldzuschuß bleibt in seiner bisherigen Gestaltung bestehen, wonach für seine Bemessung nur die Wohnungsmieten, nicht auch die sonstigen örtlichen Teuerungsverhältnisse von Einfluß sind. Es hat sich als undurchführbar erwiesen, die gesamten örtlichen Teuerungsverhältnisse zu erfassen und anzugleichen. Die neuen Besoldungsgruppen sind auf die Tarifklassen grundsätzlich ebenso verteilt wie bisher; nur der Wohnungsgeldzuschuß der Tarifklasse VII ist für die verheirateten etatmäßigen Beamten der bisherigen Gruppe I weggefallen. Es ist aber nicht möglich wie bisher bestimmte Grundgehaltssätze als Grenzen für die Tarifklassen zu bestimmen. Bei jeder Besoldungsgruppe ist deshalb angegeben, welcher Tarifklasse die Beamten angehören.

Das Ortsklassenverzeichnis soll zunächst beibehalten werden. Eine baldige Nachprüfung ist in Aussicht genommen.

c) Von den bisherigen Sozialzuschlägen ist nur der Kinderzuschlag beibehalten. Er ist aus Gründen der Vereinfachung der Verwaltungsarbeiten für alle Altersstufen der Kinder einheitlich.

Im Reichsbesoldungsgesetze ist auch hinsichtlich der Zahl der Kinder kein Unterschied gemacht; der Kinderzuschlag beträgt dort einheitlich 20 *RM* monatlich. In Abweichung von der reichsrechtlichen Regelung sind aber die kinderreichen Beamten bevorzugt. Der Haushalt eines kinderreichen Beamten ist durch Bestreitung der Ausgaben für Erziehung und Ausbildung der Kinder in erheblich stärkerem Maße in Anspruch genommen als der Haushalt eines Beamten mit wenigen oder keinen Kindern. Für die beiden ersten Kinder wird daher ein Kinderzuschlag von monatlich 20 *RM*, für das dritte und vierte Kind von monatlich 25 *RM* und für jedes weitere Kind ein solcher von monatlich 30 *RM* gewährt und zwar wie in Preußen und Sachsen. Der Kreis der kinderzuschlagsberechtigten Kinder ist durch die Aufnahme der Pflegekinder und die Fortgewährung des Kinderzuschlags an erwerbsunfähige Kinder über das 21. Lebensjahr hinaus erweitert.

d) Der Frauenzuschlag ist als solcher weggefallen; der bisherige Betrag von jährlich 144 *RM* ist in den neuen Grundgehalt eingebaut.

e) Auch der Teuerungszuschlag ist für die Zukunft mit Rücksicht auf die Festigung der deutschen Währung beseitigt.

f) Die gehaltliche Unterscheidung zwischen dem ledigen und verheirateten Beamten, die durch den Wegfall des Frauenzuschlags beseitigt würde, wird mit Rücksicht darauf, daß der Unterschied zwischen dem Aufwand des Ledigen und des Verheirateten am stärksten im Wohnungsaufwand hervortritt, durch eine verschiedene Bemessung des Wohnungsgeldzuschusses für den Ledigen und den Verheirateten aufrechterhalten.

g) Die nichtetatmäßigen Beamten erhalten als Grundvergütung nach der bisherigen Regelung bestimmte Hundertsätze des Anfangsgrundgehalts derjenigen Besoldungsgruppe, in der sie beim regelmäßigen Verlauf ihrer Dienstlaufbahn erstmals etatmäßig angestellt werden, und zwar Zivilanwärter 70—95 v. H., Versorgungsanwärter 80—95 v. H. und einschließlich eines besonders gewährten Teuerungszuschlags 95—100 v. H.; daneben beziehen sie den Wohnungsgeldzuschuß und die Zuschläge wie die etatmäßigen Beamten. Diese hohen Sätze können aus besoldungspolitischen Gründen nicht aufrechterhalten werden. Das Gesetz (Anlage 4) sieht daher feste, von 2 zu 2 Jahren steigende Grundvergütungen vor, die zwar einen geringeren Hundertsatz des Anfangsgrundgehalts darstellen als bisher, in ihrer absoluten Höhe jedoch eine angemessene Verbesserung der Vergütungssätze bedeuten. Uebergangsweise sollen die zur Zeit des Inkrafttretens des Gesetzes im Dienste befindlichen nichtetatmäßigen Beamten wie die etatmäßigen Beamten im Grundgehalte weiter aufrücken.

h) Wie bei der Besoldungsneuregelung im Jahre 1920 wurden auch die Bezüge der vor dem 1. Oktober 1927 aus dem Dienste geschiedenen Beamten und ihrer Hinterbliebenen mit Einschluß der Beamten im einstweiligen Ruhestand (Versorgungsberechtigten) angemessen erhöht. Diese Erhöhung erfolgt aber nicht wie im Jahre 1920 durch Ueberleitung dieser Versorgungsberechtigten in die neue Besoldungsordnung, sondern im Anschluß an die Regelung im Reiche durch prozentuale Erhöhung der Bezüge (mit Ausnahme der Beamten im einstweiligen Ruhestande). Bei der Ueberleitung der Versorgungsberechtigten in die Besoldungsordnung vom Jahre 1920 nach dem Pensionsergänzungsgesetz vom 23. März 1921 (GBBl. S. 117) ließen sich Härten nicht vermeiden, die zu fortwährenden Anträgen an die Staatsregierung und den Landtag führten und nach Anschauung der Beteiligten nicht in allen Fällen ausgeglichen wurden. Erschwerend kommt für die Ueberleitung in ein neues Besoldungssystem noch hinzu, daß viele ausgeschiedene Beamte aus Beamtenlaufbahnen hervorgegangen sind, die namentlich infolge Verreichlichung großer Verwaltungszweige des Landes nicht mehr bestehen; für diese Beamten sind vielfach weder in der Besoldungsordnung des Reichs noch des Staates vergleichbare Beamtengruppen vorhanden. Die prozentuale Erhöhung der Bezüge hat zudem den Vorteil, daß die entstehende Verwaltungsarbeit wesentlich vermindert und dadurch erreicht wird, daß die Versorgungsberechtigten schon nach kurzer Zeit in den Genuß der neuen Bezüge gesetzt werden können. Für die prozentuale Erhöhung gibt es verschiedene Wege. Wie im Reiche wurde der Grundgehalt als Bestandteil des pensionsfähigen Diensteinkommens, nicht der Versorgungsbezug selbst erhöht. Diese Regelung erscheint schon deshalb zweckmäßig, weil infolge Erhöhung des Wohnungsgeldzuschusses ab 1. Oktober 1927 das pensionsfähige Diensteinkommen ohnedies neu berechnet werden muß.

Abweichend hiervon wurden jedoch die Beamten im einstweiligen Ruhestand in die neue Besoldungsordnung übergeleitet. Diese Regelung rechtfertigt sich wegen der besonderen rechtlichen Stellung dieser Beamten.

Das Pensionsergänzungsgesetz vom 23. März 1921 bleibt weiterhin in Kraft, weil es noch Vorschriften enthält, deren Anwendung auch in Zukunft in Betracht kommt.

II.

Beamtenbesoldungsgesetz

(BBesG.)

vom 20. April 1928 (GVBl. S. 205).

Der Landtag des Freistaates Bayern hat das folgende Gesetz beschlossen:

I. Dienstbezüge der etatmäßigen Staatsbeamten.

Art. 1.

Die etatmäßigen Beamten (Art. 2 des Beamtengesetzes vom 16. August 1908) erhalten als Diensteinkommen einen Grundgehalt und einen Wohnungsgeldzuschuß. Neben diesem Diensteinkommen erhalten sie Kinderzuschläge. Zulagen und sonstige Bezüge werden nur gewährt, soweit es in diesem Gesetze bestimmt oder zugelassen ist.

1. Vgl. § 1 des RBesG. Zu den etatmäßigen Staatsbeamten zählen gemäß Art. 48 auch die ständigen Volksschullehrer (Art. 1 des VLG. in der Fassung des Ges. vom 1. 8. 23 zur Aenderung von Vorschriften über das Volksschulwesen — GVBl. S. 337 —). Demgemäß gilt das BBesG. unmittelbar auch für die ständigen Volksschullehrer, soweit das Gesetz nicht selbst abweichende Bestimmungen trifft (vgl. Abschnitt VI). Ständige Volksschullehrer sind die in den Formen des Art. 2 des VLG. ernannten Volksschullehrer, die einer in der Besoldungsordnung für die bayerischen Staatsbeamten aufgeführten Gruppe angehören. Die Minister und Staatssekretäre zählen nicht zu den etatmäßigen Staatsbeamten. Ihre Besoldung ist im Ministerbesoldungsgesetz vom 19. Dezember 1919 (GVBl. 1920 S. 11) geregelt, das seitdem wiederholt geändert worden ist und zwar durch die Gesetze vom 26. Juli 1920 (GVBl. S. 414), vom 23. Mai 1921 (GVBl. S. 337), vom 16. Dezember 1921 (GVBl. 1923 S. 4), vom 9. Januar 1923 (GVBl. S. 12) und vom 29. Februar 1924 (GVBl. S. 118). Die Minister erhalten als Besoldung den um zwei Siebentel, die Staatssekretäre den um ein Siebentel erhöhten Betrag des Gesamtbezugs eines etatmäßigen Staatsrats der Besoldungsgruppe B 1. Die Versorgung der zurückgetretenen Minister und Staatssekretäre ist in § 60 der Bay. V. in der Fassung des Ges. vom 9. Januar 1923 (GVBl. S. 12) geregelt.

2. Dienstbezüge ist der weiteste Begriff und umfaßt alle für ein Amt gewährten Gegenleistungen des Staates, gleichgültig ob sie in Geld oder in natura gegeben werden. Der Teil der Dienstbezüge, der aus Grundgehalt und Wohnungsgeldzuschuß besteht, wird mit „Diensteinkommen" bezeichnet; das Diensteinkommen der nichtetatmäßigen Beamten (Art. 29) und der Hochschulassistenten (Art. 33) besteht aus Grundvergütung und Wohnungsgeldzuschuß (Art. 29, 33). Die Schaffung des besonderen Begriffs „Diensteinkommen" ist namentlich wegen der Angleichung der Vorschriften des BG. an das BBesG. notwendig und zweckmäßig (vgl. Art. 54); aber auch das BBesG. selbst enthält eine Reihe von Vorschriften, die nur auf das Diensteinkommen sich beziehen (vgl. Art. 27, 34, 36, 37, 38, 49). Die Kinderzuschläge gehören nicht zum Diensteinkommen im Sinne des BBesG.

Wer Anspruch auf ein Diensteinkommen hat, hat auch Anspruch auf die neben dem Diensteinkommen in Art. 1 vorgesehenen sonstigen Teile der Dienstbezüge, sofern die hiefür vorgeschriebenen besonderen Voraussetzungen erfüllt oder nicht Ausnahmen im Gesetze selbst getroffen sind (vgl. Art. 22, 24).

3. Grundsatz des BesG. ist, daß Grundgehalt, Wohnungsgeldzuschuß und Kinderzuschläge die regelmäßige Gegenleistung des Staates für die Arbeitsleistung der Beamten bilden sollen. Sonstige Dienstbezüge sind daher nur in beschränktem Umfang in den im Gesetze selbst geregelten oder zugelassenen Fällen vorgesehen (vgl. Art. 3 Abs. II, Art. 25, 26, 27, 28).

4. Abweichend von der bisherigen Regelung (vgl. Art. 1, 22 und 23 des BBesG. vom 2. Juni 1920 in der Fassung des Art. 1 Abs. I Ziff. IV des 9. AendGes. vom 29. Februar 1924 — GVBl. S. 117 — und des § 1 Abs. I Ziff. IV der 11. AendVO. vom 31. Mai 1924 — GVBl. S. 169 —) wird den aktiven Beamten und den Beamten im einstweiligen Ruhestand der Frauenzuschlag oder ein Teuerungszuschlag nicht mehr gewährt (vgl. Einleitung Abschn. B Buchst. d und e). Die zum oder vor dem 1. Oktober 1927 in den dauernden oder zeitlichen Ruhestand versetzten Beamten dagegen erhalten den Frauenzuschlag nach den am 30. September 1927 geltenden Vorschriften weiter (vgl. Art. 45).

5. Ruhegehaltsfähig sind nur Grundgehalt und Wohnungsgeldzuschuß, nicht die Kinderzuschläge. Die beiden ersteren erschöpfen zwar zugleich den Begriff des „pensionsfähigen Diensteinkommens" im Sinne des BLG. (vgl. Art. 44 des BLG. in der Fassung des Art. 3 Ziff. I des 7. AendGes. vom 9. Januar 1923 — GVBl. S. 7 —), aber nicht des BG. (vgl. Art. 39 Abs. 2 des BG. in der Fassung des Art. 2 Ziff. I des 7. AendGes. vom 9. Januar 1923 — GVBl. S. 7 —). Denn zum pensionsfähigen Diensteinkommen im Sinne des

BG. zählt auch der als pensionsfähig erklärte Teil des Nebeneinkommens.

6. Zu dem der Pfändung unterliegenden Diensteinkommen im Sinne des § 850 Abs. 1 Ziff. 8 und Abs. 2, 4 der ZPO. in der Fassung der Bek. vom 13. Mai 1924 (RGBl. Teil I S. 437) zählen die gesamten Dienstbezüge mit Ausnahme der Kinderzuschläge oder der zur Bestreitung eines Dienstaufwands bestimmten Teile der Dienstbezüge. Die pfändbaren Dienstbezüge sind ab 1. April 1928 nur insoweit der Pfändung unterworfen, als sie die Summe von monatlich 195 *RM* übersteigen; der über 195 *RM* hinausgehende Mehrbetrag ist aber nicht in voller Höhe, sondern nur zu einem Drittel pfändbar (vgl. RGes. über Lohn- und Gehaltspfändung vom 27. Februar 1928 Art. II — RGBl. I S. 45 —). Ausnahmen hiervon gelten nur zugunsten von Unterhaltsforderungen von Verwandten, des Ehegatten, des früheren Ehegatten oder des unehelichen Kindes; in diesen Fällen sind alle Dienstbezüge mit Ausnahme der zur Bestreitung eines Dienstaufwands bestimmten Einkünfte pfändbar, jedoch mit der Einschränkung, daß dem Beamten die Dienstbezüge soweit belassen werden müssen, als er ihrer zur Bestreitung seines notdürftigen Unterhalts und zur Erfüllung der ihm seinen Verwandten, seiner Ehefrau oder seiner früheren Ehefrau gegenüber gesetzlich obliegenden Unterhaltspflicht bedarf.

1. Grundgehalt.

Art. 2.

(…ge 1 u. 2.) Der Grundgehalt bemißt sich für die etatmäßigen Beamten nach den beigefügten Besoldungsordnungen A (für aufsteigende Gehälter) und B (für feste Gehälter).

1. Vgl. § 2 des RBesG. Wegen der Grundsätze, die für die Bemessung der Grundgehälter richtunggebend waren, wird auf Abschnitt B a der Einleitung Bezug genommen. Die Besoldungsordnungen A und B bilden wie seit dem 1. April 1920, aber im Gegensatz zur früheren Regelung des BG., in dessen III. Abschnitt nur die materiellrechtlichen Vorschriften über den Gehaltsanspruch der etatmäßigen Beamten aufgestellt waren, während die Gehälter selbst in einer Verordnung vom 6. September 1908 (Gehaltsordnung) geregelt waren, einen Bestandteil des Gesetzes, können also nur wieder im Wege des Gesetzes geändert werden. Hinsichtlich der Aenderung vgl. auch Art. 58.

2. Die Besoldungsordnung A enthält die Besoldungsgruppen mit aufsteigenden Gehältern, die Besoldungsordnung B jene mit Einzelgehältern. Die überwiegende Mehrzahl der Beamten ist in die Besoldungsordnung A mit 12 Besoldungsgruppen eingestellt, von denen jedoch 7 Gruppen (1, 2, 3, 4, 5, 7 und 8) wieder in 2 bis

7 Untergruppen gegliedert sind; auf diese Weise erscheinen im ganzen 30 Besoldungsgruppen mit aufsteigenden Gehältern gegen bisher 13. Die Mehrung der Zahl der Besoldungsgruppen ist auf verschiedene Gründe zurückzuführen. Die Bewertung der Unterschiede in der sachlichen Bedeutung der Dienstesgeschäfte verlangte eine stärkere Differenzierung. Aus diesem Grunde wurden die Beamtenstellen der bisherigen Gruppen XII und XIII einschließlich der Hochschulprofessoren auf 6 Besoldungsgruppen (A 1 a, b, c, d, A 2 a, b) verteilt. Aus den bisherigen Gruppen X und XI einschließlich der außerordentlichen Hochschulprofessoren wurden 7 Besoldungsgruppen gebildet (A 2 c, d, e, f, g, A 3 a, b); die Trennung der bisherigen Gruppen X und XI ist in der Weise durchgeführt, daß die nichtvollakademisch vorgebildeten Beamten mit wenigen Ausnahmen den Besoldungsgruppen A 2 g und A 3 a, b, die vollakademisch vorgebildeten Beamten dagegen den Gruppen A 2 d, e, f zugeteilt wurden. Für die vollakademisch vorgebildeten Beamten war die Dreiteilung dadurch veranlaßt, daß den Richterbeamten die Zusammenlegung der bisherigen Eingangsgruppe X mit der ersten Beförderungsgruppe XI in der neuen Gruppe A 2 d nach dem Vorbilde des Reiches zugestanden wurde, während für die übrigen Verwaltungen die bisherige Trennung der Eingangs- und ersten Beförderungsgruppe mit Rücksicht auf die bayerische Behördenorganisation und aus personalpolitischen Gründen für notwendig erachtet wurde. Diese Trennung bietet die Möglichkeit, die Amtsvorstände vor ihren Nebenbeamten hervorzuheben und fördert ein gesundes Streben innerhalb der Beamtenschaft. Würde die Trennung nicht durchgeführt, wäre die Besetzung von Amtsvorstandsstellen vielfach erschwert. Zum Ausgleiche des Nachteils, der in dieser Trennung gegenüber den Richterbeamten liegt, sind die Gehaltssätze der Gruppe A 2 d in ihren mittleren Dienstaltersstufen etwas günstiger als in der kombinierten Richtergruppe A 2 e gestaltet; außerdem ist die Staatsregierung nach der Anmerkung 1 zur Besoldungsgruppe A 2 f ermächtigt, Beamte mit einem Besoldungsdienstalter von mehr als 18 oder — beim Mangel des Reifezeugnisses einer neunklassigen höheren Lehranstalt oder einer früheren bayerischen Industrieschule — 20 Jahren bei Würdigkeit und Eignung für ihre Person in die Besoldungsgruppe A 2 d auch dann zu befördern, wenn haushaltsmäßige Stellen nicht zur Verfügung stehen. Die reichlichere Gliederung der den bisherigen Gruppen I—IX entsprechenden neuen Besoldungsgruppen A 12 mit 4 (insgesamt 17) war in der Hauptsache durch die Neuordnung des Polizeibeamtenrechts (PBG. vom 12. April 1928 — GVBl. S. 193) veranlaßt.

Diese große Zahl von Besoldungsgruppen ergab sich, trotzdem andrerseits bisher getrennte Besoldungsgruppen zusammengelegt worden sind, und zwar in den Fällen, in denen schon bisher der Aufstieg aus einer Gruppe in die andere nicht von der Erfüllung bestimmter Voraussetzungen, etwa von der Uebernahme einer Dienstesstelle mit gehobener Dienstesaufgabe oder Verantwortung anhängig war, sondern in der Regel nur vom Dienstalter und der Würdigkeit abhing. So sind in der Besoldungsgruppe A 12 Stellen der bisherigen Besoldungsgruppen I und II, in der Besoldungsgruppe A 11 Stellen der bisherigen Besoldungsgruppen II und III, in der Besoldungsgruppe A 10 die Stellen der handwerksmäßig vorgebildeten Beamten der bisherigen Besoldungsgruppen III und IV, in der Besoldungsgruppe A 9 die Stellen der Strafvollzugsbeamten, der Beamten des Vollstreckungsdienstes in Strafsachen der bisherigen Gruppen IV und V sowie der Forstbeamten des unteren Dienstes der alten Gruppen III und IV, in der Besoldungsgruppe A 6 die Spitzenstellen der handwerksmäßig vorgebildeten Beamten der bisherigen Besoldungsgruppen VI und VII, in der Besoldungsgruppe A 5 c die Stellen des weiblichen Polizeipflegedienstes und des Handarbeits- und Hauswirtschaftsunterrichts der bisherigen Besoldungsgruppen VI und VII, in der Besoldungsgruppe A 5 b die Stellen der Vollstreckungssekretäre und -obersekretäre der bisherigen Gruppen VI und VII, in der Besoldungsgruppe A 4 b die Stellen des geprüften mittleren Dienstes und der Volksschullehrer der bisherigen Besoldungsgruppen VII und VIII, in der Besoldungsgruppe A 3 a die Stellen der Bezirksschulräte der bisherigen Besoldungsgruppe IX und X und in der Besoldungsgruppe A 2 e die Stellen der Richter und Landtagsstenographen der bisherigen Gruppen X und XI zusammengefaßt.

3. Zum Aufbau der Besoldungsordnung A ist im einzelnen folgendes zu bemerken:

Die Gruppe 12 entspricht der Gruppe 12 der Reichsbesoldungsordnung und enthält die Beamten mit den einfachsten Dienstverrichtungen der bisherigen Gruppen I und II. Besondere Anforderungen in bezug auf allgemeine oder technische Ausbildung werden nicht gestellt. Für die im Schleusen- und Magazinsaufsichtsdienst verwendeten Beamten besteht die Möglichkeit der Beförderung in die Gruppe 11.

Die Gruppe 11 deckt sich mit der Gruppe 11 der Reichsbesoldungsordnung und enthält im wesentlichen die Beamten der alten Besoldungsgruppen II und III im Wart- und Offiziantendienst der äußeren und Mittelstellen und im Straßenaufsichtsdienst, ferner die Matrosen und Gestütswärter. Beamte, von denen handwerksmäßige Vorbildung gefordert ist, sind in der Gruppe 11 nicht vorhanden. Die Gruppe 11 ist in der Hauptsache Eingangsstufe; Beförderungsstellen sind nur die der Schleusen- und Magazinsoberaufseher für die Beamten der Gruppe 12.

Die Gruppe 10 stimmt mit Gruppe 10 der Reichsbesoldungsordnung überein. Neben dem Offiziantendienst in den Ministerien, bei den Gesandtschaften und bei den obersten Gerichten ist in dieser Gruppe auch der Dienst der Hausverwalter und der Dienst der Oberoffizianten in Sammlungen, bei den Hochschulen und Akademien, bei der Bibliotheksverwaltung und den Staatstheatern als Beförderungsstelle für die Beamten der Gruppe 11 aufgenommen. Im übrigen enthält sie die Stellen der handwerksmäßig vorgebildeten Beamten der bisherigen Gruppen III und IV. Handwerksmäßige Vorbildung setzt mindestens die Ablegung der Gesellenprüfung voraus, in besonderen Verwendungen, namentlich in Dienstzweigen mit weiteren Aufstiegsmöglichkeiten oder erhöhten Anforderungen, muß die Ablegung der Meisterprüfung gefordert werden. Gruppe 10 ist ferner Eingangsgruppe für den Kanzlei- und Fernsprechdienst und Beförderungsgruppe für den Kanal- und Hafenaufsichtsdienst sowie für Matrosen in besonderer Bedienstung und für Messungsoffizianten.

Die Gruppe 9 entspricht der Gruppe 9 der Reichsbesoldungsordnung. Sie ist entsprechend der Regelung in Preußen und anderen Ländern Eingangsgruppe für die Beamten des Aufsichts- und Sicherheitsdienstes der Strafanstalten, Gefängnisse, Arbeitshäuser und Staatserziehungsanstalten und umfaßt die Beamten der bisherigen Gruppen IV und V. Außerdem sind hier in Erfüllung der Wünsche des Landtags auch die Pfleger und Oberpfleger der psychiatrischen Kliniken sowie die Forstaufseher und Forstwarte der bisherigen Gruppen III und IV aufgenommen. Die Gruppe 9 ist ferner Beförderungsgruppe für die Beamten des Kanzleidienstes. Für die Folge soll der Kanzleidienst von dem Verwaltungsdienst schärfer als bisher getrennt werden. Solange diese Trennung nicht durchgeführt ist, müssen die bisherigen Kanzleiassistenten überleitungsweise in die Gruppe 9 genommen werden. Nach Durchführung der Trennung werden Anwärter des reinen Verwaltungsdienstes ihre erste etatmäßige Anstellung in Gruppe 8 finden.

Die Gruppe 8a stimmt mit der Gruppe 8a der Reichsbesoldungsordnung überein. Sie ist künftig die Eingangsgruppe für den Verwaltungsdienst. Ueberleitungsweise werden ihr nur die Assistenten der bisherigen Gruppe V, nicht auch der Gruppe IV zugeteilt. Nur die Forstassistenten werden schon bei der Ueberleitung ausnahmslos in diese Gruppe übernommen. Im übrigen ist sie Beförderungsgruppe für Beamte in leitenden Stellen des Kanzleidienstes, dann für Hausverwalter der Ministerien und für die handwerksmäßig vorgebildeten Beamten in leitender Stelle. Die Gruppe 8b ist die Eingangsgruppe für die etatmäßigen Beamten der uniformierten Staatspolizei. In der Regel erfolgt die etatmäßige Anstellung erst nach achtjähriger Polizeidienstzeit. Durch Anrechnung der 4 Jahre übersteigenden Polizeidienstzeit auf das Besoldungsdienstalter ergibt sich für den etatmäßigen Beamten im Einzeldienst ein Anfangsgrundgehalt von 2220 RM. Die Vorsetzung zweier Dienstaltersstufen von 1860 RM und 1980 RM hat nur Bedeutung für die Oberwachtmeister der Bereitschaftspolizei.

Die Gruppe 7 deckt sich in der Unterabteilung a mit der Gruppe 7 der Reichsbesoldungsordnung und ist in der Hauptsache Beförderungsgruppe für die Beamten der Gruppe 8. Es handelt sich hierbei um die Beamten der bisherigen Gruppe VI. Im Verwaltungsdienst ist die Ablegung der vorgeschriebenen Dienstprüfung Vorbedingung für die Beförderung. Für die geprüften Beamten des mittleren technischen Dienstes ist sie Eingangsgruppe. Sie enthält ferner die Spitzenstellen für leitende Kanzleibeamte in größeren Kanzleien bei den Mittelstellen und für Kanzleibeamte in verantwortlicher Stellung in den Zentralbehörden und Ministerien. Die Unterabteilung b ist Beförderungsgruppe für die Beamten der Gruppe 9 im Sicherheits- und Aufsichtsdienst der Strafanstalten, Gefängnisse, Arbeitshäuser und Staatserziehungsanstalten sowie für die Beamten des unteren Forstdienstes. Die Unterabteilung c ist Beförderungsgruppe für die Staatspolizeibeamten der Gruppe 8 b; ihr gehören auch die Stationskommandanten der kleinen Gendarmeriestationen an.

Die Gruppe 6 enthält die Spitzenstellen der handwerksmäßig vorgebildeten Beamten in leitender Stellung der bisherigen Besoldungsgruppen VI und VII. Ein Teil der bisherigen Beamten der Gruppe VII ist mit Rücksicht auf ihre besonders zu bewertenden Dienstesaufgabe in die Gruppe 5 b gehoben; es sind dies die Vorstände der Druckereien der Ministerien, des Hauptmünzamts, des Landesvermessungsamts, dann der Hauptpräparator der zoologischen Staatssammlung, der Oberbeleuchtungsmeister, der Obergarderobemeister und der Obertheatermeister bei den Staatstheatern. Außerdem ist für drei Stellen in den handwerksmäßigen Betrieben der Strafanstalten die Möglichkeit der Beförderung zu Betriebsverwaltern der Gruppe 5 b vorgesehen.

Die Unterabteilung a der Gruppe 5 umfaßt nur Beamte der bisherigen Gruppe VII und ist Beförderungsstelle für die Beamten des Sicherheitsdienstes auf bestimmten Dienstesposten und für die leitenden Schloß-, Gartenverwaltungs- und Oekonomiebeamten der Gruppe 6. Sie ist ferner Spitzenstelle für die geprüften Beamten des Verwaltungsdienstes bei den höheren Lehranstalten und für die geprüften nichttechnischen Beamten in der Forstverwaltung. Im übrigen sind ihr solche Obersekretäre zugeteilt, für die die Beförderung in die Gruppe 4 b nicht oder nur bei Uebernahme besonderer Dienstesstellen in Frage kommt. Letzteres gilt insbesondere für die Obersekretäre der lithographischen Abteilung und der Katasterabteilung des Landesvermessungsamts sowie für die im kartographischen Dienste verwendeten Obersekretäre des Topographischen Bureaus und des Oberbergamts. Die Unterabteilung b der Gruppe 5 entspricht der Gruppe 5 b der Reichsbesoldungsordnung und enthält in gleicher Weise wie beim Reiche die Ministerialkanzleiobersekretäre. Außerdem sind ihr die Vollstreckungssekretäre und -obersekretäre der bisherigen Gruppen VI und VII zugeteilt. In der Unterabteilung c der Gruppe 5 sind Beamte zusammengefaßt, die bisher ihre Eingangsstelle in der alten Besoldungsgruppe VI und ihre Beförderungsstelle in der Gruppe VII gehabt haben. Neu ist die Gewährung von widerruflichen Zulagen von jährlich 400 RM für die Fachlehrerinnen im Volksschuldienst; sie ist wegen der besonderen Dienstesaufgabe der Fachberatung gerechtfertigt.

Gruppe 4: Die Unterabteilungen a und b decken sich mit den Gruppen 4 b und 4 c der Reichsbesoldungsordnung. Die Gruppe 4 a entspricht der bisherigen Gruppe IX, die Gruppe 4 b bringt eine Zusammenfassung der bisherigen Gruppen VII und VIII wie im Reiche. Die Unterabteilungen c und d enthalten Stellen für die Polizeiärzte und für Polizeioffiziere; sie entsprechen den Gruppen 9 und 8 der Reichsbesoldungsordnung C. Neu sind in Gruppe 4 a die Stellen für Forstoberinspektoren, Planoberinspektoren, Gewerbeoberinspektoren und Bergoberinspektoren; damit ist auch diesen Beamten der Aufstieg über die bisherige Gruppe VIII hinaus eröffnet. In gleicher Weise sind auch für die geprüften Beamten im mittleren Verwaltungsdienste der Strafanstalten, für die bisher die Gruppe VII Abschlußgruppe war, Stellen in der Gruppe 4 b und bei den größten Strafanstalten auch in 4 a vorgesehen. Neu sind ferner die Spitzenstellen in der Gruppe 4 b für die Oekonomieinspektoren bei der Landessaatzuchtanstalt Weihenstephan und bei den Moorwirtschaftsstellen Bernau und Karlshuld. Die Stelle des Vorstandes der Ministerialkanzlei, die bisher in Gruppe X eingereiht war, ist wie im Reiche nunmehr in 4 b eingesetzt. Für die gegenwärtigen Inhaber der Stellen schafft eine Uebergangsbestimmung den notwendigen Ausgleich; sie erhalten für ihre Person die Bezüge der Besoldungsgruppe 3 a.

Die ständigen Lehrer an den Volksschulen, die bisher unter Einrechnung der Stellen in den höheren Gruppen im Verhältnis von 3 : 2 : 1 auf die Gruppen VII, VIII und IX verteilt waren, werden künftig ungefähr im gleichen Verhältnis, also 5 : 1, in den Gruppen 4 b und 4 a unter Einrechnung der Stellen in den höheren Gruppen zusammengefaßt. Diese Regelung weicht bewußt von der preußischen Regelung ab, die die Einreihung in die Besoldungsordnung nach der Bewertung der Dienstesposten durchgeführt hat. Sie behält für die Lehrer den Vorteil der bisherigen Regelung bei, wonach jeder Lehrer bei Bewährung die Beförderung in die Gruppe IX, jetzt 4 a, auch ohne Aenderung seiner Dienstesaufgabe erreichen kann. Es entspricht diese Regelung einem Wunsche der Lehrerschaft. Notwendigerweise konnte im Rahmen dieser für die Gesamtheit der Lehrer günstigen Regelung die Abgeltung besonderer Dienstesaufgaben nur in beschränktem Maße zugestanden werden, wenn anders eine unerträgliche Belastung des Staates vermieden bleiben sollte. Zulagen erhalten deshalb nur Lehrer als Leiter von Schulen mit 13 und mehr Klassen, und zwar in Höhe von 400 *RM* jährlich (vgl. Anm. 5 zur BesGr. A 4 b und Anm. 3 zur BesGr. A 4 a). Die Zulage ist wie die Dienstesaufgabe jederzeit widerruflich und nicht ruhegehaltsfähig. Die gleiche Zulage erhalten die Oberlehrer als Leiter von Hilfsschulen mit 3 und mehr Klassen und Polizeioberlehrer als Schulleiter bei den Polizeischulen und in den Polizeistandorten München, Nürnberg und Augsburg (vgl. Anm. 3 und 4 zur BesGr. A 4 a). Die Aufgabe der Fortbildungsleiter (Bezirksoberlehrer) ist nach dem § 31 des Sch.-AG. jederzeit widerruflich. Mit diesem Grundsatze stand die bisherige besoldungsrechtliche Behandlung der Bezirksoberlehrer in Widerspruch, die als solche in die Gruppen IX und X etatmäßig eingereiht waren. Die etatmäßige Einreihung der Bezirksoberlehrer ist nunmehr aufgegeben. Die Bezirksoberlehrer erhalten in Zukunft nur noch widerrufliche Zulagen für ihre gehobene Dienstesaufgabe und zwar gestaffelt nach der Zahl der ihnen zugewiesenen Fortbildungspflichtigen in Höhe von 600, 900 oder 1200 *RM* jährlich (vgl. Anm. 4 zur BesGr. A 4 b und Anm. 2 zur BesGr. A 4 a). Diese Zulage steht naturgemäß den Bezirksoberlehrern nicht zu, die am 1. Oktober 1927 der Gruppe X angehörten und deshalb für ihre Person die Bezüge der BesGr. A 3 a erhalten. Das gleiche gilt für Bezirksoberlehrer, die in der Zeit vom 1. Oktober 1927 bis zur Veröffentlichung der BBesG. in die alte Gruppe X befördert worden sind und deshalb gemäß Art. 41 Abs. I Satz 2 vom Tage ihrer Beförderung an die Bezüge der neuen BesGr. A 3 a erhalten; ihnen steht aber die Zulage für die Zeit vom 1. Oktober 1927 bis zum Tage ihrer Beförderung zu. Maßgebend für die Höhe der Zulage (600, 900 oder 1200 *RM* jährlich) ist die Zahl der dem Fortbildungsleiter am 1. Oktober 1927 zugewiesenen Fortbildungspflichtigen, wobei die Schulamtsbewerber (Hilfslehrer), die im September die Prüfung für den Volksschuldienst abgelegt haben, nicht mehr mitzuzählen sind. Dagegen sind einzurechnen die Schulpraktikanten und -Praktikantinnen, die ohne Anwartschaft auf Anstellung im öffentlichen Volksschuldienst zum Vorbereitungsdienst (Schulpraxis und Fortbildung) zugelassen sind. Aenderungen, die sich in der Zeit vom 1. Oktober des einen Jahres bis zum 30. September des folgenden Jahres ergeben, bleiben ohne Einfluß auf die Höhe der Zulage. Es ist also jeweils der Stand am 1. Oktober eines Jahres maßgebend; die Aenderungen in der Höhe der Zulage treten deshalb immer vom 1. Oktober an in Wirksamkeit. Daraus folgt, daß auch bei einem Wechsel in der Person des Bezirksoberlehrers innerhalb der Zeit vom 1. Oktober des einen bis zum 30. September des anderen Jahres der neue Bezirksoberlehrer die gleiche Zulage erhält wie sein Vorgänger.

Für die Frage, ob ein Volksschulleiter, der Lehrer, Hauptlehrer oder Oberlehrer sein kann, oder ein Oberlehrer als Leiter einer Hilfsschule die Zulage von 400 *RM* jährlich für die Leitung einer Volksschule mit 13 und mehr Schulklassen oder einer Hilfsschule mit 3 und mehr Klassen (vgl. Abs. 2 der Ausführungen zur Gruppe 4) beanspruchen kann, zählen nur die Klassen der Volkshauptschule oder der Hilfsschule. Der Begriff der Schule richtet sich nach § 1 des SchAG. Aenderungen in der Klassenzahl (Erhöhung oder Verminderung) werden nur vom Beginn eines neuen Schuljahres an berücksichtigt und zwar jeweils mit Wirkung vom 1. Mai an. Bei einem Wechsel in der Person des Schulleiters während eines Schuljahres erhält also der neue Schulleiter die gleiche Zulage wie sein Vorgänger.

Der Anspruch auf die Zulage beginnt mit dem Tage der Uebertragung der Dienstesaufgabe eines Fortbildungs- oder Schulleiters, frühestens aber am 1. Oktober 1927, dem Tage des Inkrafttretens des BBesG. Der Anspruch erlischt im Fall des Todes des Zulagenberechtigten mit dem Ablaufe des Sterbemonats, im übrigen mit der Beendigung des Dienstverhältnisses oder der Dienstleistung. Im Falle der Erkrankung werden die Zulagen unverkürzt fortgezahlt, wenn die Erkrankung nicht länger als 2 Monate dauert. Nach Ablauf von 2 Monaten — gerechnet vom Tage der Erkrankung — wird die Zulage eingezogen. Stellvertretende Schul- oder Fortbildungsleiter haben keinen Anspruch auf die Zulage; sie kann ihnen aber von der Regierung, Kammer des Innern, bewilligt werden, wenn die Stellvertretung ununterbrochen länger als 2 Monate dauert, und zwar für die über 2 Monate hinausgehende Zeit der Vertretung. Die Zulagen werden monatlich im voraus wie das Diensteinkommen gezahlt und verrechnet.

Der besonderen Dienstesaufgabe und den erhöhten Anforderungen an die Ausbildung bei den Lehrpersonen an den Landesanstalten für taubstumme, blinde und krüppelhafte Kinder sowie bei den Lehrern an Hilfsschulen ist durch eine Verbesserung des Besoldungsdienstalters um 4 Jahre Rechnung getragen; die gleiche Verbesserung ist, um einen Anreiz zur Uebernahme dieser besonderen Dienstesposten zu bieten, den Hauptlehrern der Strafanstalten, Arbeitshäuser, Staatserziehungsanstalten und Polizeischulen zugestanden (vgl. Anm. 6 zur BesGr. A 4 b). Tritt ein Beamter, dessen Besoldungsdienstalter auf Grund dieser Regelung um 4 Jahre verbessert worden ist, in eine andere Verwendung über, so geht er der Verbesserung des Besoldungsdienstalters verlustig und erhält wieder sein ursprüngliches Besoldungsdienstalter in der Gruppe A 4 b (vgl. Art. 11 Abs. IV). Dies gilt entsprechend für die Beamten in den Beförderungsgruppen. Die Anmerkung 6 zur BesGr. A 4 b hat keine rückwirkende Kraft. Sie gilt daher unmittelbar nur für jene Beamten, die seit 1. Oktober 1927 zu einer in der Anmerkung 6 genannten Verwendung berufen sind. Einem vorher berufenen Beamten kann jedoch ein Härteausgleich gemäß Art. 59 zugestanden werden, wobei sein Besoldungsdienstalter keinesfalls früher als am 1. des Monats beginnen darf, in dem er das 21. Lebensjahr vollendet hat (vgl. Art. 3 Ziff. 2 des BG.). Bei einer bloß vorübergehenden oder probeweisen Verwendung als Lehrer an einer Hilfsschule oder als Hauptlehrer einer Strafanstalt usw. kommt eine Verbesserung des Besoldungsdienstalters um 4 Jahre nicht in Betracht. Amtszulagen, die bisher auf Grund des Art. 9 des Ges. vom 1. August 1923 (GVBl. S. 337) und der KultMinEntschl. vom 28. November 1923 Nr. 48 199 aus Gemeindemitteln an Lehrer oder Hauptlehrer an Hilfsschulen gewährt wurden, fallen vom 1. Oktober 1927 weg, wenn das Besoldungsdienstalter der Beteiligten im Wege des Härteausgleichs um 4 Jahre verbessert wird. Soweit jedoch die durch die Verbesserung des Besoldungsdienstalters sich ergebende Besoldungsmehrung weniger beträgt als die bisher bezogene gemeindliche Ausgleichszulage, darf der Unterschiedsbetrag ausnahmsweise weitergewährt werden. Ebenso sind die Gemeinden ermächtigt, den Oberlehrern an Hilfsschulen, die nicht schon als Schulleiter die staatliche Zulage von 400 *RM* beziehen, und den übrigen Lehrkräften, soweit sie aus der Verbesserung des Besoldungsdienstalters keinen Vorteil mehr genießen, die bis zum 1. April 1923 gewährte Amtszulage ganz oder teilweise für ihre Person zu gewähren (vgl. KultMinEntschl. vom 4. Juni 1928 Nr. IV 21 966).

Gruppe 3: In der Unterabteilung a sind die Beamten der bisherigen Gruppe X, soweit sie nicht akademisch vorgebildet sind, sowie die Bezirksschulräte der bisherigen Gruppen IX und X und die Kammervirtuosen der bisherigen Gruppe IX eingereiht. Nur die Kreisschulräte sind nach 2 g gegenüber der bisherigen Einstufung (Gruppe X) gehoben.

Die Unterabteilung b entspricht der Besoldungsgruppe 3 der Anlage zur Reichsbesoldungsordnung A.

Gruppe 2: Die Unterabteilungen a, e und g stimmen mit den Besoldungsgruppen 2 b, c und d der Reichsbesoldungsordnung A überein. Die Unterabteilung c ist eine Sondergruppe für die außerordentlichen Hochschulprofessoren und deckt sich im wesentlichen mit der preußischen Regelung. Wegen der Notwendigkeit der Schaffung der Unterabteilungen 2 b, d und f wird auf die Ausführungen in Bem. 2 Bezug genommen. Die Gruppen 2 a—f umfassen in der Hauptsache die vollakademisch vorgebildeten Beamten der bisherigen Gruppen X—XII, die Gruppe 2 g die nichtvollakademisch vorgebildeten Beamten der bisherigen Gruppe XI und die Kreisschulräte der bisherigen Gruppe X. Die Gruppe 2 f ist die Eingangsgruppe für die vollakademisch vorgebildeten Beamten. In sie sind nunmehr auch die bisher in Gruppe IX zurückgehaltenen stellvertretenden Notare und die Apotheker genommen. Außerdem sind in sie die Konzertmeister der Staatstheater eingereiht. Gruppe 2 e stellt sich als eine Zusammenlegung der bisherigen Gruppen X und XI zugunsten der Richter und Landtagsstenographen dar. In sie wurden außerdem die Landgerichtsärzte (bisher Gruppe XI) und der Direktor der staatlichen brautechnischen Versuchsstation in Weihenstephan (bisher Gruppe X) aufgenommen. Die Gruppe 2 d ist die eigentliche Amtsvorstandsgruppe und entspricht der bisherigen Gruppe XI. Sie enthält ferner Vorrückungsstellen für die Bezirksärzte und Bezirkstierärzte auf Dienstesposten, bei denen der Anfall an Gebühren keine nennenswerte Rolle spielt; die Ausübung der Privatpraxis durch sie bedarf der besonderen Genehmigung des Staatsministeriums des Innern. Die Gruppe 2 b enthält die Stellen der gehobenen Amtsvorstände und der ihnen gleichstehenden Beamten der bisherigen

Gruppe XII und zum Teil der Gruppe XI. Neu sind die Stellen der Oberlandwirtschaftsräte. Die Gruppe 2a umfaßt alle Beamten der bisherigen Gruppe XII, soweit sie nicht in die Gruppe 2b oder in die Gruppe 1d eingereiht sind.

Gruppe 1: Wegen der Notwendigkeit der Untergliederung in 4 Gruppen wird auf die Ausführungen in Bem. 2 verwiesen. Die Untergruppe d enthält außer 3 Stellen der bisherigen Gruppe XIII (Direktor der Kunstgewerbeschule Nürnberg, 1. Kapellmeister der Staatstheater, Oberbergdirektor der Generaldirektion der Berg-, Hütten- und Salzwerke) Stellen der bisherigen Gruppe XII, die ihrer Bedeutung nach eine Herausheburg verdienen und zum Teil schon bisher durch Gewährung einer ruhegehaltsfähigen Zulage besonders bewertet waren. Die Untergruppe c regelt die Besoldung der ordentlichen Hochschulprofessoren. Die Untergruppe b enthält abgesehen vom Landgerichtsdirektor als Vorsitzender des Landesarbeitsgerichts München, der bisher in die Gruppe XII eingestuft war, nur Stellen der bisherigen Besoldungsgruppe XIII. Die Untergruppe a deckt sich mit der Besoldungsgruppe 1 des Reichs und enthält die Beamten der bisherigen Besoldungsgruppe XIII, soweit sie nicht in 1b oder 1d eingereiht oder in die Gruppe B 5 der Einzelgehälter wegen der besonderen Bedeutung der Dienstesstellen oder in Angleichung an die Regelung in anderen Ländern gehoben sind.

4. Die Besoldungsordnung B enthält die Besoldungsgruppen mit Einzelgehältern. Die bisherige Zahl von Einzelgehaltsgruppen (4) ist durch die Zerlegung der bisherigen Besoldungsgruppe 2 in zwei Gruppen (Gruppe 3 und 4) auf 5 erhöht. Die neue Gruppe B 5 entspricht im Gehaltssatze der Besoldungsgruppe B 8 des Reiches und deckt sich mit der bisherigen Besoldungsgruppe B 1. Neu eingereiht sind jedoch die Stellen der Präsidenten der Landgerichte München und Nürnberg (bisher XIII), der Generalstaatsanwälte der Oberlandesgerichte München und Nürnberg (bisher XIII), des Präsidenten der Staatsschuldenverwaltung (bisher B 2) und des Präsidenten des Landesvermessungsamts (bisher XIII). Die neue Gruppe B 4 (im Gehaltssatze gleich der BesGr. B 7 des Reichs) und die neue Gruppe B 3 (im Gehaltssatze gleich der BesGr. B 6 des Reichs) enthalten die Beamten der bisherigen Gruppe B 2 mit Ausnahme des Präsidenten der Staatsschuldenverwaltung, der in B 5 eingereiht ist, und mit Ausnahme der neuen Stelle des Polizeiobersten im Staatsministerium des Innern. In die neue Gruppe 2 (= Gruppe B 5 des Reichs) und die neue Gruppe 1 (= Gruppe B 4 des Reichs) sind die Beamtenstellen der bisherigen Gruppe 3 und 4 übernommen. Die Präsidenten der 3 obersten Gerichte, die bisher in Gruppe B 3 eingereiht waren, sind den Staatsräten (bisher Gruppe B 4) gleichgestellt. Diese Gleichstellung war schon in der Besoldungsordnung vom Jahre 1920, wenn auch nur bis zum 1. Dezember 1923 gegeben.

5. An neuen Beförderungsmöglichkeiten sind in den Besoldungsordnungen vorgesehen: die Stellen von Messungsoberoffizianten der BesGr. A 10 für die Messungsoffizianten der BesGr. A 11; die Stellen von Obergeldzählern in BesGr. A 9 für die Geldzähler der BesGr. A 10; die Stellen von Weinbergmeistern in BesGr. A 8a für die Weinbergoberaufseher der BesGr. A 10; die Stellen der Ministerialhausverwalter in BesGr. A 8a für die Ministerialoberoffizianten der BesGr. A 10; die Stellen von Strafanstaltsverwaltern, Verwaltern der Arbeitshäuser und Erziehungsmeistern der Staatserziehungsanstalten in BesGr. A 7b für die Strafvollzugsbeamten und Erziehungsbeamten der BesGr. A 9; die Stellen von Gefängnishauptverwaltern in BesGr. A 7a für die Gefängnisverwalter der BesGr. A 7b; die Stellen von Betriebsverwaltern der Strafanstalten in BesGr. A 5b für Oberwerkmeister der Strafanstalten der BesGr. A 6; die Stellen von Oekonomieinspektoren der BesGr. A 4b für die Oekonomieoberverwalter der BesGr. A 5a bei der Landessaatzuchtanstalt Weihenstephan und den Moorwirtschaftsstellen Bernau und Karlshuld; die Stelle eines Verwaltungsoberinspektors als Leiter der Betriebskrankenkasse der Staatsbauverwaltung in der BesGr. A 4a; die Stellen von Forstoberinspektoren in BesGr. A 4a für Oberforstverwalter der BesGr. A 4b; die Stellen von Planoberinspektoren, Gewerbeoberinspektoren und Bergoberinspektoren in BesGr. A 4a für Plan-, Gewerbe- und Berginspektoren der BesGr. A 4b; die Stellen von Oberlehrern bei den Strafanstalten, Arbeitshäusern, Staatserziehungsanstalten in BesGr. A 3a sowie die Stellen von Oberlehrern der Landesblindenanstalt in BesGr. A 3a für die Oberlehrer dieser Behörden in Bes.-Gr. A 4a; die Stelle eines Oberamtmanns bei der Gesandtschaft in Berlin in BesGr. A 2g für den bisherigen Rechnungsrat in BesGr. A 3a; die Stellen von Bezirkshauptmännern in BesGr. A 2b für Bezirkshauptmänner der BesGr. A 2d; die Stellen von Oberlandwirtschaftsräten als Direktoren von Landwirtschaftsschulen in gehobener Dienstesstellung in BesGr. A 2b für die Landwirtschaftsräte 1. Kl. der BesGr. A 2d; die Stelle des Direktors des Landesvermessungsamts in BesGr. A 1d für einen technischen Oberregierungsrat der BesGr. A 2a.

6. Als gehoben im Vergleich zur regelmäßigen Ueberleitung aus der bisherigen BesOrdnung in die neue BesOrdnung erscheinen: die Werkführer mit Aufsichtsdienst bei den Strafanstalten, Gerichtsgefängnissen, Arbeitshäusern, Staatserziehungsanstalten und die Werkführer beim Obsorgeamt in BesGr. A 9; der Seewart in BesGr. 8a; die Hauptwachtmeister der Kriminalpolizei und der uniformierten Staatspolizei in BesGr. A 7c; die Druckereioberfaktoren, der Hauptpräparator der zoologischen Staatssammlung, der Oberbeleuchtungsmeister, Obergarderobemeister, Obertheatermeister in BesGr. A 5b; der Melkinspektor der BesGr. A 4b; der Katasteroberinspektor und Lithographieoberinspektor in BesGr. A 4a; die Kammermusiker in ge-

hobenen Stellen in BesGr. A 4 a; die Bezirksschulräte in BesGr. A 3 a, soweit sie bisher der Gruppe IX angehört haben; die Kammervirtuosen der Staatstheater in BesGr. A 3 a; die Kreisschulräte in BesGr. A 2 g; die stellv. Notare und die Oberapotheker in BesGr. A 2 f; der Direktor der Staatl. brautechnischen Versuchsstation in Weihenstephan in Bes.-Gr. A 2 e; der Apothekendirektor der Poliklinik der Universität München und der Direktor der Residenzapotheke in München in BesGr. A 2 d; zum Teil die Studiendirektoren als Vorstände von Doppelanstalten in BesGr. A 2 b; der Direktor der Bauschule Coburg in BesGr. A 2 b; der Weingutsdirektor in BesGr. A 2 b; die Amtsgerichtsdirektoren, Oberstudiendirektoren in BesGr. A 1 d; der erste Kapellmeister der Staatstheater in BesGr. A 1 d; der Direktor bei der Generaldirektion der Staatstheater in BesGr. A 1 d; die Direktoren des Hauptmünzamts, der Landesanstalt für Pflanzenbau und Pflanzenschutz, der Landesanstalt für Moorwirtschaft und des Flurbereinigungsamtes München in BesGr. A 1 d; der Landgerichtsdirektor als Vorsitzender des Landesarbeitsgerichts München in Bes.-Gr. A 1 b; die Präsidenten der Landgerichte München I und Nürnberg in BesGr. B 5; die Generalstaatsanwälte der Oberlandesgerichte München und Nürnberg in BesGr. B 5; der Präsident des Landesvermessungsamts in BesGr. B 5 und die Präsidenten des Obersten Landesgerichts, des Verwaltungsgerichtshofs und des Obersten Rechnungshofs in BesGr. B 1.

7. Die Beamten des Landtags sind in die Besoldungsordnung nur insoweit aufgenommen, als sie unter Art. 185 Abs. 2 mit 5 des BG. fallen und vom Staatsministerium des Innern in den Formen des Beamtengesetzes ernannt sind; hierher gehören die Direktoren des Landtagsamts und des Landtagsarchivs, ferner der Direktor, die Regierungsräte und der Obersekretär der Landesanstalt für Kurzschrift. Die übrigen Beamten des Landtags fallen unter § 29 der BayVerf. Sie werden vom Vorstand des Landtags angestellt und haben die Rechte und Pflichten der Staatsbeamten. Sie sind dem Vorstand des Landtags unterstellt. Für ihre Besoldung sind die Grundsätze des BBesG. im allgemeinen maßgebend (vgl. Art. 185 Abs. 6 des BG. in der Fassung des durch Art. 1 Ziff. X des Ges. vom 25. November 1921 (GVBl. S. 551) geänderten Art. 48 des BBesG. vom 2. Juni 1920). Das BBesG. findet daher auf sie nur soweit Anwendung, als nicht die Geschäftsordnung des Landtags etwas anderes bestimmt (§ 29 der BayVerf.). Bei der Regelung der Besoldung, insbesondere bei der Schaffung von Beförderungsstellen oder der Bewilligung von Zulagen ist der Landtagsvorstand an die Bewilligung der Mittel im Haushalte des Landtags gebunden.

Für die Beamten der Versicherungskammer und des Landesamts für Wasserversorgung (Art. 186 des BG.), für die Beamten der Bayerischen Staatsbank (Art. 191 des BG.) sind besondere Besoldungsverordnungen erlassen und im Gesetz- und Verordnungsblatt verkündet; sie sind in diesem Buche nach der Anlage 5 zum BBesG. abgedruckt. Das gleiche gilt für die Beamten der Kreis-Heil- und Pflegeanstalten sowie der Kreis-Kranken- und Pflegeanstalt Kaiserslautern. Der Erlaß besonderer Besoldungsverordnungen für die Kreisbeamten gründet sich für die Zeit bis zum 31. März 1928 auf Art. 189 des BG., für die Zeit ab 1. April 1928 auf Art. 38 der KrO. vom 17. Oktober 1927 (GVBl. S. 335). Für die übrigen Kreisbeamten, soweit sie in Art. 188 des BG. (aufgehoben ab 1. April 1928 durch Art. 45 Abs. II der KrO.) aufgeführt sind oder soweit auf sie gemäß Art. 189 des BG. (geändert durch Art. 48 Abs. II der KrO.) die Vorschriften des BG. ganz oder teilweise für entsprechend anwendbar erklärt worden sind, ist von dem Erlaß besonderer Besoldungsverordnungen abgesehen worden; ihre Besoldung wird jeweils durch Ministerialentschließungen geregelt. Zuständig hierzu sind die Staatsministerien des Innern oder für Unterricht und Kultus oder der Landwirtschaft und in jedem Falle das Staatsministerium der Finanzen (vgl. Art. 38 der KrO.).

Die Besoldungsregelung für die Beamten der Stiftungen, soweit sie unter Art. 189 des BG. fallen, erfolgt jeweils durch Entschließung des zuständigen Staatsministeriums im Benehmen mit dem Staatsministerium der Finanzen. Das gleiche gilt bezüglich der Beamten der Fachschulen im Sinne des Art. 190 des BG.; wegen ihrer Ueberleitung in die neue Besoldungsordnung siehe Vorbemerkung 2 zur Anlage 5 zum BBesG.

Art. 3.

I Soweit dienstliche Rücksichten es erfordern, kann einem Beamten ausnahmsweise durch das vorgesetzte Staatsministerium im Einvernehmen mit dem Staatsministerium der Finanzen ein von der Besoldungsordnung abweichender höherer Grundgehalt verliehen werden.

II Auch kann, soweit die Verhältnisse es angezeigt erscheinen lassen, ein Beamter zunächst mit einem geringeren als dem in der Besoldungsordnung vorgesehenen Anfangsgrundgehalt ernannt und ein bereits ernannter Beamter zunächst ohne Aenderung seines Grundgehaltes oder unter vorläufiger Gewährung einer Zulage mit der Versehung einer Amtsstelle betraut werden, für die in der Besoldungsordnung ein höherer Grundgehalt vorgesehen ist.

1. Art. 3 entspricht dem Art. 27 Abs. 1, 2 des BG. und ersetzt diesen (Art. 44 Satz 1 des BBesG. in der Fassung der Bek. vom 24. März 1923 — GVBl. S. 109 — und Art. 62 Abs. II).

2. Die Vorschrift in Abs. I ist hauptsächlich getroffen, um nötigenfalls für bestimmte wichtige Amtsstellen z. B. für Lehrstühle an Hochschulen oder wichtige Stellen in staatlichen Betrieben besonders tüchtige und geeignete Kräfte zu gewinnen oder zu erhalten. Von ihr kann jederzeit Gebrauch gemacht werden, also bei oder nach der Ernennung oder Beförderung oder Wiederanstellung, dagegen nicht mehr gegenüber Beamten im Ruhestande. An die vorherige Bewilligung der Mittel im Haushalt ist die Regierung nicht gebunden. Im übrigen vgl. Reindl, Komm. z. BG. Bem. 2 zu Art. 27 BG. S. 168. Es kann auch ein in den Besoldungsordnungen nicht vorkommender Grundgehaltssatz verliehen werden. In der Ermächtigung, einen höheren ruhegehaltsfähigen Grundgehalt zu verleihen, liegt auch die Ermächtigung, zum regelmäßigen Grundgehalt eine ruhegehaltsfähige oder nicht ruhegehaltsfähige Zulage bedingt (z. B. wenn und soweit die Einnahme aus Vorlesungsgebühren hinter einem bestimmten Jahresbetrage zurückbleiben — Kolleggeldgarantie —) oder unbedingt zu bewilligen. Auch die Verleihung eines höheren Grundgehalts selbst kann an eine Bedingung geknüpft oder befristet werden.

3. Abs. II gilt nicht für richterliche Beamte; für diese ist Art. 183 Abs. 2 Ziff. 1 des BG. durch Art. 55 wie bisher (vgl. Art. 49 des BBesG. in der Fassung der Bek. vom 24. März 1923 — GVBl. S. 109 —) aufrecht erhalten geblieben; vgl. hierüber Reindl, Komm. z. BG. Bem. 7 zu Art. 27 BG. S. 172 und Bem. 2a zu Art. 183 BG. S. 758.

4. Ein kommunistischer Antrag auf Streichung des Art. 3 wurde in der Sitzung des BBesGAusch. vom 22. März 1928 mit allen gegen die Stimme des Antragstellers abgelehnt.

Art. 4.

Die Grundgehälter der Besoldungsordnung A steigen in Dienstaltersstufen von zwei zu zwei Jahren bis zur Erreichung des Endgrundgehalts.

1. Vgl. § 3 Abs. 1, 2 des RBesG. Art. 4 entspricht dem Art. 5 des BBesG. in der Fassung der Bek. vom 24. März 1923 (GVBl. S. 109).

2. Die Zahl der Dienstaltersstufen in den einzelnen Besoldungsgruppen ist verschieden, am höchsten in den zusammengelegten Besoldungsgruppen (vgl. Bem. 2 zu Art. 2) und in der Besoldungsgruppe der ordentlichen Hochschulprofessoren. Es enthalten 11 Dienstaltersstufen die BesGr. A 5 c, 4 b, 2 e und 1 c; 10 Dienstaltersstufen die BesGr. A 10, 9, 7 a, b, c und 5 b; 9 Dienstaltersstufen die BesGr. A 12, 11, 8 a, 6, 5 a, 2 g und 2 b; 8 Dienstaltersstufen die BesGr. A 2 f, d und c; 7 Dienstaltersstufen die BesGr. A 4 a, 3 a und 2 a; 6 Dienstaltersstufen die BesGr. A 4 d und 1 d; 5 Dienstaltersstufen die

BesGr. A 1 b und a; 4 Dienstaltersstufen die BesGr. A 8 b; 3 Dienstaltersstufen die BesGr. A 4 c und 3 b; 2 Dienstaltersstufen die BesGr. A 2 d für die Beamten, auf die die Anm. 3 Anwendung findet (Polizeimajore, Gendarmeriemajore, Polizeimedizinalräte I. Kl., Polizeiveterinärräte I. Kl.).

3. Eine Ausnahme von dem Grundsatze des Art. 4 bilden die Anmerkungen 2 zu den BesGr. A 2 a und 1 a. Hiernach erhalten die Gendarmerie- und Polizeioberstleutnante sowie die Polizeiobermedizinalräte bei ihrer Beförderung in die BesGr. A 2 a und die Polizeiobersten bei ihrer Beförderung in die BesGr. A 1 a jeweils sofort den Endgrundgehalt ihrer BesGr. Für sie kommt also ein Aufsteigen im Grundgehalt nach Maßgabe des Besoldungsdienstalters nicht in Frage; sie hätten daher besser in die Besoldungsordnung B eingereiht werden sollen. Es ist dies wohl nur aus formalen Bedenken unterblieben.

Art. 5.

I Auf das Aufrücken im Grundgehalte haben die Beamten einen Rechtsanspruch.

II Der Anspruch ruht, solange gegen den Beamten ein Disziplinarverfahren oder wegen eines Verbrechens oder Vergehens eine Voruntersuchung oder ein Hauptverfahren anhängig ist oder solange der Beamte mit der Wirkung der Einbehaltung eines Teiles des Diensteinkommens vom Amte vorläufig enthoben ist. Führt das strafgerichtliche Verfahren zur Verurteilung wegen eines Verbrechens oder Vergehens und wird binnen dreier Monate nach Abschluß des strafgerichtlichen Verfahrens wegen der nämlichen Tatsachen ein Disziplinarverfahren eingeleitet, so ruht der Anspruch auch während der Zwischenzeit.

III Führt das Verfahren zum Verluste des Amtes, so erlischt der Anspruch auch für die Zeit des Ruhens.

1. Vgl. § 4 des RBesG. Art. 5 entspricht in seinem Absatz I dem Art. 11 Abs. I und in den Absätzen II und III dem Art. 12 des BBesG. in der Fassung der Bek. vom 24. März 1923 (GVBl. S. 109).

2. Abs. I räumt den e t a t m ä ß i g e n Beamten einen im Zivilrechtsweg verfolgbaren Rechtsanspruch auf das Aufrücken im Grundgehalt ein. Einen solchen Anspruch hätte der Beamte auch dann, wenn Abs. I fehlen würde; der Anspruch würde ohne weiteres aus Art. 1, 2 und 4 sich ergeben. Wenn trotzdem Abs. I in das Gesetz aufgenommen wurde, so erklärt sich dies teils aus geschichtlichen Gründen, weil früher die Frage strittig war (vgl. Reindl,

Komm. z. BG. Bem. 5 zu Art. 28 S. 188 und Bem. 1 zu Art. 30 S. 207), teils aus beamtenpolitischen Gründen, weil der Satz der Beruhigung der Beamtenschaft dient. Art. 5 gilt nicht für die nichtetatmäßigen Beamten oder die Hochschulassistenten (Art. 29—33). Trotzdem haben auch sie einen Rechtsanspruch auf das Aufrücken in der Grundvergütung (Art. 29 mit Anlage 4); nur ist dieser Rechtsanspruch dadurch wesentlich eingeschränkt, daß das Aufrücken im Administrativwege gemäß Art. 30 versagt werden kann und daß diese Entscheidung der Nachprüfung durch die Gerichte entzogen ist und zwar gemäß Art. 178 Ziff. 5 des BG. in der Fassung des Art. 46 des BBesG. vom 2. Juni 1920 (gültig auch für Volksschullehrer gemäß Art. 135 des BLG. in der Fassung des Art. 1 Ziff. VI des Ges. vom 1. August 1923 zur Aenderung von Vorschriften über das Volksschulwesen — GVBl. S. 337 —). Die gleiche Einschränkung galt bis zum 1. Oktober 1927 auch gegenüber dem Rechtsanspruch der etatmäßigen Beamten (vgl. Art. 11 Abs. II—V des BBesG. vom 2. Juni 1920 in der Fassung der Bek. vom 24. März 1923 — GVBl. S. 109 —). Sie ist in das neue BBesG. nicht mehr übernommen worden, weil sie von der Beamtenschaft als eine Schmälerung ihrer Rechte empfunden wurde und im Reichsgesetze sowie in den Besoldungsgesetzen der Mehrzahl der Länder nicht besteht und weil ferner die Staatsregierung auf Grund der bisherigen Erfahrungen auf sie glaubte verzichten zu können.

3. Abs. II Satz 1 entspricht dem schon seit der Geltung des BG. und des BLG. bestehenden Rechte (vgl. Art. 32 des BG.; Art. 29 des BLG.), jedoch mit der Abweichung, daß nur mehr ein anhängiges Disziplinarverfahren (Art. 118 ff. des BG.) und bei Volksschullehrern nur mehr ein anhängiges Amtsstrafverfahren (Art. 119 ff. des BLG., Art. 48 Abs. III) den Anspruch auf das Aufrücken im Grundgehalt zum Ruhen bringt. Wegen der vorläufigen Enthebung vom Dienste mit der Wirkung der Einbehaltung eines Teiles des Diensteinkommens siehe Art. 171—174 des BG. und Art. 130—133 des BLG. Satz 2 des Abs. II trifft Vorsorge, daß in der Zeit, die zwischen dem Abschluß eines strafgerichtlichen Verfahrens wegen eines Verbrechens oder Vergehens, das zwar zur Verurteilung, aber nicht zum Verluste des Amtes geführt hat, und der Einleitung des Dienststrafverfahrens (bei Volksschullehrern: Amtsstrafverfahrens) liegt, der Anspruch auf die Grundgehaltsvorrückung weiterruht. Diese Wirkung tritt aber nur ein, wenn das Dienststrafverfahren (Amtsstrafverfahren) binnen dreier Monate nach Abschluß des strafgerichtlichen Verfahrens und zwar wegen der nämlichen Tatsachen eingeleitet wird, die den Gegenstand des strafgerichtlichen Verfahrens gebildet haben. Solange das strafgerichtliche Verfahren schwebt, ist die Einleitung des Dienststrafverfahrens (bei Volksschullehrern Amtsstrafverfahrens) unzulässig (Art. 115 des BG., Art. 115 des BLG.). Ist dagegen das Dienst-(Amts-)strafverfahren schon vor der Erhebung der öffentlichen Klage eingeleitet und nur gemäß Art. 115 des BG. oder Art. 115 des BLG. während der Dauer des strafgerichtlichen Verfahrens ausgesetzt worden, kommt Satz 2 nicht zur Anwendung; es gilt dann Satz 1 (anhängiges Disziplinarverfahren).

3. Abs. III ist notwendig, weil der Beamte nach Abs. I einen Rechtsanspruch auf das Aufrücken hat und daher nach Wegfall der das Ruhen des Anspruchs bewirkenden Tatsachen ohne diese Vorschrift ein Recht auf Nachzahlung der zurückgehaltenen Vorrückungsbeträge hätte. Der Begriff „ruhen" im Sinne des Abs. II und III hat sonach einen anderen Inhalt als der gleiche Begriff beispielsweise in Art. 44 und 66 des BG. oder in Art. 57 und 58 des BLG., wo beim Wegfall des Grundes des Ruhens Wiedergewährung nur für die Zukunft, niemals aber eine Rückzahlung der während der Dauer des Ruhens eingezogenen Beträge stattfindet. Führt das Verfahren (Strafverfahren, Disziplinarverfahren, Amtsstrafverfahren) nicht zum Verluste des Amtes, so hat der Beamte einen Rechtsanspruch auf die nur einstweilen einbehaltenen Vorrückungsbeträge. Die Verwaltung ist nicht mehr wie vor dem 1. Oktober 1927 (vgl. Art. 11 Abs. II—V, Art. 12 Abs. II Halbsatz 2 des BBesG. vom 2. Juni 1920) befugt, hiervon abweichende Anordnungen zu treffen. Nur übergangsweise (Art. 62 Abs. II Satz 2) ist dies noch zulässig, da die Vorschriften in Art. 11 Abs. II—V des BBesG. vom 2. Juni 1920 für Beamte, denen bis zur Veröffentlichung des neuen BBesG. (27. April 1928) die Dienstalterszulage (= das Aufrücken im Grundgehalte) ganz oder teilweise versagt oder in längeren Fristen oder nur in widerruflicher Weise bewilligt worden ist, so lange in Kraft bleiben, bis Entscheidung gemäß Art. 11 Abs. IV des bisherigen BBesG. getroffen ist.

4. Art. 5 Abs. II und III gelten nicht für die nichtetatmäßigen Beamten, da auf sie die Vorschriften über das Disziplinarverfahren oder Amtsstrafverfahren keine Anwendung finden und weil für sie die weitergehende Vorschrift des Art. 30 getroffen ist. Sie gelten auch nicht für die richterlichen Beamten (Art. 183, 184 BG.); für sie verbleibt es bei den Sondervorschriften des Art. 183 Abs. 2 Ziff. 4 des BG. (Art. 55). Hervorzuheben ist, daß das Disziplinarverfahren innerhalb einer Frist von 2 Wochen (nicht wie in Art. 5 Abs. II: 3 Monate) nach Abschluß des Strafverfahrens, das nicht zum Verlust des Amts geführt hat, eingeleitet werden muß, wenn der Anspruch auf das Aufrücken im Grundgehalt auch in der Zwischenzeit ruhen soll.

Art. 6.

I Das Besoldungsdienstalter der Beamten mit aufsteigenden Gehältern beginnt mit dem Tage der etatmäßigen Anstellung in der jeweiligen Besoldungsgruppe, soweit nicht in diesem Gesetz oder in den Ausführungsbestimmungen etwas anderes bestimmt oder zugelassen ist. Von diesem Zeitpunkt an berechnen sich die Zeitabschnitte für das Verbleiben im

Anfangsgrundgehalt und für das Aufsteigen in die höheren Dienstaltersstufen.

II Der Grundgehalt der höheren Dienstaltersstufe wird vom Ersten des Monats an gezahlt, in den der Eintritt in die höhere Dienstaltersstufe fällt.

1. Vgl. § 3 Abs. 3, 4 und § 5 Abs. 1 des RBesG. und Nr. 7 bis 14 der RBesV. Art. 6 entspricht dem Art. 6 Abs. I Satz 1, 2 und Abs. II des BBesG. in der Fassung der Bek. vom 24. März 1923 (GVBl. S. 109). Unter Besoldungsdienstalter ist die Zeit zu verstehen, die ein Beamter als Dienstzeit in einer bestimmten Besoldungsgruppe tatsächlich oder fiktiv in etatmäßiger Weise zurückgelegt hat und nach der sich der Grundgehalt gemäß Art. 4 berechnet. Das Besoldungsdienstalter hat also immer nur in Beziehung zu einer bestimmten Besoldungsgruppe Geltung. Es ändert sich oder kann sich ändern mit dem Uebertritt in eine andere Besoldungsgruppe und entfällt ganz mit dem Uebertritt in eine Besoldungsgruppe mit Einzelgehalt (BesO. B), weil hier ein Vorrücken im Grundgehalt nach Maßgabe des Besoldungsdienstalters nicht mehr in Frage kommt. Ein Recht auf Beibehaltung des bei der ersten etatmäßigen Anstellung festgesetzten Besoldungsdienstalters in der Anstellungsgruppe auch in anderen Besoldungsgruppen besteht daher nicht. Es liegt also in dieser Hinsicht nicht etwa ein wohlerworbenes Recht im Sinne des Art. 129 Abs. I Satz 3 der RVerf. oder des § 67 Abs. II Satz 2 der BayVerf. vor. Wird eine Besoldungsordnung im Wege des Gesetzes durch eine neue Besoldungsordnung ersetzt, so kann der Gesetzgeber Vorschriften über das Besoldungsdienstalter mit der Wirkung treffen, daß die Beamten bei der Ueberleitung in die neue Besoldungsregelung eine Aenderung ihres bisherigen Besoldungsdienstalters (Verbesserung oder Verschlechterung) erfahren; von dieser Möglichkeit hat das BBesG. wiederholt Gebrauch gemacht (vgl. die Ueberleitungsbestimmungen zu den BesGr. A 1 b, d; 2 b, d, e, f, g; 3 a; 4 a, b; 5 b, c; 6; 7 b; 8 a; 9 mit 12).

Der Begriff: „Besoldungsdienstalter" wird im gewöhnlichen Sprachgebrauch auch dazu verwendet, um den „Zeitpunkt" (Art. 6 Abs. I Satz 2) zu bezeichnen, von dem an die zweijährigen Fristen für das Aufrücken im Grundgehalt (Art. 4, 5) gerechnet werden. In diesem Sinne sagt man beispielsweise kurz: „Der Beamte X. hat ein BDA. vom 1. Mai 1915 in der BesGr. A 10." Dem gesetzlichen Sprachgebrauch würde es dagegen entsprechen zu sagen: „Das BDA. des Beamten X. in der BesGr. A 10 beginnt mit dem 1. Mai 1915."

2. Das BDA. beginnt grundsätzlich mit dem Tage der etatmäßigen Anstellung, soweit nicht im BBesG. oder in den Ausführungsbestimmungen etwas anderes bestimmt oder zugelassen ist. Unter etatmäßiger Anstellung ist die in den Formen des Art. 5 des BG.

oder Art. 2 des BLG. erfolgende Ernennung, Wiederanstellung oder Beförderung zu verstehen; sie wird wirksam mit dem in der Urkunde bezeichneten Tage. Von diesem Tage beginnt auch regelmäßig der Anspruch des Beamten auf das Diensteinkommen (Art. 36). Ist auf das BDA. nach gesetzlicher Vorschrift eine Zeit anzurechnen oder wird von der Verwaltung eine nach dem Gesetz oder den Ausführungsbestimmungen zulässige Anrechnung verfügt, so erhöht sich hierdurch das BDA. um die anzurechnende Zeit oder anders ausgedrückt: Der Beginn der BDA. wird um die anzurechnende Zeit vorgerückt (verbessert). Daß eine nach dem Beginne des BDA. liegende aktive Dienstzeit für das Aufrücken nicht zählt und demgemäß das BDA. um diese Zeit sich verkürzt (anders ausgedrückt: der Beginn des BDA. auf einen um diese Zeit später liegenden Tag festgesetzt, also verschlechtert wird), kommt nur bei dem Aufrücken der nichtetatmäßigen Beamten in der Grundvergütung vor (Art. 30).

3. Bezüglich der Anrechnung von Zeiten auf das BDA. unterscheidet das Gesetz zwischen Muß-, Soll- und Kannvorschriften. Es muß angerechnet werden a) die über 5 (bei Versorgungsanwärtern: über 4) Jahre hinausgehende nichtetatmäßige Dienstzeit (Art. 7) mit der Einschränkung des Art. 7 Abs. II; b) die Heeres- oder Marinedienstzeit der Versorgungsanwärter auf Grund des Art. 8 oder — für überzuleitende Beamte — des Art. 42; c) die frühere etatmäßige Dienstzeit eines wiederangestellten Ruhestandsbeamten (Art. 10 Abs. I Satz 1); d) die frühere etatmäßige Dienstzeit eines aus dem Staatsdienste durch Entlassung auf Ansuchen ausgeschiedenen, nachher aber wieder in etatmäßiger Eigenschaft angestellten Beamten, soweit die Anrechnung bei der Entlassung zugesichert worden war (Art. 10 Abs. III letzter Satz); e) die Dienstzeit in der verlassenen Besoldungsgruppe bei Ueberführung in eine andere Besoldungsgruppe nach näherer Bestimmung des Art. 11. Es soll angerechnet werden die Zeit des einstweiligen Ruhestandes oder wenn ein Dienstunfall den Grund zur Versetzung in den Ruhestand gebildet hat, auch die Zeit des zeitlichen oder dauernden Ruhestandes (Art. 10 Abs. II). Es können angerechnet werden die in Art. 9, Art. 10 Abs. I Satz 2 und Abs. III aufgeführten Dienstzeiten. Gemäß § 19 Abs. II des RArbeitsgerichtsgesetzes vom 23. Dezember 1926 (RGBl. I S. 507) muß die Dienstzeit als Vorsitzender eines Arbeitsgerichts auf das BDA. angerechnet werden.

4. Die Entscheidungen der Verwaltungsbehörden über die Festsetzung des BDA. sind für die Beurteilung der vor dem Gerichte geltend gemachten vermögensrechtlichen Ansprüche in jedem Falle bindend (Art. 12 Abs. II), also auch in den Fällen der Anrechnung auf Grund zwingender Vorschriften. Etwaige Irrtümer bei der Festsetzung des BDA. zugunsten der Beamten können jederzeit mit bindender Wirkung für den Beamten berichtigt werden (RGZ. Bd. 110 S. 266). Die Prüfung, ob ein Irrtum oder ein Versehen unterlaufen ist, das die Berichtigung des BDA. notwendig macht, obliegt der Verwaltungsbehörde und steht nicht dem Gerichte zu, das in das pflichtmäßige Ermessen anderer Behörden auf dem diesen gesetzlich zugewiesenen Gebiet einzugreifen nicht befugt ist (RGZ. Urteil vom 10. 1. 28 Nr. 252/27 III. — Jur. Wochenschrift 57. Jahrg. S. 1042). Die Festsetzung des BDA. kann im Rechtswege nicht verlangt werden (vgl. RGZ. Urteil vom 13. Dez. 1927 Nr. 121/27 III Celle — Jur. Wochenschrift 57. Jahrg. S. 1041). Vgl. ferner RGZ. Bd. 103 S. 291, 292; Bd. 110 S. 265, 266.

5. Bei der Anrechnung von Zeiten auf das BDA. ist jeder Monat mit 30 Tagen zu rechnen. Der 31. eines Monats bleibt außer Betracht; in Schaltjahren wird der 29. Februar zweimal, in den übrigen Jahren der 28. Februar dreimal gezählt. Beim Zusammenzählen mehrerer nach Tagen festgesetzten Zeiten werden dreißig Tage als ein Monat gerechnet. Demgemäß ergeben sich beispielsweise vom 28. Oktober 1924 bis 23. August 1927 zwei Jahre 9 Monate 26 Tage; vom 31. März bis 5. April fünf Tage; vom 21.—31. Dezember 10 Tage; vom 29. Februar 1928 bis 4. März 1928 sechs Tage; vom 28. Februar bis 4. März 1929 sieben Tage. Sind auf das BDA. vom 1. Juni beispielsweise fünf Tage anzurechnen, so beginnt das BDA. am 26. Mai; bei Anrechnung von beispielsweise 10 Tagen auf ein am 1. März beginnendes BDA. ergibt sich als Beginn des BDA. der 21. Februar 1928; bei Anrechnung von ein oder zwei Tagen auf ein BDA. am 1. März ergibt sich ein BDA. vom 29. Februar, wenn es ein Schaltjahr ist, sonst vom 28. Februar; bei Anrechnung von drei Tagen auf ein BDA. vom 1. März ergibt sich in allen Fällen ein BDA. vom 28. Februar (vgl. Nr. 7 Abs. 3, 4 der RBesB.).

6. Beispiele für die Anrechnung auf das BDA. a) Einem am 1. Mai 1928 in etatmäßiger Weise zum Beamten der BesGr. A 10 ernannten Zivilanwärter müssen gemäß Art. 7 drei Jahre zwei Monate auf das BDA. deshalb angerechnet werden, weil zwischen dem Beginn seines nichtetatmäßigen BDA. — 1. Februar 1920 — und dem Tage seiner etatmäßigen Anstellung — 1. Mai 1928 — im gleichen Dienstzweig 8 Jahre 2 Monate liegen und hiervon die über 5 Jahre hinausgehende Zeit, also 3 Jahre 2 Monate anzurechnen sind. Er erhält deshalb statt eines BDA. vom Tage der etatmäßigen Anstellung (1. Mai 1928) ein BDA. vom 1. Mai 1928 + 3 Jahre 2 Monate = 1. Februar 1925. Sein Grundgehalt berechnet sich daher gemäß Art. 4 so, wie wenn er bereits seit dem 1. Februar 1925 in die Gruppe A 10 eingereiht gewesen wäre. Er erhält demgemäß bei der Anstellung (1. Mai 1928) sofort den Grundgehalt der 2. Dienstaltersstufe (1690 *RM*) und rückt am 1. Februar 1929 (d. i. 4 Jahre nach dem Beginn seines BDA.) in die 3. Dienstaltersstufe (1780 *RM*) vor. b) Einem am 1. Juli 1928 in etatmäßiger Weise zum Beamten der BesGr. A 8 a ernannten Militäranwärter sind beispielsweise 2 Jahre 145 Tage = 2 Jahre 4 Monate 25 Tage Heeresdienstzeit gemäß Art. 8 anzurechnen. Er erhält dann statt des BDA. vom Tage der etatmäßigen Anstellung (1. Juli 1928) ein BDA. von einem Tage, der um 2 Jahre 4 Monate 25 Tage vor dem 1. Juli 1928 liegt, also vom 6. Februar 1926.

7. Vom Besoldungsdienstalter ist zu unterscheiden: das Anstellungsdienstalter, das maßgebend ist für die Reihenfolge der Anstellung; das Stellen- oder Dienstgradalter, das sich in der Regel nach dem Tage der Erlangung einer bestimmten Amtsstelle richtet und namentlich für die Vertretung nach den Vorschriften des Gerichtsverfassungsgesetzes bestimmend ist; das Rangdienstalter, nach dem sich der Vortritt innerhalb der gleichen Rangklasse regelt (vgl. RangVO. vom 23. Dezember 1908 — GVBl. S. 1211 — in der Fassung der VO. vom 10. Juni 1918 — GVBl. S. 317); endlich das pensionsfähige Dienstalter (pensionsfähige Dienstzeit), das für die Berechnung des Ruhegehalts maßgebend ist (Art. 53—59 des BG., Art. 46—51 des BLG.; Art. 1—3 des Ges. über erhöhte Anrechnung der Dienstzeit während des Krieges vom 9. August 1921 — GVBl. S. 479). Beispiele über Berechnung der pensionsfähigen Dienstzeit s. bei Reindl, Komm. z. BG. Bem. 4 zu Art. 53 BG. S. 301, 302.

8. Art. 6 Abs. II entspricht dem durch das BBesG. ersetzten Art. 34 Abs. 2 des BG., er gilt auch für die nichtetatmäßigen Beamten entsprechend (Art. 29 Abs. II). Im übrigen vgl. Reindl, Komm. z. BG. Bem. 2 zu Art. 34 BG. S. 217, 218. Ein am 16. März 1928 mit BDA. vom gleichen Tage etatmäßig ernannter Regierungsrat der BesGr. A 2 f erhält hiernach den Grundgehalt der 2. Dienstaltersstufe (5200 *RM*) nicht erst ab 16. März 1930, sondern schon ab 1. März 1930. Der Beginn des BDA. (16. März 1928) bleibt aber unverändert. Aehnliche Bestimmung wie Abs. II enthält Art. 23 Abs. I bezüglich der Kinderzuschläge. Der gleiche Grundsatz gilt aber nicht beim Wohnungsgeldzuschuß bei Aenderungen im Ortssatze (Art. 18 Abs. III) oder bei einer mit einem Wechsel in der Ortsklasse verbundenen Versetzung (Ernennung oder Berufung) oder Beförderung (Art. 18 Abs. II und V).

Art. 7.

I Die Zeit, die bei dem gleichen Dienstzweige zwischen dem Beginn des Besoldungsdienstalters als nichtetatmäßiger Beamter (Art. 29) und der ersten etatmäßigen Anstellung verbracht worden ist, wird auf das Besoldungsdienstalter bei der ersten etatmäßigen Anstellung angerechnet, soweit sie fünf Jahre, bei Versorgungsanwärtern, soweit sie vier Jahre übersteigt.

II Ist die etatmäßige Anstellung wegen unzureichender Befähigung ausgesetzt worden oder wird die etatmäßige

Anstellung von dem Beamten selbst durch Ablehnung der geforderten Uebernahme eines Amtes verzögert, so werden diese Zeiten nicht angerechnet.

1. Vgl. § 5 Abs. 2 und § 16 Abs. 3 des RBesG. Art. 7 deckt sich mit dem Art. 7 des BBesG. in der Fassung der Bek. vom 24. März 1923 (GVBl. S. 109). Er ist nur zur Erreichung der Uebereinstimmung mit der reichsrechtlichen Regelung dahin erweitert, daß bei Versorgungsanwärtern die nichtetatmäßige Dienstzeit, soweit sie 4 (bisher 5) Jahre übersteigt, angerechnet wird. Diese Sonderstellung der Versorgungsanwärter hat nur in seltenen Ausnahmefällen praktische Bedeutung, da die Versorgungsanwärter auf offene etatmäßige Stellen einberufen werden und deshalb ihre nichtetatmäßige Dienstzeit in der Regel kürzer als 4 Jahre sein wird.

2. Abs. I soll einen Ausgleich schaffen für den durch den Mangel an offenen etatmäßigen Stellen in einzelnen Verwaltungen vielfach eintretenden Mißstand übermäßig langer Vordienstzeiten und für die damit entstehenden Ungleichheiten in der Besoldung der Beamten verschiedener Verwaltungszweige. Wegen der Begriffe „nichtetatmäßiger Beamter" und „Besoldungsdienstalter als nichtetatmäßiger Beamter" siehe Bem. zu Art. 29, 31 und 32 sowie Bem. 1—4 und 8 zu Art. 6. Ein Beispiel für die Anrechnung der nichtetatmäßigen Dienstzeit enthält die Bem. 6 zu Art. 6. In Frage kommt nur eine nichtetatmäßige Dienstzeit im gleichen Dienstzweige; nur diese muß im Rahmen des Art. 7 angerechnet werden. Die in einem anderen Dienstzweig als dem Dienstzweig der etatmäßigen Anstellung zurückgelegte nichtetatmäßige Dienstzeit kann nach dem Ermessen des zuständigen Staatsministeriums mit Zustimmung des Staatsministeriums der Finanzen angerechnet werden, wenn und soweit es zum Ausgleich einer Härte veranlaßt ist (Art. 9 Abs. I).

3. Eine Verpflichtung zur etatmäßigen Anstellung nach Erreichung eines nichtetatmäßigen BDA. von 5 (bei Versorgungsanwärtern 4) Jahren oder nach Zurücklegung einer 5- (bei Versorgungsanwärtern 4-) jährigen nichtetatmäßigen Dienstzeit besteht nicht, auch nicht im Sinne einer Sollvorschrift wie im Reiche (§ 16 Abs. 3 des RBesG.). Nur zugunsten der Angehörigen der Schutzpolizei, die eine dreijährige Dienstzeit als Anwärter und eine fünfjährige Dienstzeit als nichtetatmäßige Beamte zurückgelegt haben, gilt die Sondervorschrift des Art. 204 Abs. 1 Ziff. 1 des BG. in der Fassung des Art. I des PBG.; hiernach werden diese Anwärter bei Eignung grundsätzlich zu etatmäßigen staatlichen Polizeibeamten im Rahmen des Haushaltsplanes ernannt oder als vollbeschäftigte Beamte im gemeindlichen Polizeidienst angestellt. Ihre nichtetatmäßige Dienstzeit beträgt sonach in der Regel nicht mehr, aber auch nicht weniger als fünf Jahre.

4. Art. 7 Abs. I hat, soweit die Verbesserung der Anrechnung zugunsten der Versorgungsanwärter in Frage kommt, keine rückwirkende Kraft. Für die in das neue BBesG. überzuleitenden nichtetatmäßigen Beamten gelten die Vorschriften in Art. 41 im Zusammenhalt mit der Uebergangsbestimmung in Buchst. a der Anlage 4 und mit der Anlage 5. Hiernach ist das nichtetatmäßige BDA. der in das neue BBesG. überzuleitenden nichtetatmäßigen Beamten (das sind alle am 1. Oktober 1927 im Amte gewesenen oder nach diesem Zeitpunkte noch nach den alten Besoldungsvorschriften ernannten nichtetatmäßigen Beamten, soweit sie nicht gemäß Art. 41 Abs. II von der Ueberleitung ausgeschlossen sind) allgemein um 2 Jahre verbessert worden, aber nur für die Bemessung der nach Anlage 4 zuständigen Grundvergütung. Für die Anwendung des Art. 7 scheidet diese Verbesserung aus und es bleibt hierfür nur das ursprüngliche, nicht auf Grund der Ueberleitungsbestimmungen verbesserte BDA. maßgebend; das gleiche gilt hinsichtlich der Aufrückung in der Grundvergütung über die Sätze der Anlage 4 hinaus nach Maßgabe des Art. 31 Abs. II Satz 2. Beispiel: Ein am 1. Nov. 1926 ernannter nichtetatmäßiger Beamter der alten BesGr. X hat ein nichtetatmäßiges BDA. vom 1. Juli 1925 erhalten. Er ist in die nichtetatmäßige BesGr. A 2 f der Anlage 4 überzuleiten und erhält ein nichtetatmäßiges BDA. vom 1. Juli 1923 (2 Jahre Verbesserung!). Am 1. Oktober 1927 (Zeitpunkt der Ueberleitung) steht er also nach seinem verbesserten BDA. im 5. nichtetatmäßigen Grundvergütungsdienstjahr; er hat deshalb ab 1. Oktober 1927 eine Grundvergütung von 4500 *RM* zu erhalten und rückt, wenn ihm nicht das Aufrücken gemäß Art. 30 versagt oder verzögert wird, am 1. Juli 1928 (Eintritt in das 6. nichtetatmäßige Besoldungsdienstjahr) in die Grundvergütung von 4800 *RM* vor; er bleibt in dieser Grundvergütung bis zum 30. Juni 1932 und rückt am 1. Juli 1932 gemäß Art. 31 Abs. II Satz 2 in die Grundvergütung von 5200 *RM* (= Grundgehalt der 2. Dienstaltersstufe der etatmäßigen BesGr. A 2 f) vor. Wird dieser Beamte am 1. November 1932 etatmäßig im gleichen Dienstzweig ernannt, so muß ihm die 5 Jahre übersteigende Zeit seines ursprünglichen BDA. (1. Juli 1925), nicht seines überleitungsweise verbesserten BDA. (1. Juli 1923) oder wie die Anm. zur Anlage 4 Buchst. a sagt, die 7 Jahre übersteigende Zeit des verbesserten BDA. auf das etatmäßige BDA. gemäß Art. 7 Abs. I angerechnet werden, wenn und soweit nicht Abs. II zutrifft. Demgemäß muß ihm die um 5 Jahre gekürzte Zeit vom 1. Juli 1925 bis 1. November 1932, also 7 Jahre 4 Monate weniger 5 Jahre, demnach 2 Jahre 4 Monate auf das etatmäßige BDA. angerechnet werden. Der Beamte erhält deshalb statt des regelmäßigen BDA. vom Tage der etatmäßigen Anstellung (Art. 6) — 1. Nov. 1932 — ein um 2 Jahre 4 Monate vorgerücktes BDA., also vom 1. Juli 1930. Er wird daher für die Aufrückung im Grundgehalte der BesGr. A 2 f so behandelt, wie wenn er bereits seit dem 1. Juli 1930 etatmäßiger Beamter dieser Gruppe wäre. Ihm gebührt sonach vom Tage seiner etatmäßigen Anstellung an (1. Nov. 1932) der Grundgehalt der 2. Dienstaltersstufe mit 5200 *RM* (Erfolg: er hat einen

Grundgehalt in der gleichen Höhe wie seine bisherige Grundvergütung) und das Aufrücken in den Grundgehalt der 3. Dienstaltersstufe (5600 RM) ab 1. Juli 1934.

5. Abs. II führt die Gründe erschöpfend auf, aus denen die Anrechnung nach Abs. I teilweise ausgeschlossen sein soll. Andere Gründe, auch wenn sie in der Person des Beamten liegen, z. B. Krankheit, berechtigen nicht zum Ausschluß der Anrechnung. (Anders die Vorschrift in Nr. 17 der RBesV., deren Rechtsgültigkeit angesichts der zwingenden Vorschriften des § 5 Abs. 2 des RBesG. zweifelhaft erscheint und die auch nicht auf § 45 Satz 2 des RBesG. gestützt werden kann.) Die Aussetzung oder Verzögerung der etatmäßigen Anstellung wegen unzureichender Befähigung oder wegen Ablehnung der Uebernahme eines Amtes (in Frage kommt nur die Uebernahme eines Amtes, auf das der nichtetatmäßige Beamte Anwärter ist) bewirkt nicht den vollen Ausschluß der Anwendung des Art. 7 Abs. I, sondern nur die Kürzung der gemäß Abs. I anrechnungsfähigen Zeit um die Zeit der Aussetzung oder Verzögerung.

6. Auf die Anrechnung nach Art. 7 besteht ein Anspruch. Er kann aber nur im Verwaltungswege geltend gemacht werden (Art. 12 Abs. II). Der Rechtsweg vor den ordentlichen Gerichten gemäß Art. 176 des BG., dessen Vorschrift gemäß Art. 135 des VLG. in der Fassung des Art. 1 Ziff. VI des Ges. vom 1. August 1923 zur Aenderung von Vorschriften über das Volksschulwesen (GVBl. S. 337) auch für die Volksschullehrer gilt, ist nicht zulässig. Die gegenteilige Auffassung, die sich darauf stützt, daß die Anrechnung Voraussetzung für die Begründung des vermögensrechtlichen Anspruchs auf den entsprechenden Grundgehalt sei, läßt sich mit Rücksicht auf die Entscheidungen des Reichsgerichts (vgl. Bem. 4 zu Art. 6) nicht mehr aufrechterhalten.

7. Dem nichtetatmäßigen Staatsbeamtenverhältnis entspricht bei den Volksschullehrern das Dienstverhältnis des unständigen Volksschullehrers (Art. 48 Abs. I, II).

Art. 8.

I Den Versorgungsanwärtern wird bei der ersten etatmäßigen Anstellung, wenn sie im Heere oder in der Marine

a) acht Jahre oder weniger gedient haben, die tatsächlich abgeleistete Dienstzeit bis zu einem Jahre,

b) über acht Jahre gedient haben, außerdem die Dienstzeit im Heere oder in der Marine, soweit sie und die nachfolgende Zivildienstzeit acht Jahre übersteigt, mit der darüber hinausgehenden Zeit, höchstens aber mit weiteren fünf Jahren

auf das Besoldungsdienstalter angerechnet. Die Heeres- und

Marinedienstzeit der Versorgungsanwärter wird neben der nichtetatmäßigen Dienstzeit (Art. 7) angerechnet. Die vor dem vollendeten siebzehnten Lebensjahre liegende Heeres- oder Marinedienstzeit bleibt außer Betracht, soweit es sich nicht um eine tatsächlich geleistete Kriegsdienstzeit handelt.

II Der Dienstzeit im Heere wird die Zeit im Dienste der Polizei nach dem Reichsgesetz vom 17. Juli 1922 (RGBl. I Seite 597) oder im Dienste des Reichswasserschutzes gleichgeachtet.

III Treten Beamte, die aus den Versorgungsanwärtern hervorgegangen sind, erstmals in eine andere Besoldungsgruppe über, so wird ihr Besoldungsdienstalter in der neuen Besoldungsgruppe nach Abs. I festgesetzt, wenn nicht die Anwendung des Art. 11 günstiger wirkt.

IV Wer als Versorgungsanwärter im Sinne dieses Gesetzes anzusehen ist, wird in den Ausführungsbestimmungen festgestellt.

V Das Besoldungsdienstalter der auf Grund des Beamtenscheins angestellten schwerkriegsbeschädigten Beamten ist angemessen zu verbessern. Eine entsprechende Verbesserung kann auch anderen schwerkriegsbeschädigten Beamten gewährt werden. Das Nähere regeln die Ausführungsbestimmungen.

1. Vgl. § 5 Abs. 3—8 des RBesG. und Nr. 19—27 der RBesV. Art. 8 entspricht dem Art. 8 des BBesG. in der Fassung der Bek. vom 24. März 1923 (GVBl. S. 109). Abgesehen von gewissen sprachlichen Aenderungen enthält Art. 8 gegenüber dem bisherigen Rechte zwei wesentliche Erweiterungen. Nach dem bisherigen Rechte wurde den Versorgungsanwärtern von ihrer Dienstzeit im Heere usw. das 1., 10., 11. und 12. Jahr und dazu von der darüber hinausgehenden Militärdienstzeit oder von der nachfolgenden Zivildienstzeit ein weiteres (13.) Jahr auf das Besoldungsdienstalter angerechnet. Entsprechend der Regelung im Reiche sind diese fünf anrechnungsfähigen Jahre nunmehr durch Einfügung des 9. Dienstjahres auf insgesamt 6 erhöht. Die erweiterte Anrechnung ist dadurch gerechtfertigt, daß für die künftig anzustellenden Versorgungsanwärter sich die zwischen der Erlangung des Zivilversorgungsscheins und dem Uebergang in eine Zivilstelle liegende Zeit gegen bisher etwas verlängern wird. Die Verbesserung des Besoldungsdienstalters der Versorgungsanwärter hat keine rückwirkende Kraft auf die bereits etatmäßig angestellten Beamten. Für sie gelten die besonderen Uebergangsvorschriften in Art. 42. Außerdem ist in den Art. 8 die Vorschrift neu aufgenommen, daß die schwerkriegsbeschädigten Beamten eine angemessene Verbesserung ihres Besoldungsdienstalters nach näherer Maßgabe der Ausführungsbestimmungen erhalten sollen.

2. Versorgungsanwärter im Sinne des Art. 8 sind nur die Inhaber des Zivilversorgungsscheins — Militäranwärter — gemäß § 75 des Reichsmilitärpensionsgesetzes vom 27. Juni 1871 — RGBl. S. 275 —, § 10 des Ergänzungsgesetzes vom 4. April 1874 — RGBl. S. 25 —, §§ 15, 16 des Mannschaftsversorgungsgesetzes vom 31. Mai 1906 — RGBl. S. 593 —, § 30 des Wehrmachtversorgungsgesetzes vom 4. August 1921 in der Fassung des Gesetzes vom 19. September 1925 — RGBl. Teil I S. 349 —, § 1 Abs. 4, 5, 7 und 8 der Anstellungsgrundsätze für den Reichs- und Staatsdienst vom 20. Juni 1907 — Zentralbl. f. d. Deutsche Reich S. 309; GVBl. S. 685 —; dann die Inhaber des Zivildienstscheins gemäß § 10 (nicht auch § 61) des Wehrmachtversorgungsgesetzes vom 4. August 1921 in der Fassung des Ges. vom 19. September 1925, ferner die Inhaber des Polizeiversorgungsscheins gemäß § 2 des RGes. über die Schutzpolizei der Länder vom 17. Juli 1922 — RGBl. Teil I S. 597 — und § 2 des RGes. über die Versorgung der Polizeibeamten beim Reichswasserschutz vom 26. Februar 1926 — RGBl. Teil I S. 149 —, endlich die vormaligen Angehörigen der Gendarmerie, die auf Grund der früheren Vorschriften den Zivilanstellungsschein erworben haben (vgl. Ziff. 2 Abs. 4 der Bek. vom 28. Dez. 1910 — GVBl. S. 1202). Der Begriff „Versorgungsanwärter" ist sonach in Art. 8 enger als in § 1 der Anstellungsgrundsätze in der Fassung der Bek. vom 31. Juli 1926 (RGBl. Teil I S. 435). Insbesondere zählen **nicht** zu den Versorgungsanwärtern im Sinne des Art. 8 die in den Anstellungsgrundsätzen als Versorgungsanwärter aufgeführten Inhaber des Zivildienstscheins gemäß § 61 des Wehrmachtversorgungsgesetzes (versorgungsberechtigte Offiziere mit Zivildienstschein) oder Inhaber des Beamtenscheins gemäß § 33 des RVersorgungsgesetzes vom 12. Mai 1920 in der Fassung vom 31. Juli 1925 — RGBl. Teil I S. 165 —, ferner nicht die Inhaber des Anstellungsscheins (Anstellungsanwärter) gemäß § 17 des Mannschaftsversorgungsgesetzes vom 31. Mai 1906 — RGBl. S. 593 — oder ehemalige Militärpersonen im Offiziersrange, denen die Aussicht auf Anstellung im Zivildienste verliehen ist (§ 10 Ziff. 2 der Anstellungsgrundsätze von 1907 — GVBl. S. 685 —) oder die Inhaber des Forstversorgungsscheins (§ 10 Ziff. 4 der Anstellungsgrundsätze von 1907 — GVBl. S. 685 —) oder die vormaligen Angehörigen der Gendarmerie, die lediglich auf Grund des Vorzugsvermerks nach der Bek. vom 31. Juli 1899 (GVBl. S. 431) etatmäßig angestellt wurden.

3. Die Dienstzeiten im Heere (hierzu zählt auch der Dienst bei den Schutztruppen, bei den Polizeitruppen in den früheren Schutzgebieten oder als Grenz- und Zollaufsichtsbeamter in den früheren

Schutzgebieten), in der Marine, im Dienste der Polizei im Sinne des RGes. über die Schutzpolizei der Länder — für Bayern die Dienstzeit als Landespolizeibeamter nach Maßgabe des LBG. — und die Dienstzeit beim Reichswasserschutz sind gegebenenfalls zusammenzurechnen. Als Dienstzeit beim Reichswasserschutz zählt aber nur die Dienstzeit als Polizeibeamter der Anlage zur Besoldungsordnung A des RBesG. Eine Dienstzeit vor dem vollendeten 17. Lebensjahr (z. B. an den früheren Unteroffiziersschulen) wird nicht miteingerechnet, es sei denn, daß diese Dienstzeit auf einem Kriegsschauplatze bei einem planmäßigen Truppen- oder Marineteile der Wehrmacht abgeleistet worden ist.

4. Als nachfolgende Zivildienstzeit gilt die Zeit einer nach dem Ausscheiden aus dem Heere oder der Marine erfolgten informatorischen Beschäftigung, die nichtetatmäßige Dienstzeit (hierzu zählt auch die Zeit der Probedienstleistung gemäß § 1 Abs. IV und §§ 25, 27 der Bek. vom 11. März 1921 — GVBl. S. 73 —) sowie eine unter Art. 25 des BG. fallende Dienstleistung. In allen diesen Fällen ist Voraussetzung, daß die Aufnahme auf Grund der Eigenschaft als Versorgungsanwärter erfolgt ist und daß die Dienstzeiten in demjenigen Verwaltungszweige zurückgelegt sind, in dem der Versorgungsanwärter etatmäßig angestellt wird. Ausnahmen hiervon kann das vorgesetzte Staatsministerium zulassen. Ausgeschlossen von der Einrechnung in die nachfolgende Zivildienstzeit ist die Zeit, während der die etatmäßige Anstellung wegen unzureichender Befähigung des Versorgungsanwärters oder aus anderen in seiner Person beruhenden Ursachen ausgesetzt worden ist. Voraussetzung der vollen Anrechnung ist also, daß die etwa für die erste etatmäßige Ernennung vorgeschriebenen Prüfungen rechtzeitig abgelegt werden und daß der Versorgungsanwärter keinen Anlaß gibt, ihn aus einem sonstigen Grunde vorübergehend auszuschließen (vgl. Ziff. 3 der Bek. vom 28. Dezember 1910 — GVBl. S. 1202 —). Im Fall des Abs. III gilt die etatmäßige Dienstzeit in der Eingangsstelle ebenfalls als nachfolgende Zivildienstzeit.

5. Für die Anrechnung der Heeres-, Marine- oder der dieser gleichstehenden Zeit sowie der nachfolgenden Zivildienstzeit auf das BDA. macht es keinen Unterschied, ob die Anstellung in einer den Versorgungsanwärtern vorbehaltenen oder in einer anderen Stelle erfolgt. Dies gilt nicht, wenn die Aufnahme ausdrücklich als Zivilanwärter und die Anstellung auf Grund der als Zivilanwärter erworbenen Anwartschaft erfolgt (vgl. Ziff. 5 der Bek. vom 28. Dezember 1910 — GVBl. S. 1202 —).

6. Beispiele für die Anrechnung:

a) Ein Versorgungsanwärter mit 7 Jahren 9 Monaten und 10 Tagen Heeresdienstzeit, ½ Jahr Probedienstleistung, zusammen 8 Jahre 3 Monate 10 Tagen Militär- und Zivildienstzeit wird am 1. April 1929 in BesGr. A 11 etatmäßig angestellt. Die Heeresdienstzeit wird mit 1 Jahr auf das BDA. gemäß Art. 8 Abs. I Buchst. a angerechnet. Die „nachfolgende Zivildienstzeit" von 1/2 Jahr bleibt außer Betracht, weil die Heeresdienstzeit acht Jahre nicht übersteigt. Daher Beginn des BDA.: 1. April 1928: 1500 RM Grundgehalt; Vorrückung in die 2. Dienstaltersstufe (1590 RM) am 1. April 1930.

b) Ein Versorgungsanwärter mit 8 Jahren 7 Monaten 18 Tagen Heeresdienstzeit wird nach einjähriger Probedienstzeit in BesGr. A 10 am 1. Oktober 1930 etatmäßig angestellt. Ihm müssen von seiner Heeres- und nachfolgenden Zivildienstzeit (im ganzen: 9 Jahre 7 Monate 18 Tage) 2 Jahre 7 Monate 18 Tage angerechnet werden. BDA. in Gruppe A 10 daher: 13. Februar 1928; Grundgehalt ab 1. Oktober 1930: 1690 RM; Vorrückung in 1780 RM am 1. (nicht 13.; vgl. Art. 6 Abs. II) Februar 1932.

c) Der in b genannte Versorgungsanwärter wird ab 1. November 1933 in die BesGr. A 9 befördert. Auf Grund des Art. 11 würde sein BDA. in dieser BesGr. am 1. Februar 1930 beginnen (Art. 11 Abs. I); denn er hatte in der BesGr. A 9 einen Grundgehalt von 1780 RM und wäre ab 1. Februar 1934 in den Grundgehalt von 1870 RM aufgerückt. Er erhält deshalb ab 1. November 1933 (Tag der Beförderung) den nächsthöheren Gehaltssatz in Gruppe A 9, nämlich von 1800 RM (Art. 11 Abs. I Satz 1) und da er in der Gruppe A 10 ab 1. Februar 1934 in 1870 RM aufgerückt wäre, ab 1. Februar 1934 den Grundgehalt von 1900 RM (von hier aus zurückgerechnet ergibt als Beginn des BDA. in Gruppe A 9 den 1. Februar 1930). Bis zum 1. November 1933 aber hat der Beamte eine Gesamtdienstzeit von 12 Jahren 8 Monaten und 18 Tagen zurückgelegt, nämlich 8 Jahre 7 Monate 18 Tage Heeresdienstzeit und 4 Jahre 1 Monat nachfolgende Zivildienstzeit (1 Jahr Probedienst und 3 Jahre 1 Monat etatmäßige Dienstzeit in BesGr. A 10); hiervon sind gemäß Art. 8 Abs. III mit Abs. I 5 Jahre 8 Monate 18 Tage auf den Tag der Beförderung (1. Nov. 1933) anzurechnen; das ergibt den 13. Februar 1928 als Beginn des BDA. in der BesGr. A 9. Das ist günstiger als das BDA. (1. Februar 1930) nach Maßgabe des Art. 11 und daher dem Beamten zu gewähren.

d) Ein Versorgungsanwärter hat 10 Jahre im Heere gedient und ist dann auf Grund des Zivilversorgungsscheins als nichtetatmäßiger Staatsbeamter angestellt worden. Nach 6 Jahren nichtetatmäßiger Dienstzeit erfolgt seine etatmäßige Anstellung. Auf das BDA. als etatmäßiger Staatsbeamter sind ihm anzurechnen: 6 Jahre der Heeres- und nachfolgenden Zivildienstzeit (Art. 8 Abs. I Satz 1) und 2 Jahre der nichtetatmäßigen Dienstzeit (Art. 8 Abs. I Satz 2 mit Art. 7 Abs. I), zusammen also 8 Jahre.

7. Den **Versorgungsanwärtern mit einer Heeres- oder Marinedienstzeit von mehr als 16 Jahren** (die nachfolgende Zivildienstzeit wird hierbei nicht mitgerechnet, dagegen zählt zur Heeres- und Marinedienstzeit auch die Dienstzeit bei der Schutzpolizei nach dem RGes. vom 17. Juli 1922 — RGBl. Teil I S. 597 — oder beim Reichswasserschutz Art. 42 Abs. III —) wird gemäß Art. 42 Abs. II außer der Anrechnung nach Maßgabe des Art. 8 auch noch die Hälfte der Heeres- oder Marinedienstzeit vom Beginne des 16. bis zum Ende des 19. Dienstjahres auf das BDA. angerechnet, wenn sie am 30. September 1927 zwar noch nicht etatmäßig angestellt, aber schon vorgemerkt oder im Staatsdienste beschäftigt waren.

8. Wegen der besonderen Behandlung der schwerkriegsbeschädigten Versorgungsanwärter siehe Bem. 10 Satz 6 und Beispiel.

9. Auf die Anrechnung nach den Vorschriften des Art. 8 Abs. I—III besteht ein Rechtsanspruch (vgl. Bem. 3 zu Art. 6). Wegen der Zuständigkeit der Verwaltungsbehörden und der Unzulässigkeit des Rechtswegs vor den ordentlichen Gerichten vgl. Bem. 4 zu Art. 6 und Bem. 6 zu Art. 7.

10. Bezüglich der Verbesserung des BDA. der schwerkriegsbeschädigten Beamten vgl. Nr. 27 der RBesV. Nach der Erklärung des Regierungsvertreters im BBesGAussch. übernimmt Bayern die gleiche Regelung. Hiernach erhalten die auf Grund des Beamtenscheins (§ 33 des RVersorgungsgesetzes vom 12. Mai 1920 in der Fassung der Bek. vom 31. Juli 1925 — RGBl. Teil I S. 165 —) angestellten schwerkriegsbeschädigten Beamten, d. s. Versorgungsberechtigte, deren Erwerbsfähigkeit infolge Kriegsdienstbeschädigung um mindestens 50 vom Hundert gemindert ist, eine Verbesserung ihres BDA. um 4 Jahre, jedoch mit der Einschränkung, daß das BDA. bei Anstellung in den BesGr. A 12—10 nicht vor dem 1. des Monats, in dem der Beamte das 30. Lebensjahr vollendet, und bei Anstellung in den BesGr. A 9 und aufwärts nicht vor dem 1. des Monats, in dem der Beamte das 33. Lebensjahr vollendet, beginnen darf. An Stelle dieser Verbesserung des BDA. ist einem auf Grund des Beamtenscheins angestellten schwerkriegsbeschädigten Beamten die Behandlung als Versorgungsanwärter im Sinne des Art. 8 Abs. I, II zuzugestehen, wenn die Anrechnung der Dienstzeiten nach den Grundsätzen des Art. 8 Abs. I, II zu einer günstigeren Gestaltung des BDA. führt. Nach den gleichen Grundsätzen kann zugunsten schwerkriegsbeschädigter Beamter, die nicht im Besitze des Beamtenscheins sind, dann verfahren werden, wenn die Beschädigung vor Aufnahme ins Beamtenverhältnis eingetreten ist. Umgekehrt finden die Verbesserungsvorschriften auf Versorgungsanwärter ohne Beamtenschein Anwendung, wenn dies für sie günstiger ist als die Anrechnung gemäß Art. 8 Abs. I—III. Beispiel: Ein Schwerkriegsbeschädigter hat eine aktive Heeresdienstzeit von 3 Jahren, 84 Tagen Reserveübungen, eine Heeresdienstzeit im Kriege von 4 Jahren 6 Monaten, zusammen also von 7 Jahren 8 Monaten 24 Tagen. Er wird auf Grund des Beamtenscheins in einem Lebensalter von 37 Jahren in der BesGr. A 10 ab 1. Juli 1928 etatmäßig angestellt. Der Beginn seines BDA. in der Gruppe A 10 ist auf den 1. Juli 1924 (Verbesserung um 4 Jahre) festzusetzen. Bei Behandlung als Versorgungsanwärter könnte ihm nur 1 Jahr (Art. 8 Abs. I Buchst. a) angerechnet werden, wäre also ungünstiger und scheidet demnach aus. Ein schwerkriegsbeschädigter Versorgungsanwärter, geb. am 12. November 1892, mit einer Heeresdienstzeit von 9 Jahren, erhält auf Grund des Art. 8 Abs. I bei seiner am 1. Mai 1928 erfolgten etatmäßigen Anstellung in BesGr. A 9 2 Jahre auf das BDA. gemäß Art. 8 Abs. I angerechnet; Beginn des BDA. daher 1. Mai 1926. Wäre er Beamtenscheininhaber, würde er ein BDA. vom 1. November 1925 (1. des Monats, in dem er das 33. Lebensjahr vollendet; 4 Jahre Verbesserung ergäbe 1. Mai 1924, läge also vor dem Monat der Vollendung des 33. Lebensjahres) erhalten. Dieses BDA. ist günstiger und daher zu gewähren.

11. Art. 8 hat keine rückwirkende Kraft. Für die Versorgungsanwärter, die am 1. Oktober als etatmäßige Beamte im Dienste waren, gilt die besondere Vorschrift des Art. 42 Abs. I. Für schwerkriegsbeschädigte Beamte ohne oder mit Beamtenschein, die am 1. Oktober 1927 bereits etatmäßig angestellt waren, ist aber die rückwirkende Kraft im Wege der Ausführungsbestimmungen zugestanden, jedoch mit der Einschränkung, daß sie, wenn ihnen die Anrechnungsvorschriften für Versorgungsanwärter zugestanden werden, in keinem Falle mehr als 1 Jahr ihrer Heeres- oder Marinedienstzeit auf das BDA. angerechnet erhalten.

Art. 9.

I Ob und wieweit zum Ausgleiche von Härten

1. die nichtetatmäßige Dienstzeit (Art. 7) in einem anderen Zweige des Staatsdienstes,
2. die Dienstzeit von Personen im Sinne des Art. 1 des Beamtengesetzes, soweit diese nicht etatmäßige Beamte sind, oder im Sinne des Art. 25 des Beamtengesetzes,
3. die Dienstzeit als nicht aus der Staatskasse besoldeter Beamter des Staates,
4. die Zeit im Dienste des Reichs, eines Landes, einer Gemeinde oder einer sonstigen Körperschaft des öffentlichen Rechts,
5. die Zeit einer praktischen Beschäftigung außerhalb des Staatsbeamtenverhältnisses

auf das Besoldungsdienstalter angerechnet werden kann, bestimmt das zuständige Staatsministerium im Einvernehmen mit dem Staatsministerium der Finanzen. Eine Dienstzeit vor Vollendung des einundzwanzigsten Lebensjahres wird nicht angerechnet.

II Hierbei darf die Anrechnung der Zeit, die nicht im Verhältnis eines Beamten des Reichs, eines Landes, einer Gemeinde oder einer sonstigen Körperschaft des öffentlichen Rechts oder eines Offiziers verbracht ist, vier Jahre nicht übersteigen. Diese Beschränkung gilt nicht, wenn der Beamte auf Grund eines Rechtsanspruchs angestellt wird oder wenn ein dringendes dienstliches Bedürfnis für die Gewinnung des Beamten besteht.

1. Vgl. § 6 des RBesG. und Nr. 28 der RBesV. Gegenüber der bisherigen Regelung (Art. 9 des BBesG. in der Fassung der Bek. vom 24. März 1923 — GVBl. S. 109) enthält Abs. I Ziff. 2 lediglich eine Aenderung der Fassung, Abs. II dagegen eine sachliche Aenderung. Nach dem bisherigen Rechte konnte die Zeit, die nicht im Verhältnisse eines Beamten des Reiches oder eines anderen Landes als Bayern verbracht ist, bis zur Hälfte der gesamten Aufrückungszeit angerechnet werden; jetzt ist diese Anrechnung regelmäßig auf höchstens 4 Jahre beschränkt; der Grund hierfür liegt darin, daß die Anfangsgrundgehälter in den Gruppen, in die häufiger Personen aus freien Berufen übernommen werden, in der neuen Besoldungsordnung stärker erhöht worden sind. Andrerseits ist nunmehr die frühere Beschränkung der Anrechnung auf die Hälfte der Aufrückungszeit weggefallen, soweit es sich um die Dienstzeit als Beamter im Dienste einer Gemeinde oder einer sonstigen Körperschaft des öffentlichen Rechtes oder um die Dienstzeit als Offizier handelt.

2. Ob und in welchem Umfang eine Zeit nach Art. 9 anzurechnen ist, ist mit der in Abs. II enthaltenen Beschränkung in das Ermessen des zuständigen Staatsministeriums gestellt, das hierbei an die Zustimmung des Staatsministeriums der Finanzen gebunden ist. Auf die Anrechnung besteht kein Rechtsanspruch; der Zivilrechtsweg ist ausgeschlossen (Art. 178 des BG., dessen Vorschrift gemäß Art. 135 des VLG. in der Fassung des Art. 1 Ziff. VI des Ges. vom 1. August 1923 (GVBl. S. 337) auch für die Volksschullehrer gilt). Ebensowenig gibt es ein Rechtsmittel gegen die Entscheidung des Staatsministeriums. Insbesondere ist auch nicht etwa der Landtag zuständig, über eine Anrechnung nach Art. 9 zu beschließen oder die vom Staatsministerium getroffene Entscheidung beschlußmäßig zu ändern.

3. Aus der Berufung in Abs. I Ziff. 1 auf Art. 7 folgt, daß auch im Fall der Ziff. 1 von der Anrechnungsbefugnis nur insoweit Gebrauch gemacht werden darf, als eine 5 Jahre (bei Versorgungsanwärtern eine 4 Jahre) übersteigende nichtetatmäßige Dienstzeit vorliegt, da sonst der in einem anderen Zweige des Staatsdienstes Beschäftigte bevorzugt wäre. Doch kann die nichtetatmäßige Dienstzeit in verschiedenen Dienstzweigen zusammengerechnet werden. Begriff der nichtetatmäßigen Dienstzeit bestimmt sich nach Art. 29.

4. Zu Abs. I Ziff. 2 und 3 vgl. Reindl, Komm. z. BG. Bem. 11 zu Art. 25 des BG. S. 151 und Bem. 4 c γ zu Art. 28 des BG. S. 185. Die nichtetatmäßigen Beamten im Sinne des BBesG. (Art. 29) sind beamtenrechtlich Beamte im Sinne des Art. 1 des BG. (vgl. § 4 Satz 2 der Bek. vom 11. März 1921 GVBl. S. 73). Hinsichtlich der Anrechnung der nichtetatmäßigen Dienstzeit gelten die Sonderbestimmungen des Art. 7 und des Art. 9 Abs. I Ziff. 1, nicht Art. 9 Abs. I Ziff. 2.

5. In Abs. I Ziff. 4 ist nur eine solche Beschäftigung auf Grund öffentlichrechtlichen Dienstverhältnisses gemeint, hinsichtlich deren auch nach dem BBesG. die Anrechnung nicht grundsätzlich ausgeschlossen ist; vgl. hierwegen Reindl, Komm. z. BG. Bem. 4 c α und β zu Art. 28 des BG. S. 184, 185.

6. Als praktische Beschäftigung außerhalb des Staatsbeamtenverhältnisses im Sinne des Abs. I Ziff. 5 kommt jede nicht auf Grund öffentlichrechtlichen Dienstverhältnisses ausgeübte Tätigkeit in Frage und zwar gleichviel ob beim Staate, beim Reiche, bei einer Gemeinde usw. oder bei einem privaten Arbeitgeber oder in selbständiger Stellung, z. B. Arbeiter, Angestellter, Arzt, Rechtsanwalt, Ingenieur, Künstler u. dgl. Nach der bisherigen Uebung wird eine Arbeiterdienstzeit außerhalb des Staatsdienstes grundsätzlich nicht angerechnet.

7. Die Anrechnung darf in jedem Fall nur soweit zugestanden werden als es „zum Ausgleiche von Härten" (Abs. I) notwendig ist. Sie darf deshalb in keinem Falle zu einer günstigeren Gestaltung des Besoldungsdienstalters führen, als es sich nach den maßgebenden Vorschriften für die Beamten des gleichen Dienstzweiges mit der gleichen Vorbildung in der Eingangsbesoldungsgruppe, also der Gruppe berechnet, in der die Anwärter des gleichen Dienstzweiges beim regelmäßigen Verlauf ihrer Dienstlaufbahn erstmals etatmäßig angestellt werden. Für den Ausgleich von Härten durch Anrechnung von Vordienstzeiten bilden daher die Bestimmungen des Art. 7 im Zusammenhang mit den Vorschriften der Bek. vom 11. März 1921 (GVBl. S. 73) in der Fassung der Bek. vom 10. Dezember 1921 (GVBl. S. 589) die Grundlage und die Grenze. Es ist demgemäß zu untersuchen, wie sich nach diesen Vorschriften das Besoldungsdienstalter berechnen würde, wenn die Dienstzeiten im Sinne der Ziff. 2—5 als staatliche Vorbereitungs- und staatliche nichtetatmäßige Dienstzeit zurückgelegt worden wären. Das führt dazu, daß von den in Abs. I Ziff. 2—5 angeführten Zeiten in der Regel nur die über 8 Jahre (3 Jahre Vorbereitungsdienst, 5 Jahre nichtetatmäßige Dienstzeit) hinausgehende Zeit angerechnet werden kann. Die hiernach anrechnungsfähige Zeit kann unbeschränkt angerechnet werden, wenn es sich um Dienstzeiten im Verhältnis eines Beamten im Dienste Bayerns (Art. 9 Abs. I Ziff. 2, 3) oder des Reichs, eines Landes, einer Gemeinde oder einer sonstigen Körperschaft des öffentlichen Rechtes (Art. 9 Abs. I Ziff. 4) handelt. In den übrigen Fällen (Art. 9 Abs. I Ziff. 5) darf die anrechnungsfähige Zeit (d. i. in der Regel die über 8 Jahre hinausgehende Zeit) nur bis zu 4 Jahren angerechnet werden (Abs. II Satz 1), soweit nicht die Ausnahmebestimmung des Abs. II Satz 2 zutrifft. Die Beschränkung auf 4 Jahre Anrechnung gilt nicht, wenn der Beamte auf Grund eines Rechtsanspruchs angestellt wird. Ein solcher Rechtsanspruch ist in § 60 der BayVerf. in der Fassung des Ges. vom 9. Januar 1923 (GVBl. S. 12) den zurückgetretenen bayerischen Ministern eingeräumt, wenn sie zur Zeit ihrer Bestellung zum Minister als etatmäßige Beamte im bayerischen Staatsdienste standen oder wenn ihnen als früheren bayerischen etatmäßigen Staatsbeamten der Rücktritt in diesen Dienst zur Zeit ihrer Bestellung zum Minister noch vorbehalten war; im Rechtsweg ist allerdings dieser Anspruch nicht verfolgbar (vgl. RGZ. Bd. 110 S. 268). Der vielfach übliche Rücktrittsvorbehalt bei Entlassung aus dem Staatsdienst auf Ansuchen räumt keinen Rechtsanspruch auf Anstellung im Sinne des Art. 9 Abs. II Satz 2 ein. Die Beschränkung auf 4 Jahre Anrechnung gilt ferner nicht, wenn ein dringendes dienstliches Bedürfnis für die Gewinnung des Beamten besteht (Abs. II Satz 2 Halbsatz 2). Dieses kann insbesondere bei der Anstellung von beamteten Aerzten gegeben sein. Wenn notwendig, kann über den Rahmen des Art. 9 hinaus die Anrechnung von Dienstzeiten auf dem Wege des Art. 3 Abs. I verfügt werden.

Art. 10.

I Einem in den Ruhestand versetzten Beamten muß bei seiner Wiederanstellung die frühere etatmäßige Dienstzeit auf das Besoldungsdienstalter angerechnet werden. Die im Ruhestande verbrachte Zeit kann in den Grenzen des Art. 9 angerechnet werden.

II Einem mit Bezug von Wartegeld einstweilen in den Ruhestand versetzten Beamten oder einem Beamten, der wegen eines in Ausübung des Dienstes erlittenen Unfalls in den Ruhestand versetzt worden ist, soll bei seiner Wiederanstellung die Zeit des Ruhestandes ganz oder teilweise auf das Besoldungsdienstalter angerechnet werden.

III Wird ein Beamter, dessen Dienstverhältnis nach Art. 8 Abs. 2 oder Art. 10 des Beamtengesetzes gelöst war, wieder als etatmäßiger Beamter angestellt, so kann die vor der Lösung des Dienstverhältnisses in etatmäßiger Eigenschaft zurückgelegte Dienstzeit ganz oder teilweise auf das Besoldungsdienstalter angerechnet werden, wenn das Ausscheiden des Beamten nicht durch eine Verletzung der dienstlichen Pflichten veranlaßt war. Die Anrechnung kann einem Beamten, dessen Dienstverhältnis auf sein Ansuchen gelöst wird, bei der Bewilligung der Entlassung zugesichert werden.

1. Art. 10 Abs. II und III entsprechen inhaltlich dem bisherigen Art. 10 des BBesG. in der Fassung der Bek. vom 24. März 1923 (GVBl. S. 109). Abs. I ist neu und füllt eine Lücke aus, die schon im BG. bestanden hat. Praktisch ist schon bisher im Sinne des Abs. I verfahren worden. Die Bestimmung wirkt sich dahin aus, daß ein pensionierter Beamter bei seiner Wiederanstellung in der gleichen Bedienstung, aus der heraus er in den Ruhestand versetzt worden ist, sein früheres Besoldungsdienstalter, verkürzt um die Zeit der Dauer seines Ruhestandes erhält. Einer besonderen Berücksichtigung bedarf es in den Fällen, in denen ein Beamter schon vor seiner Wiederanstellung in der gleichen Bedienstung wieder voll verwendet war. Die Zeit dieser vollen Verwendung kann auf das Besoldungsdienstalter gemäß Satz 2 angerechnet werden. Auf die Anrechnung nach Satz 1 besteht ein Rechtsanspruch; Verfolgung im Rechtswege vor den ordentlichen Gerichten aber nicht zulässig (vgl. Bem. 4 zu Art. 6, Bem. 6 zu Art. 7 und Bem. 9 zu Art. 8). Die Anrechnung nach Satz 2 ist in das Ermessen der Verwaltungsbehörde gestellt; zuständig zur Bewilligung der Anrechnung in den Fällen des Abs. I Satz 2 und der Abs. II, III ist das vorgesetzte Staatsministerium im Einvernehmen mit dem Staatsministerium der Finanzen. B e i s p i e l z u A b s. I S a t z 1: Ein Regierungsrat der BesGr. A 2 f mit einem BDA. vom 1. August 1919 ist am 1. Dezember 1928 in den (zeitlichen oder dauernden) Ruhestand versetzt worden. Er wird am 1. November 1930 wieder als Regierungsrat in BesGr. A 2 f in etatmäßiger Weise angestellt. Sein BDA. ist auf den 1. August 1919 — (1. Dezember 1928 — 1. November 1930 = 1 Jahr 11 Monate), also auf 1. Juli 1921 festzusetzen. Er erhält daher einen Grundgehalt von 6400 RM (d. i. den gleichen Grundgehalt, den er im Zeitpunkt seiner Versetzung in den Ruhestand am 1. Dezember 1928 bezogen hatte) und rückt am 1. Juli 1931 in den Grundgehalt von 6800 RM vor. Ob der Regierungsrat am 1. August 1919 (Beginn seines ursprünglichen BDA.) bereits etatmäßiger Beamter war oder ob er erst später etatmäßiger Beamter geworden ist und dabei auf Grund der Anrechnungsvorschriften sein etatmäßiges BDA. auf den 1. August 1919 festgesetzt worden ist, ist gleichgültig. Denn unter etatmäßiger Dienstzeit im Sinne des Abs. I ist das BDA. als etatmäßiger Beamter zu verstehen; der wiederangestellte Beamte erhält daher sein ursprüngliches BDA., gekürzt um die Zeit des Ruhestandes, aber nur dann, wenn er in der gleichen BesGr. wiederangestellt wird, aus der heraus er pensioniert worden ist. Wird er in einer höheren BesGr. wiederangestellt, ist zunächst das BDA. zu ermitteln, das ihm zustehen würde, wenn er in der gleichen BesGr. wiederangestellt worden wäre, und der Beamte sodann unter Anwendung der Vorschriften des Art. 11 in die höhere BesGr. am Tage der Wiederanstellung zu überführen. Wäre im obigen Beispiel der Regierungsrat in der BesGr. A 2 d am 1. November 1930 wieder angestellt worden, so hätte er in dieser Gruppe das gleiche BDA. zu erhalten, wie ein am 1. November 1930 aus der Gruppe A 2 f mit einem BDA. vom 1. Juli 1921 in die BesGr. A 2 d beförderter Beamter, nämlich vom 1. Juli 1925. Wird der Beamte in einer niedrigeren BesGr. in etatmäßiger Weise angestellt, so liegt keine Wiederanstellung im Sinne des Abs. I vor; denn hierunter ist nur die Wiederanstellung im Sinne des Art. 65 Ziff. 1 des BG. oder des Art. 56 Ziff. 1 des VLG. zu verstehen. B e i s p i e l z u A b s. I S a tz 2: Ein aus der BesGr. A 10 mit einem BDA. vom 1. Juli 1918 zeitlich oder dauernd ab 1. November 1928 pensionierter Kanzleigehilfe war in der Zeit vom 1. August 1930 bis zu seiner am 1. November 1930 erfolgten etatmäßigen Wiederanstellung als staatlicher Kanzleigehilfe auf Vertrag beschäftigt. Er muß ein BDA. vom 1. Juli 1918 — 2 Jahre Ruhestand = 1. Juli 1920 erhalten; es kann ihm jedoch hierauf die Zeit seiner Vertragsbeschäftigung (= 3 Monate) angerechnet werden; dann erhält er ein BDA. vom 1. April 1920.

2. Abs. II ist eine Sollvorschrift. Die Anrechnung wird daher regelmäßig zugestanden. Ein Rechtsanspruch auf sie besteht nicht. Wegen der Versetzung in den einstweiligen Ruhestand mit Wartegeld wird auf Art. 38 des BG. verwiesen, der gemäß Art. 6 des Ges. vom 10. Juli 1927 über die Aenderung beamtenrechtlicher Vorschriften (GVBl. S. 227) auch für die Volksschullehrer, Volksschulfachlehrer und die israelitischen Volksschullehrer entsprechend gilt. Art. 55 des VLG. ist durch das angeführte Gesetz aufgehoben (vgl. Art. 2 Ziff. IX dieses Gesetzes). Versetzung in den Ruhestand wegen eines in Ausübung des Dienstes erlittenen Unfalls liegt vor, wenn die zeitliche oder dauernde Ruhestandsversetzung unter Gewährung einer Unfallfürsorgepension nach Art. 89 und 101 des BG. oder Art. 86 des VLG. erfolgt ist.

3. Aus der Fassung des Abs. III als Kannvorschrift ergibt sich, daß die Anrechnung nicht die Regel bildet, sondern von Fall zu Fall unter Würdigung der besonderen Lage zu prüfen ist, ob und wie weit dem wiedereintretenden Beamten die Vergünstigung der Anrechnung zugestanden werden soll. Beamte, deren Dienstverhältnis freiwillig (Art. 10 des BG.; Art. 7 des VLG) oder unfreiwillig (Art. 8 Abs. 2 des BG.; Art. 5 Abs. II des LBG.) gelöst worden ist, sollen in der Regel nicht wieder in den Staatsdienst aufgenommen werden, es sei denn, daß der Staat ein Interesse daran hat, den Beamten für die staatliche Verwaltung zu gewinnen oder daß dem Beamten der Rücktritt in den Staatsdienst bei der Entlassung vorbehalten war und die Wiederaufnahme innerhalb der Rücktrittsfrist erfolgt oder daß sonstige besondere Verhältnisse (z. B. Beamtenaustausch zwischen Bayern und dem Reich oder den Ländern) eine Ausnahme rechtfertigen. Erfolgt die Wiederaufnahme in den Staatsdienst, so ist die Frage der Anrechnung der früheren etatmäßigen Dienstzeit strenge zu prüfen und nur ausnahmsweise zu bejahen. Insbesondere wird eine Anrechnung dann nicht zugestanden werden können, wenn der Beamte in der Zwischenzeit ein wesentlich höheres Einkommen als beim Verbleiben im Staatsdienste bezogen hat. Die Anrechnung ist ausgeschlossen, wenn die Lösung des Dienstverhältnisses durch eine Verletzung der dienstlichen Pflichten veranlaßt war; hierbei kommt es nicht darauf an, ob die Verletzung der dienstlichen Pflichten in der Lösungsentschließung als Grund angegeben ist oder nicht. Ist die Anrechnung bei der Entlassung zugesichert worden (Abs. III Satz 2), so besteht ein Rechtsanspruch hierauf, wenn er auch nicht im Rechtswege verfolgbar ist (vgl. Bem. 4 zu Art. 6, Bem. 6 zu Art. 7, Bem. 9 zu Art. 8 und Bem. 1 zu Art. 10).

4. Auch im Abs. III ist unter „in etatmäßiger Eigenschaft zurückgelegter Dienstzeit" das etatmäßige Besoldungsdienstalter zu verstehen (vgl. Bem. 1 zu Art. 10).

5. Etwaige in der Zeit zwischen der Lösung des Dienstverhältnisses (Abs. III) und der wiederholten etatmäßigen Anstellung liegende Zeiten der in Art. 9 aufgeführten Art können nicht auf Grund des Art. 9 auf das BDA. angerechnet werden. Denn Art. 9 bezieht sich nur auf den Fall der erstmaligen etatmäßigen Anstellung und Art. 10 Abs. III enthält im Gegensatze zu Abs. I nicht die Bestimmung, daß solche Zeiten in den Grenzen des Art. 9 angerechnet werden können. In besonders gelagerten Fällen könnte nur auf dem Wege des Art. 59 oder des Art. 3 Abs. I geholfen werden.

Art. 11.

I Beim Uebertritt in eine andere Besoldungsgruppe mit gleichem oder höherem Endgrundgehalt erhält der Beamte den gegenüber seinem bisherigen Grundgehalte nächsthöheren Grundgehaltssatz und verbleibt in ihm die volle für das weitere Aufrücken im Grundgehalte vorgeschriebene Zeit. Wäre er jedoch in der bisherigen Besoldungsgruppe schon vor Ablauf dieser Zeit in den nächsthöheren Grundgehaltssatz aufgestiegen und damit zu einem Grundgehalte gelangt, der den Grundgehalt in der neuen Besoldungsgruppe übersteigt oder ihm gleichkommt, so rückt er auch in der neuen Besoldungsgruppe zu derselben Zeit, zu der er in der bisherigen Besoldungsgruppe aufgestiegen wäre, in den nächsthöheren Grundgehaltssatz auf.

II Beim Uebertritt aus der Besoldungsgruppe A 2 f in die Besoldungsgruppe A 2 e während der ersten 16 Besoldungsdienstjahre, aus der Besoldungsgruppe A 3 a in die Besoldungsgruppe A 2 g während der ersten 10 Besoldungsdienstjahre, aus der Besoldungsgruppe A 12 in die Besoldungsgruppe A 11 wird das Besoldungsdienstalter nicht geändert. Beim Uebertritt aus der Besoldungsgruppe A 5 a oder A 5 b in die Besoldungsgruppe A 4 b gilt Abs. I mit der Maßgabe, daß an die Stelle des nächsthöheren Grundgehaltssatzes der gleiche Grundgehaltssatz tritt, soweit ein solcher in der neuen Besoldungsgruppe vorhanden ist.

III Beim Uebertritt aus der Besoldungsgruppe A 2 e in die Besoldungsgruppe A 2 a und aus der Besoldungsgruppe A 4 b in die Besoldungsgruppe A 4 a wird das Besoldungsdienstalter um nicht mehr als acht Jahre verkürzt. Beim Uebertritt aus der Besoldungsgruppe A 7 a in die Besoldungsgruppe A 4 b oder A 5 a und aus der Besoldungsgruppe A 9 in die Besoldungsgruppe A 7 b wird das Besoldungsdienstalter um nicht mehr als sechs Jahre verkürzt. Beim Uebertritt aus der Besoldungsgruppe A 2 d oder A 2 b in die Besoldungsgruppe A 2 a, aus der Besoldungsgruppe A 8 a in die Besoldungsgruppe A 7 a oder A 6, aus der Besoldungsgruppe A 10 in die Besoldungsgruppe A 8 a sowie aus der Besoldungsgruppe A 11 in die Besoldungsgruppe A 10 wird das Besoldungsdienstalter um nicht mehr als vier Jahre verkürzt.

IV Beim Uebertritt in eine Besoldungsgruppe mit höherem oder gleichem Endgrundgehalte, der der Beamte bereits früher angehört hat, erhält er das frühere Besoldungsdienstalter dieser Besoldungsgruppe wieder. Ergibt sich dabei ein Minderbetrag an Grundgehalt, so wird dieser Minderbetrag als ruhegehaltsfähige Zulage insoweit und solange gewährt, bis er durch das Aufrücken in den Dienstaltersstufen ausgeglichen ist.

V Beim Uebertritt in eine Besoldungsgruppe mit niedrigerem Endgrundgehalte setzt das zuständige Staatsministerium im

Einvernehmen mit dem Staatsministerium der Finanzen das Besoldungsdienstalter fest.

1. Vgl. § 7 des RBesG. und Nr. 29—36 der RBesB. Art. 11 entspricht dem Art. 13 des BBesG. in der Fassung der Bek. vom 24. März 1923 (GVBl. S. 109). Es decken sich Art. 11 Abs. I und V mit dem früheren Art. 13 Abs. I und III. Die Abs. II—IV ersetzen den Abs. II des früheren Art. 13, dessen Vorschrift über den Höchstverlust an BDA. — regelmäßig 4 Jahre, nur beim Uebertritt aus der BesGr. XII in die BesGr. XIII 6 Jahre — zum großen Teile durch die Neugestaltung des Aufbaues der Besoldungsgruppe A — vgl. Bem. 2, 3 zu Art. 2 — entbehrlich geworden ist. Auf die Wiederaufnahme einer dem Abs. IV des früheren Art. 13 entsprechenden Bestimmung konnte verzichtet werden, weil die Verhältnisse der Beamtenscheininhaber nunmehr in Art. 8 Abs. V geregelt sind, die Schutzpolizei auf Grund des PBG. in der Hauptsache in das Staatsbeamtenverhältnis übergeführt ist und im übrigen die Bestimmungen in Art. 6—10 ausreichen.

2. Art. 11 regelt die Festsetzung des BDA. beim Uebertritt aus einer Besoldungsgruppe in eine andere und zwar ist es für die Anwendung des Art. 11 gleichgültig, ob mit dem Uebertritt in eine andere BesGr. eine Beförderung im Sinne des BG. verbunden ist oder nicht. Ueber den Begriff der Beförderung vgl. Reindl, Komm. z. BG. Bem. 4 zu Art. 4 BG. S. 24 und 25, ferner Bl. f. Adm. Pr. Bd. 60 S. 334 und Beschluß der AbgK. vom 22. Januar 1914 im Sten.Ber. 1914 Bd. 9 S. 3. Beim Uebertritt in eine andere BesGr. muß das BDA. jeweils neu festgesetzt werden; der Beamte ist hiervon zu verständigen (Art. 12). Dies gilt auch in den Fällen, in denen das BDA. in der neuen BesGr. auf den gleichen Tag wie in der verlassenen BesGr. festzusetzen ist. Im übrigen vgl. Bem. 1 zu Art. 6.

Grundsatz ist, daß der Beamte jeweils nur in die nächsthöhere in seiner Dienstlaufbahn vorgesehene Besoldungsgruppe übergeführt werden kann. Das Ueberspringen von Besoldungsgruppen innerhalb der Dienstlaufbahn ist sonach in der Regel unzulässig. Kommt der Fall ausnahmsweise vor, so findet eine Durchschleusung durch die dazwischen liegenden Besoldungsgruppen der gleichen Dienstlaufbahn zum Zwecke der Ermittlung des BDA. im Gegensatze zum bisherigen Rechte nicht statt.

3. Das BBesG. unterscheidet zwischen dem Uebertritt in eine BesGr. mit gleichem oder höherem Endgrundgehalt (Abs. I—IV) und dem Uebertritt in eine BesGr. mit niedrigerem Endgrundgehalt (Abs. V). Im letzteren Fall ist die Festsetzung des BDA. im Gesetze selbst nicht geregelt, sondern der Entscheidung des zuständigen Staatsministeriums im Einvernehmen mit dem Staatsministerium der Finanzen überlassen (vgl. hierüber unten Bem. 6).

4. Uebertritt in eine BesGr. mit gleichem oder höherem Endgrundgehalt (Abs. I—IV). Es sind 2 Fälle zu unterscheiden:

a) Der Beamte hat der neuen BesGr. früher bereits angehört (Abs. IV): dann erhält er das BDA., das er früher in dieser BesGr. hatte. Durch diese Vorschrift soll verhindert werden, daß ein Beamter durch mehrmaliges Wechseln der BesGr. ein unangemessen günstiges Besoldungsdienstalter erreicht oder Amtsgenossen gleichen dienstlichen Werdegangs ohne Beförderung überholt. Der Beamte soll aber dadurch keine Minderung seines Grundgehalts im Zeitpunkt seines Uebertritts erfahren. Es soll ihm deshalb ein etwaiger Minderbetrag am Grundgehalt (nicht auch Wohnungsgeldzuschuß) als ruhegehaltsfähige Zulage insoweit und solange gewährt werden, bis dieser Minderbetrag durch das Aufrücken im Grundgehalt ausgeglichen ist. Beispiel 1: Ein Obersekretär der BesGr. A 5a mit einem BDA. vom 1. Januar 1926 ist am 1. November 1927 zum Vollstreckungsobersekretär der BesGr. A 5b ernannt worden und hat in dieser BesGr. ein BDA. vom 1. Januar 1920 erhalten. Am 1. Dezember 1929 wird er wieder zum Obersekretär der BesGr. A 5a ernannt. Zu dieser Zeit hatte er in der BesGr. A 5b einen Grundgehalt von 3200 *RM* und wäre am 1. Januar 1930 in den Grundgehalt von 3400 *RM* aufgerückt. Er erhält in der BesGr. A 5a sein früheres BDA. wieder, nämlich vom 1. Januar 1926. Demgemäß gebührt ihm in dieser BesGr. ab 1. Dezember 1929 ein Grundgehalt von 3000 *RM* und rückt ab 1. Januar 1930 in den Grundgehalt von 3200 *RM* auf. Für den Monat Dezember 1929 würde sonach sein Grundgehalt um $\frac{200}{12}$ *RM* niedriger sein als sein Grundgehalt beim Verbleiben in der BesGr. A 5b. Er erhält deshalb diesen Betrag für den Monat Dezember als ruhegehaltsfähige Zulage. Ab 1. Januar 1930 entfällt die Zulage, weil er ab 1. Januar 1930 einen Grundgehalt von 3200 *RM* in der BesGr. A 5a erhält und damit denselben Grundgehalt hat, den er im Zeitpunkte seines Uebertritts in die BesGr. A 5a in der BesGr. A 5b bezogen hatte. Daß er am 1. Januar 1930 in der BesGr. A 5b in den Grundgehalt von 3400 *RM* aufgerückt wäre und damit einen um 200 *RM* höheren Grundgehalt und zugleich den Wohnungsgeldzuschuß der Tarifklasse IV (statt V) bezogen haben würde, kann nicht berücksichtigt werden. Denn die Mehrung des Grundgehalts bemißt sich lediglich nach dem Stande im Zeitpunkte des Uebertritts. Beispiel 2: Ein ordentlicher Hochschulprofessor der BesGr. A 1c mit einem BDA. vom 1. April 1922 ist am 1. Juli 1930 zum Ministerialrat der BesGr. A 1a mit einem BDA. vom 1. Juli 1926 ernannt worden. Ab 1. Mai 1931 ist er aber wieder mit seinem Einverständnisse zum ordentlichen Hochschulprofessor der BesGr. A 1c ernannt worden. Er erhält deshalb in der BesGr. A 1c sein früheres BDA. vom 1. April 1922. Hiernach steht ihm ab 1. Mai 1931 ein Grundgehalt von 9600 *RM* (BesGr. A 1 c) und der Wohnungsgeldzuschuß der Tarifklasse III zu. Als Ministerialrat hatte er am 1. Mai 1931 einen Grundgehalt von 10 600 *RM* (BesGr. A 1 a; BDA.: 1. Juli 1926) und den Wohnungsgeldzuschuß der Tarifklasse II. Er erhält deshalb ab 1. Mai 1931 eine jährliche ruhegehaltsfähige Zulage von (10 600 — 9600 *RM*) = 1000 *RM*; ein Ausgleich für die Minderung im Wohnungsgeldzuschuß findet nicht statt. Ab 1. April 1932 rückt er in BesGr. A 1 c in den Grundgehalt von 10 100 *RM* vor; vom gleichen Zeitpunkte ändert sich die ruhegehaltsfähige Zulage von bisher jährlich 1000 *RM* auf (10 600—10 100 *RM*) = 500 *RM* und fällt ab 1. April 1934 (Aufrückung in den Grundgehalt von 10 600 *RM* in BesGr. A 1 c) ganz weg. Daß er als Ministerialrat in BesGr. A 1 a am 1. Juli 1932 einen Grundgehalt von 11 600 *RM* und ab 1. Juli 1934 einen Grundgehalt von 12 600 *RM* erreicht hätte, bleibt für die Bemessung der Zulage nach Art. 11 Abs. IV außer Betracht.

Fällt der Uebertritt in eine andere BesGr. auf einen Tag, von dem an in der verlassenen BesGr. ein Aufrücken im Grundgehalt stattgefunden hatte, so bleibt diese Aufrückung im Grundgehalt in der verlassenen BesGr. für die Gewährung der pensionsfähigen Zulage nach Abs. IV außer Betracht, weil die Aufrückung nicht mehr wirksam geworden ist. Maßgebend für die Abgleichung ist nur der wirklich bezogene Grundgehalt der verlassenen Besoldungsgruppe.

Art. 11 Abs. IV findet auch Anwendung, wenn ein Beamter, dessen BDA. auf Grund der Anm. 6 zur BesGr. A 4 b — Ernennung zum Hauptlehrer einer Strafanstalt, eines Arbeitshauses, einer Staatserziehungsanstalt, einer Polizeischule, der Landesanstalt für taubstumme oder blinde oder krüppelhafte Kinder oder Ernennung zum Kammermusiker oder erstmalige Ernennung zum ständigen Lehrer an einer Hilfsschule — oder auf Grund eines wegen der mangelnden Rückwirkung der Anmerkung 6 zugestandenen Härteausgleichs um 4 Jahre verbessert worden ist, in eine andere Amtsstelle der BesGr. A 4 b übertritt, auf die die Anm. 6 nicht zutrifft (vgl. Bem. 3 zu Art. 2 BesGr. 4 letzter Abs. S. 17, 18). Das gleiche gilt, wenn ein solcher Beamter etwa erst in der Beförderungsstelle A 4 a oder A 3 a aus dem Dienste ausscheidet, der die Verbesserung des BDA. um 4 Jahre zur Folge hatte, und in eine Bedienstung übertritt, die nicht zu den in Anm. 6 aufgeführten Verwendungen gehört. In diesen Fällen ist zu untersuchen, welches BDA. der Beamte in der Beförderungsgruppe erhalten hätte, wenn sein BDA. in der BesGr. A 4 b nicht um 4 Jahre verbessert worden wäre. Nur auf dieses BDA. hat der Beamte beim Wechsel in der Bedienstung in der Beförderungsgruppe Anspruch.

b) Der Beamte hat **der neuen Besoldungsgruppe mit gleichem oder höherem Endgrundgehalt vor seinem Uebertritt noch nicht angehört** (Art. 11 Abs. I bis III). In diesem Falle, der die Regel sein wird, gilt allgemein wie bisher der **Grundsatz, daß der Beamte den nächst-**

höheren Grundgehalt erhält und in ihm 2 Jahre (Art. 4) verbleibt. Von dem hiernach zuständigen Grundgehalt und dem Zeitpunkte der nächsten Aufrückung im Grundgehalt wird durch Zurückrechnen (zweijähriges Verbleiben in jeder Dienstaltersstufe nach Art. 4) auf den Anfangsgrundgehalt der einschlägigen BesGr. das für diese BesGr. zuständige BDA. gefunden und festgesetzt. Ob hierbei das BDA. in der neuen BesGr. gegenüber dem BDA. in der verlassenen BesGr. gleichbleibt, vorgerückt (verbessert) wird oder sich verkürzt (vgl. Bem. 1 zu Art. 6), ist — abgesehen von den Sondervorschriften in Art. 11 Abs. I Satz 2, Abs. II, III (vgl. hierwegen Bem. 5) — zunächst belanglos. Beispiele: 1. Ein Rechnungsrat der BesGr. A 3 a mit einem BDA. vom 16. Juni 1920 wird am 1. Juni 1932 zum Ministerialrechnungsrat der BesGr. A 2 g befördert. Sein bisheriger Grundgehalt in BesGr. A 3 a war 7000 RM am 1. Juni 1932 (BDA. in BesGr. A 3 a 1. Juni 1920; daher ab 1. Juni 1920 4800 RM, ab 1. Juni 1922 5200 RM, ab 1. Juni 1924 5600 RM, ab 1. Juni 1926 6000 RM, ab 1. Juni 1928 6400 RM, ab 1. Juni 1930 6700 RM, ab 1. Juni 1932 Endgrundgehalt von 7000 RM). In der BesGr. A 2 g ist der gegenüber 7000 RM nächsthöhere Grundgehalt jener von 7200 RM. Diesen Grundgehalt erhält der Beamte und verbleibt in ihm 2 Jahre, rückt also erst am 1. Juni 1934 in den Grundgehalt von 7500 RM vor. Es ergibt sich bei Zurückrechnung auf den Anfangsgrundgehalt der BesGr. A 2 g nach Maßgabe des Art. 4 (zweijähriges Verbleiben in jedem Grundgehalte):

1. Juni 1934	Grundgehalt	7500 RM
1. Juni 1932	„	7200 RM
1. Juni 1930	„	6800 RM
1. Juni 1928	„	6400 RM
1. Juni 1926	„	6000 RM
1. Juni 1924	„	5600 RM
1. Juni 1922	„	5200 RM
1. Juni 1920	„	4800 RM (Anfangsgrundgehalt).

Somit Beginn des BDA. in der BesGr. A 2 g am 1. Juni 1920 (gegen 1. Juni 1920 in der BesGr. A 3 a). Das BDA. ist sonach gegenüber jenem in der verlassenen BesGr. A 3 a gleichgeblieben. 2. Beispiel: Eine Handarbeitshauptlehrerin der BesGr. A 5 c mit einem BDA. vom 1. November 1918 wird am 1. Februar 1929 zur Fachlehrerin der BesGr. A 4 b befördert. Sie hatte am 1. Februar 1929 in der BesGr. A 5 c einen Grundgehalt von 3100 RM (BDA. in A 5 c: 1. November 1918; daher ab 1. November 1918 2350 RM, ab 1. November 1920 2500 RM, ab 1. November 1922 2650 RM, ab 1. November 1924 2800 RM, ab 1. November 1926 2950 RM, ab 1. November 1928 3100 RM). Der in der BesGr. A 4 b vorkommende, gegenüber 3100 RM nächsthöhere Grundgehalt ist 3300 RM. Diesen Grundgehalt erhält die Fachlehrerin ab 1. Februar 1929, verbleibt in ihm 2 Jahre und rückt sonach am 1. Februar 1931 in den Grundgehalt von 3550 *RM* auf. Von hier aus auf den Anfangsgrundgehalt in BesGr. A 4 b zurückgerechnet (Art. 4: zweijähriges Verbleiben in jedem Grundgehalt) ergibt:

1. Februar 1931	Grundgehalt	3550 *RM*	
1. Februar 1929	"	3300 *RM*	
1. Februar 1927	"	3050 *RM*	
1. Februar 1925	"	2800 *RM*	(Anfangsgrundgehalt).

Somit Beginn des BDA. in BesGr. A 4 b 1. Februar 1925. Das bedeutet gegenüber dem BDA. in der verlassenen BesGr. A 5 c (1. November 1918) eine Verkürzung um 6 Jahre 3 Monate.

3. Beispiel: Ein Oberwerkmeister der BesGr. A 6 mit einem BDA. vom 1. Oktober 1928 wird am 1. Mai 1931 zum Betriebsverwalter der BesGr. A 5 b befördert. Er hatte am 1. Mai 1931 in der BesGr. A 6 einen Grundgehalt von 2600 *RM* (BDA. in A 6: 1. Oktober 1928; daher ab 1. Oktober 1928 2400 *RM*, ab 1. Oktober 1930 2600 *RM*, ab 1. Oktober 1932 2750 *RM*). Der in der BesGr. A 5 b vorkommende, gegenüber 2600 *RM* nächsthöhere Grundgehalt ist 2800 *RM*. Diesen Grundgehalt erhält der Betriebsverwalter ab 1. Mai 1931, verbleibt in ihm 2 Jahre und rückt sonoch am 1. Mai 1933 in den Grundgehalt von 3000 *RM* auf. Von hier aus auf den Anfangsgrundgehalt der BesGr. A 5 b zurückgerechnet (Art. 4: zweijähriges Verbleiben in jedem Grundgehalt) ergibt:

1. Mai 1933	Grundgehalt	3000 *RM*	
1. Mai 1931	"	2800 *RM*	
1. Mai 1929	"	2550 *RM*	
1. Mai 1927	"	2300 *RM*	(Anfangsgrundgehalt).

Somit Beginn des BDA. in BesGr. A 5 b: 1. Mai 1927. Dies bedeutet gegenüber dem BDA. (1. Oktober 1928) in der verlassenen BesGr. A 6 eine Verbesserung um 1 Jahr 5 Monate.

5. Ausnahmen von dem Grundsatze, daß der Beamte beim Uebertritt in eine Besoldungsgruppe mit gleichem oder höherem Endgrundgehalte den nächsthöheren Grundgehalt erhält und in ihm 2 Jahre zu verbleiben hat, sieht das Gesetz nach 4 Richtungen vor.

a) 1. Ausnahme: Der Beamte bekommt zwar den nächsthöheren Grundgehalt; er verbleibt in ihm aber nicht volle 2 Jahre, sondern rückt im Grundgehalte schon zu dem Zeitpunkt auf, in dem er beim Verbleiben in der verlassenen BesGr. den gleichen oder einen höheren Grundgehalt erhalten hätte (Art. 11 Abs. I Satz 2). Beispiele: 1. Ein Hauptwachtmeister der BesGr. A 7 c mit einem BDA. vom 1. September 1920 wird am 1. August 1931 zum Kommissär der BesGr. A 7 a befördert. Er hatte am 1. August 1931 in der BesGr. A 7 c einen Grundgehalt von 2560 *RM* und wäre am 1. September 1932 in den Grundgehalt von 2650 *RM* aufgerückt (BDA. in A 7 c: 1. September 1920;

daher ab 1. September 1920 2000 *RM*, ab 1. September 1922 2100 *RM*, ab 1. September 1924 2200 *RM*, ab 1. September 1926 2300 *RM*, ab 1. September 1928 2450 *RM*, ab 1. September 1930 2550 *RM*, ab 1. September 1932 2650 *RM*). Er erhält ab 1. August 1931 den in der BesGr. A 7 a gegenüber 2550 *RM* vorkommenden nächsthöheren Grundgehalt von 2650 *RM*. Da er in der verlassenen BesGr. A 7 c ab 1. September 1932 ebenfalls einen Grundgehalt von 2650 *RM*, also den gleichen Grundgehalt, bekommen hätte, rückt er an diesem Tage, also schon vor Ablauf von 2 Jahren, auch in der BesGr. A 7 a im Grundgehalt auf und zwar in 2800 *RM*. Von hier aus auf den Anfangsgrundgehalt der BesGr. A 7 a zurückgerechnet (Art. 4: zweijähriges Verbleiben in jeder Dienstaltersstufe) ergibt:

1. September 1932 . . 2800 *RM*
1. September 1930 . . 2650 *RM*
1. September 1928 . . 2500 *RM*
1. September 1926 . . 2350 *RM* (Anfangsgrundgehalt).

Somit Beginn des BDA. in BesGr. A 7 a: 1. September 1926. 2. Beispiel: Ein Kreisschulrat der BesGr. A 2 g mit einem BDA. vom 1. Juli 1924 wird am 1. August 1929 zum Regierungsschulrat der BesGr. A 2 d befördert. Er hatte am 1. August 1929 in der BesGr. A 2 g einen Grundgehalt von 5600 *RM* und wäre am 1. Juli 1930 in den Grundgehalt von 6000 *RM* aufgerückt. Er erhält vom Tage der Beförderung an (1. August 1929) den Grundgehalt von 5700 *RM* (nächsthöheren Grundgehalt in BesGr. A 2 d gegenüber 5600 *RM* in BesGr. A 2 g) und steigt am 1. Juli 1930, also schon vor Ablauf von 2 Jahren, in den Grundgehalt von 6100 *RM* auf, weil er am gleichen Tage in der BesGr. A 2 g einen Grundgehalt von 6000 *RM*, also einen höheren Grundgehalt als in der BesGr. A 2 d — 5700 *RM* — erreicht hätte. Beginn seines BDA. in der BesGr. A 2 d daher 1. Juli 1928.

b) 2. Ausnahme: Der Beamte bekommt nicht den nächsthöheren, sondern den gleichen Grundgehalt, soweit ein solcher in der neuen BesGr. vorkommt, rückt aber auch in der neuen BesGr. nach Maßgabe des Art. 11 Abs. I Satz 2 auf (Art. 11 Abs. II Satz 2), jedoch erst zu dem Zeitpunkt, zu dem er in der verlassenen Gruppe einen höheren (nicht den gleichen) Grundgehalt erreicht hätte. Diese Vorschrift gilt nur beim Uebertritt aus den BesGr. A 5 a oder A 5 b in die BesGr. A 4 b. Sie soll verhüten, daß ein Beamter der BesGr. A 6 oder A 7 a, dessen unmittelbare Beförderung in die BesGr. A 4 b möglich ist, auf dem Umweg über die BesGr. A 5 a oder A 5 b in die BesGr. A 4 b übergeführt wird und so ohne die Vorschrift des Art. 11 Abs. II Satz 2 in der BesGr. A 4 b ein günstigeres BDA. erhalten würde als bei unmittelbarer Beförderung aus der BesGr. A 7 a oder 6 in die BesGr. A 4 b oder daß ein Beamter der BesGr. A 7 a, der zunächst nicht auf eine Stelle der BesGr. A 4 b, sondern nach Maßgabe der Anm. 3 zur BesGr. A 4 b nur auf eine Stelle der BesGr. A 5 a befördert werden kann, bei der späteren Beförderung in die BesGr. A 4 b in bezug auf das BDA. in dieser Gruppe günstiger gestellt wäre als bei unmittelbarer Beförderung aus der Gruppe A 7 a in die BesGr. A 4 b. In jedem Falle gilt selbstverständlich die allgemeine Vorschrift des Art. 4, daß der Beamte im gleichen Grundgehalte, solange der Endgrundgehalt nicht erreicht und deshalb ein Aufsteigen im Grundgehalt überhaupt noch möglich ist, niemals länger als zusammen 2 Jahre zu verbleiben braucht; die im gleichen Grundgehalte zurückgelegte Zeit sowohl in den BesGr. A 5 a und A 5 b wie in BesGr. A 4 b wird hierbei zusammengezählt. Beispiel 1: Ein Obersekretär der BesGr. A 5 a mit einem BDA. vom 1. März 1928 wird am 1. Dezember 1928 zum Obersekretär der BesGr. A 4 b befördert. Er hatte am 1. Dezember 1928 in der BesGr. A 5 a einen Grundgehalt von 2800 *RM*. Dieser Grundgehalt kommt auch in der BesGr. A 4 b vor. Der Beamte erhält deshalb diesen Grundgehalt auch in der BesGr. A 4 b. Ab 1. März 1930 wäre der Beamte in der BesGr. A 5 a in den Grundgehalt von 3000 *RM* (2. Dienstaltersstufe) aufgerückt und hätte damit einen höheren Grundgehalt erreicht. Gemäß Art. 11 Abs. I S. 2 rückt er deshalb im gleichen Zeitpunkt (1. März 1930) auch in der BesGr. A 4 b im Grundgehalt auf und erhält den Grundgehalt von 3050 *RM* (2. Dienstaltersstufe). Von hier aus auf den Anfangsgrundgehalt nach Maßgabe des Art. 4 zurückgerechnet ergibt:

1. März 1930	Grundgehalt	3050 *RM*
1. März 1928	„	2800 *RM* (Anfangsgrundgehalt).

Somit Beginn des BDA. in der BesGr. A 4 b 1. März 1928 (= dem BDA. in der BesGr. A 5 a). Beispiel 2: Ein Obersekretär der BesGr. A 5 a mit einem BDA. vom 1. März 1920 wird am 1. Dezember 1928 zum Obersekretär der BesGr. A 4 b befördert. Er hatte am 1. Dezember 1928 in der BesGr. A 5 a einen Grundgehalt von 3600 *RM*. Der gleiche Grundgehalt kommt in der BesGr. A 4 b nicht vor. Der Beamte erhält deshalb den nächsthöheren Grundgehalt von 3800 *RM* (Art. 11 Abs. I Satz 1) und verbleibt in ihm volle 2 Jahre, da er während dieser 2 Jahre in der verlassenen BesGr. A 5 a nicht in einen höheren Grundgehalt, sondern nur in 3750 *RM* aufgerückt wäre. Vom 1. Dezember 1928 (Grundgehalt 3600 *RM*) auf den Anfangsgrundgehalt nach Maßgabe des Art. 4 zurückgerechnet ergibt:

1. Dezember 1928	Grundgehalt	3800 *RM*
1. Dezember 1926	„	3550 *RM*
1. Dezember 1924	„	3300 *RM*
1. Dezember 1922	„	3050 *RM*
1. Dezember 1920	„	2800 *RM* (Anfangsgrundgehalt).

Somit Beginn der BDA. in BesGr. A 4 b 1. Dezember 1920 (gegen 1. März 1920 in BesGr. A 5 a). Beispiel 3: Ein Obersekretär der BesGr. A 5a mit einem BDA. vom 1. Januar 1914 wird am 1. August 1928 zum Obersekretär der BesGr. A 4b befördert. Er hatte am 1. August 1928 in der BesGr. A 5a einen Grundgehalt von 4050 RM und wäre ab 1. Januar 1930 in den Grundgehalt von 4200 RM aufgerückt. Er erhält in A 4b den gegenüber 4050 RM (der gleiche Grundgehalt kommt in der BesGr. A 4b nicht vor) nächsthöheren Grundgehalt von 4200 RM. Er bleibt in diesem Grundgehalt volle 2 Jahre, also bis zum 31. Juli 1930. Daß er in der verlassenen BesGr. A 5a ab 1. Januar 1930 ebenfalls 4200 RM, also den gleichen Grundgehalt erreicht hätte, bewirkt nicht, daß er zum gleichen Zeitpunkt auch in der BesGr. A 4b aufrückt; denn gemäß Art. 11 Abs. II Satz 2 darf der Beamte in der neuen BesGr. den gleichen Grundgehalt wie in der verlassenen BesGr. beziehen. Vom 1. August 1928 (4200 RM Grundgehalt) auf den Anfangsgrundgehalt der BesGr. A 4b zurückgerechnet ergibt als Beginn des BDA. in dieser Gruppe den 1. August 1916 (gegen 1. Januar 1914 in BesGr. A 5a). Beispiel 4: Ein Obersekretär der BesGr. A 5a mit einem BDA. vom 1. Mai 1914 wird am 1. März 1931 zum Obersekretär der BesGr. A 4b befördert. Er hatte am 1. März 1931 den Endgrundgehalt der BesGr. A 5a (4200 RM) und zwar seit dem 1. Mai 1930 (also bereits 10 Monate lang) bezogen. Der Grundgehalt von 4200 RM kommt auch in der BesGr. A 4b vor. Der Beamte erhält daher diesen Grundgehalt ab 1. März 1931 auch in der BesGr. A 4b. Der Grundgehalt von 4200 RM ist in der BesGr. A 5a der Endgrundgehalt; eine weitere Aufrückung kommt daher nicht in Frage; damit entfällt die Möglichkeit der Anwendung des Art. 11 Abs. I Satz 2. Trotzdem braucht der Beamte den Grundgehalt von 4200 RM in der BesGr. A 4b nicht volle 2 Jahre (Art. 11 Abs. I Satz 1) zu beziehen, sondern es wird ihm auf die Zeit von 2 Jahren des Verbleibens im gleichen Grundgehalt (Art. 4) auch die Zeit angerechnet, während der er den gleichen Grundgehalt von 4200 RM schon in der BesGr. A 5a bezogen hat. Denn die Ausnahmevorschrift des Art. 11 Abs. II Satz 2 hebt nur den Regelsatz des Art. 11 Abs. I auf, daß der Beamte jeweils den nächsthöheren Grundgehalt erhält, nicht aber den Regelsatz des Art. 4. Der Beamte rückt daher bereits ab 1. Mai 1932 (Ablauf von 2 Jahren seit dem Eintritt in 4200 RM) in den nächsthöheren Grundgehalt von 4400 RM auf. Daher Beginn des BDA. in BesGr. A 4b: 1. Mai 1918 (gegen 1. Mai 1914 in BesGr. A 5a). Beispiel 4: Hätte der Obersekretär im Beispiel 3 ein BDA. vom 1. Mai 1908 in der BesGr. A 5a gehabt, dann hätte er den Endgrundgehalt der BesGr. A 5a mit 4200 RM bereits seit dem 1. Mai 1924 bezogen, also nach dem Stande vom Tage seiner Beförderung (1. März 1931) bereits 6 Jahre 10 Monate, mithin länger als 2 Jahre. Er erhält deshalb in der BesGr. A 4b ab 1. März 1931 nicht mehr den gleichen Grundgehalt (4200 RM), sondern sofort den nächsthöheren Grundgehalt nach der Regel des Art. 11 Abs. I Satz 1, also den Grundgehalt von

4400 RM, und verbleibt in ihm volle 2 Jahre. Somit Beginn seines BDA. in der BesGr. A 4 b: 1. März 1917.

c) 3. Ausnahme: An die Stelle des Regelsatzes des Art. 11 Abs. I Satz 1 in Verbindung mit der Ausnahme des Art. 11 Abs. I Satz 2 tritt, wenn dies für den Beamten günstiger ist, die Vorschrift, daß das BDA. in der neuen BesGr. gegenüber dem BDA. in der verlassenen BesGr. über ein gewisses Maß hinaus nicht verkürzt werden darf (Art. 11 Abs. III). Art. 11 Abs. III bestimmt sonach Höchstgrenzen der Verkürzung des BDA., aber nicht mehr wie früher allgemein, sondern nur für die in Art. 11 Abs. III selbst im einzelnen angegebenen Fälle. Die Verkürzung ist hierbei auf acht, sechs oder vier Jahre beschränkt, während nach der bisherigen Regelung die Verkürzung beim Uebertritt aus der alten BesGr. XII in die BesGr. XIII auf 6 Jahre und in allen anderen Fällen auf vier Jahre beschränkt war. Es gilt folgende Regelung:

Die Verkürzung des BDA. darf nicht mehr betragen als

4 Jahre beim Uebertritt		6 Jahre beim Uebertritt		8 Jahre beim Uebertritt	
aus der BesGr.	in die BesGr.	aus der BesGr.	in die BesGr.	aus der BesGr.	in die BesGr.
A 11	A 10	A 9	A 7b	A 4b	A 4a
A 10	A 8a	A 7a	A 5a	A 2e	A 2a
A 8a	A 6	A 7a	A 4b		
A 8a	A 7a				
A 2d	A 2a				
A 2b	A 2a				

Beispiel 1: Ein Offiziant der BesGr. A 11 mit einem BDA. vom 1. Juli 1914 wird am 1. März 1931 zum Oberoffizianten der BesGr. A 10 befördert. Auf Grund des Art. 11 Abs. I S. 1 erhält er den gegenüber seinem bisherigen Grundgehalt von 2200 RM (Endgrundgehalt der BesGr. A 11) nächsthöheren Grundgehalt von 2230 RM in der BesGr. A 10 und verbleibt in ihm 2 Jahre. Daher Beginn seines BDA. in der BesGr. A 10: 1. März 1917 (gegen 1. Juli 1914 in der BesGr. A 11). Das BDA. ist sonach nicht um mehr als 4 Jahre verkürzt. Es bleibt daher bei der Regel des Art. 11 Abs. I Satz 1. Beispiel 2: Hätte der in Beispiel 1 genannte Offiziant in der BesGr. A 11 dagegen ein BDA. vom 1. Juli 1910 gehabt, so würde nach der Regel des Art. 11 Abs. I Satz 1

sich für ihn bei der Beförderung am 1. März 1931 wie in Beispiel 1 ein BDA. vom 1. März 1917 ergeben. Dieses BDA. wäre gegenüber seinem früheren BDA. (1. Juli 1910) um 6 Jahre 8 Monate schlechter. Diese Verschlechterung ist nach Art. 11 Abs. III unzulässig, da die Verkürzung des BDA. 4 Jahre nicht übersteigen darf. Der Beamte hat deshalb ein BDA. vom (1. Juli 1910 — 4 Jahre) = 1. Juli 1914 zu erhalten. Sein Grundgehalt beträgt daher vom Tage seiner Beförderung an 2320 RM. Der Beamte rückt am 1. Juli 1932 in den Grundgehalt von 2400 RM auf. Beispiel 3: Ein Inspektor der BesGr. A 4 b mit einem BDA. vom 1. Januar 1912, für den demnach seit dem 1. Januar 1928 ein Grundgehalt von 4600 RM zuständig ist, wird ab 1. Mai 1928 zum Oberinspektor der BesGr. A 4 a befördert. Nach Abs. I des Art. 11 hätte er ab 1. Mai 1928 in der BesGr. A 4 a einen Grundgehalt von 4700 RM und ab 1. Januar 1930 einen Grundgehalt von 4950 RM zu erhalten und der Beginn seines BDA. wäre auf den 1. Januar 1924 festzusetzen. Der Unterschied zwischen diesem BDA. und jenem in der BesGr. A 4 b (1. Januar 1912) würde demnach 12 Jahre betragen. Nach Abs. III des Art. 11 darf aber das BDA. beim Uebertritt aus der BesGr. A 4 b in die BesGr. A 4 a nicht um mehr als 8 Jahre verkürzt werden. Sein BDA. in der BesGr. A 4 a muß demnach auf den (1. Januar 1912 — 8 Jahre) = 1. Januar 1920 festgesetzt werden. Der Beamte erhält den nach Maßgabe dieses BDA. sich berechnenden Grundgehalt der BesGr. A 4 a mit 5200 RM. Ab 1. Januar 1930 (nicht erst 1. Mai 1930) rückt er in den Grundgehalt von 5500 RM auf und erhält den Endgrundgehalt von 5800 RM am 1. Januar 1932.

d) 4. Ausnahme: Art. 11 Abs. I wird ganz ausgeschaltet. Der Beamte erhält beim Uebertritt in eine andere BesGr. mit gleichem oder höherem Endgrundgehalt das BDA., das er in der verlassenen BesGr. hatte. Dies gilt in den in Art. 11 Abs. II Satz 1 aufgeführten Fällen. Hiernach bleibt das BDA. unverändert beim Uebertritt

aus der BesGr.	in die BesGr.	
A 12	A 11	stets
A 3a	A 2g	in den ersten 10 Besoldungsdienstjahren
A 2f	A 2e	in den ersten 16 Besoldungsdienstjahren

Beispiel 1: Ein Schleusenaufseher der BesGr. A 12 mit einem BDA. vom 1. Mai 1918 wird am 1. Dezember 1932 zum Schleusenoberaufseher befördert. Zu diesem Zeitpunkt betrug sein Grundgehalt in der BesGr. A 12 2030 RM; ab 1. Mai 1934 hätte er den Endgrundgehalt der BesGr. A 12 mit 2100 RM erreicht. Ohne Rücksicht

auf die Wirkung des Art. 11 Abs. I (hiernach würde er ein BDA. vom 1. Mai 1920 und einen Grundgehalt von 2040 RM ab 1. Dezember 1932 und von 2120 RM ab 1. Mai 1934 erhalten) erhält der Schleusenoberaufseher auch in der BesGr. A 11 das nämliche BDA. wie in der BesGr. A 12, also vom 1. Mai 1918. Hiernach steht ihm ab 1. Dezember 1932 ein Grundgehalt von 2120 RM und ab 1. Mai 1934 der Endgrundgehalt von 2200 RM zu. Beispiel 2: Ein Rechnungsrat der BesGr. A 3a mit einem BDA. vom 1. Juli 1924 wird am 1. August 1931, also innerhalb der ersten 10 Besoldungsdienstjahre (1. Juli 1924 bis 30. Juni 1934) zum Ministerialrechnungsrat der BesGr. A 2g befördert. Der Beginn seines BDA. in der BesGr. A 2g ist auf den Tag des BDA. in der BesGr. A 3a festzusetzen, also auf den 1. Juli 1924. Die Wirkung ist, daß er in der BesGr. A 2g den gleichen Grundgehalt (6000 RM) erhält wie in der BesGr. A 3a. Er rückt am 1. Juli 1932 in den Grundgehalt von 6400 RM vor und hat damit wieder denselben Grundgehalt, den er auch in der BesGr. A 3a zum gleichen Zeitpunkt erreicht hätte.

6. Zu Art. 11 Abs. V: Für die Anwendbarkeit des Abs. V ist Voraussetzung, daß nach den Bestimmungen des BG. oder des BLG. der Beamte gegen seinen Willen überhaupt in eine BesGr. mit niedrigerem Endgrundgehalt versetzt werden kann, was sich nach Art. 8, 9 und 109 des BG. und für die Volksschullehrer nach Art. 5 Abs. I und Art. 6 Abs. I des BLG. in der Fassung des Art. 2 Ziff. I, II des Ges. über die Aenderung beamtenrechtlicher Vorschriften vom 10. Juli 1927 (GVBl. S. 227) sowie nach Art. 109 des BLG. in der Fassung des Art. 62 Ziff. 11 des BBesG. vom 2. Juni 1920 und des Art. 1 Ziff. V des Ges. zur Aenderung von Vorschriften über das Volksschulwesen vom 1. August 1923 (GVBl. S. 337) bemißt. Mit seinem Einverständnis ist die Ueberführung eines Beamten in eine BesGr. mit niedrigerem Endgrundgehalt selbstverständlich jederzeit möglich. Es kommt vor, daß Beamte den Anforderungen einer bestimmten Stelle nicht mehr gewachsen sind; sie ziehen es dann vor, eine niedriger besoldete Stelle, die sie ausfüllen können, anzunehmen statt in den Ruhestand versetzt oder entlassen zu werden. Die Grundsätze, nach denen im Vollzuge des Art. 11 Abs. V verfahren wird, sind in einer Note des Staatsministeriums der Finanzen vom 4. August 1923 niedergelegt, die sich auf den Vollzug des früheren Art. 13 Abs. III — jetzt Art. 11 Abs. V — bezieht. Hiernach erhält ein Beamter, der zur Strafe (Art. 109 des BG., Art. 109 des BLG. bei unwiderruflichen etatmäßigen Beamten (ständigen Volksschullehrern); Art. 8 BG. Art. 5 BLG. bei widerruflichen etatmäßigen Beamten oder ständigen Volksschullehrern) oder auf Ansuchen, jedoch ohne Verschulden und ohne daß dienstliche Rücksichten es bedingen, in eine BesGr. mit niedrigerem Endgrundgehalt überführt wird, grundsätzlich das BDA. wieder, das er früher in dieser Gruppe hatte; hat er dieser Gruppe früher nicht angehört, so wird sein BDA. in dieser Gruppe so festgesetzt, wie wenn er in dieser Gruppe angestellt worden wäre und dort seine Dienstzeit zugebracht hätte. Eine Wahrung des in der bisherigen BesGr. verdienten Grundgehalts findet nicht statt. Das hiernach in Frage kommende BDA. kann im Falle der Strafversetzung — unbeschadet des Art. 109 Abs. 3 des BG. oder des Art. 109 Abs. I des BLG. — noch verschlechtert werden, wenn die Verhältnisse es angezeigt erscheinen lassen. Erfolgt die Ueberführung eines Beamten ohne sein Verschulden und nicht zur Strafe, sondern aus dienstlichen Rücksichten, so wird das BDA. in der Regel so festgesetzt, daß der Beamte den gleichen, oder wenn dieser nicht vorkommt, den nächstniedrigeren Grundgehalt erhält; dabei findet die Bestimmung in Art. 11 Abs. III in den dort bezeichneten Fällen in der Weise Beachtung, daß das BDA. der bisherigen BesGr. jeweils um die in Art. 11 Abs. III vorgeschriebene Zahl von Jahren verbessert wird und daß über den hiernach zustehenden Grundgehalt im Zeitpunkte der Ueberführung nicht hinausgegangen werden darf.

7. Auf die Zuweisung des BDA. nach den zwingenden Vorschriften des Art. 11 Abs. I—IV besteht ein Rechtsanspruch (vgl. Bem. 3 zu Art. 6). Wegen der Zuständigkeit der Verwaltungsbehörden und der Unzulässigkeit des Rechtsweges vor den ordentlichen Gerichten vgl. Bem. 4 zu Art. 6, Bem. 6 zu Art. 7, Bem. 9 zu Art. 8 und Bem. 1 zu Art. 10).

Art. 12.

I Der Beamte ist von der Festsetzung seines Besoldungsdienstalters schriftlich zu verständigen.

II Die Entscheidungen der Verwaltungsbehörden über die Festsetzung des Besoldungsdienstalters sind für die Beurteilung der vor dem Gerichte geltend gemachten vermögensrechtlichen Ansprüche bindend.

1. Die Bestimmung in Abs. I ist aus dem Reichsrecht (§ 8 des RBesG.) übernommen. Sie war im bisherigen bayerischen Besoldungsgesetze nicht enthalten, wenn auch in der Praxis schon bisher insofern darnach verfahren worden ist, als jedem Beamten die Festsetzung seines BDA. schriftlich mitgeteilt worden ist. Für die gemäß Art. 41 in das neue BBesG. übergeleiteten Beamten ist die Verständigung von der Festsetzung des BDA. im Abschnitt D Ziff. 4 Abs. 3 der FinMinBek. vom 28. März 1928 Nr. 14 200 über die Neuregelung der Dienstbezüge der Staatsbeamten im Dienst und der Versorgungsbezüge — StAnz. Nr. 73 — angeordnet. Diese Bekanntmachung ist im IV. Abschnitte des Buches (Ausführungsbestimmungen) abgedruckt.

2. Auch die Bestimmung in Abs. II ist dem Reichsrecht nachgebildet (vgl. § 8 Abs. 2 des RBesG.). Sie hat schon bisher gegolten, wenn sie auch nicht im BBesG. selbst enthalten war. Denn nach Art. 178 des BG., dessen Vorschrift gemäß Art. 135 des BLG. in der Fassung des Art. 1 Ziff. VI des Ges. vom 1. August 1923 zur Aenderung von Vorschriften über das Volksschulwesen (GVBl. S. 337) auch für die Volksschullehrer gilt, waren schon bisher für die Beurteilung der vor dem Gericht geltend gemachten Ansprüche die Entscheidungen der Verwaltungsbehörden bindend, die diese nach ihrem pflichtgemäßen Ermessen zu treffen berechtigt sind. Zu diesen Entscheidungen ist auch die Festsetzung des BDA. zu rechnen. Im übrigen vgl. Bem. 4 zu Art. 6, Bem. 6 zu Art. 7, Bem. 9 zu Art. 8, Bem. 1 zu Art. 10 und Bem. 6 zu Art. 11.

2. Wohnungsgeldzuschuß.

Art. 13.

I Die etatmäßigen Beamten erhalten einen Wohnungsgeldzuschuß nach der Anlage 3. Anlage

II Das Staatsministerium der Finanzen ist ermächtigt den Wohnungsgeldzuschuß nach Maßgabe der Regelung für die Reichsbeamten zu erhöhen.

III Unverheiratete Beamte der Bereitschaftspolizei in gemeinschaftlicher Unterkunft erhalten keinen Wohnungsgeldzuschuß.

1. Vgl. § 9 des RBesG. und Nr. 48, 49 der RBesV.

2. Bis zum 1. April 1924 haben die Beamten neben dem Grundgehalt einen Ortszuschlag bezogen. Der Ortszuschlag bildete zwar auch eine Vergütung für die Leistung des Beamten, er sollte aber den besonderen wirtschaftlichen Verhältnissen des Beamten Rechnung tragen, indem er ihm im Hinblick darauf, daß er in der Wahl seines Dienstortes nicht frei ist, einen Ausgleich für die örtlichen Verschiedenheiten der Lebensverhältnisse unter Berücksichtigung namentlich des vollen Wohnungsbedürfnisses, aber auch der Unterschiede in den übrigen Kosten der Lebenshaltung gewähren sollte. Die vielen Unzuträglichkeiten, die sich aus der Unmöglichkeit der statistischen Erfassung der örtlichen Teuerungsverhältnisse ergeben haben, veranlaßten die Reichsregierung dieses System wieder aufzugeben und zu dem früheren System des Wohnungsgeldzuschusses zurückzukehren. Diese Regelung ist seit dem 1. April 1924 angebahnt und seitdem beibehalten worden. Die Rückkehr zum Ortszuschlagssystem ist endgültig abgelehnt (vgl. Einleitung Abschn. B b). Das Statistische Reichsamt und die statistischen Landesämter haben im Sommer 1924 Erhebungen über die Mietpreise gepflogen, die die Beamten in den einzelnen Orten tatsächlich zu entrichten hatten. Auf Grund dieser Erhebungen wurden sämtliche Orte des Deutschen Reiches in Ortsklassen neu eingeteilt. Maßgebend ist die VO. des Reichsministers der Finanzen vom 23. Oktober 1924, abgedruckt im RBesBl. 1924 S. 289; sie ist mit Wirkung vom 1. November 1924 in Kraft gesetzt worden. Vom gleichen Tage an wurde der bisherige Ortszuschlag endgültig in einen Wohnungsgeldzuschuß umgewandelt. Wegen der Ortsklasseneinteilung im einzelnen siehe Art. 17.

3. Die Anlage 3 entspricht der Anlage 4 des RBesG. Die darin aufgeführten Sätze des Wohnungsgeldzuschusses stellen den Grundbetrag dar, aus dem der jeweils tatsächlich zu zahlende Wohnungsgeldzuschuß nach Maßgabe der jeweiligen Mietenregelung (seit 1. Oktober 1927 120 v. H.) berechnet wird, und decken sich mit den für die Reichsbeamten geltenden Sätzen. Ueber die Wohnungsgeldzuschußsätze des Reiches darf nicht hinausgegangen werden; das RGes. vom 27. März 1926 zur einheitlichen Regelung des Wohnungsgeldzuschusses (RGBl. Teil I S. 180) verbietet den Ländern, Gemeinden und sonstigen öffentlichen Körperschaften den Wohnungsgeldzuschuß oder die Ortsklasseneinteilung günstiger zu regeln, als es für die Reichsbeamten gleicher Besoldungsgruppen und gleicher Dienstaltersstufe am selben Orte geschieht. Die Umgehung dieser Vorschrift etwa durch Höherbemessung anderer Dienstbezüge ist durch das Gesetz verboten.

4. Die Höhe des zuständigen Wohnungsgeldzuschusses der Anlage 3 richtet sich nach der Tarifklasse, die bei jeder Besoldungsgruppe in den Besoldungsordnungen A und B angegeben ist, und nach der Ortsklasse, der der Amtssitz oder Wohnsitz des Beamten (Art. 18) nach Maßgabe der Ortsklasseneinteilung (Art. 17) zugeteilt ist. Ausnahmen hiervon:

a) Die unverheirateten Beamten der Bereitschaftspolizei in gemeinschaftlicher Unterkunft erhalten keinen Wohnungsgeldzuschuß (Art. 13 Abs. III und Art. 29); sie brauchen aber auch keine Mietentschädigung für ihre Unterkunft zu zahlen (Art. 19 Abs. VI). Das gilt für die Polizeianwärter, für die nichtetatmäßigen und für die etatmäßigen Beamten der Bereitschaftspolizei. Unverheiratet ist jeder, der nicht verheiratet ist. Der Begriff „unverheiratet" ist also weiter als der Begriff „ledig" in Art. 14. Zu den Unverheirateten zählen sonach auch die geschiedenen oder verwitweten Beamten. Unter „Bereitschaftspolizei" sind die in geschlossenen Verbänden zusammengefaßten Angehörigen der Schutzpolizei zu verstehen.

b) Ledige etatmäßige oder nichtetatmäßige Beamte oder ledige Hochschulassistenten erhalten bis zum vollendeten 45. Lebensjahr an Stelle des regelmäßigen Wohnungsgeldzuschusses (Anlage 3 in Verbindung mit den Bestimmungen über die zuständige Tarifklasse, wie sie bei jeder Besoldungsgruppe unmittelbar nach dem Vortrag der Grundgehaltssätze angegeben sind; Art. 29 Abs. I und II, Art. 33) den Wohnungsgeldzuschuß der jeweils nächstniedrigeren Tarifklasse und soweit der Wohnungsgeldzuschuß der Tarifklasse VII zuständig ist — es trifft dies nur im Falle des Art. 29 Abs. I Satz 2 zu —, den um 40 v. H. gekürzten Betrag des Wohnungsgeldzuschusses dieser Tarifklasse (Art. 14 Abs. I). Diese Ausnahme findet aber keine Anwendung auf Geistliche; sie erhalten daher in jedem Fall den regelmäßigen Wohnungsgeldzuschuß (Art. 14 Abs. II).

c) Verheiratete weibliche etatmäßige oder nichtetatmäßige Beamte oder verheiratete weibliche Hochschulassistenten erhalten keinen Wohnungsgeldzuschuß, wenn ihr Ehemann Beamter oder Angestellter des Reichs, eines Landes (einschließlich Bayern), einer Gemeinde oder einer sonstigen Körperschaft des öffentlichen Rechtes ist (Art. 16 Satz 2, Art. 29 Abs. II, Art. 33 Abs. I Satz 2). Ist der Ehemann weder Beamter noch Angestellter im Dienste des Reichs usw., so erhält der verheiratete weibliche Beamte nur die Hälfte des zuständigen Wohnungsgeldzuschusses (Art. 16 Satz 1); der Wohnungsgeldzuschuß kann in diesem Falle aber vom vorgesetzten Staatsministerium im Einvernehmen mit dem Staatsministerium der Finanzen im vollen Betrage gewährt werden, wenn und solange die Beamtin wegen völliger Erwerbsunfähigkeit ihres Ehemannes allein für den Unterhalt der Familie zu sorgen hat (vgl. Ziff. 4 Abs. I der FinMinBek. vom $\frac{\text{13. März 1923 (GVBl. S. 130)}}{\text{15. April 1924 (GVBl. S. 147)}}$.

d) Ein Beamter im Nebenamt erhält keinen Wohnungsgeldzuschuß (Art. 15).

e) Ein Beamter (etatmäßig, nichtetatmäßig oder Hochschulassistent), der einen Grundgehalt gleichzeitig nicht nur vom Staate Bayern, sondern auch aus Mitteln des Reichs, eines anderen Landes, einer Gemeinde oder einer sonstigen Körperschaft des öffentlichen Rechts bezieht, erhält nicht den vollen Satz, sondern nur einen Teilbetrag des Wohnungsgeldzuschusses und zwar in der Höhe des gleichen Bruchteils, den der aus der bayerischen Staatskasse zu zahlende Grundgehalt von dem Gesamtbezug an bayerischem und sonstigem Grundgehalt ausmacht; hierbei bemißt sich die Tarifklasse des Wohnungsgeldzuschusses nach dem höchsten Grundgehalt (Art. 15 Abs. II, Art. 29 Abs. II, Art. 33 Abs. I Satz 2).

f) In das ruhegehaltsfähige (pensionsfähige, versorgungsfähige) Diensteinkommen, das für die Berechnung des Wartegeldes oder Ruhegehalts maßgebend ist, wird der Wohnungsgeldzuschuß in allen Fällen, also ohne Rücksicht darauf, nach welchem Ortssatze der Beamte im aktiven Dienste den Wohnungsgeldzuschuß bezogen hat, nur mit dem für die Ortsklasse B zuständigen Betrag eingerechnet (Art. 20). Das gilt für die etatmäßigen und — bei Gewährung der Unfallfürsorge (Art. 89 ff. des BG.; Art. 86 ff. des BLG.) — auch für die nichtetatmäßigen Beamten und die Hochschulassistenten (Art. 29 Abs. II, Art. 33 Abs. I Satz 2). Bezüglich der zum oder vor dem 1. Oktober 1927 in den Ruhestand versetzten oder im Dienste gestorbenen Beamten und ihrer Hinterbliebenen ist zu beachten, daß für die Berechnung ihrer Versorgungsbezüge die Sondervorschrift des Art. 14 Abs. I (Ledige unter 45 Jahren erhalten den Wohnungsgeldzuschuß der nächstniedrigeren Tarifklasse) nicht gilt (Art. 44 Abs. II, in dem nur der Satz 1, nicht auch der Satz 2 des Art. 20 angeführt ist).

4. Der Wohnungsgeldzuschuß steht dem Beamten zu ohne Rücksicht darauf, ob dieser einen eigenen Hausstand führt oder nicht und ob er seinen Dienst- oder Wohnsitz im Inland oder im Auslande hat. Auch die Dienstwohnungsinhaber haben Anspruch auf den Wohnungsgeldzuschuß; sie müssen aber für die Dienstwohnung eine Mietentschädigung nach Maßgabe des Art. 19 und 49 entrichten. Die von der Reichsregierung im Entwurfe des RBesG. vorgeschlagene Regelung, daß der Dienstwohnungsinhaber einerseits keinen Anspruch auf den Wohnungsgeldzuschuß haben, andererseits aber auch keine Mietentschädigung entrichten solle, fand nicht die Zustimmung des Reichstags.

5. Die Angleichung des Wohnungsgeldzuschusses an die jeweils geltende Mietenregelung (vgl. oben Bem. 3) erfolgt im Reiche durch den Reichsminister der Finanzen auf Grund der ihm in § 9 Abs. 2 des RBesG. erteilten Ermächtigung. In Angleichung an diese Regelung ist durch Art. 13 Abs. II auch das bayerische Staatsministerium der Finanzen für zuständig erklärt, den Wohnungsgeldzuschuß jeweils zu erhöhen; es ist aber hierbei an die Regelung im Reiche gebunden. Den Beamten steht ein Rechtsanspruch auf die Erhöhung des Wohnungsgeldzuschusses in Angleichung an die Regelung im Reiche selbstverständlich nicht zu. Die Entscheidung liegt nur beim Finanzministerium, das hierbei an die vorherige Bewilligung der Mittel durch den Landtag nicht gebunden ist.

6. Der Anspruch auf den Wohnungsgeldzuschuß ist im Rechtswege vor den ordentlichen Gerichten verfolgbar. Nur die Entscheidung darüber, ob ein verheirateter weiblicher Beamter wegen völliger Erwerbsunfähigkeit des Ehemannes an Stelle des halben den vollen Wohnungsgeldzuschuß bekommt, ist der Nachprüfung durch die Gerichte entzogen, da diese Entscheidung nach pflichtgemäßem Ermessen der Staatsministerien zu treffen ist.

Art. 14.

I Ledige Beamte bis zum vollendeten fünfundvierzigsten Lebensjahr erhalten anstelle des Wohnungsgeldzuschusses, der sich nach Art. 13 ergeben würde, den Wohnungsgeldzuschuß der nächstniedrigeren Tarifklasse. Anstelle des Wohnungsgeldzuschusses der Tarifklasse VII treten hierbei die um 40 v. H. gekürzten Sätze.

II Abs. I gilt nicht für Geistliche.

1. Vgl. § 10 des RBesG. und Nr. 51 der RBesV.

2. Die Bestimmung in Abs. I ist gegenüber dem bisherigen Rechte neu und verfolgt den Zweck, die gehaltliche Unterscheidung zwischen dem verheirateten und ledigen Beamten, die bisher durch die Gewährung des Frauenzuschlags (jährlich 144 *RM*) an die verheirateten Beamten bestand, durch den Wegfall des Frauenzuschlags ab 1. Oktober 1927 (vgl. Einl. B Buchst. d) aber beseitigt wurde, durch eine unterschiedliche Bemessung des Wohnungsgeldzuschusses aufrecht zu erhalten. Sie ist sachlich begründet, da das Wohnungsbedürfnis des Ledigen in der Regel geringer ist als das des Verheirateten mit Frau und Kindern. Der Unterschied im Wohnungsgeldzuschusse des Verheirateten und des Ledigen unter 45 Jahren beträgt — aufgeführt in der Reihenfolge der Ortsklassen: Sonderklasse, A, B, C, D — in der Tarifklasse I: 504, 432, 360, 288, 216 *RM* jährlich; in der Tarifklasse II: 432, 360, 360, 216, 144 *RM* jährlich; in der Tarifklasse III: 432, 360, 288, 216, 174 *RM* jährlich; in der Tarifklasse IV: 288, 276, 186, 174, 126 *RM* jährlich; in der Tarifklasse V: 228, 198, 162, 126, 90 *RM* jährlich; in der Tarifklasse VI: 234, 186, 156, 132, 102 *RM* jährlich; in der Tarifklasse VII: 162, 138, 114, 84, 60 *RM* jährlich.

3. Als „ledig" sind alle Beamten anzusehen, die nicht verheiratet sind oder waren. Der Begriff „ledig" ist also enger als der Begriff „unverheiratet" in Art. 13 Abs. III (vgl. Bem. 4 a zu Art. 13). Zu den ledigen Beamten im Sinne des Art. 14 zählen daher die geschiedenen oder verwitweten Beamten nicht; diese erhalten deshalb — gleichgültig ob sie Familie haben oder eigenen oder keinen eigenen Hausstand führen — den Wohnungsgeldzuschuß nach den allgemeinen Bestimmungen.

4. Unter Beamten sind zunächst nur die etatmäßigen Beamten zu verstehen; die Bestimmung in Art. 14 gilt aber gemäß Art. 29 Abs. II und Art. 33 Abs. I Satz 2 auch für die nichtetatmäßigen Beamten und für die Hochschulassistenten.

5. Ledige Beamte über 45 Jahre erhalten den ungekürzten Wohnungsgeldzuschuß und zwar vom Ersten des Monats an, in dem sie das 45. Lebensjahr vollenden. Ein am ersten Tage eines Monats geborener Beamter vollendet ein Lebensjahr mit Ablauf des letzten Tages des vorhergehenden Monats (§ 187 Abs. 2 des BGB.). Ein am 1. Mai 1883 geborener lediger Beamter erhält deshalb den ungekürzten Wohnungsgeldzuschuß ab Mai 1928 (nicht schon ab 1. April 1928), da er das 45. Lebensjahr nicht im Laufe des Monats April vollendet, sondern erst mit dem Ablaufe dieses Monats (vgl. Abschn. A zu b drittletzter Abs. der FinMinBek. vom 28. März 1928 Nr. 14 200 über die Neuregelung der Dienstbezüge usw. — StAnz. Nr. 73).

6. Heiratet ein lediger Beamter unter 45 Jahren, so erhält er den regelmäßigen Wohnungsgeldzuschuß vom Ersten des Monats an, in dem er die Ehe schließt (vgl. Ziff. 4 Abs. III der Fin.=MinBek. vom $\frac{\text{13. März 1923 (GVBl. S. 130)}}{\text{25. April 1924 (GVBl. S. 147)}}$ über den Ortszuschlag der Staatsbeamten und Nr. 50 und 51 der RBesV.).

7. Schwerkriegsbeschädigten ledigen Beamten unter 45 Jahren, die infolge ihrer Beschädigung eine Person ständig in ihren Haushalt aufnehmen müssen oder die aus einem anderen in ihrer Beschädigung liegenden Grunde eine größere Wohnung nehmen müssen, als sie ledige Beamte in der Regel innehaben, kann nach Art. 51 der RBesV. der Wohnungsgeldzuschuß im ungekürzten Betrag in jederzeit widerruflicher Weise angewiesen werden. Eine gleiche Ermächtigung wird voraussichtlich auch in den bayerischen Ausführungsvorschriften getroffen werden.

8. Auf Geistliche findet die Ausnahmevorschrift des Art. 14 Abs. I keine Anwendung (Abs. II). Unter Geistlichen sind solche Beamte zu verstehen, die die Priesterweihe empfangen haben oder denen die Ordination erteilt worden ist. Es macht keinen Unterschied, welches Amt im Staatsdienste sie bekleiden. Sie erhalten deshalb den regelmäßigen Wohnungsgeldzuschuß auch dann, wenn sie im Staatsdienst ein Amt bekleiden, das mit ihrer Eigenschaft als Geistliche nicht im Zusammenhange steht.

Art. 15.

I Bekleidet ein Beamter im Staatsdienste nur ein Nebenamt, so erhält er keinen Wohnungsgeldzuschuß.

II Bezieht ein Beamter einen Grundgehalt aus Staatsmitteln und zugleich aus Mitteln des Reichs, eines Landes, einer Gemeinde oder einer sonstigen Körperschaft des öffentlichen Rechts, so erhält er von dem Wohnungsgeldzuschuß aus Staatsmitteln nur den Teilbetrag, der dem aus Staatsmitteln bezahlten Grundgehalt entspricht. Die Höhe des Wohnungsgeldzuschusses richtet sich nach dem höchsten Grundgehalte.

1. Vgl. § 18 Abs. II, III des RBesG.

2. Abs. I entspricht dem bisherigen Art. 27 Abs. III und Abs. II dem bisherigen Art. 28 des BBesG. in der Fassung der Bek. vom 24. März 1923 (GVBl. S. 109).

3. Da der Grundgehalt ausschließlich den Gegenwert für die Leistung des Beamten bildet, die übrigen Teile der Dienstbezüge aber außerdem einen Ausgleich für die Verschiedenheiten in den wirtschaftlichen Verhältnissen bringen sollen, so sollen Beamte, die lediglich ein Nebenamt bekleiden, hierfür zwar einen Grundgehalt, aber keinen Wohnungsgeldzuschuß (Abs. I) oder Kinderzuschläge (Art. 22) erhalten können. Der Ausgleich der Verschiedenheiten in den wirtschaftlichen Verhältnissen muß zu Lasten des Arbeitgebers für das Hauptamt gehen. Wegen der Entlohnung eines etatmäßigen oder nichtetatmäßigen Beamten für ein Nebenamt, das er außer seinem Hauptamt bekleidet, siehe Art. 26.

4. Abs. II trifft sowohl den Fall, daß ein Beamter im bayerischen Staatsdienst und im Dienste des Reichs usw. Stellen bekleidet und für jede derselben einen Grundgehalt bezieht, als den Fall, daß er nur eine Stelle bekleidet, für die der Grundgehalt teils aus bayerischen Mitteln teils aus Mitteln des Reichs usw. bezahlt wird. Im übrigen vgl. Bem. 4 e zu Art. 13. Die gleiche Regelung, wie sie in Art. 15 Abs. II bezüglich des Wohnungsgeldzuschusses getroffen ist, gilt auch bezüglich der anteilsweisen Zahlung der Kinderzuschläge (vgl. Art. 22 Abs. II).

Art. 16.

Verheiratete weibliche Beamte erhalten die Hälfte des Wohnungsgeldzuschusses. Sie erhalten keinen Wohnungsgeldzuschuß, wenn der Ehemann Beamter oder Angestellter des Reichs, eines Landes, einer Gemeinde oder einer sonstigen Körperschaft des öffentlichen Rechtes ist.

1. Vgl. § 9 Abs. 4 des RBesG. und Nr. 50 der RBesV.

2. Art. 16 Satz 1 entspricht dem Art. 27 Abs. IV Satz 1 des BBesG. in der Fassung der Bek. vom 24. März 1923 (GVBl. S. 109). Satz 2 ist neu. Da gesetzlich der Ehemann die Familie zu unterhalten hat (§ 1360 Abs. 1 BGB.) und zum Unterhalt auch die Beschaffung der Wohnung gehört, wäre es widersinnig und finanziell nicht vertretbar, für die gleiche Familie den Wohnungsgeldzuschuß doppelt zu zahlen. Daher bestimmt Art. 16 Satz 2, daß der verheiratete weibliche Beamte *keinen Wohnungsgeldzuschuß* erhält, wenn sein *Ehemann Beamter oder Angestellter* des Reichs, eines Landes usw. ist; denn in diesem Falle wird schon der Ehemann in der Regel den vollen Wohnungsgeldzuschuß von seinem Arbeitgeber beziehen. Der Arbeitgeber der Ehefrau braucht daher nicht noch einmal den Wohnungsgeldzuschuß zu zahlen. Ist der *Ehemann nicht im öffentlichen Dienste* als Beamter oder Angestellter tätig, so erhält die Ehefrau als Beamtin nur den halben Wohnungsgeldzuschuß (Satz 1); er kann ihr im ganzen Betrage gewährt werden, wenn die Beamtin wegen völliger Erwerbsunfähigkeit des Ehemannes allein für den Unterhalt der Familie zu sorgen hat (vgl. Ziff. 4 Abs. I der FinMinBek. über den Ortszuschlag der Staatsbeamten vom $\frac{\text{13. März 1923 (GVBl. S. 130)}}{\text{25. April 1924 (GVBl. S. 147)}}$. Vgl. auch Bem. 4 c und 6 zu Art. 13.

3. Die Herabsetzung des Wohnungsgeldzuschusses auf die Hälfte wird vom Ersten des Monats an wirksam, der auf den Monat der Eheschließung folgt; wird die Ehe am Ersten eines Monats geschlossen, so wird der Wohnungsgeldzuschuß schon von diesem Monat an auf die Hälfte herabgesetzt (vgl. Ziff. 4 Abs. II der in Bem. 2 angeführten Ortszuschlagsbekanntmachung).

Die Erhöhung des Wohnungsgeldzuschusses auf den regelmäßigen Satz wird ebenfalls vom Ersten des Monats an wirksam, in dem das maßgebende Ereignis (z. B. Tod des Ehemannes, Eintritt der Rechtskraft des Ehescheidungsurteils) eingetreten ist (vgl. Ziff. 4 Abs. III der in Bem. 2 angeführten Ortszuschlagsbekanntmachung).

4. Auf verwitwete oder geschiedene weibliche Beamte findet die Ausnahmebestimmung des Art. 16 keine Anwendung; sie erhalten den vollen Wohnungsgeldzuschuß.

5. Für die Bemessung des Ruhegehalts des verheirateten weiblichen Beamten wird ohne Rücksicht darauf, ob der Wohnungsgeldzuschuß gar nicht oder nur zur Hälfte zustand, der volle Wohnungsgeldzuschuß der Ortsklasse B zugrunde gelegt (vgl. Art. 20 und Bem. 3 hierzu).

6. Beispiel: Eine am 15. November 1902 geborene Kanzleiassistentin der BesGr. A 9 mit einem BDA. vom 1. April 1924 schließt die Ehe mit einem praktischen Arzt am 12. Juli 1932; sie hat vor ihrer Verheiratung einen Grundgehalt von 2100 *RM* und den Wohnungsgeldzuschuß der Tarifklasse VI (statt V, weil ledig unter 45 Jahren; vgl. Art. 14) der Ortsklasse C bezogen. Auf Grund der Eheschließung entfällt zunächst die Ausnahmebestimmung des Art. 14 und zwar vom 1. Juli an; sie erhält deshalb für den Monat Juli 1932 den vollen Wohnungsgeldzuschuß der Tarifklasse V (statt bisher VI). Ab 1. August aber erhält sie auf Grund des Art. 16 nur noch die Hälfte des Wohnungsgeldzuschusses der Tarifklasse V.

8. Wegen der Sonderregelung der Kinderzuschläge für verheiratete oder geschiedene weibliche Beamte vgl. Art. 24.

Art. 17.

I Für die Einreihung der Orte oder von Ortsteilen in Ortsklassen ist das Ortsklassenverzeichnis maßgebend, das nach reichsgesetzlicher Regelung für die Gewährung des Wohnungsgeldzuschusses an die Reichsbeamten jeweils gilt.

II Welcher Ortsklasse ein außerhalb des Deutschen Reichs gelegener, im Ortsklassenverzeichnisse des Reichs nicht enthaltener Ort zuzuweisen ist, bestimmt das Staatsministerium der Finanzen.

III Das Staatsministerium der Finanzen kann einzelne Anlagen und Ortsteile geringeren Umfanges, die mit der Gemeinde, in deren Bezirk sie liegen, nicht im Zusammenhang stehen, von der Ortsklasse dieser Gemeinde ausnehmen und einer anderen Ortsklasse zuteilen, wenn ihr Verbleiben in der Ortsklasse ihrer Gemeinde für die Beamten eine erhebliche Härte bedeuten würde.

1. Vgl. § 12 des RBesG.

2. Art. 17 Abs. I und II entsprechen dem Art. 17 Abs. III des bisherigen BBesG. in der Fassung der Bek. vom 24. März 1923 (GVBl. S. 109). Abs. III ist neu und bezweckt die Beseitigung gewisser Härten, die sich aus der Ortsklasseneinteilung ergeben können.

3. Wegen der reichsgesetzlichen Regelung der Ortsklasseneinteilung siehe Bem. 2 zu Art. 13 und wegen der einheitlichen Regelung des Wohnungsgeldzuschusses für Reich und Länder siehe Bem. 3 zu Art. 13. Das zurzeit maßgebende Ortsklassenverzeichnis ist mit Verordnung des Reichsfinanzministers vom 23. Oktober 1924 (abgedruckt im RBesBl. 1924 S. 289) bekanntgegeben worden; es wurde durch den Erlaß des Reichsfinanzministers vom 13. Oktober 1925 (RBesBl. S. 219 ff.) mit Wirkung vom 1. November 1925 an abgeändert. Mit Verordnung vom 21. Januar 1927 (RBesBl. S. 5) hat der Reichsfinanzminister besondere Grundsätze über die Ortsklasseneinteilung bei Eingemeindungen aufgestellt; nach diesen Grundsätzen, die ebenfalls zur reichsgesetzlichen Regelung im Sinne des Abs. I gehören, gehört die eingemeindete Gemeinde mit der Eingemeindung der gleichen Ortsklasse an wie die Gemeinde, der sie zugeteilt wird, jedoch nur, wenn diese einer höheren Ortsklasse angehört als die eingemeindete Gemeinde; in den übrigen Fällen (die eingemeindete Gemeinde gehört einer höheren Ortsklasse an oder es wird aus mehreren Gemeinden oder Gemeindeteilen verschiedener Ortsklassen eine neue, im Ortsklassenverzeichnisse noch nicht enthaltene Gemeinde gebildet) muß von Fall zu Fall

Entscheidung gemäß § 12 Abs. 3 Satz 3 und 4 des RBesG. getroffen werden.

Der für Bayern einschlägige Auszug aus dem reichsgesetzlichen Ortsklassenverzeichnis ist mit FinMinBek. vom 28. Oktober 1924 (StAnz. Nr. 252), mit FinMinBek. vom 20. Oktober 1925 (StAnz. Nr. 245) — berichtigt mit FinMinBek. vom 8. Mai 1926 (StAnz. Nr. 106) — und soweit die Hebung bayerischer Gemeinden und Ortschaften infolge Eingemeindung in Frage steht, mit FinMinBek. vom 1. Februar 1927 (StAnz. Nr. 27) veröffentlicht worden. Das Ortsklassenverzeichnis unter gleichzeitiger Angabe des örtlichen Sonderzuschlags ist als Tafel IV am Schlusse dieses Buches abgedruckt.

4. Die Einreihung außerdeutscher Orte in die Ortsklassen (Abs. II) ist mit FinMinBek. vom 20. Mai 1928 (GVBl. S. 332) verfügt worden. Hiernach gehören mit Wirkung vom 1. Oktober 1927 an zur Ortsklasse A Rom, zur Ortsklasse B Salzburg und zur Ortsklasse C die übrigen Orte in Deutsch-Oesterreich, an denen bayerische Beamte (hauptsächlich Forstbeamte) ihren Wohnsitz haben.

5. Von der Ermächtigung in Abs. III wird in der Hauptsache nur zugunsten von Beamten der Forstverwaltung oder des Straßenaufsichtsdienstes Gebrauch gemacht werden, deren Wohnungen vielfach weit entfernt von der politischen Gemeinde liegen und deren Wohnungsmieten sich nach den Verhältnissen einer anderen als der politischen Gemeinde richten.

6. Art. 17 gilt entsprechend auch für die nichtetatmäßigen Beamten und für die Hochschulassistenten (vgl. Art. 29 und Art. 33).

Art. 18.

I Der Wohnungsgeldzuschuß wird nach dem Ortssatze des Amtssitzes des Beamten gewährt. Er kann nach dem Ortssatze des Wohnsitzes gewährt werden, wenn dieser aus dienstlichen Gründen oder auf Anordnung oder mit Genehmigung des zuständigen Staatsministeriums nicht mit dem Amtssitze zusammenfällt.

II Bei einer Versetzung tritt der Wechsel im Wohnungsgeldzuschuß mit dem Zeitpunkt ein, an dem die Versetzung wirksam wird (Art. 5 Abs. 4 des Beamtengesetzes). Das Gesamtstaatsministerium kann besondere Vorschriften für die Fälle erlassen, in denen der Beamte nach dem neuen Amtssitze nicht umziehen kann oder aus dienstlichen Gründen an seinem bisherigen Amtssitze weiterverwendet wird.

III Im übrigen werden Aenderungen des Ortssatzes, wenn sie am Ersten eines Monats eintreten, von diesem Tag an, sonst vom Ersten des folgenden Monats an wirksam.

IV Hat die Versetzung an einen Ort, der zu einer niedrigeren Ortsklasse gehört, eine Verminderung des Wohnungsgeldzuschusses zur Folge, so wird hierdurch ein Entschädigungsanspruch nicht begründet. Das gleiche gilt, wenn ein Ort in eine niedrigere Ortsklasse überführt wird.

V Als Versetzung im Sinne der Abs. II und IV gilt auch eine mit einem Wechsel des Amtssitzes verbundene Beförderung.

1. Vgl. § 13 des RBesG. und Nr. 61—64 der RBesV.

2. Art. 18 deckt sich mit dem bisherigen Art. 18 des BBesG. in der Fassung der Bek. vom 24. März 1923 (GVBl. S. 109).

3. Maßgebend ist der *Amtssitz* d. h. der Ort, wo die Behörde oder Dienstesstelle sich befindet, bei der der Beamte angestellt ist (vgl. Ziff. 11 Abs. 2 der Ortszuschlagsbekanntmachung v. $\frac{\text{13. März 1923 (GVBl. S. 131)}}{\text{25. April 1924 (GVBl. S. 147)}}$; er braucht mit dem *Wohnsitze* (§ 7 des BGB.) nicht zusammenzufallen (vgl. Reindl, Komm. z. BG. Bem. 3 zu Art. 21 des BG. S. 124, 125). *Unverheirateten etatmäßigen Beamten* ohne eigenen Hausstand, deren Dienstleistung außerhalb des Amtssitzes zu erfolgen hat, kann das vorgesetzte Staatsministerium oder die von ihm ermächtigte Dienstesstelle den *Ort der Dienstleistung* als *Amtssitz* anweisen, wenn und sobald feststeht, daß das Verbleiben am Orte der Dienstleistung länger als drei Monate dauern wird; die Führung eines *eigenen Hausstandes* ist dann anzunehmen, wenn der Beamte eine Wohnung mit eigener Geräteausstattung innehat, eigene Küche führt und eine Person unterhält, die durch die Besorgung seiner Hauswirtschaft ausschließlich oder vorwiegend in Anspruch genommen ist (vgl. Ziff. 11 Abs. III der angeführten Ortszuschlagsbekanntmachung). Bezüglich der *nichtetatmäßigen* Beamten, ohne Rücksicht darauf, ob sie ledig oder verheiratet sind oder einen eigenen Haushalt führen oder nicht, gilt allgemein der Grundsatz, daß jeweils der *Ort ihrer Verwendung als Amtssitz* gilt, wenn nicht im Falle einer nur vorübergehenden Verwendung bestimmt wird, daß ein Wechsel im Amtssitze nicht eintritt (vgl. Abschnitt I Ziff. 1 der Bek. des Gesamtministeriums über die Verwendung der nichtetatmäßigen Beamten usw. vom 24. Mai 1922 — GVBl. S. 327).

Zugunsten des Beamten kann der Wohnungsgeldzuschuß nach dem *Wohnsitze* gewährt werden, wenn dieser aus dienstlichen Gründen oder auf Anordnung oder mit Genehmigung des zuständigen Staatsministeriums nicht mit dem Amtssitze zusammenfällt (Abs. I Satz 2). Diese Regelung kann sonach nur in Frage kommen, wenn der Ortssatz des Wohnsitzes höher ist als der des Amtssitzes (vgl. Ziff. 12 der in Bem. 3 angeführten Ortszuschlagsbekanntmachung).

4. Der Anspruch auf den Wohnungsgeldzuschuß beginnt bei der erstmaligen nichtetatmäßigen oder etatmäßigen Anstellung mit dem Tage der Ernennung (vgl. § 20 der Bek. vom 11. März 1921 über die nichtetatmäßigen Beamten — GVBl. S. 73 — und Art. 36). Bei einem Wechsel im Amtssitze (oder Wohnsitz Abs. I Satz 2), der durch eine Versetzung — Uebertragung einer anderen Amtsstelle gleicher oder verschiedener Art und gleichen oder verschiedenen Ranges an demselben oder an einem anderen Orte (in der Praxis werden hierfür die Worte „versetzen", „berufen" oder „ernennen" gebraucht) — oder durch eine Beförderung (vgl. hierüber Reindl, Komm. z. BG. Anm. 4 zu Art. 4 des BG.) veranlaßt sein kann, erlischt der Anspruch auf den Wohnungsgeldzuschuß des bisherigen Ortssatzes mit dem Zeitpunkte, mit dem die Versetzung oder Beförderung wirksam wird, sohin mit dem in der Versetzungs-, Berufungs-, Ernennungs- oder Beförderungsurkunde (Art. 5 Abs. 1, 4 des BG.; Art. 2 Abs. I, III des BLG. in der Fassung des Art. 62 Ziff. 3 des BBesG. vom 2. Juni 1920) oder in der amtlichen Ausschreibung oder — bei nichtetatmäßigen Beamten — in der amtlichen Entschließung angegebenen Zeitpunkte. Mit dem gleichen Zeitpunkt entsteht der Anspruch auf den dem neuen Amtssitz entsprechenden Satz des Wohnungsgeldzuschusses (vgl. Ziff. 13 der in Bem. 3 angeführten Ortszuschlagsbekanntmachung).

Die derzeitige Wohnungsnot oder dienstliche oder sonstige Gründe können aber die Familie des Beamten oder den Beamten selbst oft lange Zeit über diesen Zeitpunkt hinaus an seinem bisherigen Amtssitz (oder Wohnsitz im Falle des Abs. I Satz 2) zurückhalten. In diesem Falle würde gleichwohl die Aenderung des Wohnungsgeldzuschusses nach dem Zeitpunkt der Wirksamkeit der Versetzung (Berufung, Ernennung) oder der Beförderung zu bemessen sein. Das wäre aber unter Umständen eine Härte oder eine ungerechtfertigte Bevorzugung, je nachdem der neue Amtssitz einer niedrigeren oder einer höheren Ortsklasse zugeteilt ist. Für diese Fälle sieht Abs. II Satz 2 den Erlaß besonderer Vorschriften vor. Solche Vorschriften sind in Ziff. 14, 15 und 16 der Ortszuschlagsbekanntmachung vom 13. März 1923 (GVBl. S. 130) getroffen. Danach wird, falls der Beamte mit eigenem Hausstand (vgl. oben Bem. 3) wegen Wohnungsmangels oder infolge sonstiger äußerer Umstände, z. B. Hemmungen im Güterverkehr, nach dem neuen Amtssitze nicht innerhalb eines Monats umziehen kann, für die Dauer der Fortführung des Hausstandes am bisherigen Wohnort der Wohnungsgeldzuschuß nach dem Ortssatze des bisherigen Wohnortes (nicht Amtssitzes) gewährt, gleichgültig ob dieser Ortssatz höher oder niedriger ist als der Ortssatz des neuen Amtssitzes; die Fortführung des Hausstandes am bisherigen Wohnort gilt mit dem Ablaufe des Tages als beendet, an dem der überwiegende Teil des Hausgeräts in die neue Wohnung verbracht ist. Diese Bestimmungen gelten auch für den Fall, daß der Beamte am neuen Amtssitze keine Wohnung hat, sondern täglich zu seiner Familie zurückkehrt. Lehnt der Beamte eine ihm angebotene Wohnung am neuen Amtssitz ab, deren Annahme ihm billigerweise zugemutet werden kann, so kann das vorgesetzte Staatsministerium im Einvernehmen mit dem Staatsministerium der Finanzen bestimmen, daß der Wohnungsgeldzuschuß nach dem Ortssatze des neuen Amtssitzes gewährt wird; dies kommt dann in Frage, wenn der neue Amtssitz einer niedrigeren Ortsklasse angehört. Das Fortbestehen der Voraussetzungen für die Gewährung des Wohnungsgeldzuschusses nach dem Ortssatze des bisherigen Wohnsitzes ist durch die dem Beamten vorgesetzte Behörde geeignet zu überwachen; auch der Beamte selbst hat die Verpflichtung, jede Aenderung in seinen Wohnungsverhältnissen, die für die Höhe des Wohnungsgeldzuschusses von Belang ist, seiner vorgesetzten Behörde alsbald anzuzeigen.

Tritt der versetzte oder beförderte Beamte den Dienst am neuen Dienstsitze nicht an, weil er auf dienstliche Anordnung an seinem bisherigen Amtssitze weiterverwendet wird, so erhält er den Wohnungsgeldzuschuß nur nach dem Ortssatze des bisherigen Amtssitzes auf die Dauer der Weiterverwendung, wenn nicht das vorgesetzte Staatsministerium im Einvernehmen mit dem Staatsministerium der Finanzen die Gewährung des Wohnungsgeldzuschusses nach dem Ortssatze des neuen Amtssitzes anordnet.

Tritt der versetzte oder beförderte Beamte den Dienst am neuen Dienstsitz aus persönlichen Gründen nicht an, so kann das vorgesetzte Staatsministerium im Einvernehmen mit dem Staatsministerium der Finanzen bestimmen, daß für die Zeit bis zum Dienstantritte der Wohnungsgeldzuschuß nach dem Ortssatze des bisherigen Amtssitzes gewährt wird.

5. Abgesehen von den Fällen des Abs. II (siehe Bem. 4) werden Aenderungen des Ortssatzes, wenn sie am Ersten eines Monats eintreten, von diesem Tage an, sonst vom Ersten des folgenden Monats an wirksam (Abs. III). Solche Aenderungen sind möglich bei Aenderung der Ortsklasseneinteilung, bei Eingemeindungen (vgl. Bem. 3 zu Art. 17), bei Verfügungen gemäß Art. 17 Abs. III oder bei Wohnsitzverlegung im Falle des Art. 18 Abs. I Satz 2. Im letzteren Fall hat der Beamte die Pflicht zur Anzeige (vgl. Bem. 4 Abs. 2 letzter Satz).

6. Abs. IV stellt klar, daß der Beamte in den Fällen der Verminderung des Wohnungsgeldzuschusses keinen Entschädigungsanspruch hat. Die an sich selbstverständliche Bestimmung ist nur aufgenommen, weil sie auch in § 13 Abs. 3 des RBesG. enthalten ist und sonst aus ihrem Fehlen im bayer. BBesG. unrichtige Schlüsse gezogen werden könnten. Die in Abs. IV erwähnten Umstände der Verminderung des Wohnungsgeldzuschusses bilden auch keinen Grund zur Ablehnung eines anderen Amtes unter Berufung auf Art. 9 des BG. oder Art. 6 des BLG., da nach diesen beiden Bestimmungen nur eine Schmälerung des Grundgehalts ausgeschlossen ist (vgl. Art. 9 des BG. in der Fassung des Art. 1 Ziff. I des Ges. über die Aenderung beamtenrechtlicher Vorschriften vom 10. Juli 1927 — GVBl. S. 227 — und Art. 6 des BLG. in der Fassung des Art. 2 Ziff. II des gleichen Aenderungsgesetzes).

Art. 19.

I Für die Einräumung einer Dienstwohnung hat der Beamte eine Mietentschädigung zu entrichten. Diese Mietentschädigung ist von der zuständigen Behörde unter angemessener Berücksichtigung einerseits des wirklichen Wertes der Dienstwohnung nach ihrer Größe und ihrer Beschaffenheit sowie nach den am Wohnsitze des Beamten für Wohnungen derselben Art zu zahlenden Mietzinsen, anderseits des Wertes festzusetzen, den die Dienstwohnung für den Beamten hat.

II Die Verpflichtung zur Entrichtung der Mietentschädigung beginnt mit dem Zeitpunkte, von dem an die Uebertragung der Amtsstelle, mit welcher der Genuß der Dienstwohnung verbunden ist, wirksam wird, wenn die Dienstwohnung jedoch erst später beziehbar wird, mit diesem Zeitpunkte.

III Der Beamte ist nicht berechtigt, die Annahme und Benützung der Dienstwohnung zu verweigern. Die Dienstwohnung kann jederzeit durch eine andere ersetzt oder dem Beamten unter Einhaltung einer von der zuständigen Behörde festzusetzenden angemessenen Kündigungsfrist entzogen werden. Scheidet der Beamte aus seiner Amtsstelle aus, so ist die Dienstwohnung innerhalb einer von der zuständigen Behörde zu bestimmenden angemessenen Frist zu räumen.

IV Die Vorschriften der Abs. I bis III gelten auch für den Fall, daß einem Beamten ein Dienstzimmer als Wohnung angewiesen wird.

V Im übrigen bemißt sich das Verhältnis zwischen dem Staate und den Beamten hinsichtlich der Dienstwohnungen, Dienstzimmer und Grundstücke nach den vom Gesamtstaatsministerium erlassenen Vorschriften.

VI Abs. I gilt nicht im Falle des Art. 13 Abs. III.

1. Vgl. § 11 des RBesG. und Nr. 52—60 der RBesV.

2. Art. 19 deckt sich mit Ausnahme des Abs. VI mit dem bisherigen Art. 19 des BBesG. in der Fassung der Bek. vom 24. März 1923 (GVBl. S. 109). Abs. VI ist deshalb notwendig, weil sonst die unverheirateten Beamten der Bereitschaftspolizei in gemeinschaftlicher Unterkunft für diese eine Mietentschädigung zu entrichten hätten, obwohl ihnen ein Wohnungsgeldzuschuß, der zur teilweisen Begleichung des Aufwandes für die Deckung des Wohnungsbedarfs bestimmt ist, nicht zusteht (vgl. Art. 13 Abs. III und Bem. 4 a zu Art. 13).

3. Da sich Art. 19 mit dem bisherigen Art. 19 vollständig deckt, gelten die zu dem bisherigen Art. 19 Abs. I, II, IV und V erlassenen Vollzugsvorschriften weiter. Einschlägig ist die Bek. sämtlicher Staatsministerien vom 25. September 1923 (GVBl. S. 342) über die Mietentschädigungen für Dienstwohnungen und Dienstzimmer; nur die Ziff. 6 dieser Bek. ist durch Ziff. 2 der FinMinBek. vom 2. Januar 1924 Nr. 74 490 (StAnz. Nr. 1) aufgehoben. An die Stelle der Ziff. 6 ist die Vorschrift in Ziff. 2 der MinBek. vom 8. April 1924 Nr. 16 996 (StAnz. Nr. 83) mit der in der FinMinBek. vom 16. Februar 1925 Nr. 3954 (StAnz. Nr. 38) getroffenen Erläuterung getreten.

4. Begriff der Dienstwohnung nach Ziff. 1 der Mietentschädigungsbekanntmachung vom 25. September 1923 (GVBl. S. 342): Dienstwohnungen sind nur diejenigen Wohnungen, die dem Beamten vom Staate im Interesse des Dienstes, d. h. zur Ermöglichung und Förderung der Erfüllung der dem Inhaber obliegenden Dienstesaufgaben zugewiesen sind, sei es, daß die Wohnungen dazu dienen, die Ueberwachung von Amts- oder Geschäftsräumen oder die rasche und leichte Erreichbarkeit des Beamten auch außerhalb der gewöhnlichen Geschäftsstunden zu sichern, sei es, daß die Einräumung der Wohnung dazu bestimmt ist, dem Beamten gewisse durch sein Amt bedingte Repräsentationspflichten zu erleichtern. Sind diese Voraussetzungen erfüllt, so ist es für den Begriff der Dienstwohnung gleichgültig, ob die dem Beamten eingeräumte Wohnung sich in einem Staatsgebäude oder in einem vom Staate gemieteten Gebäude oder ihm entgeltlich oder unentgeltlich überlassenen Gebäude oder Gebäudeteile befindet. Mit dem Grundsatze des Art. 19 BBesG. ist es nicht vereinbar, daß einem Beamten mit Rücksicht auf seine dienstliche Stellung seitens eines Dritten (einer Gemeinde, eines Privaten usw.) unmittelbar eine Dienstwohnung eingeräumt wird. Die Ueberlassung kann vielmehr nur an den Staat erfolgen, der sie seinerseits dem Beamten als Dienstwohnung mit den aus dem Art. 19 BBesG. sich ergebenden Verpflichtungen überweist.

Die Erklärung einer Wohnung als Dienstwohnung oder die Aufhebung der Eigenschaft einer Wohnung als Dienstwohnung erfolgt durch das Staatsministerium, zu dessen Geschäftsbereich der Beamte gehört, mit Zustimmung des Staatsministeriums der Finanzen. Nur bei den Volksschullehrern ist die Regierung, Kammer des Innern, zuständig. Dienstwohnungen der Volksschullehrer sind in allen Fällen die auf Grund des Art. 14 des Schulbedarfsgesetzes als solche bereitgestellten Wohnungen. Ein Rechtsanspruch auf Gewährung einer Dienstwohnung steht den Volksschullehrern schon seit dem 1. April 1920 nicht mehr zu, da seit dieser Zeit durch das BBesG. vom 2. Juni 1920 der frühere Rechtsanspruch auf Grund des Art. 22 Abs. I und 25 des VLG. beseitigt worden ist. Dagegen haben die Gemeinden unter 2500 Einwohnern auf Grund des Art. 14 des SchBG. in der Fassung nach Art. 63 Nr. 2 des BBesG. vom 2. Juni 1920 nach wie vor für die Volksschullehrer Dienstwohnungen bereitzustellen. Diese Verpflichtung besteht aber nicht mehr gegenüber dem Volksschullehrer, sondern nur gegenüber dem Staate. Aus besonderen Gründen kann eine Gemeinde von dieser Verpflichtung befreit oder die Verpflichtung Gemeinden mit 2500 oder mehr Einwohnern auferlegt werden (vgl. Art. 14 Abs. II des SchBG.). Die Gemeinden brauchen die Dienstwohnungen nicht unentgeltlich zur Verfügung zu stellen; sie erhalten hierfür vielmehr die vom Volksschullehrer nach Art. 19 Abs. I mit Art. 55 zu entrichtende Mietentschädigung, sind aber nicht berechtigt, die Mietentschädigung vom Volksschullehrer unmittelbar zu fordern oder in Empfang zu nehmen (vgl. §§ 24, 25 der KMinBek. vom 13. Juli 1920 — KMBl. S. 281). Die Entschließung des Unterrichtsministeriums vom 26. Oktober 1923 (KMBl. S. 133), durch die gestattet worden war, daß der Volksschullehrer die Mietentschädigung unmittelbar an die Gemeinde entrichtet, ist mit Wirkung vom 1. April 1928 wieder aufgehoben worden (vgl. KMEntschl. vom 2. März 1928 Nr. IV 5909 — StAnz. Nr. 53).

5. Grundsätze für die Ermittlung der Mietentschädigung (Ziff. 2—5 und 8 der Mietentschädigungsbekanntmachung vom 25. September 1923 — GVBl. S. 342 —): Es ist festzustellen einmal der allgemeine Wert (= wirklicher Wert der Dienstwohnung nach ihrer Größe und Beschaffenheit), sodann der persönliche Wert (= Wert, den die Dienstwohnung für den Beamten hat).

a) Der allgemeine Wert ist in Höhe der ortsüblichen Miete für vergleichbare Wohnungen am gleichen Orte zu ermitteln. Dies geschieht in der Weise, daß die Vorschriften des Reichsmietengesetzes, dessen neueste Fassung mit Bek. des Reichsarbeitsministers vom 20. Februar 1928 im RGBl. 1928 Teil I S. 38 veröffentlicht ist, und die hierzu ergangenen bayerischen Ausführungsbestimmungen sinngemäß auf die Dienstwohnungen angewendet werden. Als Mietentschädigung ist daher die gesetzliche Miete des Reichsmietengesetzes anzusehen. Die Grundlage für die Berechnung der gesetzlichen Miete bildet die Friedensmiete (§ 2 des Reichsmietengesetzes). Diese ist für jede Dienstwohnung durch Vergleich mit jenem Mietzins zu ermitteln, der für die mit dem 1. Juli 1914 beginnende Zeit in der Gemeinde für Wohnungen gleicher Art und Lage regelmäßig vereinbart war; an Orten, an denen vergleichbare Mietwohnungen nicht vorhanden waren, sind die Mietzinse für Wohnungen gleicher Art in benachbarten Orten oder die Durchschnittsmietzinse im Bereiche der zuständigen Bezirksverwaltungsbehörde maßgebend. Unzulässig ist es, die Friedensmiete auf Grund des Bauwertes oder der im Frieden tatsächlich bezahlten, im allgemeinen unter der ortsüblichen Friedensmiete gehaltenen Dienstwohnungsentschädigung oder auf Grund von Abschätzungen festzusetzen, welche auf die für gleichartige und gleichwertige Wohnungen vereinbarten Mieten keine Rücksicht nehmen. Für Dienstwohnungen, die in der Zeit nach dem 1. Juli 1918 fertiggestellt wurden (Neuwohnungen im Sinne des § 16 Abs. 1 S. 1 des Reichsmietengesetzes), ist die Friedensmiete in gleicher Weise wie für Altwohnungen zu ermitteln. Aus der Friedensmiete ist nach Maßgabe des § 2 Abs. 1 des Reichsmietengesetzes und der für den betreffenden Ort geltenden Bestimmungen — wegen der zulässigen Abzüge siehe auch § 4 der Bekanntmachung zur Ausführung des Reichsmietengesetzes vom 14. Juni 1922 (StAnz. Nr. 137) — die G r u n d m i e t e zu berechnen und um die Z u s c h l ä g e nach § 3 und § 7 Abs. 1 und 3 des Reichsmietengesetzes zu erhöhen. Die Zuschläge sind in gleicher Höhe und vom gleichen Zeitpunkt an festzusetzen, wie sie für Privatwohnungen jeweils gelten. Bei Neuwohnungen tritt zu diesen Zuschlägen noch ein weiterer Zuschlag, dessen Höhe sich nach der Wohnungsabgabe für eine gleichartige und gleichwertige Privatwohnung am gleichen Orte richtet.

b) Der p e r s ö n l i c h e W e r t der Dienstwohnung deckt sich in der Regel mit dem allgemeinen Werte. Eine Feststellung des persönlichen Wertes hat nur zu erfolgen, wenn die Zahl der Räume oder ihre Größe außer Verhältnis zu dem tatsächlichen Bedürfnis oder der tatsächlichen Benützung durch den betreffenden Beamten steht oder wenn der allgemeine Wert wegen der Lage in einer besonders teuren Wohngegend des Ortes die Summe übersteigt, die gleichartige Beamte an demselben Orte für eine Privatwohnung aufzuwenden pflegten. Der persönliche Wert wird in beiden Fällen bei der Festsetzung der Mietentschädigung in der Weise berücksichtigt, daß die Friedensmiete um einen angemessenen Hundertsatz gekürzt wird. Im ersten Falle ist der Hundertsatz bei jedem Wechsel des Dienstwohnungsinhabers neu festzusetzen, im zweiten Falle kann der Hundertsatz auch beim Wechsel bestehen bleiben.

c) Gehören zu Dienstwohnungen, deren Inhabern nach dem Haushaltsplan oder sonstigen Bestimmungen eine Repräsentation obliegt, R e p r ä s e n t a t i o n s r ä u m e, so bleiben diese bei der Berechnung der Mietentschädigung sowohl bei der Ermittlung des allgemeinen als des persönlichen Wertes außer Betracht.

Die hiernach ermittelte Mietentschädigung hat der Beamte zu entrichten. Uebersteigt sie den dem Beamten zustehenden Wohnungsgeldzuschuß, so braucht der Beamte eine Mietentschädigung nur in Höhe seines Wohnungsgeldzuschusses zu zahlen (Höchstbetrag der Mietentschädigung). Vgl. FinMinBek. vom 8. April 1924 Ziff. 2 — StAnz. Nr. 83 — und vom 16. Februar 1925 — StAnz. Nr. 38. Dies gilt auch in den Fällen, in denen der Beamte einen gekürzten Wohnungsgeldzuschuß bezieht (Art. 14 Abs. I, Art. 16 Abs. I). Im Falle des Art. 15 Abs. II aber bildet der volle Wohnungsgeldzuschuß den Höchstbetrag der Mietentschädigung; daß der Beamte nur einen Teil des Wohnungsgeldzuschusses aus der bayerischen Staatskasse, den Rest aus sonstigen öffentlichen Mitteln bezieht, rechtfertigt nicht, als Höchstbetrag der Mietentschädigung nur den aus der bayerischen Staatskasse fließenden Teil des Wohnungsgeldzuschusses anzunehmen. Verheiratete weibliche Beamte, die gemäß Art. 16 Satz 2 keinen Wohnungsgeldzuschuß beziehen, brauchen auch keine Mietentschädigung zu zahlen; der Fall wird indes praktisch so gut wie nicht vorkommen, da das Dienstverhältnis solcher Beamtinnen in der Regel gelöst wird (vgl. Art. 206 des BG. in der Fassung nach Art. 1 Ziff. X des Ges. vom 10. Juli 1927 — GVBl. S. 227; gültig auch für die Volksschullehrerinnen gemäß Art. 151 des VLG. in der Fassung des Art. 1 Ziff. XII des Ges. vom 1. August 1923 — GVBl. S. 337).

6. Die Ermittlung der Mietentschädigung obliegt den Finanzämtern und Landbauämtern, in deren Bezirk die einzuschätzenden Wohnungen und Zimmer liegen. Die Ermittlung erfolgt auf Grund gemeinschaftlicher Besichtigung und im gemeinsamen Benehmen. Soweit die Mietentschädigungen für die Dienstwohnungen der Beamten im Sinne des Art. 38 der KrO. und des Art. 189 des Beamtengesetzes in kreiseigenen oder gemeindlichen Gebäuden den Kreisen oder Gemeinden zufließen, kann der Kreis bezw. die Gemeinde einen Vertreter abordnen; geschieht dies, so ist von der Einvernahme des Kreistages oder Kreisausschusses gemäß Ziff. 17 der Bek. vom 28. November 1921 (GVBl. S. 574) abzusehen. Eine wiederholte persönliche Besichtigung der Wohnungen und Zimmer kann unterbleiben, wenn ihre Beschaffenheit dem Finanzamt und dem Landbauamt auf Grund einer zeitlich nicht zu weit zurückliegenden Besichtigung bereits genau bekannt ist. Ergeben sich bei der Ermittlung Meinungsverschiedenheiten, so sind beide Gutachten sowie eine abweichende Meinung des Kreis- bezw. Gemeindevertreters unter entsprechender Erläuterung im Formblatt niederzulegen. Bei Volksschullehrern ist zur Ermittlung der Mietentschädigung die Bezirksverwaltungsbehörde zuständig (§ 20 Abs. II, V der Kult.-MinBek. vom 13. Juli 1920 — KMBl. S. 303, 304).

Die Festsetzung der Friedens- und Grundmiete obliegt den Zweigstellen der Landesfinanzämter. Hinsichtlich der Beamten der Universitäten haben sie sich, soweit Stiftungsgebäude in Frage kommen, mit dem Verwaltungsausschusse der Universität zu benehmen. Für die Dienstwohnungen der Beamten im Sinne des Art. 38 der KrO. oder des Art. 189 des BG. erfolgt die Festsetzung durch die Regierung, Kammer des Innern, im Benehmen mit der Zweigstelle des Landesfinanzamts. Bei Volksschullehrern erfolgt die Festsetzung durch die Bezirksverwaltungsbehörde.

Die Festsetzung kann jederzeit abgeändert werden, wenn sich ergibt, daß sie auf unzutreffenden tatsächlichen Voraussetzungen beruhte oder in unrichtiger Anwendung der maßgebenden Bestimmungen erfolgte.

Die Festsetzung der Zuschläge für die Verteuerung des Hypothekenkredites (§ 3 Abs. 1 Ziff. 1 des Reichsmietengesetzes) und für die laufenden Instandsetzungsarbeiten einschließlich Schönheitsarbeiten (§ 3 Abs. 1 Ziff. 3 a. a. O.) sowie des Zuschlags für die großen Instandsetzungsarbeiten (§§ 7 ff. des Reichsmietengesetzes) erfolgt durch die Zweigstellen der Landesfinanzämter im Benehmen mit den Regierungen, Kammern des Innern, einheitlich für alle Dienstwohnungen des Regierungsbezirkes.

Die Festsetzung der übrigen Zuschläge erfolgt durch die Finanzämter, erforderlichenfalls nach Benehmen mit den Mieteinigungsämtern. Die festgesetzten Zuschläge sind der zuständigen Zweigstelle des Landesfinanzamtes mitzuteilen, die für eine unter Berücksichtigung der jeweiligen Verhältnisse gleichmäßige Festsetzung innerhalb ihres Geschäftsbereichs zu sorgen hat.

7. Bei einem Wechsel in der Person des Dienstwohnungsinhabers ist von dem zuständigen Finanzamte (bei Volksschullehrern durch die zuständige Bezirksverwaltungsbehörde) jeweils zu prüfen, ob eine Aenderung der Festsetzung der Friedens- und Grundmiete veranlaßt ist. Ebenso ist bei baulichen Veränderungen (Erweiterung, Verbesserung, Verkleinerung usw.) der Wohnungen sowie im Falle der Ueberlassung von Dienstwohnungen oder Dienstwohnungsteilen an Dritte die Notwendigkeit einer Aenderung der Festsetzung der Friedens- und Grundmiete zu prüfen. Ueber das Ergebnis der Prüfung und der etwa veranlaßten Ermittlung der Mietentschädigung ist der zuständigen Zweigstelle des Landesfinanzamts zu berichten.

8. Die Berechnung der Mietentschädigung erfolgt durch die Finanzämter.

9. Gegen die Festsetzung der Mietentschädigungen steht den beteiligten Beamten (mit Ausnahme der Volksschullehrer) das Recht der Beschwerde an das Staatsministerium der Finanzen zu; dieses entscheidet, soweit Beamte des Geschäftskreises anderer Ministerien in Frage kommen, im Benehmen mit den beteiligten Ministerien. Für die Beschwerden der Beamten im Sinne des Art. 38 der KrO. oder des Art. 189 des BG. ist das Staatsministerium, zu dessen Geschäftsbereiche der Beamte gehört, im Benehmen mit dem Staatsministerium der Finanzen zuständig. Die Beamten haben in ihrer Beschwerde den Betrag, ausgeschieden nach Friedens- oder Grundmiete und Zuschlägen, zu bezeichnen, den sie selbst als Mietentschädigung für angemessen erachten. Die Beschwerde ist bei der zuständigen Zweigstelle des Landesfinanzamts, von den Kreisbeamten und von den Beamten nach Art. 189 des BG. bei der Regierung, Kammer des Innern, einzureichen; erachten diese die Beschwerde für begründet, so haben sie ihr abzuhelfen; andernfalls ist die Beschwerde mit gutachtlicher Aeußerung dem zuständigen Staatsministerium vorzulegen. Die Beschwerde hat hinsichtlich der Entrichtung der Mietentschädigung keine aufschiebende Wirkung.

Den Volksschullehrern steht gegen die Festsetzung der Mietentschädigung durch die Bezirksverwaltungsbehörde das Recht der Beschwerde an die Regierung, Kammer des Innern, zu, die endgültig entscheidet; die Beschwerde muß binnen 4 Wochen nach Zustellung des Festsetzungsbeschlusses erhoben werden.

10. Die Bestimmungen über die Ermittlung der Mietentschädigung, die Festsetzung der Friedens- und Grundmiete, die Festsetzung der Zuschläge, die Berechnung der Mietentschädigung und die Beschwerde gegen die Festsetzung der Mietentschädigung gelten auch für Dienstzimmer, welche Beamten als Wohnräume zugewiesen sind.

11. Zu Abs. II und III (vgl. Ziff. 17 der Mietentschädigungsbekanntmachung): Die Verpflichtung zur Entrichtung der Mietentschädigung für den Genuß einer Dienstwohnung und eines Dienstzimmers beginnt mit dem Zeitpunkte, von dem an die Uebertragung der Amtsstelle, mit welcher der Genuß der Dienstwohnung verbunden ist, wirksam wird, wenn die Dienstwohnung erst später beziehbar wird, mit diesem Zeitpunkte. Die Verpflichtung zur Entrichtung der Mietentschädigung erlischt mit dem Zeitpunkte, in dem die Wohnung von dem Nutznießer oder dessen Rechtsnachfolger geräumt wird. Wird die Uebertragung der Amtsstelle erst nach dem Ersten eines Monats wirksam oder die Dienstwohnung erst nach diesem Zeitpunkte beziehbar, so beginnt die Erhebung der Mietentschädigung mit dem Ersten des nächstfolgenden Monats. Wird die Wohnung ohne Verschulden des Nutznießers im Laufe eines Monats geräumt, so erlischt die Erhebung mit dem Ablaufe des vorhergehenden Monats. Wird eine Dienstwohnung durch eine andere ersetzt (Abs. III Satz 2) oder wechselt der Beamte aus sonstigen Gründen (z. B. infolge Versetzung, Uebertragung einer anderen Amtsstelle die Dienstwohnung, so beginnt die Erhebung der Mietentschädigung für die neue Wohnung mit dem Ersten des Monats, in dem sie den Beamten überwiesen wird. Ist die Mietentschädigung für die neue Dienstwohnung höher als für die bisherige, so beginnt die Erhebung, soferne die Ueberweisung erst im Laufe des Monats erfolgt ist, mit dem Ersten des der Ueberweisung folgenden Monats. Die Mietentschädigung für die bisherige Wohnung ist bis zu dem Zeitpunkte fortzuentrichten, von dem ab die Mietentschädigung für die neue Wohnung zur Erhebung kommt.

12. Die Mietentschädigungen werden an den Dienstbezügen im voraus und jeweils für die gleichen Zeitabschnitte, für welche diese gewährt werden, abgezogen. Die Mietentschädigungen, welche die Hinterbliebenen für den Genuß der Wohnung zu entrichten haben, werden am Sterbegehalt und, soferne die Weiterbenützung der Wohnung über das Sterbevierteljahr hinaus zugestanden wird, an den Hinterbliebenenbezügen abgezogen. Eine besondere Bescheinigung über die Entrichtung der Mietentschädigungen wird den Beamten nicht erteilt; die Vormerkung des Abzugs gilt als Empfangsbestätigung. Diese Bestimmungen gelten auch für die Volksschullehrer (vgl. Art. 49 Abs. I); die einbehaltene Mietentschädigung für eine von der Gemeinde bereitgestellte Dienstwohnung eines Volksschullehrers ist am Schlusse des Rechnungsjahres der Gemeinde von der Zahlstelle (Finanzamt) zu überweisen (Art. 49 Abs. II). Auf Antrag der Gemeinde erfolgt die Ueberweisung vierteljährlich (vgl. KMinBek. vom 24. Mai 1921 — KMBl. S. 131 — und KMinEntschl. vom 2. März 1928 Nr. IV 5909 — StAnz. Nr. 53).

13. Zu Abs. V: Hinsichtlich der öffentlich-rechtlichen Natur des Verhältnisses zwischen Staat und Dienstwohnungsinhaber, der Haftung des Staates wegen gesundheitswidrigen Zustandes der Dienstwohnung und der Zulässigkeit des Rechtsweges für derartige Schadensersatzansprüche vgl. Reindl, Komm. z. BG. Bem. 3—12 zu Art. 37 und RG. in JW. 1918 S. 95 Nr. 18. Im einzelnen sind immer noch die Bestimmungen der VO. vom 28. Februar 1851 über die Benutzung und Unterhaltung der Staatsgebäude (RegBl. S. 161) gültig, obwohl die Neuregelung dieser Bestimmungen vom Landtag längst gewünscht (vgl. Verh. d. Landtags 1920 StenBer. Bd. III S. 406) und von der Staatsregierung wiederholt angekündigt worden ist (vgl. auch Ziff. 23 Satz 2 der Mietentschädigungsbekanntmachung vom 25. September 1923 (GVBl. S. 342). Für die Volksschullehrer, denen Dienstwohnungen auf Grund des Art. 14 des SchBG. zugewiesen sind, gilt an Stelle des Abs. V die Bestimmung in Art. 14 Abs. IV des SchBG. in der Fassung des Art. 63 Nr. 2 des BBesG. vom 2. Juni 1920, wonach das Staatsministerium für Unterricht und Kultus die Rechte und Pflichten des Volksschullehrers als Inhabers einer Dienstwohnung durch nähere Vorschriften regeln kann. Vgl. hierzu KMinBek. vom 6. Juni 1921 (KMBl. S. 147). Bezüglich der Pachtentschädigungen für die dem Beamten vom Staate überlassenen Gärten und sonstigen Grundstücken siehe Bek. vom 29. Juli 1924 (GVBl. S. 189).

14. Ueberläßt oder vermietet ein Dienstwohnungsinhaber mit Erlaubnis der vorgesetzten Dienstbehörde Räume einem Dritten, so ist hierfür eine angemessene Vergütung an die Staatskasse zu entrichten. Diese ist bei der Erlaubniserteilung in der Weise festzusetzen, daß sich die Mietentschädigung um 10 bis 50 v. H. erhöht, wobei auf die Zahl der überlassenen Räume und das Verwandtschaftsverhältnis des Dritten zum Dienstwohnungsinhaber Rücksicht zu nehmen ist. Hierbei kann auch über den Höchstbetrag der Mietentschädigung (vgl. Bem. 5 letzter Absatz) hinausgegangen werden. Bei den Volksschullehrern ist die Bezirksverwaltungsbehörde zur Erteilung der Erlaubnis und zur Festsetzung der Vergütung zuständig. Im übrigen erfolgt die Festsetzung der Vergütung durch die Zweigstellen der Landesfinanzämter (vgl. Ziff. 8, 15 und 20 c der Mietentschädigungsbekanntmachung vom 25. September 1923 — GVBl. S. 342).

15. Die unentgeltliche Ueberlassung einer Dienstwohnung an einen Beamten ist — mit Ausnahme des Art. 13 Abs. III mit Art. 19 Abs. VI und des Art. 16 Satz 2 — gesetzlich unzulässig. Der Ministerpräsident, der aber nicht Beamter im Sinne des BBesG. ist und auf den die Vorschriften des BBesG. keine unmittelbare Anwendung finden, hat gemäß Art. 1 Abs. III des Ministerbesoldungsgesetzes vom 19. Dezember 1919 in der Fassung des Art. 1 des Abänderungsgesetzes vom 16. Dezember 1921 (GVBl. 1923 S. 4) neben dem Wohnungsgeldzuschuß Anspruch auf freie Dienstwohnung mit Geräteausstattung; er braucht daher keine Mietentschädigung zu entrichten. Die übrigen Staatsminister und Staatssekretäre haben gemäß Art. 4 des Ministerbesoldungsgesetzes eine Mietentschädigung wie die etatmäßigen Staatsbeamten zu entrichten; die Verpflichtung zur Annahme einer ihnen angebotenen Dienstwohnung besteht im Gegensatz zu den Beamten für sie nicht.

16. Art. 19 gilt sowohl für die etatmäßigen wie für die nichtetatmäßigen Beamten einschließlich der Volksschullehrer und für die Hochschulassistenten (vgl. Art. 29 Abs. II, Art. 33 Abs. I Satz 2). Abs. I des Art. 19 aber gilt nicht für die unverheirateten Beamten der Bereitschaftspolizei in gemeinschaftlicher Unterkunft (Art. 19 Abs. VI und Art. 14 Abs. III); sie erhalten keinen Wohnungsgeldzuschuß und brauchen deshalb auch keine Mietentschädigung für die ihnen vom Staate gewährte Unterkunft zu zahlen. Ebensowenig braucht ein Beamter, der keinen Wohnungsgeldzuschuß bezieht (Art. 16 Satz 2), für eine Dienstwohnung eine Mietentschädigung zu entrichten (vgl. Bem. 5 letzter Absatz).

Art. 20.

Der Bemessung des Ruhegehalts wird der Wohnungsgeldzuschuß für die Ortsklasse B zugrunde gelegt, auch wenn der Beamte den Wohnungsgeldzuschuß nicht oder nur teilweise bezieht. Art. 14 gilt entsprechend.

1. Vgl. § 36 des RBesG. und Nr. 115 der RBesV.

2. Art. 20 Satz 1 deckt sich mit Art. 20 Abs. I des BBesG. in der Fassung der Bek. vom 24. März 1923 (GVBl. S. 109).

3. Damit nicht der zufällige letzte dienstliche Wohnsitz des Beamten auf die Höhe des Wartegeldes, Ruhegehalts oder der Hinterbliebenenbezüge von Einfluß ist, wird in allen Fällen für die Bemessung des pensionsfähigen (ruhegehaltsfähigen, versorgungsfähigen) Diensteinkommens der für die Ortsklasse B zuständige Wohnungsgeldzuschuß zugrunde gelegt, also auch dann, wenn der Beamte den Wohnungsgeldzuschuß nicht (vgl. Art. 13 Abs. III, Art. 16 Satz 2) oder nur teilweise (vgl. Art. 15 Abs. II, Art. 16 Satz 1) bezieht. Die Sondervorschrift des Art. 14 (Ledige unter 45 Jahren mit Ausnahme der Geistlichen erhalten den Wohnungsgeldzuschuß der nächstniedrigeren Tarifklasse und an Stelle des Wohnungsgeldzuschusses der Tarifklasse VII die um 40 v. H. gekürzten Sätze) gilt auch im Falle des Art. 20. Demgemäß wird beim „ledigen" (siehe hierwegen Bem. 2, 5 zu Art. 14) Warte- oder Ruhestandsbeamten bis zur Vollendung des 45. Lebensjahres oder bis zu seiner etwaigen Verheiratung an Stelle des nach der Anlage 3 im Zusammenhalt mit den Vorbemerkungen bei jeder Besoldungsgruppe zuständigen Wohnungsgeldzuschusses der Ortsklasse B jeweils der Wohnungsgeldzuschuß der nächstniedrigeren Tarifklasse der Ortsklasse B in das pensionsfähige Diensteinkommen eingerechnet. Bei Vollendung des 45. Lebensjahres oder bei Verheiratung ist daher das pensionsfähige Diensteinkommen und zwar vom Ersten des Monats an, in dem der Warte- oder Ruhestandsbeamte das 45. Lebensjahr vollendet oder heiratet, unter Zugrundelegung des Wohnungsgeldzuschusses der Ortsklasse B nach der nach Art. 13 zuständigen Tarifklasse neu festzusetzen und hieraus der Versorgungsbezug zu berechnen. Das gilt entsprechend zugunsten des Versorgungsbezugs der versorgungsberechtigten Hinterbliebenen eines ledigen Beamten (waisengeldberechtigtes uneheliches Kind einer vor Vollendung des 45. Lebensjahres verstorbenen ledigen Beamtin, waisengeldberechtigtes für ehelich erklärtes Kind eines vor Vollendung des 45. Lebensjahres verstorbenen ledigen Beamten); die Hinterbliebenenbezüge sind vom Ersten des Monats an, in dem der Verstorbene das 45. Lebensjahr vollendet hätte, neu zu berechnen und zwar unter Zugrundelegung des Wohnungsgeldzuschusses der Ortsklasse B der nach Art. 13 zuständigen Tarifklasse.

3. Kinderzuschläge.

Art. 21.

I Die Beamten erhalten für jedes noch nicht einundzwanzig Jahre alte eheliche Kind auf Antrag einen Kinderzuschlag. Er beträgt für die ersten beiden Kinder je zwanzig Reichsmark, für das dritte und vierte Kind je fünfundzwanzig Reichsmark und für das fünfte und jedes weitere Kind je dreißig Reichsmark monatlich. Die Höhe des jeweils zu zahlenden Satzes bemißt sich nach der Zahl der kinderzuschlagsfähigen Kinder.

II Den ehelichen Kindern stehen gleich

1. für ehelich erklärte Kinder
2. an Kindesstatt angenommene Kinder
3. Stiefkinder, die in den Hausstand des Beamten aufgenommen sind
4. uneheliche Kinder, wenn die Vaterschaft des Beamten festgestellt ist und er das Kind in seinen Hausstand aufgenommen hat oder wenn der volle Unterhalt von dem weiblichen Beamten als Mutter gewährt werden muß.

III Für Kinder vom vollendeten sechzehnten bis zum vollendeten einundzwanzigsten Lebensjahr wird der Kinderzuschlag nur gewährt,

1. wenn sie sich in der Schulausbildung oder in der Ausbildung für einen künftig gegen Entgelt auszuübenden Lebensberuf befinden und
2. wenn sie nicht ein eigenes Einkommen von mindestens monatlich dreißig Reichsmark haben.

IV Für Kinder, die wegen körperlicher oder geistiger Gebrechen dauernd erwerbsunfähig sind und die nicht ein eigenes Einkommen von mindestens monatlich dreißig Reichsmark haben, wird der Kinderzuschlag ohne Rücksicht auf das Lebensalter weitergewährt.

V Für Pflegekinder oder Enkel, die der Beamte in seinen Hausstand aufgenommen hat und für deren Unterhalt und Erziehung er keine Vergütung erhält, kann der Kinderzuschlag in entsprechender Anwendung der Vorschriften in Abs. I, III und IV gewährt werden.

VI Für das nämliche Kind wird der Kinderzuschlag nur einmal gewährt.

1. Vgl. § 14 Abs. 1—6 des RBesG. und Nr. 65—73 der RBesV.

2. Art. 21 Abs. IV und V sind gegenüber dem bisherigen Rechte neu, insofern als der Kinderzuschlag für dauernd erwerbsunfähige Kinder (Abs. IV) auch über das 21. Lebensjahr hinaus gewährt wird und daß nunmehr die Pflegekinder und Enkel (Abs. V) unter gewissen Voraussetzungen zu den kinderzuschlagsberechtigten Angehörigen zählen; im übrigen entspricht Art. 21 dem Art. 21 des bisherigen BBesG. in der Fassung der Bek. vom 24. März 1923 (GVBl. S. 109) jedoch mit der Abänderung, a) daß der Kinderzuschlag nicht mehr nach dem Lebensalter des Kindes, sondern nach der Zahl der Kinder (insoweit liegt eine Abweichung vom Reichsrecht vor) gestaffelt ist; b) daß bei einem monatlich 30 RM oder mehr betragenden eigenen Einkommen eines über 16 Jahre alten Kindes der Kinderzuschlag ganz wegfällt, während nach der bisherigen Regelung der Kinderzuschlag erst bei einem eigenen Einkommen in mindestens doppelter Höhe des Kinderzuschlags wegfiel und bei einem Einkommen unter 30 RM entweder ganz oder zur Hälfte gewährt wurde; c) daß die Beamtin als Mutter eines unehelichen Kindes den Kinderzuschlag nur noch bei Bestreitung des vollen Unterhalts erhält; d) daß der Kinderzuschlag nach Eintritt des für den Wegfall maßgebenden Ereignisses nur noch für einen vollen Monat (statt wie bisher bis zum Ablauf des Kalendervierteljahres weitergewährt wird; e) daß bei Stiefkindern die Unterhaltsleistungen sonstiger Unterhaltspflichtiger auf den Kinderzuschlag nicht mehr angerechnet werden.

3. Zum Vollzuge des bisherigen Art. 21 des BBesG. und des Art. 4 des PEG. hat das Staatsministerium der Finanzen die Bek. vom 13. März 1923 (GVBl. S. 132) erlassen und mit Bek. vom 25. April 1924 (GVBl. S. 147) geändert. Diese KZBek. gilt mit den aus der FinMinBek. vom 28. März 1928 Nr. 14200 (StAnz. Nr. 73) ersichtlichen Aenderungen (vgl. auch Druckfehlerberichtigung hierzu in der Nr. 74 des Staatsanzeigers) bis auf weiteres fort.

4. Kinderzuschlagsfähig sind die ehelichen Kinder (Abs. I, §§ 1581 ff., §§ 1719 ff. BGB), dann die für ehelich erklärten Kinder (Abs. II, §§ 1723 ff. BGB.), die an Kindesstatt angenommenen Kinder (Abs. II, §§ 1741 ff. BGB., die Annahme an Kindesstatt wird erst rechtsgültig durch die gerichtliche Bestätigung), die in den Hausstand des Beamten aufgenommenen Stiefkinder (Abs. II, nämlich die ehelichen, für ehelich erklärten und an Kindes Statt angenommenen Kinder des anderen Ehegatten, die nicht zugleich eigene Kinder sind, ferner die unehelichen Kinder der Ehefrau, nicht aber die unehelichen Kinder des Ehemannes), die unehelichen Kinder eines weiblichen Beamten, wenn dieser den vollen Unterhalt gewährt (Abs. II Ziff. 4), die unehelichen Kinder eines Beamten als Erzeugers (Abs. II Ziff. 4), wenn die Vaterschaft durch Anerkennung in einer öffentlichen Urkunde oder durch Urteil festgestellt ist (§ 1718 BGB., § 256 ZPO.) und der Beamte sein uneheliches Kind in seinen Hausstand aufgenommen hat — die Staatsangehörigkeit des Kindes spielt keine Rolle —, dann die Pflegekinder und Enkel (Abs. IV), die der Beamte in seinen Hausstand aufgenommen hat und für deren Unterhalt und Erziehung er keine Vergütung erhält und wenn keine andere Person vorhanden ist, die zum Unterhalt des Kindes gesetzlich verpflichtet

6*

und hierzu imstande ist. Heiratet ein kinderzuschlagsfähiges Kind, so erlischt seine Kinderzuschlagsfähigkeit, es sei denn, daß es sich weder selbst unterhalten noch von seinem Ehegatten oder seinen Kindern unterhalten werden kann (vgl. Ziff. 3 Abs. 2 der KZBek.).

Abweichend vom Reiche wird für uneheliche Kinder eines Beamten als Erzeugers der Kinderzuschlag nicht gewährt, wenn der Beamte auf andere Weise als durch Aufnahme in den Hausstand für den vollen Unterhalt des Kindes sorgt.

Für totgeborene Kinder wird kein Kinderzuschlag gewährt.

5. Für die kinderzuschlagsfähigen Kinder bis zum vollendeten 16. Lebensjahr wird der Kinderzuschlag beim Vorliegen der sonstigen Voraussetzungen unbeschränkt gewährt. Bei kinderzuschlagsfähigen Kindern, die das 16. Lebensjahr vollendet haben, treten zu den sonstigen Voraussetzungen noch die zwei weiteren Bedingungen des Abs. III, nämlich das Erfordernis der Schul- oder Berufsausbildung für einen künftig gegen Entgelt auszuübenden Lebensberuf und Mangel eines eigenen Einkommens von mindestens monatlich 30 *RM*. Bei Kindern, die wegen körperlicher oder geistiger Gebrechen dauernd erwerbsunfähig sind (Abs. IV, vgl. Bem. 6) brauchen diese beiden Bedingungen nicht gleichzeitig erfüllt zu sein; für sie wird der Kinderzuschlag bis zum vollendeten 16. Lebensjahr ohne Einschränkung gewährt, vom vollendeten 16. Lebensjahr an zwar ohne Rücksicht auf Schul- oder Berufsausbildung, aber nur wenn und solange sie nicht ein eigenes Einkommen von mindestens monatlich 30 *RM* haben.

Wegen der Begriffe „Schulausbildung" und „Ausbildung für einen künftig gegen Entgelt auszuübenden Lebensberuf" vgl. Ziff. 14 und 15 der KZBek., wegen des Begriffes „eigenes Einkommen" vgl. Ziff. 19 der KZBek. Die Gewährung einer Freistelle für ein Schulkind in einem Internat zählt nicht zum eigenen Einkommen, wohl aber freie Kost und Wohnung, die ein Lehrling von seinem Lehrherrn erhält, wenn nicht etwa im einzelnen Falle die Gewährung der freien Kost und Wohnung als Gegenleistung für das vom Vater des Lehrlings gezahlte Lehrgeld anzusehen ist; diese Ausnahme gilt nicht, wenn der Lehrling neben der Verpflegung eine Geldentschädigung vom Lehrherrn erhält.

6. Die Kinderzuschlagsberechtigung endigt im allgemeinen mit der Vollendung des 21. Lebensjahres (Abs. I Satz 1). Nur für Kinder, die wegen körperlicher oder geistiger Gebrechen dauernd erwerbsunfähig sind (unter solchen Gebrechen sind alle angeborenen oder erworbenen körperlichen oder geistigen Fehler und Leiden nicht vorübergehender Natur zu verstehen, durch die dem Kinde die volle Erwerbsfähigkeit, d. h. die Fähigkeit sich selbst ohne Inanspruchnahme dritter Personen zu unterhalten, genommen wird, z. B. Blindheit, Taubheit, Krüppelhaftigkeit, Geisteskrankheit; das Vorliegen der dauernden Erwerbsunfähigkeit wird dadurch nicht ausgeschlossen, daß eine künftige

Besserung oder Heilung und damit der Eintritt völliger Erwerbsfähigkeit wahrscheinlich oder möglich ist — Ziff. 18 der KZBek.) wird der Kinderzuschlag auch nach Vollendung des 21. Lebensjahres weitergewährt, wenn der Kinderzuschlag bis zum vollendeten 21. Lebensjahr, gleichgültig aus welchen Gründen, gewährt worden ist und wenn und solange die dauernde Erwerbsunfähigkeit andauert. Während jedoch bei Kindern, die das 21. Lebensjahr noch nicht vollendet haben, der Wegfall der Erwerbsunfähigkeit und ihr späterer Wiedereintritt vor Vollendung des 21. Lebensjahres der Wiedergewährung des Kinderzuschlags nicht entgegensteht (hierbei ist nicht etwa verlangt, daß nach dem Wegfall des wegen dauernder Erwerbsunfähigkeit gewährten Kinderzuschlags der Kinderzuschlag wegen nunmehr eintretender Schul- oder Berufsausbildung gewährt wird), schließt der Wegfall der Erwerbsunfähigkeit nach Vollendung des 21. Lebensjahres die Wiedergewährung des Kinderzuschlags dauernd aus. Dies folgt aus dem Worte „weitergewährt" in Abs. IV. Für das Kind muß demnach im Zeitpunkte der Vollendung des 21. Lebensjahres (vgl. Art. 23 Abs. II) der Kinderzuschlag bezogen werden. Es ist nicht erforderlich, daß er gerade wegen dauernder Erwerbsunfähigkeit des Kindes bezogen wird, wohl aber, daß dauernde Erwerbsunfähigkeit im Zeitpunkte der Vollendung des 21. Lebensjahres oder spätestens vor Ablauf des Monats vorliegt, der auf den Monat der Vollendung des 21. Lebensjahres folgt (Art. 23 Abs. II). Aenderungen in der Höhe des eigenen Einkommens des Kindes (Abs. IV) bewirken bei fortbestehender dauernder Erwerbsunfähigkeit nicht den dauernden Wegfall des Kinderzuschlags, sondern haben lediglich das Ruhen des Anspruchs auf den Kinderzuschlag auf die Dauer des Bezugs eines Einkommens von mindestens monatlich 30 *RM* zur Folge. Wegen der übergangsweisen Geltung dieser Vorschriften für dauernd erwerbsunfähige Kinder, die das 21. Lebensjahr schon vor dem 1. Oktober 1927 (Tag des Inkrafttretens des BBesG.) vollendet haben, siehe Bem. 14. Beispiele siehe in Bem. 15.

Für kinderzuschlagsfähige Kinder, für die der Kinderzuschlag wegen Vollendung des 21. Lebensjahres nicht mehr zusteht, kann nach Maßgabe der FinMinBek. vom 13. März 1923 (GBBl. S 140) / 25. April 1924 (GBBl. S. 147) eine widerrufliche Kinderbeihilfe im Falle des Bedürfnisses bis zum vollendeten 24. Lebensjahr gewährt werden, wenn das Kind sich noch in der Schul- oder Berufsausbildung befindet und kein eigenes Einkommen von mindestens monatlich 30 *RM* hat (vgl. auch Abschn. A zu c Ziff. 2 der FinMinBek. vom 28. März 1928 Nr. 14 200 — StAnz. Nr. 73). Als Höchstbetrag der Kinderbeihilfe gilt der Betrag des gesetzlichen Kinderzuschlags. Dieser Höchstbetrag ist in der Regel anzuweisen, wenn der Beamte außer seinem Berufseinkommen kein nennenswertes sonstiges Einkommen bezieht; sie ist unter dem Höchstbetrag anzuweisen oder zu versagen, wenn der Beamte sich in günstigen wirtschaftlichen Verhältnissen befindet. Ueber das vollendete 24. Lebensjahr hinaus kann die Kinderbeihilfe in entsprechender Anwendung des Art. 21 Abs. IV dann gewährt werden, wenn das Kind in der Zeit vom vollendeten 21. bis zum 24. Lebensjahr infolge körperlicher oder geistiger Gebrechen dauernd erwerbsunfähig wird, und zwar solange, als der Zustand der dauernden Erwerbsunfähigkeit fortbesteht und das Kind kein eigenes Einkommen von mindestens monatlich 30 *RM* hat. Im übrigen gelten die Ausführungen in Bem. 5 hier entsprechend.

7. Der Kinderzuschlag wird nur auf Antrag gewährt. Die Antragstellung ist sonach eine Voraussetzung für die Entstehung des Anspruchs auf den Kinderzuschlag. Wegen der Zahlung des Kinderzuschlags bei verspäteter Antragstellung gilt die FinMinBek. vom 11. Juni 1927 (GVBl. S. 225). In der Regel wird der Kinderzuschlag beim Vorliegen der sonstigen Voraussetzungen (vgl. Bem. 4 und 5) vom Ersten des Monats an angewiesen, in dem der Beamte den Antrag gestellt hat. Aus Billigkeitsgründen kann jedoch der Kinderzuschlag für Kinder bis zum vollendeten 16. Lebensjahr bei verspätetem Antrage mit Rückwirkung vom Ersten des Monats an angewiesen werden, in dem die übrigen Voraussetzungen erfüllt waren. Ueber die in § 197 BGB. festgesetzte Frist von 4 Jahren hinaus werden jedoch Nachzahlungen niemals geleistet. Fällt der Kinderzuschlag wegen Vollendung des 16. Lebensjahres weg, so bedarf es für die Fortzahlung des Kinderzuschlags gemäß Art. 21 Abs. III und IV wiederum eines besonderen Antrags. Wird dieser Antrag innerhalb einer Frist von 3 Monaten nach Einstellung der Zahlung des Kinderzuschlags (vgl. Art. 23 Abs. II) gestellt und haben ausreichende Gründe die rechtzeitige Antragstellung gehindert, so kann der Kinderzuschlag schon vom Zeitpunkte der Einstellung an gewährt werden. In den übrigen Fällen wird der Kinderzuschlag nur vom Ersten des Monats an gewährt, in dem der Antrag gestellt wurde. Das gleiche gilt bezüglich der Gewährung der Kinderbeihilfe (vgl. Bem. 6 Abs. 2), jedoch mit der Einschränkung, daß für einen über das jeweils laufende Rechnungsjahr (1. April bis 31. März; bei der Forstverwaltung 1. Oktober bis 30. September) hinaus zurückliegenden Zeitraum Nachzahlungen niemals geleistet werden.

8. Höhe des Kinderzuschlags: Er beträgt je 20 *RM* monatlich für das 1. und 2. Kind, je 25 *RM* monatlich für das 3. und 4. Kind, je 30 *RM* monatlich für das 5. und jedes weitere Kind. Eine Staffelung des Kinderzuschlags nach dem Lebensalter besteht nicht mehr. Die Höhe des Kinderzuschlags richtet sich ausschließlich nach der Zahl der kinderzuschlagsfähigen Kinder. Als kinderzuschlagsfähige Kinder zählen nur die Kinder, für die der Kinderzuschlag nach Maßgabe des Art. 21 tatsächlich gezahlt wird, und die Kinder, für die die Kinderbeihilfe (vgl. Bem. 5 Abs. 2), wenn auch nur zum Teil, gewährt wird. Demgemäß zählt z. B. ein in Berufsausbildung stehendes Kind von 18 Jahren, das als Lehrling ein Monatseinkommen von 33 *RM* hat und für das deshalb der Kinderzuschlag nicht gewährt wird, nicht mit.

Die Herabsetzung des Kinderzuschlags von 30 auf 25 oder von 25 auf 20 *RM* wegen Verringerung der Zahl der kinderzuschlagsfähigen Kinder wird vom Ersten des Monats an wirksam, der auf den Monat folgt, mit dessen Ablaufe die Zahlung des Kinderzuschlags oder der Kinderbeihilfe für das aus der Zahl der kinderzuschlagsfähigen Kinder ausscheidende Kind endigt. Wegen der Höhe des Kinderzuschlags für Doppelwaisen siehe Bem. 15.

9. Der Anspruch auf den Kinderzuschlag steht nur dem Beamten zu, nicht dem Kinde oder einem etwa bestellten Vormunde. Der Anspruch besteht nur neben dem Anspruch auf das Diensteinkommen (Art. 1 Satz 2). Fällt daher der Anspruch auf das Diensteinkommen weg, erlischt auch der Anspruch auf den Kinderzuschlag, also beispielsweise auch der Anspruch auf den Kinderzuschlag wegen Erwerbsunfähigkeit des Kindes. Daß das Kind, für das der Kinderzuschlag zusteht, selbst Berechtigter ist, kommt nur im Gebiete des Versorgungsrechts vor; Doppelwaisen im Sinne des Art. 4 Abs. I Satz 2 des PEG. haben auf den Kinderzuschlag einen selbständigen Anspruch. Im übrigen vgl. Bem. 6 zu Art. 23.

10. Der Zeitpunkt der Vollendung des 16. (vgl. Bem. 5) oder 21. (vgl. Bem. 6, 7) oder 24. Lebensjahres (vgl. Bem. 6 Abs. 2) bestimmt sich nach § 187 Abs. 2 BGB. Ein am 1. Mai 1918 geborenes Kind vollendet demnach mit dem Ablaufe des 30. April 1934 das 16., mit dem Ablaufe des 30. April 1939 das 21. und mit dem Ablaufe des 30. April 1942 das 24. Lebensjahr.

11. Art. 21 findet keine Anwendung auf Beamte, die im Staatsdienst nur ein Nebenamt bekleiden (Art. 22 Abs. I), oder auf verheiratete weibliche oder geschiedene weibliche Beamte, soweit gemeinsame Kinder in Frage kommen und der Ehemann oder der geschiedene Ehemann bei Berücksichtigung seiner sonstigen Verpflichtungen imstande ist, ohne Gefährdung des standesgemäßen Unterhalts seiner Familie die Kinder zu unterhalten (Art. 24).

Der Kinderzuschlag nach Maßgabe des Art. 21 wird nicht im vollen Betrage, sondern nur anteilsweise und zwar im Verhältnis der Grundgehälter gezahlt, wenn der Beamte neben dem Grundgehalt aus der bayerischen Staatskasse noch einen Grundgehalt aus Mitteln des Reichs, eines Landes, einer Gemeinde oder einer sonstigen Körperschaft des öffentlichen Rechts bezieht (Art. 22 Abs. II). Vgl. ähnliche Regelung beim Wohnungsgeldzuschuß (Art. 15 Abs. II).

12. Bestreitet der Beamte den Unterhalt für ein eheliches oder ehelich erklärtes oder an Kindes Statt angenommenes Kind oder für ein Stiefkind nicht oder nur teilweise, so wird der Kinderzuschlag nicht oder nur bis zur Höhe der Aufwendungen gewährt (vgl. Ziff. 12 Abs. II der KZBek.). Lebt das Kind im Auslande, so kann der Kinderzuschlag entzogen werden, wenn seine deutsche Erziehung nicht gewährleistet ist (Ziff. 11 Abs. II der KZBek.).

13. Abs. VI stellt klar, daß der Kinderzuschlag für ein und dasselbe Kind nur einmal gewährt wird, wenn mehrere bezugsberechtigte Personen vorhanden sind. Hierbei gilt der Grundsatz, daß das eigene Recht des Kindes auf den Kinderzuschlag (Doppelwaise im Sinne des Art. 4 Abs. I Satz 2 des PEG.; vgl. Bem. 9) jedem anderen Rechte eines Dritten vorgeht. Tritt daher eine Doppelwaise zu einem Beamten im Dienst oder im Ruhestand in das Verhältnis eines kinderzuschlagsfähigen Kindes, so erhält der Beamte den Kinderzuschlag für sie nicht, sondern die Doppelwaise behält ihren Kinderzuschlag als eigenen Bezug. In den übrigen Fällen gelten folgende durch die Neufassung des Art. 21 geänderten Grundsätze der Ziff. 24 der KZBek.:

a) Sind beide Eltern eines ehelichen oder für ehelich erklärten oder an Kindes Statt angenommenen Kindes Beamte, so erhält nur der Vater den Kinderzuschlag (vgl. auch Art. 24).
b) Die Kinderzuschlagsfähigkeit als eheliches oder für ehelich erklärtes oder an Kindes Statt angenommenes Kind hat den Vorrang vor der Kinderzuschlagsfähigkeit als Stiefkind oder uneheliches Kind [oder Pflegekind oder Enkelkind].
c) Die Kinderzuschlagsfähigkeit des unehelichen Kindes einer Beamtin hat den Vorrang vor der Kinderzuschlagsfähigkeit dieses Kindes im Verhältnis zum Stiefvater.
d) Im übrigen hat der Anspruch auf den Kinderzuschlag auf Grund des früher entstandenen Rechtsgrundes den Vorrang vor dem Anspruch auf Grund eines später entstandenen Rechtsanspruches.

14. Uebergangsvorschriften: Die Neueinführung der Fortgewährung des Kinderzuschlags für dauernd erwerbsunfähige Kinder (Art. 21 Abs. IV) macht, um Härten zu vermeiden, Uebergangsvorschriften notwendig und zwar bezüglich solcher Kinder, die das 21. Lebensjahr bereits vor dem Inkrafttreten des BBesG. vollendet haben und für die der Kinderzuschlag nach den bisherigen Vorschriften mit der Vollendung des 21. Lebensjahres weggefallen ist. In Angleichung an die Regelung im Reiche (vgl. Nr. 71 Abs. 3 der RBesV.) ist durch die Bek. vom 27. August 1928 (GVBl. S. 403) der Bestimmung in Art. 21 Abs. IV insofern rückwirkende Kraft gegeben worden, als mit Wirkung vom 1. Oktober 1927 an der Kinderzuschlag auch für solche dauernd erwerbsunfähige Kinder angewiesen wird, die zwar am 1. Oktober 1927, aber noch nicht am 1. April 1920 das 21. Lebensjahr vollendet haben und für die alle Voraussetzungen für den ununterbrochenen Bezug des Kinderzuschlags seit dem Zeitpunkt der Vollendung des 21. Lebensjahres gegeben gewesen wären, wenn

Art. 21 Abs. IV bereits seit dem 1. April 1920 (Tag des Inkrafttretens des BBesG. vom 2. Juni 1920, das die Kinderzuschläge eingeführt hat) gegolten hätte. Diese Uebergangsregelung bezieht sich daher nur auf Kinder, die nach dem 1. April 1899 geboren sind; die am 1. April 1899 oder früher geborenen Kinder scheiden für den Härteausgleich aus. Beispiel: Ein am 4. Mai 1900 geborenes Kind ist infolge eines Unfalls im Jahre 1916 dauernd erwerbsunfähig geworden und seitdem geblieben. Der Kinderzuschlag hierfür kann ab 1. Oktober 1927 angewiesen werden, wenn der Beamte den Antrag stellt. In diesem Falle wird der Kinderzuschlag rückwirkend ab 1. Oktober 1927 gewährt, wenn der Beamte den Antrag spätestens 3 Monate nach der Veröffentlichung der Bek. vom 27. August 1928 (GVBl. S. 403) stellt; die einschränkende Vorschrift der FinMinBek. vom 11. Juni 1927 (GVBl. S. 225), daß über den Beginn des laufenden Rechnungsjahres zurück Nachzahlungen nicht geleistet werden, gilt in diesem Falle selbstverständlich nicht, weil der Beamte vor Erlaß der Uebergangsregelung gar nicht in der Lage war, Antrag zu stellen. Weitere Beispiele siehe in Bem. 15.

15. Art. 21 und die Uebergangsvorschriften in Bem. 14 gelten für die etatmäßigen und nichtetatmäßigen Beamten sowie für die Hochschulassistenten (Art. 29 Abs. II, Art. 33 Abs. I Satz 2). Er gilt aber auch gemäß Art. 4 des PEG. für die Beamten im Ruhestand, für die Beamtenwitwen und für die ledigen pensionsberechtigten Beamtendoppelwaisen, d. s. nicht nur Doppelwaisen im Sinne des Art. 75 Ziff. 1 des BG. oder des Art. 70 Nr. 2 des BLG., sondern auch solche einfache Waisen, deren Müttern wegen Wiederverehelichung ein Anspruch auf das Witwengeld (Witwenpension) nicht mehr zusteht. Als Doppelwaisen eines vor dem Inkrafttreten des BG. aus dem Dienste geschiedenen gestorbenen Beamten gelten ferner solche Waisen, deren Mutter nicht mehr lebt oder zur Zeit des Todes des Beamten nicht pensionsberechtigt war, und zwar auch dann, wenn ihnen nach den für sie maßgebenden Vorschriften nur die Bezüge der einfachen Waisen zustanden (vgl. Art. 15 des PEG. und Ziff. 16, 61 der FinMinBek. vom 25. Januar 1922 — GVBl. S. 87). Doppelwaisen erhalten, auch wenn es mehr als 2 Geschwister sind, in jedem Falle nur den Kinderzuschlag in Höhe von monatlich 20 *RM*, da jede von ihnen einen selbständigen Anspruch hat und deshalb für die Bemessung des Kinderzuschlags die Doppelwaisen-Geschwister nicht etwa zusammengezählt werden dürfen.

Für Kinder, die eine Beamten witwe nach dem Ableben ihres Mannes (Beamten) an Kindes Statt angenommen oder außerehelich geboren hat, erhält die Beamtenwitwe den Kinderzuschlag nicht (vgl. Ziff. 59 der FinMinBek. vom 25. Januar 1922 — GVBl. S. 87 — und Ziff. 37 der KZBek.). Für ein vor dem Ableben ihres Mannes (Beamten) geborenes außereheliches Kind erhält die Beamtenwitwe (wie eine Beamtin) den Kinderzuschlag nur, wenn sie den vollen Unterhalt gewährt, also dann nicht, wenn sie vom Erzeuger eine laufende Unterhaltsrente erhält oder wenn der Erzeuger wegen seiner Verwendung im öffentlichen Dienst Anspruch auf den Kinderzuschlag auch ohne Gewährung einer laufenden Unterhaltsrente, aber wegen geleisteter Abfindung des Kindes Anspruch auf den Kinderzuschlag hat (vgl. Ziff. 8 der KZBek.).

Beispiele (zugleich zu Bem. 6 und 14): 1. Ein aktiver Beamter hat ein dauernd erwerbsunfähiges Kind aus erster Ehe, das am 1. Oktober 1921 das 21. Lebensjahr vollendet hat. Weiter hat er ein dauernd erwerbsunfähiges Kind aus 2. Ehe, das am 1. Oktober 1929 das 21. Lebensjahr vollendet sowie ein dauernd erwerbsunfähiges, in seinen Hausstand aufgenommenes Stiefkind (uneheliches Kind der 2. Ehefrau), das am 1. Oktober 1928 das 21. Lebensjahr vollendet: Der Beamte erhält für sämtliche 3 Kinder den Kinderzuschlag, solange die dauernde Erwerbsunfähigkeit gegeben ist. Fällt bei einem der 3 Kinder in irgendeinem Zeitpunkt die dauernde Erwerbsunfähigkeit weg, ohne daß sie — beim 2. und 3. Kind — vor Vollendung des 21. Lebensjahres wieder eintritt, so entfällt damit dauernd der Kinderzuschlag. Bei Wiedereintritt der dauernden Erwerbsunfähigkeit vor Vollendung des 24. Lebensjahres käme die Gewährung der Kinderbeihilfe gemäß Bem. 6 Abs. 2 in Frage. Würde der Beamte aus dem Staatsdienst austreten, so würde damit der Anspruch auf das Diensteinkommen und somit auch der Anspruch auf die Kinderzuschläge erlöschen. 2. Tritt der Beamte (Beispiel 1) in den Ruhestand, so ergibt sich dadurch keine Aenderung im Bezug der Kinderzuschläge, soferne die Erwerbsunfähigkeit andauert. 3. Stirbt der Beamte im Ruhestand (Beispiel 2), so bilden die Kinderzuschläge für das auf den Sterbemonat folgende Vierteljahr einen Bestandteil des Sterbegehalts. Nach Ablauf des Sterbevierteljahrs wird — fortdauernde Erwerbsunfähigkeit vorausgesetzt — das Kind aus 1. Ehe, das die Altersgrenze für die Waisengeldberechtigung bereits überschritten hat, selbst kinderzuschlagsberechtigt (vgl. Bem. 15 Abs. 1 und Bem. 14); der Umstand, daß Witwengeld zu zahlen ist, steht dem nicht entgegen. Die Witwe erhält neben dem Witwengeld den Kinderzuschlag für das eheliche Kind und für das uneheliche Kind, wenn sie dessen vollen Unterhalt bestreitet. 4. Heiratet nun oder stirbt die Witwe (Beispiel 3), so erlischt mit Ablauf des betreffenden Monats der Anspruch auf das Witwengeld und damit auf den Kinderzuschlag. Das Kind aus 2. Ehe wird dadurch Doppelwaise und erhält den Kinderzuschlag kraft eigenen Rechts. Für das uneheliche Kind aber fällt der Kinderzuschlag weg mit dem Wegfalle des Witwengeldes. 5. Ein Beamter — im Dienst oder im Ruhestand — heiratet eine Beamtenwitwe mit einem waisengeldberechtigten Kind aus erster Ehe. Bis zur Eheschließung hat die Witwe neben dem Witwengeld den Kinderzuschlag für dieses Kind, das in der Schulausbildung sich befindet, bezogen.

Den Kinderzuschlag erhält aber jetzt nicht der Beamte für dieses Kind als Stiefkind, sondern das Kind selbst (vgl. Bem. 15 Abs. 1). Das Kind wird vor Vollendung des 21. Lebensjahrs dauernd erwerbsunfähig; es behält nunmehr den Anspruch auf den Kinderzuschlag auf die ununterbrochene Dauer dieser Erwerbsunfähigkeit auch nach Wegfall des Waisengeldbezugs wegen Erreichung des 21. Lebensjahres.

16. Wegen der Zuständigkeit zur Anweisung des Kinderzuschlags und der Kinderbeihilfe siehe Bem. 3 zu Art. 23.

17. Auf die Gewährung des Kinderzuschlags (nicht auch der Kinderbeihilfe) besteht ein vor den ordentlichen Gerichten verfolgbarer Rechtsanspruch. Der Beurteilung durch die Gerichte unterliegen aber nicht die Entscheidungen, die die Verwaltungsbehörden nach ihrem pflichtgemäßen Ermessen zu treffen berechtigt sind; hierher gehören namentlich die Entscheidungen über das Vorliegen einer Schul- oder Berufsausbildung (vgl. Ziff. 14, 15, 16, 17 der KZBek.), über das Vorliegen einer dauernden Erwerbsunfähigkeit (vgl. Ziff. 18 der KZBek.) oder über den Entzug des Kinderzuschlags bei Aufenthalt des Kindes im Ausland (vgl. Ziff. 11 Abs. II der KZBek.).

Art. 22.

I Bekleidet ein Beamter im Staatsdienste nur ein Nebenamt, so erhält er keine Kinderzuschläge.

II Bezieht ein Beamter einen Grundgehalt aus Staatsmitteln und zugleich aus Mitteln des Reichs, eines Landes, einer Gemeinde oder einer sonstigen Körperschaft des öffentlichen Rechts, so erhält er von den Kinderzuschlägen aus Staatsmitteln nur den Teilbetrag, der dem aus Staatsmitteln bezahlten Grundgehalt entspricht.

1. Vgl. § 18 Abs. II und III des RBesG.

2. Art. 22 entspricht dem Art. 27 Abs. III und dem Art. 28 des BBesG. in der Fassung der Bek. vom 24. März 1923 (GVBl. S. 109). Es ist hier die gleiche Regelung wie beim Wohnungsgeldzuschuß getroffen (vgl. Art. 15 und Bem. hierzu). Wegen der Kinderzuschläge für Kinder verheirateter weiblicher Beamter siehe Art. 24.

3. Art. 22 Abs. II gilt auch für die Beamten im Ruhestande, für die Beamtenwitwen und für die Beamtendoppelwaisen; hierbei ist als Grundgehalt aus Staatsmitteln der Grundgehalt zu rechnen, der der Berechnung des pensionsfähigen (versorgungsfähigen) Diensteinkommens zugrunde liegt.

Art. 23.

I Der Kinderzuschlag wird vom Beginn des Monats an gezahlt, in dem das für die Gewährung maßgebende Ereignis eingetreten ist.

II Der Kinderzuschlag fällt weg mit dem Ablaufe des Monats, der auf den Monat folgt, in dem das für den Wegfall maßgebende Ereignis eingetreten ist.

1. Vgl. § 14 Abs. 7 des RBesG. und Nr. 65, 66 der RBesV.

2. Art. 23 Abs. I entspricht dem Art. 21 Abs. VI Satz 1 des BBesG. in der Fassung der Bek. vom 24. März 1923 (GVBl. S. 109). Abs. II weicht von dem bisherigen Rechte (vgl. Art. 21 Abs. VII des BBesG. in der Fassung der Bek. vom 24. März 1923) insofern ab, als der Kinderzuschlag bisher mit dem Ablaufe des Kalendervierteljahres (nicht des folgenden Monats) wegfiel, in dem das für den Wegfall maßgebende Ereignis eingetreten war. Art. 23 gilt für die etatmäßigen und nichtetatmäßigen Beamten, für die Hochschulassistenten (Art. 29 Abs. II, Art. 33 Abs. I Satz 2), sowie für die Versorgungsberechtigten (Art. 4 des PEG.).

3. Zur Anweisung des Kinderzuschlags ist der Vorstand der Behörde zuständig, bei der der Beamte verwendet ist; bei Vorständen die nächstvorgesetzte Dienstesstelle, bei Volksschullehrern das Finanzamt, bei Beamten im Ruhestande, Beamtenwitwen und Beamtendoppelwaisen die Pensionsregelungsbehörde und, soweit das Staatsministerium der Finanzen zur Festsetzung der Versorgungsbezüge zuständig ist, die Rechnungskammer oder das Landesfinanzamt, Abteilung für Besitz- und Verkehrssteuern, je nachdem die Versorgungsbezüge bei der Staatshauptkasse oder einer Kasse des Landesfinanzamts in Verrechnung liegen (vgl. Ziff. 31, 37 der KZBek., Abschn. B Ziff. 3 der Bek. vom 7. Juni 1921 — GVBl. S. 337, KMinEntschl. vom 12. Mai 1922 Nr. 22 220). Die gleichen Zuständigkeiten gelten für die Anweisung der Kinderbeihilfe (vgl. Bem. 6 zu Art. 21), jedoch mit dem Abmaße, daß bei den Volksschullehrern die Regierung, Kammer des Innern, gemäß Bek. des KMin. vom 8. September 1922 — StAnz. Nr. 209 — zuständig ist.

4. Nach der Anweisung des Kinderzuschlags sich ergebende Aenderungen führt die Zahlstelle durch. Der Kinderzuschlagsempfänger ist verpflichtet, Tatsachen, die die Kürzung des Kinderzuschlags (z. B. im Falle des Art. 22 Abs. II) oder seinen Wegfall zur Folge haben, sofort der Zahlstelle anzuzeigen. Die Zahlstelle hat auf Grund der Anzeige des Beamten oder auf Grund ihrer eigenen Kenntnis die Zahlung des Kinderzuschlags einzustellen oder die Kürzung des Kinderzuschlags durchzuführen, muß jedoch hiervon die zur Anweisung zuständige Stelle verständigen.

5. Zu Abs. I: Als für die Gewährung des Kinderzuschlags maßgebende Ereignisse kommen außer der in jedem Falle notwendigen Antragstellung des Berechtigten in Frage: Geburt (nicht Totgeburt, vgl. Bem. 4 Abs. 3 zu Art. 21) eines ehelichen Kindes eines Beamten oder eines unehelichen Kindes einer Beamtin, die dessen vollen Unterhalt bestreitet, Eheschließung mit der Wirkung der Legitimation durch nachfolgende Ehe, Ehelichkeitserklärung, Annahme an Kindes Statt, Aufnahme eines Stiefkindes in den Hausstand, Aufnahme eines unehelichen Kindes in den Hausstand des Erzeugers nach Feststellung der Vaterschaft oder umgekehrt, Wegfall des eigenen Einkommens des Kindes über 16 Jahre, Minderung des eigenen Einkommens des Kindes über 16 Jahre auf weniger als 30 *RM* monatlich, Eintritt dauernder Erwerbsunfähigkeit, Tod des Ehemanns einer Beamtin, Eintritt der Voraussetzungen des Art. 24, Eintritt in die Schul- oder Berufsausbildung nach vollendetem 16. Lebensjahr.

Der Kinderzuschlag wird in diesen Fällen vom Ersten des Monats an gewährt, in dem das maßgebende Ereignis eingetreten ist. Fällt das eigene Einkommen des Kindes mit dem Ablaufe eines Monats fort — hierbei ist maßgebend die Zeit, für die das Einkommen gezahlt wird —, so wird der Kinderzuschlag vom Ersten des nächsten Monats an gewährt; das gleiche gilt im Falle der Minderung des Einkommens auf weniger als 30 *RM*.

Zu den maßgebenden Ereignissen muß in jedem Falle der Antrag des Beamten treten. Die Anzeige der Geburt eines Kindes gilt als Antragstellung. Wegen der Zahlung des Kinderzuschlags bei verspäteter Antragstellung siehe Bem. 7 zu Art. 21.

Selbstverständlich ist, daß der Kinderzuschlag in keinem Falle vor dem Zeitpunkt bezahlt wird, mit dem die Zahlung des Diensteinkommens beginnt. Beispiel: Einem am 16. April 1930 in den Staatsdienst eintretenden und etatmäßig angestellten Beamten wird am 25. April 1930 ein eheliches Kind geboren. Der Kinderzuschlag wird frühestens mit dem Beginn der Zahlung des Diensteinkommens, also erst ab 16. (nicht schon vom 1.) April an gezahlt.

6. Zu Abs. II: Als Ereignisse, die den Wegfall des Kinderzuschlags zur Folge haben, sind zu nennen: Tod des Kindes, Vollendung des 16. Lebensjahres, ohne daß der Berechtigte der Zahlstelle das Vorliegen der Schul- oder Berufsausbildung oder der dauernden Erwerbsunfähigkeit anzeigt und auf Verlangen nachweist, dann Bezug eines Einkommens von 30 *RM* oder mehr, Eheschließung des Kindes, Wegfall der dauernden Erwerbsunfähigkeit bei Kindern über 16 Jahren, Annahme eines Kindes an Kindes Statt durch einen Dritten, Beendigung der Schul- oder Berufsausbildung, Ausscheiden eines Stiefkindes oder unehelichen Kindes aus dem Hausstande, Beendigung des 21. Lebensjahres, Bezug einer Vergütung für ein Pflegekind oder einen Enkel, Verlegung des Aufenthalts ins Ausland ohne Gewährleistung der deutschen Erziehung usw. Wird ein Einkommen von 30 RM oder mehr vom Ersten eines Monats an bezogen, so fällt der Kinderzuschlag bereits mit dem Ablaufe dieses Monats weg.

Wegen der Aenderung der Höhe des Kinderzuschlags infolge Verringerung der Zahl der kinderzuschlagsfähigen Kinder siehe Bem. 8 Abs. 2 zu Art. 21.

Die Zahlung des Kinderzuschlags endigt grundsätzlich mit dem Wegfall des Hauptbezugs, also bei aktiven Beamten mit dem Wegfall des Diensteinkommens (vgl. Art. 36), bei Beamten im Ruhestande mit dem Wegfall oder vollständigen Ruhen des Anspruchs auf Ruhegehalt oder Wartegeld (Art. 43, 44, 65, 66, Art. 95 Abs. 2 des BG., Art. 56, 57, Art. 92 Abs. II des BLG.), bei Beamtenwitwen und Beamtendoppelwaisen mit dem Wegfall oder dem vollständigen Ruhen des Anspruchs auf Witwengeld oder Waisengeld (Art. 85, 86, Art. 95 Abs. 3 des BG., Art. 77—79, Art. 92 Abs. III des BLG.). Schließt sich an den Wegfall des Diensteinkommens ohne zeitliche Unterbrechung der Bezug des Ruhegehalts oder an den Wegfall des Diensteinkommens oder Ruhegehalts nach Ablauf des Sterbevierteljahres der Bezug des Witwengeldes oder Waisengeldes (für eine Doppelwaise) oder an den Wegfall des Witwengeldes der Bezug des Waisengeldes (für eine Doppelwaise) an, so wird der Kinderzuschlag ebenfalls ununterbrochen fortgewährt, wenn im übrigen die Voraussetzungen für die Gewährung des Kinderzuschlags gegeben sind. Stirbt der Beamte im Dienste, so bildet der Kinderzuschlag einen Bestandteil des Sterbegehalts (Art. 72 des BG. in der Fassung des Art. 54 Abs. III des BBesG.; Art. 65 Abs. I und III des BLG. in Verbindung mit Art. 54 Abs. III und Art. 48 Abs. III des BBesG.). Für die Zahlung des Kinderzuschlags ist der Stand vom Ersten des ersten Monats des Sterbevierteljahrs maßgebend; Aenderungen, die im Laufe des Sterbevierteljahrs eintreten und die Neuanweisung des Kinderzuschlags (z. B. für ein nachgeborenes Kind) zur Folge haben, sind zu berücksichtigen. Das gleiche gilt, wenn ein Beamter im Ruhestande stirbt, jedoch mit der Maßgabe, daß auch Umstände zu berücksichtigen sind, die den Wegfall des Kinderzuschlags zur Folge haben und daß die Kinderzuschläge für ein uneheliches Kind des Beamten als Erzeugers, ferner für ein an Kindes Statt angenommenes Kind oder Stiefkind oder Pflegekind, zu deren Unterhalt die Witwe nicht gesetzlich verpflichtet ist, keinen Bestandteil des Sterbegehalts bilden; der Kinderzuschlag für diese Kinder fällt mit dem Ablaufe des auf den Sterbemonat folgenden Monats weg (vgl. Ziff. 115 der Bek. vom 25. Januar 1922 — GVBl. S. 87). Der Kinderzuschlag für eine Beamtendoppelwaise (vgl. Bem. 15 zu Art. 21) wird ausnahmsweise, wenn ihre Waisengeldberechtigung nur wegen Erreichung der pensionsrechtlichen Altersgrenze schon vor dem 21. Lebensjahre endigt, bis zur Vollendung des 21. Lebensjahres (Art. 21 Abs. I Satz 1, Art. 23 Abs. II) weitergewährt, wenn im übrigen alle Voraussetzungen für die Fortgewährung des Kinderzuschlags gegeben sind; heiratet diese Beamtendoppelwaise oder verliert sie die deutsche Reichsangehörigkeit vor Vollendung des 21. Lebensjahres, dann fällt der Kinderzuschlag schon mit dem Ablaufe des Monats der Eheschließung oder des Verlustes der deutschen Reichsangehörigkeit weg oder wenn der Verlust der deutschen Reichsangehörigkeit am Ersten eines Monats eintritt, bereits mit dem Ablaufe des vorhergehenden Monats (vgl. Ziff. 78 der Bek. vom 25. Januar 1922 — GVBl. S. 87). Der Kinderzuschlag für ein dauernd erwerbsunfähiges Kind wird, auch nach dem Tode beider Eltern, wenn diese bis zu ihrem Tode neben dem Diensteinkommen, dem Ruhegehalt, dem Witwengeld den Kinderzuschlag für das dauernd erwerbsunfähige Kind bezogen haben, auf die Dauer der Erwerbsunfähigkeit fortgezahlt; berechtigt ist in diesem Falle das Kind selbst. Eine Doppelwaise, die dauernd erwerbsunfähig ist und den Kinderzuschlag kraft eigenen Rechts neben ihrer Waisenrente bezogen hat, behält den Anspruch auf den Kinderzuschlag dann, wenn die Waisengeldberechtigung wegen Erreichung der pensionsberechtigten Altersgrenze erloschen ist, auf die Dauer ihrer Erwerbsunfähigkeit auch nach Wegfall des Waisengeldanspruchs; haben andere Gründe als die Erreichung der pensionsberechtigten Altersgrenze das Erlöschen des Waisengeldanspruchs zur Folge gehabt, so fällt auch der Anspruch auf den Kinderzuschlag weg (vgl. Bem. 15 zu Art. 21 und Beispiel 4 hierzu).

Art. 24.

Verheiratete weibliche Beamte erhalten Kinderzuschläge für gemeinsame Kinder nur, wenn der Ehemann bei Berücksichtigung seiner sonstigen Verpflichtungen außerstande ist, ohne Gefährdung des standesgemäßen Unterhalts der Familie diese zu unterhalten. Dies gilt für die geschiedenen weiblichen Beamten entsprechend.

1. Vgl. § 14 Abs. 8 des RBesG. und Nr. 75 der RBesV.

2. Art. 24 deckt sich mit Art. 27 Abs. IV Satz 2 des BBesG. in der Fassung der Bek. vom 24. März 1923 (GVBl. S. 109). Er gilt für die etatmäßigen und nichtetatmäßigen Beamten sowie für weibliche Hochschulassistenten (vgl. Art. 29 Abs. II und Art. 33 Abs. I Satz 2), ferner für die Beamten im Ruhestande (Art. 4 PEG.).

3. Eine verheiratete oder eine geschiedene Beamtin hat für den Unterhalt ihrer Kinder in der Regel erst nach ihrem Ehemann oder ihrem geschiedenen Ehemann zu sorgen (vgl. §§ 1601, 1606, 1635 BGB.). Daher ist es berechtigt, ihr den Kinderzuschlag für gemeinsame Kinder grundsätzlich zu versagen. Der Kinderzuschlag wird ihr aber gewährt, wenn der Ausnahmefall des § 1603 BGB. vorliegt, also der Ehemann bei Berücksichtigung seiner sonstigen Verpflichtungen außerstande ist, ohne Gefährdung des standesgemäßen

Unterhalts seiner Familie diese zu unterhalten. Der standesgemäße Unterhalt der Familie bemißt sich nach § 1610 BGB. Sind beide Elternteile Beamte, so erhält nur der Vater den Kinderzuschlag für die gemeinsamen Kinder. Für nicht gemeinsame Kinder eines verheirateten oder geschiedenen weiblichen Beamten, z. B. für seine Kinder aus erster Ehe oder für seine unehelichen Kinder, erhält der weibliche Beamte den Kinderzuschlag nach Maßgabe der Bestimmungen des Art. 21.

Zu den gemeinsamen Kindern zählt auch ein Stiefkind einer verheirateten oder geschiedenen Beamtin, wenn es zugleich ein unterhaltsberechtigtes Kind des (geschiedenen) Ehemannes ist (vgl. Ziff. 2 Abs. I der KZBek.).

4. Wegen der Regelung des Wohnungsgeldzuschusses der verheirateten weiblichen Beamten vgl. Art. 16.

4. Zulagen und sonstige Bezüge.

Art. 25.

I Zulagen, die in diesem Gesetze nicht vorgesehen sind, dürfen für die im Hauptamt übertragene Amtsstelle nur gewährt werden, soweit sie durch den Staatshaushalt bewilligt sind.

II Vergütungen von Fall zu Fall können aus den hierfür im Staatshaushalt bewilligten Mitteln vom zuständigen Staatsministerium im Einvernehmen mit dem Staatsministerium der Finanzen ausnahmsweise gewährt werden, wenn die Dienstleistung des Beamten in außergewöhnlichem Maße über die regelmäßigen Anforderungen hinausgeht.

III Die Vorschriften über die Entschädigung für den Dienstaufwand und über die Gewährung von Umzugskosten bleiben unberührt.

1. Zu Abs. I vgl. § 1 Abs. 1 und § 15 Abs. 1 des RBesG.

2. Art. 25 entspricht in seinem Abs. I und II dem Art. 3 Abs. III und in seinem Abs. III dem Art. 3 Abs. VI des BBesG. in der Fassung der Bek. vom 24. März 1923 (GVBl. S. 109).

3. Für die Bemessung des Diensteinkommens ist die im Hauptamt übertragene Dienstesstelle maßgebend (Art. 34 Abs. I); dieses Diensteinkommen nebst den Kinderzuschlägen soll grundsätzlich die einzige Entlohnung für die in diesem Hauptamt zu entwickelnde Tätigkeit bilden. Eine weitere Entlohnung hierfür darf nur dann gewährt werden, wenn sie

a) entweder im BBesG. selbst vorgesehen (Art. 1 Satz 2) oder
b) durch den Staatshaushalt bewilligt ist (Art. 25 Abs. I) oder
c) wenn die Dienstleistung des Beamten in außergewöhnlichem Maße über die regelmäßigen Anforderungen hinausgeht (Art. 25 Abs. II).

Zu a: Im BBesG. selbst ist in folgenden Fällen die Zulagengewährung vorgesehen:

α) in Art. 3 Abs. I; vgl. Bem. 2 hierzu;
β) in Art. 3 Abs. II (Zulage für Versehung einer Amtsstelle mit höherem Grundgehalt);
γ) in Art. 11 Abs. IV (Zulage zum Ausgleiche der Grundgehaltsminderung; vgl. Bem. 4 a zu Art. 11 S. 48);
δ) in Art. 56 (Zulage zum Ausgleich einer Minderung der Dienstbezüge auf Grund der Neuregelung);
ε) in Anm. 1 zur BesGr. A 5 c (Handarbeits- und Hauswirtschaftslehrerinnen oder -hauptlehrerinnen erhalten als Fachberaterinnen für die Dauer dieser Dienstesaufgabe eine widerrufliche nichtruhegehaltsfähige Zulage von jährlich 400 RM);
ζ) in Anm. 4 zur BesGr. A 4 b und Anm. 2 zur BesGr. A 4 a (Lehrer, Hauptlehrer oder Oberlehrer — letztere nur, wenn sie nicht schon für ihre Person den Grundgehalt der BesGr. A 3 a beziehen — erhalten als Fortbildungsleiter auf die Dauer dieser Dienstesaufgabe eine widerrufliche, nichtpensionsfähige Zulage von 600, 900 oder 1200 RM jährlich je nach der Zahl der Fortbildungspflichtigen; vgl. hierzu Bem. 3 zu Art. 3 Seite 16, 17);
η) in Anm. 5 zur BesGr. A 4 b und Anm. 3 zur BesGr. A 4 a (Lehrer, Hauptlehrer oder Oberlehrer als Leiter von Volksschulen mit 13 und mehr Klassen erhalten auf die Dauer dieser Dienstesaufgabe eine widerrufliche, nichtruhegehaltsfähige Zulage von jährlich 400 RM; vgl. hierzu Bem. 3 zu Art. 2 Seite 15—17);
ϑ) in Anm. 3 zur BesGr. A 4 a (Oberlehrer als Leiter von Hilfsschulen mit 3 und mehr Klassen erhalten auf die Dauer dieser Dienstesaufgabe eine widerrufliche, nichtruhegehaltsfähige Zulage von jährlich 400 RM; vgl. hierzu Bem. 3 zu Art. 2 Seite 15—17);
ι) in Anm. 4 zur BesGr. A 4 a (Polizeioberlehrer als Schulleiter bei den Polizeischulen und in den Standorten München, Nürnberg und Augsburg erhalten auf die Dauer dieser Dienstesaufgabe eine widerrufliche, nichtruhegehaltsfähige Zulage von 400 RM jährlich).

Alle in der Besoldungsordnung festgelegten Zulagen sind sonach nur widerruflich, weil auch die Dienstesaufgaben, für die sie gewährt werden, jederzeit widerruflich sind; aus dem gleichen Grunde sind sie auch nicht ruhegehaltsfähig. Die nach Art. 3

des BBesG. möglichen Zulagen können ruhegehaltsfähig sein, müssen es aber nicht sein; maßgebend ist die von der zuständigen Stelle bei der Bewilligung getroffene Entscheidung. Die Zulage nach Art. 11 Abs. IV ist stets ruhegehaltsfähig. Die Zulage nach Art. 56 kann ruhegehaltsfähig oder nichtruhegehaltsfähig sein.

Zu b: Als durch den Staatshaushalt bewilligte Zulagen kommen hauptsächlich in Frage die Leistungszulagen für die Beamten der staatlichen Dampfschiffahrt (Landtagsbeschluß vom 19. Dezember 1924 Beilage 706), die Tantiemenbeteiligung der Beamten der Berg-, Hütten- und Salzwerke (vgl. Art. 3 Abs. IV des BBesG. vom 2. Juni 1920) sowie des Hofbräuhauses, ferner die örtlichen Sonderzuschläge (FinMinBek. vom 25. April 1928 — GVBl. S. 324), die Besatzungszulage (Bek. vom 5. März 1920 — GVBl. S. 56 —, Bek. vom 22. März 1922 GVBl. S. 214, Bek. vom 18. Nov. 1922 GVBl. S. 644, Bek. vom 10. Februar 1923 GVBl. S. 24, Bek. vom 22. Dezember 1923 StAnz. Nr. 297), und die Ministerialzulage (Art. 7 des Abänderungsgesetzes vom 9. Januar 1923 GVBl. S. 10).

Zu c: Ob die Voraussetzungen gegeben sind und deshalb eine besondere Vergütung angezeigt ist, entscheidet ebenso wie die Frage nach der Höhe der besonderen Vergütung ausschließlich die zuständige Verwaltungsbehörde. Der Beamte hat daher keinen Rechtsanspruch auf die besondere Vergütung oder auf eine bestimmte Höhe der besonderen Vergütung. Wegen der Gewährung besonderer Vergütungen für Nebenämter siehe Art. 26.

4. Zu Abs. III: Bezüglich der Entschädigung für auswärtige Dienstgeschäfte gilt die VO. vom 20. Mai 1922 (GVBl. S. 297) in der Fassung der VO. vom 31. Oktober 1923 (GVBl. S. 375) und vom 29. Januar 1924 (GVBl. S. 19) und die Vollzugsbekanntmachung hierzu vom 20. Mai 1922 (GVBl. S. 304) in der Fassung der Bek. vom 14. August 1922 (GVBl. S. 410), vom 29. Januar 1924 (GVBl. S. 20), vom 29. Januar 1924 (GVBl. S. 21), vom 30. Januar 1924 (GVBl. S. 23), vom 29. August 1924 (GVBl. S. 198), vom 27. Dezember 1924 (GVBl. S. 249), vom 27. Dezember 1924 (GVBl. S. 250) und vom 30. April 1926 (GVBl. S. 322). Die Entschädigung versetzter Beamter bei getrennter Haushaltführung ist geregelt in den Bek. vom 30. Mai 1919 (GVBl. S. 287), vom 21. Juli 1921 (GVBl. S. 378), vom 10. Juni 1922 (GVBl. S. 340), vom 21. Juli 1923 (GVBl. S. 239), vom 19. Januar 1924 (GVBl. S. 21), vom 30. Januar 1924 (GVBl. S. 23) und vom 27. Dezember 1924 (GVBl. S. 249). Für die Gewährung von Umzugskosten sind maßgebend die Bek. vom 5. April 1923 (GVBl. S. 150), die VO. vom 3. Mai 1923 (GVBl. S. 170), die Bek. vom 3. Mai 1923 (GVBl. S. 171), vom 7. Juni 1923 (GVBl. S. 196), vom 25. Januar 1924 (GVBl. S. 17) und vom 25. März 1927 (GVBl. S. 108). Die Gewährung einer Umzugskostenentschädigung an Polizeioffiziere, die wegen Erreichung der Höchstaltersgrenze oder nach einer mindestens vierjährigen Polizeidienstzeit wegen Dienstunfähigkeit oder nach einer mindestens siebenjährigen Polizeidienstzeit wegen Mangels der erforderlichen persönlichen Eigenschaften ausscheiden, und an sonstige Polizeibeamte, die nach einer mindestens siebenjährigen Polizeidienstzeit wegen Mangels der erforderlichen persönlichen Eigenschaften ausscheiden, ist in Art. 204 Ziff. 23 mit 22 des BG. in der Fassung des PBG. geregelt. Die Rechtsgrundlage für die Gewährung von Umzugskostenbeihilfen für Beamte im Ruhestande und Beamtenhinterbliebene, dann für aus dem Staatsdienst ausgeschiedene Beamte bildet die Bek. vom 20. März 1924 (GVBl. S. 81). Die Entschädigung für auswärtige Dienstreisen und die Umzugskostenbeihilfen für nichtetatmäßige Beamte und Staatsdienstanwärter richtet sich nach der Bek. vom 24. Mai 1922 (GVBl. S. 327). Bei Reisen zur Ablegung der vorgeschriebenen Dienstprüfungen werden Entschädigungen an etatmäßige, nichtetatmäßige Beamte und an Staatsdienstanwärter nach Maßgabe der Ziff. 48 der Bek. vom 20. Mai 1922 (GVBl. S. 304), der Ziff. IV der Bek. vom 10. November 1922 (GVBl. S. 635) und auf Grund der Bek. vom 13. Dezember 1922 (GVBl. S. 665) gewährt. Bei Reisen auswärts beschäftigter oder versetzter Beamter zum Besuch ihrer Familie können die Fahrtkosten nach Maßgabe der Bek. vom 28. November 1922 (GVBl. S. 649), vom 24. Februar 1925 (GVBl. S. 92) und vom 12. Juli 1926 (GVBl. S. 354) erstattet werden. Bezüglich des Reisekostenzuschusses zu Reisen pfälzischer Beamter und ihrer Ehefrauen zum Zwecke des Besuchs ihrer Angehörigen im rechtsrheinischen Bayern gilt die FinMinEntschl. vom 16. August 1920 Nr. 33 392 und die hierzu ergangenen Ergänzungsbestimmungen sowie die Bek. vom 12. Juli 1926 (GVBl. S. 354).

Nach Art. 176 Abs. 2 des BG., der gemäß Art. 1 Ziff. VI des Ges. vom 1. August 1923 (GVBl. S. 337) auch für die Volksschullehrer gilt, ist der Rechtsweg für Ansprüche der Beamten auf Vergütung der Umzugskosten und der Entschädigung für Dienstreisen ausgeschlossen. Diese Bestimmung ist aber deshalb rechtsungültig, weil sie in Widerspruch mit Art. 129 Abs. 1 Satz 4 der RVerf. und § 67 Abs. II Satz 3 der Bay. Verf. steht.

5. Art. 25 gilt in gleicher Weise für etatmäßige und nichtetatmäßige Beamte und für die Hochschulassistenten (vgl. Art. 29 Abs. II, Art. 33 Abs. I Satz 2).

Art. 26.

I Für ein Nebenamt oder Nebengeschäft kann das zuständige Staatsministerium im Einvernehmen mit dem Staatsministerium der Finanzen dem Beamten ausnahmsweise eine besondere Vergütung bewilligen, wenn das Nebenamt oder Nebengeschäft mit dem Hauptamte nicht in unmittelbarem Zusammenhange steht oder den Beamten in besonderem Maße in Anspruch nimmt.

II Uebt ein Beamter im Auftrag seiner vorgesetzten Dienstbehörde eine Tätigkeit im Vorstand, Aufsichtsrat oder Verwaltungsrat eine Gesellschaft aus, an der der bayerische Staat beteiligt ist, so ist er verpflichtet, alle Bezüge, die er von der Gesellschaft — gleichviel in welcher Form oder unter welcher Bezeichnung — erhält, seiner vorgesetzten Dienstbehörde anzuzeigen und an die Staatskasse abzuliefern. Die Höhe der Bezüge, die dem Beamten als Ersatz für tatsächliche Aufwendungen belassen werden können, bestimmt die vorgesetzte Dienstbehörde nach Grundsätzen, die das Staatsministerium der Finanzen im Einvernehmen mit den übrigen Staatsministerien aufstellt. In Ausnahmefällen kann dem Beamten eine besondere Vergütung gemäß Abs. I belassen oder bewilligt werden. Art. 18 Abs. 3 und 4 des Beamtengesetzes findet in diesen Fällen keine Anwendung.

1. Vgl. § 15 Abs. I Satz 2 und § 15 Abs. II des RBesG.

2. Art. 26 Abs. I entspricht dem Art. 4 des BBesG. in der Fassung der Bek. vom 24. März 1923 (GVBl. S. 109). Abs. II deckt sich mit der reichsrechtlichen Regelung und mit dem schon bisher in Bayern gültig gewesenen Rechte (vgl. Bek. vom 3. März 1927 — GVBl. S. 99).

3. Zu Abs. I: Die vorgeschriebene Zustimmung des Finanzministeriums soll die einheitliche Durchführung des Grundsatzes des Art. 26 Abs. I sicherstellen. Der im früheren Art. 4 enthaltene Zusatz „aus der Staatskasse" ist schon seit dem Jahre 1921 als entbehrlich und teilweise irreführend weggefallen. Art. 26 Abs. I bezieht sich nur auf Vergütungen für staatliche Nebenämter oder Nebengeschäfte; hierzu zählen selbstverständlich auch solche Nebenämter oder Nebengeschäfte, die der Staat für Rechnung Dritter durch seine Beamten besorgen läßt. Die Verpflichtung des Beamten zur Uebernahme nicht nur eines staatlichen Nebenamtes im engsten Sinne, sondern auch eines Nebenamtes in jedem öffentlichen Dienste, wenn sie seiner Berufsausbildung entsprechen, ergibt sich aus Art. 19 des BG. in der Fassung des Art. 1 Ziff. II der VO. vom 29. März 1924 — GVBl. S. 128 — und aus Art. 14 des VLG. in der Fassung des Art. 2 Nr. 1 Ziff. II der VO. vom 29. März 1924 — GVBl.

S. 128). Die Frage, ob und in welcher Höhe in Fällen dieser Art den Beamten eine besondere Vergütung zugewiesen werden kann, entscheidet sich lediglich nach Art. 26 Abs. I. Die finanzielle Auseinandersetzung zwischen dem Staat und dem Auftraggeber berührt den Beamten nicht; für ihn kommt gegebenenfalls nur eine Vergütung aus der Staatskasse, nicht unmittelbar durch den Auftraggeber in Frage. Im übrigen vgl. Reindl, Komm. z. BG. Bem. 8 zu Art. 26 des BG. S. 164, 165. Eine an sich nebenamtliche Tätigkeit kann durch die Dienstvorschriften (Art. 34 Abs. I Satz 2) als zum Hauptamt gehörig erklärt werden. Dann ist die Gewährung einer besonderen Vergütung nach Art. 26 nicht zulässig. Gegebenenfalls greift dann Art. 25 Abs. II Platz.

Will ein Staatsbeamter ein Nebenamt oder Nebengeschäft außerhalb des Staatsdienstes und ohne daß der Fall des Art. 19 des BG. gegeben ist, gegen eine Vergütung übernehmen, so bedarf er zur Annahme des Nebengeschäfts oder Nebenamts sowie der Vergütung hierfür der besonderen Erlaubnis nach Art. 18 Abs. 3 Ziff. 2 des BG. Vgl. hierzu Bek. vom 4. April 1912 (GVBl. S. 343) in der Fassung der Bek. vom 3. März 1927 (GVBl. S. 99) und Bek. vom 7. Oktober 1925 (GVBl. S. 259).

4. Zu Abs. II: Als Beteiligung („beteiligt") gilt jede Art von Interessenbeteiligung, nicht nur Kapitalbeteiligung. Der Staat gilt daher in allen Fällen als „beteiligt", in denen er einen Beamten zur Wahrnehmung staatlicher Belange in die Gesellschaft abordnet. In Ausführung des ihm erteilten Auftrages übt der Beamte ein staatliches Nebenamt im Sinne des Art. 19 des BG. oder des Art. 14 des BLG. (in der Fassung nach Art. 1 Ziff. II bezw. Art. 2 Nr. 1 Ziff. II der VO. vom 29. März 1924 — GVBl. S. 128) aus. Der letzte Satz des Abs. II sagt daher etwas Selbstverständliches, er wäre als überflüssig entbehrlich.

Der Erteilung eines staatlichen Auftrags zur Ausübung der Tätigkeit im Vorstand, Aufsichtsrat oder Verwaltungsrat einer Gesellschaft steht gleich, wenn der Beamte auf Vorschlag der zuständigen Dienststelle von den Organen der Gesellschaft gewählt wird oder, soferne nach den Gesellschaftssatzungen eine Abordnung oder ein Vorschlag nicht zulässig ist, die Wahl zur Ermöglichung der Wahrnehmung staatlicher Belange im Einverständnisse mit der zuständigen Dienststelle erfolgt (vgl. Nr. 4 (5. Absatz) der Bek. vom 3. März 1927 — GVBl. S. 99).

Dagegen liegt kein staatliches Nebenamt oder Nebengeschäft, sondern ein Nebenamt oder Nebengeschäft im Sinne des Art. 18 Abs. 3 Ziff. 3 des BG. vor, wenn der Beamte zwar auf Grund seiner dienstlichen Stellung, etwa um seine besonderen aus dieser Stellung sich ergebenden Sachkenntnisse oder Beziehungen der Gesellschaft nutzbar zu machen, aber ohne staatlichen Auftrag in den Vorstand usw. einer Gesellschaft eintritt. Hierzu bedarf er der Erlaubnis, die aber nur erteilt werden kann, wenn mit der Tätigkeit des Beamten weder unmittelbar noch mittelbar ein Gewinn oder eine Entlohnung verbunden ist.

Als die in Satz 2 geforderten Grundsätze müssen bis auf weiteres die Vorschriften in der Nr. 4 (6. Absatz) der Bek. vom 3. März 1927 (GVBl. S. 99) gelten.

5. Art. 26 gilt auch für die nichtetatmäßigen Beamten und für die Hochschulassistenten (vgl. Art. 29 Abs. II und Art. 33 Abs. I Satz 2).

Art. 27.

I Mit einem Amte verbundene Nebenbezüge, namentlich Feuerungs- und Beleuchtungsmittel, Dienstkleidung und Verpflegung werden dem Beamten mit einem angemessenen Betrag auf das Diensteinkommen angerechnet, soweit nicht durch dieses Gesetz oder durch den Staatshaushalt etwas anderes bestimmt ist. Die Höhe des anzurechnenden Betrags wird von dem zuständigen Staatsministerium im Einvernehmen mit dem Staatsministerium der Finanzen festgesetzt.

II Für die Benützung von Garten- und sonstigen Grundstücken hat der Beamte eine dem Nutzwert und den Ortsverhältnissen entsprechende Pachtentschädigung zu entrichten.

1. Vgl. § 19 des RBesG.

2. Art. 27 entspricht dem bisherigen Rechte (vgl. Art. 29 des BBesG. in der Fassung der Bek. vom 24. März 1923 — GVBl. S. 109).

3. Seit der Besoldungsregelung ab 1. April 1920 auf Grund des BBesG. vom 2. Juni 1920 sind grundsätzlich die Nebenbezüge beseitigt. Die im BBesG. vorgesehenen oder zugelassenen Dienstbezüge sollen das einzige Entgelt für die Leistung des Beamten bilden. Soweit Nebenbezüge noch gewährt werden, sind sie mit einem angemessenen Betrag auf das Diensteinkommen anzurechnen, soweit nicht durch das BBesG. (vgl. Art. 28) oder durch den Staatshaushalt etwas anderes bestimmt ist. Wegen der Vergütung für Beheizung und Beleuchtung in Dienstwohnungen und für die Mitbenutzung der Sammelheizungen und Warmwasserbereitungsanlagen in Dienstgebäuden siehe Min.-Bek. vom 20. März 1924 (GVBl. S. 78) in der Fassung der Bek. vom 23. November 1924 (GVBl. S. 248) und vom 4. November 1925 (GVBl. S. 266). Die Gegenleistung der Beamten usw. für vom Staate verabreichte Verpflegung ist in der FinMinBek. vom 17. April 1928 (StAnz. Nr. 89) geregelt und zwar für die Zeit vom 1. April 1928 an; für die vor dem 1. April liegende Zeit gilt die FinMinBek. vom 15. Mai 1924 (StAnz. Nr. 113). Für die

Beamten der Bereitschaftspolizei gelten hinsichtlich der Anrechnung der Verpflegung die besonderen vom Staatsministerium des Innern erlassenen Vorschriften, soweit ihnen nicht nach Maßgabe des Art. 28 Abs. III in besonderen Fällen Anspruch auf freie Verpflegung zusteht.

Für die Volksschullehrer hat die Vorschrift in Abs. I des Art. 27 nur geringe Bedeutung, da ihnen Nebenbezüge irgendwelcher Art neben den gesetzlichen Leistungen nach dem VLG. oder BBesG. schon seit dem 1. Januar 1920 nicht mehr gewährt werden dürfen (vgl. Art. 34 Abs. I des VLG.). Soweit die Gemeinden eine Dienstwohnung dritter Ordnung (vgl. Art. 15 Abs. I Nr. 3 des VLG. in der Fassung des Art. 63 Nr. 3 des BBesG. vom 2. Juni 1920) mit der notwendigen Zimmereinrichtung ausstatten (vgl. Art. 18 des SchBG. und KultMinBek. vom 11. November 1922 — KMBl. S. 186), hat der Volksschullehrer für die Benützung der Zimmereinrichtung eine angemessene Entschädigung unmittelbar an die Gemeinde zu entrichten; die Höhe der Entschädigung wird von der Bezirksverwaltungsbehörde (Bezirksamt oder Stadtrat) festgesetzt (vgl. Ziff. 4, 5 der KultMinBek. vom 11. November 1922 — KMBl. S. 186).

4. Zu Abs. II: Einschlägig ist die MinBek. vom 29. Juli 1924 (GVBl. S. 189) über die Pachtentschädigungen für die den Beamten vom Staate überlassenen Gärten und sonstigen Grundstücke. Diese Bekanntmachung gilt auch für die Volksschullehrer, soweit ihnen Gärten oder Grundstücke vom Staate eingeräumt sind. Soweit ihnen solche von der Gemeinde überlassen sind (vgl. Art. 19 und Art. 26 des SchBG.), findet die Bekanntmachung nur sinngemäße Anwendung, jedoch mit der Maßgabe, daß die Festsetzung einer Pachtentschädigung auf Grund des Art. 26 des SchBG. nur veranlaßt ist, wenn über die Höhe der Pachtentschädigung zwischen den Beteiligten Streit besteht, und mit der weiteren Maßgabe, daß die Pachtentschädigung nicht wie sonst durch die Landesfinanzamtszweigstelle, sondern durch die Bezirksverwaltungsbehörde (Bezirksamt oder Stadtrat) festzusetzen und an die Gemeindekasse (Schulkasse) — nicht an das Finanzamt — unmittelbar vom Volksschullehrer zu entrichten ist.

Art. 28.

I Die Beamten der uniformierten Staatspolizei der Besoldungsordnung A, die zum Tragen von Dienstkleidung verpflichtet sind, erhalten Dienstkleidung oder Dienstkleidungszuschüsse.

II Die Angehörigen der Bereitschaftspolizei haben Anspruch auf freie ärztliche Behandlung, freie Krankenhauspflege und freie Heil- und Kurmittel. Außerdem haben sie Anspruch auf freie ärztliche Behandlung ihrer Ehefrau und ihrer nach Art. 21 zu berücksichtigenden Kinder durch den Polizeiarzt.

III Die näheren Bestimmungen zu Abs. I und II, ferner über die unentgeltliche Gewährung von Verpflegung in besonderen Fällen erläßt das Staatsministerium des Innern im Einvernehmen mit dem Staatsministerium der Finanzen nach Maßgabe der Bewilligung im Staatshaushalt.

1. Vgl. § 20 Abs. 1, 2, 3, 6 und 7 des RBesG. und Nr. 89 der RBesV.

2. Gemäß Art. 3 Abs. V des BBesG. in der Fassung der Bek. vom 24. März 1923 (GVBl. S. 109) erhielten die Beamten der Schutzmannschaft und Gendarmerie, die im Dienste zur Aufrechterhaltung der öffentlichen Sicherheit und Ordnung zum Tragen von Dienstkleidung verpflichtet waren, für die Selbstbeschaffung der Dienstkleidung einen jährlichen Dienstkleidungszuschuß, dessen Art und Höhe vom Staatsministerium des Innern im Einvernehmen mit dem Staatsministerium der Finanzen festgesetzt wurde. Diese Bestimmung ist nunmehr dahin erweitert worden, daß an Stelle des Dienstkleidungszuschusses unmittelbar die Dienstkleidung geliefert werden kann. Außerdem sind jetzt in die Bestimmung auch die Angehörigen der sonstigen uniformierten Staatspolizei einbezogen, die auf Grund des neuen Polizeibeamtenrechts Polizeianwärter, nichtetatmäßige oder etatmäßige Beamte werden.

3. Die uniformierte Staatspolizei besteht aus der Schutzpolizei (d. s. die uniformierten Polizeibeamten einschließlich der Polizeianwärter der Einzel- und Bereitschaftspolizei, nicht dagegen die Gendarmerie oder die Kriminalpolizeibeamten) und der uniformierten Gendarmerie (§ 1 der VO. vom 12. April 1928 über die uniformierte Staatspolizei — GVBl. S. 197). Die Kriminalpolizei (hierzu gehören die Beamten des gesamten Kriminaldienstes) zählt nicht zur uniformierten Staatspolizei. Schutzpolizei, uniformierte Gendarmerie- und Kriminalpolizei bilden zusammen die „Vollzugspolizei". Unter Bereitschaftspolizei sind die in geschlossenen Verbänden zusammengefaßten Angehörigen der Schutzpolizei zu verstehen. Zur „Einzelpolizei" gehören die nicht zur Bereitschaftspolizei zählenden Angehörigen der Schutzpolizei, dann die Kriminalpolizeibeamten und die uniformierten Gendarmeriebeamten. Alle übrigen im Haushalt der Polizei und der Gendarmerie vorgetragenen Beamten, die nicht zur Vollzugspolizei gehören, werden unter den gemeinschaftlichen Begriff „Beamte des Polizeiverwaltungsdienstes" zusammengefaßt (vgl. Vorbemerkung der Begründung des Entwurfs eines Polizeibeamtengesetzes — LdtDrucksache 1927/1928 Beilage 3704).

4. Zu Abs. I und III: Aus dienstlichen und finanziellen Gründen tragen grundsätzlich nur jene Polizeibeamte (einschließlich Gendarmerie) Dienstkleidung, die zur Ausübung des regelmäßigen Dienstes als Polizeivollzugsbeamte leicht zu erkennen sein müssen (vgl. Vorbem. der Begründung zum Entwurf eines Polizeibeamtengesetzes; siehe Bem. 3). Bis zum Erlasse der näheren Bestimmungen nach Abs. III gelten die bisherigen Vorschriften über Dienstkleidung oder Dienstkleidungszuschüsse weiter. Hervorzuheben ist, daß gemäß Art. 204 Ziff. 25 des BG. in der Fassung des Art. I des PBG. das Recht des Beamten der uniformierten Staatspolizei zum Tragen der Dienstkleidung sowie sein Anspruch auf Unterkunft, Verpflegung und Dienstkleidung oder Dienstkleidungszuschuß während der Dauer der vorläufigen Dienstenthebung (Art. 170 ff. des BG.) ruht.

Die Beamten der uniformierten Staatspolizei, die in die Besoldungsordnung B eingereiht sind, haben keinen Anspruch auf Dienstkleidung oder Dienstkleidungszuschuß. Für sie gilt daher, wenn ihnen Dienstkleidung aus den amtlichen Beständen ausnahmsweise geliefert wird, die Vorschrift in Art. 27; es muß ihnen die Dienstkleidung mit einem angemessenen Betrag auf das Diensteinkommen angerechnet werden.

5. Zu Abs. II und III: Die Landespolizeibeamten im Sinne des LBG. hatten schon bisher in entsprechender Anwendung der für die Soldaten der Wehrmacht geltenden Vorschriften Anspruch auf freie ärztliche Behandlung usw. (vgl. Art. 9 des LBG.). Die gleiche Regelung ist nunmehr den Beamten der Bereitschaftspolizei zugestanden, in die die früheren Landespolizeibeamten nach Maßgabe des Art. III des PBG. in der Hauptsache übernommen worden sind; wegen des Begriffes „Bereitschaftspolizei" vgl. Bem. 3. Auf die Beamten der Schutzmannschaft und der Gendarmerie, die nicht zur Bereitschaftspolizei gehören, sowie auf die Kriminalpolizei und die Beamten des Polizeiverwaltungsdienstes findet Absatz II keine Anwendung.

Die freie ärztliche Behandlung der Beamten der Bereitschaftspolizei beschränkt sich zunächst auf Leistungen durch die Polizeiärzte oder, wo solche nicht aufgestellt sind, durch Vertragsärzte. In besonderen Fällen ist mit dienstlicher Genehmigung die für den Beamten unentgeltliche Behandlung durch einen anderen Arzt, namentlich einen Facharzt, zugelassen. Freie Krankenhauspflege wird nur auf Grund polizeiärztlicher Einweisung zugestanden. Die Heilmittel nach polizeiärztlicher Verordnung werden in der Regel aus den polizeieigenen Beständen geliefert. Freie Badekuren werden nur eingeräumt, wenn nach polizei- oder fachärztlichem Zeugnis die Badekur zur Wiedergewinnung und Erhaltung der Dienstfähigkeit nötig ist. Die Ehefrauen und die Kinder, für die ein Kinderzuschlag nach Art. 21 bezogen wird (nicht auch die Kinder, die zwar zu den Kindern im Sinne des Art. 21 zählen, für die aber ein Kinderzuschlag nicht gezahlt wird, ferner nicht Kinder, für die lediglich die Kinderbeihilfe nach vollendetem 21. Lebensjahr gewährt wird), werden nur durch den Polizeiarzt unentgeltlich behandelt. In diesem Falle erhalten sie auch die vom Arzte verordneten Arzneien und Verbandmittel unentgeltlich. Normale Geburten sind kein Krankheitsfall. Krankenhaus- oder Heilstättenbehandlung und Kuren auf Kosten des Staates werden nur zugestanden, soweit dies dienstliche Rücksichten (Ansteckungsgefahr bei Wohnung in Polizeiunterkunft) erfordern.

6. Die unentgeltliche Gewährung von Verpflegung nach Abs. III beschränkt sich auf besondere Fälle; in Frage kommt der Einsatz der Polizei bei Unruhen und Notständen. Hierbei ist die Gewährung der freien Verpflegung auch an andere Polizeibeamte als nur die Angehörigen der Bereitschaftspolizei zulässig.

7. Art. 28 gilt sowohl für die etatmäßigen wie für die nichtetatmäßigen Beamten (Art. 29 Abs. II) und für die Polizeianwärter,

II. Dienstbezüge der nichtetatmäßigen Staatsbeamten und der Hochschulassistenten.

Art. 29.

I Die vollbeschäftigten nichtetatmäßigen Beamten erhalten Grundvergütungen nach Maßgabe der Anlage 4 sowie den Wohnungsgeldzuschuß, den sie in der ersten Dienstaltersstufe derjenigen Besoldungsgruppe beziehen würden, in der sie beim regelmäßigen Verlauf ihrer Dienstlaufbahn erstmals etatmäßig angestellt werden. Die nichtetatmäßigen Beamten der uniformierten Staatspolizei, die Anspruch auf den Wohnungsgeldzuschuß haben, erhalten den Wohnungsgeldzuschuß der Tarifklasse VII, solange ihre Grundvergütung 1680 *RM* jährlich nicht übersteigt, im übrigen den Wohnungsgeldzuschuß der Tarifklasse VI.

[Marginal note: ...lage 4.]

II Art. 1 Satz 2, 3, Art. 6 Abs. II, Art. 12—28 gelten entsprechend.

1. Vgl. § 16 Abs. 1, 2 des RBesG. und Nr. 76 der RBesV.

2. Wegen der vor dem 1. Oktober 1927 gültigen Regelung vgl. Art. 14 Abs. I und II des BBesG. in der Fassung der Bek. vom 24. März 1923 (GVBl. S. 109). Die dort angegebenen Hundertsätze des Anfangsgrundgehalts waren aber auf Grund gesetzlicher Regelung bereits seit dem 1. Oktober 1921 durch Gewährung eines besonderen Teuerungszuschlags auf 95 (statt 70 und 80 v. H.) und auf 98 (statt 85 v. H.) und auf 100 (statt 90 und 95 v. H.) v. H. des Anfangsgrundgehalts erhöht worden.

3. Art. 29—32 regeln die Dienstbezüge der vollbeschäftigten nichtetatmäßigen Beamten. Wegen des Begriffes „nichtetatmäßiger Beamter" siehe Art. 32; zu den „nichtetatmäßigen Beamten" im Sinne des BBesG. zählen gemäß Art. 48 Abs. I auch die unständigen Volksschullehrer (Art. 1 Abs. I des VLG. in der Fassung des Art. 1 des Ges. vom 1. August 1923 zur Aenderung von Vorschriften über das Volksschulwesen — GVBl. S. 337). Vollbeschäftigung liegt vor, wenn der nichtetatmäßige Beamte der Art und dem Maße nach mindestens wie ein etatmäßiger Beamter seiner Anstellungsgruppe verwendet ist. Ist Vollbeschäftigung nicht gegeben, aber trotzdem die Ernennung zum nichtetatmäßigen Beamten erfolgt, so findet Art. 29 keine Anwendung; in diesem Falle ist die Entlohnung von der zuständigen Stelle nach freiem Ermessen festzusetzen, wobei selbstverständlich über die Sätze des Art. 29 nicht hinausgegangen werden darf. Wegen der Höhe der Grundvergütungen im Verhältnis zur bisherigen Regelung vgl. Einl. Abschn. B Abs. 1 Buchst. g. Die ziffermäßigen Beträge der Grundvergütung sind in der Anlage 4 ausgewiesen. Sie sind in 4 Dienstaltersstufen gegliedert und erreichen — abgesehen von der Sonderregelung für die nichtetatmäßigen Beamten der Schutzpolizei gemäß Anlage 4 b — in der 4. Dienstaltersstufe jeweils den Anfangsgrundgehalt derjenigen BesGr., in der der nichtetatmäßige Beamte beim regelmäßigen Verlaufe der Dienstlaufbahn erstmals etatmäßig angestellt wird. In den beiden ersten Dienstaltersstufen verbleibt der nichtetatmäßige Beamte, der Zivilanwärter ist, je 2 Jahre, in der dritten 1 Jahr; vom sechsten Besoldungsdienstjahr an tritt er in den Bezug des Anfangsgrundgehalts des etatmäßigen Beamten ein. Ist der nichtetatmäßige Beamte Versorgungsanwärter (vgl. hierüber Bem. 2 zu Art. 8), verbleibt er in der ersten Dienstaltersstufe 1 Jahr, in der 2. Dienstaltersstufe 2 Jahre und erreicht sonach schon vom fünften Besoldungsdienstjahre an den Anfangsgrundgehalt des etatmäßigen Beamten. Die nichtetatmäßigen Beamten, ohne Unterschied, ob Zivil- oder Versorgungsanwärter, rücken — im Gegensatz zur bisherigen Regelung — über den Anfangsgrundgehalt des etatmäßigen Beamten nicht hinaus; sie bleiben im Bezuge des einmal erreichten Anfangsgrundgehalts bis zu ihrer etatmäßigen Anstellung; nur übergangsweise gilt für die am 1. Oktober 1927 im Amte gewesenen oder nach diesem Zeitpunkt bis zur Veröffentlichung des BBesG. noch nach Maßgabe der bis dahin geltenden Besoldungsvorschriften ernannten nichtetatmäßigen Beamten (vgl. Art. 41 Abs. I Satz 2) die Sondervorschrift des Art. 31 Abs. II Satz 2.

Die Frage, welche Dienstaltersstufe zusteht, entscheidet sich nicht nach der Länge der nichtetatmäßigen Dienstzeit, sondern nach dem Besoldungsdienstalter, das für den Beamten festgesetzt ist; vgl. hierüber Art. 31. Die nichtetatmäßige Dienstzeit und das Besoldungsdienstalter können sich decken oder verschieden sein. Wegen der Anrechnung der nichtetatmäßigen Dienstzeit auf das Besoldungsdienstalter bei der etatmäßigen Anstellung siehe Art. 7 und Art. 9 Abs. I Ziff. 1.

An Stelle der Bezeichnung „Grundvergütung" gebraucht das RBesG. den Ausdruck „Diäten", statt „Besoldungsdienstalter" den Begriff „Diätendienstalter", und statt „nichtetatmäßige Dienstzeit" die Bezeichnung „außerplanmäßige Dienstzeit"; unter „Diätendienstjahren" versteht das RBesG. die Jahre vom Beginne des Diätendienstalters an. Die „außerplanmäßige Dienstzeit" beginnt mit dem Tage, von dem an der Anwärter nach erlangter Befähigung zur Verwaltung eines Amtes in ein festes Verhältnis zur Verwaltung tritt und Diäten erhält; durch Anrechnung von Vordienstzeiten kann aber der Beginn der außerplanmäßigen Dienstzeit vorverlegt werden.

4. Die Grundvergütung der nichtetatmäßigen Beamten entspricht ihrem Wesen nach dem Grundgehalte der etatmäßigen Beamten. Demgemäß ist ein Teil der Vorschriften über den Grundgehalt auch für die nichtetatmäßigen Beamten für entsprechend anwendbar erklärt (Art. 29 Abs. II). Es kommen in Frage Art. 1 Satz 1: Neben dem Diensteinkommen — d. i. Grundvergütung und Wohnungsgeldzuschuß, vgl. Bem. 2 zu Art. 1 — erhalten die nichtetatmäßigen Beamten Kinderzuschläge; Art. 1 Satz 3: „Zulagen und sonstige Bezüge" — außer dem Diensteinkommen und den Kinderzuschlägen — werden nur gewährt, soweit es im BBesG. bestimmt oder zugelassen ist; Art. 6 Abs. II: Die Grundvergütung der höheren Dienstaltersstufe wird vom Ersten des Monats an gezahlt, in den der Eintritt in die höhere Dienstaltersstufe fällt; schließlich Art. 12: Der nichtetatmäßige Beamte ist von der Festsetzung seines Besoldungsdienstalters schriftlich zu verständigen. Die Entscheidungen der Verwaltungsbehörden über die Festsetzung des Besoldungsdienstalters sind für die Beurteilung der vor dem Gerichte geltend gemachten vermögensrechtlichen Ansprüche bindend. Vgl. hierüber die Bem. bei den angeführten Artikeln.

5. Wegen des Rechtsanspruchs der nichtetatmäßigen Beamten auf das Aufrücken in der Grundvergütung vgl. Bem. 2 zu Art. 5. Wegen der Versagung des Aufrückens siehe Art. 30.

6. Neben der Grundvergütung erhalten die nichtetatmäßigen Beamten wie die etatmäßigen Beamten einen Wohnungsgeldzuschuß. Daher sind auch sämtliche Vorschriften über den Wohnungsgeldzuschuß für die etatmäßigen Beamten auf die nichtetatmäßigen Beamten entsprechend anwendbar (Art. 27 Abs. II mit Art. 13—20).

Was die Höhe des Wohnungsgeldzuschusses anlangt, so gebührt dem nichtetatmäßigen Beamten der gleiche Wohnungsgeldzuschuß wie dem etatmäßigen Beamten mit dem Anfangsgrundgehalt derjenigen Besoldungsgruppe, in der der nichtetatmäßige Beamte beim regelmäßigen Verlaufe seiner Dienstlaufbahn erstmals etatmäßig angestellt wird. Diesen Wohnungsgeldzuschuß behält der nichtetatmäßige Beamte während der ganzen Dauer seiner nichtetatmäßigen Dienstzeit ohne Rücksicht auf die Höhe der Grundvergütung bei; Aenderungen im Wohnungsgeldzuschusse der nichtetatmäßigen Beamten treten daher nur insoweit ein, als Gründe vorliegen, die auch beim etatmäßigen Beamten mit dem Anfangsgrundgehalt eine Aenderung bewirken (vgl. Art. 13 Abs. II, III, Art. 14, Art. 15 Abs. II, Art. 16—18). Auch die nichtetatmäßigen Beamten, die auf Grund der Uebergangsregelung des Art. 31 Abs. II Satz 2 in ihrer Grundvergütung über den Anfangsgrundgehalt des etatmäßigen Beamten hinaus aufsteigen, erhalten nur den nach dem Anfangsgrundgehalt bemessenen Wohnungsgeldzuschuß.

Die nichtetatmäßigen Beamten der uniformierten Staatspolizei (vgl. hierüber Bem. 3 zu Art. 28) werden in der Regel unverheiratet und in gemeinschaftlicher Unterkunft untergebracht sein; dann erhalten sie keinen Wohnungsgeldzuschuß (vgl. Art. 14 Abs. II und Bem. 4 a hierzu). Sind sie ausnahmsweise nicht in gemeinschaftlicher Unterkunft untergebracht oder verheiratet, so haben sie Anspruch auf den Wohnungsgeldzuschuß. Nach der allgemeinen Regel des Art. 29 Abs. I Satz 1 Halbsatz 2 käme, da die BesGr. A 8 b die Eingangsgruppe ist, der Wohnungsgeldzuschuß der Tarifklasse VI in Frage. Da aber diese Regelung günstiger wäre als bei den Soldaten der Reichswehr oder den Polizeibeamten beim Reichswasserschutze (Besoldungsordnung C und Anlage zur Besoldungsordnung A des RBesG.), ist in Art. 29 Abs. I Satz 2 die Sondervorschrift getroffen, daß nur die Polizeiwachtmeister mit einer Grundvergütung von mehr als 1680 *RM*, wenn überhaupt, den Wohnungsgeldzuschuß der Tarifklasse VI erhalten, während den übrigen Polizeiwachtmeistern mit einer Grundvergütung von 1410 oder 1680 *RM*, wenn überhaupt, nur der Wohnungsgeldzuschuß der Tarifklasse VII zusteht. Sind diese Beamten ledig im Sinne des Art. 14, so tritt an die Stelle des Wohnungsgeldzuschusses der Tarifklasse VI jener der Tarifklasse VII und an die Stelle des Wohnungsgeldzuschusses der Tarifklasse VII jener in Höhe von 60 v. H. dieses Wohnungsgeldzuschusses (vgl. Bem. 4 b zu Art. 13).

7. Zu Abs. II: Wegen der entsprechenden Anwendbarkeit der Vorschriften in Art. 1 Satz 2, 3, Art. 6 Abs. II und 12 vgl. Bem. 4, wegen der entsprechenden Anwendung der Vorschriften in Art. 13—20 vgl. Bem. 5. Da Art. 1 Satz 2, 3 entsprechend gelten, mußten auch die hierzu einschlägigen Bestimmungen der Art. 21—24 über die Kinderzuschläge und der Art. 25—28 über die Zulagen und sonstigen Bezüge für entsprechend anwendbar erklärt werden. Auf die einschlägigen Erläuterungen zu diesen Artikeln wird hier Bezug genommen.

Art. 30.

Das Aufrücken in der Grundvergütung kann ganz oder teilweise versagt werden, wenn die dienstlichen Leistungen oder das dienstliche oder außerdienstliche Verhalten zu beanstanden sind. Gegen die Versagung steht dem Beamten die Beschwerde an das zuständige Staatsministerium zu.

1. Vgl. Nr. 78 der RBesV.

2. Wegen des Rechtsanspruchs auf das Aufrücken in der Grundvergütung vgl. Bem. 2 zu Art. 5. Der Rechtsanspruch ist aus dienstlichen Gründen, wie in der Begr. ausgeführt ist, stärker eingeschränkt als bei den etatmäßigen Beamten und zwar in der gleichen Weise wie dies vor dem 1. Oktober 1927 hinsichtlich des Rechtsanspruchs der etatmäßigen Beamten auf die Gewährung der Dienstalterszulagen der Fall war (vgl. Art. 11 Abs. II des BBesG. in der Fassung der Bek. vom 24. März 1923 GVBl. S. 109). Um die Durchführung der Vorschrift des Art. 30 zu sichern, ist in § 14 der Bek. vom 11. März 1921 über die nichtetatmäßigen Beamten, die bis auf weiteres mit den aus dem neuen BBesG. sich ergebenden Aenderungen fortgilt, das Aufrücken in der Grundvergütung jeweils von der vorherigen Bewilligung durch den Vorstand der Behörde abhängig gemacht, bei der der nichtetatmäßige Beamte angestellt ist; bei den unständigen Volksschullehrern ist die Regierung, Kammer des Innern, zur Bewilligung zuständig. Nach der gleichen Regelung richtet sich die Zuständigkeit zur ganzen oder teilweisen Versagung der Aufrückung. Vor der Versagung muß dem nichtetatmäßigen Beamten Gelegenheit gegeben werden, zu den Gründen der beabsichtigten Maßregel sich zu äußern. Die gemäß Art. 30 ergehende Verfügung ist dem Beamten schriftlich unter Angabe der Gründe mitzuteilen. Gegen die Versagung steht dem Beamten die Beschwerde im Dienstaufsichtswege zum Ministerium zu, es sei denn, daß die Verfügung vom Ministerium selbst erlassen ist. In letzterem Falle hat der nichtetatmäßige Beamte kein Beschwerderecht, auch nicht etwa an die Disziplinarkammer, wie dies früher dem etatmäßigen Beamten zugestanden war (vgl. Art. 11 Abs. II des BBesG in der Fassung der Bek. vom 24. März 1923 — GVBl. S. 109).

Besonderer Hervorhebung bedarf, daß Art. 5 Abs. II auf die nichtetatmäßigen Beamten — im Gegensatze zur bisherigen Regelung (vgl. Art. 16 mit Art. 12 des BBesG. in der Fassung der Bek. vom 24. März 1923 — GVBl. S. 109) — nicht anwendbar ist. Es gibt also kein Ruhen des Anspruchs auf Vorrückung in der Grundvergütung **kraft Gesetzes** mehr. Im Falle der Anhängigkeit einer gerichtlichen Voruntersuchung oder eines gerichtlichen Hauptverfahrens oder im Falle der vorläufigen Dienstenthebung muß daher der Vorstand der Behörde (bei unständigen Volksschullehrern die Regierung, Kammer des Innern) sofort Verfügung gemäß Art. 30 treffen.

Bei der Wiederbewilligung des Anspruchs auf das Aufrücken in der Grundvergütung (hier besteht die gleiche Zuständigkeit wie für das Versagen) muß bestimmt werden, ob und wieweit durch die zeitweise Versagung der Zeitpunkt für das Aufrücken in der Grundvergütung hinausgeschoben wird und wie demgemäß das Besoldungsdienstalter sich verschlechtert. Die volle oder teilweise Nachzahlung der vorenthaltenen Beträge kann nur vom vorgesetzten Staatsministerium beim Vorliegen besonderer Gründe genehmigt werden. Die Wiederbewilligung des Anspruchs auf die Vorrückung in der Grundvergütung muß nicht etwa schon dann verfügt werden, sobald der Grund zur Beanstandung weggefallen ist, also die dienstlichen Leistungen wieder befriedigen oder das dienstliche und außerdienstliche Verhalten wieder tadellos ist. Es kann und wird in der Regel noch eine gewisse Bewährungsfrist abgewartet werden. Ein Anspruch auf die Wiederbewilligung des Aufrückens in der Grundvergütung steht dem Beamten nicht zu.

Die Verkürzung des Besoldungsdienstalters auf Grund des Art. 30 hat Rückwirkung auch auf die Anwendung des Art. 7, nämlich dann, wenn der nichtetatmäßige Beamte ohne diese Verkürzung ein Besoldungsdienstalter von mehr als 5 Jahren (bei Versorgungsanwärtern von mehr als 4 Jahren) im Zeitpunkte der etatmäßigen Anstellung gehabt hätte und sonach ohne diese Verkürzung ein Teil der nichtetatmäßigen Dienstzeit auf das BDA. als etatmäßiger Beamter anzurechnen gewesen wäre, ferner in allen Fällen, in denen das BDA. auch nach der Verkürzung noch mehr als 5 Jahre (bei Versorgungsanwärtern mehr als 4 Jahre) beträgt; dann erhält der Beamte bei der etatmäßigen Anstellung ein BDA., das um das Maß der Verkürzung des nichtetatmäßigen BDA. schlechter ist als das BDA., das er auf Grund des Art. 7 ohne diese Verkürzung erhalten hätte.

3. Die Entscheidung über die Versagung, die Wiederbewilligung und die Verkürzung des Besoldungsdienstalters ist in das Ermessen der Verwaltung gestellt und darum der Nachprüfung durch die Gerichte entzogen (vgl. Bem. 2 zu Art. 5).

Art. 31.

I Das Besoldungsdienstalter der nichtetatmäßigen Beamten beginnt mit dem Tage der Anstellung als nichtetatmäßiger Beamter, soweit nicht in diesem Gesetz oder in den Ausführungsbestimmungen etwas anderes bestimmt oder zugelassen ist.

II Zivilanwärter erhalten vom Beginn des sechsten, Versorgungsanwärter vom Beginn des fünften Dienstjahres an Grundvergütungen in Höhe der Grundgehälter der ersten Dienstaltersstufe derjenigen Besoldungsgruppe, in der sie beim regelmäßigen Verlauf ihrer Dienstlaufbahn erstmals etatmäßig angestellt werden. Die zur Zeit des Inkrafttretens dieses Gesetzes im Dienste befindlichen nichtetatmäßigen Beamten rücken wie die etatmäßigen Beamten weiter im Grundgehalt auf.

1. Vgl. § 17 des RBesG. und Nr. 81—88 der RBesV.

2. Eine dem Abs. I entsprechende Vorschrift war im bisherigen BBesG. selbst nicht enthalten, sondern nur in den Ausführungsbestimmungen hierzu auf Grund der Art. 14, 15 des bisherigen BBesG. festgelegt (vgl. § 7 der Bek. vom 11. März 1921 — GVBl. S. 73). Sie ist jetzt in das Gesetz selbst aufgenommen und zwar in Angleichung an die Regelung im Reiche. Abs. II ersetzt den Art. 14 Abs. II des BBesG. in der Fassung der Bek. vom 24. März 1923 (GVBl. S. 109).

3. Zu Abs. I: Das Gesetz selbst trifft von dem Grundsatze des Abs. I abweichende Vorschriften nur in der Anlage 4 Buchst. a (Verbesserung des BDA. bei der Ueberleitung um 2 Jahre). Wegen der in den Ausführungsvorschriften getroffenen Bestimmungen über die Anrechnung von Vordienstzeiten vor der nichtetatmäßigen Anstellung auf das nichtetatmäßige Besoldungsdienstalter wird auf die §§ 8—12 der Bek. vom 11. März 1921 über die nichtetatmäßigen Beamten (GVBl. S. 73) in der Fassung der Bek. vom 10. Dezember 1921 (GVBl. S. 589) verwiesen. Wegen der Berechnung des nichtetatmäßigen BDA. der hochschulmäßig vorgebildeten Beamten siehe Uebersicht IV im V. Abschnitte dieses Buches.

4. Zu Abs. II: Satz 1 wäre entbehrlich, da er nur wiederholt, was sich ohne weiteres aus der Anlage 4 a ergibt. Abs. II bedeutet eine wesentliche Einschränkung gegenüber dem bisherigen Rechte, da die nichtetatmäßigen Beamten auf Grund der Neuregelung über den Anfangsgrundgehalt ihrer regelmäßigen Eingangsgruppe für die etatmäßige Anstellung im Gegensatze zum bisherigen Rechte (vgl. Art. 14 Abs. II des BBesG. in der Fassung der Bek. vom 24. März 1923 GVBl. S. 109) nicht mehr vorrücken können (vgl. Bem. 3 zu Art. 29), sondern den einmal erreichten Anfangsgrundgehalt nach Art. 31 Satz 1 solange behalten, bis sie etatmäßig angestellt werden. Bei der etatmäßigen Anstellung wird ihnen aber die Zeit, die sie in der Grundvergütung nach Art. 31 Satz 1 verbracht haben, voll auf das BDA. als etatmäßige Beamte angerechnet (vgl. Art. 7), wenn nicht die Ausschließungsgründe des Art. 7 Abs. II vorliegen oder eine Verkürzung des nichtetatmäßigen BDA. gemäß Art. 30 verfügt worden ist. Das weitere Aufrücken in der Grundvergütung über den Anfangsgrundgehalt der etatmäßigen Anstellungsgruppe hinaus ist übergangsweise nach Art. 31 Abs. II Satz 2 nur denjenigen nichtetatmäßigen Beamten eingeräumt, die am 1. Oktober 1927 bereits im Dienste waren; die gleiche Regelung muß gemäß Art. 41 Abs. I auch denjenigen nichtetatmäßigen Beamten zugestanden werden, die zwar am 1. Oktober 1927 noch nicht im Dienste waren, aber in der Zeit nach dem 1. Oktober 1927 bis zur Veröffentlichung des BBesG. noch nach Maßgabe der bisherigen Vorschriften zu nichtetatmäßigen Beamten ernannt worden sind. Neben dieser Vergünstigung haben diese Beamten noch den weiteren Vorteil der Verbesserung ihres nichtetatmäßigen BDA. bei der Ueberleitung um 2 Jahre (vgl. Anlage 4 zum BBesG. Buchst. a Abs. 2). Diese Verbesserung hat aber nur praktische Bedeutung für die Höhe der Grundvergütung in den ersten 5 (bei Versorgungsanwärtern in den ersten 4) Jahren, nicht dagegen für das weitere Aufrücken in der Grundvergütung gemäß Art. 31 Abs. II Satz 2 oder für die Anrechnung der nichtetatmäßigen Dienstzeit gemäß Art. 7 (vgl. Bem. 4 zu Art. 7 und Abschnitt B Ziff. 1 der FinMinBek. vom 28. März 1928 — StAnz. Nr. 73).

Art. 32.

Begriff und Beginn des nichtetatmäßigen Staatsbeamtenverhältnisses im Sinne dieses Gesetzes wird für die einzelnen Beamtengruppen durch das Gesamtstaatsministerium oder für einzelne Beamte durch das vorgesetzte Staatsministerium im Einvernehmen mit dem Staatsministerium der Finanzen festgesetzt.

1. Art. 32 deckt sich sachlich mit der bisherigen Regelung (vgl. Art. 15 Satz 1 des BBesG. in der Fassung der Bek. vom 24. März 1923 — GVBl. S. 109).

2. Bis zum Erlasse neuer Ausführungsvorschriften gilt daher die bisherige Vollzugsbekanntmachung vom 11. März 1921 über die nichtetatmäßigen Beamten (GVBl. S. 73) in der Fassung der Bek. vom 24. August 1921 (GVBl. S. 410), vom 10. Dezember 1921 (GVBl. S. 589) und des § 4 Abs. I der Bek. vom 4. Juli 1924 (GVBl. S. 181) weiter, was Begriff und Beginn des nichtetatmäßigen Staatsbeamtenverhältnisses anlangt. Das gleiche gilt bezüglich der KultMinBek. vom 13. Dezember 1921 über die unständigen Volksschullehrer (KMinBl. S. 309) in der Fassung des § 4 Abs. I der Bek. vom 4. Juli 1924 (GVBl. S. 181). Die unständigen Volksschullehrer (Hilfslehrer) zählen kraft Gesetzes (vgl. Art. 48 Abs. I) zu den nichtetatmäßigen Beamten. Seit dem 1. Oktober 1927 sind auch die Probebuchhalter der Bayerischen Staatsbank nichtetatmäßige Beamte (vgl. § 3 der VO. vom 13. Juni 1928 (GVBl. S. 341).

3. Nach der hiernach maßgebenden Vollzugsbekanntmachung sind nichtetatmäßige Beamte Personen, die in dieser Diensteigenschaft durch Entschließung des zuständigen Staatsministeriums oder der von diesem ermächtigten Behörde angestellt werden. Welche Staatsdienstanwärter als nichtetatmäßige Beamte angestellt werden können und welche Voraussetzungen in bezug auf Vorbereitungsdienst und Dienstprüfungen sie erfüllt haben müssen, ist in der Anlage zur Vollzugsbekanntmachung bestimmt; außerdem ist in § 2 der Vollzugsbekanntmachung angeordnet, daß die nichtetatmäßige Anstellung in keinem Falle vor der Vollendung des 20. Lebensjahres erfolgen darf. Zu den nichtetatmäßigen Beamten zählen außer den in der Anlage zur Vollzugsbekanntmachung aufgeführten Personen auch die zur Probedienstleistung einberufenen Versorgungsanwärter im Sinne der Anstellungsgrundsätze und die Inhaber des Anstellungsscheins; sie erhalten ohne Rücksicht auf die Dauer der Probedienstleistung in jedem Falle nur die Anfangsgrundvergütung eines nichtetatmäßigen Beamten der gleichen Besoldungsgruppe; eine Anrechnung der Heeres- oder Marinedienstzeit auf ihr Besoldungsdienstalter oder die Verbesserung ihres Besoldungsdienstalters nach Maßgabe des Abs. 2 des Buchst. a der Anlage 4 kommt für sie nicht in Frage (vgl. FinMinBek. vom 29. März 1928 über die Bezüge der Versorgungsanwärter während der Probedienstleistung — StAnz. Nr. 74).

4. Das BDA. als nichtetatmäßiger Beamter beginnt grundsätzlich mit dem Tage, an dem der Anwärter als nichtetatmäßiger Beamter in dem betreffenden Verwaltungszweig angestellt wird. Das BDA. kann aber — abgesehen von der jetzt kaum mehr praktisch werdenden Möglichkeit der Anrechnung der Verzögerung der Anstellung infolge der Erfüllung der gesetzlichen Militärdienstpflicht oder infolge des Kriegsdienstes — durch Anrechnung von Vordienstzeiten nach Maßgabe der §§ 9—12 der Vollzugsbekanntmachung verbessert werden. Wegen der Grundsätze für die Berechnung des BDA. der hochschulmäßig vorgebildeten Beamten vgl. Uebersicht IV im V. Abschnitt dieses Buches.

5. Die nichtetatmäßigen Beamten einschließlich der zur Probedienstleistung einberufenen Versorgungsanwärter und Inhaber des Anstellungsscheins sind beamtenrechtlich Beamte im Sinne des Art. 1 des BG. (vgl. §§ 1, 4 der oben angeführten Vollzugsbekanntmachung). Umgekehrt gilt der Satz nicht; es sind nicht alle Beamte im Sinne des Art. 1 des BG. nichtetatmäßige Beamte im Sinne des BBesG. (z. B. zählen die Eichmeister und Steuer- und Gemeindeeinnehmer, die gemäß Art. 205 des BG. als Beamte im Sinne des Art. 1 des BG. gelten, nicht zu den nichtetatmäßigen Beamten; ebensowenig beispielsweise die Privatdozenten oder Hochschulassistenten, die durch die Bek. vom 8. Juni 1909 (GVBl. S. 386) zu Beamten im Sinne des Art. 1 des BG. erklärt worden sind).

6. Eine Verpflichtung zur etatmäßigen Anstellung der nichtetatmäßigen Beamten etwa nach Erfüllung einer gewissen Dienstzeit besteht nicht, auch nicht bei den Polizeibeamten (Art. 204 Abs. 1 Ziff. 4 des BG. in der Fassung des Art. 1 des PBG. — GVBl. 1928 S. 193). Vgl. auch Bem. 3 zu Art. 7.

Art. 33.

I Die ordentlichen Hochschulassistenten erhalten Grundvergütungen nach Maßgabe der Anlage 4 und den Wohnungsgeldzuschuß der Tarifklasse IV im ersten bis elften Dienstjahr, der Tarifklasse III vom zwölften Dienstjahr an. Im übrigen bemessen sich ihre Dienstbezüge nach den Vorschriften für die nichtetatmäßigen Beamten.

II Die Dienstbezüge der außerordentlichen Assistenten und der Hilfsassistenten an den Hochschulen werden vom Staatsministerium für Unterricht und Kultus im Einvernehmen mit dem Staatsministerium der Finanzen festgesetzt.

1. Eine dem Art. 33 entsprechende Vorschrift war im bisherigen BBesG. nicht enthalten. Die Bezüge der Hochschulassistenten wurden nach Maßgabe der im Haushalte bewilligten Mittel von den Staatsministerien für Unterricht und Kultus und der Finanzen durch Entschließung geregelt. Die Beteiligten haben darin, wenn auch mit Unrecht, eine Verletzung des Grundsatzes des § 67 Abs. II Satz 2 der BayVerf. erblickt und sich an den Landtag um Abhilfe gewandt. Durch eine Zufallsmehrheit kam der Landtagsbeschluß vom 26. Juli 1925 zustande, durch den die Staatsregierung ersucht wurde, dem Landtage den Entwurf eines Gesetzes über die Besoldung der wissenschaftlich vorgebildeten Hochschulassistenten vorzulegen. Art. 33 trägt diesem Beschlusse Rechnung. Mit Rücksicht auf die besonderen Verhältnisse der ordentlichen Hochschulassistenten sind für diese besondere Grundvergütungen festgesetzt (Buchst. c der Anlage 4); ebenso mußte die Tarifklasse des Wohnungsgeldzuschusses im Art. 33 eigens bestimmt werden, weil die Verwendung als Hochschulassistent in der Regel nicht zur etatmäßigen Anstellung führt und deshalb der Grundsatz des Art. 29 Abs. I keine Anwendung finden kann. Im übrigen, d. h. abgesehen von der Höhe der Grundvergütung und des Wohnungsgeldzuschusses, bemessen sich ihre Dienstbezüge (Diensteinkommen, Kinderzuschläge, Zulagen) nach den für die nichtetatmäßigen Beamten geltenden Vorschriften. Die Regelung der Dienstbezüge der außerordentlichen Assistenten und der Hilfsassistenten an den Hochschulen kann und muß den beteiligten Staatsministerien überlassen bleiben (Begr.). Wegen der Höhe der Grundvergütung, des Wohnungsgeldzuschusses, der Kinderzuschläge siehe Tafel II im V. Abschnitte dieses Buches.

2. Die Dienstbezüge der außerordentlichen Hochschulassistenten und der Hochschulhilfsassistenten sind mit KMin.-Entschl. vom 7. April 1928 Nr. V 13 761 im Einverständnisse mit dem Staatsministerium der Finanzen geregelt worden. Hiernach erhalten die außerordentlichen Assistenten eine feste Jahresvergütung von 3000 *RM* und die Hilfsassistenten eine solche von 1800 *RM*. In ungefähr dem gleichen Verhältnisse, in dem diese Vergütungen zur Anfangsgrundvergütung des ordentlichen Hochschulassistenten (3600 *RM*) stehen, sind auch die Sätze des Wohnungsgeldzuschusses und der Kinderzuschläge abgemindert. Die hiernach zustehenden Beträge an Vergütung, Wohnungsgeldzuschuß und Kinderzuschlägen betragen

a) für die außerordentlichen Assistenten

Jahresgrundvergütung: 3000 *RM*.

Wohnungsgeldzuschuß:

	Verheiratete	Ledige
S	921.— *RM*	693.— *RM*
A	864.— *RM*	585.— *RM*
B	633.— *RM*	486.— *RM*
C	519.— *RM*	381.— *RM*
D	381.— *RM*	279.— *RM*

Kinderzuschlag:

für die ersten beiden Kinder je 16 *RM* monatlich,
für das 3. und 4. Kind je 20 *RM* monatlich,
für das 5. und jedes weitere Kind je 24 *RM* monatlich.

b) für die Hilfsassistenten:

Jahresgrundvergütung: 1800 *RM*.

Wohnungsgeldzuschuß:

	Verheiratete	Ledige
S	576.— *RM*	432.— *RM*
A	540.— *RM*	366.— *RM*
B	396.— *RM*	303.— *RM*
C	324.— *RM*	237.— *RM*
D	237.— *RM*	174.— *RM*

Kinderzuschlag:

für die ersten beiden Kinder	je 10 *RM* monatlich,
für das 3. und 4. Kind	je 12,50 *RM* monatlich,
für das 5. und jedes weitere Kind	je 15 *RM* monatlich.

3. In gleicher Weise wie die Bezüge der ordentlichen Hochschulassistenten sind die Bezüge der wissenschaftlichen Assistenten der Landesimpfanstalt, der bakt. Untersuchungsanstalten und der Veterinärpolizeilichen Anstalt geregelt (vgl. Entschl. des StMin. des Innern vom 23. Mai 1928 Nr. 5275 a 1).

III. Gemeinsame Bestimmungen.

Art. 34.

I Für die Bemessung des Diensteinkommens ist die im Hauptamt übertragene Amtsstelle maßgebend. Welche Dienstesaufgaben im einzelnen zu der im Hauptamt übertragenen Amtsstelle gehören, bestimmen die Dienstesvorschriften.

II Keinem Beamten können gleichzeitig mehrere besoldete Amtsstellen im Hauptamt übertragen werden.

1. Art. 34 deckt sich mit Art. 27 des bisherigen BBesG. in der Fassung der Bek. vom 24. März 1923 (GVBl. S. 109) und wiederholt die schon im (seit 1. April 1920 aufgehobenen) Art. 26 Abs. 3, 4 des BG. enthaltene gleiche Vorschrift. Vgl. hierzu Reindl, Komm. z. BG. Bem. 7 zu Art. 26 des BG. S. 163, 164.

2. Art. 34 gilt auch für die Volksschullehrer, für die eine ähnliche Bestimmung im BLG. noch nicht getroffen war.

3. Durch die Ueberschrift des III. Abschnitts „Gemeinsame Bestimmungen" ist zum Ausdruck gebracht, daß die Vorschriften der Art. 34—40 in gleicher Weise für die etatmäßigen Beamten (Abschnitt I) wie für die nichtetatmäßigen Beamten und Hochschulassistenten (Abschnitt II) gelten, soweit nicht die Anwendbarkeit einer Vorschrift ausdrücklich auf die etatmäßigen Beamten (z. B. Art. 38) beschränkt ist.

Art. 35.

I Der Grundgehalt wird dem Beamten durch die Behörde zugewiesen, die ihn anstellt, versetzt, wiederanstellt oder befördert. Welche Behörde die übrigen Dienstbezüge zuweist, bestimmt das zuständige Staatsministerium.

II Der Grundgehalt des Beamten soll in die ihm zu behändigende Urkunde (Art. 5 Abs. 1 des Beamtengesetzes) aufgenommen werden.

1. Vgl. § 4 Abs. 2 des RBG. vom 18. Mai 1907 in der Fassung des § 31 Abs. I Ziff. 1 des RBesG. vom $\frac{\text{30. April}}{\text{17. Dezember}}$ 1920.

2. Art. 35 deckt sich mit Art. 24 Abs. I, II des bisherigen BBesG. in der Fassung der Bek. vom 24. März 1923 (GVBl. S. 109), der an die Stelle des Art. 26 Abs. 2 und Art. 34 Abs. 1 des BG. seit dem 1. April 1920 getreten war und gleichzeitig den Anlaß zur Aufhebung des Art. 30 des VLG. gegeben hatte.

3. Abs. I bestimmt nur die Zuständigkeit zur Zuweisung des Grundgehalts; die Zuständigkeit zur Anweisung der übrigen Besoldungsbestandteile (Wohnungsgeldzuschuß, Kinderzuschläge, Zulagen) bestimmt das zuständige Ministerium. Zur Anweisung des Grundgehalts, des Wohnungsgeldzuschusses und der Kinderzuschläge für Volksschullehrer ist die Regierung, Kammer des Innern, zuständig (vgl. Art. 32 VLG. und Art. 50 Abs. I BBesG.). Die Zuweisung des Grundgehalts hat in den Fällen des Art. 3 Abs. I und II konstitutive, d. h. rechtsbegründende, in den übrigen Fällen (Art. 2, 11) deklaratorische Wirkung; der Anspruch des Beamten auf den nach der BBesO. sich ergebenden Grundgehalt wird daher in den letzteren Fällen nicht erst durch die behördliche Zuweisung begründet (vgl. Reindl, Komm. z. BG. Bem. 4 und 6 zu Art. 26 BG. S. 159, 162, 163). Die Vorschrift in Art. 178 Ziff. 5 BG., wonach die Verfügung der Verwaltungsbehörde über Zuweisung des Gehaltes für den Zivilrichter bindend sein soll, ist daher seit dem 1. April 1920 und zwar durch Art. 46 des BBesG. vom 2. Juni 1920 beseitigt worden. Im VLG. war eine derartige Vorschrift schon früher nicht enthalten.

4. An die Stelle des in Abs. II angeführten Art. 5 Abs. I des BG. tritt bei den Volksschullehrern Art. 2 Abs. I des VLG. (vgl. Art. 48 Abs. III).

Art. 36.

I Der Anspruch des Beamten auf das Diensteinkommen beginnt mit dem in der Urkunde bezeichneten Tage der Ernennung, Wiederanstellung oder Beförderung.

II Der Anspruch auf das Diensteinkommen erlischt im Falle des Ablebens mit dem Ablaufe des Sterbemonats, im Falle der Versetzung in den Ruhestand mit dem Zeitpunkt, in dem der Anspruch auf die Zahlung des Wartegeldes oder des Ruhegehaltes beginnt, im übrigen unbeschadet der besonderen Vorschriften des Beamtengesetzes mit der Beendigung des Dienstverhältnisses oder der Dienstleistung.

1. Art. 36 deckt sich mit Art. 24 Abs. III und IV des bisherigen BBesG. in der Fassung der Bek. vom 24. März 1923 (GVBl.

S. 109); er ist nur in Abs. II durch die Einschaltung der Worte „des Dienstverhältnisses oder" erweitert worden (vgl. hierzu Bem. 2).

2. Unter Diensteinkommen im Sinne des Art. 36 ist Grundgehalt und Wohnungsgeldzuschuß (vgl. Art. 1) zu verstehen. Die Regelung in Art. 36 entspricht dem schon seit der Herrschaft des BG. geltenden Rechte; vgl. hierzu Reindl, Komm. z. BG. Bem. zu Art. 34 des BG. S. 216 ff. Auch das BLG. hatte in seinem Art. 30 gleiche Vorschriften, die indes seit dem 1. April 1920 durch das BBesG. aufgehoben sind. Durch die jetzige erweiterte Vorschrift des Abs. II letzter Halbsatz „Beendigung des Dienstverhältnisses oder der Dienstleistung" wird der Fall getroffen, daß ein Beamter ausdrücklich erklärt oder durch konkludente Handlungen in zweifelsfreier Weise zu erkennen gibt, daß er seine Dienstleistung für den Staat endgültig eingestellt hat und nicht mehr bereit ist, weiterhin Dienst zu tun. In diesem Falle endigt der Anspruch auf das Diensteinkommen bereits mit dem Zeitpunkte der Einstellung der Dienstleistung, auch wenn das Dienstverhältnis selbst erst später auf Grund eines strafgerichtlichen Urteils oder disziplinargerichtlichen Urteils oder durch Entlassung aus dem Staatsdienst auf oder ohne Ansuchen gelöst wird. Der Beamte ist nicht mehr in der Lage, durch einseitige Erklärung, daß er dem Staate seine Dienste wieder zur Verfügung stelle, oder durch eine tatsächliche Wiederaufnahme der Dienstleistung den Anspruch auf das Diensteinkommen wieder zu erwerben. Anders in den Fällen der Urlaubsüberschreitung oder des schuldhaften Fernbleibens vom Dienste ohne Urlaub, jedoch ohne den ausdrücklich erklärten oder sonst in zweifelsfreier Weise erkennbaren Willen dauernder Einstellung der Dienstleistung; hier gilt die Sondervorschrift des Art. 22 Abs. III des BG. oder des Art. 18 Abs. III des BLG. Der Beamte geht — unbeschadet des dienststrafrechtlichen Einschreitens — nur für die Zeit seines schuldhaften unerlaubten Fernbleibens vom Amte des Anspruchs auf das Diensteinkommen verlustig. Der Beamte gewinnt daher seinen Anspruch auf das Diensteinkommen wieder, sobald er sich wieder zum Dienste meldet.

Als besondere Vorschriften des BG. und — gemäß Art. 48 Abs. III — des BLG., die den Vorrang vor dem Grundsatze des Art. 36 Abs. II letzter Halbsatz haben, kommen in Frage: Art. 8 Abs. 2 des BG. und Art. 5 Abs. III des BLG. (Lösung des noch widerruflichen Dienstverhältnisses des Beamten gegen dessen Willen, aber ohne das Vorliegen einer Pflichtverletzung; das Diensteinkommen wird, auch wenn die Dienstleistung oder das Dienstverhältnis schon früher endigen, noch auf die Dauer von 3 Monaten von der Mitteilung der Entschließung an gezahlt, die das Dienstverhältnis löst) und Art. 170 ff. des BG. und Art. 129 ff. des BLG. (vorläufige Dienstenthebung unter Fortgewährung des vollen oder des gekürzten Diensteinkommens).

3. Wer Anspruch auf das Diensteinkommen hat, hat auch Anspruch auf die neben dem Diensteinkommen in Art. 1 vorgesehenen sonstigen Teile der Dienstbezüge, sofern die hierfür vorgeschriebenen besonderen Voraussetzungen erfüllt oder nicht Ausnahmen im Gesetze selbst getroffen sind (vgl. Art. 22, 24); der Anspruch auf die neben dem Diensteinkommen zustehenden sonstigen Teile der Dienstbezüge (Kinderzuschläge, örtliche Sonderzuschläge, Dienstbekleidung, Dienstbekleidungszuschuß, freie ärztliche Behandlung usw.) beginnt daher, wenn im übrigen alle für den einzelnen Anspruch besonders vorgeschriebenen gesetzlichen Voraussetzungen bereits erfüllt sind, mit dem in Art. 36 Abs. I bestimmten Zeitpunkt, niemals früher (also auch nicht im Falle des Art. 23 Abs. I); in den übrigen Fällen richtet sich der Beginn des Anspruchs nach den einschlägigen gesetzlichen Bestimmungen, jedoch auch hier mit der Maßgabe, daß er niemals vor dem in Art. 36 Abs. I bezeichneten Zeitpunkt liegen kann.

4. Mit dem Wegfall des Anspruchs auf das Diensteinkommen erlischt auch der Anspruch auf die neben dem Diensteinkommen nach Art. 1 Satz 2, 3 sonst zustehenden Bezüge (z. B. Kinderzuschläge, örtliche Sonderzuschläge, Dienstbekleidung, freie ärztliche Behandlung usw.). Eine Ausnahme von diesem Grundsatze gibt es bei den Beamten im Dienste nicht. Dagegen besteht auf dem Gebiete des Versorgungsrechts die Besonderheit, daß bei den dauernd erwerbsunfähigen Doppelwaisen der Anspruch auf den Kinderzuschlag trotz Wegfalls des Hauptanspruchs (nämlich auf die Waisenrente) selbständig fortbesteht, bis die Doppelwaise sich verheiratet oder die Erwerbsunfähigkeit aufhört (vgl. hierüber Bem. 9, 15 zu Art. 21 und Bem. 6 Abs. 3 zu Art. 23).

5. Wegen des Beginns des Anspruchs auf die Zahlung des Wartegeldes siehe den auch für die Volksschullehrer gültigen Art. 40 des BG. in der durch Art. 1 Ziff. III des Ges. vom 7. Juli 1927 (GVBl. S. 227) wiederhergestellten ursprünglichen Fassung und wegen des Beginns des Anspruchs auf Zahlung des Ruhegehalts siehe Art. 62 des BG. und Art. 52 des VLG.

Art. 37.

I Für die Dauer des regelmäßigen Urlaubs und für die Zeit der Abwesenheit, für die ein Urlaub nicht notwendig ist, oder nicht verweigert werden darf, behält der Beamte sein Diensteinkommen; Stellvertretungskosten fallen der Staatskasse zur Last.

II Das gleiche gilt im Falle der Erkrankung für die Dauer von sechsundzwanzig Wochen. Dauert die Dienstbehinderung durch Krankheit ununterbrochen länger als sechsundzwanzig Wochen, so bedarf die weitere unverkürzte Gewährung des Diensteinkommens und die Uebernahme der weiteren Stellvertretungskosten auf die Staatskasse der Erlaubnis des zuständigen Staatsministeriums oder der von diesem ermächtigten Stelle.

III Wird ein die regelmäßige Dauer überschreitender Urlaub erteilt, so entscheidet die hierzu zuständige Behörde, ob und wieweit das Diensteinkommen einzuziehen ist.

1. Art. 37 stimmt abgesehen von gewissen sprachlichen Verbesserungen, die aber keine sachliche Aenderung bedeuten, mit dem Art. 25 des bisherigen BBesG. in der Fassung der Bek. vom 24. März 1923 (GVBl. S. 109) überein und entspricht dem durch das BBesG. vom 2. Juni 1920 aufgehobenen Art. 35 des BG. Vgl. hierzu Reindl, Komm. z. BG. Bem. 1—4 zu Art. 35 des BG. S. 223—232.

2. Die Grundlage für die Gewährung von Urlaub bilden Art. 22 des BG. und die hierzu ergangenen Ausführungsbekanntmachungen vom 14. Juli 1909 (GVBl. S. 427), vom 9. Mai 1913 (GVBl. S. 187), vom 3. April 1922 (GVBl. S. 219) und vom 2. August 1928 (GVBl. S. 380). Der regelmäßige Urlaub der etatmäßigen Staatsbeamten (Ziff. 1 der Bek. vom 3. April 1922 — GVBl. S. 219 —, MinBek. vom 16. April 1925 — StAnz. Nr. 86 — und MinBek. vom 25. Mai 1928 — StAnz. Nr. 121) beträgt darnach zurzeit

in den Besoldungsgruppen	bis zur Vollendung des 30. Lebensjahres	vom 31. bis zur Vollendung des 40. Lebensjahres	vom 41. Lebensjahre an
A 11 und 12	16	21	28
A 6 mit 10	18	25	31
A 4 und 5	21	28	35
A 2b mit g und 3	25	31	37
A 2a und darüber	29	37	42 Tage

Beamten, denen am 31. März 1928 ein längerer Urlaub zustand, als sie nach vorstehender Regelung erhalten würden, bleibt der längere Urlaub für ihre Person gewahrt.

Für die nichtetatmäßigen Beamten gilt das gleiche mit der Maßgabe, daß für diejenigen Beamten, die das 30. Lebensjahr noch nicht vollendet haben, der Urlaub

im 1. Dienstjahre um 5 Tage,
im 2. Dienstjahre um 3 Tage,
im 3. Dienstjahre um 2 Tage

gekürzt wird.

Der Urlaub der im Vorbereitungsdienst stehenden Personen beträgt:

wenn sie höhere wissenschaftliche Vorbildung besitzen: 17 Tage,
sonst: im 1. Dienstjahre 7 Tage,
vom 2. Dienstjahre an 10 Tage.

3. Bezüglich der Fälle, in denen der Beamte eines Urlaubs nicht bedarf oder der Urlaub nicht verweigert werden darf, vgl. Art. 39 der RV., § 35 Abs. II der BayVerf., Art. 114 Abs. II der GO. vom 17. Oktober 1927 (GVBl. S. 293), Art. 15 Abs. II der BezO. vom 17. Oktober 1927 (GVBl. S. 325) und Art. 16 Abs. II der KrO. vom 17. Oktober 1927 (GVBl. S. 335).

4. Hinsichtlich der in Abs. II geregelten Krankenhilfe vgl. die Ausführungen bei Reindl, Komm. z. BG. Bem. 3 zu Art. 35 S. 225 ff., ferner das (die gegenteilige Auffassung vertretende) Urt. des bayer. Obersten LG. in Samml. Bd. 15 S. 210 und das Gutachten von Piloty im Archiv f. öffentl. Recht Bd. 33 S. 44 sowie die Verhandlungen im bes. (XIII.) Ausschuß d. AbgK. über Art. 35 des Entw. eines GemBG. in VerhAbgK. II. Session 1913/14 Beil. Bd. VII Beil. 960 S. 150 ff. Bei richterlichen Beamten bedarf es der in Art. 37 Abs. II vorgesehenen Erlaubnis zur unverkürzten Weitergewährung des Diensteinkommens nach 26 wöchiger Dauer der Dienstbehinderung oder zur Uebernahme der weiteren Stellvertretungskosten auf die Staatskasse nicht (Art. 55 Ziff. 2).

5. Diensteinkommen im Sinne des Abs. I—III ist Grundgehalt (bei nichtetatmäßigen Beamten und Hochschulassistenten: Grundvergütung) und Wohnungsgeldzuschuß. Daß auch die Kinderzuschläge und sonstigen Zulagen (Art. 1 Satz 2, 3) weiterzuzahlen sind, folgt aus Art. 1 (vgl. Bem. 2 Abs. 2 zu Art. 1 und Bem. 3 zu Art. 36).

6. Wird im Falle des Abs. III das Diensteinkommen teilweise eingezogen, ohne daß über die Zahlung der Kinderzuschläge oder sonstigen Zulagen gleichzeitig Bestimmung getroffen wird, so sind die Kinderzuschläge und sonstigen Zulagen — die örtlichen Sonderzuschläge selbstverständlich nur mit dem zuständigen Hundertsatze aus dem gekürzten Grundgehalte berechnet — unverändert fortzugewähren; wird das Diensteinkommen ganz eingezogen, so kommen damit auch die Kinderzuschläge und sonstigen Zulagen ganz in Wegfall (vgl. Bem. 4 zu Art. 36).

7. Für die Volksschullehrer gilt an Stelle des Art. 37 BBesG. der Art. 31 des VLG., der sich indes sachlich mit Art. 37 des BBesG. deckt.

8. Hinsichtlich der Beurlaubung von Lehrkräften für den Dienst an deutschen Auslandsschulen siehe KMinBek. vom 29. März 1928 (KMABl. S. 224).

Art. 38.

Bezieht ein etatsmäßiger Beamter auf Grund der Reichsversicherungsordnung eine Unfallrente aus der Staatskasse, so wird das Diensteinkommen um den Betrag der Unfallrente gekürzt.

1. Art. 38 deckt sich mit Art. 26 des bisherigen BBesG. in der Fassung der Bek. vom 24. März 1923 (GVBl. S. 109) und stimmt mit dem seit 1. April 1920 aufgehobenen Art. 36 des BG. überein; vgl. hierzu Reindl, Komm. z. BG. Bem. 1—6 zu Art. 36 des BG. S. 234 ff. Er gilt nur für die etatmäßigen Beamten.

2. Die Bestimmung verfolgt den Zweck, den Empfängern einer Unfallrente aus der Staatskasse die Vorteile der etatmäßigen Anstellung zuzuwenden, die ihnen beim Fehlen der Vorschrift des Art. 38 nicht zuteil werden könnte, da es ungerechtfertigt wäre, ihnen neben den besoldungsgesetzlichen Bezügen auch noch die Unfallrente aus der Staatskasse zu zahlen.

3. Die Vorschrift des Art. 38 ist zwingend; auf ihre Anwendung kann nicht verzichtet werden.

4. Bei der Berechnung des Wartegeldes, Ruhegehalts und der Hinterbliebenenbezüge wird das ungekürzte Diensteinkommen zugrunde gelegt.

5. Art. 38 gilt auch für die ständigen Volksschullehrer; die Anwendbarkeit des Art. 38 wird jedoch kaum praktische Bedeutung haben. Im VLG. ist eine dem Art. 38 entsprechende Bestimmung nicht enthalten.

Art. 39.

I Die Dienstbezüge werden monatlich im voraus gezahlt. Die Dienstbezüge der Bereitschaftspolizei können nach Anordnung des Staatsministeriums des Innern im Einvernehmen mit dem Staatsministerium der Finanzen in anderer Weise gezahlt werden.

II Das Staatsministerium der Finanzen kann die vierteljährliche Vorauszahlung entsprechend der jeweils für die Reichsbeamten geltenden Regelung verfügen.

III Das Staatsministerium der Finanzen ist ferner ermächtigt Vorschriften über die Abrundung der auszuzahlenden Beträge zu erlassen.

1. Vgl. § 21 des RBesG. und Nr. 90—94 der RBesV.

2. Die monatliche Vorauszahlung der Dienstbezüge war schon bisher die Regel; die vierteljährliche Vorauszahlung bei Ueberweisung auf ein Konto war in Bayern nur in der Zeit vom 1. Oktober 1922 bis 1. Oktober 1923 eingeführt. Auch im Reiche ist die vierteljährliche Vorauszahlung der Dienstbezüge bei Ueberweisung auf ein Konto schon seit dem 1. Oktober 1923 nicht mehr zugelassen; sie konnte auch aus Anlaß der Neuregelung der Besoldung ab 1. Oktober 1927 noch nicht wieder eingeführt werden. Es ist aber der Reichsfinanzminister gesetzlich ermächtigt, mit Zustimmung des Reichsrats und des Ausschusses des Reichstags für den Reichshaushalt zu bestimmen, daß die Dienstbezüge der planmäßigen Beamten und der Offiziere der Wehrmacht bei Ueberweisung auf ein Konto vierteljährlich im Voraus gezahlt werden dürfen. Um allenfalls im gegebenen Zeitpunkte die bayerischen Beamten mit den Reichsbeamten gleichstellen zu können, ist in Abs. II das Staatsministerium der Finanzen für zuständig erklärt, auch für die bayerischen etatmäßigen Beamten im engsten Anschluß an die reichsrechtliche Regelung die vierteljährliche Vorauszahlung anzuordnen.

3. Die monatlich vorauszahlbaren Dienstbezüge werden jeweils am Ersten eines Monats fällig. Unbeschadet dieser Fälligkeit ist aber durch die FinMinBek. vom 15. Juli 1925 Nr. 30 378 — St.-Anz. Nr. 161 — die Auszahlung in der Weise geregelt, daß die Dienstbezüge bereits am letzten Werktage und bei Zahlstellen mit mehr als 300 Barempfängern am vorletzten und am letzten Werktage des vorhergehenden Monats gezahlt werden dürfen; an auswärts wohnende Berechtigte sind die Dienstbezüge so rechtzeitig bei der Post aufzugeben, daß sie am regelmäßigen Zahltage (also am letzten Werktage des vorhergehenden Monats) in den Besitz der Empfangsberechtigten kommen. Die frühere Begünstigung, daß an Zahlungsempfänger, die am Zahltage beurlaubt sind oder Schulferien genießen, am Tage vor dem Beginne des Urlaubs, frühestens aber am 5. Werktage vor dem regelmäßigen Zahltage gezahlt werden durfte (Ziff. 6 der FinMinBek. vom 15. Juli 1925 — StAnz. Nr. 161), ist durch die FinMinBek. vom 21. Juni 1928 Nr. 19 488 (StAnz. Nr. 142) aufgehoben worden, weil sich diese Begünstigung als geschäftserschwerend und störend für die Abwicklung des Zahlgeschäfts erwiesen hat. Andrerseits ist zur Förderung der bargeldlosen Auszahlung von Besoldungs-, Versorgungs- und sonstigen Bezügen (vgl. FinMinBl. 1913 S. 373; StAnz. 1922 Nr. 267; FinMinBek. vom 15. November 1924 — StAnz. Nr. 268) durch die FinMinBek. vom 30. März 1928 (StAnz. Nr. 77) angeordnet, daß diejenigen Beamten und Versorgungsempfänger, die sich ihre Dienst- oder Versorgungsbezüge auf ein Konto bei einer Bank, einer Sparkasse oder einem sonstigen Geldinstitut (nicht auch Postscheckkonto) überweisen lassen, ihre monatlichen Dienst- oder Versorgungsbezüge bereits zum 25. des Vormonats oder falls der 25. auf einen Sonntag oder gesetzlichen Feiertag fällt, auf den vorhergehenden Werktag gutgeschrieben wird. Die Kontoinhaber sind also bereits von diesem Wertstellungstag an in der Lage, über ihre Bezüge zu verfügen. Bei

Ueberweisung auf ein Postscheckkonto gilt diese besondere Regelung noch nicht; es ist anzunehmen, daß sie auch auf die Fälle der Ueberweisung auf ein Postscheckkonto ausgedehnt wird, da ein besonderer Grund die Postscheckkontoinhaber auszuschließen, nicht ersichtlich ist.

Abweichend von der allgemeinen Zahlungsart kann das Staatsministerium des Innern mit Zustimmung des Staatsministeriums der Finanzen die Zahlung der Dienstbezüge der Bereitschaftspolizei (d. s. die in geschlossenen Verbänden zusammengefaßten Angehörigen der Schutzpolizei) regeln. Der Grund für diese in Art. 39 Abs. I Satz 2 zugelassene Regelung liegt in den besonderen Verhältnissen der Bereitschaftspolizei.

In sonstigen Fällen ist die Auszahlung von Beamtenbezügen vor dem ordentlichen Zahltage, auch wenn es sich nur um wenige Tage handelt, grundsätzlich unzulässig. Nur in äußerst dringenden Notfällen, die einen Aufschub nicht zulassen, könnte die der Zahlstelle übergeordnete Mittel- oder Zentralstelle ausnahmsweise die vorherige Auszahlung genehmigen, müßte aber gleichzeitig dem Staatsministerium der Finanzen unter Darlegung des Sachverhalts Anzeige erstatten.

4. Wenn Dienstbezüge für Teile eines Monats zu zahlen sind, werden sie in der Weise berechnet, daß jeder Monat — ohne Rücksicht auf die wirkliche Zahl der Tage des Monats — zu 30 Tagen angenommen wird. Dabei entfällt in Monaten mit 31 Tagen auf den 31. kein Monatsteilbetrag, im Februar dagegen sind, je nachdem dieser Monat 28 oder 29 Tage zählt, für den Monatsletzten $^3/_{30}$ oder $^2/_{30}$ des Monatsbetrages zu berechnen. Auf diese Weise soll insbesondere vermieden werden, daß ein Gehaltsempfänger, der zwar während eines ganzen Monats, aber bei verschiedenen Behörden beschäftigt war, für diesen Monat mehr oder weniger als den vollen Monatsdienstbezug erhält (vgl. FinMinBek. vom 30. September 1924 — StAnz. Nr. 228). Die gleiche Berechnungsart gilt bei der Anrechnung von Dienstzeiten auf das BDA. (vgl. Bem. 5 zu Art. 6).

5. Vorschriften gemäß Abs. III über die Abrundung der auszuzahlenden Beträge sind nicht erlassen. Die bei der Berechnung der Monatsbezüge (Teilung des Jahresbetrags durch 12) sich ergebenden Pfennigbruchteile bleiben im einzelnen Monat unberücksichtigt; im letzten Monat des Rechnungsjahres (März oder bei der Forstverwaltung September) erfolgt sodann die Abgleichung auf den Jahresbetrag, wobei die bei den einzelnen Monatszahlungen unberücksichtigt gebliebenen Pfennigbruchteile zur Auszahlung gelangen.

Art. 40.

I Hat ein Beamter zu Unrecht Dienstbezüge aus der Staatskasse bezogen, so ist er zur Rückzahlung des zuviel erhaltenen Betrags verpflichtet. Die Rückzahlungsschuld kann beim Vorliegen besonderer Billigkeitsgründe durch das zuständige Staatsministerium mit Zustimmung des Staatsministeriums der Finanzen erlassen werden.

II Abs. I gilt sinngemäß für die Beamten im Ruhestand und die Beamtenhinterbliebenen.

1. Vgl. Nr. 95 der RBesB.

2. Art. 40 deckt sich mit Art. 31 des bisherigen BBesG. in der Fassung der Bek. vom 24. März 1923 (GVBl. S. 109). Durch die Bestimmung des Art. 40 wird die sonst zulässige Einrede der nicht mehr vorliegenden Bereicherung (§ 818 Abs. 3 des BGB.) allgemein ausgeschlossen. Der Beamte ist zur Rückzahlung des zu Unrecht empfangenen Dienstbezugs ohne weiteres verpflichtet; auf den Grund der Ueberzahlung (Irrtum der Zahlstelle, nachträgliche Berichtigung des BDA. — vgl. Bem. 4 zu Art. 6 —, Unterlassung einer Anzeige des Beamten über Aenderungen in den für die Gewährung des Wohnungsgeldzuschusses oder der Kinderzuschläge maßgebenden Verhältnissen usw.) kommt es nicht an. Diese Gründe können nur bei der Entscheidung des Ministeriums gemäß Abs. I Satz 2 gewürdigt werden.

Die zuviel empfangenen Dienstbezüge können durch Abzug an den laufenden Dienst- oder Versorgungsbezügen gemäß Art. 12 des Ausführungsgesetzes zum BGB. einbehalten werden.

IV. Uebergangsvorschriften.

Art. 41.

I Die am 1. Oktober 1927 im Amte gewesenen Beamten werden nach der Anlage 5 in die neuen Dienstbezüge übergeleitet. Dies gilt entsprechend für die nach dem 1. Oktober 1927 nach Maßgabe der bisherigen Besoldungsvorschriften ernannten oder beförderten Beamten; hierbei tritt an die Stelle des 1. Oktober 1927 jeweils der Tag der Ernennung oder Beförderung. Der Erlaß besonderer Ueberleitungsbestimmungen für die Beamten der Kriminalpolizei und der uniformierten Staatspolizei bleibt dem Staatsministerium des Innern im Einvernehmen mit dem Staatsministerium der Finanzen vorbehalten.

Anlage 5.

II Art. 3 Abs. II findet entsprechende Anwendung.

III Von der Ueberleitung sind Beamte ausgeschlossen, die bis zur Veröffentlichung dieses Gesetzes aus dem Staatsdienst ohne Anspruch auf Versorgung ausgeschieden oder ohne Hinterlassung von Hinterbliebenen im Sinne des Art. 72 des Beamtengesetzes gestorben sind.

1. Vgl. § 22 des RBesG. und Nr. 96—102 der RBesB.

2. Zu Abs. I Satz 1 und Abs. III: In der Anlage 5 ist dargestellt, in welche Besoldungsgruppe der neuen Besoldungsordnungen A oder B die etatmäßigen oder nichtetatmäßigen Beamten überzuleiten sind, die am 1. Oktober 1927, dem Tage des Inkrafttretens des neuen BBesG. (vgl. Art. 62 Abs. I) im Dienste waren. Ergänzend zur Anlage 5 treten die bei den einzelnen Besoldungsgruppen der Besoldungsordnung A vorgetragenen Ueberleitungsbestimmungen für die etatmäßigen Beamten sowie die Ueberleitungsvorschriften in Anlage 4 und in Art. 31 Abs. II für die nichtetatmäßigen Beamten. Der maßgebende Stichtag für die Ueberleitung ist sonach der 1. Oktober 1927. Demgemäß sind in die neue Besoldungsordnung Beamte, die am 1. Oktober 1927 nicht mehr im Dienste waren, nicht in die neue Besoldungsordnung überzuleiten; hierher gehören außer den zum oder vor dem 1. Oktober aus dem Staatsdienst entlassenen oder aus sonstigen Gründen ausgeschiedenen oder vor dem 1. Oktober 1927 im Dienste gestorbenen Beamten insbesondere alle Beamten, die zum 1. Oktober 1927 oder zu einem früheren Zeitpunkt in den dauernden oder zeitlichen Ruhestand versetzt worden sind; es gilt dies auch für solche Beamte, deren Anspruch auf den Ruhegehalt wegen Fortverwendung im Dienste über den 1. Oktober 1927 hinaus gemäß Art. 62 des BG. oder Art. 52 des BLG. erst von einem nach dem 1. Oktober 1927 liegenden Zeitpunkt an beginnt oder begonnen hat, und die deshalb bis zu diesem Zeitpunkt noch das aktive Diensteinkommen beziehen oder bezogen haben, und selbstverständlich für zum oder vor dem 1. Oktober 1927 in den zeitlichen oder dauernden Ruhestand versetzte Beamte, die im Staatsdienste lediglich wieder verwendet sind, auch wenn ihre Wiederverwendung über den 1. Oktober 1927 hinaus fortdauert. Wegen der Neuregelung der Versorgungsbezüge dieser Beamten siehe Art. 44. Dagegen zählen zu den am 1. Oktober 1927 im Dienste gewesenen Beamten auch die — mit oder ohne Diensteinkommen — aus dem Staatsdienst am 1. Oktober 1927 beurlaubten Beamten oder die durch Krankheit oder sonstige Gründe am Dienste behinderten oder des Dienstes vorläufig enthobenen Beamten. Ferner sind kraft besonderer Vorschrift des Art. 43 die am 1. Oktober 1927 im einstweiligen Ruhestande befindlichen Beamten in die neuen Dienstbezüge überzuleiten.

Das Ausscheiden aus dem aktiven Staatsdienste nach dem 1. Oktober 1927 (Ruhestandsversetzung,

Tod, Entlassung auf Ansuchen oder zur Strafe, Verlust des Amtes infolge strafgerichtlicher Verurteilung) hat gemäß Abs. III den Ausschluß von der Ueberleitung **nur dann** zur Folge, wenn es noch vor der Veröffentlichung des BBesG., also vor dem 27. April 1928 (Datum des Gesetz- und Verordnungsblattes, in dem das BBesG. verkündet worden ist) erfolgt ist und der ausgeschiedene Beamte keinen Anspruch auf Versorgung (Ruhegehalt, Wartegeld, Unterhaltsbeitrag nach Art. 110 Abs. 2 des BG. oder des BLG., oder nach Art. 7 Abs. 5 des Richterdisziplinargesetzes) hat oder ohne Hinterlassung von Hinterbliebenen im Sinne des Art. 72 des BG. oder bei Volksschullehrern der Art. 65 und 66 des BLG. (vgl. Art. 48 Abs. III) gestorben ist. Unter Ausscheiden aus dem Staatsdienste sind alle Fälle der Beendigung des Staatsdienstverhältnisses zu verstehen, also beispielsweise auch der Fall, daß das Dienstverhältnis einer Beamtin wegen Verheiratung gelöst oder die Beamtin zwecks Eheschließung auf Ansuchen aus dem Staatsdienst entlassen wurde; hierbei ist es gleichgültig, ob die Beamtin etwa auch nach ihrer Verheiratung noch im Staatsdienste aushilfsweise beschäftigt war. Zu den Hinterbliebenen im Sinne des Art. 72 des BG. oder des Art. 65, 66 des BLG. zählen die Witwe und die ehelichen oder legitimierten Kinder des Beamten oder bedürftige Eltern, Großeltern, Geschwister, Geschwisterkinder, Enkel, Adoptivkinder, Stief- oder Pflegekinder, deren Ernährer der Beamte war.

Das Staatsministerium der Finanzen hat sich in Abschnitt A Ziff. II Abs. 8 der Vollzugsbekanntmachung vom 28. März 1928 (StAnz. Nr. 73) vorbehalten, die gemäß Art. 41 Abs. III von der Ueberleitung ausgeschlossenen Beamten dann in die neuen Dienstbezüge überzuleiten, wenn sie unmittelbar aus dem Staatsdienste in den Dienst des Reiches oder einer Gemeinde oder einer sonstigen Körperschaft des öffentlichen Rechtes übergetreten sind.

Ueberleitungsbeispiel zu Art. 41 Abs. I Satz 1 siehe in Bem. 6 b.

3. Zu Abs. I Satz 2: Der Umstand, daß das BBesG. erst am 9. März 1928 im Entwurfe dem Landtag vorgelegt wurde und daß deshalb in der Zeit vom 1. Oktober 1927 bis zur Veröffentlichung des Gesetzes noch nach Maßgabe des bisherigen BBesG. und der bisherigen BesO. Beamte ernannt und befördert wurden, machte, da das BBesG. rückwirkend ab 1. Oktober 1927 in Kraft gesetzt wurde (Art. 62 Abs. I), eine besondere Ueberleitungsregelung für diejenigen Beamten notwendig, die erst nach dem 1. Oktober 1927 in nichtetatmäßiger oder etatmäßiger Weise ernannt wurden oder die zwar am 1. Oktober 1927 bereits im Dienste waren, nach dem 1. Oktober 1927 aber nach Maßgabe der bisherigen Besoldungsvorschriften ernannt (unter Ernennung ist auch der Fall der Versetzung auf eine Amtsstelle innerhalb der gleichen Besoldungsgruppe oder auf eine Amtsstelle einer niedrigeren Gruppe der bisherigen Besoldungsordnung zu verstehen) oder befördert worden sind. Für diese Beamten gelten der Grundsatz des Art. 41 Abs. I Satz 1 und die Ueberleitungsbestimmungen in Anlage 4 Buchst. a Abs. 2 und in Art. 31 Abs. II Satz 2 mit der Maßgabe, daß an die Stelle des 1. Oktober 1927 jeweils der Tag der Ernennung oder Beförderung tritt; es wird also unterstellt, daß das BBesG. erst am Tage der Ernennung oder Beförderung in Kraft getreten wäre. Daraus ergibt sich für diese Beamten unter Umständen die Notwendigkeit einer mehrfachen Ueberleitung. Art. 41 Abs. I Satz 2 ist eine Vorschrift zugunsten des Beamten; soweit sie sich für ihn ungünstiger auswirken würde als wenn bei seiner nach dem 1. Oktober 1927 erfolgten Ernennung oder Beförderung die Vorschriften des neuen BBesG., insbesondere des Art. 11 angewandt würden, muß auf dem Wege des Art. 59 Abhilfe geschaffen werden (vgl. Abschnitt A Ziff. II Abs. 7 der Fin.-MinBek. vom 28. März 1928 — StAnz. Nr. 73).

Ueberleitungsbeispiele siehe in Bem. 6 c.

4. Zu Abs. I Satz 3: Die durch das PBG. herbeigeführte Vereinheitlichung der gesamten Polizei bedingt auch eine Ausgleichung in besoldungsrechtlicher Hinsicht, um Härten und gegenseitige Berufungen bei den Beamten der Kriminalpolizei, Schutzmannschaft und Gendarmerie zu vermeiden. Der Zweck dieses Ausgleichs ist, die bisherige unterschiedliche Entwicklung in den Anstellungs- und Beförderungsverhältnissen bei der Gendarmerie und Schutzmannschaft einschließlich Kriminalpolizei und die dadurch veranlaßten Unterschiede in der Besoldung zu berücksichtigen und außerdem die zurzeit vorhandenen Beamten in besoldungsrechtlicher Hinsicht möglichst so zu stellen, wie wenn die neuen Anstellungsbedingungen des PBG. und die neuen Besoldungsvorschriften schon früher gegolten hätten. Die Verhältnisse sind aber zu verschieden, als daß eine erschöpfende Regelung im Gesetze selbst hätte getroffen werden können. Das Gesetz überläßt daher den Erlaß besonderer Ueberleitungsbestimmungen für die Beamten der Kriminalpolizei und der uniformierten Staatspolizei den beteiligten Staatsministerien des Innern und der Finanzen. Diese besonderen Ueberleitungsbestimmungen sind mit Entschl. des StMin. des Innern vom 2. Mai 1928 Nr. 2101 a 37 erlassen und mit Entschl. des StMin. des Innern vom 12. Juni 1928 Nr. 2350 a 6 näher erläutert worden. Hiernach erhalten die Offiziere der Gendarmerie und der Schutzmannschaft, soweit sie in das Dienstverhältnis von Polizeibeamten im Sinne des PBG. übergetreten sind, als etatmäßige Oberstleutnante der bisherigen BesGr. A XII (also nicht auch die Titular-Oberstleutnante) den Endgrundgehalt der BesGr. A 2 a (vgl. Anm. 2 zur BesGr. A 2 a), als etatmäßige Majore der bisherigen BesGr. A XI (also nicht auch die Titular-Majore) bei einer etatmäßigen Dienstzeit — gerechnet von der etatmäßigen Beförderung in die BesGr. A XI an — bis zu 2 Jahren einen Grundgehalt von 7700 *RM* und bei einer etatmäßigen Dienstzeit von mehr als 2 Jahren den Endgrundgehalt der BesGr. A 2 d in Höhe von 8400 *RM* (vgl. Anm. 3 zur BesGr. A 2 d), als etatmäßige Hauptleute der bisherigen

BesGr. A IX und X die Grundgehälter der BesGr. A 3b, wobei das BDA. in dieser Gruppe mit dem Tage der etatmäßigen Ernennung zum Hauptmann der Gendarmerie oder Schutzmannschaft beginnt. Die Kriminalkommissäre im äußeren Dienste, die Gendarmeriekommissäre und die Polizeikommissäre der Schutzmannschaft (sämtlich etatmäßige Beamte der bisherigen BesGr. A VII, also nicht auch die Titular-Kommissäre) werden als Oberkommissäre in die BesGr. A 5a übergeleitet und zwar mit einem BDA., das mit dem Eintritt in das 19. Polizeidienstjahr beginnt, wenn nicht das BDA. auf Grund der allgemeinen Ueberleitungsbestimmungen günstiger ist. Als Polizeidienstjahre gelten die Dienstzeiten bei der Gendarmerie, der staatlichen und gemeindlichen Schutzmannschaft, der alten und der neuen Gendarmerie- und Polizeischule, dann die Dienstzeiten als Hilfsgendarm und Hilfsschutzmann und alle sonstigen polizeilichen und militärischen Dienstzeiten in entsprechender Anwendung der bei der Landespolizei geltenden Grundsätze über die Anrechnung von solchen Dienstzeiten auf das BDA. (vgl. Art. 9 des LBG., RBesG. vom 30. April 1920, Ziff. 46, 49 und 107a der RBesV. vom 16. Juni 1920 in der Fassung der Bek. vom 14. Juli 1924; hierbei ist zu beachten, daß die in Ziff. 107a der RBesV. festgesetzte Frist für die Landespolizeibeamten bis 1. Oktober 1923 verlängert worden ist); in Betracht kommen sonach außer den oben angegebenen Dienstzeiten die Dienstzeit in der staatlichen oder gemeindlichen Schutzmannschaft anderer deutscher Länder, die in den Schutzmannschulen München und Nürnberg verbrachten Zeiten, die Dienstzeit als vollbeschäftigter Hilfsgendarm oder Gendarm auf Probe, die Dienstzeit als vollbeschäftigter Hilfsschutzmann, die Dienstzeit als vollbeschäftigter Gendarmeriebewerber bei der Gefangenenwache St. Georgen-Bayreuth, die Zeit des wirklichen Heeresdienstes im alten und im neuen deutschen Heere, bei den Abwicklungs- und Demobilmachungsstellen, die Dienstzeit bei amtlich anerkannten Freiwilligenverbänden (d. s. Verbände, die in die Reichswehr oder in die Landespolizei übergegangen sind oder auf Anordnung von zivilen und militärischen Behörden an Truppenverbände angegliedert waren und auf Befehl militärischer oder Polizeibehörden eingesetzt wurden), ferner die Zeit der unverschuldeten Kriegsgefangenschaft. Die Kriegsdienstzeit wird nur einfach angerechnet. Für die Anrechnung der Dienstzeiten ist ohne Belang, ob der Beamte als Versorgungs- oder als Zivilanwärter angestellt worden ist und ob die einzelnen Dienstzeiten zusammenhängend oder mit Unterbrechungen abgeleistet worden sind. Die Anrechnung der in entsprechender Anwendung der bei der Landespolizei geltenden Grundsätze anrechnungsfähigen Dienstzeiten ist aber nur bei den Beamten zulässig, die schon vor dem 1. Oktober 1923 in die Landespolizei eingetreten sind. Bei den am 1. Oktober 1923 oder später in die Landespolizei eingetretenen Beamten dürfen die vor diesem Zeitpunkt liegenden Dienstzeiten nicht angerechnet werden. Nicht anzurechnen ist die vor dem vollendeten 17. Lebensjahre liegende Militär- oder Marinedienstzeit, sofern es sich nicht um eine tatsächlich abgeleistete Kriegsdienstzeit handelt, ferner nicht die Dienstzeit als Zögling der Unteroffiziers v o r schule, da diese nicht zur Heeresdienstzeit zählt. Bei der Feststellung der Dienstzeiten ist jeder Monat mit 30 Tagen zu berechnen; beim Zusammenzählen mehrerer Dienstzeiten werden 30 Tage als ein Monat gerechnet (vgl. Bem. 5 zu Art. 6). B e i s p i e l: Ein etatmäßiger Kriminalkommissär im äußeren Dienst der bisherigen BesGr. A VII mit einem BDA. in dieser Gruppe vom 1. Oktober 1916 ist geboren am 15. Dezember 1878, hat vom 14. Oktober 1898 bis 17. September 1900 Militärdienst geleistet, war vom 18. bis 30. September 1900 ohne Verwendung, besuchte vom 1. Oktober bis 23. Dezember 1900 die Gendarmerieschule, war am 2. Januar bis 21. März 1901 aushilfsweise im gemeindlichen Kanzleidienst verwendet und wurde am 26. März 1901 als Gendarm angestellt. Seitdem ist er ununterbrochen im staatlichen Polizeidienst verwendet. Als Polizeidienstzeit ist bei ihm zu rechnen die Militärdienstzeit (vom 14. Oktober 1898 bis 17. September 1900) mit 1 Jahr 11 Monaten 4 Tagen, die Gendarmerieschulzeit (vom 1. Oktober bis 23. Dezember 1900) mit 2 Monaten 23 Tagen, die staatliche Polizeidienstzeit (vom 22. März 1901 bis 30. September 1927) mit 26 Jahren 6 Monaten 5 Tagen, zusammen 28 Jahre, 8 Monate 2 Tage. Nach den besonderen Ueberleitungsgrundsätzen hätte das BDA. in der BesG. A 5a mit dem Eintritt in das 19. Polizeidienstjahr, also mit dem 29. Januar 1917 (nämlich 1. Oktober 1927 — 10 Jahre 8 Monate 2 Tage) zu beginnen; nach den allgemeinen Ueberleitungsbestimmungen aber wird den aus der bisherigen BesG. A VII in die BesGr. A 5a überzuleitenden Beamten ihr bisheriges BDA. gewahrt. Da der im Beispiel genannte Beamte in der bisherigen BesGr. A VII ein BDA. vom 1. Oktober 1916 hatte, erhält er dieses — günstigere — BDA. Die der bisherigen BesGr. A VI angehörenden etatmäßigen Beamten der Gendarmerie, Schutzmannschaft und der Kriminalpolizei im äußeren Dienste (S e k r e t ä r e d e r G e n d a r m e r i e u n d d e r S c h u t z m a n n s c h a f t, K r i m i n a l s e k r e t ä r e, S i c h e r h e i t s k o m m i s s ä r e d e r G e n d a r m e r i e u n d d e r S c h u t z m a n n s c h a f t) werden als G e n d a r m e r i e-, P o l i z e i- o d e r K r i m i n a l s e k r e t ä r e oder als G e n d a r m e r i e-, P o l i z e i- o d e r K r i m i n a l k o m m i s s ä r e in die BesGr. A 7a übergeleitet und zwar mit einem BDA., das mit dem Eintritt in das 13. P o l i z e i d i e n s t j a h r beginnt, wenn nicht das BDA. auf Grund der allgemeinen Ueberleitungsbestimmungen günstiger ist. Wegen des Begriffes „Polizeidienstjahre" siehe Bem. bei Kriminalkommissären. B e i s p i e l: Ein Sicherheitskommissär der Schutzmannschaft, geboren am 10. Oktober 1880, hat in der bisherigen BesGr. A VI ein BDA. vom 1. April 1917. Er hat vom 2. Oktober 1900 bis zum 30. September 1905 beim Militär gedient, war vom

1. Oktober 1905 bis 1. Oktober 1906 in Privatstellung, besuchte vom 2. Oktober bis 21. Dezember 1906 die Gendarmerieschule, wurde am 22. Dezember 1906 als Schutzmann angestellt und ist seitdem mit Ausnahme eines Jahres, während dessen er wegen Krankheit im zeitlichen Ruhestande war, im staatlichen Polizeidienst tätig. Als Polizeidienstzeit ist zu rechnen die Militärdienstzeit (vom 2. Oktober 1900 bis 30. September 1905) mit 4 Jahren 11 Monaten 29 Tagen, die Gendarmerieschulzeit (2. Oktober bis 21. Dezember 1906) mit 2 Monaten 20 Tagen und die staatliche Polizeidienstzeit (vom 22. Dezember 1906 mit 30. September 1927 abzüglich des Ruhestandsjahres) mit 19 Jahren 9 Monaten 9 Tagen, zusammen 24 Jahre 11 Monate 28 Tage. Nach den besonderen Ueberleitungsbestimmungen hat das BDA. in der BesGr. A 7a mit dem Eintritt in das 13. Polizeidienstjahr, also mit dem 3. Oktober 1914 (nämlich 1. Oktober 1927 — 12 Jahre 11 Monate 28 Tage) zu beginnen. Dieses BDA. ist günstiger als das BDA. nach den allgemeinen Ueberleitungsbestimmungen (1. April 1917). Die der bisherigen BesGr. A V angehörenden etatmäßigen Kriminalassistenten im äußeren Dienste, Verwaltungsassistenten der Gendarmerie, Polizeiassistenten der Schutzmannschaft und Stationskommandanten der Gendarmerie sowie die eine **mehr** als zwölfjährige Gesamtpolizeidienstzeit besitzenden etatmäßigen Oberwachtmeister und Wachtmeister der Gendarmerie und Schutzmannschaft werden als Hauptwachtmeister in die BesGr. A 7c übergeleitet und zwar wenn sie schon vor dem Kriege oder ausnahmsweise während des Krieges, also mindestens vor dem 1. Januar 1919, in etatmäßiger Weise angestellt worden sind, mit einem BDA., das mit dem Eintritt in das 3. Polizeidienstjahr beginnt, sonst mit einem BDA., das mit dem Eintritt in das 5. Polizeidienstjahr beginnt. Wegen des Begriffes „Polizeidienstjahre" siehe Bem. bei Kriminalkommissären. Als vor oder während des Krieges angestellt gelten hierbei auch diejenigen Beamten, die in bezug auf ihr BDA. so behandelt worden sind, wie wenn sie schon im Jahre 1914 angestellt worden wären (vgl. Entschl. des StMin. des Innern vom 17. Juni 1919 Nr. 1125a 17). Beispiele: 1. Ein am 9. Oktober 1890 geborener Oberwachtmeister der Schutzmannschaft der bisherigen BesGr. A V mit einem BDA. vom 1. Januar 1916 hat vom 15. Oktober 1907 bis 1. Oktober 1909 die Unteroffiziersschule besucht, vom 2. Oktober 1909 bis 30. September 1913 als Kapitulant beim Militär gedient, war vom 1. Oktober bis 31. Dezember 1913 in der Gendarmerieschule und wurde am 1. Januar 1914 als Schutzmann etatmäßig angestellt. Die Polizeidienstzeit berechnet sich vom 15. Oktober 1907 bis 30. September 1927 auf 19 Jahre 11 Monate 16 Tage. Im Zeitpunkte der Ueberleitung (1. Oktober 1927) hat er sonach eine mehr als 12jährige Polizeidienstzeit zurückgelegt; er ist deshalb und weil er schon vor

dem 1. Januar 1919 etatmäßig angestellt worden ist, in die BesGr. A 7c überzuleiten und zwar mit einem BDA., das mit dem Eintritt in das dritte Polizeidienstjahr beginnt, also mit einem BDA. vom 15. Oktober 1909 (nämlich 1. Oktober 1927 — 17 Jahre 11 Monate 16 Tage). 2. Ein Gendarmeriewachtmeister der bisherigen Bes.-Gr. A V, der nach Vollendung des 17. Lebensjahres vom 1. Oktober 1912 an seiner Militärdienstpflicht genügte, den ganzen Krieg mitmachte und am 1. Februar 1919 aus dem Militärdienst entlassen wurde, um unmittelbar anschließend hieran als Hilfsgendarm verwendet zu werden, hat als Hilfsgendarm die Gendarmerieschule vom 1. Oktober 1919 bis 31. Januar 1920 besucht und ist am 1. Februar 1920 etatmäßig als Gendarm angestellt worden. Er ist, da er im Zeitpunkte der Ueberleitung (1. Oktober 1927) eine Gesamtpolizeidienstzeit von 15 Jahren, also von mehr als 12 Jahren, zurückgelegt hat, in die BesGr. A 7c überzuleiten, und zwar, weil er erst nach dem 31. Dezember 1918 etatmäßig angestellt worden ist, mit einem BDA., das mit dem Eintritt in das fünfte Polizeidienstjahr beginnt, also mit einem BDA. vom 1. Oktober 1916 (nämlich 1. Oktober 1927 — 11 Jahre). Die etatmäßigen Oberwachtmeister und Wachtmeister der Gendarmerie und Schutzmannschaft der bisherigen BesGr. A V oder A IV mit einer Gesamtpolizeidienstzeit von **weniger** als 12 Jahren werden als Oberwachtmeister in die BesGr. A 8b übergeleitet und zwar mit einem BDA., das mit dem Eintritt in das 5. Polizeidienstjahr beginnt; an Stelle der Bezüge der BesGr. A 8b aber erhalten diese Beamten, wenn dies für sie günstiger ist, die Bezüge der BesGr. A 8a nach einem nach den allgemeinen Ueberleitungsbestimmungen dieser BesGr. berechneten BDA. (Beamte der bisherigen BesGr. A V behalten das BDA. dieser Gruppe, Beamte der bisherigen BesGr. A IV erhalten das um 4 Jahre verkürzte BDA. dieser Gruppe) solange, bis sie in der BesGr. A 8b erstmals einen höheren Grundgehalt als in der BesGr. A 8a erreichen. Erfüllen diese Beamten die zwölfjährige Polizeidienstzeit nach dem 1. Oktober 1927, aber noch vor der Veröffentlichung des BBesG. (27. April 1928), so werden sie mit dem Zeitpunkte der Erfüllung der zwölfjährigen Polizeidienstzeit in die BesGr. A 7c übergeleitet; Beamte, die erst nach der Veröffentlichung des BBesG. 12 Polizeidienstjahre vollenden, können die BesGr. A 7c nicht mehr im Wege der Ueberleitung, sondern nur noch durch Beförderung vom Oberwachtmeister zum Hauptwachtmeister erreichen. Wegen des Begriffes „Polizeidienstjahre" siehe Bem. bei Kriminalkommissären. Beispiele: 1. Ein Polizeibeamter, der nach Vollendung des 17. Lebensjahres am 15. Januar 1916 zum Militärdienst einberufen und am 31. Januar 1919 aus ihm entlassen worden war, ist ab 1. Mai 1919 als Hilfsgendarm verwendet und ab 1. Februar 1920 nach vorherigem Besuche der Gendarmerieschule als Gendarm etatmäßig angestellt worden; er hat in der BesGr. A IV ein BDA. vom 1. Februar 1920. Bis zum Inkrafttreten des BBesG. (1. Oktober 1927) hat er eine Gesamtpolizeidienstzeit von 11 Jahren 5 Monaten 16 Tagen zurückgelegt (nämlich 15. Januar 1916—31. Januar 1919 = 3 Jahre 16 Tage; 1. Mai 1919—30. September 1927 = 8 Jahre 5 Monate, zusammen 11 Jahre 5 Monate 16 Tage). Er ist deshalb in die BesGr. A 8 b überzuleiten, weil er noch keine 12 Polizeidienstjahre erfüllt hat, und zwar mit einem BDA., das mit dem Eintritt in das 5. Polizeidienstjahr beginnt, also mit einem BDA. vom 15. April 1920 (nämlich 1. Oktober 1927 — 7 Jahre 5 Monate 16 Tage). Hiernach erhält er ab 1. Oktober 1927 einen Grundgehalt von jährlich 2340 *RM*. In der BesGr. A 8 a würde er auf Grund der allgemeinen Ueberleitungsbestimmungen (Kürzung des BDA. der BesGr. A IV um 4 Jahre) ein BDA. vom 1. Februar 1924 und demgemäß einen Grundgehalt von jährlich 2090 *RM* erhalten. Da dieser niedriger ist als der Grundgehalt in der BesGr. A 8 b, verbleibt es bei der Ueberleitung in diese BesGr. Am 15. April 1928 tritt dieser Beamte in das 13. Polizeidienstjahr ein; er ist deshalb, da das BBesG. zu diesem Zeitpunkte noch nicht veröffentlicht war, ab 15. April 1928 in die BesGr. A 7 c überzuleiten und zwar, da auch bei der Ueberleitung in die BesGr. A 7 c das BDA. mit dem Eintritt in das 5. Polizeidienstjahr beginnt (vgl. oben Kriminalassistenten usw.), mit dem gleichen BDA. wie in der BesGr. A 8 b, also vom 15. April 1920. Hiernach gebührt ihm ab 15. April 1928 (nicht etwa schon ab 1. April 1928) ein jährlicher Grundgehalt von 2450 *RM*; er rückt am 1. April 1930 (nicht etwa 15. April 1930; vgl. Art. 6 Abs. II) in den Grundgehalt von jährlich 2550 *RM* vor. 2. Beispiel: Ein Beamter, der am 1. Oktober 1921 bei der Landespolizei eingetreten und nach Besuch der Gendarmerieschule seit dem 1. Oktober 1924 mit einem BDA. vom gleichen Tage als Gendarmeriewachtmeister der bisherigen BesGr. A IV in etatmäßiger Weise angestellt ist, ist in die BesGr. A 8 b mit einem BDA. vom 1. Oktober 1925 (Eintritt in das 5. Polizeidienstjahr) überzuleiten; hiernach wäre für ihn ein Grundgehalt von jährlich 1980 *RM* zuständig. Würde er in die BesGr. A 8 a übergeleitet, so hätte er in dieser BesGr. ein BDA. vom 1. Oktober 1927 und demgemäß einen Grundgehalt von jährlich 2000 *RM*. Da dieser Grundgehalt höher ist, so erhält er diesen statt des niedrigeren Grundgehalts der BesGr. A 8 b (1980 *RM*). Ab 1. Oktober 1929 steht ihm in der BesGr. A 8 b ein Grundgehalt von 2220 *RM* zu; dieser Grundgehalt ist höher als jener in der BesGr. A 8 a (2090 *RM*). Ein Ausgleich kommt daher nicht mehr in Frage. 3. Beispiel: Wäre der im 2. Beispiel genannte Beamte bereits am 1. August 1920 bei der Landespolizei eingetreten und schon ab 1. August 1923 mit einem BDA. vom gleichen Tage etatmäßig angestellt worden, so würde er am 1. Oktober 1927 mit einem BDA. vom 1. August 1924 in die BesGr. A 8 b (Grundgehalt 1980 *RM*; ab 1. August 1928 2220 *RM*) überzuleiten sein, für die Zeit vom 1. Oktober 1927 mit

31. Juli 1928 aber den nach Maßgabe eines BDA. vom 1. August 1927 zuständigen höheren Grundgehalt von 2000 *RM* der BesGr. A 8a statt des Grundgehalts von 1980 *RM* der BesGr. A 8b erhalten. 4. Beispiel: Auch wenn der im Beispiel 3 genannte Beamte etwa am 1. September 1927 in die bisherige BesGr. A V mit einem BDA. vom 1. August 1927 befördert worden wäre, würde seine Ueberleitung in der gleichen Weise wie im Beispiel 3 zu regeln sein.

Als weitere besondere Ueberleitungsbestimmung ist hervorzuheben, daß bei den in die BesGr. A 7c übergeleiteten Beamten, wenn sie schon vor dem Kriege oder während des Krieges etatmäßig angestellt worden sind und deshalb in der BesGr. A 7c ein BDA. erhalten haben, das mit dem Eintritt in das 3. Polizeidienstjahr beginnt, bei der späteren etatmäßigen Beförderung aus der BesGr. A 7c in die BesGr. A 7a das BDA. um nicht mehr als 10 Jahre verkürzt werden darf.

Im übrigen gelten für die Beamten der Kriminalpolizei und der uniformierten Staatspolizei die gleichen Ueberleitungsvorschriften wie für die übrigen etatmäßigen Staatsbeamten.

5. Zu Abs. II: Soweit durch die neue Besoldungsordnung Amtsstellen aus ihrer bisherigen Einstufung herausgehoben sind, könnten sich in einzelnen Fällen personalpolitische Schwierigkeiten daraus ergeben, daß sie im Zeitpunkte der Durchführung der Ueberleitung mit Beamten besetzt sind, die auf die jetzt gehobene Stelle nicht ernannt, versetzt oder befördert worden wären, wenn zur Zeit der Besetzung der Stelle diese schon gehoben gewesen wäre. Abs. II bietet die Möglichkeit, solche Schwierigkeiten zu vermeiden. Es steht der Verwaltung frei, den Zeitpunkt zu bestimmen, zu dem der Inhaber der gehobenen Stelle die neuen Bezüge erhalten soll. Bis dahin erhält der Beamte die Bezüge, die er zu erhalten hätte, wenn seine Stelle nicht gehoben worden wäre. In gleicher Weise findet Art. 3 Abs. II für die Ueberleitung auch in jenen Fällen Anwendung, in denen ein Beamter schon vor der Ueberleitung nicht den Grundgehalt seiner Dienstesstelle erhalten hat. Für die richterlichen Beamten gilt die Vorschrift des Art. 41 Abs. II nicht; vgl. hierüber Bem. 3 zu Art. 3.

6. Zum Vollzuge der Ueberleitung im einzelnen: a) Die bei den einzelnen Besoldungsgruppen der Besoldungsordnung A vorgesehenen Ueberleitungsbestimmungen zur Ermittlung des BDA. in der neuen BesGr. lassen sich in 13 verschiedene Ueberleitungsformeln gliedern:

Formel 1: Der Beamte behält sein bisheriges BDA. Dies gilt bei der Ueberleitung

aus der alten BesGruppe	in die neue BesGruppe	aus der alten BesGruppe	in die neue BesGruppe
A II	A 12	A XI der a.o. Hochschulprofessoren	A 2d
A V	A 8a		A 2c
A VI	A 7a		
A VI	A 6	A XI	A 2b
A VII	A 5a	A XII	A 2a
A IX	A 4a	der o. Hochschulprofessoren	A 1c
A X	A 3a		
		A XIII	A 1a

Formel 2: Der Beamte behält sein bisheriges BDA.; das BDA. darf aber in keinem Fall 16 Jahre übersteigen. Dies gilt bei der Ueberleitung

aus der alten BesGruppe	in die neue BesGruppe
A IV	A 9
A VI	A 5c

Formel 3: Der Beamte behält sein bisheriges BDA.; das BDA. darf aber in keinem Fall 14 Jahre übersteigen. Dies gilt bei der Ueberleitung

aus der alten BesGruppe	in die neue BesGruppe
A II	A 11
A III	A 10
A VII	A 4b
A X	A 2f
A X	A 2e

Formel 4: Der Beamte behält sein bisheriges BDA.; das BDA. darf aber in keinem

Fall 12 Jahre übersteigen. Dies gilt bei der Ueberleitung

aus der alten BesGruppe	in die neue BesGruppe
A VI	A 5b
A X	A 2g

Formel 5: Der Beamte behält sein bisheriges BDA.; das BDA. darf aber in keinem Fall 10 Jahre übersteigen. Das gilt bei der Ueberleitung aus der alten BesGr. A XII mit 1800 *RM* Zulage in die neue BesGr. A 1 d.

Formel 6: Der Beamte behält sein bisheriges BDA.; das BDA. darf aber in keinem Fall 8 Jahre übersteigen. Das gilt bei der Ueberleitung aus der alten BesGr. XII in die neue BesGr. A 1 d.

Formel 7: Der Beamte erhält sein um 4 Jahre verbessertes BDA. Das gilt bei der Ueberleitung

aus der alten BesGruppe	in die neue BesGruppe	aus der alten BesGruppe	in die neue BesGruppe
A III	A 11	A VII	A 5b
A IV	A 10	A VIII	A 4b
A V	A 9	A XI	A 2g
A VII	A 6	A XI	A 2e
A VII	A 5c		

Formel 8: Der Beamte erhält sein um 2 Jahre verbessertes BDA. Das gilt bei der Ueberleitung aus der alten BesGr. A VI in die neue BesGr. A 7 b.

Formel 9: Der Beamte erhält sein um 2 Jahre verkürztes BDA. Das gilt bei der Ueberleitung aus der alten BesGr. A V in die neue BesGr. A 7 b.

Formel 10: Der Beamte erhält sein um 4 Jahre verkürztes BDA. Das gilt bei der Ueberleitung

aus der alten BesGruppe	in die neue BesGruppe
A I	A 12
A IV	A 8a
A VIII	A 4a
A X	A 2d

Formel 11: Der Beamte erhält sein um 4 Jahre verkürztes BDA.; das BDA. darf aber in keinem Fall 12 Jahre übersteigen. Das gilt bei der Ueberleitung aus der alten Bes.-Gr. III in die neue BesGr. A 9.

Formel 12: Der Beamte erhält sein um 4 Jahre verkürztes BDA.; das BDA. darf aber in keinem Fall 6 Jahre übersteigen. Das gilt bei der Ueberleitung aus der alten BesGr. A IX in die neue BesGr. A 3a und aus der alten BesGr. A IX in die neue BesGr. A 2f.

Formel 13: Der Beamte erhält sein um 6 Jahre verkürztes BDA. Das gilt bei der Ueberleitung aus der alten BesGr. XII in die neue Bes.-Gr. A 1b.

Die in den Ueberleitungsbestimmungen vorgesehenen Kürzungen des BDA. oder die Festlegung eines bestimmten Höchstmaßes des BDA. (vgl. Formel 9—13) verfolgen den Zweck, eine über die durchschnittliche Aufbesserung in der einschlägigen BesGr. hinausgehende Steigerung des Grundgehalts und damit eine ungerechtfertigte Bevorzugung des Beamten zu vermeiden.

Soweit bei der Verkürzung des bisherigen BDA. (Ueberleitung nach Formel 9—13) das BDA. auf einen Zeitpunkt nach dem 1. Oktober 1927 fallen würde, ist das BDA. auf den Tag des Inkrafttretens des BBesG., also auf den 1. Oktober 1927 festzusetzen, da der Beamte unter allen Umständen den Anfangsgrundgehalt ab 1. Oktober 1927 erhalten muß und in ihm nur 2 Jahre (Art. 4, 6) zu verbleiben braucht. An die Stelle des 1. Oktober 1927 tritt in den Fällen des Art. 41 Abs I Satz 2 der Tag der Ernennung oder Beförderung.

b) Beispiele zu Art. 41 Abs. I Satz 1: 1. Beispiel: Ein Fischereigehilfe der alten BesGr. A I mit einem BDA. vom 1. Mai 1918 wird am 1. Oktober 1927 in die neue BesGr. A 12 übergeleitet. Ueberleitung nach Formel 10; er erhält in der BesGr. A 12 ein BDA. vom 1. Mai 1918 — 4 Jahre = 1. Mai 1922 und demgemäß ab 1. Oktober 1927 einen Jahresgrundgehalt von 1650 *RM*; am 1. Mai 1928 rückt er in den nächsthöheren Grundgehalt von 1730 *RM* jährlich vor. 2. Beispiel: Ein Magazinsaufseher der alten BesGr. A II mit einem BDA. vom 1. Juli 1913 wird am 1. Oktober 1927 in die neue BesGr. A 12 übergeleitet. Ueberleitung nach Formel 1; er behält in der neuen BesGr. A 12 sein bisheriges BDA. vom 1. Juli 1913 und erhält demgemäß ab 1. Oktober 1927 einen Grundgehalt von 2030 *RM* jährlich; am 1. Juli 1929 rückt er in den Endgrundgehalt von 2100 *RM* vor. 3. Beispiel: Ein Amtswart der alten BesGr. A II mit einem BDA. vom 1. September 1922 wird am 1. Oktober 1927 in die neue BesGr. A 11 übergeleitet. Ueberleitung nach Formel 3; er behält in der neuen BesGr. A 11 sein bisheriges BDA. (1. September 1922), da dieses unter 14 Jahre beträgt, und erhält demnach ab 1. Oktober 1927 einen Grundgehalt von 1680 *RM* jährlich; am 1. September 1928 rückt er in den Grundgehalt von 1770 *RM* vor. 4. Beispiel: Ein Straßenaufseher der alten BesGr. A II hatte ein BDA. vom 1. Juni 1910; am 1. Oktober 1927 wird er in die neue BesGr. A 11 übergeleitet. Ueberleitung nach Formel 3; da das BDA. in der BesGr. A 11 höchstens 14 Jahre betragen darf, erhält der Beamte in der neuen BesGr. A 11 ein BDA. vom 1. Oktober 1927 + 14 Jahre = 1. Oktober 1913; ab 1. Oktober 1927 bezieht er demnach einen Jahresgrundgehalt von 2120 *RM* und rückt am 1. Oktober 1929 in den Endgrundgehalt von 2200 *RM* vor. 5. Beispiel: Ein Messungsoffiziant der alten BesGr. A III hatte ein BDA. vom 1. August 1925; er wird am 1. Oktober 1927 in die neue BesGr. A 11 übergeleitet. Ueberleitung nach Formel 7; er erhält demnach in der neuen BesGr. A 11 ein BDA. vom 1. August 1925 + 4 Jahre = 1. August 1921 und sonach einen Grundgehalt von 1770 *RM* jährlich; am 1. August 1929 rückt er in einen Jahresgrundgehalt von 1860 *RM* vor. 6. Beispiel: Ein Kanzleigehilfe der alten BesGr. A III (BDA. vom 1. September 1926) wird am 1. Oktober 1927 in die neue BesGr. A 10 übergeleitet. Ueberleitung nach Formel 3; darnach erhält der Beamte in der neuen BesGr. A 10 sein bisheriges BDA. vom 1. September 1926, da es 14 Jahre nicht übersteigt. Es gebührt ihm daher ab 1. Oktober 1927 der Anfangsgrundgehalt mit 1600 *RM* jährlich; am 1. September 1928 rückt er in den Jahresgrundgehalt vom 1690 *RM* vor. 7. Beispiel: Ein Flußaufseher der alten BesGr. A III hatte ein BDA. vom 1. November 1912; er wird am 1. Oktober 1927 in die neue BesGr. A 10 übergeleitet. Ueberleitung nach Formel 3; da das BDA. in der neuen BesGr. 14 Jahre nicht übersteigen darf, erhält der Beamte in der BesGr.

A 10 ein BDA. vom 1. Oktober 1927 + 14 Jahre = 1. Oktober 1913 und demgemäß ab 1. Oktober 1927 einen Jahresgrundgehalt von 2230 *RM*; am 1. Oktober 1929 rückt er in den Grundgehalt von 2320 *RM* vor. 8. Beispiel: Ein Akademieoberoffiziant der alten BesGr. A IV hatte ein BDA. vom 1. Oktober 1914; er wird am 1. Oktober 1927 in die neue BesGr. A 10 übergeleitet. Ueberleitung nach Formel 7; darnach erhält der Beamte in der BesGr. A 10 ein BDA. vom 1. Oktober 1914 + 4 Jahre = 1. Oktober 1910 und damit ab 1. Oktober 1927 einen Jahresgrundgehalt von 2320 *RM*; am 1. Oktober 1928 rückt er in den Endgrundgehalt von 2400 *RM* jährlich auf. 9. Beispiel: Ein Forstaufseher der alten BesGr. A III hatte ein BDA. vom 1. Februar 1910; er wird am 1. Oktober 1927 in die neue BesGr. A 9 übergeleitet. Ueberleitung nach Formel 11. Das bisherige BDA. des Beamten (1. Februar 1910) verkürzt um 4 Jahre ergäbe den 1. Februar 1914, d. s. 13 Jahre 8 Monate; da aber das BDA. 12 Jahre nicht übersteigen darf, erhält der Beamte in der BesGr. A 9 ein BDA. vom 1. Oktober 1927 + 12 Jahre = 1. Oktober 1915. Der ab 1. Oktober 1927 zustehende Grundgehalt beträgt 2300 *RM* jährlich; nächste Vorrückung am 1. Oktober 1929 in 2400 *RM* Jahresgrundgehalt. 10. Beispiel: Ein Forstaufseher der alten BesGr. A III hatte ein BDA. vom 1. Mai 1926; er wird am 1. Oktober 1927 in die neue BesGr. A 9 übergeleitet. Ueberleitung nach Formel 11. Demnach würde der Beamte als BDA. den 1. Mai 1926 — 4 Jahre = 1. Mai 1930 erhalten. Da dieser Zeitpunkt nach dem 1. Oktober 1927 liegt, erhält der Beamte in der BesGr. A 9 den 1. Oktober 1927 (den Tag des Inkrafttretens des BBesG.) als Beginn seines BDA. und deshalb ab 1. Oktober 1927 den Anfangsgrundgehalt mit 1700 *RM* jährlich; er rückt am 1. Oktober 1929 in den Jahresgrundgehalt von 1800 *RM* auf. 11. Beispiel: Ein Kanzleiassistent der alten BesGr. A IV hatte ein BDA. vom 1. Januar 1924; er wird am 1. Oktober 1927 in die neue BesGr. A 9 übergeleitet. Ueberleitung nach Formel 2; er erhält hiernach in der neuen BesGr. A 9 sein bisheriges BDA. 1. Januar 1924 und ab 1. Oktober 1927 einen Jahresgrundgehalt von 1800 *RM*; nächste Vorrückung am 1. Januar 1928 in 1900 *RM* Grundgehalt jährlich. 12. Beispiel: Ein Oberpfleger der alten BesGr. IV hatte ein BDA. vom 1. März 1905, d. s. gerechnet bis zum 1. Oktober 1927 22 Jahre 7 Monate; er wird am 1. Oktober 1927 in die neue BesGr. A 9 übergeleitet. Ueberleitung nach Formel 2; er darf in der neuen BesGr. A 9 höchstens ein BDA. von 16 Jahren erhalten, somit 1. Oktober 1927 + 16 Jahre = 1. Oktober 1911. Grundgehalt ab 1. Oktober 1927 jährlich 2500 *RM*; nächste Vorrückung am 1. Oktober 1929 in den Endgrundgehalt mit 2600 *RM* jährlich. 13. Beispiel: Ein Seewart der alten BesGr. A IV hatte ein BDA. vom 1. April 1914; er wird am 1. Oktober 1927 in die neue BesGr. A 8a übergeleitet. Ueberleitung nach Formel 10; er erhält daher in der neuen

BesGr. A 8a ein BDA. vom 1. April 1914 — 4 Jahre = 1. April 1918. Grundgehalt ab 1. Oktober 1927: 2360 RM jährlich; nächste Vorrückung am 1. April 1928 in 2450 RM Jahresgrundgehalt. 14. Beispiel: Ein Oberwerkführer der alten BesGr. A V hatte ein BDA. vom 1. Dezember 1917; er wird am 1. Oktober 1927 in die neue BesGr. A 8a übergeleitet. Ueberleitung nach Formel 1; er erhält daher in der neuen BesGr. A 8a sein bisheriges BDA. 1. Dezember 1917 und demgemäß ab 1. Oktober 1927 einen Jahresgrundgehalt von 2360 RM; nächste Vorrückung am 1. Dezember 1927 in 2450 RM jährlich. 15. Beispiel: Ein Oberforstwart der alten BesGr. A V hatte ein BDA. vom 1. März 1916; er wird am 1. Oktober 1927 in die neue BesGr. A 7b übergeleitet. Ueberleitung nach Formel 9; er erhält daher in der neuen BesGr. A 7b ein BDA. vom 1. März 1916 — 2 Jahre = 1. März 1918. Grundgehalt ab 1. Oktober 1927 jährlich 2700 RM; nächste Vorrückung am 1. März 1928 in 2800 RM jährlich. 16. Beispiel: Ein Gefängnisverwalter der alten BesGr. A VI hatte ein BDA. vom 1. Februar 1913; er wird in die neue BesGr. A 7b übergeleitet. Ueberleitung nach Formel 8; demnach BDA. in der neuen BesGr. A 7b: 1. Februar 1913 + 2 Jahre = 1. Februar 1911; er erhält demnach ab 1. Oktober 1927 einen Jahresgrundgehalt von 3100 RM und rückt am 1. Februar 1929 in den Endgrundgehalt mit 3200 RM jährlich auf. 17. Beispiel: Ein Sekretär der alten BesGr. A VI hatte ein BDA. vom 1. April 1915; er wird in die neue BesGr. A 7a übergeleitet. Ueberleitung nach Formel 1; er erhält somit in der neuen BesGr. A 7a sein bisheriges BDA. vom 1. April 1915. Grundgehalt ab 1. Oktober 1927 jährlich 3200 RM; nächste Vorrückung am 1. April 1929 in 3300 RM Jahresgrundgehalt. 18. Beispiel: Ein Werkmeister der alten BesGr. A VI hatte ein BDA. vom 1. Juni 1919; er wird am 1. Oktober 1927 in die neue Bes.-Gr. A 6 übergeleitet. Ueberleitung nach Formel 1; er behält daher in der neuen BesGr. A 6 sein bisheriges BDA. (1. Juni 1919) und erhält ab 1. Oktober 1927 einen Jahresgrundgehalt von 3050 RM; nächste Vorrückung am 1. Juni 1929 in 3200 RM Grundgehalt jährlich. 19. Beispiel: Ein Oberwerkmeister der alten BesGr. A VII hatte ein BDA. vom 1. Juli 1921; er wird am 1. Oktober 1927 in die neue BesGr. A 6 übergeleitet. Ueberleitung nach Formel 7; er erhält somit in der neuen BesGr. A 6 ein BDA. vom 1. Juli 1921 + 4 Jahre = 1. Juli 1917 und deshalb ab 1. Oktober 1927 einen Grundgehalt von 3200 RM jährlich; nächste Vorrückung am 1. Juli 1929 in einen Jahresgrundgehalt von 3350 RM. 20. Beispiel: Eine Handarbeitslehrerin der alten BesGr. A VI hatte ein BDA. vom 1. Mai 1918; sie wird am 1. Oktober 1927 in die neue BesGr. A 5c übergeleitet. Ueberleitung nach Formel 2. Da ihr bisheriges BDA. 16 Jahre nicht übersteigt, behält sie dieses auch in der neuen BesGr. A 5c, also das BDA. vom 1. Mai 1918. Demnach Grundgehalt ab 1. Oktober 1927 jährlich 2950 RM; nächste

Vorrückung am 1. Mai 1928 in 3100 RM Jahresgrundgehalt. 21. Beispiel: Eine Polizeipflegerin der alten BesGr. A VI hatte ein BDA. vom 1. August 1910, d. s. 17 Jahre 2 Monate, gerechnet bis zum 1. Oktober 1927; sie wird am 1. Oktober 1927 in die neue BesGr. A 5c übergeleitet. Ueberleitung nach Formel 2; da das BDA. in der neuen BesGr. 16 Jahre nicht übersteigen darf, erhält die Beamtin ein BDA. vom 1. Oktober 1927 + 16 Jahre = 1. Oktober 1911. Grundgehalt ab 1. Oktober 1927 jährlich 3600 RM; nächste Vorrückung am 1. Oktober 1929 in 4000 RM Jahresgrundgehalt. 22. Beispiel: Ein Vollstreckungssekretär der alten Bes.-Gr. A VI hatte ein BDA. vom 1. September 1917; er wird am 1. Oktober 1927 in die neue BesGr. A 5b übergeleitet. Ueberleitung nach Formel 4; er erhält daher in der neuen BesGr. A 5b ein BDA. vom 1. September 1917 (wie bisher), da es 12 Jahre nicht übersteigt; demgemäß Grundgehalt von 3400 RM ab 1. Oktober 1927; nächste Vorrückung am 1. September 1929 in 3600 RM Jahresgrundgehalt. 23. Beispiel: Ein Vollstreckungssekretär der alten Bes.-Gr. A VI hatte ein BDA. vom 1. November 1910, d. s. 16 Jahre 11 Monate, gerechnet bis zum 1. Oktober 1927. Ueberleitung nach Formel 4. Das BDA. darf 12 Jahre nicht übersteigen; der Beamte erhält deshalb in der neuen BesGr. A 5b ein BDA. vom 1. Oktober 1927 + 12 Jahre = 1. Oktober 1915 und demgemäß ab 1. Oktober 1927 einen Grundgehalt von 3600 RM jährlich; nächste Vorrückung am 1. Oktober 1929 in 3800 RM Jahresgrundgehalt. 24. Beispiel: Ein Restaurator der alten BesGr. A VII hatte ein BDA. vom 1. Dezember 1916; er wird am 1. Oktober 1927 in die neue BesGr. A 5b übergeleitet. Ueberleitung nach Formel 7; er erhält somit in der neuen BesGr. A 5b ein BDA. vom 1. Dezember 1916 + 4 Jahre = 1. Dezember 1912 und sonach ab 1. Oktober 1927 einen Grundgehalt von 3800 RM; nächste Vorrückung am 1. Dezember 1928 in 4000 RM Jahresgrundgehalt. 25. Beispiel: Ein Forstobersekretär der alten BesGr. A VII hatte ein BDA. vom 1. Januar 1918; er wird am 1. Oktober 1927 in die neue BesGr. A 5a übergeleitet. Ueberleitung nach Formel 1; der Beamte erhält somit in der neuen BesGr. A 5a sein bisheriges BDA. (1. Januar 1918) und sonach ab 1. Oktober 1927 einen Grundgehalt von 3600 RM; nächste Vorrückung am 1. Januar 1928 in 3750 RM Jahresgrundgehalt. 26. Beispiel: Ein Obersekretär der alten BesGr. A VII hatte ein BDA. vom 1. März 1919; er wird am 1. Oktober 1927 in die neue BesGr. A 4b übergeleitet. Ueberleitung nach Formel 3; er erhält somit in der neuen BesGr. A 4b sein bisheriges BDA. (1. März 1919), da es unter 14 Jahre beträgt, und demgemäß ab 1. Oktober 1927 einen Grundgehalt von 3800 RM; nächste Vorrückung am 1. März 1929 in 4000 RM Jahresgrundgehalt. 27. Beispiel: Ein Volksschullehrer der alten BesGr. A VII hatte ein BDA. vom 1. Mai 1910, d. s. 17 Jahre 5 Monate, gerechnet bis zum 1. Oktober 1927; er wird am 1. Oktober 1927 in die neue BesGr. A 4b übergeleitet. Ueberleitung nach Formel 3; da das BDA. 14 Jahre nicht übersteigen darf, erhält der Beamte in der neuen BesGr. A 4 b ein BDA. vom 1. Oktober 1927 + 14 Jahre = 1. Oktober 1913. Grundgehalt ab 1. Oktober 1927 jährlich 4400 *RM*; nächste Vorrückung am 1. Oktober 1929 in 4600 *RM* Jahresgrundgehalt. 28. Beispiel: Ein Oberbauverwalter der alten BesGr. A VIII hatte ein BDA. vom 1. Januar 1921; er wird ab 1. Oktober 1927 in die neue BesGr. A 4 b übergeleitet. Ueberleitung nach Formel 7; darnach erhält der Beamte in der neuen BesGr. A 4 b ein BDA. vom 1. Januar 1921 + 4 Jahre = 1. Januar 1917. Grundgehalt ab 1. Oktober 1927 jährlich 4000 *RM*; nächste Vorrückung am 1. Januar 1929 in 4200 *RM* Jahresgrundgehalt. 29. Beispiel: Ein Kammermusiker der alten BesGr. A VIII hatte ein BDA. vom 1. Juli 1912; er wird am 1. Oktober 1927 in die neue BesGr. A 4 a übergeleitet. Ueberleitung nach Formel 10; er erhält somit in der neuen BesGr. A 4 a ein BDA. vom 1. Juli 1912 — 4 Jahre = 1. Juli 1916 und sonach ab 1. Oktober 1927 einen Grundgehalt von jährlich 5500 *RM*; nächste Vorrückung am 1. Juli 1928 in den Endgrundgehalt mit 5800 *RM* jährlich. 30. Beispiel: Ein Rechnungsoberinspektor der alten BesGr. A IX hatte ein BDA. vom 1. September 1920; er wird am 1. Oktober 1927 in die neue Bes.-Gr. A 4 a übergeleitet. Ueberleitung nach Formel 1; er erhält demnach in der neuen BesGr. A 4 a sein bisheriges BDA. (1. September 1920) und sonach ab 1. Oktober 1927 einen Grundgehalt von 4950 *RM* jährlich; nächste Vorrückung am 1. September 1928 in 5200 *RM* Jahresgrundgehalt. 31. Beispiel: Ein Bezirksschulrat der alten BesGr. A IX hatte ein BDA. vom 1. November 1917; er wird am 1. Oktober 1927 in die neue BesGr. A 3 a übergeleitet. Ueberleitung nach Formel 12; er erhält daher in der neuen BesGr. A 3 a ein BDA. vom 1. November 1917 — 4 Jahre = 1. November 1921 (dieses BDA. übersteigt nicht 6 Jahre) und sonach ab 1. Oktober 1927 einen Grundgehalt von 5600 *RM* jährlich; nächste Vorrückung am 1. November 1927 in 6000 *RM* Jahresgrundgehalt. 32. Beispiel: Ein Kammervirtuose der alten BesGr. A IX hatte ein BDA. vom 1. Juni 1915, d. s. 12 Jahre 4 Monate, gerechnet bis zum 1. Oktober 1927; er wird am 1. Oktober 1927 in die neue BesGr. A 3 a übergeleitet. Ueberleitung nach Formel 12; bei einer Verkürzung um 4 Jahre würde sich ein BDA. vom 1. Juni 1915 — 4 Jahre = 1. Juni 1919 ergeben, d. s. 8 Jahre 4 Monate; da das BDA. aber 6 Jahre nicht übersteigen darf, erhält der Beamte in der neuen BesGr. A 3 a ein BDA. vom 1. Oktober 1927 + 6 Jahre = 1. Oktober 1921. Grundgehalt ab 1. Oktober 1927 jährlich 6000 *RM*; nächste Vorrückung am 1. Oktober 1929 in 6400 *RM* Jahresgrundgehalt. 33. Beispiel: Ein Rechnungsrat der alten BesGr. A X hatte ein BDA. vom 1. November 1912; er wird am 1. Oktober 1927 in die neue BesGr A 3 a übergeleitet. Ueberleitung nach Formel 1; er erhält daher in der neuen BesGr.

A 3a sein bisheriges BDA. (1. November 1912) und sonach ab 1. Oktober 1927 den Endgrundgehalt von jährlich 7000 RM. 34. Beispiel: Ein Kreisschulrat der alten BesGr. A X hatte ein BDA. vom 1. Februar 1919; er wird am 1. Oktober 1927 in die neue BesGr. A 2g übergeleitet. Ueberleitung nach Formel 4; er erhält daher in der neuen BesGr. A 2g sein bisheriges BDA. 1. Februar 1919, da es 12 Jahre nicht übersteigt, und sonach ab 1. Oktober 1927 einen Grundgehalt von jährlich 6400 RM; nächste Vorrückung am 1. Februar 1929 in 6800 RM Jahresgrundgehalt. 35. Beispiel: Ein Kreisschulrat der alten BesGr. A X hatte ein BDA. vom 1. März 1910, d. s. 17 Jahre 7 Monate, gerechnet bis zum 1. Oktober 1927; er wird am 1. Oktober 1927 in die BesGr. A 2g übergeleitet. Ueberleitung nach Formel 4; da das BDA. 12 Jahre nicht übersteigen darf, erhält der Beamte in der neuen BesGr. A 2g ein BDA. vom 1. Oktober 1927 + 12 Jahre = 1. Oktober 1915. Daher Grundgehalt ab 1. Oktober 1927 jährlich 7200 RM; nächste Vorrückung am 1. Oktober 1929 in 7500 RM Jahresgrundgehalt. 36. Beispiel: Ein Ministerialrechnungsrat der alten BesGr. A XI hatte ein BDA. vom 1. September 1917; er wird am 1. Oktober 1927 in die neue BesGr. A 2g übergeleitet. Ueberleitung nach Formel 7; somit erhält er in der neuen BesGr. A 2g ein BDA. vom 1. September 1917 + 4 Jahre = 1. September 1913 und deshalb ab 1. Oktober 1927 einen Grundgehalt von jährlich 7500 RM; nächste Vorrückung am 1. September 1929 in den Endgrundgehalt mit 7800 RM jährlich. 37. Beispiel: Ein Apotheker der alten Bes.-Gr. A IX hatte ein BDA. vom 1. Juni 1916, d. s. 11 Jahre 4 Monate, gerechnet bis zum 1. Oktober 1927; er wird am 1. Oktober 1927 in die neue BesGr. A 2f übergeleitet. Ueberleitung nach Formel 12. Bei Verkürzung um 4 Jahre ergäbe sich ein BDA. vom 1. Juni 1916 — 4 Jahre = 1. Juni 1920; da dieses BDA. aber 6 Jahre übersteigt, erhält der Beamte in der neuen BesGr. A 2f ein BDA. vom 1. Oktober 1927 + 6 Jahre = 1. Oktober 1921 und sonach ab 1. Oktober 1927 einen Grundgehalt von 6000 RM; nächste Vorrückung am 1. Oktober 1929 in 6400 RM Jahresgrundgehalt. 38. Beispiel: Ein Regierungsrat der alten BesGr. A X hatte ein BDA. vom 1. September 1918; er wird am 1. Oktober 1927 in die neue BesGr. A 2f übergeleitet. Ueberleitung nach Formel 3; demnach behält er in der neuen BesGr. A 2f sein bisheriges BDA. vom 1. September 1918, da es 14 Jahre nicht übersteigt, und sonach ab 1. Oktober 1927 einen Grundgehalt von 6400 RM; nächste Vorrückung am 1. September 1928 in 6800 RM Jahresgrundgehalt. 39. Beispiel: Ein Studienrat der alten BesGr. A X hatte ein BDA. vom 1. November 1910, d. s. 16 Jahre 11 Monate, gerechnet bis zum 1. Oktober 1927; er wird am 1. Oktober 1927 in die neue BesGr. A 2f übergeleitet. Ueberleitung nach Formel 3; da das BDA. in der neuen BesGr. A 2f 14 Jahre nicht übersteigen darf, erhält der Beamte ein BDA. vom 1. Oktober 1927 + 14 Jahre

= 1. Oktober 1913 und damit ab 1. Oktober 1927 den Endgrundgehalt mit 7500 *RM* jährlich. 40. Beispiel: Ein Amtsrichter der alten BesGr. A X hatte ein BDA. vom 1. März 1920; er wird am 1. Oktober 1927 in die neue BesGr. A 2e übergeleitet. Ueberleitung nach Formel 3; er erhält in der neuen BesGr. A 2e sein bisheriges BDA. vom 1. März 1920, da es 14 Jahre nicht übersteigt, und somit ab 1. Oktober 1927 einen Grundgehalt von 6000 *RM* jährlich; nächste Vorrückung am 1. März 1928 in 6400 *RM* Jahresgrundgehalt. 41. Beispiel: Ein Amtsrichter der alten BesGr. A X hatte ein BDA. vom 1. April 1911, d. s. 16 Jahre 6 Monate, gerechnet bis zum 1. Oktober 1927; er wird am 1. Oktober 1927 in die neue BesGr. A 2e übergeleitet. Ueberleitung nach Formel 3; da das BDA. 14 Jahre nicht übersteigen darf, erhält der Beamte in der neuen BesGr. A 2e ein BDA. vom 1. Oktober 1927 + 14 Jahre = 1. Oktober 1913 und somit ab 1. Oktober 1927 einen Grundgehalt von 7500 *RM* jährlich; nächste Vorrückung am 1. Oktober 1929 in 7800 *RM* Jahresgrundgehalt. 42. Beispiel: Ein Oberapotheker der alten BesGr. A X hatte ein BDA. vom 1. Juni 1915; er wird am 1. Oktober 1927 in die neue BesGr. A 2d übergeleitet. Ueberleitung nach Formel 10; er erhält somit in der neuen BesGr. A 2d ein BDA. vom 1. Juni 1915 — 4 Jahre = 1. Juni 1919 und somit ab 1. Oktober 1927 einen Grundgehalt von 7300 *RM* jährlich; nächste Vorrückung am 1. Juni 1929 in 7700 *RM* Jahresgrundgehalt. 43. Beispiel: Ein Bezirksoberamtmann der alten BesGr. A XI hatte ein BDA. vom 1. Juli 1909; er wird am 1. Oktober 1927 in die neue BesGr. A 2d übergeleitet. Ueberleitung nach Formel 1: er erhält daher in der neuen BesGr. A 2d sein bisheriges BDA. vom 1. Juli 1909 und demgemäß ab 1. Oktober 1927 den Endgrundgehalt mit 8400 *RM* jährlich. 44. Beispiel: Ein außerordentlicher Hochschulprofessor hatte ein BDA. vom 1. Januar 1917; er wird am 1. Oktober 1927 in die neue BesGr. A 2c übergeleitet. Ueberleitung nach Formel 1; er erhält demnach in der neuen BesGr. A 2c sein bisheriges BDA. vom 1. Januar 1917 und sonach ab 1. Oktober 1927 einen Grundgehalt von 8200 *RM* jährlich; nächste Vorrückung in 8600 *RM* Jahresgrundgehalt am 1. Januar 1929. 45. Beispiel: Ein Landgerichtsdirektor der alten BesGr. A XII hatte ein BDA. vom 1. Januar 1909; er wird in die BesGr. A 2a übergeleitet. Ueberleitung nach Formel 1; er erhält demnach in der neuen BesGr. A 2a sein bisheriges BDA. vom 1. Januar 1909 und sonach ab 1. Oktober 1927 den Endgrundgehalt mit 9700 *RM* jährlich. 46. Beispiel: Ein Oberstudiendirektor der alten BesGr. A XII mit 1800 *RM* ruhegehaltsfähiger Zulage hatte ein BDA. vom 1. April 1904, d. s. 23 Jahre 6 Monate, gerechnet bis zum 1. Oktober 1927; er wird am 1. Oktober 1927 in die neue BesGr. A 1d übergeleitet. Ueberleitung nach Formel 5; da hiernach das BDA. 10 Jahre nicht übersteigen darf, erhält der Beamte in der neuen BesGr. A 1d ein BDA. vom 1. Oktober 1927 + 10 Jahre = 1. Oktober 1917; Grundgehalt ab 1. Oktober 1927 jährlich 10 600 *RM* (Endgrundgehalt). 47. Beispiel: Ein Amtsgerichtsdirektor (dienstaufsichtführender Richter eines Amtsgerichts mit einem Bezirke von über 100 000 Einwohnern) der alten BesGr. A XII hatte ein BDA. vom 1. Juli 1911, also von 16 Jahren 3 Monaten, gerechnet bis zum 1. Oktober 1927; er wird am 1. Oktober 1927 in die neue BesGr. A 1 d übergeleitet. Ueberleitung nach Formel 6; da das BDA. in der neuen BesGr. 8 Jahre nicht übersteigen darf, erhält der Beamte ein BDA. vom 1. Oktober 1927 + 8 Jahre = 1. Oktober 1919; Grundgehalt ab 1. Oktober 1927 jährlich 9900 *RM*; nächste Vorrückung am 1. Oktober 1929 in den Endgrundgehalt von 10 600 *RM*. 48. Beispiel: Ein ordentlicher Hochschulprofessor hatte ein BDA. vom 1. November 1914; er wird am 1. Oktober 1927 in die neue BesGr. A 1 c übergeleitet. Ueberleitung nach Formel 1; er erhält somit in der neuen BesGr. A 1 c sein bisheriges BDA. vom 1. November 1914 und sonach ab 1. Oktober 1927 einen Grundgehalt von jährlich 10 600 *RM*; nächste Vorrückung am 1. November 1928 in 11 100 *RM*. 49. Beispiel: Ein Ministerialrat hatte in der alten BesGr. A XIII ein BDA. vom 1. April 1920; er wird am 1. Oktober 1927 in die neue BesGr. A 1 a übergeleitet. Ueberleitung nach Formel 1; er erhält daher in der neuen BesGr. A 1 a sein bisheriges BDA. (1. April 1920) und sonach ab 1. Oktober 1927 einen Grundgehalt von jährlich 11 600 *RM*; nächste Vorrückung am 1. April 1928 in den Endgrundgehalt von 12 600 *RM*.

Wegen der Ueberleitung der nichtetatmäßigen Beamten nach Art. 41 Abs. I Satz 1 und Anlage 4 Buchst. a siehe die Bem. 4 zu Art. 7 und das dort angegebene Beispiel.

c) Beispiele zu Art. 41 Abs. I Satz 2: 1. Beispiel: Ein Sammlungswart der alten BesGr. II mit einem BDA. vom 1. Mai 1925 ist am 1. Februar 1928 zum Sammlungsoberoffizianten der alten BesGr. A III mit einem BDA. vom 1. Februar 1928 befördert worden. Er wird ab 1. Oktober 1927 nach Formel 3 in die BesGr. A 11 mit dem BDA. vom 1. Mai 1925 (Grundgehalt 1590 *RM*) und ab 1. Februar 1928 in die gleiche BesGr. (also A 11), aber gemäß Formel 7 mit einem BDA. vom 1. Februar 1928 + 4 Jahre, also vom 1. Februar 1924 (Grundgehalt 1680 *RM*; nächste Vorrückung am 1. Februar 1930 in 1770 *RM*) übergeleitet. 2. Beispiel: Ein Matrose der alten BesGr. A III mit einem BDA. vom 1. März 1915 ist ab 1. Februar 1928 zum Obermatrosen der alten BesGr. A IV mit einem BDA. vom 1. März 1919 befördert worden. Er ist ab 1. Oktober 1927 gemäß Formel 7 in die BesGr. A 11 mit einem BDA. vom 1. März 1911 (Grundgehalt 2200 *RM*) und ab 1. Februar 1928 gemäß Formel 7 in die BesGr. A 10 mit einem BDA. vom 1. März 1915 (Grundgehalt 2140 *RM*) überzuleiten. Zum Ausgleich einer sonst gegebenen Härte (der Grundgehalt in der Beförderungsgruppe A 10 wäre niedriger als in der BesGr. A 11 — muß sein BDA. in der Gruppe A 10 so festgesetzt werden, wie wenn der Beamte nach Maßgabe der Vorschriften des BBesG. am 1. Februar 1928 aus der BesGr. A 11 in die BesGr. A 10 übergeführt worden wäre. Hiernach hat er in der BesGr. A 10 ein BDA. vom 1. Februar 1914 und demgemäß einen Grundgehalt von 2230 RM ab 1. Februar 1928 auf Grund des Art. 11 zu erhalten. 3. Beispiel: Ein Hochschuloberoffiziant der alten BesGr. A IV mit einem BDA. vom 1. Juni 1916 ist am 1. Januar 1928 zum Präparator der gleichen BesGr. unter Beibehaltung des BDA. ernannt worden. Er ist ab 1. Oktober 1927 gemäß Formel 7 in die BesGr. A 10 mit dem BDA. vom 1. Juni 1916 + 4 Jahre =) 1. Juni 1912 (Grundgehalt 2230 RM) und ab 1. Januar 1928 gemäß Formel 2 in die BesGr. A 9 mit einem BDA. vom 1. Juni 1916 (Grundgehalt 2200 RM) überzuleiten. Sein Grundgehalt in der BesGr. A 9 wäre hiernach niedriger als in der BesGr. A 10. Infolgedessen ist ein Härteausgleich gemäß Art. 59 veranlaßt. Der Beamte erhält hiernach den Grundgehalt der BesGr. A 9, der ihm zukommen würde, wenn er ab 1. Januar 1928 nach Maßgabe der Vorschriften des BBesG. aus der BesGr. A 10 in die BesGr. A 9 übergeführt worden wäre. Hiernach hat er in der BesGr. A 9 auf Grund des Art. 11 ab 1. Januar 1928 den gegenüber 2230 RM nächsthöheren Grundgehalt, also 2300 RM zu erhalten und rückt am 1. Juni 1928, weil er zu diesem Zeitpunkt beim Verbleiben in der BesGr. A 10 in den Grundgehalt von 2320 RM aufgestiegen wäre und sonach einen höheren Grundgehalt als 2300 RM erreicht hätte, in den Grundgehalt von 2400 RM auf. Hiernach bemißt sich sein BDA. in der BesGr. A 9 auf den 1. Juni 1914. 4. Beispiel: Ein Amtsrichter der alten BesGr. A X mit einem BDA. vom 15. März 1910 ist am 15. März 1928 zum Oberamtsrichter der alten BesGr. A XI mit einem BDA. vom 1. März 1914 befördert worden. Er wird ab 1. Oktober 1927 nach Formel 3 in die BesGr. A 2e mit einem BDA. vom 1. Oktober 1913 (Grundgehalt 7500 RM) und ab 15. März 1928 nach Formel 7 in die gleiche BesGr. (A 2e) mit einem BDA. vom 1. März 1910 (Grundgehalt 8100 RM) übergeleitet.

Art. 42.

I Das Besoldungsdienstalter der am 30. September 1927 im Amte gewesenen etatmäßigen Beamten aus dem Stande der Versorgungsanwärter (Art. 8 Abs. I—IV) wird in der Weise verbessert, daß neben der bereits angerechneten Dienstzeit noch die im Heere oder in der Marine vom Beginne des vierzehnten bis zum Ende des neunzehnten Dienstjahres zurückgelegte Zeit zur Hälfte angerechnet wird.

II Bei der Festsetzung des Besoldungsdienstalters der am 30. September 1927 noch nicht etatmäßig angestellten, aber im Dienste befindlichen oder vorgemerkten Versorgungsanwärter wird neben der nach Art. 8 Abs. I—IV anzurechnenden Dienstzeit noch die im Heere oder in der Marine vom Beginne des sechzehnten bis zum Ende des neunzehnten Dienstjahres zurückgelegte Dienstzeit zur Hälfte angerechnet.

III Der Dienstzeit im Heere wird die Zeit im Dienste der Polizei nach dem Reichsgesetz vom 17. Juli 1922 (RGBl. I S. 597) oder im Dienste des Reichswasserschutzes gleichgeachtet.

1. Vgl. § 23 des RBesG. und Nr. 103 der RBesV.

2. Wegen des Begriffes „Versorgungsanwärter" vgl. Bem. 2 zu Art. 8; wegen der Begriffe „Dienstzeit im Heere oder in der Marine" (Abs. I) und „Zeit im Dienste der Polizei nach dem RGes. vom 17. Juli 1922 oder im Dienste des Reichswasserschutzes" vgl. Bem. 3 zu Art. 8.

3. Unter BDA. im Sinne des Abs. I ist das BDA. zu verstehen, das dem Beamten auf Grund der Ueberleitungsbestimmungen des Art. 41 zukommt. Die Verbesserung tritt sonach bei dem BDA. derjenigen BesGr. ein, in die der Beamte am 1. Oktober 1927 oder im Falle des Art. 41 Abs. I Satz 2 in derjenigen BesGr. ein, in die der Beamte nach Maßgabe des Zeitpunkts seiner Ernennung oder Beförderung übergeleitet worden ist. Hierbei ist aber zu beachten, daß die in den Ueberleitungsbestimmungen vorgeschriebenen Höchstsätze des BDA. die oberste Grenze des BDA. bilden und daß ferner die nach Art. 41 Abs. I anzurechnende Zeit um die Zeit zu kürzen ist, um die das bisherige BDA. schon nach Maßgabe der bisherigen Vorschriften, insbesondere auf Grund des Art. 28 Abs. 7 des BG. wegen Verzögerung der etatmäßigen Anstellung infolge des Krieges verbessert worden ist, weil sonst die gleiche Zeit doppelt auf das BDA. angerechnet würde. Die Verbesserung des BDA. nach Maßgabe des Abs. I kommt nur denjenigen Beamten aus dem Stande der Versorgungsanwärter zugute, die bereits am 30. September 1927 in etatmäßiger Weise angestellt waren. Beamte, aus dem Stande der Versorgungsanwärter, die erst nach dem 30. September 1927, also am 1. Oktober 1927 oder später die etatmäßige Anstellung gefunden haben, fallen nicht unter Abs. I; für sie kommt gegebenenfalls nur Abs. II in Frage. Die Bem. 5 zu Art. 8 gilt hier entsprechend. Beispiel 1: Ein Versorgungsanwärter, der sich für die Stelle eines Amtswartes hatte vormerken lassen und nach einer mehr als 13-jährigen Militärdienstzeit bereits zum 1. November 1914 zum Probedienst einberufen war, ihn aber wegen des Kriegsdienstes nicht antreten konnte, ist nach Beendigung des Krieges am 1. Mai 1919 zum Probedienst als Amtswart einberufen und am 1. November 1919 in etatmäßiger Weise zum Amtswart ernannt worden. Seine Militärdienstzeit beträgt 20 Jahre. Hiervon sind ihm auf Grund der Art. 8 und 35 des bisherigen BBesG. in der Fassung der Bek. vom 24. März 1923 (GVBl. S. 109) 5 Jahre angerechnet worden; außerdem ist ihm die Zeit vom 1. November 1914—1. November 1919 = 5 Jahre als Zeit der Verzögerung der etatmäßigen Anstellung auf Grund des Art. 28 Abs. 7 des BG. angerechnet worden. Er hat hiernach ein BDA. vom 1. November 1909 erhalten. Nach Abs. I des Art. 42 wären 3 Jahre anrechenbar; da aber bereits 5 Jahre Verzögerung der etatmäßigen Anstellung also mehr als 3 Jahre angerechnet worden sind, kommt eine Anrechnung nach Art. 42 Abs. I nicht mehr in Frage. Sein BDA. in der BesGr. A 11 ist demgemäß nach Ueberleitungsformel 3 auf den 1. Oktober 1913 festzusetzen. Beispiel 2: Ein Versorgungsanwärter mit einer Militärdienstzeit von 18 Jahren und einer Probedienstzeit von einem halben Jahr ist am 1. Oktober 1922 zum Kanzleiassistenten der alten BesGr. A IV mit einem BDA. vom 1. Oktober 1917 (Anrechnung von 5 Jahren der Militärdienstzeit und nachfolgenden Zivildienstzeit) in etatmäßiger Weise ernannt worden. Er wird am 1. Oktober 1927 nach Ueberleitungsformel 2 in die BesGr. A 9 mit einem BDA. vom 1. Oktober 1917 übergeleitet; gleichzeitig muß sein BDA. um 2½ Jahre (nämlich die Hälfte der 5 Jahre vom Beginne des vierzehnten bis zum Ende des achtzehnten Militärdienstjahres) verbessert werden. Demgemäß erhält er ein BDA. vom 1. Oktober 1917 + 2½ Jahre = 1. April 1915. Dieses BDA. bleibt innerhalb der Höchstgrenze von 16 Jahren, wie sie nach den Ueberleitungsbestimmungen zur BesGr. A 9 festgelegt ist. Beispiel 3: Angenommen der im 2. Beispiele genannte Beamte wäre am 1. Dezember 1927 zum Verwaltungsassistenten der alten BesGr. A V mit einem BDA. vom 1. Oktober 1921 in etatmäßiger Weise befördert worden, so würden sich seine Dienstbezüge für den Monat Oktober und November nach der im Beispiele 3 durchgeführten Ueberleitung bemessen. Ab 1. Dezember 1927 wäre er gemäß Art. 41 Abs. I Satz 2 nach der Ueberleitungsformel 1 in die BesGr. A 8 a mit einem BDA. vom 1. Oktober 1921 überzuleiten; dieses BDA. wäre aber gemäß Art. 41 Abs. I um 2½ Jahre (wie im Beispiel 3) zu verbessern und demgemäß auf den 1. April 1919 festzusetzen. Beispiel 4: Ein Versorgungsanwärter ist nach einer 21jährigen Militärdienstzeit vom 1. Mai 1920 zum Maschinisten der alten BesGr. A III mit einem BDA. vom 1. Mai 1915 in etatmäßiger Weise ernannt worden. Er ist ab 1. Oktober 1927 nach Ueberleitungsformel 3 in die BesGr. A 10 mit einem BDA. vom 1. Mai 1915 überzuleiten; dieses BDA. wäre gemäß Art. 41 Abs. I um 3 Jahre zu verbessern, also auf den 1. Mai 1912 festzusetzen. Da aber das BDA. eines aus der alten BesGr. A III in die BesGr. A 10 überzuleitenden Beamten günstigstenfalls auf den 1. Oktober 1913 festgesetzt werden darf, hat er dieses BDA. (nicht das BDA. vom 1. Mai 1912) zu erhalten.

4. Das Höchstmaß der Anrechnung nach Abs. II beträgt 2 Jahre. Der Unterschied um 1 Jahr gegenüber dem Höchstmaß der Anrechnung nach Abs. I (3 Jahre) ist deshalb gerechtfertigt, weil der nach dem 30. September 1927 erstmals etatmäßig angestellte Versorgungsanwärter 6 Jahre seiner Militärdienstzeit angerechnet erhält, während nach der vor dem 1. Oktober 1927 gültigen Regelung im günstigsten Falle nur 5 Jahre der Militärdienstzeit auf das BDA. angerechnet worden sind. Die Anrechnung nach Abs. II kommt allen am 30. September 1927 noch nicht etatmäßig angestellten Versorgungsanwärtern zugute, wenn sie am 30. September bereits im Staatsdienste beschäftigt waren (z. B. zur Probedienstleistung) oder schon nach Maßgabe der Anstellungsgrundsätze vorgemerkt waren und zwar auch dann, wenn sie in einer anderen als in der vorgemerkten Stelle etatmäßig angestellt werden. Die Anrechnung findet nicht statt, wenn die Aufnahme ausdrücklich als Zivilanwärter und die Anstellung auf Grund der als Zivilanwärter erworbenen Anwartschaft erfolgt (vgl. Bem. 5 zu Art. 8). Die Anrechnung nach Abs. II erfolgt bei der ersten etatmäßigen Anstellung und bei dem erstmaligen Uebertritt in eine andere BesGr. (vgl. Art. 8 Abs. III) sowie bei den Versorgungsanwärtern, die sich am 30. September 1927 in der Eingangsstelle befunden haben, beim erstmaligen Uebertritt in eine andere Bes.-Gr. (vgl. Art. 8 Abs. III). Beispiel: Ein am 30. September 1927 vorgemerkter Versorgungsanwärter mit 20 Jahren Militärdienstzeit wird ab 1. Februar 1928 zur Probedienstleistung als Matrose einberufen, am 1. August 1928 zum Matrosen der BesGr. A 11 in etatmäßiger Weise ernannt und am 1. Dezember 1929 zum Obermatrosen in etatmäßiger Weise befördert. Er erhält als Matrose in der BesGr. A 11 ein BDA. vom 1. August 1928 + 6 Jahre Militärdienstzeit gemäß Art. 8 Abs. I + 2 Jahre Verbesserung gemäß Art. 41 Abs. II, also ein BDA. vom 1. August 1920 (Grundgehalt: 1860 *RM*). Bei seiner Beförderung am 1. Dezember 1930 würde er auf Grund des Art. 11 Abs. I ein BDA. vom 1. August 1922 erhalten. Auf Grund des Art. 8 Abs. III im Zusammenhalt mit Art. 41 Abs. II aber errechnet sich ein BDA. vom 1. Dezember 1929 + 6 Jahre Militärdienstzeit + 2 Jahre Verbesserung, also vom 1. Dezember 1921. Er erhält darum dieses günstigere BDA.

5. Auf die Verbesserung des BDA. nach Maßgabe des Art. 41 besteht ein im Rechtswege vor den ordentlichen Gerichten verfolgbarer Rechtsanspruch.

6. Wegen der Ausführungsvorschriften zu Art. 42 siehe Bek. vom 27. August 1928 (GVBl. S. 401).

V. Versorgungsbezüge.

Art. 43.

Das Wartegeld der beim Inkrafttreten dieses Gesetzes im einstweiligen Ruhestande befindlichen Beamten wird nach den Vorschriften dieses Gesetzes neu festgesetzt. Soweit solche Beamte in den neuen Besoldungsordnungen nicht mehr aufgeführt sind, wird ihre Ueberleitung vom Staatsministerium der Finanzen geregelt.

1. Vgl. § 25 des RBesG. und Nr. 101 der RBesV.

2. Wegen der Beamten im einstweiligen Ruhestand mit Wartegeld siehe Art. 38 des BG., der gemäß Art. 6 des Ges. vom 10. Juli 1927 über die Aenderung beamtenrechtlicher Vorschriften (GVBl. S. 227) auch für die Volksschullehrer, Volksschulfachlehrer und die israelitischen Volksschullehrer entsprechend gilt. Art. 55 des VLG. ist durch das angeführte Gesetz aufgehoben (vgl. Art. 2 Ziff. IX dieses Gesetzes).

3. Die Beamten im einstweiligen Ruhestande (Wartestandsbeamten) sind wie die Beamten im Dienste in die neuen Besoldungsordnungen nach Maßgabe der Ueberleitungsvorschriften der Art. 41 und 42 überzuleiten, während die Beamten im dauernden oder zeitlichen Ruhestande oder die emeritierten Hochschulprofessoren nicht übergeleitet werden, sondern eine Erhöhung ihrer Versorgungsbezüge nach den besonderen Vorschriften der Art. 44—47 erfahren. Soweit die Wartestandsbeamten zu Beamtengruppen gehören, die in der Anlage 4 und 5 zum BBesG. aufgeführt sind, entscheidet sich die Frage nach der Zugehörigkeit zu einer BesGr. nach diesen Anlagen. Soweit dies nicht der Fall ist, z. B. bei den Beamten der vom Reiche übernommenen früheren bayerischen Verwaltungen (Eisenbahnen, Posten, Zoll- und Finanzverwaltung) oder bei den Beamten der Nettohaushalte (vgl. hierüber Schlußbemerkungen zur Anlage 5) oder bei den Beamten, die nicht mehr bestehenden Verwaltungen der ehemaligen Zivilliste angehört haben, ist gemäß Satz 2 des Art. 43 das Staatsministerium der Finanzen zur Entscheidung über ihre Ueberleitung zuständig; diese Zuständigkeit beschränkt sich aber nicht etwa lediglich auf die Bestimmung der BesGr., sondern greift darüber hinaus, mit der Wirkung, daß das Staatsministerium der Finanzen auch eigene BesGruppen bilden kann, die nicht in den Bes.-Ordnungen A oder B vorkommen. Insbesondere können die besonderen BesGruppen der von der Deutschen Reichsbahngesellschaft getroffenen Besoldungsregelung oder BesGruppen des RBesG., die in das bayerische BBesG. nicht übernommen sind, als Ueberleitungsgruppen für die im einstweiligen Ruhestande befindlichen bayerischen Beamten der verreichlichten Verwaltungen bestimmt werden.

4. Das BDA. ist auf den Tag der Versetzung in den einstweiligen Ruhestand abzustellen; eine der Nr. 105 der RBesV. entsprechende Vorschrift ist für Bayern nicht erlassen, wonach das BDA. unter Kürzung der Zeit des einstweiligen Ruhestandes, während der der Beamte nicht als nichtplanmäßiger Beamter im Reichsdienste voll beschäftigt war, so festzusetzen ist, wie wenn der Beamte am 1. Oktober 1927 wieder angestellt worden wäre. Die Uebernahme dieser Vorschrift auf Bayern wäre wegen des Art. 10 nicht zweckmäßig. Soweit auf Grund der Ueberleitungsbestimmungen (vgl. Bem. 6a zu Art. 41, Ueberleitungsformeln 2, 3, 4, 5, 6, 11 und 12) das BDA. auf eine bestimmte Zahl von Jahren (in Frage kommen 6, 8, 10, 12, 14 oder 16 Jahre) zu verkürzen ist, sind die Bezüge der Wartestandsbeamten — abweichend von dem sonst geltenden Grundsatze — nach dem Grundgehaltssatze derjenigen Dienstaltersstufe zu berechnen, in die der Wartegeldempfänger nach Ablauf der in der Ueberleitungsbestimmung vorgesehenen Anzahl von Jahren eingerückt wäre. Es ist demnach, wenn nach der einschlägigen Ueberleitungsbestimmung das BDA. auf

6	Jahre	zu	kürzen	ist,	die	4.	Dienstaltersstufe,
8	"	"	"	",	"	5.	"
10	"	"	"	",	"	6.	"
12	"	"	"	",	"	7.	"
14	"	"	"	",	"	8.	"
16	"	"	"	",	"	9.	"

der Berechnung des Wartegeldes zugrunde zu legen. Das BDA. dieser Wartegeldempfänger wird jedoch hierdurch nicht berührt.

Die besonderen Ueberleitungsbestimmungen, die gemäß Art. 41 Abs. I Satz 3 vom Staatsministerium des Innern im Einvernehmen mit dem Staatsministerium der Finanzen für die Beamten der Kriminalpolizei und der uniformierten Staatspolizei erlassen sind, gelten auch für die Wartestandsbeamten der Kriminalpolizei und der uniformierten Staatspolizei.

5. Beispiele zu Bem. 4: Ein Regierungsrat der alten Bes.-Gr. A X mit einem BDA. vom 1. Mai 1910 ist mit Wirkung vom 1. August 1927 in den einstweiligen Ruhestand versetzt worden. Er ist seitdem nicht wieder im Staatsdienste verwendet. Sein BDA. in der alten BesGr. A X betrug im Zeitpunkte seiner Ruhestandsversetzung mehr als 14 Jahre. Er ist nach der Ueberleitungsformel 3 in die BesGr. A 2f überzuleiten und zwar mit einem BDA. von 14 Jahren, abgestellt auf den Tag seiner Ruhestandsversetzung, also mit einem BDA. vom 1. August 1913. Der Berechnung des Wartegeldes ab 1. Oktober 1927 ist demnach der Grundgehalt von 7500 *RM* (nicht 7200 *RM*) zugrunde zu legen. Hätte der im Beispiele genannte Regierungsrat ein BDA. vom 1. August 1913 in der alten BesGr. A X gehabt, so wäre sein BDA. in der BesGr. A 2f gleichfalls auf den 1. August 1913 festzusetzen; der Berechnung des Wartegeldes wäre aber nur der Grundgehalt von 7200 *RM* (nicht wie im ersten

Falle 7500 *RM*) zugrunde zu legen. Denn hier liegt keine Verkürzung des BDA. auf Grund der Ueberleitungsbestimmungen vor; dem Beamten steht daher wie vorher in der alten BesGr. X, so auch in der neuen BesGr. A 2 f nur der Grundgehalt der 7., nicht der 8. Dienstaltersstufe für die Berechnung seines Wartegeldes zu.

6. War ein Wartestandsbeamter vorübergehend im Staatsdienst (es kommt nur der Staatsdienst, nicht auch ein sonstiger öffentlicher Dienst in Betracht; wegen der vorübergehenden Vollbeschäftigung im Reichsdienst siehe Abs. 5) vollbeschäftigt, so ist bei der Berechnung der Versorgungsbezüge nach Art. 43 die Vorschrift in Art. 4 Abs. 2 des Ges. vom 10. Juli 1927 über die Aenderung beamtenrechtlicher Vorschriften (GVBl. S. 227) zu beachten. Vollbeschäftigung im Sinne dieser Vorschrift ist dann gegeben, wenn der Wartestandsbeamte der Zeit nach wie die Beamten im Dienste beschäftigt und mit der Verrichtung von Dienstaufgaben betraut ist, die denen gleichwertig sind, die ihm vor der Versetzung in den einstweiligen Ruhestand oblagen. Ueber das Vorliegen dieser Voraussetzungen entscheiden die Verwaltungsbehörden nach ihrem pflichtgemäßen Ermessen; in Zweifelsfällen entscheidet hierüber das der Beschäftigungsbehörde vorgesetzte Staatsministerium im Einvernehmen mit dem Staatsministerium der Finanzen. Die Entscheidungen der Verwaltungsbehörden sind der Nachprüfung durch die ordentlichen Gerichte entzogen (Art. 4 Abs. 3 des Ges. vom 10. Juli 1927 GVBl. S. 227; Ziff. 5 a der FinMinBek. vom 28. September 1925 Nr. 42 171 über die Versorgungsbezüge der Staatsbeamten und ihrer Hinterbliebenen — StAnz. Nr. 224; Art. 178 des BG.; Art. 135 des BLG. in der Fassung des Art. 1 Ziff. VI des Ges. vom 1. August 1923 GVBl. S. 337).

Nach Art. 4 Abs. 2 des Ges. vom 10. Juli 1927 (GVBl. S. 227) ist das Wartegeld — unbeschadet der Vorschriften über die Höchstgrenze des Wartegeldes (Art. 39 Abs. 1 Satz 3 des BG. in der Fassung des Art. 1 Ziff. III der VO. vom 29. März 1924 GVBl. S. 128 und des Art. 1 Ziff. II des Ges. vom 10. Juli 1927 GVBl. S. 227, wonach das Wartegeld achtzig vom Hundert des pensionsfähigen Diensteinkommens der BesGr. A 1 a (früher A XIII; vgl. Bem. 5 zu Art. 57) nicht übersteigen darf, es sei denn, daß sich im Zeitpunkte der Versetzung in den einstweiligen Ruhestand ein höherer Ruhegehalt berechnen würde) — unter Anrechnung der Zeit der vorübergehenden vollen Beschäftigung im Staatsdienst auf die pensionsfähige Dienstzeit aus dem pensionsfähigen Diensteinkommen neu festzusetzen, das sich errechnet, wenn das BDA. im Zeitpunkte der Versetzung in den einstweiligen Ruhestand um die Zeit der vollen Beschäftigung verlängert wird; gerechnet werden aber nur solche Zeiten der vorübergehenden vollen Beschäftigung, die nach dem 31. März 1920 liegen (Art. 7 Abs. 3 des Ges. vom 10. Juli 1927 GVBl. S. 227), jedoch mit der Maßgabe, daß bei einer vollen Beschäftigung, die vor dem 1. April 1920 begonnen und ohne Unterbrechung über den 1. April 1920 hinaus fortgedauert hat, die Zeit dieser Beschäftigung auch insoweit angerechnet wird, als sie vor dem 1. April 1920 liegt (vgl. Ziff. 5a Abs. 1 der FinMinBek. vom 28. September 1925 St.-Anz. Nr. 224).

Die in Abs. 2 angeführte Vorschrift ist bei der Ueberleitung in die neuen Versorgungsbezüge (Art. 43) in der Weise durchzuführen, daß die hiernach anrechnungsfähigen Zeiten einer vorübergehenden vollen Beschäftigung bei der Festsetzung des BDA. in der bisherigen BesGr. berücksichtigt werden und daß die Ueberleitung in die neuen BesGr. (vgl. Bem. 3 und 4) auf der Grundlage des berichtigten BDA. erfolgt. Die nach dem 30. September 1927 liegenden Zeiten einer vollen Beschäftigung im Staatsdienst bleiben bei der Ueberleitung außer Betracht, da für die Ueberleitung nur der Stand der Verhältnisse zu Beginn des 1. Oktober 1927 maßgebend ist; sie werden, solange der Wartestandsbeamte in der vorübergehenden vollen Beschäftigung bleibt, bei der Kürzung des Wartegeldes (Art. 44 Ziff. 3 Abs. 1 Satz 1 des BG. in der Fassung des Art. 2 Ziff. II des Ges. vom 29. August 1923 GVBl. S. 309) und sobald der Wartestandsbeamte aus der vollen Beschäftigung ausscheidet, bei der Neufestsetzung seines pensionsfähigen Diensteinkommens gemäß Art. 4 Abs. 1 und 2 des Ges. vom 10. Juli 1927 (GVBl. S. 227) angerechnet.

Beispiele zu Art. 43 im Zusammenhalte mit Art. 4 Abs. 2 des Ges. vom 10. Juli 1927: 1. Beispiel: Ein Regierungsrat der alten BesGr. A X mit einem BDA. vom 1. Mai 1910 ist mit Wirkung vom 1. Dezember 1918 in den einstweiligen Ruhestand versetzt worden. Er wurde in der Zeit vom 15. Mai 1919 bis 2. Februar 1920, dann in der Zeit vom 28. März 1920 bis 15. Dezember 1923 und schließlich in der Zeit vom 1. April 1927 bis 31. August 1927 vorübergehend im Staatsdienste voll beschäftigt. Gemäß Art. 4 Abs. 2 und Art. 7 Abs. 3 des Ges. vom 10. Juli 1927 sowie Ziff. 5a Abs. 1 der FinMinBek. vom 28. September 1925 sind ihm auf das BDA. in der BesGr. A X (1. Mai 1910) anzurechnen die Zeit vom 28. März 1920 bis 15. Dezember 1923 = 3 Jahre 8 Monate 18 Tage, dann die Zeit vom 1. April 1927 bis 31. August 1927 = 5 Monate, insgesamt also 4 Jahre 1 Monat 18 Tage. Er erhält sonach statt des ursprünglichen BDA. vom 1. Mai 1910 ein BDA. vom 13. März 1906 (nämlich 1. Mai 1910 + 4 Jahre 1 Monat 18 Tage) in der BesGr. A X. Mit diesem BDA. ist er in die BesGr. A 2 f gemäß Ueberleitungsformel 1 (vgl. Bem. 6 zu Art. 41 und Bem. 3, 4 zu Art. 43) am 1. Oktober 1927 überzuleiten. Der Berechnung des Wartegeldes ab 1. Oktober 1927 ist demnach ein Grundgehalt von 7200 *RM* zugrunde zu legen; Berechnung: 13. März 1906: 4800 *RM*; 1. März 1908: 5200 *RM* usw. 1. März 1918: 7200 *RM*; Versetzung in den einstweiligen Ruhestand

1. Dezember 1918. 2. Beispiel: Ein Obersekretär der alten BesGr. A VII mit einem BDA. vom 1. Juni 1908 ist mit Wirkung vom 1. April 1922 in den einstweiligen Ruhestand versetzt worden. Er wurde in der Zeit vom 1. Mai 1925 bis 31. Juli 1927 im Staatsdienste vorübergehend vollbeschäftigt. Auf Grund der im Beispiel 1 angeführten Vorschriften ist ihm diese Zeit auf das BDA. in der BesGr. A VII anzurechnen; sie beträgt 2 Jahre 3 Monate. Sein BDA. ist sonach auf den 1. März 1906 (statt bisher 1. Juni 1908) festzusetzen. Als Ueberleitungsgruppe kommt die BesGr. A 4 b oder A 5 a in Frage. Wird er in die BesGr. A 5 a übergeleitet, so behält er gemäß Ueberleitungsformel 1 (vgl. Bem. 6 zu Art. 41) sein bisheriges verbessertes BDA. vom 1. März 1906 bei. Der Berechnung seines Wartegeldes ab 1. Oktober 1927 ist hiernach ein Grundgehalt von 4200 *RM* zugrunde zu legen. Wird er dagegen in die BesGr. A 4 b übergeleitet, so ist die Ueberleitungsformel 3 (vgl. Bem. 6 zu Art. 41) maßgebend. Da sein auf Grund der Anrechnung der vollen Beschäftigung verbessertes BDA. in der BesGr. A VII 16 Jahre 1 Monat (1. März 1906 bis 1. April 1922) beträgt, in der neuen BesGr. A 4 b aber 14 Jahre nicht übersteigen darf, ist sein BDA. in dieser BesGr. auf den 1. April 1908 (nämlich Tag der Versetzung in den einstweiligen Ruhestand 1. April 1922 + 14 Jahre = 1. April 1908) festzusetzen. Ab 1. Oktober 1927 ist demgemäß der Berechnung seines Wartegeldes ein Grundgehalt von 4400 *RM* (nicht etwa 4200 *RM*; vgl. Bem. 4 zu Art. 43) zugrunde zu legen. 3. Beispiel: Ein Oberinspektor der alten BesGr. A IX mit einem BDA. vom 1. Januar 1920 ist mit Wirkung vom 1. Mai 1927 in den einstweiligen Ruhestand versetzt worden. Seit dem 1. September 1927 ist er im Staatsdienst vorübergehend vollbeschäftigt. Die Vollbeschäftigung dauert noch fort. Für die Anrechnung auf das BDA. bei der Ueberleitung gemäß Art. 4 des Ges. vom 10. Juli 1927 und Art. 43 des BBesG. kommt aber nur die volle Beschäftigung im Monat September 1927, also nur 1 Monat in Betracht, da die Ueberleitung auf den Stand der Verhältnisse zu Beginn des 1. Oktober 1927 abgestellt ist. Der Beamte ist sonach nach Maßgabe eines BDA. vom 1. Dezember 1919 (statt 1. Januar 1920) in der bisherigen BesGr. A IX gemäß Ueberleitungsformel 1 (vgl. Bem. 6 zu Art. 41) in die neue BesGr. A 4 a überzuleiten. Der Berechnung seines Wartegeldes ist der Grundgehalt von 4950 *RM* zugrunde zu legen. Die Zeit seiner vollen Beschäftigung ab 1. Oktober 1927 findet, solange die volle Beschäftigung fortdauert, Berücksichtigung bei der Kürzung des Wartegeldes gemäß Art. 4 Abs. 1 des Ges. vom 10. Juli 1927 und bei der Berechnung des Wartegeldes gemäß Art. 4 Abs. 2 des gleichen Gesetzes, sobald der Beamte aus der vollen Beschäftigung ausscheidet.

Der vorübergehenden vollen Beschäftigung im Staatsdienste kann gemäß Art. 4 Abs. 4 des Ges. vom 10. Juli 1927 (GVBl. S. 227) die Zeit einer vorübergehenden vollen Beschäftigung im Dienste des Reichs gleichbehandelt werden. Von dieser

Ermächtigung ist in Ziff. 5 a Abs. 1 letzter Satz der FinMinBek. vom 28. September 1925 Nr. 42 171 — StAnz. Nr. 224 — Gebrauch gemacht worden.

7. Wird ein gemäß Art. 43 übergeleiteter Wartestandsbeamter später in den dauernden Ruhestand versetzt, so wird der Berechnung des Ruhegehalts dasjenige pensionsfähige Diensteinkommen zugrunde gelegt, aus dem das Wartegeld berechnet war oder zu berechnen gewesen wäre, also gegebenenfalls unter Beachtung des Art. 4 Abs. 2 des Ges. vom 10. Juli 1927 (GVBl. S. 227).

8. Nach § 32 des RBesG. und Ziff. 114 der RBesV. ist der nach § 25 ff. (= Art. 43, 44 des bayerischen BBesG.) neu ermittelte und der Berechnung des Wartegeldes zugrunde liegende Grundgehalt bei Anwendung der Ruhensvorschriften auch der Berechnung des früheren Diensteinkommens zugrunde zu legen. Eine gleiche gesetzliche Regelung ist in Bayern nicht getroffen; sie ist auch nicht notwendig, da der mit der reichsgesetzlichen Regelung bezweckte Erfolg auch im Wege der Auslegung der derzeitigen gesetzlichen Ruhensvorschriften (des Art. 44 Ziff. 3, Art. 66 Ziff. 2, Art. 86 Abs. 1 Ziff. 3 des BG. und der diesen Bestimmungen entsprechenden Vorschriften des BLG.) erreicht wird. Bei Anwendung des Art. 44 Ziff. 3 des BG. ist sonach unter „dem im Zeitpunkte des Ausscheidens aus dem Dienste bezogenen Diensteinkommen" dasjenige Diensteinkommen zu verstehen, das besteht aus dem gemäß Art. 43 zuständigen Grundgehalt und dem Wohnungsgeldzuschusse nach der gemäß Art. 43 zuständigen Tarifklasse und nach der Ortsklasse des Verwendungsortes; an die Stelle des hiernach zuständigen Diensteinkommens tritt im Falle des Art. 4 Abs. 1 des Ges. vom 10. Juli 1927 das Diensteinkommen, das sich errechnet, wenn das BDA. im Zeitpunkte der Versetzung in den einstweiligen Ruhestand oder bei gemäß Art. 43 übergeleiteten Wartestandsbeamten das bei der Ueberleitung festgesetzte BDA. um die Zeit der nach dem 30. September 1927 liegenden Zeit der vollen Beschäftigung verlängert wird. Die Zeiten einer vollen Beschäftigung vor dem 1. Oktober 1927 sind bereits bei der Festsetzung des BDA. bei der Ueberleitung gemäß Art. 43 berücksichtigt worden (vgl. Bem. 6).

9. Nach einem allgemeinen besoldungsrechtlichen Grundsatze kann die gleiche Zeit nur einmal (nicht doppelt) auf das BDA. angerechnet werden. Soweit daher Zeiten einer vollen Beschäftigung eines Wartestandsbeamten bereits bei der Ueberleitung ab 1. Oktober 1927 auf das BDA. in Anwendung des Art. 4 des Ges. vom 10. Juli 1927 (GVBl. S. 227) angerechnet worden sind (vgl. hierüber Bem. 6), scheiden diese Zeiten bei der Anrechnung der Wartestandszeit auf das BDA. bei der Wiederanstellung gemäß Art. 10 Abs. II aus, weil sonst eine unzulässige Doppelanrechnung sich ergeben würde.

10. Zur Ueberleitung nach Art. 43 sind bei den Volksschullehrern die Regierungen, Kammern des Innern, im übrigen das vorgesetzte

Staatsministerium im Benehmen mit dem Staatsministerium der Finanzen zuständig (vgl. Abschnitt E der FinMinBek. vom 28. März 1928 — StAnz. Nr. 73).

Art. 44.

I Die Bezüge der vor dem Inkrafttreten dieses Gesetzes aus dem Dienste geschiedenen Beamten und ihrer Hinterbliebenen werden in der Weise neu geregelt, daß der in das pensionsfähige Diensteinkommen einzurechnende bisherige Grundgehalt samt Zuschlag bei einem Gesamtbetrag bis einschließlich 1800 *RM* . . . . um 25 v. H., von mehr als

1 800 *RM* bis einschließlich 3 500 *RM* um 22 v. H.,
3 500 *RM* bis einschließlich 6 000 *RM* um 19 v. H.,
6 000 *RM* bis einschließlich 12 000 *RM* um 16 v. H.

erhöht wird. Der neue Grundgehalt darf 13 200 *RM* nicht übersteigen; er ist auf volle Reichsmark aufzurunden. Soweit sich bei Unterstellung des niedrigeren Grenzbetrags (1800, 3500, 6000 *RM*) als bisheriger Grundgehalt samt Zuschlag ein höherer Betrag ergibt, ist dieser als neuer Grundgehalt in das pensionsfähige Diensteinkommen einzurechnen.

II Der Wohnungsgeldzuschuß (Art. 13, 20 Satz 1) ist nach der bisherigen Tarifklasse in das pensionsfähige Diensteinkommen einzurechnen.

1. Vgl. §§ 26 und 28 des RBesG. und Nr. 108—111 der RBesV.

2. Wegen der allgemeinen Begründung der Neuregelung der Versorgungsbezüge siehe Abschnitt B Buchst. h der Einleitung. Art. 44 stimmt mit der reichsgesetzlichen Regelung überein.

3. Auf die Beamten im einstweiligen Ruhestande mit Wartegeld bezieht sich Art. 44 nicht; für sie gilt Art. 43. Dagegen fallen unter die Vorschrift des Art. 44 die mit Wirkung vom 1. Oktober 1927 oder einem früheren Zeitpunkt in den zeitlichen oder dauernden Ruhestand versetzten Beamten, die Hinterbliebenen dieser und der vor dem 1. Oktober 1927 im Dienste gestorbenen Beamten, ferner die im Dienststrafverfahren vor diesem Zeitpunkt entlassenen Beamten und ihre Hinterbliebenen, soweit ihnen Versorgungsbezüge nach Art. 110 Abs. 2 des BG. oder des Art. 110 Abs. II des BLG. vorbehalten waren. Art. 44 umfaßt also insbesondere alle Beamten und die Hinterbliebenen von Beamten, auf die Art. 1 des Pensionsergänzungsgesetzes anzuwenden war. Die Anwendung des Art. 44 wird nicht dadurch ausgeschlossen, daß der Anspruch des Beamten auf den Ruhegehalt gemäß Art. 62 Abs. 1 Satz 2, Abs. 2 des BG. oder des Art. 52 Abs. I Satz 1, Abs. II des BLG. erst von einem nach dem 1. Oktober 1927 liegenden Zeitpunkt begann. Art. 44 findet auch Anwendung auf die in den Ruhestand unter Gewährung von Unfallruhegehalt (Art. 89 Abs. 1, 101 des BG. oder Art. 86, 98 des BLG.) versetzten Beamten und ihre pensionsberechtigten Hinterbliebenen, ferner auf die Beamten, denen Unfallruhegehalt nach Art. 89 Abs. 2 des BG. oder des Art. 86 Abs. II des BLG. bewilligt ist.

4. Unter dem Grundgehalt (Abs. I Satz 1) ist der für die Berechnung des pensionsfähigen Diensteinkommens nach der am 30. September 1927 gültigen Regelung maßgebende Grundgehalt einschließlich der auf Grund des Art. 3 des BBesG. bewilligten ruhegehaltsfähigen Erhöhungen, unter dem Zuschlag der zu diesem Grundgehalt nach der Bek. vom 1. Dezember 1924 Nr. 54 330 (StAnz. Nr. 280) seit 16. November oder 1. Dezember 1924 gewährte Zuschlag von 12½ v. H. (Besoldungsgruppe I bis VI) und 10 v. H. (Besoldungsgruppe VII und höher) zu verstehen. Die für die Erhöhung des Grundgehalts maßgebenden Hundertsätze (25, 22, 19 oder 16) sind nach der durchschnittlichen Erhöhung der Grundgehälter der aktiven Beamten ermittelt. Dabei sind die Durchschnittshundertsätze für mehrere bisherige Besoldungsgruppen zusammengenommen; die Bezüge der Versorgungsberechtigten werden aber im Gesamtdurchschnitt annähernd im gleichen Ausmaß erhöht wie die Bezüge der Beamten im Dienste. Die Grenzen für die verschiedenen Hundertsätze sind etwa bei den Endstufen der bisherigen Gruppen IV, VII und X gezogen. Versorgungsbezüge, deren Berechnung ein Grundgehalt samt Zuschlag von über 12 000 *RM* zugrunde liegt, erfahren keine Erhöhung; sie werden im bisherigen Betrage weitergezahlt. Im übrigen ist die Erhöhung der Versorgungsbezüge in der Weise begrenzt, daß der neue Grundgehalt keinesfalls 13200 *RM* übersteigen darf (vgl. Abs. I Satz 2). Vgl. Beispiel 3 in Bem. 6.

Aus der Staffelung der für die Erhöhung des Grundgehalts samt Zuschlag maßgebenden Hundertsätze nach Gehaltsgrenzen (1800, 3500 und 6000 *RM*) ergeben sich Ueberschneidungen; zur Beseitigung dieser Ueberschneidungen dient die Vorschrift in Abs. I Satz 3. Vgl. Beispiel 2 in Bem. 6.

5. Zu Abs. II: Da die neuen Besoldungsgruppen von wenigen Ausnahmen abgesehen auf die sieben Tarifklassen ebenso verteilt sind wie vor dem 1. Oktober 1927, wird der Wohnungsgeldzuschuß nach der bisherigen Tarifklasse, jedoch mit dem seit dem 1. Oktober 1927 gültigen Betrage (Art. 13, 20 Satz 1 und Anlage 3) in das pensionsfähige (versorgungsfähige) Diensteinkommen eingerechnet; dies gilt auch für diejenigen Versorgungsberechtigten, für die eine Erhöhung der Versorgungsbezüge gemäß Abs. I nicht in Frage kommt. Die unterschiedliche Behandlung von verheirateten und ledigen Beamten hinsichtlich des Wohnungsgeldzuschusses spielt bei den unter Art. 44 fallenden Beamten keine Rolle, weil bei ihnen die bisherigen Vorschriften über die Gewährung des Frauenzuschlags weiter gelten (Art. 45) und deshalb die besoldungsrechtliche Unterscheidung zwischen Verheirateten und Ledigen in der Gewährung oder Nichtgewährung des Frauenzuschlags zum Ausdruck kommt. Daraus erklärt sich auch, daß die Vorschrift des Art. 14 im Abs. II des Art. 44 nicht und von den Vorschriften des Art. 20 nur Satz 1 angeführt ist.

6. Beispiele zu Art. 44: 1. Ein Sekretär der alten Bes.-Gr. A VI mit einem BDA. vom 1. Juni 1899 ist nach einer ruhegehaltsfähigen Dienstzeit von 23 Jahren 156 Tagen am 1. September 1926 in den dauernden Ruhestand versetzt worden. Sein pensionsfähiges Diensteinkommen ab 1. Oktober 1927 besteht aus

a)	Grundgehalt samt Zuschlag nach dem Stande vom 30. September 1927	2676 RM
b)	Erhöhung nach Art. 44 Abs. I Satz 1 (22 v. H. aus 2676 RM = 588,72 RM, aufgerundet gemäß Art. 44 Abs. I Satz 2 Halbsatz 2 auf 589 RM) um	589 RM
c)	Wohnungsgeldzuschuß nach Ortsklasse B der bisherigen Tarifklasse V, jedoch in dem seit dem 1. Oktober 1927 gültigen Betrage (vgl. Bem. 3 zu Art. 13 und Tafel I im V. Abschnitte dieses Buches)	606 RM
	Summe	3871 RM

Hieraus berechnet sich wie bisher der Ruhegehalt mit 63 v. H. auf 2439 RM (aufgerundet aus 2438,74 RM). Hierzu treten gegebenenfalls der Frauenzuschlag in Höhe von 144 RM jährlich gemäß Art. 45, die Kinderzuschläge gemäß Art. 4 des PEG. und Art. 21 ff. des BBesG., die Kinderbeihilfen und der örtliche Sonderzuschlag.

2. Beispiel: Ein lediger Volksschullehrer der alten Bes.-Gr. A VIII mit dem Wohnsitz in München mit einem BDA. vom 1. Januar 1916 ist nach einer ruhegehaltsfähigen Dienstzeit von 20 Jahren 181 Tagen am 1. Februar 1927 in den dauernden Ruhestand versetzt worden. Sein versorgungsfähiges Diensteinkommen ab 1. Oktober 1927 besteht aus

a) Grundgehalt samt Zuschlag nach dem Stande vom 30. September 1927 — 3564 RM
b) Erhöhung nach Art. 44 Abs. I Satz 1 und 3 (19 v. H. aus 3564 RM ergäbe — aufgerundet — 678 RM; der neue Grundgehalt würde hiernach 3564 RM + 678 RM = 4242 RM betragen. Würde sein bisheriger Grundgehalt samt Zuschlag aber dem nächstniedrigeren Grenzbetrag — 3500 RM — gleich sein, so wäre er um 22 v. H., also um 770 RM zu erhöhen, so daß sein neuer Grundgehalt 3500 RM + 770 RM = 4270 RM betragen, also höher sein als 4242 RM. Gemäß Art. 44 Abs. I Satz 3 ist dieser höhere Grundgehalt zugrunde zu legen. Demgemäß muß die Erhöhung festgesetzt werden auf 4270 RM — 3564 RM) = 706 RM
c) Wohnungsgeldzuschuß nach Ortsklasse B wie bisher nach der Tarifklasse IV, jedoch in dem seit dem 1. Oktober 1927 gültigen Betrage (vgl. Bem. 3 zu Art. 13 und Tafel I im V. Abschnitte dieses Buches) — 792 RM

zusammen 5062 RM

Hieraus berechnet sich wie bisher der Ruhegehalt mit 57 v. H. auf jährlich 2886 RM (aufgerundet aus 2885,34 RM).

3. Beispiel: Ein verwitweter Ministerialrat als Abteilungsleiter der alten BesGr. B 1 ohne kinderzuschlags- oder kinderbeihilfefähige Kinder ist nach einer ruhegehaltsfähigen Dienstzeit von mehr als 40 Jahren am 1. Juni 1922 in den dauernden Ruhestand versetzt worden. Wohnsitz: Nürnberg. Sein pensionsfähiges Diensteinkommen ab 1. Oktober 1927 besteht aus

a) Grundgehalt samt Zuschlag nach dem Stande vom 30. September 1927 — 11550 RM
b) Erhöhung nach Art. 44 Abs. I Satz 1 und 2 (16 v. H. aus 11 550 RM ergäbe 1848 RM; der bisherige Grundgehalt samt Zuschlag und Erhöhung um 1848 RM ergäbe 11 550 + 1848 RM = 13 398 RM und würde sonach den Höchstbetrag von 13 200 RM (Art. 41 Abs. I Satz 2) um 198 RM übersteigen. Die 16 prozentige Erhöhung von 1848 RM ist deshalb um diesen Betrag (198 RM) zu kürzen und demgemäß festzusetzen auf 1848 — 198 RM =) — 1650 RM
c) Wohnungsgeldzuschuß nach Ortsklasse B wie bisher nach Tarifklasse II, jedoch in dem seit dem 1. Oktober 1927 gültigen Betrage (vgl. Bem. 3 zu Art. 13 und Tafel I im V. Abschnitte dieses Buches) — 1440 RM

zusammen 14640 RM

Hieraus berechnet sich der Ruhegehalt wie bisher mit 80 v. H. auf 11 712 RM jährlich.

7. Beamte, die mit Wirkung vom 1. Oktober 1927 oder von einem früheren Zeitpunkt in den zeitlichen oder dauernden Ruhestand versetzt worden sind, deren Anspruch auf den Ruhegehalt aber wegen Fortverwendung im Dienste über den 1. Oktober 1927 hinaus gemäß Art. 62 des BG. oder des Art. 52 des VLG. erst von einem nach dem 1. Oktober 1927 liegenden Zeitpunkt an beginnt, fallen weder unter Art. 41 noch Art. 43; diese Beamten erhalten bis zu diesem Zeitpunkt ab 1. Oktober 1927 den nach Art. 44 sich berechnenden neuen Grundgehalt und dazu den Wohnungsgeldzuschuß nach der Ortsklasse des Ortes ihrer Verwendung — verheiratete weibliche Beamte erhalten nur den halben Wohnungsgeldzuschuß —, gegebenenfalls mit dem Frauenzuschlag nach Art. 45 sowie Kinderzuschläge, Kinderbeihilfen und den örtlichen Sonderzuschlag. Das gleiche gilt im Falle der über den 30. September 1927 hinaus dauernden oder nach dem 30. September 1927 beginnenden Wiederverwendung eines zum oder vor dem 1. Oktober 1927 in den zeitlichen oder dauernden Ruhestand versetzten Beamten. In gleicher Weise ist die Vergütung zu bemessen, wenn ein vormaliger Beamter, dessen Dienstverhältnis zum oder vor dem 1. Oktober 1927 gelöst worden ist, aushilfs- oder probeweise im Staatsdienste wieder verwendet wird.

8. Der Sterbegehalt für die Monate Oktober, November und Dezember 1927 (Art. 72 des BG., Art. 65 des VLG.) bleibt unverändert, wenn der Beamte bereits vor dem 1. Oktober 1927 gestorben ist. Sind die nach Art. 44 zustehenden Hinterbliebenenbezüge in einzelnen Fällen höher als die in die Zeit nach dem 30. September 1927 fallenden Teile des gezahlten Sterbevierteljahrs, so ist der Unterschied den Hinterbliebenen zu zahlen.

9. Bei der Wiederanstellung eines zum oder vor dem 1. Oktober 1927 in den zeitlichen oder dauernden Ruhestand versetzten Beamten muß, um den Erfordernissen des Art. 64 des BG. oder des Art. 54 des VLG. zu genügen, die Wiederanstellung in derjenigen BesGr. erfolgen, in die der gleichartige aktive Beamte nach Maßgabe des Art. 41 übergeleitet worden ist. Demgemäß muß beispielsweise die etatmäßige Wiederanstellung eines zum oder vor dem 1. Oktober in den zeitlichen oder dauernden Ruhestand versetzten Oberstudienrats der alten BesGr. A XII in der BesGr. A 2 b, jedoch für seine Person mit den Bezügen der BesGr. A 2 a, oder eines zum oder vor dem 1. Oktober 1927 in den zeitlichen oder dauernden Ruhestand versetzten Bezirksoberlehrers der alten BesGr. A X in der BesGr. A 4 a, jedoch für seine Person mit den Bezügen der BesGr. A 3 a erfolgen. Sonst liegt keine Wiederanstellung im Sinne des Art. 64 des BG. oder des Art. 54 des VLG. vor. Für den Vollzug des Art. 42 des BG., der auch für die Volksschullehrer gilt, kann ein Zweifel nicht bestehen, da die Wartestandsbeamten gemäß Art. 43 in das neue BBesG. übergeleitet worden sind und ihre Wiederanstellung nach dieser Ueberleitung sich regelt.

10. Die Neuregelung der Versorgungsbezüge nach Maßgabe der Art. 44—47 obliegt grundsätzlich den Pensionszahlstellen; die Pensionsregelungsbehörden sind zur Neuberechnung der Versorgungsbezüge nur in den Fällen einer Kürzung nach Art. 66 Ziff. 2, Art. 76, 77, 86 Abs. 1 Ziff. 2, 3 des BG. oder nach den entsprechenden Vorschriften des VLG. sowie in den Fällen zuständig, in denen beim pensionsfähigen Diensteinkommen ein Aufsatzgehalt oder ein Nebeneinkommen berücksichtigt worden ist (vgl. Abschnitt E Ziff. 2 Abs. 2 und 3 der FinMinBek. vom 28. März 1928 — StAnz. Nr. 73; siehe Ziff. 1 des IV. Abschnittes dieses Buches).

11. Die Reichsregelung enthält noch einen besonderen Härteausgleich zugunsten der Altversorgungsberechtigten. Nach § 27 des RBesG. werden bei den Beamten, die in dem Besoldungsgesetze vom Jahre 1909 in einer Besoldungsklasse zusammengefaßt waren, durch das Besoldungsgesetz vom Jahre 1920 und den endgültigen Haushaltplan aber auf mehrere Besoldungsgruppen verteilt wurden und nach Ziff. 24 der Ausführungsbestimmungen zum Pensionsergänzungsgesetz vom 9. Juli 1921 (RGBl. 1921 S. 886 ff.) nur in die Eingangsgruppe übergeleitet worden waren, die in § 26 (= Art. 44 des bayerischen BBesG.) gegebenen Hundertsätze um 8 (auf 33, 30, 27 und 24 v. H.) erhöht. Für diese Erhöhung kommen aber nach § 27 Abs. 3 nur die Beamten in Betracht, deren Goldmarkruhegehälter (Ruhegehälter, die sich nach den vor dem 1. April 1920 in Geltung gestandenen Besoldungs- und Pensionsvorschriften berechneten) den Reichsmarkruhegehalt mit Einschluß des Frauenzuschlags nach den am 30. September 1927 geltenden Vorschriften überstiegen. Bei den bayerischen Ruhestandsbeamten mit Einschluß der Beamten der vom Reich übernommenen bayerischen Verwaltungen ist diese Bedingung nicht erfüllt. Die Reichsregelung brauchte daher auf Bayern nicht übernommen zu werden. Das gleiche gilt hinsichtlich der besonderen Maßnahmen des § 27 Abs. 2 des RBesG. Auch eine Regelung für die versorgungsberechtigten Landespolizeibeamten war im bayerischen BBesG. nicht zu treffen, da auf diese nach Art. 26 des Landespolizeibeamtengesetzes vom 26. August 1922 (GVBl. S. 427) die Vorschriften des Wehrmachtversorgungsgesetzes Anwendung finden.

12. Nach § 32 des RBesG. und Ziff. 114 der RBesV. ist der nach § 25 ff. (= Art. 43, 44 des bayerischen BBesG.) neu ermittelte Grundgehalt bei Anwendung der Ruhensvorschriften auf die dort bezeichneten Bezüge auch der Berechnung des früheren Diensteinkommens zugrunde zu legen. Da der mit dieser Vorschrift bezweckte Erfolg im Wege der Auslegung der geltenden Ruhensvorschriften (Art. 44 Ziff. 3, Art. 66 Ziff. 2, Art. 86 Abs. 1 Ziff. 3 des Beamtengesetzes und die diesen Bestimmungen entsprechenden Vorschriften des BLG.) erreicht wird, wurde von einer besonderen gesetzlichen Bestimmung abgesehen. Vgl. Bem. 8 zu Art. 43.

13. Nach einer Entscheidung des Reichsgerichts haben die Reichsbeamten, die auf Grund des Reichsgesetzes vom 12. September 1919 in den Ruhestand versetzt worden sind, nach Sinn und Zweck des Gesetzes sowie nach den Ausführungen, die der damalige Reichsfinanzminister Erzberger im Reichstage dazu gemacht hat, Anspruch auf die zehnprozentige Erhöhung der jeweiligen gesetzlichen Pension, gleichviel auf welcher Besoldungsordnung oder sonstigen rechtlichen Grundlage sie beruht (vgl. Erlaß des Reichsfinanzministers vom 11. August 1928 — RBesBl. S. 165). Ein gleicher Anspruch steht dagegen den bayerischen Beamten, die auf Grund des durch das RGes. vom 12. September 1919 veranlaßten bayerischen Gesetzes vom 3. Oktober 1919 (GVBl. S. 695) in den Ruhestand getreten sind, nicht zu. Denn während das Reichsgesetz vom 12. September 1919 eine zeitliche Begrenzung nicht enthält, bestimmte das bayerische Gesetz vom 3. Oktober 1919 in seinem § 2 ausdrücklich, daß die Beamten an Stelle der im § 1 bezeichneten Ruhestandsbezüge (110 vom Hundert des bisherigen Ruhegehalts) die Ruhestandsbezüge erhalten, die ihnen nach Maßgabe des neuen BBesG. zukommen (vgl. Satz 2 des § 2 des Ges. vom 3. Oktober 1919); außerdem ist auch durch Art. 39 des BBesG. vom 2. Juni 1920 noch einmal klargestellt worden, daß der zehnprozentige Zuschlag, wie er nach § 1 des Ges. vom 3. Oktober 1919 zu dem auf Grund der früheren Vorschriften berechneten Ruhegehalt gegeben wurde, zu den Ruhestandsbezügen nicht mehr zu gewähren war, die nach Maßgabe des § 2 des Ges. vom 3. Oktober 1919 unter Zugrundelegung des Diensteinkommens nach den Vorschriften des BBesG. vom 2. Juni 1920 angewiesen wurden. In dieser Regelung liegt keine des Ausgleichs bedürftige Härte im Sinne des Art. 59, da diese Regelung nicht auf den Vorschriften des BBesG., sondern auf dem Ges. vom 3. Oktober 1919 beruht. Ein innerer Grund, die nach dem Gesetze vom 3. Oktober 1919 pensionierten Beamten versorgungsrechtlich günstiger zu stellen als die unter der Herrschaft des BBesG. vom 2. Juni 1920 wegen Erreichung des 65. Lebensjahres pensionierten Beamten besteht nicht; insbesondere kann der Erwägung, daß das Reichsgesetz vom 12. September 1919 und das bayerische Ges. vom 3. Oktober 1919 den gleichen Zweck verfolgten, keine Bedeutung etwa in dem Sinne zukommen, daß mit Rücksicht auf das für die Reichsbeamten günstige Reichsgerichtsurteil Veranlassung bestünde, eine gleiche Regelung für die bayerischen Altpensionisten des Ges. vom 3. Oktober 1919 oder die bayerischen Altpensionisten aus dem Stande der Volksschullehrer, soweit sie unter Art. 58 des BBesG. vom 2. Juni 1920 fallen, durch ein besonderes Gesetz oder durch einen Landtagsbeschluß zu treffen.

Art. 45.

Neben dem nach Art. 44 sich berechnenden Ruhegehalte wird der Frauenzuschlag nach den am 30. September 1927 geltenden Vorschriften gewährt.

1. Vgl. § 30 des RBesG. und Nr. 112 der RBesV.

2. Die Vorschrift stimmt mit der Reichsregelung überein; die Fortgewährung des Frauenzuschlags neben dem nach Art. 44 sich berechnenden Ruhegehalte (nicht auch neben dem nach Art. 43 sich berechnenden Wartegelde) ist deshalb begründet und notwendig, weil bei den unter Art. 44 fallenden Versorgungsberechtigten im Gegensatze zu den im Dienste befindlichen Beamten (Art. 41) und den Beamten im einstweiligen Ruhestande (Art. 43) der Frauenzuschlag in den der Berechnung des pensionsfähigen (versorgungsfähigen) Diensteinkommens zugrunde liegenden Grundgehalt (Art. 44) nicht eingebaut ist. Als für die Gewährung des Frauenzuschlags maßgebende Vorschriften kommen in Frage Art. 5 Abs. II des sechsten Abänderungsgesetzes vom 5. April 1922 (GVBl. 1923 S. 4), Art. 22 des bisherigen BBesG. in der Fassung des Art. 1 Ziff. IV des 9. Abänderungsgesetzes vom 29. Februar 1924 (GVBl. S. 117), die Fin.-MinBek. vom 13. März 1923 (GVBl. S. 141) in der Fassung der FinMinBek. vom 25. April 1924 (GVBl. S. 147) und Ziff. 13—17 sowie Ziff. 20 der FinMinBek. vom 30. April 1922 (StAnz. Nr. 101). Der Frauenzuschlag betrug am 30. September 1927 monatlich 12 *RM* (vgl. FinMinBek. vom 1. Dezember 1924 — StAnz. Nr. 180).

3. Außer dem Frauenzuschlag erhalten die Beamten im Ruhestande sowie die Beamtenwitwen gemäß Art. 4 des PEG. Kinderzuschläge nach den für die Beamten im Dienste jeweils geltenden Vorschriften; in gleicher Weise werden den ledigen, pensionsberechtigten Beamtendoppelwaisen Kinderzuschläge gewährt. Näheres hierüber siehe in Bem. 15 zu Art. 21. Auch die Kinderbeihilfe (vgl. Bem. 6 Abs. 2 zu Art. 21) kann den Beamten im Ruhestande, den Beamtenwitwen und den ledigen Beamtendoppelwaisen nach Maßgabe der Ziff. 13 der FinMinBek. vom $\frac{\text{13. März 1923 (GVBl. S. 140)}}{\text{25. April 1924 (GVBl. S. 147)}}$ sowie der Bestimmungen in Abschn. A zu c Ziff. 2 der FinMinBek. vom 28. März 1928 Nr. 14 200 — StAnz. Nr. 73; IV. Abschnitt Ziff. 1 dieses Buches) bewilligt werden. Diese Vorschriften gelten weiter und zwar sowohl für die zum oder vor dem 1. Oktober 1927 aus dem Dienste geschiedenen wie für die nach dem 1. Oktober 1927 aus dem Dienste scheidenden Beamten und ihre Hinterbliebenen. Aus diesem Grunde war es nicht veranlaßt, eine dem § 31 des RBesG. entsprechende Vorschrift in das BBesG. aufzunehmen. Zur Vermeidung etwaiger Zweifel ist in der Begründung zu Art. 45 ausdrücklich hervorgehoben, daß von den für die Beamten im Dienste geltenden Vorschriften auch Art. 21 Abs. IV für die Versorgungsberechtigten entsprechend anwendbar ist, was ohnedies unmittelbar aus Art. 4 des PEG. folgt.

4. Wegen der Gewährung des örtlichen Sonderzuschlags an die Versorgungsberechtigten gilt die FinMinBek. vom 13. März 1923 (GVBl. S. 143) in der Fassung der Bek. vom 25. April 1924 (GVBl. S. 147) für die Zeit bis zum 30. April 1928 und die FinMinBek. vom 25. April 1928 (GVBl. S. 324) für die Zeit ab 1. Mai 1928. Die Bek. vom 25. April 1928 ist im IV. Abschnitte dieses Buches unter Ziff. 5 abgedruckt.

Art. 46.

Art. 44 und 45 gelten entsprechend für die vor dem Inkrafttreten dieses Gesetzes von der Verpflichtung zur Abhaltung von Vorlesungen entbundenen (emeritierten) Hochschulprofessoren.

1. Um Zweifel darüber auszuschließen, ob die schon vor dem 1. Oktober 1927 emeritierten Hochschulprofessoren — hierzu zählen die ordentlichen oder außerordentlichen Professoren der Universitäten, der Technischen Hochschule München einschließlich der landwirtschaftlichen Abteilung in Weihenstephan sowie die staatlichen philosophisch-theologischen Hochschulen, die gemäß Art. 187 Abs. 3 des BG. in der Fassung des Art. 51 des BBesG. in der Fassung der Bek. vom 24. März 1923 (GVBl. S. 109) nach Vollendung des 65. Lebensjahres auf ihr Ansuchen von der Verpflichtung zur Abhaltung von Vorlesungen unter Belassung des von ihnen erdienten Diensteinkommens jedoch ohne Ersatz für den Ausfall an Vorlesungsgebühren befreit worden sind — nach Art. 41 oder 43 oder Art. 44, 45 zu behandeln sind, ist in Art. 46 klargestellt, daß diese emeritierten Hochschulprofessoren hinsichtlich der Erhöhung ihrer Emeritenbezüge den in den dauernden Ruhestand versetzten Beamten gleichzustellen sind und daß deshalb für sie die Vorschriften in Art. 44 und 45 entsprechend gelten. Maßgebend für diese Regelung war nach der Begründung des Gesetzentwurfs die Erwägung, daß die Emeritierung dem bei den übrigen Beamten wegen Erreichung der Altersgrenze erfolgenden gesetzlichen Uebertritt in den dauernden Ruhestand vergleichbar sei. Ueber die Emeritierung vgl. Reindl, Komm. z. BG. Bem. 4 zu Art. 187 des BG. S. 775, ferner auch Urteil des OLG. München in BayZfR. 1914 S. 279, 280.

2. Demgemäß erhalten die vor dem 1. Oktober 1927 emeritierten Hochschulprofessoren an Stelle des bisherigen Diensteinkommens den nach Art. 44 Abs. I berechneten erhöhten Grundgehalt und dazu den Wohnungsgeldzuschuß der bisherigen Tarifklasse in dem seit dem 1. Oktober 1927 zuständigen Betrage (120 v. H. der Sätze der Anlage 3; vgl. Bem. 3 zu Art. 13 und Tafel I im V. Abschnitte dieses Buches), jedoch nicht allgemein nach der Ortsklasse B, sondern nach der Ortsklasse des Amtssitzes bei der Emeritierung. Die Ortsklasse des Wohnungsgeldzuschusses ändert sich nicht dadurch, daß der emeritierte Hochschulprofessor seinen Wohnsitz an einen anderen Ort verlegt, der einer höheren oder niedrigeren Ortsklasse als der Ort des Amtssitzes bei der Emeritierung angehört. Es ergibt sich dies einmal aus dem Worte „erdient" in Art. 187 Abs. 3 des BG., und dann daraus, daß für die Bemessung des Wohnungsgeldzuschusses nach Art. 18 Abs. I des bisherigen und des neuen BBesG. der Amtssitz maßgebend ist, der emeritierte Professor aber aktiver Beamter bleibt und deshalb auch seinen bisherigen Amtssitz beibehält.

3. Mangels einer besonderen Regelung, wie sie für die vor dem Inkrafttreten des BBesG. emeritierten Hochschulprofessoren in Art. 46 getroffen ist, müssen die zum 1. Oktober 1927 emeritierten Hochschulprofessoren wie die Beamten im Dienste (Art. 41) oder im einstweiligen Ruhestande (Art. 43) in das neue BBesG. übergeleitet werden, da sie nach den Grundsätzen des BBesG. an der Neuregelung der Besoldung in einer der beiden Formen (Art. 41, 43 oder Art. 44, 45) teilnehmen müssen und die Beschränkung auf die Erhöhung der Emeritenbezüge nach Maßgabe der Art. 44, 45 nur die vor dem 1. Oktober 1927, dem Tage des Inkrafttretens des BBesG. (Art. 62 Abs. I), emeritierten Hochschulprofessoren trifft.

Art. 47.

Art. 43 bis 46 finden keine Anwendung, wenn der Berechtigte vor Veröffentlichung dieses Gesetzes ohne Hinterlassung von Hinterbliebenen im Sinne des Art. 72 des Beamtengesetzes gestorben ist oder seinen Anspruch auf Versorgung infolge rechtskräftiger Verurteilung oder wegen Verzichts verloren hat.

1. Wegen der entsprechenden Regelung bei den aktiven Beamten vgl. Art. 41 Abs. III und die hierzu gegebenen Erläuterungen über „Veröffentlichung dieses Gesetzes" und „Hinterbliebene im Sinne des Art. 72 des BG.". Wegen des Verlustes des Versorgungsanspruchs infolge rechtskräftiger Verurteilung wird auf Art. 43 Ziff. 3 des BG., der gemäß Art. 6 des Ges. vom 10. Juli 1927 (GVBl. S. 227) auch für die Volksschullehrer, Volksschulfachlehrer und die israelitischen Volksschullehrer gilt, dann Art. 65 Ziff. 2 des BG. und Art. 56 Nr. 2, 3 des VLG. und bezüglich des Verlustes des Versorgungsanspruchs wegen Verzichts auf Art. 166, 167 mit Art. 114 des BG. und Art. 125 mit Art. 114 des VLG. verwiesen.

2. Beispiel: Ein Beamter im Ruhestand ist am 25. Februar 1928 unter Hinterlassung einer Witwe und eines Stiefkindes (uneheliches Kind der Witwe), die Witwe am 5. April 1928 unter Hinterlassung ihres unehelichen Kindes gestorben. Als „Berechtigter" im Sinne des Art. 47 kommt zunächst der Beamte in Frage; da er zwar vor der Veröffentlichung des BBesG. gestorben ist, aber eine Witwe, also eine Hinterbliebene im Sinne des Art. 72 des BG., hinterlassen hat, müssen seine Versorgungsbezüge für die Zeit vom 1. Oktober 1927 mit Februar 1928 nach Maßgabe der Art. 44, 45 neu festgesetzt und an seine Erben ausgezahlt werden. Als zweiter „Berechtigter" im Sinne des Art. 47 erscheint die Witwe, die gemäß Art. 72 Anspruch auf den Sterbegehalt für die Monate März mit Mai hat. Sie ist aber noch vor der Veröffentlichung des BBesG. verstorben und hat keine Hinterbliebenen im Sinne des Art. 72 des BG. hinterlassen, da ihr uneheliches Kind nicht zu den Hinterbliebenen im Sinne des Art. 72 des BG. zählt. Gemäß Art. 47 unterbleibt daher die Erhöhung des Sterbegehalts und Nachzahlung der Erhöhung an die Erben. Die Auffassung, daß auch die Erhöhung der Versorgungsbezüge des Ruhestandsbeamten und die hiernach sich ergebende Nachzahlung an die Erben gemäß Art. 47 zu unterbleiben habe, weil im Zeitpunkte des Vollzugs des Art. 44 auch die Witwe bereits gestorben war und sonstige Hinterbliebene im Sinne des Art. 72 des BG. nicht vorhanden waren, findet im Gesetze selbst keine Stütze; die Berufung auf die Begründung zu Art. 41 Abs. III, wonach die sich aus dem BBesG. ergebenden Nachzahlungen aus finanziellen Erwägungen und zur Entlastung der Zahlstellen an andere Personen als an die Hinterbliebenen im Sinne des Art. 72 des BG. nicht geleistet werden sollen, schlägt nicht durch, da ein solches Verbot weder im Art. 41 Abs. III noch im Art. 47 zum Ausdrucke kommt und im übrigen die Fassung des Art. 41 Abs. III und Art. 47 so klar und eindeutig ist, daß es zu ihrer Auslegung des Zurückgreifens auf die Begründung des Gesetzentwurfs nicht bedarf.

VI. Sondervorschriften für Volksschullehrer.

Art. 48.

I Die ständigen Volksschullehrer gelten als etatmäßige, die unständigen Volksschullehrer als nichtetatmäßige Staatsbeamte im Sinne dieses Gesetzes.

II Wieweit die Vorschriften dieses Gesetzes über die nichtetatmäßigen Beamten auch auf die im Volksschuldienste tatsächlich verwendeten Schulamtsbewerber und Schulamtsbewerberinnen anzuwenden sind, bestimmt das zuständige Staatsministerium.

III An die Stelle der in diesem Gesetz angeführten Vorschriften des Beamtengesetzes treten für die Volksschullehrer die entsprechenden Vorschriften des Volksschullehrergesetzes vom 14. August 1919.

1. Die Sondervorschriften für die Volksschullehrer (Art. 48 bis 53) sind aus dem bisherigen Beamtenbesoldungsgesetz übernommen. Art. 48 deckt sich mit Art. 54 des BBesG. in der Fassung der Bek. vom 24. März 1923 (GVBl. S. 109).

2. Wegen der Begriffe „ständige und unständige Volksschullehrer" vgl. Art. 1 des VLG. in der Fassung des Ges. vom 1. August 1923 zur Aenderung von Vorschriften über das Volksschulwesen — GVBl. S. 337 — sowie die Bem. 1 zu Art. 1, die Bem. 7 zu Art. 7 und die Bem. 3 zu Art. 29. Wie schon in der Begründung zum Art. 1 des Entwurfs eines VLG. vom 27. Juli 1918 (Verh.AbgK. 1917/18 Bd. 19 Beilage 2581) bemerkt ist, entspricht die Einteilung der Volksschullehrer in ständige und unständige Volksschullehrer im wesentlichen der im BG. durchgeführten Einteilung in etatmäßige und nichtetatmäßige Beamte. Die Volksschullehrer waren schon immer Beamte des Staates (vgl. Art. 1 Abs. III des VLG. vom 14. August 1919). Erst durch das BBesG. vom 2. Juni 1920 aber haben sie die Eigenschaft von etatmäßigen Staatsbeamten im Sinne des BG. oder von nichtetatmäßigen Staatsbeamten im Sinne des BBesG. erlangt. Art. 48 erklärt in Uebereinstimmung mit den bisherigen Vorschriften (vgl. Bem. 1) die ständigen Volksschullehrer für etatmäßige und die unständigen Volksschullehrer für nichtetatmäßige Beamte im Sinne des BBesG. und stellt damit die Anwendbarkeit des BBesG. auf die Volksschullehrer klar. Demgemäß gelten für die ständigen Volksschullehrer diejenigen Vorschriften des BBesG., die die Verhältnisse der etatmäßigen Beamten regeln; auf die unständigen Volksschullehrer sind die Bestimmungen über die nichtetatmäßigen Beamten anzuwenden. Ausnahmen hiervon siehe Bem. 3 Abs. 2 zu Art. 27, Bem. 7 zu Art. 37 und die Art. 49 und 53.

3. Zu Abs. II: Unter „Schulamtsbewerbern und Schulamtsbewerberinnen" sind die männlichen oder weiblichen Anwärter für den Volksschuldienst zu verstehen, die nach Bestehen der Seminarschlußprüfung in den vorgeschriebenen (einjährigen) Vorbereitungsdienst eingetreten sind; wenn auch einzelne Vorschriften des VLG. auf sie Anwendung finden (Art. 21 Abs. I des VLG. in der Fassung des Art. 1 Ziff. II des Ges. vom 1. August 1923 — GVBl. S. 337 —, Art. 124 Abs. I, Art. 127 Abs. II mit 128, Art. 143 Abs. I des VLG.), so gehören sie doch nicht zu den Volksschullehrern im Sinne des VLG. und des BBesG., also auch nicht zu den unständigen Volksschullehrern, die gemäß Art. 48 Abs. I als nichtetatmäßige Beamte im Sinne des BBesG. gelten. Art. 48 Abs. II eröffnet jedoch die Möglichkeit, durch Ausführungsbestimmungen die

Vorschriften des BBesG. über die nichtetatmäßigen Beamten auf die Schulamtsbewerber und Schulamtsbewerberinnen entsprechend anzuwenden (vgl. § 3 der Bek. vom 4. Juli 1924 über die Bezüge der Staatsdienstanwärter usw. — GVBl. S. 181; dann Ziff. 42 der Kult.-MinBek. vom 13. Dezember 1921 (KMBl. S. 309); die Ziffern 33 mit 41 dieser KultMinBek. sind durch § 4 der Bek. vom 4. Juli 1924 (GVBl. S. 181) außer Kraft gesetzt worden; vgl. ferner die Kult.-MinEntschl. vom 25. Juli 1924 Nr. IV 22 407, durch die die Anordnungen in Ziff. 38 Abs. IV der KMinBek. vom 13. Dezember 1921 (KMBl. S. 309) zum Vollzuge des Art. 23 Abs. I des SchBG. in der Fassung des Art. 2 Ziff. VI des Ges. vom 1. August 1923 (GVBl. S. 337) — Wohnungen für Aushilfslehrer — wieder in Kraft gesetzt worden sind). Bei dem Mißverhältnis, das zurzeit zwischen der den Bedarf weit übersteigenden Zahl der Schulamtsbewerber und Schulamtsbewerberinnen und der Zahl der nichtetatmäßigen Volksschullehrerstellen (unständige Volksschullehrer) besteht, ist es unmöglich, die Schulamtsbewerber schon nach dem einjährigen Vorbereitungsdienst in unständiger Weise anzustellen; sie bleiben daher auch nach Ableistung des einjährigen Vorbereitungsdienstes und vielfach sogar noch nach Ablegung der Anstellungsprüfung (4 Jahre nach der Seminarschlußprüfung) weiter im Vorbereitungsdienste.

4. Zu Abs. III: Von den Vorschriften des BG., an deren Stelle gemäß Abs. III die entsprechenden Vorschriften des BLG. treten, sind im BBesG. angeführt:

Art. 1 des BG. (in Art. 9 Abs. I Ziff. 2) = Art. 1 Halbsatz 2 des BLG. in der Fassung des Ges. vom 1. August 1923 (GVBl. S. 337);

Art. 2 des BG. (in Art. 1) = Art. 1 Abs. I Halbsatz 1 und Abs. II des BLG. in der Fassung wie vor;

Art. 5 Abs. 1 des BG. (in Art. 35 Abs. II) = Art. 2 Abs. I des BLG. in der Fassung nach Art. 62 Ziff. 3 des BBesG. vom 2. Juni 1920;

Art. 5 Abs. 4 des BG. (in Art. 18 Abs. II) = Art. 2 Abs. III des BLG. in der Fassung nach Art. 62 Ziff. 3 des BBesG. vom 2. Juni 1920;

Art. 8 Abs. 2 des BG. (in Art. 10) = Art. 5 Abs. II—IV des BLG. in der Fassung nach Art. 62 Ziff. 1 des BBesG. vom 2. Juni 1920;

Art. 10 des BG. (in Art. 10) = Art. 7 des BLG.;

Art. 18 Abs. 3, 4 des BG. (in Art. 26 Abs. II) = Art. 13 Abs. III, IV des BLG.,

Art. 25 des BG. (in Art. 9 Abs. I Ziff. 2) = Art. 21 Abs. I des BLG. in der Fassung des Art. 1 Ziff. II des Ges. vom 1. August 1923 (GVBl. S. 337);

Art. 62 Abs. 3 des BG. (in Art. 54 Abs. III) = Art. 52 Abs. III in der Fassung des Art. 62 Ziff. 1 des BBesG. vom 2. Juni 1920;

Art. 72 des BG. (in Art. 47 und Art. 54 Abs. III) = Art. 65—67 des BLG. in der Fassung des Art. 62 Ziff. 1 des BBesG. vom 2. Juni 1920;

Art. 107 Abs. 1 Ziff. 2 des BG. (in Art. 54 Abs. I) = Art. 106 Abs. I Ziff. 2 des BLG. in der Fassung des Art. 62 Ziff. 9 des BBesG. vom 2. Juni 1920;

Art. 109 des BG. (in Art. 54 Abs. II) = Art. 109 des BLG. in der Fassung des Art. 62 Ziff. 11 des BBesG. vom 2. Juni 1920 und des Art. 1 Ziff. V des Ges. vom 1. August 1923 (GVBl. S. 337);

Art. 164 des BG. (in Art. 54 Abs. II) = Art. 123 des BLG. in der Fassung des Art. 62 Ziff. 12 des BBesG. vom 2. Juni 1920.

Die übrigen im BBesG. angeführten Vorschriften des BG. kommen teils für die Volksschullehrer nicht in Frage (nämlich Art. 183, 184, Art. 224 Nr. 3 Ziff. 1 des BG.; angeführt in Art. 54 Abs. II und in Art. 55), teils gelten sie für die Volksschullehrer schon auf Grund des BLG. entsprechend (nämlich Art. 176 des BG.; angeführt in Art. 54 Abs. III; vgl. Art. 135 des BLG. in der Fassung des Art. 1 Ziff. VI des Ges. vom 1. August 1923 — GVBl. S. 337).

5. Wegen der Anwendbarkeit des BBesG. auf die Lehrkräfte an christlichen Bekenntnissonderschulen siehe Art. 147 des BLG. in der Fassung des Art. 1 Ziff. IX des Ges. vom 1. August 1923 (GVBl. S. 337). Die hauptamtlich angestellten Lehrkräfte dieser Schulen sind Volksschullehrer im Sinne des BLG. Die Bestimmungen des BBesG. gelten daher für sie in gleichem Umfange wie für die Volksschullehrer. Das gleiche gilt für die in ständiger Diensteseigenschaft hauptamtlich angestellten Lehrkräfte an Schulen von Stiftungen oder gemeinnützigen Unternehmungen, soweit diesen Lehrkräften nach Maßgabe des Art. 148 des BLG. in der Fassung des Art. 1 Ziff. X des Ges. vom 1. August 1923 (GVBl. S. 337) die Rechte ständiger Volksschullehrer im Sinne des BLG. verliehen worden sind. Zur Aufbringung des Diensteinkommens dieser Lehrkräfte haben die Unternehmer der christlichen Bekenntnisschulen, der Schulen von Stiftungen und von gemeinnützigen Unternehmungen, wenn nicht die beteiligten Staatsministerien in einzelnen Fällen aus besonderen Gründen Ausnahmen zulassen, für jede Lehrstelle einen jährlichen festen Beitrag in Höhe von zwanzig vom Hundert des jeweiligen Diensteinkommens des Stelleninhabers nach näherer Maßgabe der Art. 33 und 35 des SchBG. in der Fassung des Art. 2 Ziff. X des Ges. vom 1. August 1923 (GVBl. S. 337) zu leisten.

Wegen der Anwendbarkeit des BBesG. auf die israelitischen Volksschullehrer (Art. 149 des BLG.) siehe Art. 51 und auf die Volksschulfachlehrer (Art. 144 des BLG.) siehe Art. 52.

Geistliche Gesellschaften oder religiöse Vereine, denen der Volksschulunterricht gemäß Art. 24 des SchBG. übertragen ist, erhalten für jede von der Regierung, Kammer des Innern, als unständig oder ständig erklärte Lehrkraft aus der Staatskasse eine Vergütung, die der Anfangsgrundvergütung der unständigen Volksschullehrerinnen (Hilfslehrerinnen) bezw. dem Anfangsgrundgehalte der ständigen Volksschullehrerinnen (Lehrerinnen und Hauptlehrerinnen der BesGr. A 4 b, Oberlehrerinnen der BesGr. A 4 a) samt der Hälfte des Wohnungsgeldzuschusses entspricht (vgl. Art. 24 Abs. III Satz 1 des SchBG. in der Fassung des Art. 4 des Ges. vom 16. Dezember 1921 zur Abänderung des BBesG. — GVBl. S. 147; Art. 24 Abs. III Satz 4 des SchBG. in der Fassung des Art. 1 Ziff. XII b des Ges. vom 25. November 1921 zur Aenderung des BBesG. — GVBl. S. 551). Diese Bestimmungen gelten entsprechend für die Volksschulfachlehrer geistlicher Gesellschaften oder religiöser Vereine (vgl. Art. 24 a des SchBG. in der Fassung des Ges. vom 1. August 1923 — GVBl. S. 337). Die hiernach den geistlichen Gesellschaften oder religiösen Vereinen aus der Staatskasse (Finanzamt) ab 1. Oktober 1927 zustehenden Vergütungen für die klösterlichen Lehrkräfte sind mit Entschl. des KMin. vom 3. April 1928 Nr. IV 13 346 (StAnz. Nr. 80) bekanntgegeben worden; diese Entschließung ist unter Nr. 3 im IV. Abschnitte dieses Buches abgedruckt.

Art. 49.

I Die Mietentschädigung, die der Volksschullehrer für seine Dienstwohnung zu entrichten hat, wird von der Zahlstelle durch Abzug bei der Auszahlung des Diensteinkommens eingehoben.

II Den einbehaltenen Betrag überweist die Zahlstelle am Schlusse des Rechnungsjahres an die Gemeinde, bei zusammengesetztem Schulsprengel an die am Schulsprengel beteiligten Gemeinden. Art. 58 Abs. III des Schulbedarfgesetzes vom 14. August 1919 gilt entsprechend. Das zuständige Staatsministeriums kann im Einvernehmen mit dem Staatsministerium der Finanzen abweichende Vorschriften für die Fälle erlassen, in denen dem Staate oder einem Dritten das Eigentum oder Miteigentum an dem Dienstgebäude zusteht oder die Baulast obliegt.

1. Art. 49 entspricht dem Art. 55 Abs. I und II des bisherigen BBesG. in der Fassung der Bek. vom 24. März 1923 (GVBl. S. 109).

2. Die Vorschriften des BBesG. gelten auch für die Volksschullehrer (vgl. Art. 48); diese können daher keine anderen als die

nach Abschnitt I und II des BBesG. zulässigen Bezüge erhalten. Für die nach dem früheren Rechte erfolgte Gewährung freier Dienstwohnung oder einer Wohnungsentschädigung neben dem Grundgehalt und Wohnungsgeldzuschuß ist deshalb kein Raum mehr. Ist mit der Schulstelle eine Dienstwohnung verbunden (Rechtsanspruch des Volksschullehrers gegen die Gemeinde auf Bereitstellung einer Dienstwohnung ist schon seit dem 1. April 1920 beseitigt; vgl. Bem. 4 Abs. 2 zu Art. 19), so hat der Volksschullehrer auf Grund des Art. 19 eine Mietentschädigung hiefür zu entrichten; näheres hierüber siehe Bem. 4—16 zu Art. 19. Diese Verpflichtung besteht gegenüber dem Staate, nicht gegenüber der Gemeinde. Abs. I des Art. 49 bestimmt demgemäß, daß die Mietentschädigung von der staatlichen Zahlstelle bei der Auszahlung des Diensteinkommens (Art. 1 Satz 1, Art. 29) abzuziehen ist (vgl. Bem. 12 zu Art. 29). Ueber die Verwendung der einbehaltenen Mietentschädigung trifft Abs. II Bestimmung. Während die von den übrigen Staatsbeamten zu entrichtende Mietentschädigung in der Regel für die Staatskasse vereinnahmt wird, ist die vom Volksschullehrer zu entrichtende Mietentschädigung von der staatlichen Zahlstelle, also nicht vom Lehrer unmittelbar, an die Gemeinde und bei zusammengesetztem Schulsprengel, also wenn der Sprengel einer öffentlichen Volksschule über die Gemeindemarkung hinausgreift und sonach am Schulsprengel mehrere Gemeinden beteiligt sind (vgl. Art. 2 des SchBG.) an die Schulsitzgemeinde (Art. 2 Abs. I des SchBG.) oder an die besonders bestimmte Gemeinde (Art. 2 Abs. III des SchBG.) abzuführen, also an die Verwaltung derjenigen Gemeinde, der die vermögensrechtliche Verwaltung und Vertretung der Sprengelschule obliegt. Nach dem Gesetze hat die Ueberweisung jeweils am Schlusse des Rechnungsjahres zu erfolgen; auf Antrag der Gemeinde wird jedoch die Ueberweisung vierteljährlich vollzogen (vgl. KMinBek. vom 24. Mai 1921 — KMBl. S. 131 — und KMin.-Entschl. vom 2. März 1928 Nr. IV 5909 — StAnz. Nr. 53). Die Gemeinden sind nicht berechtigt, die Mietentschädigung unmittelbar vom Volksschullehrer zu fordern oder in Empfang zu nehmen; die Entschl. des Unterrichtsministeriums vom 26. Oktober 1923 (KMBl. S. 133), durch die gestattet worden war, daß der Volksschullehrer die Mietentschädigung unmittelbar an die Gemeinde entrichtet, ist mit Wirkung vom 1. April 1928 wieder aufgehoben worden (vgl. KMinEntschl. vom 2. März 1928 Nr. IV 5909 — StAnz. Nr. 53).

In einer Reihe von Fällen befindet sich das Dienstwohngebäude im Eigentum des Staates oder eines Dritten. Hier erwächst der Gemeinde in der Regel kein Aufwand; das gleiche kann zutreffen, wenn die Baulast an dem Gebäude dem Staate oder einem Dritten obliegt. Für diese Fälle kann das Staatsministerium für Unterricht und Kultus im Einvernehmen mit dem Staatsministerium der Finanzen auf Grund des Abs. II Satz 3 bestimmen, daß von der Ueberweisung der Mietentschädigung an die Gemeinde ganz oder zum Teil abgesehen wird und daß demgemäß die Mietentschädigung ganz oder zum Teil für die Staatskasse vereinnahmt wird. Solche Bestimmungen sind im § 26 der KMinBek. vom 13. Juli 1920 — KMBl. S. 286 — getroffen. Die der Staatskasse verbleibende Mietentschädigung ist auf den Haushalt der übrigen Betriebe des Staates zu vereinnahmen und zu verrechnen.

3. Ueber die vereinnahmten Mietentschädigungen kann die Gemeinde nicht frei verfügen; sie ist auf Grund des Abs. II Satz 2, wonach Art. 58 Abs. III des SchBG. entsprechend gilt, gesetzlich gebunden, die Mietentschädigungen zur Erfüllung der Verpflichtungen zu verwenden, die ihr nach den Vorschriften des SchBG. (vgl. beispielsweise Art. 11 des SchBG.) hinsichtlich der Aufbringung des Schulbedarfs obliegen. Ueberschüsse, die nach Erfüllung dieser Verpflichtungen verbleiben, sind als Grundstockvermögen für Schulhausbauzwecke (Schulhausbaufond) verzinslich anzulegen. Die Regierung, Kammer des Innern, kann indes genehmigen, daß das Grundstockvermögen ganz oder teilweise für andere mit den Aufgaben der Volksschule zusammenhängende Zwecke verwendet wird (vgl. § 25 Abs. 4 der KMinBek. vom 13. Juli 1920 — KMBl. S. 286).

4. Nach dem Wortlaut des Gesetzes wären auch die Mietentschädigungen, die Volksschullehrer an christlichen Bekenntnisschulen (Art. 147 VLG.) oder ständige Volksschullehrer an Schulen von Stiftungen oder gemeinnützigen Unternehmungen (Art. 148 VLG.) zu entrichten haben, an die Gemeinde abzuführen. Dies widerspräche jedoch dem Zwecke der Vorschrift in Abs. II. Da in der Regel die Unternehmer dieser Schulen den Aufwand für das Dienstwohngebäude zu tragen haben, kann jedenfalls nicht die Gemeinde als empfangsberechtigt angesehen werden. In § 69 Abs. III und § 70 der KMin.-Bek. vom 13. Juli 1920 (KMBl. S. 281) ist deshalb angeordnet, daß die Mietentschädigung dieser Volksschullehrer an die Unternehmer der Schulen zu überweisen ist. Aus dem gleichen Grunde sind die Mietentschädigungen, die die israelitischen Volksschullehrer zu entrichten haben, an die israelitische Glaubensgemeinde als die Unternehmerin der Schule (Art. 36—38 SchBG.) abzuführen (vgl. § 71 Abs. III der KMinBek. vom 13. Juli 1920 — KMBl. S. 281).

5. Für die Volksschulfachlehrer im Sinne des Art. 144 des VLG. gilt Art. 49 gemäß Art. 52 entsprechend. Soweit die Gemeinde selbst Zahlstelle ist (vgl. Art. 62a des SchBG. in der Fassung des Art. 2 Ziff. XII des Ges. vom 1. August 1923 — GVBl. S. 337), wird die Mietentschädigung von der Gemeinde durch Abzug bei der Auszahlung des Diensteinkommens eingehoben und für eigene Rechnung vereinnahmt.

Art. 50.

I Die im Art. 1 bezeichneten Bezüge gelten als Diensteinkommen im Sinne des Volksschullehrergesetzes und des Schulbedarfgesetzes, soweit nicht etwas anderes bestimmt ist.
II Die auf Grund dieses Gesetzes berechneten Ruhestands- und Hinterbliebenenbezüge gelten als Ruhegehalt oder als Witwen- oder Waisengeld im Sinne des Volksschullehrergesetzes und des Schulbedarfgesetzes.

1. Art. 50 deckt sich mit Art. 59 Abs. I und II des BBesG. in der Fassung der Bek. vom 24. März 1923 (GVBl. S. 109).

2. Während unter Diensteinkommen im Sinne des BBesG. nur Grundgehalt und Wohnungsgeldzuschuß zu verstehen sind (vgl. Art. 1 Satz 1 und Bem. 2 zu Art. 1), gelten gemäß Art. 50 Abs. I Grundgehalt, Wohnungsgeldzuschuß, Kinderzuschläge, Zulagen und sonstige im BBesG. zugelassene Bezüge als Diensteinkommen im Sinne des VLG. und des SchBG., soweit nicht, wie in Art. 44 des VLG. in der Fassung des Art. 3 Ziff. I des 7. Abänderungsgesetzes vom 9. Januar 1923 — GVBl. S. 7 —, Art. 58 Abs. I des VLG. in der Fassung des Art. 62 Ziff. 6 des BBesG. vom 2. Juni 1920, Art. 89 Abs. IV des VLG. in der Fassung des Art. 62 Ziff. 8 des BBesG. vom 2. Juni 1920 und des Art. 1 Ziff. X des 9. Abänderungsgesetzes vom 29. Februar 1924 — GVBl. S. 117). Demgemäß beziehen sich die Vorschriften des VLG. und des SchBG., die vom Diensteinkommen der Volksschullehrer handeln, auf Grundgehalt, Wohnungsgeldzuschuß, Kinderzuschläge, Zulagen und sonstige im BBesG. zugelassene Bezüge. Diese Regelung hatte insbesondere Bedeutung für den Vollzug des Art. 162 des VLG.

3. Gemäß Abs. II sollen Ruhestands- und Hinterbliebenenbezüge, die auf Grund des BBesG., wenn auch im Zusammenhalt mit den Vorschriften des VLG. und des PEG. berechnet werden, als Ruhegehalt oder als Witwen- oder Waisengeld im Sinne des VLG. und des SchBG. gelten. Diese Bestimmung hatte insbesondere Bedeutung für den Vollzug des Art. 168 (mit Art. 170) und des Art. 173 (mit Art. 175) des VLG.

4. Wegen der Auslegung der Begriffe „Gehalt" und „Diensteinkommen" im Sinne des BG. siehe Art. 54.

Art. 51.

Dieses Gesetz gilt auch für die israelitischen Volksschullehrer (Art. 149 des Volksschullehrergesetzes).

1. Art. 51 deckt sich mit Art. 60 des BBesG. in der Fassung der Bek. vom 24. März 1923 (GVBl. S. 109).

2. Die Vorschriften des VLG. gelten auch für die israelitischen Volksschullehrer (Art. 149 Abs. II des VLG. in der Fassung des Art. 1 Ziff. XI Nr. 2 des Ges. vom 1. August 1923 — GVBl. S. 337). Israelitische Volksschullehrer im Sinne des VLG. sind die Personen israelitischen Glaubens, die von der Anstellungsbehörde zur Erteilung des allgemeinen Volksschulunterrichts an israelitischen Volksschulen hauptamtlich angestellt sind (Art. 149 Abs. I des VLG. in der Fassung des Art. 1 Ziff. XI Nr. 1 des Ges. vom 1. August 1923 — GVBl. S. 337). Sie zählen daher zu den Staatsbeamten. Zur Vermeidung von Zweifeln bestimmt Art. 51, daß das BBesG. auch für sie Geltung hat. Es finden deshalb auf sie die Vorschriften des BBesG. und seiner Ausführungsbestimmungen in demselben Umfang Anwendung wie auf die Volksschullehrer (vgl. Anm. 2 zu Art. 48). Wegen der Anwendung des Art. 49 Abs. II siehe Bem. 4 zu Art. 49.

Art. 52.

I Für die Volksschulfachlehrer (Art. 144 des Volksschullehrergesetzes) gelten die Vorschriften dieses Gesetzes entsprechend, soweit nicht im folgenden etwas anderes bestimmt ist.

II Die Grundgehälter und die Grundvergütungen der in Art. 62a des Schulbedarfgesetzes bezeichneten Volksschulfachlehrer müssen angemessen sein. Das zuständige Staatsministerium kann Mindestbeträge festsetzen sowie Vorschriften über die Berechnung des Besoldungsdienstalters und die Zahl der Beförderungsstellen erlassen.

1. Art. 52 wiederholt im Abs. I die Vorschrift des Art. 61 Abs. I des BBesG. in der Fassung der Bek. vom 24. März 1923 (GVBl. S. 109) und entspricht im Abs. II im wesentlichen dem Art. 61 Abs. II des BBesG. in der Fassung der Bek. vom 24. März 1923 (GVBl. S. 109).

2. Volksschulfachlehrer im Sinne des Art. 144 Abs. I des VLG. (in der Fassung des Art. 1 Ziff. VII des Ges. vom 1. August 1923 — GVBl. S. 337) sind die Personen, die von der Anstellungsbehörde zur Erteilung des Unterrichts in bestimmten Lehrgegenständen (z. B. Handarbeit, Zeichnen, Religion, fremde Sprachen, Gewerbekunde) an öffentlichen Volksschulen (Volkshauptschulen oder Volksfortbildungsschulen, nicht dagegen Berufsfortbildungsschulen oder sonstigen gemeindlichen Unterrichtsanstalten wie Mädchenlyzeen, Frauenarbeitsschulen, Handelsschulen u. dgl.) in ständiger oder unständiger Diensteseigenschaft hauptamtlich angestellt sind. Auf sie finden die Vorschriften in den Abschnitten I mit IX des VLG. entsprechende Anwendung (vgl. Art. 144 Abs. II des VLG.

in der Fassung des Art. 62 Ziff. 16 Buchst. a des BBesG. vom 2. Juni 1920). Sie sind daher beamtenrechtlich wie die Volksschullehrer gestellt und demgemäß Staatsbeamte. In Uebereinstimmung mit dem bisherigen Rechte bestimmt Art. 52, daß für die Volksschulfachlehrer im Sinne des Art. 144 des VLG. auch die Vorschriften des BBesG. entsprechend gelten. Es sind 2 Hauptgruppen von Volksschulfachlehrern im Sinne des Art. 144 des VLG. zu unterscheiden: a) Volksschulfachlehrer, die in der Besoldungsordnung B aufgeführt sind (Handarbeits- und Hauswirtschaftslehrerinnen, Handarbeits- und Hauswirtschaftshauptlehrerinnen); ihre Besoldung regelt sich nach den Vorschriften des BBesG., die Zahl der Stellen wird im Staatshaushalte bestimmt; der Bedarf wird vom Staate aufgebracht. b) Volksschulfachlehrer, die in der staatlichen Besoldungsordnung nicht aufgeführt sind; für sie gilt Art. 62a des SchBG. in der Fassung des Art. 2 Ziff. XII des Ges. vom 1. August 1923 (GVBl. S. 337) und Art. 52 Abs. I und II des BBesG.; ihre Besoldung wird in einer gemeindlichen Satzung geregelt, die von der Gemeindeverwaltung, bei zusammengesetztem Schulsprengel von der verstärkten Gemeindeverwaltung zu erlassen ist und der Genehmigung der Regierung, Kammer des Innern, unterliegt. Sie sind wie die unter a aufgeführten Volksschulfachlehrer Staatsbeamte, unterscheiden sich aber von ihnen dadurch, daß ihre Besoldung nicht vom Staate, sondern von der Gemeinde aufgebracht wird und daß die Zahl der Stellen von der Gemeinde festgelegt wird, wobei diese hinsichtlich der Zahl der Beförderungsstellen an die etwaigen Anordnungen des zuständigen Ministeriums (in der Regel: Unterrichtsministerium) gemäß Art. 52 Abs. II Satz 2 gebunden ist. Die Staatsregierung ist auf Grund des Art. 52 Abs. I und II in der Lage, auf die Bemessung der Dienstbezüge der unter b aufgeführten Volksschulfachlehrer weitgehenden Einfluß auszuüben. Eine unangemessen günstige Besoldung kann dadurch verhindert werden, daß die nach Art. 62a Abs. II Satz 3 des SchBG. erforderliche Genehmigung versagt wird. Andererseits kann das zuständige Staatsministerium Mindestbeträge an Grundgehalt (für die ständigen Volksschulfachlehrer) oder Grundvergütung (für die unständigen Volksschulfachlehrer) festsetzen sowie Vorschriften über die Berechnung des BDA. und die Zahl der Beförderungsstellen erlassen.

3. Die an den öffentlichen Volksschulen nur nebenamtlich tätigen Fachlehrkräfte fallen nicht unter Art. 52.

4. Als angemessen im Sinne des Abs. II werden der Grundgehalt oder die Grundvergütung der nicht in der staatlichen Besoldungsordnung aufgeführten Volksschulfachlehrer (Art. 62a des SchBG.) dann anzusehen sein, wenn sie in einem dem Maße und der Art der Dienstleistung sowie der Vorbildung und Ausbildung des Volksschulfachlehrers entsprechenden Verhältnisse zum Grundgehalte oder zur Grundvergütung des Volksschullehrers und des in die staatliche Besoldungsordnung eingereihten Volksschulfachlehrers stehen.

5. Die bisherigen Vollzugsvorschriften über die Dienst- und Besoldungsverhältnisse der Volksschulfachlehrer (KMinEntschl. vom 30. Mai 1920 — KMBl. S. 241 —, §§ 63—68 der KMinBek. vom 13. Juli 1920 — KMBl. S. 286 — und KMinBek. vom 21. Januar 1922 — KMBl. S. 30 —) sind durch die inzwischen erfolgten Aenderungen des BLG., des SchBG. und des BBesG. zum großen Teil überholt.

6. Die von den Religionsgesellschaften (nicht vom Staate oder von der Gemeinde) besonders aufgestellten, zur Erteilung des lehrplanmäßigen Religionsunterrichts an den öffentlichen Volksschulen erforderlichen Lehrkräfte fallen nicht unter Art. 144 des BLG. und daher auch nicht unter Art. 52 des BBesG. Für sie gilt die Sondervorschrift des Art. 29 des SchBG. in der Fassung des Art. 2 Ziff. VIII des Ges. vom 1. August 1923 (GVBl. S. 337). Diese Lehrkräfte erhalten Bezüge aus Staatsmitteln und zwar, soweit sie dem geistlichen Stande angehören und mit der Erteilung des Religionsunterrichts an der Volksschule vollbeschäftigt sind, in Höhe der Sätze für die Hilfsgeistlichen nach den für die Ergänzung des Einkommens der Seelsorgegeistlichen geltenden Bestimmungen, wobei neben diesen Bezügen der volle Wohnungsgeldzuschuß nach den für die Staatsbeamten geltenden Sätzen gewährt werden kann; für andere Religionslehrer werden die Bezüge von den Staatsministerien für Unterricht und Kultus und der Finanzen im Entschließungswege geregelt. Die gleichen Vorschriften gelten für die von einer Vereinigung im Sinne des Art. 137 Abs. VII der RV. aufgestellten Lehrkräfte entsprechend, wenn der Vereinigung die Rechte einer Körperschaft des öffentlichen Rechtes zukommen. Mit KMinEntschl. vom 23. Mai 1928 Nr. IV 21 961 sind die Bezüge ab 1. Oktober 1927 wie folgt geregelt worden: a) Die Vergütung für den nach Stunden bezahlten Religionsunterricht beträgt ab 1. Oktober 1927 108 *RM* für die Jahreswochenstunde; b) die hauptamtlichen Religionslehrer, die dem geistlichen Stande angehören, erhalten im 1. mit 4. Dienstjahr die Sätze, wie sie für die Hilfsgeistlichen mit Verpflegung beim Pfarrer, und vom Beginne des 5. Dienstjahres an die Sätze, wie sie für Hilfsgeistliche mit eigenem Haushalt nach den Bestimmungen über die Ergänzung des Einkommens der Seelsorgegeistlichen festgesetzt sind (vgl. Ges. vom 7. April 1925 — GVBl. S. 137 — in der Fassung der VO. vom 3. Mai 1928 — GVBl. S. 323) und dazu den Wohnungsgeldzuschuß, die Kinderzuschläge (bei den evangelischen Religionslehrern) sowie in der Pfalz den örtlichen Sonderzuschlag und die Besatzungszulage nach den für die Staatsbeamten geltenden Vorschriften; c) die als hauptamtliche Religionslehrer aufgestellten Ordensgeistlichen erhalten den Grundbezug für Hilfsgeistliche mit Verpflegung beim Pfarrer und den halben Wohnungsgeldzuschuß.

Art. 53.

Die Ausführungsbestimmungen zu den Vorschriften dieses Abschnitts erläßt das Staatsministeriums für Unterricht und Kultus, soweit erforderlich im Einvernehmen mit dem Staatsministerium der Finanzen.

1. Art. 53 entspricht dem Art. 65 des BBesG. in der Fassung der Bek. vom 24. März 1923 (GVBl. S. 109).

2. Die Bestimmung bedeutet eine Ausnahme von der allgemeinen Vorschrift in Art. 61, wonach die Ausführungsbestimmungen zum BBesG. das Staatsministerium der Finanzen zu erlassen hat. Die Ausführungsbestimmungen auf Grund des bisherigen Art. 65 sind mit KMinBek. vom 13. Juli 1920 (KMBl. S. 286) veröffentlicht worden.

VII. Schlußvorschriften.

Art. 54.

I Wo im Beamtengesetze der Ausdruck „Gehalt" oder „Diensteinkommen" gebraucht ist, ist darunter das Diensteinkommen im Sinne des Art. 1 dieses Gesetzes zu verstehen, soweit nicht im folgenden etwas anderes bestimmt ist.

II Unter „Gehalt" ist Grundgehalt zu verstehen in Art. 107 Abs. 1 Ziff. 2, Art. 109, Art. 164 und Art. 224 Nr. 3 Ziff. 1 des Beamtengesetzes.

III Unter „Gehalt" sind Grundgehalt, Wohnungsgeldzuschuß und Kinderzuschläge zu verstehen in Art. 62 Abs. 3, Art. 72 Abs. 1 und Art. 176 des Beamtengesetzes.

IV Wo im Beamtengesetz auf die Gehaltsordnung Bezug genommen ist, treten an die Stelle der Gehaltsordnung die diesem Gesetz beigefügten Besoldungsordnungen.

1. Art. 54 deckt sich in seinem Abs. I, II und III mit Art. 42, in seinem letzten Absatz mit Art. 43 des BBesG. in der Fassung der Bek. vom 24. März 1923 (GVBl. S. 109).

2. Da die Dienstbezüge der Staatsbeamten nach dem BBesG. sich anders zusammensetzen als zur Zeit des Erlasses des BG., war es notwendig, klarzustellen, auf welche Teile der jetzigen Dienstbezüge jeweils die Vorschriften des BG. sich beziehen, in denen vom

„Gehalt“ oder „Diensteinkommen“ die Rede ist. Art. 54 Abs. I stellt den Grundsatz auf, daß unter den beamtengesetzlichen Begriffen „Gehalt“ oder „Diensteinkommen“ das „Diensteinkommen“ im Sinne des Art. 1, also die Summe aus Grundgehalt und Wohnungsgeldzuschuß zu verstehen sei. Ausnahmen siehe Bem. 3. Selbstverständlich gilt auch hier der Grundsatz, daß, wer nach den einschlägigen Bestimmungen des BG. Anspruch auf ein Diensteinkommen hat, auch ohne weiteres Anspruch auf die neben dem Diensteinkommen in Art. 1 vorgesehenen sonstigen Teile der Dienstbezüge hat, soferne die hierfür vorgeschriebenen besonderen Voraussetzungen erfüllt oder nicht Ausnahmen im Gesetze selbst getroffen sind. So schreibt Art. 8 Abs. II Satz 3 des BG. vor, daß bei Lösung des Dienstverhältnisses ohne Verletzung der Dienstpflichten der Gehalt noch für die Dauer der Dienstleistung, mindestens aber für die Dauer von 3 Monaten seit der Mitteilung der das Dienstverhältnis lösenden Entschließung zu gewähren sei, auch wenn die Lösung vor dem Ablauf dieser Zeit eintritt. Unter Gehalt im Sinne dieser Bestimmung ist gemäß Art. 54 Abs. I das „Diensteinkommen“ im Sinne des Art. 1 zu verstehen. Demgemäß hat der Beamte im Falle des Art. 8 Abs. II Satz 3 des BG. Anspruch auf das Diensteinkommen im Sinne des Art. 1 Satz 1 und deshalb auch Anspruch auf die Kinderzuschläge gemäß Art. 1 Satz 2 oder die Zulagen und sonstigen Bezüge nach Art. 1 Satz 3. Ebenso liegt der Fall beispielsweise in Art. 62 Abs. 2 des BG. Nach dieser Vorschrift bezieht der im Laufe eines Monats in den Ruhestand versetzte Beamte, auch wenn er seiner Dienstleistung bereits enthoben ist, noch seinen „Gehalt“ bis zum Ersten des nächsten Monats, an dem die Zahlung des Ruhegehalts beginnt. Auch hier ist unter „Gehalt“ gemäß Art. 54 Abs. I das Diensteinkommen im Sinne des Art. 1 Satz 1 zu verstehen. Der pensionierte Beamte hat sonach Anspruch auf das Diensteinkommen und damit auch auf die Kinderzuschläge (Art. 1 Satz 2) oder die sonstigen Zulagen und Bezüge (Art. 1 Satz 3). Vgl. dagegen Art. 62 Abs. 3 des BG. und Art. 54 Abs. III.

3. Ausnahmen von dem Grundsatze des Abs. I (Gehalt oder Diensteinkommen im Sinne des BG. ist Diensteinkommen im Sinne des Art. 1) sind im Abs. II (Einschränkung) und Abs. III (Erweiterung) vorgesehen. Der im BG. gebrauchte Ausdruck „Gehalt“ deckt sich gemäß Abs. II nur mit dem Grundgehalt (Art. 2 ff.) in

a) Art. 107 Abs. 1 Ziff. 2 und Art. 164 des BG. (Höchstbetrag der Geldstrafe im Ordnungsstrafverfahren gegen etatmäßige widerrufliche oder unwiderrufliche Beamte ist auf den Monatsbetrag des Grundgehalts festgesetzt);

b) Art. 109 des BG. (Strafversetzung auf eine Amtsstelle mit gleichem oder geringerem Grundgehalt; Höchstbetrag der mit der Strafversetzung verbundenen Geldstrafe ist auf ein Drittel des Jahresgrundgehalts und der Höchstbetrag der Minderung des Grundgehalts auf ein Fünftel des Jahresgrundgehalts festgesetzt);

c) Art. 224 Nr. 3 Ziff. 1 des BG. (= Art. 5 Abs. 1 des Disziplinargesetzes für richterliche Beamte; der Höchstbetrag der Geldstrafe ist auf den Monatsbetrag des Grundgehalts festgesetzt; der Anspruch auf die Vorrückung im Grundgehalte kann bis zu höchstens 3 Jahren entzogen werden).

Der im BG. gebrauchte Ausdruck „Gehalt" umfaßt gemäß Abs. III Grundgehalt, Wohnungsgeldzuschuß und Kinderzuschläge in

a) Art. 62 Abs. 3 des BG. (der pensionierte Beamte hat Grundgehalt, Wohnungsgeldzuschuß und Kinderzuschläge zurückzuzahlen, soweit er sie bereits für eine Zeit erhalten hat, die nach dem Zeitpunkte des Beginnes der Zahlung des Ruhegehalts liegt);

b) Art. 72 Abs. 1 des BG. (Grundgehalt, Wohnungsgeldzuschuß und Kinderzuschläge sind der Berechnung des Sterbegehalts zugrunde zu legen);

c) Art. 176 des BG. (hinsichtlich des Anspruchs auf Grundgehalt, Wohnungsgeldzuschuß und Kinderzuschläge steht der Rechtsweg offen).

Art. 55.

Auf die richterlichen Beamten (Art. 183, 184 des Beamtengesetzes) findet dieses Gesetz mit folgender Maßgabe Anwendung:

1. Die besonderen Vorschriften in Art. 183 Abs. 1, Abs. 2 Ziff. 1, 4, 6 bis 9 des Beamtengesetzes bleiben aufrechterhalten.
2. Bei richterlichen Beamten bedarf es der in Art. 37 Abs. II Satz 2 bezeichneten Erlaubnis nicht.

1. Art. 55 wiederholt die Vorschriften des Art. 49 Ziff. 1 und 3 des BBesG. in der Fassung der Bek. vom 24. März 1923 (GVBl. S. 109), jedoch mit der Aenderung, daß in der Ziff. 1 statt der Ziff. 6 mit 8 des Art. 183 Abs. 2 des BG. nunmehr die Ziff. 6 bis 9 des Art. 183 Abs. 2 des BG. aufgeführt sind. Der Grund hierfür liegt darin, daß in den Art. 183 Abs. 2 des BG. eine neue Ziff. 6 durch Art. 1 Ziff. X Buchst. a der Verordnung vom 29. März 1924 eingefügt wurde und daß demgemäß die bisherigen Ziff. 6 mit 8 zu Ziff. 7 mit 9 wurden.

2. Die Ziff. 2 des Art. 49 des BBesG. in der Fassung der Bek. vom 24. März 1923 (GVBl. S. 109) ist in den neuen Art. 55 nicht mehr übernommen worden, weil nunmehr alle etatmäßigen Beamten (nicht mehr wie bisher bloß die richterlichen Beamten) einen im Ver-

waltungswege nicht mehr entziehbaren Rechtsanspruch auf das Aufrücken im Grundgehalte haben (vgl. Bem. 2 zu Art. 5).

3. Richterliche Beamte im Sinne des Art. 183, 184 des BG. sind die Richter (nicht auch Staatsanwälte) der ordentlichen Gerichte, die Mitglieder des Verwaltungsgerichtshofs (nicht auch die Beamten der Staatsanwaltschaft) und die Mitglieder des Obersten Rechnungshofs.

4. Auf Grund des Art. 55 Ziff. 1 sind auf die richterlichen Beamten nicht anwendbar die Vorschriften in Art. 3 Abs. II, Art. 5 Abs. II, III und Art. 41 Abs. II (vgl. Bem. 3 zu Art. 3, Bem. 5 zu Art. 5 und Bem. 5 zu Art. 41). Die Vorschriften in Art. 37 gelten für die richterlichen Beamten mit der Maßgabe, daß es bei ihnen bei einer länger als 26 Wochen dauernden, die Dienstbehinderung bewirkenden Krankheit zur Fortzahlung des Diensteinkommens und zur Uebernahme der Stellvertretungskosten auf die Staatskasse keiner besonderen Erlaubnis des zuständigen Staatsministeriums oder der von ihm ermächtigten Stelle bedarf (vgl. Bem. 4 zu Art. 37). Der richterliche Beamte muß, bis er freiwillig oder unfreiwillig aus dem Amte scheidet, im Genusse seines Diensteinkommens gelassen werden, auch wenn er durch Krankheit am Dienste behindert ist. Die Verwaltung kann das Verfahren nach Art. 72 ff., 85 des RDiszG. einleiten, darf aber die Dienstbezüge des richterlichen Beamten vor der Durchführung des Verfahrens nicht schmälern.

Art. 56.

I Sind die bisherigen unwiderruflichen Dienstbezüge eines Beamten nach dem Stande vom 30. September 1927 höher als die ihm auf Grund dieses Gesetzes zustehenden unwiderruflichen Dienstbezüge, so erhält er den jeweiligen Unterschiedsbetrag, soweit es sich um ruhegehaltsfähige Bezüge handelt, als ruhegehaltsfähigen, im übrigen als nichtruhegehaltsfähigen Zuschuß. Hierbei bleiben außer Ansatz:

1. Kinderzuschläge, sobald sie bei Fortdauer der am 30. September 1927 gültigen Vorschriften weggefallen wären,
2. neu zu gewährende Kinderzuschläge,
3. Erhöhungen des Wohnungsgeldzuschusses insoweit, als sie lediglich infolge der Hinaufsetzung eines Ortes in eine höhere Ortsklasse oder der Versetzung des Beamten an einen Ort einer höheren Ortsklasse eintreten.

II Abs. I gilt nicht hinsichtlich der örtlichen Sonderzuschläge.

1. Vgl. § 37 des RBesG. und Nr. 116 der RBesV.

2. Durch die Vorschriften des Art. 56 soll vermieden werden, daß die Neuregelung der Besoldung einem Beamten zum Nachteil in dem Sinne gereicht, daß er ab 1. Oktober 1927 (Art. 62) in seinen Dienstbezügen ziffermäßig schlechter gestellt ist als nach dem Stande vom 30. September 1927. Das Anwendungsgebiet des Art. 56 ist sehr beschränkt, da nur in vereinzelten Fällen es zutrifft, daß die ab 1. Oktober 1927 zustehenden unwiderruflichen Dienstbezüge niedriger sind als die Dienstbezüge nach dem Stande vom 30. September 1927. Zu beachten ist, daß in die Dienstbezüge auf Grund des BBesG. selbstverständlich die Vorschußzahlungen auf die Neuregelung der Besoldung gemäß Bek. vom 26. September 1927 Nr. 44 147 (StAnz. Nr. 221) und Bek. vom 15. Dezember 1927 Nr. 55 082 (StAnz. Nr. 289) nicht eingerechnet werden dürfen; sind die für die Zeit vom 1. Oktober 1927 mit 30. April 1928 gezahlten Dienstbezüge einschließlich dieser Vorschüsse höher als die für den gleichen Zeitraum zustehenden neuen Dienstbezüge, so darf zwar der Mehrbetrag in Ausgabe belassen werden (vgl. Abschnitt D Ziff. 4 Abs. 2 der Fin.-MinBek. vom 28. März 1928 Nr. 14 200 — StAnz. Nr. 73; abgedruckt unter Ziff. 1 im IV. Abschnitte dieses Buches), eine Wahrung des Besitzstandes über den 30. April 1928 hinaus findet aber nicht statt.

3. Maßgebend für die Abgleichung nach Art. 56 ist einerseits der Stand vom 30. September 1927, andererseits der jeweilige Stand auf Grund der neuen Besoldungsvorschriften. Hierbei bleiben beiderseits außer Betracht Kinderzuschläge, wenn sie auch bei Fortdauer der am 30. September 1927 gültigen Vorschriften weggefallen wären, dann nach dem 30. September 1927 neu gewährte Kinderzuschläge und Erhöhungen des Wohnungsgeldzuschusses infolge der Heraufsetzung eines Ortes in eine höhere Ortsklasse oder infolge der Versetzung des Beamten an einen Ort einer höheren Ortsklasse, ferner die örtlichen Sonderzuschläge. Bezüglich der letzteren siehe die FinMinBek. vom 25. April 1928 (GVBl. S. 324); abgedruckt unter Ziff. 5 im IV. Abschnitte dieses Buches).

4. B e i s p i e l e: 1. Ein lediger Oberwerkmeister unter 45 Jahren der bisherigen BesGr. A VII mit einem BDA. vom 1. August 1911 hatte nach dem Stande vom 30. September 1927 in einem Orte der Sonderklasse folgende unwiderrufliche Dienstbezüge:

Grundgehalt samt Zuschlag	3432 *RM*	jährlich
Wohnungsgeldzuschuß nach Tarifklasse IV	1056 *RM*	"
zusammen	4488 *RM*.	

Auf Grund der Neuregelung stehen ihm ab 1. Oktober 1927 folgende unwiderrufliche Dienstbezüge zu:

Grundgehalt der BesGr. A 6 (BDA. 1. August 1907):	3600 *RM*
Wohnungsgeldzuschuß nach Tarifklasse V (Art. 14 und Anm. 1 zu BesGr. A 6):	864 *RM*
	4464 *RM*.

Er erhält deshalb den Unterschied (4488 — 4464 *RM*) = 24 *RM* als Zuschuß gemäß Art. 56 und zwar als nichtruhegehaltsfähigen Zuschuß. Denn sein ruhegehaltsfähiges Diensteinkommen nach dem Stande vom 30. September 1927 hat 3432 *RM* + (Wohnungsgeldzuschuß nach Ortsklasse B) 726 *RM* = 4158 *RM* betragen; sein ruhegehaltsfähiges Diensteinkommen nach dem Stande vom 1. Oktober 1927 aber beträgt 3600 + (Wohnungsgeldzuschuß nach Ortsklasse B) 606 *RM* = 4206 *RM*, ist also höher als das ruhegehaltsfähige Diensteinkommen nach dem Stande vom 30. September 1927, so daß eine Wahrung des Besitzstandes gemäß Art. 56 nicht in Frage kommt. Vom 1. des Monats an, in dem der im Beispiel genannte Beamte das 45. Lebensjahr vollendet, erhält er den Wohnungsgeldzuschuß der Tarifklasse IV (vgl. Anm. 1 zur BesGr. A 6 und Art. 14, 13 sowie Bem. 5 zu Art. 14). Von diesem Zeitpunkt an betragen seine unwiderruflichen Dienstbezüge

3600 *RM* Grundgehalt
1152 *RM* Wohnungsgeldzuschuß

zusammen 4752 *RM*,

übersteigen also die Dienstbezüge nach dem Stande vom 30. September 1927 (4488 *RM*); der bisher gewährte Zuschuß von 24 *RM* fällt deshalb vom gleichen Zeitpunkt an weg. 2. Beispiel: Ein lediger Hochschulprofessor unter 45 Jahren an einem Ort der Sonderklasse hat nach Maßgabe seines BDA. vom 1. Juli 1921 nach dem Stande vom 30. September 1927 folgende Dienstbezüge erhalten:

8316 *RM* Grundgehalt samt Zuschlag
1848 *RM* Wohnungsgeldzuschuß der Tarifklasse II

zusammen 10164 *RM*.

Auf Grund der Neuregelung stehen ihm ab 1. Oktober 1927 folgende Dienstbezüge zu:

9000 *RM* Grundgehalt der BesGr. A 1 c (BDA. 1. Juli 1921)
1152 *RM* Wohnungsgeldzuschuß der Tarifklasse IV (Art. 14)

10152 *RM*.

Er erhält deshalb zur Wahrung seines Besitzstandes vom 30. September 1927 ab 1. Oktober 1927 einen nichtruhegehaltsfähigen Zuschuß von jährlich 12 *RM*. Dieser Zuschuß fällt am 1. Juli 1929 (Vorrückung in den Grundgehalt von 9600 *RM*; eine Abgleichung gegen die Dienstbezüge, die er am 1. Juli 1929 bei Fortdauer der bisherigen Vorschriften erhalten hätte, findet nicht statt) oder wenn er das 45. Lebensjahr schon vorher vollendet, bereits mit dem Ersten des Monats weg, in dem er das 45. Lebensjahr vollendet, weil er von diesem Zeitpunkt an den Wohnungsgeldzuschuß der Tarifklasse III mit 1548 *RM* erhält und damit seine Dienstbezüge höher sind als die Dienstbezüge nach dem Stande vom 30. September 1927.

5. Art. 56 gilt für die etatmäßigen und die nichtetatmäßigen Beamten sowie für die Hochschulassistenten.

Art. 57.

Das Gesamtstaatsministerium kann die Amtsbezeichnungen ändern. Es kann Beamte, die in den diesem Gesetze beigefügten Besoldungsordnungen nicht aufgeführt sind, in die Besoldungsordnungen einreihen und anstelle der in anderen Gesetzen oder in Verordnungen angeführten Gruppen der bisherigen Besoldungsordnungen die entsprechenden neuen Besoldungsgruppen bestimmen.

1. Vgl. §§ 34 und 38 des RBesG.

2. Art. 57 deckt sich, soweit die Aenderungen der Amtsbezeichnungen und die Ergänzung der Besoldungsordnungen durch Einreihung von darin noch nicht aufgeführten Beamten (insbesondere Beamtengruppen, die vom Landtag im Wege der Verabschiedung des Staatshaushalts neu geschaffen werden) in Frage kommt, mit der bisherigen Regelung in Art. 69 Abs. IV des BBesG. in der Fassung der Bek. vom 24. März 1923 (GVBl. S. 109). Neu ist der Satz 2 Halbsatz 2; die Zuständigkeit des Gesamtstaatsministeriums zur Aenderung der Gesetze und Verordnungen durch Einschaltung der neuen Besoldungsgruppen an Stelle der darin angeführten bisherigen Besoldungsgruppen ist aus Gründen der Geschäftsvereinfachung und zur Vermeidung des umständlichen Gesetzgebungswegs getroffen.

3. Auf Grund der Ziff. 2 des Landtagsbeschlusses vom 27. März 1928 (StenBer. S. 457) ist die Einführung der neuen Amtsbezeichnungen bis zu einer Nachprüfung des Gesetzes durch den Landtag zurückgestellt. Zum Vollzuge dieses Landtagsbeschlusses hat das Gesamtstaatsministerium die Bek. vom 15. Mai 1928 erlassen; sie ist als Ziff. 6 im IV. Abschnitte dieses Buches abgedruckt. Vgl. auch Einl. S. 4 und die Vorbemerkungen zur Anlage 1 zum BBesG. sowie zum Alphabetischen Beamtenverzeichnis. Ohne die Vorschrift des Art. 57 könnten die in den Besoldungsordnungen festgelegten Amtsbezeichnungen nur im Wege des Gesetzes geändert oder ergänzt werden, da die Besoldungsordnungen einen Bestandteil des BBesG. bilden (vgl. Art. 2).

4. Wegen des Schutzes der staatlichen Amtsbezeichnungen gegen ihre unzulässige Verwendung durch die Gemeinden, Bezirke, Kreise und sonstigen öffentlichen Körperschaften siehe Art. 2 des Ges. vom 25. November 1921 (GVBl. S. 551). Hiernach dürfen die Gemeinden, Bezirke usw. die Amtsbezeichnungen der staatlichen Besoldungsordnungen für ihre Beamten und Angestellten nur mit Genehmigung des zuständigen Staatsministeriums verwenden. Diese Bestimmung ist, soweit sie sich auf die Beamten der Gemeinden und Bezirke bezog, durch Art. 164 Abs. I Ziff. 7 der GO. (GVBl. 1927 S. 293) mit Wirkung vom 1. April 1928 (vgl. Art. 165 der GO.) aufgehoben worden; dafür gilt seit diesem Zeitpunkt Art. 85 Abs. I der GO. und Art. 36 der BezO. Die Vorschrift des Art. 85 Abs. I der GO., die gemäß Art. 36 der BezO. auch für die Beamten der Bezirke gilt, geht einerseits weiter als die bisherige Vorschrift des Art. 2 des Ges. vom 25. November 1921; sie schützt nicht nur die Amtsbezeichnungen der Besoldungsordnungen, sondern die vom Staate verwendeten Bezeichnungen überhaupt. Andrerseits ist die Vorschrift insofern enger gefaßt, als sie den Gemeinden und Bezirken nicht allgemein die Verwendung staatlicher Amtsbezeichnungen untersagt, sondern nur soweit, als das zuständige Staatsministerium Einspruch gegen die Verwendung entweder allgemein oder im einzelnen Falle erhebt. Zum Vollzuge dieser Vorschrift sind vom Staatsministerium des Innern mit Entschl. vom 16. Juli 1928 Nr. 3051 p 4 folgende Richtlinien festgelegt worden:

1. Gegen die Verwendung staatlicher Amtsbezeichnungen, die in den BesO. aufgeführt sind, wird kein Einspruch erhoben, wenn
   a) der Gemeinde- oder Bezirksbeamte persönlich die gleichen oder gleichartige Voraussetzungen erfüllt, wie die Inhaber der entsprechenden staatlichen Amtsbezeichnung;
   b) die Amtsstelle der Gemeinde oder des Bezirks der entsprechenden staatlichen Amtsstelle vergleichbar ist;
   c) das Dienstalter des Gemeinde- oder Bezirksbeamten dem Dienstalter der entsprechenden Staatsbeamten einigermaßen vergleichbar ist;
   d) der Amtsbezeichnung ein Zusatz gegeben wird, der das Dienstverhältnis bei der Gemeinde oder beim Bezirke ersehen läßt.
2. Gegen die Verleihung anderer seitens des Staates verwendeter Bezeichnungen (Titel) soll stets Einspruch erhoben werden. Zuständig zur Erhebung des Einspruchs ist dasjenige Staatsministerium, dessen Geschäftsbereich die Inhaber der entsprechenden staatlichen Amtsbezeichnungen in der Hauptsache angehören. Gegen die Verwendung von Amtsbezeichnungen, die das Wesen der staatlichen Bedienstung so eindeutig erkennen lassen, daß ihre Verwendung in einem anderen öffentlichen Dienste gar nicht in Betracht kommen kann (z. B. alle Amtsbezeichnungen in der Zusammensetzung mit „Ministerial" oder „Regierung"), wird stets Einspruch erhoben.

Die Amtsbezeichnungen der im öffentlich-rechtlichen Dienstverhältnisse stehenden Kreisbeamten (s. Art. 38 der KrO.) werden vom Staate bestimmt (siehe beispielsweise Ziff. 2 des III. Abschnittes dieses Buches).

5. Auf Grund der Ermächtigung in Art. 57 Satz 2 Halbsatz 2 wurden bisher erlassen: die VO. vom 3. Mai 1928 über die Bezüge der Mitglieder der Domkapitel — GVBl. S. 323 — (es wurden die im Ges. vom 7. April 1925 — GVBl. S. 135 — angeführten bisherigen BesGr. XII und XIII ersetzt durch die neuen BesGr. A 2a und A 1a), die VO. vom 3. Mai 1928 über die Ergänzung des Einkommens der Seelsorgegeistlichen — GVBl. S. 323 — (es wurden die im Ges. vom 7. April 1925 — GVBl. S. 137 — angeführten bisherigen BesGr. XI und X ersetzt durch die neuen BesGr. A 2d und A 2f) und die VO. vom 13. September 1928 zum Vollzuge des Art. 57 des BBesG. — GVBl. S. 405 — (bei der Berechnung des Höchstbetrags des Wartegeldes — Art. 39 Abs. 1 Satz 4 des BG. in der Fassung des Art. 1 Ziff. III der VO. vom 29. März 1924 — GVBl. S. 128 — tritt an die Stelle der bisherigen BesGr. XIII die neue BesGr. A 1a; bei der Berechnung des Mindestbetrags des Witwengeldes — Art. 74 Abs. 2 des BG. in der Fassung des Art. 2 Ziff. V Nr. 2 des Ges. vom 29. August 1923 GVBl. S. 309 — tritt an die Stelle der bisherigen BesGr. A I die neue BesGr. A 12; bei der Kürzung des Witwengeldes — Art. 77 Abs. 1, 2 des BG. und Art. 72 Abs. I, II des BLG. in der Fassung des Art. 2 Ziff. VI und des Art. 3 Ziff. V des Ges. vom 29. August 1923 GVBl. S. 309 — bildet die unterste Grenze ein Drittel des pensionsfähigen (versorgungsfähigen) Diensteinkommens der neuen BesGr. A 12 statt der bisherigen BesGr. A I; bei der Berechnung des Höchstbetrags des Witwengeldes — Art. 74 Abs. 2 des BG. in der Fassung des Art. 2 Ziff. V Nr. 2 des Ges. vom 29. August 1923 GVBl. S. 309 — tritt an die Stelle der bisherigen BesGr. B 2 die neue BesGr. B 4; bei der Ergänzung des Einkommens der Eichmeister — § 19a Abs. I der VO. über den Eichdienst vom 29. März 1912 in der Fassung der VO. vom 27. Juni 1922 GVBl. S. 343 — tritt an die Stelle der bisherigen BesGr. VI die neue BesGr. A 7a; bei der Erhebung der besonderen Abgabe an den Pensionsverein der Eichmeister — § 19a Abs. II der VO. über den Eichdienst vom 29. März 1912 in der Fassung der VO. vom 27. Juni 1922 GVBl. S. 343 — tritt an die Stelle der bisherigen BesGr. VIII die neue BesGr. A 4b). An die Stelle der im Ministerbesoldungsgesetze (vgl. Bem. 1 zu Art. 1) aufgeführten bisherigen Besoldungsgruppen ist durch einen Beschluß des Gesamtstaatsministeriums die neue BesGr. B 1 gesetzt worden. Da die allgemeine Bestimmung in Ziff. 1 der Bek. vom 2. August 1922 über den Vollzug des BG. (GVBl. S. 382) durch die Neufassung des BBesG. ab 1. Oktober 1927 gegenstandlos geworden ist, kommt Art. 57 auch für eine Aenderung des § 2 und § 16 der VO. vom 10. Dezember 1908 über den Vollzug des BG. (GVBl. S. 1041) und der Anlage I zur MinBek. vom 22. Oktober 1909 (GVBl. S. 737) in Frage. Ebenso werden die bisherigen Besoldungsgruppen, die in der Anlage zu § 3 der VO. vom 20. Mai 1922 über die Entschädigung der Beamten bei auswärtigen Dienstgeschäften (GVBl. S. 297) aufgeführt sind, durch die neuen Besoldungsgruppen auf Grund des Art. 57 zu ersetzen sein.

Art. 58.

I Die in diesem Gesetze geregelten Dienstbezüge sowie die Wartegelder, Ruhegehälter und Hinterbliebenenbezüge können durch Gesetz geändert werden.

II Werden Beamte durch eine solche Aenderung mit rückwirkender Kraft schlechter gestellt, so sind sie zur Rückzahlung der Unterschiedsbeträge nicht verpflichtet.

III Abs. II gilt sinngemäß für die Empfänger von Wartegeld, Ruhegehalt oder Hinterbliebenenbezügen.

1. Vgl. § 39 des RBesG.

2. Art. 58 deckt sich sachlich mit dem Art. 69 des BBesG. in der Fassung der Bek. vom 24. März 1923 (GVBl. S. 109).

3. Die Bestimmung in Abs. I besagt zunächst Selbstverständliches, nämlich daß das BBesG. auf gesetzlichem Wege wieder geändert werden kann. Sie hätte daher an sich entbehrt werden können, wenn nicht ihre ausdrückliche Aufnahme in das Gesetz einen bestimmten Zweck nach der negativen Seite verfolgen würde. Dieser Zweck besteht darin, klarzustellen, daß bei einer späteren, durch die Zeitverhältnisse, insbesondere die Finanzlage des Landes und die wirtschaftliche Entwicklung bedingten Aenderung der Bezüge die Beamten sich nicht auf den Grundsatz des Art. 129 Abs. I Satz 3 der RVerf. oder § 67 Abs. II Satz 2 der BayVerf. sollen berufen können, wonach wohlerworbene Rechte der Beamten unverletzlich sind. Ohne die Vorschrift des Art. 58 könnten die unwiderruflichen Dienstbezüge der Beamten und die unwiderruflichen Versorgungsbezüge der Beamten im Ruhestande und der Beamtenhinterbliebenen nur im Wege eines verfassungsändernden Reichs- und Landesgesetzes (Art. 76 der RV.; § 92 der BayVerf.) abgemindert werden; auf Grund des Art. 58 aber genügt ein mit einfacher Mehrheit beschlossenes Landesgesetz.

4. Art. 34 des PEG. ist durch Art. 58 im Zusammenhalt mit Art. 43 und 44 gegenstandslos geworden.

Art. 59.

In Fällen, in denen sich aus den Vorschriften dieses Gesetzes besondere Härten ergeben, kann das zuständige Staatsministerium im Einvernehmen mit dem Staatsministerium der Finanzen einen Ausgleich herbeiführen.

1. Vgl. § 45 Satz 2 des RBesG. und Nr. 9, 10, 11, 37, 46, 51 Abs. 2, 82, 97, 99, 100 und 110 der RBesV.

2. Art. 59 deckt sich mit Art. 67 des BBesG. in der Fassung der Bek. vom 24. März 1923 (GVBl. S. 109).

3. Der Beamte hat keinen Rechtsanspruch auf die Beseitigung einer Härte; die Entscheidung, ob und wieweit und von welchem Zeitpunkt an einer Härte abgeholfen werden will, liegt nur im Ermessen des zuständigen Staatsministeriums, das aber bei seiner Entscheidung an die Zustimmung des Staatsministeriums der Finanzen gebunden ist. Ein Rechtsmittel gegen die Entscheidung gibt es nicht. Insbesondere ist auch nicht etwa der Landtag zuständig, einen Härteausgleich nach Art. 59 zu beschließen oder die vom Staatsministerium getroffene Entscheidung beschlußmäßig zu ändern.

4. Auf Grund des Art. 59 können nur Härten ausgeglichen werden, die sich aus den Vorschriften des BBesG. ergeben. Ein Härteausgleich auf Grund des Art. 59 ist sonach beispielsweise nicht möglich bei Verzögerung der etatmäßigen Anstellung oder Beförderung wegen Mangels an offenen Stellen oder infolge Sparmaßnahmen, ferner nicht in jenen Fällen, in denen eine von einem Beamten aus eigenem Entschlusse verlassene Dienstlaufbahn nunmehr bessere Aussichten auf Beförderung oder Erreichung sonstiger Vorteile bietet.

5. In Würdigung der Absichten des Gesetzgebers kann es beispielsweise nicht als eine des Ausgleichs bedürftige besondere Härte angesehen werden, wenn

a) in Auswirkung der Ueberleitungsbestimmungen das BDA. verkürzt oder auf eine bestimmte Höchstzahl von Jahren festgesetzt wird; und zwar auch dann nicht, wenn etwa der davon betroffene Beamte den Endgrundgehalt seiner BesGr. erst in vorgeschrittenem Lebensalter oder erst kurz vor seiner Ruhestandsversetzung oder überhaupt nicht mehr erreicht; denn diese Regelung ist vom Gesetzgeber bewußt zum Zwecke der Abminderung der Besoldungsausgaben und der Verhütung einer über den allgemeinen Rahmen der Aufbesserung hinausgehenden plötzlichen Steigerung des Grundgehalts angeordnet worden (vgl. auch Bem. 6 Buchst. a vorletzter Absatz zu Art. 41);

b) der Ruhegehalt eines Beamten, der erst nach dem 1. Oktober 1927 — dem Tage des Inkrafttretens des BBesG. (vgl. Art. 62 Abs. I) — in den dauernden Ruhestand versetzt wird, oder die Hinterbliebenenbezüge dieser Beamten oder der nach dem 30. September 1927 im Dienste gestorbenen Beamten niedriger sind als der Ruhegehalt oder die Hinterbliebenenbezüge, die zustehen würden, wenn der Beamte bereits vor dem 1. Oktober 1927 in den dauernden Ruhestand versetzt worden oder gestorben wäre. Denn diese Wirkung war bereits bei der Verabschiedung des Gesetzes bekannt und auch nicht vermeidbar, da das ruhegehaltsfähige Diensteinkommen der Altpensionisten aus Gründen der Geschäftsvereinfachung und raschen Durchführung nur nach Durchschnittshundertsätzen aufgebessert wurde, die nach der durchschnittlichen Erhöhung der Grundgehälter der Beamten im Dienste ermittelt wurden (vgl. Bem. 4 zu Art. 44). Ebensowenig wie für die Altpensionisten eine völlige Angleichung in allen Fällen durchgeführt werden konnte und für den Fall des Zurückbleibens ihrer Versorgungsbezüge hinter jenen der in die neuen Grundgehälter übergeleiteten Beamten möglich ist, kann dies nach der anderen Seite zugunsten der übergeleiteten Beamten geschehen;

c) ein in die neue Besoldungsordnung A übergeleiteter Beamter in einer Beförderungsstelle bei der Ueberleitung das gleiche BDA. erhält, das ihm auch zustehen würde, wenn er nicht befördert worden wäre; denn diese Wirkung ist eine unvermeidbare Folge der Zusammenlegung von Besoldungsgruppen; siehe hierüber Bem. 2 Abs. 2 zu Art. 2;

d) Beamte, die bisher der gleichen Besoldungsgruppe angehört und den gleichen Grundgehalt bezogen haben, nunmehr in verschiedene Besoldungsgruppen mit der Wirkung übergeleitet werden, daß der Grundgehalt nicht mehr gleich ist;

e) ein Versorgungsanwärter gemäß Art. 42 Abs. I ein ungünstigeres BDA. erhält als ihm bei rückwirkender Anwendung des Art. 8 zukommen würde.

6. Härten im Sinne des Art. 59 können sich besonders bei der Ueberleitung der Beamten in die neuen Besoldungsvorschriften, namentlich bei der Festsetzung des BDA. und der neuen Dienstbezüge ergeben. Richtlinien dafür, wann solche Härten gegeben sind, lassen sich nicht aufstellen. Wegen der bereits anerkannten Härteausgleichsfälle des Art. 59 siehe

a) Bem. 3 zu Art. 2 Gruppe 4 letzter Abs. auf Seite 17/18 (rückwirkende Anwendung der Anm. 6 zur BesGr. A 4 b);

b) Bem. 11 zu Art. 8; Ziff. 9 der Bek. vom 27. August 1928 GVBl. S. 401 (Verbesserung des BDA. der in das neue BBesG. übergeleiteten schwerkriegsbeschädigten Beamten);

c) Ziff. 12 der Bek. vom 27. August 1928 GVBl. S. 401 (Anwendung des Art. 42 Abs. II auch beim erstmaligen Uebertritt in eine andere BesGr.);

d) Bem. 5 zu Art. 10 (Anrechnung von Dienstzeiten zwischen der Lösung des Dienstverhältnisses und der wiederholten etatmäßigen Anstellung);

e) Bem. 7 zu Art. 14 (Gewährung des vollen Wohnungsgeldzuschusses an schwerkriegsbeschädigte ledige Beamte unter 45 Jahren);

f) Bem. 2 zu Art. 16 (Gewährung des vollen Wohnungsgeldzuschusses an eine verheiratete Beamtin bei völliger Erwerbsunfähigkeit des Ehemannes und alleiniger Sorge für den Familienunterhalt);

g) Bem. 14 zu Art. 21; Ziff. 3 der Bek. vom 27. August 1928 GVBl. S. 403 (Gewährung des Kinderzuschlags für erwerbsunfähige Kinder, die das 21. Lebensjahr schon vor dem 1. Oktober 1927, aber nach dem 31. März 1920 vollendet haben);

h) Bem. 2 Abs. 3 zu Art. 41 (Zulassung der Ueberleitung beim Uebertritt in den Dienst des Reichs oder einer Gemeinde oder einer sonstigen Körperschaft des öffentlichen Rechtes);

i) Bem. 3 Abs. 1 und Bem. 6 c zu Art. 41 (Ausschaltung einer ungünstigen Wirkung des Art. 41 Abs. I Satz 2).

Ein Härteausgleich auf Grund des Art. 59 wird ferner in jenen Fällen veranlaßt sein, in denen ein Beamter in der Beförderungsstelle auf Grund der Ueberleitungsbestimmungen einen niedrigeren Grundgehalt beziehen würde als er erhalten würde, wenn er nicht befördert worden wäre. Beispiele: 1. Ein Landtagsoffiziant der alten BesGr. A III mit einem BDA. vom 1. Oktober 1917 ist ab 1. Februar 1927 zum Kanzleisekretär der alten Bes.-Gr. A V mit einem BDA. vom 1. Oktober 1925 befördert worden. Auf Grund der Ueberleitungsbestimmungen würde er als Kanzleisekretär der BesGr. A 8 a nach Ueberleitungsformel 1 (vgl. Bem. 6 zu Art. 41) bei einem BDA. vom 1. Oktober 1925 einen Grundgehalt von 2090 RM ab 1. Oktober 1927 erhalten, während er ohne Beförderung bei der Ueberleitung als Landtagsoffiziant der BesGr. A 11 nach Ueberleitungsformel 7 (vgl. Bem. 6 zu Art. 41) bei einem BDA. vom 1. Oktober 1913 einen Grundgehalt von 2120 RM, also einen höheren Grundgehalt beziehen würde. Da die Tatsache der Beförderung ihm nicht zum Nachteile gereichen darf, ist ein Härteausgleich veranlaßt und zwar in der Weise, daß der Beamte in der BesGr. A 8 a das BDA. erhält, das sich ergibt, wenn der Beamte bis zum 1. Oktober 1927 in der Gruppe III verbliebe, als solcher in die BesGr. A 11 übergeleitet und am gleichen Tage unter Anwendung des Art. 11 in die BesGr. A 8 a befördert worden wäre. Hiernach hat der Beamte in der BesGr. A 8 a den gegenüber 2120 RM (Grundgehalt in der BesGr. A 11) nächsthöheren Grundgehalt von 2180 RM ab 1. Oktober 1927 zu erhalten und ab 1. Oktober 1929, weil er zu diesem Zeitpunkte beim Verbleiben in der BesGr. A 11 einen Grundgehalt von 2200 RM erreicht hätte, in der BesGr. A 8 a in den Grundgehalt von 2270 RM vorzurücken. Daher ist sein BDA. in der BesGr. A 8 a auf den 1. Oktober 1923 (statt 1. Oktober 1925) auf Grund des Art. 59 festzusetzen. 2. Beispiel: Ein Offiziant der alten BesGr. A III mit einem BDA. vom 1. Juli 1917 ist am 1. März 1926 zum Oberoffizianten der alten BesGr. A IV mit einem BDA. vom 1. Juli 1921 befördert worden. Auf Grund der Ueberleitungsbestimmungen würde er als Oberoffiziant der BesGr. A 10 nach Ueberleitungsformel 7 (vgl. Bem. 6 zu Art. 41) bei einem BDA. vom 1. Juli 1917 einen Grundgehalt von 2050 RM ab 1. Oktober 1927 erhalten, während er ohne Beförderung bei der Ueberleitung als Offiziant der BesGr. A 11 nach Ueberleitungsformel 7 bei einem BDA. vom 1. Juli 1913 einen Grundgehalt von 2120 RM, also einen höheren Grundgehalt beziehen würde. Daher Härteausgleich wie im Beispiel 1. Es ist zu unterstellen, daß der Beamte am 1. Oktober 1927 als Offiziant der alten BesGr. A III in die neue BesGr. A 11 mit einem BDA. vom 1. Juli 1913 übergeleitet und am gleichen Tage unter Anwendung des Art. 11 zum Oberoffizianten der neuen BesGr. A 10 befördert worden wäre. Der Beamte hat hiernach ab 1. Oktober 1927 einen Grundgehalt von 2140 RM (den gegenüber 2120 RM nächsthöheren Grundgehalt) zu erhalten und ab 1. Juli 1929 in den Grundgehalt von 2230 RM vorzurücken, weil er zum gleichen Zeitpunkt beim Verbleiben in der BesGr. A 11 einen Grundgehalt von 2200 RM, also einen gegenüber 2140 RM höheren Grundgehalt, erreicht hätte. Das BDA. des Beamten in der BesGr. A 10 ist sonach auf Grund des Art. 59 auf den 1. Juli 1915 (statt normal 1. Juli 1917) festzusetzen. 3. Beispiel: Ein außerordentlicher Hochschulprofessor mit einem BDA. vom 1. April 1916 ist am 1. September 1927 zum ordentlichen Hochschulprofessor befördert worden und hat hierbei ein BDA. vom 1. April 1924 erhalten. Bei der Ueberleitung als ordentlicher Hochschulprofessor in die neue BesGr. A 1 c gemäß Ueberleitungsformel 1 (vgl. Bem. 6 zu Art. 41) steht ihm ab 1. Oktober 1927 ein Grundgehalt von 7800 RM zu. Wäre er außerordentlicher Hochschulprofessor geblieben, also nicht befördert worden, so hätte er in der BesGr. A 2 c bei einem BDA. vom 1. April 1916 nach Ueberleitungsformel 1 (vgl. Bem. 6 zu Art. 41) einen Grundgehalt von 8200 RM, also einen höheren Grundgehalt erhalten. Hier ist ein Härteausgleich wie im Beispiel 1 und 2 veranlaßt. Demgemäß Ueberleitung am 1. Oktober 1927 in die BesGr. A 2 c unter gleichzeitiger Ueberführung in die BesGr. A 1 c unter Anwendung des Art. 11. Der Beamte erhält hiernach auf Grund des Art. 59 ab 1. Oktober 1927 in der BesGr. A 1 c bei einem BDA. vom 1. April 1922 einen Grundgehalt von 8400 RM (statt normal 7800 RM).

7. Wegen des Ausgleichs von Härten bei Anrechnung von Dienstzeiten auf das BDA. siehe Art. 9 und Bem. 7 hierzu, ferner Art. 10 Abs. I Satz 2 und Bem. 4 zu Art. 32.

Art. 60.

Die Uebergangsvorschriften im Abschnitt IV gelten nicht als Vorschriften im Sinne des Abs. I des Art. 77a der rechtsrheinischen und des Art. 64a der pfälzischen Gemeindeordnung in der Fassung des Art. 1 des Gesetzes vom 23. Mai 1921 über die Dienst- und Versorgungsbezüge der Gemeinde- und Bezirksbeamten (GVBl. S. 323).

1. In Art. 77a der rechtsrheinischen und Art. 64a der pfälzischen Gemeindeordnung in der Fassung des Art. 1 des Ges. vom

23. Mai 1921 über die Dienst- und Versorgungsbezüge der Gemeinde- und Bezirksbeamten (GVBl. S. 323) ist bestimmt, daß die Besoldungen oder Dienstbezüge der berufsmäßigen Gemeindebeamten, ferner die Ruhegehälter und die Hinterbliebenenbezüge angemessen sein müssen und daß sie regelmäßig dann angemessen sind, wenn sie den für die Staatsbeamten und ihre Hinterbliebenen geltenden Vorschriften entsprechen. Die Gemeinden wären nach dieser Bestimmung verpflichtet, die Ueberleitungsbestimmungen des Beamtenbesoldungsgesetzes für ihre Beamten zu übernehmen. Die Beamten hätten einen Rechtsanspruch auf Ueberleitung nach Maßgabe ihres derzeitigen Besitzstandes und zwar auch in den Fällen, in denen sie günstiger als die vergleichbaren Staatsbeamten eingestuft sind. Das würde bedeuten, daß den Gemeindebeamten ihre bisherige günstigere Einstufung gesetzlich gesichert bliebe. Die Rücksichtnahme auf die Finanzlage der Gemeinden und das Interesse an einer möglichst gleichheitlichen Einstufung der Staats- und Gemeindebeamten erfordert es aber, den Gemeinden die Möglichkeit zu schaffen bei der Ueberleitung ihrer Beamten in die neue Besoldungsordnung die über den Rahmen der Einstufung der Staatsbeamten hinausgehenden Einstufungen der Gemeindebeamten wieder auf diesen Rahmen zurückzuführen. Dies wird durch die Bestimmung des Art. 60 erreicht. Insoweit wirkt Art. 60 wie eine Ausführungsbestimmung zu § 42 des Reichsbesoldungsgesetzes, der Ländern, Gemeinden und Organen des öffentlichen Rechts die Verpflichtung auferlegt, bei der Ueberleitung der vorhandenen Stellen in die neue Besoldungsordnung zu prüfen, ob die in den entsprechenden Gruppen der alten Besoldungsordnung befindlichen Beamten nach ihrer Anzahl und nach ihren Aufgaben sämtliche oder nur zum Teil in die neue Besoldungsgruppe zu überführen sind (Begr.).

2. Art. 60 darf aber anderseits nicht dahin mißverstanden werden, daß etwa den Gemeinden damit freigestellt werden sollte, ob sie ihre Beamten überhaupt in die neue Besoldungsordnung überleiten wollen. Durch die erwähnten Bestimmungen der Gemeindeordnungen bleiben die Gemeinden nach wie vor verpflichtet die Bezüge ihrer Beamten denen der Staatsbeamten anzugleichen. Hieraus ergibt sich auch ohne weiteres die Notwendigkeit der Ueberleitung der Gemeindebeamten in die neuen Besoldungsordnungen mit Wirkung vom 1. Oktober 1927. Lediglich für die bisher zu hoch eingestuften Gemeindebeamten soll durch Art. 60 ein Weg zur Ueberführung in die Gruppen der vergleichbaren Staatsbeamten eröffnet werden (Begr.). Seit dem 1. April 1928 gilt hinsichtlich der Angemessenheit der Dienst- und Versorgungsbezüge der Gemeindebeamten Art. 89 Abs. III, IV der GO.

3. Ueber die Angemessenheit der Dienst- oder Versorgungsbezüge der Gemeindebeamten oder ihrer Hinterbliebenen entscheiden im Streitfalle im ersten Rechtszug das Kreisschiedsgericht und im zweiten Rechtszug das Landesschiedsgericht; maßgebend hierfür sind seit dem 1. April 1928 die Vorschriften in Art. 90 der GO.

Art. 61.

Die Ausführungsbestimmungen zu diesem Gesetz erläßt das Staatsministerium der Finanzen, soweit nicht in diesem Gesetz etwas anderes bestimmt ist.

1. Vgl. § 45 des RBesG. und die RBesV.

2. Art. 61 deckt sich mit Art. 68 des BBesG. in der Fassung der Bek. vom 24. März 1923 (GVBl. S. 109).

3. Das BBesG. beschränkt sich auf die grundsätzlichen Fragen des Besoldungsrechts, da bei der Vielgestaltigkeit und dem Wechsel der in Betracht kommenden Verhältnisse eine erschöpfende Regelung im Gesetze selbst nicht möglich ist. Die Regelung der Einzelheiten ist den Ausführungsbestimmungen vorbehalten und zwar nicht nur in den Fällen, in denen das Gesetz selbst auf die Ausführungsbestimmungen ausdrücklich verweist (z. B. Art. 6 Abs. I, Art. 8 Abs. IV, V und Art. 31 Abs. I) oder die Einzelregelung der Verwaltung überläßt (z. B. Art. 3, 9, 10, Art. 11 Abs. V, Art. 13 Abs. II, Art. 17 Abs. III, Art. 18 Abs. I und II, Art. 19 Abs. V, Art. 21 Abs. V, Art. 25 Abs. II und III, Art. 26, 27, Art. 28 Abs. III, Art. 30, 32, Art. 33 Abs. II, Art. 37 Abs. II und III, Art. 39 Abs. II und III, Art. 40, Art. 41 Abs. I, Art. 43 Satz 2, Art. 48 Abs. II, Art. 49 Abs. II Satz 3, Art. 52 Abs. II Satz 2, Art. 57 und Art. 59). Zuständig zum Erlasse der Ausführungsbestimmungen ist das Staatsministerium der Finanzen als das für Beamtenfragen zuständige Staatsministerium, soweit nicht das BBesG. selbst etwas anderes bestimmt; letzteres trifft zu in den Fällen des Art. 3, 9, 10, Art. 11 Abs. V, Art. 18 Abs. II, Art. 19 Abs. V, Art. 25 Abs. II, Art. 26, Art. 27, Art. 28 Abs. III, Art. 32, Art. 33 Abs. II, Art. 37 Abs. II und III, Art. 40, Art. 41 Abs. I, Art. 48—53, Art. 57 und 59.

4. Die auf Grund der gesetzlichen Ermächtigung erlassenen Ausführungsbestimmungen stehen dem Gesetze gleich und können Rechtsvorschriften enthalten. Sie dürfen aber mit dem Gesetze selbst nicht in Widerspruch stehen; sie können die gesetzlichen Bestimmungen nur erläutern und ergänzen. Die ordentlichen Gerichte sind an die Ausführungsbestimmungen nicht gebunden, wenn und soweit diese der richtigen Auslegung des Gesetzes nicht entsprechen.

5. In den Bemerkungen zu den einzelnen Artikeln ist auf die Ausführungsbestimmungen verwiesen und zugleich angegeben, ob und wieweit die zum bisherigen BBesG. erlassenen Ausführungsbestimmungen auch für die Zeit nach dem 30. September 1927 noch Geltung haben. Die seit der Verabschiedung des BBesG. vom 20. April 1928 erlassenen Ausführungsbestimmungen sind im IV. Abschnitte dieses Buches abgedruckt, soweit sie bis Mitte September 1928 im Gesetz- und Verordnungsblatt oder im Staatsanzeiger veröffentlicht worden sind.

Art. 62.

I Dieses Gesetz tritt mit Wirkung von 1. Oktober 1927 in Kraft.

II Durch die Bestimmungen dieses Gesetzes werden die Art. 1—31, 42, 43, 49, 54, 55, 59—61, 67—69 des Beamtenbesoldungsgesetzes vom 2. Juni 1920 in der Fassung der Bekanntmachung vom 24. März 1923 (GVBl. S. 109) ersetzt. Die Vorschriften in Art. 11 Abs. II—V des bisherigen Besoldungsgesetzes bleiben indes für Beamte, denen bis zur Veröffentlichung des neuen Besoldungsgesetzes die Dienstalterszulage ganz oder teilweise versagt oder in längeren Fristen oder nur in widerruflicher Weise bewilligt worden ist, so lange in Kraft, bis Entscheidung gemäß Art. 11 Abs. IV des bisherigen Besoldungsgesetzes getroffen ist.

III Das Gesetz über das Diensteinkommen der Hochschulprofessoren vom 27. Juli 1922 (GVBl S. 377) tritt mit Ausnahme des Art. 4 außer Kraft.

1. Vgl. § 44 des RBesG.

2. Das BBesG. ist am 11. Mai 1928 in Kraft getreten, da die Nr. 11 des Gesetz- und Verordnungsblattes, in dem es bekanntgemacht wurde, am 27. April 1928 ausgegeben worden ist. Es hat aber gemäß Art. 62 Abs. I rückwirkende Kraft auf den 1. Oktober 1927. Die Neuregelung der Beamtenbesoldung ist daher vom gleichen Tage an wirksam wie die Neuregelung der Besoldung im Reiche. Von dem Zeitpunkte des Inkrafttretens des Gesetzes (11. Mai 1928) und der Wirksamkeit des Gesetzes (1. Oktober 1927) ist der Zeitpunkt der Veröffentlichung des Gesetzes (27. April 1928) zu unterscheiden, der in den Fällen des Art. 41 Abs. III, Art. 47 und Art. 62 Abs. II maßgebend ist.

3. Die Wirkung der Vorschriften in Art. 62 ist, daß die nach den bisherigen Vorschriften für die Zeit nach dem 30. September 1927 gezahlten Dienst- oder Versorgungsbezüge auf die Dienst- oder Versorgungsbezüge nach dem BBesG. vom 20. April 1928 anzurechnen sind; wegen des Erlasses etwaiger Ueberzahlungen vgl. Abschnitt D Ziff. 4 Abs. 2 der FinMinBek. vom 28. März 1928 StAnz. Nr. 73 (abgedruckt im IV. Abschnitte dieses Buches unter Ziff. 1) und Bem. 2 zu Art. 56.

4. Wieweit sich die Vorschriften des BBesG. vom 20. April 1928 mit den nunmehr gemäß Art. 62 Abs. II aufgehobenen Vorschriften des BBesG. in der Fassung der Bek. vom 24. März 1923 (GVBl. S. 109) decken oder von ihnen abweichen, ist bei jedem

einzelnen Artikel bemerkt; aus diesen Bemerkungen kann sonach die der neuen Bestimmung entsprechende frühere Vorschrift gefunden werden. Die nachstehende Uebersicht zeigt den umgekehrten Weg; sie geht vom bisherigen BBesG. aus und verweist auf die entsprechenden Vorschriften des neuen BBesG.

BBesG. in der Fassung der Bek. vom 24. März 1923:			BBesG. vom 20. April 1928:
Art. 1		=	Art. 1
Art. 2		=	Art. 2
Art. 3	Abs. I, II	=	Art. 3
	Abs. III	=	Art. 25 Abs. I, II
	Abs. IV		—
	Abs. V	=	Art. 28
	Abs. VI	=	Art. 25 Abs. III
Art. 4		=	Art. 26 Abs. I
Art. 5		=	Art. 4
Art. 6		=	Art. 6
Art. 7		=	Art. 7
Art. 8		=	Art. 8
Art. 9		=	Art. 9
Art. 10		=	Art. 10
Art. 11	Abs. I	=	Art. 5 Abs. 1
	Abs. II bis V		—
Art. 12		=	Art. 5 Abs. II, III
Art. 13		=	Art. 11
Art. 14	Abs. I	=	Art. 29 Abs. I
	Abs. II	=	Art. 31 Abs. II
	Abs. III	=	Art. 30
	Abs. IV	=	Art. 29 Abs. II
Art. 15		=	Art. 32
Art. 16		=	Art. 29 Abs. II
Art. 17	Abs. I	=	Art. 13 Abs. I
	Abs. II	=	Art. 29 Abs. I
	Abs. III	=	Art. 17
Art. 18		=	Art. 18
Art. 19		=	Art. 19
Art. 20		=	Art. 20
Art. 21	Abs. I bis V	=	Art. 21
	Abs. VI, VII	=	Art. 23
	Abs. VIII	=	Art. 29 Abs. II
Art. 22			—
Art. 23			—
Art. 24	Abs. I, II	=	Art. 35
	Abs. III, IV	=	Art. 36
Art. 25		=	Art. 37
Art. 26		=	Art. 38

BBesG. in der Fassung der Bek. vom 24. März 1923:			BBesG. vom 20. April 1928:
Art. 27	Abs. I, II	=	Art. 34
	Abs. III	=	Art. 15 Abs. I, Art. 22 Abs. I
	Abs. IV	=	Art. 16, 24
Art. 28		=	Art. 15 Abs. II, Art. 22 Abs. II
Art. 29		=	Art. 27
Art. 30		=	Art. 39
Art. 31		=	Art. 40
Art. 42		=	Art. 54 Abs. I bis III
Art. 43		=	Art. 54 Abs. IV
Art. 49		=	Art. 55
Art. 54		=	Art. 48
Art. 55		=	Art. 49
Art. 59		=	Art. 50
Art. 60		=	Art. 51
Art. 61		=	Art. 52
Art. 67		=	Art. 59
Art. 68		=	Art. 61
Art. 69	Abs. I bis III	=	Art. 58
	Abs. IV	=	Art. 57

5. Die in Abs. II nicht aufgeführten Artikel des bisherigen BBesG. in der Fassung der Bek. vom 24. März 1923 (GVBl. S. 109) bleiben aufrecht erhalten; es handelt sich hierbei in der Hauptsache um Ueberleitungsbestimmungen des Jahres 1920 oder um Vorschriften, durch die andere Gesetze, insbesondere das BG., das BLG. oder das SchBG. abgeändert worden sind. Von Bedeutung ist die Aufrechterhaltung des Art. 44 des bisherigen BBesG., wonach Art. 28 Abs. 7 des BG. auch weiterhin in folgender Fassung in Kraft bleibt: „Verzögerte sich die Ernennung eines Staatsdienstaspiranten zum etatmäßigen Beamten dadurch, daß er seiner aktiven Militärpflicht genügte oder wegen zeitiger Untauglichkeit von der Aushebung zurückgestellt oder als überzählig vorerst nicht eingestellt wurde oder *wegen des Krieges*, so kann die Zeit der Verzögerung bei der späteren Ernennung zum etatmäßigen Beamten für die Bemessung des Grundgehalts entsprechend angerechnet werden.“ Die ersten 3 Gründe der Verzögerung kommen wegen der Aufhebung der Militärdienstpflicht nicht mehr in Frage; dagegen kann, wenn auch wohl nur mehr in einzelnen Fällen die Anrechnung der durch den Krieg (Gefangenschaft) herbeigeführten Verzögerung der etatmäßigen Anstellung oder Beförderung auch jetzt noch praktisch werden. Diese Möglichkeit der Anrechnung auf das BDA. tritt also zu den im BBesG. selbst vorgesehenen Fällen (vgl. Bem. 3 zu Art. 6) noch hinzu. Vgl. auch Bem. 4 zu Art. 32 und wegen der Berücksichtigung einer etwaigen Anrechnung nach Art. 28 Abs. 7 des BG. beim Vollzuge des Art. 42 die Bem. 3 zu Art. 42.

Für den Vollzug des Art. 28 Abs. 7 des BG. gegenüber den Versorgungsanwärtern ist die FinMinNote vom 12. Januar 1923 Nr. 73 672/1922 maßgebend.

6. Die Dienstbezüge der ordentlichen und außerordentlichen Hochschulprofessoren sind nunmehr, wie vor dem 1. April 1922, im BBesG. geregelt (vgl. Anl. 1 BesGr. A 1 c und A 2 c); das Gesetz über das Diensteinkommen der Hochschulprofessoren vom 27. Juli 1922 (GVBl. S. 377) mußte daher aufgehoben werden (Abs. III). Nur Art. 4 bleibt weiter in Kraft, durch den Art. 187 des BG. folgende Fassung erhalten hat:

„[1] Die Hochschulprofessoren (Art. 1 des Diensteinkommensgesetzes) beziehen außer ihrem Diensteinkommen die von den Studierenden entrichteten Vorlesungs- und Uebungsgebühren nach Maßgabe der hierüber bestehenden besonderen Vorschriften.

[2] Durch Verordnung kann bestimmt werden, daß die anfallenden Vorlesungs- und Uebungsgebühren den Hochschulprofessoren nur bis zu einem bestimmten Betrag ungekürzt zufließen, vom Mehranfall aber ein bestimmter Anteil an einen von der Hochschule zu verwaltenden Fonds (Vorlesungsgebührenfonds) abzuführen ist, der nach Anordnung des zuständigen Staatsministeriums für sachliche Bedürfnisse der Hochschule, zur Erteilung besoldeter Lehraufträge und zur Gewährung von Zuschüssen an etwa bestehende Witwen- und Waisenkassen für Hinterbliebene von Lehrern und Beamten der Hochschulen zu verwenden ist.

[3] Die Hochschulprofessoren, die das fünfundsechzigste Lebensjahr vollendet haben, können auf ihr Ansuchen von der Verpflichtung zur Abhaltung von Vorlesungen unter Belassung des von ihnen erdienten Diensteinkommens, jedoch ohne Ersatz für den Ausfall an Vorlesungsgebühren befreit werden."

Der Vollständigkeit halber wird bemerkt, daß dem Art. 187 des BG. in der vorstehenden Fassung durch Art. 1 Ziff. XII der VO. vom 29. März 1924 (GVBl. S. 128) mit Wirkung vom 31. März 1924 folgender (4.) Absatz angefügt worden ist: „Auf die Hochschulprofessoren findet Art. 47 Abs. 1 keine Anwendung. Sie können nach Vollendung des fünfundsechzigsten Lebensjahres sowohl die Versetzung in den dauernden Ruhestand beanspruchen als auch ohne Ansuchen in den dauernden Ruhestand versetzt werden."

München, den 20. April 1928.

Im Namen des Landtags:
Dr. Königbauer,
Präsident.

Das Gesamtstaatsministerium:
J. V.: **Dr. Bleyer. Gürtner.**
Dr. Stützel. Goldenberger.
Dr. Schmelzle. Oswald.
Dr. Fehr. J. V.: **Frhr. v. Welser.**

Anlage 1
zum BBesG. v. 20. 4. 28.

Vorbemerkung: Der Landtag hat in der Sitzung vom 27. März 1928 beschlossen, die Einführung der neuen Amtsbezeichnungen bis zu einer Nachprüfung des Gesetzes durch den kommenden Landtag zurückzustellen. Die bis zur Genehmigung der neuen Amtsbezeichnungen gültigen Amtsbezeichnungen (Bek. vom 15. Mai 1928 GVBl. S. 330) sind in Klammern [ ] den Vorträgen in den Besoldungsordnungen beigefügt.

Besoldungsordnung A.

Aufsteigende Gehälter.

Besoldungsgruppe 1.

a) 8400 — 9500 — 10600 — 11600 — 12600 *RM* jährlich.

Wohnungsgeldzuschuß: III in der ersten und zweiten Dienstaltersstufe, II von der dritten Dienstaltersstufe an.

Ueberleitung: Beamte mit den Bezügen der alten Besoldungsgruppe A XIII erhalten ihr bisheriges Besoldungsdienstalter.

Ministerialräte — Wirkliche Legationsräte — Regierungsdirektoren [1]) [bei der Krongutsverwaltung: Direktor der Verwaltung des ehemaligen Kronguts] — Direktor der staatlichen Archive — Räte und Oberstaatsanwälte des Obersten Landesgerichts [Staatsanwälte des Obersten Landesgerichts] — Senatspräsidenten der Oberlandesgerichte — Generalstaatsanwälte der Oberlandesgerichte, soweit nicht in Besoldungsgruppe B 5 [Oberstaatsanwälte der Oberlandesgerichte] — Präsidenten der Landgerichte, soweit nicht in Besoldungsgruppe B 5 — Präsident des Amtsgerichts München — Oberstaatsanwalt beim Landgericht München I [I. Staatsanwalt beim Landgericht München I] — Direktor des Landtagsamts — Direktor des Landtagsarchivs — Oberverwaltungsgerichtsräte — Oberstaatsanwalt des Verwaltungsgerichtshofs [Staatsanwalt des Verwaltungsgerichtshofs] — Polizeipräsident der Polizeidirektion Nürnberg-Fürth [Polizeidirektor] — Polizeidirektor — Polizeiobersten [2]) — Direktor der Staatsbibliothek — Direktor des Nationalmuseums — Direktor des Landesamts für Denkmalpflege — Präsident der Akademie der Tonkunst — Staatsfinanzräte des Obersten Rechnungshofs [Oberrechnungsgerichtsräte] — Senatspräsidenten des Landesversicherungsamts — Direktoren der Oberversicherungsämter München und Nürnberg.

1) Darunter auch der Direktor der Verwaltung des ehemaligen Kronguts.
2) Erhalten den Endgrundgehalt.

b) 8100 — 9000 — 9900 — 10800 — 11700 *RM* jährlich.

Wohnungsgeldzuschuß: III in der ersten und zweiten Dienstaltersstufe, II von der dritten Dienstaltersstufe an.

Ueberleitung: Beamte mit den Bezügen der alten Besoldungsgruppe XIII erhalten ihr bisheriges Besoldungsdienstalter;

Beamte mit den Bezügen der alten Besoldungsgruppe A XII erhalten ihr um 6 Jahre verkürztes Besoldungsdienstalter.

Landgerichtsdirektor als Vorsitzender des Landesarbeitsgerichts München — Direktor der Landesstelle für Gewässerkunde [1]) — Direktor der Universitätsbibliothek München [1]) — Direktor des Museums für Völkerkunde [1]) — Direktor der Münzsammlung [1]) — Direktor der Höheren technischen Staatslehranstalt Nürnberg [1]) — Direktor der Graphischen Sammlung [1]) — Direktor des Topographischen Bureaus [1]) — Direktor der Museen und Sammlungen des ehemaligen Kronguts [1]) — Direktoren der Oberversicherungsämter [1]), soweit nicht in Besoldungsgruppe A 1 a.

1) Die am 1. Oktober 1927 im Amte gewesenen Stelleninhaber mit den Bezügen der alten Besoldungsgruppe A XIII erhalten für ihre Person die Bezüge der Besoldungsgruppe A 1 a.

c) 7200 — 7800 — 8400 — 9000 — 9600 — 10100 — 10600 — 11100 — 11600 — 12100 — 12600 *RM* jährlich.

Wohnungsgeldzuschuß: III in der ersten bis fünften Dienstaltersstufe, II von der sechsten Dienstaltersstufe an.

Ueberleitung: Die Beamten erhalten ihr bisheriges Besoldungsdienstalter.

Ordentliche Hochschulprofessoren

d) 7100 — 7800 — 8500 — 9200 — 9900 — 10600 *RM* jährlich.

Wohnungsgeldzuschuß: III in der ersten bis fünften Dienstaltersstufe, II in der sechsten Dienstaltersstufe.

Ueberleitung: Beamte mit den Bezügen der alten Besoldungsgruppe XII erhalten ihr bisheriges Besoldungsdienstalter, im günstigsten Falle ein solches von 8 Jahren;

Beamte mit den Bezügen der alten Besoldungsgruppe XII und einer pensionsfähigen Zulage von 1800 *RM* erhalten ihr bisheriges Besoldungsdienstalter, im günstigsten Falle ein solches von 10 Jahren.

Amtsgerichtsdirektoren als dienstaufsichtführende Richter von Amtsgerichten mit Bezirken von über 100 000 Einwohnern — Oberstudiendirektoren in gehobener Dienstesstellung als Vorstände von neunklassigen höheren Lehranstalten — Direktor der Kunstgewerbeschule Nürnberg [1]) — 1. Kapellmeister der Staatstheater [1]) — Direktor bei der Generaldirektion der Staatstheater [Oberregierungsrat] — Oberbergdirektor der Generaldirektion der Berg-, Hütten- und Salzwerke [1]) — Direktor des Hauptmünzamts — Direktor des Landesvermessungsamts — Direktor der Landesanstalt für Pflanzenbau und Pflanzenschutz — Direktor der Landesanstalt für Moorwirtschaft — Direktor des Flurbereinigungsamts München [Oberregierungsbaurat].

---

1) Der am 1. Oktober 1927 im Amte gewesene Stelleninhaber mit den Bezügen der alten Besoldungsgruppe A XIII erhält für seine Person die Bezüge der Besoldungsgruppe A 1a.

Besoldungsgruppe 2.

a) 7000 — 7500 — 8000 — 8500 — 8900 — 9300 — 9700 *RM* jährlich.

Wohnungsgeldzuschuß: III.

Ueberleitung: Beamte mit den Bezügen der alten Besoldungsgruppe XII erhalten ihr bisheriges Besoldungsdienstalter.

Oberregierungsräte — Gesandtschaftsräte — Staatsarchivdirektoren [Archivdirektoren] — Oberlandesgerichtsräte — Oberstaatsanwälte der Oberlandesgerichte und Landgerichte [Staatsanwälte der Oberlandesgerichte, I. Staatsanwälte der Landgerichte] — Landgerichtsdirektoren — Amtsgerichtsdirektoren als dienstaufsichtführende Richter von Amtsgerichten mit Bezirken von über 75 000—100 000 Einwohnern — Amtsgerichtsdirektoren als Abteilungsvorstände bei Amtsgerichten mit Bezirken von über 100 000 Einwohnern — Direktor der Landesanstalt für Kurzschrift [1]) — Polizeioberstleutnante [2]) [3]) — Gendarmerieoberstleutnante [2]) [3]) — Polizeiobermedizinalräte [2]) — Direktor der Veterinärpolizeilichen Anstalt in Schleißheim — Direktoren der Bakteriologischen Untersuchungsanstalten [II. Direktoren der Bakt. Unters.-Anst.] — Direktoren der Untersuchungsanstalten für Nahrungs- und Genußmittel [II. Direktoren der Untersuchungsanstalten für Nahr.- und Gen.-Mittel] — Direktor des Arbeitshauses Rebdorf — Direktoren der Hochschulbibliotheken, soweit nicht in Besoldungsgruppe A 1 b — Direktoren der zoologischen und prähistorischen Staatssammlung in München [Hauptkonservatoren und Abteilungsleiter] — Oberstudiendirektoren als Vorstände von 9klassigen höheren Lehranstalten, soweit nicht in Besoldungsgruppe A 1 d — Oberstudiendirektoren als Vorstände von 6klassigen höheren Lehranstalten mit mehr als 13 Klassen — Oberstudiendirektoren der Lehrer- und Lehrerinnenbildungsanstalten — Oberbauräte der Höheren technischen Staatslehranstalt Nürnberg als Abteilungsleiter — Direktor der Höheren technischen Staatslehranstalt Kaiserslautern — Direktor der Bauschule in München —

Direktor der Landeswetterwarte — Abteilungsdirektoren der Staatsbibliothek — Ordentliche Professoren der Akademie der bildenden Künste — Ordentliche Professoren der Kunstgewerbeschulen — Ordentliche Professoren der Akademie der Tonkunst — Direktor des Staatskonservatoriums der Musik in Würzburg — Direktor des Hofbrauamts — Direktor der Staatshauptkasse — Direktor des Landesamts für Arbeitsvermittlung — Direktor der Lehr- und Versuchsanstalt für Wein- und Obstbau in Neustadt a. H. — Direktoren der Flurbereinigungsämter, soweit nicht in Besoldungsgruppe A 1 d [Oberregierungsbauräte].

---

1) Der am 1. Oktober 1927 im Amte gewesene Stelleninhaber mit den Bezügen der alten Besoldungsgruppe A XIII erhält für seine Person die Bezüge der Besoldungsgruppe A 1 a.

2) Erhalten den Endgrundgehalt.

3) Die am 1. Oktober 1927 im Amte gewesenen etatmäßigen Oberstleutnante der Schutzmannschaft und Gendarmerie erhalten für ihre Person die Bezüge der Besoldungsgruppe A 2 b. Nach Ueberführung in das neue Polizeibeamtenrecht treten sie rückwirkend ab 1. Oktober 1927 in die Besoldungsgruppe A 2 a über.

b) 5400 — 6000 — 6500 — 7000 — 7400 — 7800 — 8200 — 8600 — 9000 *RM* jährlich.

Wohnungsgeldzuschuß: III.

Ueberleitung: Beamte mit den Bezügen der alten Besoldungsordnung A XII erhalten ihr um 4 Jahre verbessertes Besoldungsdienstalter;

Beamte mit den Bezügen der alten Besoldungsgruppe A XI erhalten ihr bisheriges Besoldungsdienstalter.

Oberarchivräte 1) — Oberarchivrat im Kriegsarchiv 1) — Stellvertretende Landgerichtsdirektoren 1) — Amtsgerichtsdirektoren 1) als dienstaufsichtführende Richter von Amtsgerichten mit Bezirken von über 40 000—75 000 Einwohnern — Amtsgerichtsdirektoren 1) als Abteilungsvorstände bei Amtsgerichten mit Bezirken von über 75 000 bis 100 000 Einwohnern — Obermedizinalräte 1) 2) — Bezirkshauptmänner 1) 3), soweit nicht in Besoldungsgruppe A 2 d [Oberregierungsräte] — Regierungsoberbauräte 1) [Oberregierungsbauräte] — Oberbibliothekräte 1) — Oberstudienräte 1) — Studiendirektoren 1) als Vorstände von 6 klassigen höheren Lehranstalten mit 9 bis 13 Klassen und als Vorstände von Doppelanstalten — Direktor der Landesturnanstalt 1) — Oberbauräte 1) der Höheren technischen Staatslehranstalt Nürnberg, soweit nicht in Besoldungsgruppe A 2 a, und der Bauschule in München — Oberbaurat als Leiter des Gewerbelehrerinstituts in München — Direktor der Bauschule Coburg — Abteilungsdirektoren bei den wissenschaftlichen Anstalten und bei den Kunstsammlungen des Staates 1) [Hauptkonservatoren und Abteilungsleiter, Hauptobservatoren und Abteilungsleiter] — Direktor des Museums für antike Kleinkunst[1]) — Oberforstmeister[1]) — Regierungsoberbergräte[1]) [Oberbergräte] — Weingutsdirektor — Regierungsobervermessungsräte[1]) [Obervermessungsräte] — Oberlandwirtschaftsräte als Direktoren von Landwirtschaftsschulen in gehobener Dienstesstellung — Oberveterinärräte[1]) — Landstallmeister[1]) — Gestütsdirektoren[1]).

---

1) Die am 1. Oktober 1927 im Amte gewesenen Stelleninhaber mit den Bezügen der alten Besoldungsgruppe XII erhalten für ihre Person die Bezüge der Besoldungsgruppe A 2a.

2) Erhalten außerdem Gebühren nach Maßgabe der hierüber bestehenden Vorschriften.

3) Der am 1. Oktober 1927 im Amte gewesene Vorstand des Bezirksamts Coburg erhält für seine Person die Bezüge der Besoldungsgruppe A 1a.

c) 5700 — 6200 — 6700 — 7200 — 7700 — 8200 — 8600 — 9000 *RM* jährlich.

Wohnungsgeldzuschuß: III.

Ueberleitung: Die Beamten erhalten ihr bisheriges Besoldungsdienstalter.

Außerordentliche Hochschulprofessoren.

d) 5700 — 6100 — 6500 — 6900 — 7300 — 7700 — 8100 — 8400 *RM* jährlich.

Wohnungsgeldzuschuß: III.

Ueberleitung: Beamte mit den Bezügen der alten Besoldungsgruppe A XI erhalten ihr bisheriges Besoldungsdienstalter;

Beamte mit den Bezügen der alten Besoldungsgruppe A X erhalten ihr um 4 Jahre verkürztes Besoldungsdienstalter.

Regierungsräte I. Klasse, soweit nicht in Besoldungsgruppe A 2e — Legationsräte — Staatsarchivräte I. Klasse [Staatsoberarchivare] — Archivräte I. Klasse im Kriegsarchiv [Oberarchivare im Kriegsarchiv] — I. Staatsanwälte[1]) [II. Staatsanwälte] — Amtsgerichtsräte[2]) [Oberamtsrichter] — Landgerichtsräte[2]) — Direktoren der Strafanstalten und Gerichtsgefängnisse — Medizinalräte I. Klasse [Medizinalräte] — Veterinärmedizinalräte I. Klasse [Veterinärmedizinalräte] — Oberpfarrer — Bezirkshauptmänner, soweit nicht in Besoldungsgruppe A 2b [Bezirksoberamtmänner] — Landesfischereirat [Landwirtschaftsrat I. Klasse] — Polizeimajore[3]) [4]) — Gendarmeriemajore[3]) [4]) — Polizeimedizinalräte I. Klasse[3]) — Polizeiveterinärräte I. Klasse[3]) — Bauamtsdirektoren [Oberbauamtmänner] — Regierungsbauräte I. Klasse [bei den Flurbereinigungsämtern: Flurbereinigungsoberamtmänner] — Bezirksärzte[5]), soweit nicht in Besoldungsgruppe A 2f — Landesimpfarzt — Bezirkstierärzte[5]), soweit nicht in Besoldungsgruppe A 2f — Regierungschemieräte I. Klasse [Oberregierungschemiker] — Direktoren der Staatserziehungsanstalten — Apothekendirektor der Poliklinik der Universität München [Oberapotheker] — Universitätsmusikdirektor — Außerordentliche Professoren der Akademie der bildenden Künste — Außerordentliche Professoren der Kunstgewerbeschulen — Außerordentliche Professoren der Akademie der Tonkunst — Studiendirektoren als Vorstände von höheren Lehranstalten, soweit nicht in Besoldungsgruppe A 2 b — Studienprofessoren — Professoren der Höheren technischen Staatslehranstalten in Nürnberg und Kaiserslautern — Professoren der Bauschulen — Forstmeister — Staatsoberbibliothekare — Hauptkonservatoren — Hauptobservatoren — Regierungsschulräte — Direktor der Staatsbrauerei Weihenstephan — Direktor der Höheren Staatslehranstalt für Gartenbau in Weihenstephan [6] — Direktor der Landestaubstummenanstalt — Direktor der Landesblindenanstalt — Direktor der Landesanstalt für krüppelhafte Kinder — Messungsamtsdirektoren [Vermessungsoberamtmänner] — Regierungsvermessungsräte I. Klasse — Regierungsbergräte I. Klasse [Bergräte] — Münzwardein — Gärtendirektor der Verwaltung des ehem. Kronguts [6] — Direktor der Residenzapotheke in München [Oberapotheker] — Regierungsgewerberäte I. Klasse — Regierungswohnungsräte I. Klasse [Regierungsbauräte I. Klasse] — Direktoren der Landwirtschaftsschulen [Landwirtschaftsräte I. Klasse] — Landwirtschaftsräte I. Klasse — Tierzuchtdirektoren — Direktor der Lehranstalt für Wein-, Obst- und Gartenbau in Veitshöchheim [Landwirtschaftsrat I. Klasse] — Direktor der Landesanstalt für Bienenzucht [Landwirtschaftsrat I. Klasse] — Landesgeologen.

1) Bei der Ernennung zum Amtsgerichtsrat oder Landesgerichtsrat behält der Beamte die Bezüge der Besoldungsgruppe A 2 d.

2) Vgl. Anmerkung 1.

3) Erhalten den Grundgehalt von 7700 RM und nach 2 Dienstjahren den Endgrundgehalt.

4) Die am 1. Oktober 1927 im Amte gewesenen etatmäßigen Majore der Schutzmannschaft und der Gendarmerie erhalten für ihre Person die Bezüge der Besoldungsgruppe A 2 g. Nach Ueberführung in das neue Polizeibeamtenrecht treten sie rückwirkend ab 1. Oktober 1927 in die Besoldungsgruppe A 2 d über.

5) Erhalten außerdem Gebühren nach Maßgabe der hierüber bestehenden besonderen Vorschriften.

6) Der am 1. Oktober 1927 im Amte gewesene Stelleninhaber erhält für seine Person die Bezüge der Besoldungsgruppe A 2 a.

e) 4800 — 5200 — 5600 — 6000 — 6400 — 6800 — 7200 — 7500 — 7800 — 8100 — 8400 RM jährlich.

Wohnungsgeldzuschuß: IV in der ersten bis dritten Dienstaltersstufe, III von der vierten Dienstaltersstufe an.

Ueberleitung: Beamte mit den Bezügen der alten Besoldungsgruppe A XI erhalten ihr um 4 Jahre verbessertes Besoldungsdienstalter;

Beamte mit den Bezügen der alten Besoldungsgruppe A X erhalten ihr bisheriges Besoldungsdienstalter, im günstigsten Falle ein solches von 14 Jahren.

Amtsgerichtsräte [Amtsrichter, Oberamtsrichter] — Landgerichtsräte — Landgerichtsärzte [1]) — Regierungsräte und Regierungsräte I. Kl. der Landesanstalt für Kurzschrift — Direktor der staatlichen brautechnischen Versuchsstation in Weihenstephan.

---

1) Erhalten außerdem Gebühren nach Maßgabe der hierüber bestehenden besonderen Vorschriften.

f) 4800 — 5200 — 5600 — 6000 — 6400 — 6800 — 7200 — 7500 *RM* jährlich.

Wohnungsgeldzuschuß: IV in der ersten bis dritten Dienstaltersstufe, III von der vierten Dienstaltersstufe an.

Ueberleitung: Beamte mit den Bezügen der alten Besoldungsgruppe A X erhalten ihr bisheriges Besoldungsdienstalter, im günstigsten Falle ein solches von 14 Jahren;

Beamte mit den Bezügen der alten Besoldungsgruppe A IX erhalten ihr um 4 Jahre verkürztes Besoldungsdienstalter, im günstigsten Falle ein solches von 6 Jahren.

Regierungsräte [1]), soweit nicht in Besoldungsgruppe A 2 e [bei den Bezirksämtern: Bezirksamtmänner] — Legationssekretäre — Staatsarchivräte [1]) [Staatsarchivare] — Archivräte im Kriegsarchiv [Archivare im Kriegsarchiv] — Staatsanwälte [III. Staatsanwälte] — Amtsanwälte im Hauptamte mit Befähigung zum Richteramt — Stellvertretende Notare — Pfarrer [1]) — Gefängnisärzte [1]) — Strafanstaltsärzte [1]) — Regierungsbauräte [1]) [bei den Land-, Straßen- und Fluß-, dann Neubauämtern sowie Hafenämtern: Bauamtmänner, bei den Flurbereinigungsämtern: Flurbereinigungsamtmänner] — Bezirksärzte [2]) und Bezirkstierärzte [2]), soweit nicht in Besoldungsgruppe A 2 d — Oberärzte [1]) — Regierungschemieräte [1]) [Regierungschemiker] — Studienräte [1]) — Bauräte der Höheren technischen Staatslehranstalten und der Bauschulen [1]) — Direktor der staatlichen Industrie- und Gewerbeschule in Neustadt b. Coburg — Landwirtschaftsräte [1]) — Lektoren der Hochschulen [1]) — Konservatoren [1]) — Observatoren [1]) — Staatsbibliothekare [1]) — Konzertmeister der Staatstheater — Regierungsbergräte [1]) [Bergmeister] — Münzrat [1]) — Regierungsforsträte [1]) [bei den Forstämtern und der Forstlichen Versuchsanstalt: Forstamtmänner] — Regierungsbotaniker [1]) — Regierungsvermessungsräte [1]) [beim Landesvermessungsamt und bei den Messungsämtern: Vermessungsamtmänner] — Oberapotheker [Apotheker] — Regierungswohnungsräte [1]) — Fürsorgeärzte bei den Kreishauptfürsorgestellen [1]) — Regierungsgewerberäte [1]) — Gestütstierärzte [1]) — Regierungsgeologen [1]).

---

1) Beamte mit einem Besoldungsdienstalter von mehr als 18 Jahren dürfen bei sonst gegebenen Voraussetzungen für ihre Person in die Besoldungsgruppe A 2 d befördert werden. An die Stelle des Besoldungsdienstalters von 18 Jahren tritt ein Besoldungs-

dienstalter von 20 Jahren, wenn der Beamte nicht das Reifezeugnis einer neunklassigen höheren Lehranstalt oder einer früheren bayerischen Industrieschule besitzt.

2) Erhalten außerdem Gebühren nach Maßgabe der hierüber bestehenden besonderen Vorschriften.

g) 4800 — 5200 — 5600 — 6000 — 6400 — 6800 — 7200 — 7500 — 7800 *RM* jährlich.

Wohnungsgeldzuschuß: IV in der ersten bis dritten Dienstaltersstufe, III von der vierten Dienstaltersstufe an.

Ueberleitung: Beamte mit den Bezügen der alten Besoldungsgruppe A XI erhalten ihr um 4 Jahre verbessertes Besoldungsdienstalter;

Beamte mit den Bezügen der alten Besoldungsgruppe A X erhalten ihr bisheriges Besoldungsdienstalter, im günstigsten Falle ein solches von 12 Jahren.

Ministerialrechnungsräte — Oberamtmann bei der Gesandtschaft in Berlin — Kreisschulräte.

Besoldungsgruppe 3.

a) 4800 — 5200 — 5600 — 6000 — 6400 — 6700 — 7000 *RM* jährlich.

Wohnungsgeldzuschuß: IV in der ersten bis dritten Dienstaltersstufe, III von der vierten Dienstaltersstufe an.

Ueberleitung: Beamte mit den Bezügen der alten Besoldungsgruppe A X erhalten ihr bisheriges Besoldungsdienstalter;

Beamte mit den Bezügen der alten Besoldungsgruppe A IX erhalten ihr um 4 Jahre verkürztes Besoldungsdienstalter, im günstigsten Falle ein solches von 6 Jahren.

Amtmänner[1]) [Rechnungsräte, Ministerialoberinspektoren, Hauptkassiere] — Rechnungsräte — Oberlehrer bei den Strafanstalten, Arbeitshäusern und Staatserziehungsanstalten, soweit nicht in Besoldungsgruppe A 4 a — Hauptkassiere — Polizeischulrat [Studienrat] — Hochschulrentamtmänner — Bezirksschulräte — Oberlehrer bei der Landestaubstummenanstalt und bei der Landesblindenanstalt, soweit nicht in Besoldungsgruppe A 4 a — Kammervirtuosen der Staatstheater.

---

1) Die Amtsbezeichnung kann mit der Bezeichnung der Behörde oder der besonderen Verwendung verbunden werden.

b) 4800 — 6000 — 6900 *RM* jährlich.

Wohnungsgeldzuschuß: IV in der ersten Dienstaltersstufe,
III von der zweiten Dienstaltersstufe an.

Polizeihauptleute [1]) — Gendarmeriehauptleute [1]) — Polizeimedizinalräte — Polizeiveterinärräte.

1) Die am 1. Oktober 1927 im Amte gewesenen etatmäßigen Hauptleute und Hauptleute I. Klasse der Schutzmannschaft und der Gendarmerie erhalten für ihre Person folgende Grundgehälter: 4100 — 4400 — 4800 — 5100 — 5500 — 5900 — 6300 — 6700 *RM* jährlich. Wohnungsgeldzuschuß IV in der ersten bis fünften Dienstaltersstufe, III von der sechsten Dienstaltersstufe an. Beamte mit den Bezügen der alten Besoldungsgruppe A X erhalten bei der Ueberleitung ihr um 4 Jahre verbessertes Besoldungsdienstalter, Beamte mit den Bezügen der alten Besoldungsgruppe A IX erhalten ihr bisheriges Besoldungsdienstalter. Nach Ueberführung in das neue Polizeibeamtenrecht treten sie rückwirkend ab 1. Oktober 1927 in die Besoldungsgruppe A 3b über.

Besoldungsgruppe 4.

a) 4100 — 4400 — 4700 — 4950 — 5200 — 5500 — 5800 *RM* jährlich.

Wohnungsgeldzuschuß: IV.

Ueberleitung: Beamte mit den Bezügen der alten Besoldungsgruppe A IX erhalten ihr bisheriges Besoldungsdienstalter;

Beamte mit den Bezügen der alten Besoldungsgruppe A VIII erhalten ihr um 4 Jahre verkürztes Besoldungsdienstalter.

Oberinspektoren [1]) — Rechnungsoberinspektoren — Oberlehrer [2]) [3]) — Hauptkassenverwalter — Polizeioberlehrer [4]) — Verwaltungsoberinspektor als Leiter der Hauptstelle der Betriebskrankenkasse der Staatsbauverwaltung — Forstoberinspektoren — Gartenbauoberlehrer [Gartenoberinspektoren] — Studienlehrer — Gartenoberinspektoren — Kammermusiker in gehobenen Stellen — Obereinfahrer — Obertopographen — Lehrbraumeister der Versuchs- und Lehrbrauerei Weihenstephan — Eisenbahnoberinspektor — Katasteroberinspektor — Lithographieoberinspektor — Planoberinspektoren — Gewerbeoberinspektoren — Bergoberinspektoren.

1) Die Amtsbezeichnung kann mit der Bezeichnung der Behörde oder der besonderen Verwendung verbunden werden.

2) Oberlehrer als Fortbildungsleiter erhalten auf die Dauer dieser Dienstesaufgabe eine widerrufliche nichtruhegehaltsfähige Zulage, und zwar bei Zuteilung von 1 mit 5 Fortbildungspflichtigen im Betrage von 600 *RM* jährlich, bei Zuteilung von 6 mit 10 Fortbildungspflichtigen im Betrage von 900 *RM* jährlich, bei Zuteilung von mehr als 10 Fortbildungspflichtigen im Betrage von 1200 *RM* jährlich.

Die Zulage wird nicht gewährt den Oberlehrern, die am 1. Oktober 1927 die Bezüge der alten Besoldungsgruppe A X hatten; sie erhalten für ihre Person die Bezüge der Besoldungsgruppe A 3a.

3) Oberlehrer als Leiter von Volksschulen mit 13 und mehr Schulklassen oder als Leiter von Hilfsschulen mit 3 und mehr Klassen erhalten auf die Dauer dieser Dienstesaufgabe eine widerrufliche nichtruhegehaltsfähige Zulage von 400 *RM* jährlich.

4) Polizeioberlehrer als Schulleiter bei den Polizeischulen und in den Polizeistandorten München, Nürnberg und Augsburg erhalten auf die Dauer dieser Dienstesaufgabe eine widerrufliche nichtruhegehaltsfähige Zulage von 400 *RM* jährlich.

b) **2800 — 3050 — 3300 — 3550 — 3800 — 4000 — 4200 — 4400 — 4600 — 4800 — 5000** *RM* jährlich.

Wohnungsgeldzuschuß: V in der ersten bis dritten Dienstaltersstufe, IV von der vierten Dienstaltersstufe an.

Ueberleitung: Beamte mit den Bezügen der alten Besoldungsgruppe A VIII erhalten ihr um 4 Jahre verbessertes Besoldungsdienstalter und den Wohnungsgeldzuschuß der Tarifklasse IV;

Beamte mit den Bezügen der alten Besoldungsgruppe A VII erhalten ihr bisheriges Besoldungsdienstalter, im günstigsten Falle ein solches von 14 Jahren.

Ministerialkanzleiinspektoren [1]) [Ministerialoberinspektoren als Vorstände der Ministerialkanzleien] — Obersekretäre [2]) [3]), soweit nicht in Besoldungsgruppe A 5a — Inspektoren [2]) — Rechnungsinspektoren — Bauverwalter — Hauptlehrer [4]) [5]) [6]) — Forstverwalter — Oberforstverwalter — Kassiere — Weinkontrolleure — Oberbauverwalter — Garteninspektoren — Lehrer der Volksschulen [4]) [5]) [6]) — Fachlehrerinnen und Fachhauptlehrerinnen der weiblichen höheren Unterrichtsanstalten und an den Landesanstalten für taubstumme, blinde und krüppelhafte Kinder — Fachschulhauptlehrer der staatlichen Industrie- und Gewerbeschule Neustadt bei Coburg — Gartenbaulehrer [Garteninspektoren] — Kammermusiker [6]) — Steiger — Obersteiger — Fahrsteiger — Schloßinspektoren — Technische Inspektoren und Hütteningenieure der Berg-, Hütten- und Salzwerkverwaltung — Ministerialkartographen — Katasterinspektoren — Lithographieinspektoren — Topographen — Planinspektoren — Gewerbekommissäre — Gewerbeinspektoren — Oekonomieinspektoren bei der Landessaatzuchtanstalt Weihenstephan und den Moorwirtschaftsstellen Bernau und Karlshuld [Oekonomieoberverwalter] — Melkinspektor [Oekonomieoberverwalter] — Bergkommissäre — Berginspektoren.

---

1) Die am 1. Oktober 1927 im Amte gewesenen Ministerialkanzleivorstände mit den Bezügen der alten Besoldungsgruppe A X erhalten für ihre Person die Bezüge der Besoldungsgruppe A 3

2) Die Amtsbezeichnung kann mit der Bezeichnung der Behörde oder der besonderen Verwendung verbunden werden.

3) Obersekretäre, die nach den bestehenden Bestimmungen oder Beförderungsgrundsätzen nicht in die alte Besoldungsgruppe A VIII befördert werden konnten oder künftig nicht in die Besoldungsgruppe A 4b befördert werden können, werden der Besoldungsgruppe A 5a zugeteilt.

4) Lehrer und Hauptlehrer als Fortbildungsleiter erhalten auf die Dauer dieser Dienstesaufgabe eine widerrufliche nichtruhegehaltsfähige Zulage, und zwar bei Zuteilung von 1 mit 5 Fortbildungspflichtigen im Betrage von 600 *RM* jährlich, bei Zuteilung von 6 mit 10 Fortbildungspflichtigen im Betrage vou 900 *RM* jährlich, bei Zuteilung von mehr als 10 Fortbildungspflichtigen im Betrage von 1200 *RM* jährlich.

5) Lehrer und Hauptlehrer als Leiter von Volksschulen mit 13 und mehr Schulklassen erhalten auf die Dauer dieser Dienstesaufgabe eine widerrufliche nichtruhegehaltsfähige Zulage von 400 *RM* jährlich.

6) Bei der Ernennung zum Hauptlehrer der Strafanstalten, Arbeitshäuser, Staats-

erziehungsanstalten, Polizeischulen, dann der Landesanstalten für taubstumme, blinde und krüppelhafte Kinder sowie bei der erstmaligen Ernennung zum ständigen Lehrer an einer Hilfsschule und bei der Ernennung zum Kammermusiker wird das Besoldungsdienstalter um 4 Jahre verbessert.

c) 3400 — 3800 — 4200 *RM* jährlich.

Wohnungsgeldzuschuß: IV.

Polizeiassistenzärzte — Polizeioberärzte — Polizeiveterinäre — Polizeioberveterinäre.

d) 2400 — 2700 — 3100 — 3400 — 3800 — 4200 *RM* jährlich.

Wohnungsgeldzuschuß: für Oberleutnante IV,
für Leutnante V in der ersten bis dritten Dienstaltersstufe,
IV von der vierten Dienstaltersstufe an.

Polizeileutnante — Polizeioberleutnante — Gendarmerieoberleutnante.

Besoldungsgruppe 5.

a) 2800 — 3000 — 3200 — 3400 — 3600 — 3750 — 3900 — 4050 — 4200 *RM* jährlich.

Wohnungsgeldzuschuß: V in der ersten bis dritten Dienstaltersstufe,
IV von der vierten Dienstaltersstufe an.

Ueberleitung: Beamte mit den Bezügen der alten Besoldungsgruppe A VII erhalten ihr bisheriges Besoldungsdienstalter.

Obersekretäre, soweit nicht in Besoldungsgruppe A 4 b — Oberverwalter der Strafanstalten, der Gerichtsgefängnisse, des Obsorgeamts und der Arbeitshäuser — Oekonomieoberverwalter — Oberverwalter des Polizeigefängnisses München [Arrestverwalter der Polizeidirektion München] — Kriminaloberkommissäre — Oberkommissäre der uniformierten Staatspolizei — Obersekretäre bei den höheren Lehranstalten — Forstobersekretäre — Schiffahrtsverwalter — Obersekretäre der lithographischen Abteilung und der Katasterabteilung des Landesvermessungsamts sowie im kartographischen Dienste des Topographischen Bureaus und im kartographischen Dienste des Oberbergamts — Oberschloßverwalter — Obergartenverwalter.

b) 2300 — 2550 — 2800 — 3000 — 3200 — 3400 — 3600 — 3800 — 4000 — 4200 *RM* jährlich.

Wohnungsgeldzuschuß: V in der ersten bis fünften Dienstaltersstufe,
IV von der sechsten Dienstaltersstufe an.

Ueberleitung: Beamte mit den Bezügen der alten Besoldungsgruppe A VII erhalten ihr um 4 Jahre verbessertes Besoldungsdienstalter;

Beamte mit den Bezügen der alten Besoldungsgruppe A VI erhalten ihr bisheriges Besoldungsdienstalter, im günstigsten Falle ein solches von 12 Jahren.

Ministerialkanzleiobersekretäre — Druckereioberfaktoren [Oberwerkmeister] — Betriebsverwalter der Strafanstalten — Vollstreckungssekretäre [1]) — Vollstreckungsobersekretäre [1]) — Fachlehrer der Akademie der bildenden Künste und Kunstgewerbeschulen — Restauratoren — Zahntechniker der Universitäten — Hauptpräparator der zoologischen Staatssammlung [Oberwerkmeister] — Oberbeleuchtungsmeister, Obergarderobemeister und Obertheatermeister [Oberwerkmeister].

1) Erhalten außerdem einen Anteil an den Gebühren nach Maßgabe der bestehenden Vorschriften.

c) 2350 — 2500 — 2650 — 2800 — 2950 — 3100 — 3250 — 3400 — 3600 — 4000 — 4200 *RM* jährlich.

Wohnungsgeldzuschuß: V in der ersten bis siebenten Dienstaltersstufe, IV von der achten Dienstaltersstufe an.

Ueberleitung: Beamte mit den Bezügen der alten Besoldungsgruppe A VII erhalten ihr um 4 Jahre verbessertes Besoldungsdienstalter;

Beamte mit den Bezügen der alten Besoldungsgruppe A VI erhalten ihr bisheriges Besoldungsdienstalter, im günstigsten Falle ein solches von 16 Jahren.

Polizeipflegerinnen — Polizeioberpflegerinnen — Handarbeits- und Hauswirtschaftslehrerinnen [1]) — Handarbeits- und Hauswirtschaftshauptlehrerinnen [1]).

1) Erhalten als Fachberaterinnen für die Dauer dieser Dienstesaufgabe eine widerrufliche nichtruhegehaltsfähige Zulage von 400 *RM* jährlich.

Besoldungsgruppe 6.

2400 — 2600 — 2750 — 2900 — 3050 — 3200 — 3350 — 3500 — 3600 *RM* jährlich.

Wohnungsgeldzuschuß: V.

Ueberleitung: Beamte mit den Bezügen der alten Besoldungsgruppe A VII erhalten ihr um 4 Jahre verbessertes Besoldungsdienstalter;

Beamte mit den Bezügen der alten Besoldungsgruppe A VI erhalten ihr bisheriges Besoldungsdienstalter.

Werkmeister — Oberwerkmeister [1]) — Spitalverwalter der Strafanstalten, Gerichtsgefängnisse und Arbeitshäuser — Lehrbrennmeister des Instituts für landwirtschaftliche Gewerbe — Melklehrer.

1) Die am 1. Oktober 1927 im Amte gewesenen Oberwerkmeister, die bereits den Wohnungsgeldzuschuß der Tarifklasse IV bezogen haben, erhalten diesen Wohnungsgeldzuschuß für ihre Person weiter.

Besoldungsgruppe 7.

a) 2350 — 2500 — 2650 — 2800 — 2950 — 3100 — 3200 — 3300 — 3400 — 3500 *RM* jährlich.

Wohnungsgeldzuschuß: V.

Ueberleitung: Beamte mit den Bezügen der alten Besoldungsgruppe A VI erhalten ihr bisheriges Besoldungsdienstalter;

Sekretäre [1]) — Ministerialkanzleisekretäre — Kanzleiobersekretäre — Gefängnishauptverwalter — Bauführer — Oekonomieverwalter — Kriminalkommissäre — Kommissäre der uniformierten Staatspolizei — Oberflußmeister — Oberkanalmeister — Hafenobermeister — Revierförster — Forstsekretäre — Schiffskapitäne — Gartenverwalter — Schloßverwalter — Gewerberevisoren — Bergrevisoren.

1) Die Amtsbezeichnung kann mit der Bezeichnung der Behörde oder besonderen Verwendung verbunden werden.

b) 2200 — 2350 — 2500 — 2600 — 2700 — 2800 — 2900 — 3000 — 3100 — 3200 *RM* jährlich.

Wohnungsgeldzuschuß: V.

Ueberleitung: Beamte mit den Bezügen der alten Besoldungsgruppe A VI erhalten ihr um 2 Jahre verbessertes Besoldungsdienstalter;

Beamte mit den Bezügen der alten Besoldungsgruppe A V erhalten ihr um 2 Jahre verkürztes Besoldungsdienstalter.

Gefängnisverwalter — Strafanstaltsverwalter — Verwalter der Arbeitshäuser — Erziehungsmeister der Staatserziehungsanstalten — Oberforstwarte.

c) 2000 — 2100 — 2200 — 2300 — 2450 — 2550 — 2650 — 2750 — 2850 — 3000 *RM* jährlich.

Wohnungsgeldzuschuß: V.

Hauptwachtmeister der Kriminalpolizei und der uniformierten Staatspolizei [1]).

1) Die am 1. Oktober 1927 im Amte gewesenen etatmäßigen Wachtmeister, Oberwachtmeister und Stationskommandanten der Schutzmannschaft und Gendarmerie sowie die Kriminalassistenten werden in die Besoldungsgruppe A 8 a übergeleitet. Nach Ueberführung in das neue Polizeibeamtenrecht treten sie rückwirkend ab 1. Oktober 1927

nach Maßgabe der vom Staatsministerium des Innern im Einvernehmen mit dem Staatsministerium der Finanzen zu erlassenden Bestimmungen in die Besoldungsgruppe A 8 b oder A 7 c über.

Besoldungsgruppe 8.

a) 2000 — 2090 — 2180 — 2270 — 2360 — 2450 — 2540 — 2620 — 2700 *RM* jährlich.

Wohnungsgeldzuschuß: V.

Ueberleitung: Beamte mit den Bezügen der alten Besoldungsgruppe A V erhalten ihr bisheriges Besoldungsdienstalter;

Beamte mit den Bezügen der alten Besoldungsgruppe A IV erhalten ihr um 4 Jahre verkürztes Besoldungsdienstalter.

Assistenten [1]) im Verwaltungsdienst — Ministerialkanzleiassistenten — Ministerialhausverwalter [Hausverwalter in den Ministerien] — Kanzleiassistenten der Gesandtschaften — Kanzleisekretäre — Oberwerkführer — Oberpräparatoren — Flußmeister — Kanalmeister — Hafenmeister — Förster — Lokomotivführer — Gartenmeister — Weinbergmeister — Steuermänner — Schiffsmaschinenmeister — Seewart — Oekonomiebaumeister.

---

1) Die Amtsbezeichnung kann mit der Bezeichnung der Behörde oder besonderen Verwendung verbunden werden.

b) 1860 — 1980 — 2220 — 2340 *RM* jährlich.

Wohnungsgeldzuschuß: VI in der ersten und zweiten Dienstaltersstufe, V von der dritten Dienstaltersstufe an.

Oberwachtmeister der uniformierten Staatspolizei [1]) [2]).

---

1) Vergl. Anmerkung 1 zu Besoldungsgruppe A 7 c.

2) Das Besoldungsdienstalter beginnt mit dem Ablaufe des vierten Polizeidienstjahres.

Besoldungsgruppe 9.

1700 — 1800 — 1900 — 2000 — 2100 — 2200 — 2300 — 2400 — 2500 — 2600 *RM* jährlich.

Wohnungsgeldzuschuß: VI in der ersten bis vierten Dienstaltersstufe, V von der fünften Dienstaltersstufe an.

Ueberleitung: Beamte mit den Bezügen der alten Besoldungsgruppe A V erhalten ihr um 4 Jahre verbessertes Besoldungsdienstalter;

Beamte mit den Bezügen der alten Besoldungsgruppe A IV erhalten ihr bisheriges Besoldungsdienstalter, im günstigsten Falle ein solches von 16 Jahren;

Beamte mit den Bezügen der alten Besoldungsgruppe A III erhalten ihr um 4 Jahre verkürztes Besoldungsdienstalter, im günstigsten Falle ein solches von 12 Jahren.

Kanzleiassistenten — Präparatoren — Maschinenmeister — Vollstreckungsassistenten — Gerichtsvollzieher in Strafsachen — Wachtmeister und Aufseherinnen der Strafanstalten, Gerichtsgefängnisse und Arbeitshäuser — Oberwachtmeister, Oberaufseherinnen und Werkführer mit Aufsichtsdienst der Strafanstalten, Gerichtsgefängnisse und Arbeitshäuser — Werkführer beim Obsorgeamt — Wachtmeister, Aufseherinnen und Oberwachtmeister der Polizeigefängnisse — Erzieher, Obererzieher und Werkführer der Staatserziehungsanstalten [Erziehungsaufseher und Erziehungsoberaufseher der Staatserziehungsanstalten] — Pfleger und Oberpfleger der psychiatrischen Universitätskliniken — Oberhebammen der Universitätskliniken — Forstaufseher — Forstwarte — Verwalter der Walhalla — Obergeldzähler.

Besoldungsgruppe 10.

1600 — 1690 — 1780 — 1870 — 1960 — 2050 — 2140 — 2230 — 2320 — 2400 *RM* jährlich.

Wohnungsgeldzuschuß: VI in der ersten bis sechsten Dienstaltersstufe, V von der siebten Dienstaltersstufe an.

Ueberleitung: Beamte mit den Bezügen der alten Besoldungsgruppe A IV erhalten ihr um 4 Jahre verbessertes Besoldungsdienstalter;

Beamte mit den Bezügen der alten Besoldungsgruppe A III erhalten ihr bisheriges Besoldungsdienstalter, im günstigsten Falle ein solches von 14 Jahren.

Ministerialoffizianten — Ministerialoberoffizianten [1]) — Kanzleigehilfen — Hausverwalter — Oberoffizianten der Gesandtschaften — Maschinisten [2]) — Obermaschinisten — Druckereioffizianten [2]) — Werkführer, soweit nicht in Besoldungsgruppe A 9 — Oberoffizianten des Obersten Landesgerichts — Oberoffizianten des Verwaltungsgerichtshofs — Kraftwagenführer — Rottmeister — Flußaufseher — Flußoberaufseher — Kanaloberaufseher — Hafenoberaufseher — Hochschuloberoffizianten — Akademieoberoffizianten — Sammlungsoberoffizianten — Bibliothekoberoffizianten — Obermechaniker — Geldzähler — Gärtner [2]) — Obergärtner — Oberoffizanten der Staatstheater [1]) — Brunnmeister — Münzoffizianten [2]) — Weinbergaufseher — Weinbergoberaufseher — Schiffsmaschinisten — Obermatrosen — Oberoffizianten des Obersten Rechnungshofs [1]) — Messungsoberoffizianten — Kastellane — Fernsprechgehilfen —

Oekonomieaufseher — Oekonomieoberaufseher — Gestütsschmiede — Obergestütsschmiede — Obergestütsaufseher — Bienenmeister.

1) Die am 1. Oktober 1927 im Amte gewesenen Stelleninhaber mit den Bezügen der alten Besoldungsgruppe A V erhalten für ihre Person die Bezüge der Besoldungsgruppe A 8a.

2) Dieser Besoldungsgruppe werden nur solche Maschinisten, Gärtner, Druckereioffizianten und Münzoffizianten zugeteilt, die handwerksmäßig vorgebildet sind und von denen zur Erledigung ihrer Amtsgeschäfte eine handwerksmäßige Vorbildung gefordert wird. Soweit eine dieser beiden Voraussetzungen nicht erfüllt ist, sind die Beamten der Besoldungsgruppe A 11 zuzuteilen.

Besoldungsgruppe 11.

1500 — 1590 — 1680 — 1770 — 1860 — 1950 — 2040 — 2120 — 2200 *RM* jährlich.

Wohnungsgeldzuschuß: VI in der ersten bis sechsten Dienstaltersstufe, V von der siebten Dienstaltersstufe an.

Ueberleitung: Beamte mit den Bezügen der alten Besoldungsgruppe A III erhalten ihr um 4 Jahre verbessertes Besoldungsdienstalter;

Beamte mit den Bezügen der alten Besoldungsgruppe A II erhalten ihr bisheriges Besoldungsdienstalter, im günstigsten Falle ein solches von 14 Jahren.

Amtswarte [1]) — Amtsoffizianten [1]) — Hausmeister — Heizer und Maschinisten, soweit nicht in Besoldungsgruppe A 10 — Straßenaufseher — Straßenoberaufseher — Schleusenoberaufseher — Magazinsoberaufseher — Kanalwärter — Kanalaufseher — Hafenaufseher — Sammlungswarte — Sammlungsoffizianten — Schulwarte — Schuloffizianten — Messungswarte — Münzgehilfen — Matrosen — Messungsoffizianten — Parkaufseher — Schloßwarte — Schloßoffizianten — Oekonomiewarte — Gestütswärter — Gestütsaufseher.

1) Die Amtsbezeichnung kann mit der Bezeichnung der Behörde oder besonderen Verwendung verbunden werden.

Besoldungsgruppe 12.

1500 — 1580 — 1650 — 1730 — 1800 — 1880 — 1950 — 2030 — 2100 *RM* jährlich.

Wohnungsgeldzuschuß: VI.

Ueberleitung: Beamte mit den Bezügen der alten Besoldungsgruppe A II erhalten ihr bisheriges Besoldungsdienstalter;

Beamte mit den Bezügen der alten Besoldungsgruppe A I erhalten ihr um 4 Jahre verkürztes Besoldungsdienstalter.

Schleusenwärter — Schleusenaufseher — Magazinswärter — Magazinsaufseher — Brunnwärter — Fischereigehilfe.

Anlage 2
zum BBesG. v. 20. 4. 28.

Besoldungsordnung B.

Einzelgehälter.

Besoldungsgruppe 1.

19000 *RM* jährlich.

Wohnungsgeldzuschuß: I.

Staatsräte — Präsident des Obersten Landesgerichts — Präsident des Verwaltungsgerichtshofs — Präsident des Obersten Rechnungshofs.

Besoldungsgruppe 2.

18000 *RM* jährlich.

Wohnungsgeldzuschuß: I.

Präsidenten der Oberlandesgerichte 1) — Regierungspräsidenten 2).

1) Der am 1. Oktober 1927 im Amte gewesene Präsident des Oberlandesgerichts München erhält für seine Person die Bezüge der Besoldungsgruppe B 1.

2) Der am 1. Oktober 1927 im Amte gewesene Regierungspräsident von Oberbayern erhält für seine Person die Bezüge der Besoldungsgruppe B 1.

Besoldungsgruppe 3.

17000 *RM* jährlich.

Wohnungsgeldzuschuß: II.

Ministerialdirektoren 1) — Senatspräsidenten und Generalstaatsanwalt des Obersten Landesgerichts — Senatspräsidenten und Generalstaatsanwalt des Verwaltungsgerichtshofs.

1) Der am 1. Oktober 1927 im Amte gewesene Ministerialdirektor der Obersten Baubehörde erhält für seine Person die Bezüge der Besoldungsgruppe B 2.

Besoldungsgruppe 4.

16000 *RM* jährlich.

Wohnungsgeldzuschuß: II.

Gesandte 1) — Polizeioberst im Staatsministerium des Innern — Präsident 2) der Verwaltung des ehemaligen Kronguts — Präsident des Landesversicherungsamts 3).

1) Der am 1. Oktober 1927 im Amte gewesene Gesandte in Berlin erhält für seine Person die Bezüge der Besoldungsgruppe B 2.

2) Der am 1. Oktober 1927 im Amte gewesene Stelleninhaber erhält für seine Person die Bezüge der Besoldungsgruppe B 2.

3) Der am 1. Oktober 1927 im Amte gewesene Stelleninhaber erhält für seine Person die Bezüge der Besoldungsgruppe B 3.

Besoldungsgruppe 5.

14 000 *RM* jährlich.

Wohnungsgeldzuschuß: II.

Ministerialräte als Abteilungsleiter — Generaldirektor der staatlichen Archive — Präsidenten der Landgerichte München I und Nürnberg — Generalstaatsanwälte der Oberlandesgerichte München und Nürnberg [Oberstaatsanwälte der Oberlandesgerichte München und Nürnberg] — Präsident des Statistischen Landesamts [1]) — Polizeipräsident der Polizeidirektion München — Generaldirektor der Staatsbibliothek — Generaldirektor der Staatsgemäldesammlungen — Präsident der Staatsschuldenverwaltung — Präsident des Landesvermessungsamts — Präsident des Oberbergamts.

---

1) Der am 1. Oktober 1927 im Amte gewesene Stelleninhaber erhält für seine Person die Bezüge der Besoldungsgruppe B 3.

Anlage 3

zum BBesG. v. 20. 4. 28.

Wohnungsgeldzuschuß [1]).

	Jahresbetrag in Reichsmark für Tarifklasse						
	I	II	III	IV	V	VI	VII
Sonderklasse . .	2100	1680	1320	960	720	528	336
A	1800	1440	1140	840	612	444	288
B	1500	1200	900	660	504	372	240
C	1140	900	720	540	396	288	180
D	840	660	540	396	288	216	132

1) Auf Grund des Art. 13 Abs. II des BBesG. hat das Staatsministerium der Finanzen mit Bek. vom 28. März 1928 Nr. 14 200 — StAnz. Nr. 272 — verfügt, daß der Wohnungsgeldzuschuß mit Wirkung vom 1. Oktober 1927 an entsprechend der allgemeinen Mietenregelung mit 120 v. H. der oben angegebenen Grundbeträge gezahlt wird. Demgemäß erhalten die Beamten ab 1. Oktober 1927 folgende Jahresbeträge an Wohnungsgeldzuschuß:

In Ortsklasse	In Tarifklasse							
	I	II	III	IV	V	VI	VII	VII bei 40 v. H. Abzug
S	2520	2016	1584	1152	864	636	402	240
A	2160	1728	1368	1008	732	534	348	210
B	1800	1440	1080	792	606	444	288	174
C	1368	1080	864	648	474	348	216	132
D	1008	792	648	474	348	258	156	96

Der Abzug von 40 v. H. der Normalsätze der Tarifklasse VII kommt nur bei den ledigen nichtetatmäßigen Beamten der Schutzpolizei vor, die nicht an der gemeinschaftlichen Unterkunft teilnehmen, noch nicht 45 Jahre alt sind und eine Grundvergütung von 1680 *RM* jährlich oder weniger beziehen (vgl. Art. 13 Abs. III, Art. 14 Abs. I Satz 2 und Art. 29 des BBesG.).

Anlage 4

zum BBesG. v. 20. 4. 28

Grundvergütungen

a) für die nichtetatmäßigen Beamten

wenn sie beim regelmäßigen Verlauf ihrer Dienstlaufbahn erstmals etatmäßig angestellt werden in der Besoldungsgruppe	im 1. und 2. Dienstjahr Versorgungsanwärter im 1. Dienstjahr	im 3. und 4. Dienstjahr Versorgungsanwärter im 2. und 3. Dienstjahr	im 5. Dienstjahr Versorggs.-anwärter im 4. Dienstjahr	vom 6. Dienstjahr an Versorgungsanwärter vom 5. Dienstjahr an
	RM	*RM*	*RM*	*RM*
A 2 e oder A 2 f	4 000	4 250	4 500	4 800
A 4 a . . .	3 400	3 600	3 800	4 100
A 4 b . . .	2 350	2 500	2 650	2 800
A 5 c oder A 7 a	1 950	2 080	2 220	2 350
A 8 a . . .	1 650	1 770	1 880	2 000
A 9	1 300	1 400	1 500	1 700
A 10 . . .	1 300	1 400	1 500	1 600
A 11 oder A 12	1 250	1 330	1 400	1 500

Die am 1. Oktober 1927 im Amte gewesenen nichtetatmäßigen Beamten erhalten ihr um 2 Jahre verbessertes Besoldungsdienstalter. Ihnen wird bei der ersten etatmäßigen Anstellung (Art. 7) die bei dem gleichen Dienstzweige zwischen dem Beginne des nichtetatmäßigen Besoldungsdienstalters (Art. 31) und der ersten etatmäßigen Anstellung verbrachte Dienstzeit auf das Besoldungsdienstalter angerechnet, soweit sie sieben Jahre, bei Versorgungsanwärtern sechs Jahre übersteigt.

b) für die nichtetatmäßigen Beamten der Schutzpolizei (Polizeiwachtmeister)

im 1. Dienstjahr (= 4. Polizeidienstjahr) . . 1 410 *RM* jährlich
im 2. Dienstjahr (= 5. Polizeidienstjahr) . . 1 680 *RM* jährlich
im 3. Dienstjahr (= 6. Polizeidienstjahr) . . 1 680 *RM* jährlich
im 4. Dienstjahr (= 7. Polizeidienstjahr) . . 1 800 *RM* jährlich
im 5. Dienstjahr (= 8. Polizeidienstjahr) . . 1 800 *RM* jährlich

In den ersten 3 Polizeidienstjahren (Anwärterdienstjahren) erhalten die Hilfswachtmeister (1. Polizeidienstjahr) 1140 RM jährlich und die Polizeiunterwachtmeister (2. und 3. Polizeidienstjahr) 1260 RM jährlich.

Die nichtetatmäßigen Polizeioberwachtmeister und Polizeioffiziere erhalten Grundvergütungen in Höhe des Grundgehalts der etatmäßigen Beamten der gleichen Dienstesstelle.

c) für die ordentlichen Hochschulassistenten

im 1. und 2. Dienstjahr	3 600 RM
im 3. und 4. Dienstjahr	3 900 RM
im 5. Dienstjahr	4 200 RM
im 6. und 7. Dienstjahr	4 400 RM
im 8. und 9. Dienstjahr	4 900 RM
im 10. und 11. Dienstjahr	5 400 RM
im 12. und 13. Dienstjahr	5 800 RM
vom 14. Dienstjahr an	6 200 RM,

ferner für einen vom zuständigen Staatsministerium im Einvernehmen mit dem Staatsministerium der Finanzen zu bestimmenden Teil der Stellen

im 16. und 17. Dienstjahr	6 600 RM
im 18. und 19. Dienstjahr	7 000 RM
im 20. und 21. Dienstjahr	7 400 RM.

Anlage 5
zum BBesG. v. 24. 4. 28.

Uebersicht

über die Ueberleitung der am 1. Oktober 1927 im Amte gewesenen etatmäßigen und nichtetatmäßigen Staatsbeamten in die Besoldungsordnungen A und B

Vorbemerkungen.

1. Die im Staatshaushalt enthaltenen Umwandlungs-, Uebertragbarkeits- und Wegfallvermerke sowie die Vermerke über die Zahl der beurlaubten Beamten bleiben durch diese Anlage unberührt.
2. Die Ueberleitung der etatmäßigen und nichtetatmäßigen Beamten der Fachschulen (Kap. 19 B § 4—10, Seite 218 des Staatshaushaltsentwurfs) regelt das Staatsministerium für Unterricht und Kultus im Einvernehmen mit dem Staatsministerium der Finanzen.
3. Die Ueberleitung der im Reichsfinanzdienste verwendeten bayerischen Beamten und der Beamten der Nettohaushalte *) regelt das Staatsministerium der Finanzen.

*) Wegen der Ueberleitung der Beamten der Nettohaushalte siehe Seite 332.

Nr. 2. Staatsforstverwaltung.

A. Ministerialforstabteilung.

Etatmäßige Beamte.

Bisherige Besoldungsgruppe	Zahl der Beamten im Haushalt 1927	Beamtenklasse	Uebergeleitet werden: in die neue Besoldungsgruppe	Zahl	mit der neuen Amtsbezeichnung
4	1	Staatsrat	B 1	1	Staatsrat
1	1	Ministerialrat als Abteilungsleiter	B 5	1	Ministerialrat als Abtei lungsleiter
XIII	4	Ministerialräte	A 1a	4	Ministerialräte
XII	1	Oberregierungsrat Für seine Person Grundgehalt nach Gruppe XIII	A 2a	1	Oberregierungsrat Der am 1. Oktober 1927 im Am gewesene Oberregierungsrat m den Bezügen der alten Besc dungsgruppe XIII erhält für sei Person die Bezüge der Besc dungsgruppe A 1a
XI	1	Forstmeister	A 2d	1	Forstmeister
	1	Ministerialrechnungsrat	A 2g	1	Ministerialrechnungsrat
X	2	Regierungsforsträte	A 2f	2	Regierungsforsträte
	3	Rechnungsräte	A 3a	3	Rechnungsräte
IX	1	Rechnungsoberinspektor	A 4a	1	Rechnungsoberinspektor
VIII	2	Oberrechnungskommissäre	A 4b	2	Rechnungsinspektoren
	2	Ministerialkartographen	A 4b	2	Ministerialkartographen
VI	2	Ministerialkanzleisekretäre und -sekretärinnen	A 7a	2	Ministerialkanzleisekretäre und -sekretärinnen
V	2	Ministerialkanzleiassistenten und -assistentinnen	A 8a	2	Ministerialkanzleiassistenten und -assistentinnen
	1	Oberwerkführer	A 8a	1	Oberwerkführer
IV	1	Werkführer	A 10	1	Werkführer

B. Regierungsforstkammern.

a) Etatmäßige Beamte.

Bisherige Besoldungsgruppe	Zahl der Beamten im Haushalt 1927	Beamtenklasse	in die neue Besoldungsgruppe	Zahl	mit der neuen Amtsbezeichnung
XIII	8	Regierungsdirektoren	A 1a	8	Regierungsdirektoren
XII	48	Oberregierungsräte	A 2a	48	Oberregierungsräte
X	42	Regierungsforsträte	A 2f	42	Regierungsforsträte
	8	Rechnungsräte	A 3a	8	Rechnungsräte
IX	16	Rechnungsoberinspektoren	A 4a	16	Rechnungsoberinspektoren

Bisherige Besoldungsgruppe	Zahl der Beamten im Haushalt 1927	Beamtenklasse	Uebergeleitet werden: in die neue Besoldungsgruppe	Zahl	mit der neuen Amtsbezeichnung
VIII	40	Oberrechnungskommissäre Hiervon 21 für ihre Person Grundgehalt nach Gruppe IX	A 4 b	40	Rechnungsinspektoren Die am 1. Oktober 1927 im Amte gewesenen Oberrechnungskommissäre mit den Bezügen der alten Besoldungsgruppe IX erhalten für ihre Person die Bezüge der Besoldungsgruppe A 4 a
VII	9	Rechnungskommissäre	A 4 b	9	Obersekretäre
VI	9	Regierungssekretäre	A 7 a	9	Sekretäre
V	4	Kanzleisekretäre und -sekretärinnen	A 8 a	4	Kanzleisekretäre und -sekretärinnen
IV	8	Kanzleiassistenten und -assistentinnen	A 9	8	Kanzleiassistenten und -assistentinnen
III	5	Kanzleigehilfen und -gehilfinnen	A 10	5	Kanzleigehilfen und -gehilfinnen
	7	Regierungsoffizianten	A 11	7	Offizianten
II	3	Regierungswarte	A 11	3	Amtswarte

b) Nichtetatmäßige Beamte.

X	8	Forstassessoren	A 2f	8	Forstassessoren

C. Forstämter.

a) Etatmäßige Beamte.

XII	41	Oberforstmeister	A 2b	41	Oberforstmeister Die am 1. Oktober 1927 im Amte gewesenen Oberforstmeister mit den Bezügen der alten Besoldungsgruppe XII erhalten für ihre Person die Bezüge der Besoldungsgruppe A 2 a
XI	340	Forstmeister	A 2d	340	Forstmeister
X	191	Forstamtmänner	A 2f	191	Regierungsforsträte
X	1	Eisenbahnoberinspektor bei der Waldbahn in Ruhpolding—Reit i. W.	A 4a	1	Eisenbahnoberinspektor
III	240	Oberforstverwalter Hiervon 1 für seine Person Grundgehalt nach Gruppe IX	A 4b	240	Oberforstverwalter Der am 1. Oktober 1927 im Amte gewesene Oberforstverwalter mit den Bezügen der alten Besoldungsgruppe IX erhält für seine Person die Bezüge der Besoldungsgruppe A 4 a

Bisherige Besoldungsgruppe	Zahl der Beamten im Haushalt 1927	Beamtenklasse	Uebergeleitet werden: in die neue Besoldungsgruppe	Zahl	mit der neuen Amtsbezeichnung
VII	480	Forstverwalter	A 4b	480	Forstverwalter
	10	Forstobersekretäre	A 5a	10	Forstobersekretäre
		Hiervon 1 für seine Person Grundgehalt nach Gruppe IX			Der am 1. Oktober 1927 im Amte gewesene Forstobersekretär mit den Bezügen der alten Besoldungsgruppe IX erhält für seine Person die Bezüge der Besoldungsgruppe A 4a
VI	246	Revierförster	A 7a	246	Revierförster
		Hiervon 113 für ihre Person Grundgehalt nach Gruppe VII			Die am 1. Oktober 1927 im Amte gewesenen Revierförster mit den Bezügen der alten Besoldungsgruppe VII erhalten für ihre Person die Bezüge der Besoldungsgruppe A 5a
	15	Forstsekretäre	A 7a	15	Forstsekretäre
	1	Werkmeister	A 6	1	Werkmeister
V	164	Förster	A 8a	164	Förster
		Hiervon 78 für ihre Person Grundgehalt nach Gruppe VI			Die am 1. Oktober 1927 im Amte gewesenen Förster mit den Bezügen der alten Besoldungsgruppe VI erhalten für ihre Person die Bezüge der Besoldungsgruppe A 7a
	20	Forstamtsassistenten	A 8a	20	Forstamtsassistenten
	82	Oberforstwarte	A 7b	82	Oberforstwarte
	1	Maschinenmeister	A 8a	1	Lokomotivführer
	2	Maschinenmeister	A 9	2	Maschinenmeister
IV	82	Forstassistenten	A 8a	82	Forstassistenten
	165	Forstwarte	A 9	165	Forstwarte
	30	Kanzleiassistenten und -assistentinnen	A 9	30	Kanzleiassistenten und -assistentinnen
III	247	Forstaufseher	A 9	247	Forstaufseher
	15	Kanzleigehilfen und -gehilfinnen	A 10	15	Kanzleigehilfen und -gehilfinnen

b) Nichtetatmäßige Beamte.

X	40	Forstassessoren	A 2f	40	Forstassessoren
IV	40	Hilfsassistenten	A 9	40	Hilfsassistenten
III	25	Hilfsaufseher	A 9	25	Hilfsaufseher
	10	Hilfsschreiber	A 10	10	Hilfsschreiber

Bisherige Besoldungsgruppe	Zahl der Beamten im Haushalt 1927	Beamtenklasse	Uebergeleitet werden: in die neue Besoldungsgruppe	Zahl	mit der neuen Amtsbezeichnung

D. Forstliche Versuchsanstalt.

a) Etatmäßige Beamte.

XI	1	Forstmeister	A 2d	1	Forstmeister
	1	Regierungsrat I. Klasse	A 2d	1	Regierungsrat I. Klasse
	1	Oberregierungschemiker	A 2d	1	Regierungschemierat I. Kl.
X	4	Forstamtmänner	A 2f	4	Regierungsforsträte
VI	1	Registrator	A 7a	1	Sekretär
	1	Werkmeister	A 6	1	Werkmeister
V	2	Oberpräparatoren	A 8a	2	Oberpräparatoren
III	1	Sammlungsoffiziant	A 11	1	Sammlungsoffiziant

b) Nichtetatmäßige Beamte.

X	2	Forstassessoren	A 2f	2	Forstassessoren

Nr. 5. Münzanstalt.

Etatmäßige Beamte.

XII	1	Direktor	A 1d	1	Direktor des Hauptmünzamts
XI	1	Münzwardein	A 2d	1	Münzwardein
X	1	Münzrat	A 2f	1	Münzrat
IX	1	Hauptkassenverwalter	A 4a	1	Hauptkassenverwalter
VIII	2	Oberrechnungskommissäre	A 4b	2	Rechnungsinspektoren
	1	Technischer Inspektor	A 4b	1	Inspektor
VII	1	Obersekretär	A 4b	1	Obersekretär
			A 5a*)		*) Vgl. Anmerkung 3 zur Besoldungsgruppe A 4b
	1	Oberwerkmeister	A 5b	1	Druckereioberfaktor
VI	1	Sekretär	A 7a	1	Sekretär
		Für seine Person Grundgehalt nach Gruppe VII			Der am 1. Oktober 1927 im Amte gewesene Sekretär mit den Bezügen der alten Besoldungsgruppe VII erhält für seine Person die Bezüge der Besoldungsgruppe A 4b oder nach Maßgabe der Anmerkung 3 zu dieser Gruppe die Bezüge der Besoldungsgruppe A 5a
	1	Werkmeister	A 6	1	Werkmeister
V	6	Oberwerkführer	A 8a	6	Oberwerkführer

Bisherige Besoldungsgruppe	Zahl der Beamten im Haushalt 1927	Beamtenklasse	Uebergeleitet werden: in die neue Besoldungsgruppe	Zahl	mit der neuen Amtsbezeichnung
IV	8	Werkführer	A 10	8	Werkführer
	1	Geldzähler	A 10	1	Geldzähler
III	11	Münzoffizianten	A 10 A 11*)	11	Münzoffizianten *) Vgl. Anmerkung 2 zur Besoldungsgruppe A 10
II	1	Münzgehilfe	A 11	1	Münzgehilfe

Nr. 6. Uebrige Betriebe.

Etatmäßige Beamte.

Kap. 1. Staatliche Bäder.

I. Bad Reichenhall.

IX	1	Verwaltungsoberinspektor	A 4a	1	Oberinspektor
V	1	Gartenmeister Für seine Person Grundgehalt nach Gruppe VII	A 8a	1	Gartenmeister Der am 1. Oktober 1927 im Amte gewesene Stelleninhaber mit den Bezügen der alten Besoldungsgruppe VII erhält für seine Person die Bezüge der Besoldungsgruppe A 5a

II. Bad Steben.

V	1	Maschinenmeister	A 9	1	Maschinenmeister

III. Bad Kissingen.

a) Allgemeine Verwaltung.

IX	1	Verwaltungsoberinspektor	A 4a	1	Oberinspektor
VI	1	Kanzleiobersekretär	A 7a	1	Kanzleiobersekretär

b) Staatliches Laboratorium.

X	1	Regierungschemiker Für seine Person Grundgehalt nach Gruppe XI	A 2f	1	Regierungschemierat Der am 1. Oktober 1927 im Amte gewesene Stelleninhaber mit den Bezügen der alten Besoldungsgruppe XI erhält für seine Person die Bezüge der Besoldungsgruppe A 2d
V	1	Kanzleisekretär	A 8a	1	Kanzleisekretär

c) Kurgärtnerei.

IX	1	Gartenoberinspektor	A 4a	1	Gartenoberinspektor

Bisherige Besoldungsgruppe	Zahl der Beamten im Haushalt 1927	Beamtenklasse	Uebergeleitet werden: in die neue Besoldungsgruppe	Zahl	mit der neuen Amtsbezeichnung
		Kap. 2. Verpachtete und vermietete Gebäude und Grundstücke.			
IV	1	Flußoberaufseher Für seine Person Grundgehalt nach Gruppe VI	A 10	1	Flußoberaufseher Der am 1. Oktober 1927 im Amte gewesene Stelleninhaber mit den Bezügen der alten Besoldungsgruppe VI erhält für seine Person die Bezüge der Besoldungsgruppe A 7 a
I	1	Brunnwärter	A 12	1	Brunnwärter
		Nr. 10. Landtag.			
		a) Etatmäßige Beamte.			
III	1	Direktor d. Landtagsamts	A 1 a	1	Direktor des Landtagsamts
	1	Direktor des Landtagsarchivs	A 1 a	1	Direktor des Landtagsarchivs
XII	1	Direktor der Landesanstalt für Kurzschrift Für seine Person Grundgehalt nach Gruppe XIII	A 2 a	1	Direktor der Landesanstalt für Kurzschrift Der am 1. Oktober 1927 im Amte gewesene Stelleninhaber mit den Bezügen der alten Besoldungsgruppe XIII erhält für seine Person die Bezüge der Besoldungsgruppe A 1 a
XI	8	Regierungsräte I. Klasse Erhalten in den ersten 10 Dienstjahren die Bezüge der Gruppe X	A 2 e	8	Regierungsräte und Regierungsräte I. Klasse
VII	1	Obersekretär der Landesanstalt für Kurzschrift	A 4 b / A 5a*)	1	Obersekretär oder Inspektor der Landesanstalt für Kurzschrift *) Vgl. Anmerkung 3 zur Besoldungsgruppe A 4 b
		b) Landtagsbeamte im Sinne des § 29 der Verfassungsurkunde.			
XI	1	Regierungsrat I. Klasse	A 2 d	1	Regierungsrat I. Klasse
	1	Landtagsoberbibliothekar	A 2 d	1	Landtagsoberbibliothekar
X	1	Archivamtmann	A 3 a	1	Archivamtmann
VIII	2	Verwaltungsinspektoren	A 4 b	2	Inspektoren
VII	3	Landtagsobersekretäre Für ihre Person Grundgehalt nach Gruppe VIII	A 4 b	3	Landtagsobersekretäre

Bisherige Besoldungsgruppe	Zahl der Beamten im Haushalt 1927	Beamtenklasse	Uebergeleitet werden: in die neue Besoldungsgruppe	Uebergeleitet werden: Zahl	Uebergeleitet werden: mit der neuen Amtsbezeichnung
VI	2	**Kanzleiobersekretäre** Hiervon 1 für seine Person Grundgehalt nach Gruppe VII	A 7a	2	**Kanzleiobersekretäre** Der am 1. Oktober 1927 im Am gewesene Kanzleiobersekretär m den Bezügen der alten Beso dungsgruppe VII erhält für sei Person die Bezüge der Beso dungsgruppe A 5b
	1	**Werkmeister** Für seine Person Grundgehalt nach Gruppe VII	A 6	1	**Werkmeister** Hinsichtlich des Wohnungsgel zuschusses gilt Anmerkung 1 z Besoldungsgruppe A 6
V	5	**Kanzleisekretäre** Hiervon 2 für ihre Person Grundgehalt nach Gruppe VI	A 8a	5	**Kanzleisekretäre** Die am 1. Oktober 1927 im Am gewesenen Kanzleisekretäre m den Bezügen der alten Beso dungsgruppe VI erhalten für ih Person die Bezüge der Beso dungsgruppe A 7a
	1	**Oberwerkführer** Für seine Person Grundgehalt nach Gruppe VI	A 8a	1	**Oberwerkführer** Der am 1. Oktober 1927 im Am gewesene Stelleninhaber mit d Bezügen der alten Besoldung gruppe VI erhält für seine Pe son die Bezüge der Besoldung gruppe A 6
IV	11	**Landtagsoberoffizianten** Hiervon 1 für seine Person Grundgehalt nach Gruppe V	A 10	11	**Landtagsoberoffizianten** Der am 1. Oktober 1927 im Dien gewesene Landtagsoberoffizia mit den Bezügen der alten B soldungsgruppe V erhält für sei Person die Bezüge der Bes dungsgruppe A 8a
	6	**Werkführer** Hiervon 1 für seine Person Grundgehalt nach Gruppe VI, 3 Grundgehalt nach Gruppe V	A 10	6	**Werkführer** Der am 1. Oktober 1927 im Am gewesene Werkführer mit den B zügen der alten Besoldungsgru VI erhält für seine Person Bezüge der Besoldungsgruppe A die am 1. Oktober 1927 im Am gewesenen Werkführer mit d Bezügen der alten Besoldung gruppe V erhalten für ihre P son die Bezüge der Besoldung gruppe A 8a

Bisherige Besoldungsgruppe	Zahl der Beamten im Haushalt 1927	Beamtenklasse	Uebergeleitet werden: in die neue Besoldungsgruppe	Zahl	mit der neuen Amtsbezeichnung
noch IV	1	Kanzleiassistent	A 9	1	Kanzleiassistent
		Für seine Person Grundgehalt nach Gruppe V			Der am 1. Oktober 1927 im Amte gewesene Stelleninhaber mit den Bezügen der alten Besoldungsgruppe V erhält für seine Person die Bezüge der Besoldungsgruppe A 8a
III	12	Landtagsoffizianten	A 11	12	Landtagsoffizianten
	1	Maschinist	A 10 / A 11*)	1	Maschinist
					*) Vgl. Anmerkung 2 zur Besoldungsgruppe A 10
	1	Kanzleigehilfe	A 10	1	Kanzleigehilfe
		Für seine Person Grundgehalt nach Gruppe V			Der am 1. Oktober 1927 im Amte gewesene Stelleninhaber mit den Bezügen der alten Besoldungsgruppe V erhält für seine Person die Bezüge der Besoldungsgruppe A 8a
II	2	Landtagswarte	A 11	2	Landtagswarte

Nr. 11. Staatsschuld.

Etatmäßige Beamte.

2	1	Präsident	B 5	1	Präsident der Staatsschuldenverwaltung
XII	1	Oberregierungsrat	A 2a	1	Oberregierungsrat
XI	1	Regierungsrat I. Klasse	A 2d	1	Regierungsrat I. Klasse
		Für seine Person Grundgehalt nach Gruppe XII			Der am 1. Oktober 1927 im Amte gewesene Stelleninhaber mit den Bezügen der alten Besoldungsgruppe XII erhält für seine Person die Bezüge der Besoldungsgruppe A 2a
X	1	Hauptkassier	A 3a	1	Hauptkassier
	3	Rechnungsräte	A 3a	3	Rechnungsräte
IX	6	Verwaltungsoberinspektoren	A 4a	6	Oberinspektoren
VIII	7	Oberrechnungskommissäre	A 4b	7	Rechnungsinspektoren
		Hiervon 4 für ihre Person Grundgehalt nach Gruppe IX			Die am 1. Oktober 1927 im Amte gewesenen Oberrechnungskommissäre mit den Bezügen der alten Besoldungsgruppe IX erhalten für ihre Person die Bezüge der Besoldungsgruppe A 4a

Bisherige Besoldungsgruppe	Zahl der Beamten im Haushalt 1927	Beamtenklasse	Uebergeleitet werden: in die neue Besoldungsgruppe	Zahl	mit der neuen Amtsbezeichnung
VII	5	Rechnungskommissäre	A 4b	5	Obersekretäre
VI	2	Sekretärinnen	A 7a	2	Sekretärinnen
V	4	Kanzleisekretäre und -sekretärinnen Hiervon 1 für seine Person Grundgehalt nach Gruppe VII	A 8a	4	Kanzleisekretäre und -sekretärinnen Der am 1. Oktober 1927 im Amte gewesene Kanzleisekretär mit den Bezügen der alten Besoldungsgruppe VII erhält für seine Person die Bezüge der Besoldungsgruppe A 5b
IV	2	Geldzähler	A 10	2	Geldzähler
	4	Kanzleiassistentinnen Hiervon 3 für ihre Person Grundgehalt nach Gruppe V	A 9	4	Kanzleiassistentinnen Die am 1. Oktober 1927 im Amte gewesenen Kanzleiassistentinnen mit den Bezügen der alten Besoldungsgruppe V erhalten für ihre Person die Bezüge der Besoldungsgruppe A 8a
III	1	Amtsoffiziant	A 11	1	Amtsoffiziant
	2	Kanzleigehilfinnen Für ihre Person Grundgehalt nach Gruppe IV	A 10	2	Kanzleigehilfinnen Die am 1. Oktober 1927 im Amte gewesenen Stelleninhaber mit den Bezügen der alten Besoldungsgruppe IV erhalten für ihre Person die Bezüge der Besoldungsgruppe A 9

Nr. 12. Staatsministerium des Aeußern.

A. I. Staatsministerium.

a) Etatmäßige Beamte.

4	1	Staatsrat	B 1	1	Staatsrat
2	1	Ministerialdirektor	B 3	1	Ministerialdirektor
1	1	Ministerialrat als Abteilungsleiter	B 5	1	Ministerialrat als Abteilungsleiter
XIII	4	Ministerialräte	A 1a	4	Ministerialräte
	1	Ministerialrat (Bevollmächtigter zum Reichsrat)	A 1a	1	Ministerialrat (Bevollmächtigter zum Reichsrat)
	1	Regierungsdirektor	A 1a	1	Regierungsdirektor
XII	1	Oberregierungsrat	A 2a	1	Oberregierungsrat
XI	1	Ministerialrechnungsrat	A 2g	1	Ministerialrechnungsrat

Bisherige Besoldungsgruppe	Zahl der Beamten im Haushalt 1927	Beamtenklasse	Uebergeleitet werden: in die neue Besoldungsgruppe	Zahl	mit der neuen Amtsbezeichnung
X	1	Regierungsrat	A 2 f	1	Regierungsrat
	2	Ministerialoberinspektoren	A 3 a	1	Amtmann
			A 4 b	1	Ministerialkanzleiinspektor Der am 1. Oktober 1927 im Amte gewesene Ministerialoberinspektor als Kanzleivorstand mit den Bezügen der alten Besoldungsgruppe X erhält für seine Person die Bezüge der Besoldungsgruppe A 3 a
IX	3	Ministerialobersekretäre Hiervon 1 für seine Person Grundgehalt nach Gruppe X	A 4 a	3	Oberinspektoren Der am 1. Oktober 1927 im Amte gewesene Ministerialobersekretär mit den Bezügen der alten Besoldungsgruppe X erhält für seine Person die Bezüge der Besoldungsgruppe A 3 a
	2	Ministerialoberregistratoren	A 4 a	2	Oberinspektoren
VIII	1	Ministerialsekretär	A 4 b	1	Inspektor
	3	Ministerialregistratoren Hiervon 1 für seine Person Grundgehalt nach Gruppe IX	A 4 b	3	Inspektoren Der am 1. Oktober 1927 im Amte gewesene Ministerialregistrator mit den Bezügen der alten Besoldungsgruppe IX erhält für seine Person die Bezüge der Besoldungsgruppe A 4 a
VII	1	Ministerialkanzleiobersekretär	A 5 b	1	Ministerialkanzleiobersekretär
VI	2	Ministerialkanzleisekretäre und -sekretärinnen	A 7 a	2	Ministerialkanzleisekretäre und -sekretärinnen
V	1	Ministerialkanzleiassistentin	A 8 a	1	Ministerialkanzleiassistentin
IV	4	Ministerialoberoffizianten Hiervon 1 für seine Person Grundgehalt nach Gruppe V	A 10	4	Ministerialoberoffizianten Der am 1. Oktober 1927 im Amte gewesene Ministerialoberoffiziant mit den Bezügen der alten Besoldungsgruppe V erhält für seine Person die Bezüge der Besoldungsgruppe A 8 a
III	2	Ministerialoffizianten	A 10	2	Ministerialoffizianten

b) Nichtetatmäßige Beamte.

X	1	Regierungsassessor	A 2 f	1	Regierungsassessor

Bisherige Besoldungsgruppe	Zahl der Beamten im Haushalt 1927	Beamtenklasse	Uebergeleitet werden: in die neue Besoldungsgruppe	Zahl	mit der neuen Amtsbezeichnung

II. Regierung der Pfalz, Kammer des Innern.

Etatmäßige Beamte.

XII	1	Gesandtschaftsrat	A 2a	1	Gesandtschaftsrat

B. Staatliche Archive.

a) Etatmäßige Beamte.

1	1	Generaldirektor der staatlichen Archive	B 5	1	Generaldirektor der staatlichen Archive
XIII	1	Direktor der staatlichen Archive	A 1a	1	Direktor der staatlichen Archive
XII	9	Archivdirektoren Oberarchivräte	A 2a A 2b	9	Staatsarchivdirektoren Oberarchivräte
					Die am 1. Oktober 1927 im Amte gewesenen Oberarchivräte mit den Bezügen der alten Besoldungsgruppe XII erhalten für ihre Person die Bezüge der Besoldungsgruppe A 2a
XI	13	Staatsoberarchivare	A 2d	13	Staatsarchivräte I. Klasse
X	14	Staatsarchivare	A 2f	14	Staatsarchivräte
IX	1	Verwaltungsoberinspektor	A 4a	1	Oberinspektor
VIII	2	Verwaltungsinspektoren	A 4b	2	Inspektoren
VII	6	Archivobersekretäre	A 4b	6	Obersekretäre
			A 5a*)		*) Vgl. Anmerkung 3 zur Besoldungsgruppe A 4b
VI	5	Archivsekretäre	A 7a	5	Sekretäre
	1	Werkmeister	A 6	1	Werkmeister
V	3	Archivassistenten	A 8a	3	Assistenten
	1	Oberpräparator	A 8a	1	Oberpräparator
	3	Kanzleisekretäre	A 8a	3	Kanzleisekretäre
IV	2	Kanzleiassistenten	A 9	2	Kanzleiassistenten
III	1	Kanzleigehilfe	A 10	1	Kanzleigehilfe
	3	Archivoffizianten	A 11	3	Amtsoffizianten
II	1	Archivwart	A 11	1	Amtswart

b) Nichtetatmäßige Beamte.

X	4	Archivassessoren	A 2f	4	Archivassessoren

Bisherige Besoldungsgruppe	Zahl der Beamten im Haushalt 1927	Beamtenklasse	Uebergeleitet werden: in die neue Besoldungsgruppe	Zahl	mit der neuen Amtsbezeichnung
		C. Kriegsarchiv.			
		Etatmäßige Beamte.			
XII	1	Oberarchivrat	A 2b	1	Oberarchivrat im Kriegsarchiv Der am 1. Oktober 1927 im Amte gewesene Stelleninhaber mit den Bezügen der alten Besoldungsgruppe XII erhält für seine Person die Bezüge der Besoldungsgruppe A 2a
XI	4	Oberarchivare	A 2d	4	Archivräte I. Klasse im Kriegsarchiv
X	4	Archivare	A 2f	4	Archivräte im Kriegsarchiv
VIII	1	Verwaltungsinspektor	A 4b	1	Inspektor
VII	1	Obersekretär	A 4b A 5a*)	1	Obersekretär *) Vgl. Anmerkung 3 zur Besoldungsgruppe A 4b
VI	1	Archivsekretär	A 7a	1	Sekretär
V	1	Kanzleisekretär	A 8a	1	Kanzleisekretär
IV	1	Kanzleiassistent	A 9	1	Kanzleiassistent
	1	Hausverwalter	A 10	1	Hausverwalter
II	1	Amtswart	A 11	1	Amtswart
		D. Gesandtschaften.			
		Etatmäßige Beamte.			
2	3	Gesandte Hiervon 1 für seine Person Grundgehalt der Gruppe 3	B 4	3	Gesandte Der am 1. Oktober 1927 im Amte gewesene Gesandte in Berlin erhält für seine Person die Bezüge der Besoldungsgruppe B 2
XIII	1	Wirklicher Legationsrat	A 1a	1	Wirklicher Legationsrat
XII	1	Gesandtschaftsrat	A 2a	1	Gesandtschaftsrat
X	2	Rechnungsräte	A 3a	2	Amtmänner
IX	1	Verwaltungsoberinspektor	A 4a	1	Oberinspektor
VI	1	Kanzleiobersekretärin	A 7a	1	Kanzleiobersekretärin
IV	1	Hausverwalter	A 10	1	Hausverwalter
	1	Oberoffiziant	A 10	1	Oberoffiziant

Bisherige Besoldungsgruppe	Zahl der Beamten im Haushalt 1927	Beamtenklasse	Uebergeleitet werden: in die neue Besoldungsgruppe	Zahl	mit der neuen Amtsbezeichnung
III	1	Offiziant Für seine Person Grundgehalt nach Gruppe IV	A 11	1	Amtsoffiant Der am 1. Oktober 1927 im Amt gewesene Stelleninhaber mit den Bezügen der alten Besoldungsgruppe IV erhält für seine Person die Bezüge der Besoldungsgruppe A 10

F. Verwaltung der vormaligen militärischen Stiftungen

Etatmäßige Beamte.

IX	1	Verwaltungsoberinspektor	A 4a	1	Oberinspektor
V	1	Kanzleisekretär	A 8a	1	Kanzleisekretär

Nr. 13. Staatsministerium der Justiz.

A. Staatsministerium.

a) Etatmäßige Beamte.

4	1	Staatsrat	B 1	1	Staatsrat
2	1	Ministerialdirektor	B 3	1	Ministerialdirektor
1	1	Ministerialrat als Abteilungsleiter	B 5	1	Ministerialrat als Abteilungsleiter
XIII	7	Ministerialräte	A 1a	7	Ministerialräte
XII	5	Oberregierungsräte	A 2a	5	Oberregierungsräte
XI	3	Landgerichtsräte	A 2d	3	Landgerichtsräte
	3	II. Staatsanwälte	A 2d	3	I. Staatsanwälte
XI	1	Ministerialrechnungsrat	A 2g	1	Ministerialrechnungsrat
X	1	Amtsrichter	A 2e	1	Amtsgerichtsrat
	2	III. Staatsanwälte	A 2f	2	Staatsanwälte
	1	Rechnungsrat	A 3a	1	Rechnungsrat
	3	Ministerialoberinspektoren	A 3a	2	Amtmänner
			A 4b	1	Ministerialkanzleiinspektor Der am 1. Oktober 1927 im Amt gewesene Ministerialoberinspektor als Kanzleivorstand mit den Bezügen der alten Besoldungsgruppe X erhält für seine Person die Bezüge der Besoldungsgruppe A 3
IX	2	Rechnungsoberinspektoren	A 4a	2	Rechnungsoberinspektoren

Bisherige Besoldungsgruppe	Zahl der Beamten im Haushalt 1927	Beamtenklasse	Uebergeleitet werden: in die neue Besoldungsgruppe	Zahl	mit der neuen Amtsbezeichnung
noch IX	6	Ministerialobersekretäre	A 4a	8	Oberinspektoren
	2	Ministerialoberregistratoren			
VIII	6	Ministerialsekretäre	A 4b	10	Inspektoren
	4	Ministerialregistratoren			
VII	1	Ministerialkanzleiobersekretär	A 5b	1	Ministerialkanzleiobersekretär
	1	Bauverwalter	A 4b	1	Bauverwalter
	1	Oberwerkmeister	A 5b	1	Druckereioberfaktor
VI	1	Ministerialkanzleisekretär oder -sekretärin	A 7a	1	Ministerialkanzleisekretär oder -sekretärin
	2	Werkmeister	A 6	2	Werkmeister
V	3	Ministerialkanzleiassistenten und -assistentinnen	A 8a	3	Ministerialkanzleiassistenten und -assistentinnen
	1	Maschinenmeister	A 9	1	Maschinenmeister
	3	Oberwerkführer	A 8a	3	Oberwerkführer
IV	5	Werkführer	A 10	5	Werkführer
	4	Obermaschinisten	A 10	4	Obermaschinisten
	1	Hausverwalter Für seine Person Grundgehalt nach Gruppe V	A 8a	1	Ministerialhausverwalter
	4	Ministerialoberoffizianten Für ihre Person Grundgehalt nach Gruppe V	A 10	4	Ministerialoberoffizianten Die am 1. Oktober 1927 im Amte gewesenen Stelleninhaber mit den Bezügen der alten Besoldungsgruppe V erhalten für ihre Person die Bezüge der Besoldungsgruppe A 8a
III	4	Druckereioffizianten Hiervon 2 für ihre Person Grundgehalt nach Gruppe IV	A 10	4	Druckereioffizianten
	3	Maschinisten	A 10 A 11*)	3	Maschinisten *) Vgl. Anmerkung 2 zur Besoldungsgruppe A 10
	2	Ministerialoffizianten Für ihre Person Grundgehalt nach Gruppe V	A 10	2	Ministerialoffizianten Die am 1. Oktober 1927 im Amte gewesenen Stelleninhaber mit den Bezügen der alten Besoldungsgruppe V erhalten für ihre Person die Bezüge der Besoldungsgruppe A 8a

b) Nichtetatmäßige Beamte.

X	3	Gerichtsassessoren	A 2f	3	Gerichtsassessoren

Bisherige Besoldungsgruppe	Zahl der Beamten im Haushalt 1927	Beamtenklasse	Uebergeleitet werden: in die neue Besoldungsgruppe	Zahl	mit der neuen Amtsbezeichnung

B. Oberstes Landesgericht.

Etatmäßige Beamte.

Bisherige Besoldungsgruppe	Zahl der Beamten im Haushalt 1927	Beamtenklasse	in die neue Besoldungsgruppe	Zahl	mit der neuen Amtsbezeichnung
3	1	Präsident	B 1	1	Präsident
2	2	Senatspräsidenten	B 3	2	Senatspräsidenten
XIII	23	Räte	A 1a	23	Räte
X	1	Rechnungsrat	A 3a	1	Amtmann
IX	2	Oberinspektoren	A 4a	2	Oberinspektoren
VIII	2	Inspektoren	A 4b	2	Inspektoren
		Für ihre Person Grundgehalt nach Gruppe IX			Die am 1. Oktober 1927 im Amte gewesenen Stelleninhaber mit den Bezügen der alten Besoldungsgruppe IX erhalten für ihre Person die Bezüge der Besoldungsgruppe A 4a
VII	2	Obersekretäre	A 4b / A 5a*)	2	Obersekretäre *) Vgl. Anmerkung 3 zur Besoldungsgruppe A 4b
VI	2	Sekretäre	A 7a	2	Sekretäre
V	2	Gerichtsassistenten	A 8a	2	Assistenten
IV	4	Oberoffizianten	A 10	4	Oberoffizianten
III	2	Gerichtsoffizianten	A 11	2	Amtsoffizianten
		Für ihre Person Grundgehalt nach Gruppe IV			Die am 1. Oktober 1927 im Amte gewesenen Stelleninhaber mit den Bezügen der alten Besoldungsgruppe IV erhalten für ihre Person die Bezüge der Besoldungsgruppe A 10

C. Oberlandesgerichte.

a) Etatmäßige Beamte.

Bisherige Besoldungsgruppe	Zahl der Beamten im Haushalt 1927	Beamtenklasse	in die neue Besoldungsgruppe	Zahl	mit der neuen Amtsbezeichnung
3	5	Präsidenten	B 2	5	Präsidenten
		Hiervon 1 für seine Person Grundgehalt nach Gruppe 4			Der am 1. Oktober 1927 im Amte gewesene Präsident des Oberlandesgerichts München erhält für seine Person die Bezüge der Besoldungsgruppe B 1
XIII	7	Senatspräsidenten	A 1a	7	Senatspräsidenten
XII	77	Räte	A 2a	77	Oberlandesgerichtsräte

Bisherige Besoldungsgruppe	Zahl der Beamten im Haushalt 1927	Beamtenklasse	Uebergeleitet werden: in die neue Besoldungsgruppe	Zahl	mit der neuen Amtsbezeichnung
X	5	Rechnungsräte	A 3a	5	Amtmänner
IX	12	Oberinspektoren	A 4a	12	Oberinspektoren
VIII	6	Inspektoren	A 4b	6	Inspektoren
VII	14	Obersekretäre	A 4b A 5a*)	14	Obersekretäre *) Vgl. Anmerkung 3 zur Besoldungsgruppe A 4b
	1	Bauverwalter	A 4b	1	Bauverwalter
VI	5	Sekretäre	A 7a	5	Sekretäre
	1	Werkmeister	A 6	1	Werkmeister
V	5	Gerichtsassistenten	A 8a	5	Assistenten
	1	Maschinenmeister	A 9	1	Maschinenmeister
IV	6	Werkführer	A 10	6	Werkführer
	2	Obermaschinisten	A 10	2	Obermaschinisten
	5	Hausverwalter	A 10	5	Hausverwalter
III	3	Druckereioffizianten	A 10 A11*)	3	Druckereioffizianten *) Vgl. Anmerkung 2 zur Besoldungsgruppe A 10
	3	Maschinisten		3	Maschinisten *) Vgl. Anmerkung 2 zur Besoldungsgruppe A 10
III	11	Gerichtsoffizianten Hiervon 4 für ihre Person Grundgehalt nach Gruppe IV	A 11	11	Amtsoffizianten Die am 1. Oktober 1927 im Amte gewesenen Gerichtsoffizianten mit den Bezügen der alten Besoldungsgruppe IV erhalten für ihre Person die Bezüge der Besoldungsgruppe A 10
II	5	Gerichtswarte	A 11	5	Amtswarte

b) Nichtetatmäßige Beamte.

X	1	Gerichtsassessor	A 2f	1	Gerichtsassessor

D. Landgerichte (einschl. Landesarbeitsgerichte).

a) Etatmäßige Beamte.

XIII	29	Präsidenten	B 5	2	Präsidenten der Landgerichte München I u. Nürnberg
			A 1a	27	Präsidenten
XII	79	Direktoren	A 1b	1	Landgerichtsdirektor als Vorsitzender des Landesarbeitsgerichts München
			A 2a	78	Landgerichtsdirektoren

Bisherige Besoldungsgruppe	Zahl der Beamten im Haushalt 1927	Beamtenklasse	Uebergeleitet werden: in die neue Besoldungsgruppe	Zahl	mit der neuen Amtsbezeichnung
noch XII	90	Stellvertretende Direktoren	A 2b	90	Stellvertretende Landgerichtsdirektoren Die am 1. Oktober 1927 im Am gewesenen Stelleninhaber mit d Bezügen der alten Besoldung gruppe XII erhalten für ihre Pe son die Bezüge der Besoldung gruppe A 2a
XI	281	Räte	A 2e	281	Landgerichtsräte
X	4	Rechnungsräte	A 3a	2	Amtmänner
				2	Rechnungsräte
IX	64	Oberinspektoren	A 4a	64	Oberinspektoren
VIII	101	Inspektoren	A 4b	101	Inspektoren
VII	140	Obersekretäre	A 4b A 5a*)	140	Obersekretäre *) Vgl. Anmerkung 3 zur Beso dungsgruppe A 4 b
VI	87	Sekretäre Hiervon 53 für ihre Person Grundgehalt nach Gruppe VII	A 7a	87	Sekretäre Die am 1. Oktober 1927 im Am gewesenen Sekretäre mit d Bezügen der alten Besoldung gruppe VII erhalten für ihre Pe son die Bezüge der Besoldung gruppe A 4b oder nach Maßga der Anmerkung 3 zu dies Gruppe die Bezüge der Beso dungsgruppe A 5a
V	62	Gerichtsassistenten	A 8a	62	Assistenten
	1	Maschinenmeister	A 9	1	Maschinenmeister
IV	34	Kanzleiassistenten	A 9	34	Kanzleiassistenten
	3	Obermaschinisten	A 10	3	Obermaschinisten
	1	Werkführer	A 10	1	Werkführer
	29	Hausverwalter	A 10	29	Hausverwalter
III	2	Kanzleigehilfen	A 10	2	Kanzleigehilfen
	1	Maschinist	A 10 A 11*)	1	Maschinist *) Vgl. Anmerkung 2 zur Beso dungsgruppe A 10
	57	Gerichtsoffizianten Hiervon 15 für ihre Person Grundgehalt nach Gruppe IV	A 11	57	Amtsoffizianten Die am 1. Oktober 1927 im Am gewesenen Gerichtsoffizianten m den Bezügen der alten Beso dungsgruppe IV erhalten für ih Person die Bezüge der Beso dungsgruppe A 10
II	25	Gerichtswarte	A 11	25	Amtswarte

Bisherige Besoldungsgruppe	Zahl der Beamten im Haushalt 1927	Beamtenklasse	Uebergeleitet werden: in die neue Besoldungsgruppe	Zahl	mit der neuen Amtsbezeichnung
		b) Nichtetatmäßige Beamte.			
X	7	Gerichtsassessoren	A 2 f	7	Gerichtsassessoren
IV	10	Hilfsassistenten	A 9	10	Hilfsassistenten

E. Amtsgerichte (einschl. Arbeitsgerichte).

a) Etatmäßige Beamte.

XIII	1	Amtsgerichtspräsident	A 1 a	1	Präsident des Amtsgerichts München
XII	35	Amtsgerichtsdirektoren Hiervon 2 für ihre Person Grundgehalt nach Gruppe XIII, 1 für seine Person Grundgehalt nach Gruppe 1	A 1 d	4	Amtsgerichtsdirektoren als dienstaufsichtführende Richter von Amtsgerichten mit Bezirken von über 100 000 Einwohnern (Nürnberg, Augsburg, Ludwigshafen, Würzburg) Die am 1. Oktober 1927 im Amte gewesenen Amtsgerichtsdirektoren mit den Bezügen der alten Besoldungsgruppe XIII erhalten für ihre Person die Bezüge der Besoldungsgruppe A 1 a
	18	Amtsgerichtsräte	A 2 a	4	Amtsgerichtsdirektoren als dienstaufsichtführende Richter von Amtsgerichten mit Bezirken von über 75 000 bis 100 000 Einwohnern (Fürth, Bamberg, Kaiserslautern, Regensburg)
			A 2 b	22	Amtsgerichtsdirektoren als dienstaufsichtführende Richter von Amtsgerichten mit Bezirken von über 40 000 bis 75 000 Einwohnern Die am 1. Oktober 1927 im Amte gewesenen Amtsgerichtsdirektoren mit den Bezügen der alten Besoldungsgruppe XII erhalten für ihre Person die Bezüge der Besoldungsgruppe A 2 a

Bisherige Besoldungsgruppe	Zahl der Beamten im Haushalt 1927	Beamtenklasse	Uebergeleitet werden: in die neue Besoldungsgruppe	Zahl	mit der neuen Amtsbezeichnung
noch XII	18	Amtsgerichtsräte	A 2a	17	Amtsgerichtsdirektoren Abteilungsvorstände Amtsgerichten mit zirken von über 1000 Einwohnern Der am 1. Oktober 1927 im A gewesene Amtsgerichtsdirektor den Bezügen der alten Be dungsgruppe B 1 erhält für s Person die Bezüge der Be dungsgruppe B 5
			A 2b	6	Amtsgerichtsdirektoren Abteilungsvorstände Amtsgerichten mit zirken von über 750 bis 100 000 Einwohne Die am 1. Oktober 1927 im A gewesenen Amtsgerichtsdirektor oder Amtsgerichtsräte mit Bezügen der alten Besoldung gruppe XII erhalten für ihre P son die Bezüge der Besoldung gruppe A 2a
XI	335	Oberamtsrichter Hiervon 2 für ihre Person Grundgehalt nach Gruppe XII	A 2c	335	Amtsgerichtsräte Die am 1. Oktober 1927 im Am gewesenen Oberamtsrichter m den Bezügen der alten Beso dungsgruppe XII erhalten für ih Person die Bezüge der Beso dungsgruppe A 2a
X	496	Amtsrichter Hiervon 23 für ihre Person Grundgehalt nach Gruppe XI	A 2c	496	Amtsgerichtsräte
	4	Rechnungsräte	A 3a	2	Amtmänner
				2	Rechnungsräte
IX	148	Oberinspektoren	A 4a	148	Oberinspektoren
	2	Oberinspektoren bei den Gerichtsvollziehereien	A 4a	2	Oberinspektoren bei den Gerichtsvollziehereien
VIII	370	Inspektoren	A 4b	370	Inspektoren
	9	Inspektoren bei den Gerichtsvollziehereien	A 4b	9	Inspektoren bei den Gerichtsvollziehereien

Bisherige Besoldungsgruppe	Zahl der Beamten im Haushalt 1927	Beamtenklasse	Uebergeleitet werden: in die neue Besoldungsgruppe	Zahl	mit der neuen Amtsbezeichnung
VII	560	Obersekretäre	A 4b A 5a*)	560	Obersekretäre *) Vgl. Anmerkung 3 zur Besoldungsgruppe A 4b
	177	Vollstreckungsobersekretäre	A 5b	177	Vollstreckungsobersekretäre
VI	594	Sekretäre Hiervon 121 für ihre Person Grundgehalt nach Gruppe VII	A 7a	594	Sekretäre Die am 1. Oktober 1927 im Amte gewesenen Sekretäre mit den Bezügen der alten Besoldungsgruppe VII erhalten für ihre Person die Bezüge der Besoldungsgruppe A 4b oder nach Maßgabe der Anmerkung 3 zu dieser Gruppe die Bezüge der Besoldungsgruppe A 5a
	187	Vollstreckungssekretäre	A 5b	187	Vollstreckungssekretäre
V	417	Gerichtsassistenten	A 8a	417	Assistenten
	9	Gerichtsvollzieher	A 9	9	Gerichtsvollzieher in Strafsachen
IV	168	Kanzleiassistenten	A 9	168	Kanzleiassistenten
	9	Vollstreckungsassistenten	A 9	9	Vollstreckungsassistenten
	1	Obermaschinist	A 10	1	Obermaschinist
	38	Hausverwalter	A 10	38	Hausverwalter
III	25	Kanzleigehilfen Hiervon 10 für ihre Person Grundgehalt nach Gruppe IV	A 10	25	Kanzleigehilfen Die am 1. Oktober 1927 im Amte gewesenen Kanzleigehilfen mit den Bezügen der alten Besoldungsgruppe IV erhalten für ihre Person die Bezüge der Besoldungsgruppe A 9
	1	Maschinist	A 10 A 11*)	1	Maschinist *) Vgl. Anmerkung 2 zur Besoldungsgruppe A 10
	176	Gerichtsoffizianten Hiervon 43 für ihre Person Grundgehalt nach Gruppe IV	A 11	176	Amtsoffizianten Die am 1. Oktober 1927 im Amte gewesenen Gerichtsoffizianten mit den Bezügen der alten Besoldungsgruppe IV erhalten für ihre Person die Bezüge der Besoldungsgruppe A 10
II	80	Gerichtswarte Hiervon 37 für ihre Person Grundgehalt nach Gruppe IV	A 11	80	Amtswarte Die am 1. Oktober 1927 im Amte gewesenen Gerichtswarte mit den Bezügen der alten Besoldungsgruppe IV erhalten für ihre Person die Bezüge der Besoldungsgruppe A 10

Bisherige Besoldungsgruppe	Zahl der Beamten im Haushalt 1927	Beamtenklasse	Uebergeleitet werden: in die neue Besoldungsgruppe	Zahl	mit der neuen Amtsbezeichnung
		b) Nichtetatmäßige Beamte.			
X	12	Gerichtsassessoren	A 2 f	12	Gerichtsassessoren
IV	105	Hilfsassistenten	A 9	105	Hilfsassistenten
III	1	Hilfsschreiber	A 10	1	Hilfsschreiber
		F. Staatsanwaltschaften.			
		a) Etatmäßige Beamte.			
2	1	Generalstaatsanwalt des Obersten Landesgerichts	B 3	1	Generalstaatsanwalt des Obersten Landgerichts
XIII	5	Oberstaatsanwälte	B 5	2	Generalstaatsanwälte der Oberlandesgerichte München und Nürnberg
			A 1 a	3	Generalstaatsanwälte
	3	Staatsanwälte des Obersten Landesgerichts	A 1 a	3	Oberstaatsanwälte des Obersten Landgerichts
	1	I. Staatsanwalt bei dem Landgericht München I	A 1 a	1	Oberstaatsanwalt beim Landgericht München I
XII	10	Staatsanwälte der Oberlandesgerichte	A 2 a	10	Oberstaatsanwälte der Oberlandesgerichte
	30	I. Staatsanwälte	A 2 a	30	Oberstaatsanwälte der Landgerichte
XI	107	II. Staatsanwälte	A 2 d	107	I. Staatsanwälte
X	131	III. Staatsanwälte und Amtsanwälte	A 2 f	131	Staatsanwälte und Amtsanwälte im Hauptamte mit Befähigung zum Richteramt
	1	Rechnungsrat	A 3 a	1	Amtmann
IX	6	Oberinspektoren	A 4 a	6	Oberinspektoren
VIII	39	Inspektoren	A 4 b	39	Inspektoren
VII	66	Obersekretäre	A 4 b	66	Obersekretäre
			A 5 a*)		*) Vgl. Anmerkung 3 zur Besoldungsordnung A 4 b
VI	91	Sekretäre	A 7 a	91	Sekretäre
V	34	Assistenten der Staatsanwaltschaften	A 8 a	34	Assistenten
IV	30	Kanzleiassistenten	A 9	30	Kanzleiassistenten
III	4	Kanzleigehilfen	A 10	4	Kanzleigehilfen

Bisherige Besoldungsgruppe	Zahl der Beamten im Haushalt 1927	Beamtenklasse	Uebergeleitet werden: in die neue Besoldungsgruppe	Zahl	mit der neuen Amtsbezeichnung
		b) Nichtetatmäßige Beamte.			
X	12	Gerichtsassessoren	A 2 f	12	Gerichtsassessoren
IV	6	Hilfsassistenten	A 9	6	Hilfsassistenten

G. Notariate.

Etatmäßige Beamte.

IX	5	Stellvertretende Notare Für ihre Person Grundgehalt nach Gruppe X	A 2 f	5	Stellvertretende Notare
VII	2	Obersekretäre	A 4 b A 5a*)	2	Obersekretäre *) Vgl. Anmerkung 3 zur Besoldungsgruppe A 4 b
V	3	Gerichtsassistenten	A 8 a	6	Assistenten

H. Gerichtsgefängnisse.

a) Etatmäßige Beamte.

XI	3	Direktoren der Gerichtsgefängnisse	A 2 d	3	Direktoren der Gerichtsgefängnisse
	1	Medizinalrat	A 2 d	1	Medizinalrat I. Klasse
X	1	Regierungsrat	A 2 f	1	Regierungsrat
	1	Pfarrer (katholisch)	A 2 f	1	Pfarrer (katholisch)
	1	Gefängnisarzt	A 2 f	1	Gefängnisarzt
VII	16	Oberverwalter	A 5 a	16	Oberverwalter
VI	1	Sekretär	A 7 a	1	Sekretär
	30	Gefängnisverwalter	A 7 b	30	Gefängnisverwalter
	2	Spitalverwalter	A 6	2	Spitalverwalter
V	1	Verwaltungsassistent	A 8 a	1	Assistent
	9	Oberwerkführer	A 8 a	9	Oberwerkführer
	132	Oberwachtmeister	A 9	132	Oberwachtmeister
	5	Oberaufseherinnen	A 9	5	Oberaufseherinnen
IV	1	Kanzleiassistent	A 9	1	Kanzleiassistent
	5	Obermaschinisten	A 10	5	Obermaschinisten
	334	Wachtmeister	A 9	334	Wachtmeister
	28	Aufseherinnen	A 9	28	Aufseherinnen
III	5	Maschinisten	A 10 A 11*)	5	Maschinisten *) Vgl. Anmerkung 2 zur Besoldungsgruppe A 10

Bisherige Besoldungsgruppe	Zahl der Beamten im Haushalt 1927	Beamtenklasse	Uebergeleitet werden: in die neue Besoldungsgruppe	Zahl	mit der neuen Amtsbezeichnung

J. Strafanstalten.

a) Etatmäßige Beamte.

XII	7	Oberregierungsräte	A 2a	7	Oberregierungsräte
XI	7	Direktoren	A 2d	7	Direktoren
		Oberpfarrer			Oberpfarrer
	4	a) katholisch	A 2d	4	a) katholisch
	2	b) protestantisch	A 2d	2	b) protestantisch
	6	Medizinalräte	A 2d	6	Medizinalräte I. Klasse
X	15	Regierungsräte	A 2f	15	Regierungsräte
		Pfarrer			Pfarrer
	6	a) katholisch	A 2f	6	a) katholisch
	3	b) protestantisch	A 2f	3	b) protestantisch
	6	Strafanstaltsärzte	A 2f	6	Strafanstaltsärzte
IX	6	Oberlehrer	A 4a	6	Oberlehrer
		Hiervon 1 für seine Person Grundgehalt nach Gruppe X			Der am 1. Oktober 1927 im Amt gewesene Oberlehrer mit den Bezügen der alten Besoldungsgruppe X erhält für seine Person die Bezüge der Besoldungsgruppe A 3a
VIII	6	Hauptlehrer	A 4b	6	Hauptlehrer
	1	Hauptlehrerin	A 4b	1	Hauptlehrerin
	1	Oberforstverwalter	A 4b	1	Oberforstverwalter
		Für seine Person Grundgehalt nach Gruppe IX			Der am 1. Oktober 1927 im Amt gewesene Stelleninhaber mit den Bezügen der alten Besoldungsgruppe IX erhält für seine Person die Bezüge der Besoldungsgruppe A 4a
VII	30	Obersekretäre	A 4b / A 5a*)	30	Obersekretäre *) Vgl. Anmerkung 3 zur Besoldungsgruppe A 4b
	6	Bauverwalter	A 4b	6	Bauverwalter
	5	Oberwerkmeister	A 6	5	Oberwerkmeister
					Hinsichtlich des Wohnungsgeldzuschusses gilt Anmerkung 1 zu Besoldungsgruppe A 6
VI	16	Oberverwalter	A 5a	16	Oberverwalter
	16	Sekretäre	A 7a	16	Sekretäre
	4	Bauführer	A 7a	4	Bauführer

Bisherige Besoldungsgruppe	Zahl der Beamten im Haushalt 1927	Beamtenklasse	Uebergeleitet werden: in die neue Besoldungsgruppe	Zahl	mit der neuen Amtsbezeichnung
noch VI	73	Werkmeister	A 6	73	Werkmeister
V	9	Verwaltungsassistenten	A 8a	9	Assistenten
	3	Maschinenmeister	A 9	3	Maschinenmeister
	71	Oberwerkführer	A 8a	71	Oberwerkführer
	4	Oberwerkführerinnen	A 8a	4	Oberwerkführerinnen
	235	Oberwachtmeister	A 9	235	Oberwachtmeister
	10	Oberaufseherinnen	A 9	10	Oberaufseherinnen
IV	6	Kanzleiassistenten	A 9	6	Kanzleiassistenten
	1	Obermaschinist	A 10	1	Obermaschinist
	149	Werkführer	A 9 A 10	149	Werkführer mit Aufsichtsdienst Werkführer
	9	Werkführerinnen	A 9 A 10	9	Werkführerinnen mit Aufsichtsdienst Werkführerinnen
	483	Wachtmeister	A 9	483	Wachtmeister
	41	Aufseherinnen	A 9	41	Aufseherinnen

b) Nichtetatmäßige Beamte.

X	2	Strafanstaltsassessoren	A 2f	2	Strafanstaltsassessoren

K. Obsorgeamt und Obsorgeheim für entlassene Gefangene.

Etatmäßige Beamte.

X	1	Regierungsrat	A 2f	1	Regierungsrat
VII	1	Obersekretär	A 4b A 5a*)	1	Obersekretär *) Vgl. Anmerkung 3 zur Besoldungsgruppe A 4b
	1	Oberverwalter	A 5a	1	Oberverwalter
VI	3	Werkmeister	A 6	3	Werkmeister
V	1	Verwaltungsassistent	A 8a	1	Assistent
	5	Oberwerkführer	A 8a	5	Oberwerkführer
IV	3	Werkführer	A 9	3	Werkführer

Bisherige Besoldungsgruppe	Zahl der Beamten im Haushalt 1927	Beamtenklasse	Uebergeleitet werden: in die neue Besoldungsgruppe	Zahl	mit der neuen Amtsbezeichnung

Kap. 2 § 1. Persönliche Ausgaben für die Grundbuchbereinigung.

a) Etatmäßige Beamte.

X	14	Amtsrichter	A 2e	14	Amtsgerichtsräte
VII	8	Obersekretäre	A 4b A 5a*)	8	Obersekretäre *) Vgl. Anmerkung 3 zur Beso[ldungsgruppe] A 4 b
VI	9	Sekretäre	A 7a	9	Sekretäre
V	7	Gerichtsassistenten	A 8a	7	Assistenten
IV	6	Kanzleiassistenten	A 9	6	Kanzleiassistenten

b) Nichtetatmäßige Beamte.

X	4	Grundbuchkommissäre (Gerichtsassessoren)	A 2f	4	Grundbuchkommissäre (Gerichtsassessoren)

Nr. 14. Staatsministerium des Innern.

Ziff. 1. Allgemeine Landesverwaltung.

A. Staatsministerium.

a) Etatmäßige Beamte.

4	1	Staatsrat	B 1	1	Staatsrat
2	1	Ministerialdirektor	B 3	1	Ministerialdirektor
1	2	Ministerialräte als Abteilungsleiter	B 5	2	Ministerialräte als Abteilungsleiter
XIII	12	Ministerialräte	A 1a	12	Ministerialräte
XII	4	Oberregierungsräte	A 2a	4	Oberregierungsräte
XI	8	Regierungsräte I. Klasse	A 2d	8	Regierungsräte I. Klasse
	2	Medizinalräte	A 2d	2	Medizinalräte I. Klasse
	1	Veterinärmedizinalrat	A 2d	1	Veterinärmedizinalrat I. K[lasse]
	1	Ministerialrechnungsrat	A 2g	1	Ministerialrechnungsrat
X	2	Regierungsräte	A 2f	2	Regierungsräte
	2	Rechnungsräte	A 3a	2	Rechnungsräte

Bisherige Besoldungsgruppe	Zahl der Beamten im Haushalt 1927	Beamtenklasse	Uebergeleitet werden: in die neue Besoldungsgruppe	Zahl	mit der neuen Amtsbezeichnung
noch X	3	Ministerialoberinspektoren	A 3a	2	Amtmänner
			A 4b	1	Ministerialkanzleiinspektor
					Der am 1. Oktober 1927 im Amte gewesene Ministerialoberinspektor als Kanzleivorstand mit den Bezügen der alten Besoldungsgruppe X erhält für seine Person die Bezüge der Besoldungsgruppe A 3a
IX	1	Rechnungsoberinspektor	A 4a	1	Rechnungsoberinspektor
	2	Ministerialobersekretäre Hiervon 1 für seine Person Grundgehalt nach Gruppe X	A 4a	2	Oberinspektoren Der am 1. Oktober 1927 im Amte gewesene Ministerialobersekretär mit den Bezügen der alten Besoldungsgruppe X erhält für seine Person die Bezüge der Besoldungsgruppe A 3a
	2	Ministerialoberregistratoren	A 4a	2	Oberinspektoren
VIII	2	Oberrechnungskommissäre	A 4b	2	Rechnungsinspektoren
	1	Ministerialsekretär	A 4b	6	Inspektoren
	5	Ministerialregistratoren	A 4b		
VII	5	Ministerialkanzleiobersekretäre und -obersekretärinnen Hiervon 1 für seine Person Grundgehalt nach Gruppe VIII	A 5b	5	Ministerialkanzleiobersekretäre und -sekretärinnen Der am 1. Oktober 1927 im Amte gewesene Ministerialkanzleiobersekretär mit den Bezügen der alten Besoldungsgruppe VIII erhält für seine Person die Bezüge der Besoldungsgruppe A 4b
VI	6	Ministerialkanzleisekretäre und -sekretärinnen	A 7a	6	Ministerialkanzleisekretäre und -sekretärinnen
V	6	Ministerialkanzleiassistenten und -assistentinnen	A 8a	6	Ministerialkanzleiassistenten und -assistentinnen
IV	1	Hausverwalter Für seine Person Grundgehalt nach Gruppe V	A 8a	1	Ministerialhausverwalter
	5	Ministerialoberoffizianten Hiervon 3 für ihre Person Grundgehalt nach Gruppe V	A 10	5	Ministerialoberoffizianten Die am 1. Oktober 1927 im Amte gewesenen Ministerialoberoffizianten mit den Bezügen der alten Besoldungsgruppe V erhalten für ihre Person die Bezüge der Besoldungsgruppe A 8a

Bisherige Besoldungsgruppe	Zahl der Beamten im Haushalt 1927	Beamtenklasse	Uebergeleitet werden: in die neue Besoldungsgruppe	Zahl	mit der neuen Amtsbezeichnung
III	3	Ministerialoffizianten Für ihre Person Grundgehalt nach Gruppe V	A 10	3	Ministerialoffizianten Die am 1. Oktober 1927 im Amte gewesenen Ministerialoffizianten mit den Bezügen der alten Besoldungsgruppe V erhalten für ihre Person die Bezüge der Besoldungsgruppe A 8 a
		b) Nichtetatmäßige Beamte.			
X	2	Regierungsassessoren	A 2 f	2	Regierungsassessoren
		B. Verwaltungsgerichtshof.			
		Etatmäßige Beamte.			
3	1	Präsident	B 1	1	Präsident
2	2	Senatspräsidenten	B 3	2	Senatspräsidenten
	1	Generalstaatsanwalt	B 3	1	Generalstaatsanwalt
XIII	18	Oberverwaltungsgerichtsräte	A 1a	18	Oberverwaltungsgerichtsräte
	1	Staatsanwalt	A 1a	1	Oberstaatsanwalt des Verwaltungsgerichthofs
X	1	Regierungsrat	A 2f	1	Regierungsrat
VIII	1	Verwaltungsinspektor	A 4b	1	Inspektor
VI	1	Sekretär	A 7a	1	Sekretär
V	2	Kanzleisekretäre und -sekretärinnen	A 8a	2	Kanzleisekretäre und -sekretärinnen
	1	Verwaltungs- und Registraturassistent	A 8a	1	Assistent
IV	1	Oberoffiziant	A 10	1	Oberoffiziant
III	1	Offiziant	A 11	1	Amtsoffiziant
		C. Statistisches Landesamt.			
		Etatmäßige Beamte.			
1	1	Präsident Für seine Person Grundgehalt nach Gruppe 2	B 5	1	Präsident Der am 1. Oktober 1927 im Amt gewesene Stelleninhaber mit den Bezügen der alten Besoldungsgruppe B 2 erhält für seine Person die Bezüge der Besoldungsgruppe B 3
XI	4	Regierungsräte I. Klasse	A 2d	4	Regierungsräte I. Klasse
X	1	Rechnungsrat	A 3a	1	Rechnungsrat

Bisherige Besoldungsgruppe	Zahl der Beamten im Haushalt 1927	Beamtenklasse	Uebergeleitet werden: in die neue Besoldungsgruppe	Zahl	mit der neuen Amtsbezeichnung
IX	3	Verwaltungsoberinspektoren	A 4a	3	Oberinspektoren
VIII	8	Verwaltungsinspektoren	A 4b	8	Inspektoren
	1	Kassier	A 4b	1	Kassier
VII	12	Obersekretäre	A 4b	12	Obersekretäre
			A 5a*)		*) Vgl. Anmerkung 3 zur Besoldungsgruppe A 4b
	1	Oberregistrator	A 4b	1	Obersekretär
			A 5a*)		*) Vgl. Anmerkung 3 zur Besoldungsgruppe A 4b
VI	10	Sekretäre	A 7a	10	Sekretäre
	2	Kanzleiobersekretäre und -obersekretärinnen	A 7a	2	Kanzleiobersekretäre und -obersekretärinnen
V	4	Verwaltungsassistenten	A 8a	4	Assistenten
	4	Kanzleisekretäre und -sekretärinnen	A 8a	4	Kanzleisekretäre und -sekretärinnen
IV	4	Kanzleiassistenten und -assistentinnen	A 9	4	Kanzleiassistenten und -assistentinnen
	1	Hausverwalter	A 10	1	Hausverwalter
III	2	Kanzleigehilfen und -gehilfinnen	A 10	2	Kanzleigehilfen und -gehilfinnen

D. 1. Regierungen, Kammern des Innern.

a) Etatmäßige Beamte.

3	8	Regierungspräsidenten	B 2	8	Regierungspräsidenten. Der am 1. Oktober 1927 im Amte gewesene Regierungspräsident von Oberbayern erhält für seine Person die Bezüge der Besoldungsgruppe B 1
XIII	8	Regierungsdirektoren	A 1a	8	Regierungsdirektoren
XII	71	Oberregierungsräte	A 2a	71	Oberregierungsräte
XI	22	Regierungsräte I. Klasse	A 2d	22	Regierungsräte I. Klasse
X	8	Rechnungsräte	A 3a	8	Rechnungsräte
IX	37	Rechnungs- und Verwaltungsoberinspektoren	A 4a	37	Oberinspektoren und Rechnungsoberinspektoren
VIII	60	Oberrechnungskommissäre und Verwaltungsinspektoren	A 4b	68	Inspektoren und Rechnungsinspektoren
	8	Registraturvorstände			

Bisherige Besoldungsgruppe	Zahl der Beamten im Haushalt 1927	Beamtenklasse	Uebergeleitet werden: in die neue Besoldungsgruppe	Uebergeleitet werden: Zahl	Uebergeleitet werden: mit der neuen Amtsbezeichnung
VII	11	Rechnungskommissäre	A 4b	11	Obersekretäre
	63	Regierungsobersekretäre und Regierungsoberregistratoren	A 4b / A 5a*)	63	Obersekretäre *) Vgl. Anmerkung 3 zur Besoldungsgruppe A 4b
VI	26	Regierungssekretäre und Regierungsregistratoren	A 7a	26	Sekretäre
	14	Kanzleiobersekretäre Hiervon 7 für ihre Person Grundgehalt nach Gruppe VII	A 7a	14	Kanzleiobersekretäre Die am 1. Oktober 1927 im Amte gewesenen Kanzleiobersekretäre mit den Bezügen der alten Besoldungsgruppe VII erhalten für ihre Person die Bezüge der Besoldungsgruppe A 5b
V	29	Kanzleisekretäre und -sekretärinnen Hiervon 8 für ihre Person Grundgehalt nach Gruppe VI	A 8a	29	Kanzleisekretäre und -sekretärinnen Die am 1. Oktober 1927 im Amte gewesenen Kanzleisekretäre mit den Bezügen der alten Besoldungsgruppe VI erhalten für ihre Person die Bezüge der Besoldungsgruppe A 7a
	7	Verwaltungs- und Registraturassistenten	A 8a	7	Assistenten
IV	29	Kanzleiassistenten und -assistentinnen	A 9	29	Kanzleiassistenten und -assistentinnen
	16	Hausverwalter	A 10	16	Hausverwalter
	8	Werkführer	A 10	8	Werkführer
III	15	Kanzleigehilfen und -gehilfinnen Hiervon 7 für ihre Person Grundgehalt nach Gruppe IV	A 10	15	Kanzleigehilfen und -gehilfinnen Die am 1. Oktober 1927 im Amte gewesenen Stelleninhaber mit den Bezügen der alten Besoldungsgruppe IV erhalten für ihre Person die Bezüge der Besoldungsgruppe A 9
	4	Druckereioffizianten	A 10 / A 11*)	4	Druckereioffizianten *) Vgl. Anmerkung 2 zur Besoldungsgruppe A 10
	20	Regierungsoffizianten	A 11	20	Amtsoffizianten
II	10	Regierungswarte Hiervon 5 für ihre Person Grundgehalt nach Gruppe III	A 11	10	Amtswarte

Bisherige Besoldungsgruppe	Zahl der Beamten im Haushalt 1927	Beamtenklasse	Uebergeleitet werden: in die neue Besoldungsgruppe	Zahl	mit der neuen Amtsbezeichnung

b) Nichtetatmäßige Beamte.

X	40	Regierungsassessoren	A 2 f	40	Regierungsassessoren

D. 2. Feststellungsbehörde der Regierung der Pfalz.

a) Etatmäßige Beamte.

XI	1	Regierungsrat I. Klasse	A 2 d	1	Regierungsrat I. Klasse
III	2	Oberrechnungskommissär	A 4 b	1	Rechnungsinspektor
		u. Verwaltungsinspektor	A 4 b	1	Inspektor
VII	3	Regierungsobersekretäre und Regierungsoberregistratoren	A 4 b	3	Obersekretäre
			A 5a*)		*) Vgl. Anmerkung 3 zur Besoldungsgruppe A 4 b
VI	4	Regierungssekretäre und Regierungsregistratoren	A 7 a	4	Sekretäre
V	1	Kanzleisekretärin	A 8 a	1	Kanzleisekretärin
IV	1	Kanzleiassistentin	A 9	1	Kanzleiassistentin
III	1	Regierungswart	A 11	1	Amtswart

b) Nichtetatmäßige Beamte.

X	1	Regierungsassessor	A 2 f	1	Regierungsassessor

E. Bezirksämter.

a) Etatmäßige Beamte.

XII	24	Oberregierungsräte Hiervon 1 für seine Person Grundgehalt nach Gruppe XIII	A 2 a	24	Oberregierungsräte Der am 1. Oktober 1927 im Amte gewesene Oberregierungsrat mit den Bezügen der alten Besoldungsgruppe XIII erhält für seine Person die Bezüge der Besoldungsgruppe A 1 a
XI	138	Bezirksoberamtmänner	A 2 d	138	Bezirkshauptmänner
	36	Regierungsräte I. Klasse	A 2 d	36	Regierungsräte I. Klasse
X	208	Bezirksamtmänner	A 2 f	208	Regierungsräte
IX	63	Verwaltungsoberinspektoren	A 4 a	63	Oberinspektoren
III	159	Verwaltungsinspektoren	A 4 b	159	Inspektoren

Bisherige Besoldungsgruppe	Zahl der Beamten im Haushalt 1927	Beamtenklasse	Uebergeleitet werden: in die neue Besoldungsgruppe	Uebergeleitet werden: Zahl	Uebergeleitet werden: mit der neuen Amtsbezeichnung
VII	278	Bezirksamtsobersekretäre	A 4 b	278	Obersekretäre
		Hiervon 45 für ihre Person Grundgehalt nach Gruppe VIII	A 5a*)		*) Vgl. Anmerkung 3 zur Besoldungsgruppe A 4 b
VI	311	Bezirksamtssekretäre	A 7 a	311	Bezirksamtssekretäre
		Hiervon 35 für ihre Person Grundgehalt nach Gruppe VII			Die am 1. Oktober 1927 im Amte gewesenen Bezirksamtssekretäre mit den Bezügen der alten Besoldungsgruppe VII erhalten für ihre Person die Bezüge der Besoldungsgruppe A 4 b oder nach Maßgabe der Anmerkung 3 zu dieser Gruppe die Bezüge der Besoldungsgruppe A 5 a
	15	Kanzleiobersekretäre	A 7 a	15	Kanzleiobersekretäre
V	167	Bezirksamtsassistenten	A 8 a	167	Assistenten
	30	Kanzleisekretäre und -sekretärinnen	A 8 a	30	Kanzleisekretäre und -sekretärinnen
IV	30	Kanzleiassistenten und -assistentinnen	A 9	30	Kanzleiassistenten und -assistentinnen
	27	Hausverwalter	A 10	27	Hausverwalter
III	16	Kanzleigehilfinnen	A 10	16	Kanzleigehilfinnen
	94	Bezirksamtsoffizianten	A 11	94	Amtsoffizianten
II	46	Bezirksamtswarte	A 11	46	Amtswarte

b) Nichtetatmäßige Beamte.

IV	60	Hilfsassistenten	A 9	60	Hilfsassistenten
III	5	Hilfsschreiberinnen	A 10	5	Hilfsschreiberinnen

F. Staatlicher Eichdienst.

Nichtetatmäßige Beamte.

X	1	Regierungsassessor Beim Landesamt für Maß und Gewicht	A 2 f	1	Regierungsassessor

Bisherige Besoldungsgruppe	Zahl der Beamten im Haushalt 1927	Beamtenklasse	Uebergeleitet werden: in die neue Besoldungsgruppe	Zahl	mit der neuen Amtsbezeichnung

G. Landesinspektor für Fischzucht.

Etatmäßige Beamte.

XI	1	Landwirtschaftsrat I. Klasse Für seine Person Grundgehalt nach Gruppe XII	A 2d	1	Landesfischereirat Der am 1. Oktober 1927 im Amte gewesene Stelleninhaber mit den Bezügen der alten Besoldungsgruppe XII erhält für seine Person die Bezüge der Besoldungsgruppe A 2a

Ziff. II. Polizeiverwaltung.

Kap. 1. A. Polizeidirektionen.

a) Etatmäßige Beamte.

1	1	Präsident	B 5	1	Polizeipräsident in München
XIII	2	Polizeidirektoren	A 1a	1	Polizeipräsident in Nürnberg-Fürth
			A 1a	1	Polizeidirektor
XII	9	Oberregierungsräte	A 2a	9	Oberregierungsräte
	2	Polizeioberstleutnante	A 2b*)	2	Polizeioberstleutnante *) Vgl. Anmerkung 3 zur Besoldungsgruppe A 2a
XI	10	Regierungsräte I. Klasse	A 2d	10	Regierungsräte I. Klasse
	3	Polizeimajore	A 2g*)	3	Polizeimajore *) Vgl. Anmerkung 4 zur Besoldungsgruppe A 2d
X	9	Regierungsräte	A 2f	9	Regierungsräte
	5	Polizeihauptleute I. Klasse	A 3b Anm. 1	5	Polizeihauptleute
	2	Hauptkassiere	A 3a	2	Hauptkassiere
IX	52	Polizeioberinspektoren u. Kriminaloberinspektoren Hiervon 1 für seine Person Grundgehalt nach Gruppe X	A 4a	52	Oberinspektoren Der am 1. Oktober 1927 im Amte gewesene Polizeioberinspektor mit den Bezügen der alten Besoldungsgruppe X erhält für seine Person die Bezüge der Besoldungsgruppe A 3a
	2	Hauptkassenverwalter	A 4a	2	Hauptkassenverwalter

Bisherige Besoldungsgruppe	Zahl der Beamten im Haushalt 1927	Beamtenklasse	Uebergeleitet werden: in die neue Besoldungsgruppe	Zahl	mit der neuen Amtsbezeichnung
noch IX	2	Polizeihauptleute	A 3b Anm. 1	2	Polizeihauptleute
	1	Verwaltungsoberinspektor der Schutzmannschaft	A 4a	1	Oberinspektor der Schutzmannschaft
VIII	113	Polizeiinspektoren und Kriminalinspektoren	A 4b	113	Inspektoren
	3	Verwaltungsinspektoren der Schutzmannschaft	A 4b	3	Inspektoren der Schutzmannschaft
VII	169	Polizeikommissäre und Kriminalkommissäre	A 4b A 5a*)	169	Obersekretäre *) Vgl. Anmerkung 3 zur Besoldungsgruppe A 4b
	114	Kriminalkommissäre im äußeren Dienst	A 5a	114	Kriminaloberkommissäre
	1	Polizeiobersekretär	A 4b A 5a*)	1	Obersekretäre *) Vgl. Anmerkung 3 zur Besoldungsgruppe A 4b
	1	Polizeioberpflegerin	A 5c	1	Polizeioberpflegerin
	1	Arrestverwalter	A 5a	1	Oberverwalter des Polizeigefängnisses München
	9	Polizeiobersekretäre der Schutzmannschaft	A 4b A 5a*)	9	Obersekretäre der Schutzmannschaft *) Vgl. Anmerkung 3 zur Besoldungsgruppe A 4b
	117	Polizeikommissäre der Schutzmannschaft	A 5a	117	Oberkommissäre der Schutzmannschaft
VI	170	Polizeisekretäre Hiervon 24 für ihre Person Grundgehalt nach Gruppe VII	A 7a	170	Sekretäre Die am 1. Oktober 1927 im Amte gewesenen Polizeisekretäre mit den Bezügen der alten Besoldungsgruppe VII erhalten für ihre Person die Bezüge der Besoldungsgruppe A 4b oder nach Maßgabe der Anmerkung 3 zu dieser Gruppe die Bezüge der Besoldungsgruppe A 5a
	230	Kriminalsekretäre im äußeren Dienst	A 7a	230	Kriminalkommissäre
	1	Polizeipflegerin	A 5c	1	Polizeipflegerin
	21	Kanzleiobersekretäre	A 7a	21	Kanzleiobersekretäre
	1	Werkmeister	A 6	1	Werkmeister

Bisherige Besoldungsgruppe	Zahl der Beamten im Haushalt 1927	Beamtenklasse	Uebergeleitet werden		
			in die neue Besoldungsgruppe	Zahl	mit der neuen Amtsbezeichnung
noch VI	5	Polizeisekretäre der Schutzmannschaft	A 7a	5	Sekretäre der Schutzmannschaft
	177	Sicherheitskommissäre der Schutzmannschaft	A 7a	177	Kommissäre der Schutzmannschaft
V	44	Polizeiassistenten	A 8a	44	Assistenten
	230	Kriminalassistenten im äußeren Dienst	A 8a	230	Assistenten im äußeren Kriminaldienst
	42	Kanzleisekretäre und -sekretärinnen	A 8a	42	Kanzleisekretäre und -sekretärinnen
	9	Oberwachtmeister	A 9	9	Oberwachtmeister der Polizeigefängnisse
	2	Polizeiassistenten der Schutzmannschaft	A 8a	2	Assistenten der Schutzmannschaft
	1	Maschinenmeister	A 9	1	Maschinenmeister
	1018	Oberwachtmeister der Schutzmannschaft	A 8a*)	1018	Hauptwachtmeister der Schutzmannschaft *) Vgl. Anmerkung 1 zur Besoldungsgruppe A 7c
	1	Oberwerkführer	A 8a	1	Oberwerkführer
IV	42	Kanzleiassistenten und -assistentinnen	A 9	42	Kanzleiassistenten und -assistentinnen
	15	Wachtmeister	A 9	15	Wachtmeister der Polizeigefängnisse
	3	Arrestaufseherinnen	A 9	3	Aufseherinnen der Polizeigefängnisse
	3	Werkführer	A 10	3	Werkführer
	1	Obermaschinist	A 10	1	Obermaschinist
	4	Kraftwagenführer	A 10	4	Kraftwagenführer
	1	Rottmeister Für seine Person Grundgehalt nach Gruppe V	A 10	1	Rottmeister Der am 1. Oktober 1927 im Amte gewesene Stelleninhaber mit den Bezügen der alten Besoldungsgruppe V erhält für seine Person die Bezüge der Besoldungsgruppe A 8a
	3	Hausverwalter	A 10	3	Hausverwalter
	1017	Wachtmeister der Schutzmannschaft	A 8a*)	1017	Oberwachtmeister der Schutzmannschaft *) Vgl. Anmerkung 1 zur Besoldungsgruppe A 7c

Bisherige Besoldungsgruppe	Zahl der Beamten im Haushalt 1927	Beamtenklasse	Uebergeleitet werden: in die neue Besoldungsgruppe	Zahl	mit der neuen Amtsbezeichnung
III	21	Kanzleigehilfen und =gehilfinnen	A 10	21	Kanzleigehilfen und =gehilfinnen
	2	Druckereioffizianten	A 10 A 11*)	2	Druckereioffizianten *) Vgl. Anmerkung 2 zur Besol dungsgruppe A 10
	2	Maschinisten	A 10 A 11*)	2	Maschinisten *) Vgl. Anmerkung 2 zur Besol dungsgruppe A 10
	48	Polizeioffizianten Hiervon 22 für ihre Person Grundgehalt nach Gruppe IV	A 11	48	Amtsoffizianten Die am 1. Oktober 1927 im Amt gewesenen Stelleninhaber mit den Bezügen der alten Besoldungsgruppe IV erhalten für ihre Person die Bezüge der Besoldungsgruppe A 10
II	18	Polizeiwarte Hiervon für ihre Person 4 Grundgehalt nach Gruppe IV 2 Grundgehalt nach Grupe III	A 11	18	Amtswarte Die am 1. Oktober 1927 im Amt gewesenen Stelleninhaber mit den Bezügen der alten Besoldungsgruppe IV erhalten für ihre Person die Bezüge der Besoldungsgruppe A 10
		b) Nichtetatmäßige Beamte.			
IV	12	Hilfsassistenten	A 9	12	Hilfsassistenten
III	6	Hilfsschreiberinnen	A 10	6	Hilfsschreiberinnen

B. Landespolizei.

Etatmäßige Beamte.

XII	2	Oberregierungsräte	A 2a	2	Oberregierungsräte
XI	1	Regierungsrat I. Klasse	A 2d	1	Regierungsrat I. Klasse
	1	Oberregierungschemiker	A 2d	1	Regierungschemierat I. Kl
	1	Oberpfarrer	A 2d	1	Oberpfarrer
X	1	Studienrat	A 3a	1	Polizeischulrat
	3	Rechnungsräte	A 3a	3	Rechnungsräte
IX	11	Verwaltungsoberinspektoren Hiervon 1 für seine Person Grundgehalt nach Gruppe X	A 4a	11	Oberinspektoren Der am 1. Oktober 1927 im Amt gewesene Verwaltungsoberinspektor mit den Bezügen der alten Besoldungsgruppe X erhält für seine Person die Bezüge der Besoldungsgruppe A 3a

…soldungsgruppe	Zahl der Beamten im Haushalt 1927	Beamtenklasse	Uebergeleitet werden: in die neue Besoldungsgruppe	Zahl	mit der neuen Amtsbezeichnung
och X	4	Oberlehrer	A 4 a	4	Polizeioberlehrer 1)
III	18	Verwaltungsinspektoren	A 4 b	18	Inspektoren
	5	Hauptlehrer	A 4 b	5	Hauptlehrer
II	30	Obersekretäre	A 4 b	30	Obersekretäre
			A 5 a*)		*) Vgl. Anmerkung 3 zur Besoldungsgruppe A 4 b
	1	Technischer Obersekretär	A 4 b	1	Technischer Obersekretär
			A 5 a*)		*) Vgl. Anmerkung 3 zur Besoldungsgruppe A 4 b
	3	Polizeikommissäre	A 7 a	3	Kommissäre
VI	14	Sekretäre	A 7 a	14	Sekretäre
	1	Registrator	A 7 a	1	Sekretär

C. Gendarmerie.

Etatmäßige Beamte.

II	6	Oberstleutnante	A 2 b*)	6	Gendarmerieoberstleutnante
					*) Vgl. Anmerkung 3 zur Besoldungsordnung A 2 a
XI	5	Majore	A 2 g*)	5	Gendarmeriemajore
					*) Vgl. Anmerkung 4 zur Besoldungsgruppe A 2 d
X	8	Hauptleute I. Klasse	A 3 b Anm. 1	8	Gendarmeriehauptleute
	1	Oberarzt	A 2 f	1	Oberarzt
X	2	Hauptleute	A 3 b Anm. 1	2	Gendarmeriehauptleute
	1	Verwaltungsoberinspektor	A 4 a	1	Oberinspektor
	2	Oberlehrer	A 4 a	2	Polizeioberlehrer
II	12	Verwaltungsinspektoren	A 4 b	12	Inspektoren
	2	Hauptlehrer	A 4 b	2	Hauptlehrer
II	27	Obersekretäre	A 4 b	27	Obersekretäre
			A 5 a*)		*) Vgl. Anmerkung 3 zur Besoldungsgruppe A 4 b
	162	Gendarmeriekommissäre	A 5 a	162	Oberkommissäre

1) Polizeioberlehrer als Schulleiter bei den Polizeischulen und in den Polizeistandorten [Mü]nchen, Nürnberg und Augsburg erhalten auf die Dauer dieser Dienstesaufgabe eine wider[ruf]liche nichtruhegehaltspflichtige Zulage von 400 RM jährlich.

Bisherige Besoldungsgruppe	Zahl der Beamten im Haushalt 1927	Beamtenklasse	Uebergeleitet werden: in die neue Besoldungsgruppe	Zahl	mit der neuen Amtsbezeichnung
VI	20	Sekretäre	A 7a	20	Sekretäre
	718	Sicherheitskommissäre	A 7a	718	Kommissäre
V	10	Verwaltungsassistenten	A 8a	10	Assistenten
	1426	Stationskommandanten und Oberwachtmeister	A 8a*)	1426	Hauptwachtmeister *) Vgl. Anmerkung 1 zur Besoldungsgruppe A 7c
IV	1426	Wachtmeister	A 8a*)	1426	Oberwachtmeister *) Vgl. Anmerkung 1 zur Besoldungsgruppe A 7c
III	7	Gendarmerieoffizianten Hiervon 4 für ihre Person Grundgehalt nach Gruppe IV	A 11	7	Amtsoffizianten Die am 1. Oktober 1927 im Amte gewesenen Stelleninhaber mit den Bezügen der alten Besoldungsgruppe IV erhalten für ihre Person die Bezüge der Besoldungsgruppe A 10
II	3	Gendarmeriewarte	A 11	3	Amtswarte

F. Arbeitshäuser.

Etatmäßige Beamte.

XII	1	Direktor des Arbeitshauses Rebdorf	A 2a	1	Direktor des Arbeitshauses Rebdorf
XI	1	Oberpfarrer (katholisch)	A 2d	1	Oberpfarrer (katholisch)
X	1	Regierungsrat	A 2f	1	Regierungsrat
	1	Pfarrer (protestantisch)	A 2f	1	Pfarrer (protestantisch)
	1	Landwirtschaftsrat	A 2f	1	Landwirtschaftsrat
IX	1	Oberlehrer	A 4a	1	Oberlehrer
VII	1	Obersekretär	A 4b A 5a*)	1	Obersekretär *) Vgl. Anmerkung 3 zur Besoldungsgruppe A 4b
	1	Oberverwalter	A 5a	1	Oberverwalter
	1	Oberwerkmeister	A 6	1	Oberwerkmeister Hinsichtlich des Wohnungsgeldzuschusses gilt Anmerkung 1 zur Besoldungsgruppe A 6
VI	1	Sekretär	A 7a	1	Sekretär
	5	Werkmeister	A 6	5	Werkmeister
	1	Spitalverwalter	A 6	1	Spitalverwalter
V	1	Verwaltungsassistent	A 8a	1	Assistent

Bisherige Besoldungsgruppe	Zahl der Beamten im Haushalt 1927	Beamtenklasse	Uebergeleitet werden: in die neue Besoldungsgruppe	Zahl	mit der neuen Amtsbezeichnung
noch V	5	Oberwerkführer	A 8a	5	Oberwerkführer
	8	Oberwachtmeister	A 9	8	Oberwachtmeister
	1	Oberwerkführerin	A 8a	1	Oberwerkführerin
	4	Oberaufseherinnen	A 9	4	Oberaufseherinnen
IV	1	Kanzleiassistent	A 9	1	Kanzleiassistent
	12	Werkführer	A 9 / A 10	12	Werkführer im Aufsichtsdienst / Werkführer
	16	Wachtmeister	A 9	16	Wachtmeister
	10	Aufseherinnen	A 9	10	Aufseherinnen

Ziff. III. Gesundheit.

D. Aerzte.

Etatmäßige Beamte.

XII	7	Obermedizinalräte	A 2b	7	Obermedizinalräte Die am 1. Oktober 1927 im Amte gewesenen Stelleninhaber mit den Bezügen der alten Besoldungsgruppe XII erhalten für ihre Person die Bezüge der Besoldungsgruppe A 2a
XI	24	Landgerichtsärzte	A 2e	24	Landgerichtsärzte
	50	Bezirksärzte	A 2d	50	Bezirksärzte
X	119	Bezirksärzte	A 2f	119	Bezirksärzte

F. Landesimpfanstalt.

XI	1	Landesimpfarzt	A 2d	1	Landesimpfarzt
IV	1	Kanzleiassistentin	A 9	1	Kanzleiassistentin
	1	Hausverwalter	A 10	1	Hausverwalter
III	1	Anstaltsoffiziant	A 11	1	Amtsoffiziant

G. Untersuchungsanstalten für Nahrungs- und Genußmittel in München, Erlangen und Würzburg.

a) Etatmäßige Beamte.

XII	3	II. Direktoren	A 2a	3	Direktoren
XI	6	Oberregierungschemiker (als Abteilungsleiter)	A 2d	6	Regierungschemieräte I. Kl. (als Abteilungsleiter)

Bisherige Besoldungsgruppe	Zahl der Beamten im Haushalt 1927	Beamtenklasse	Uebergeleitet werden: in die neue Besoldungsgruppe	Zahl	mit der neuen Amtsbezeichnung
X	13	Regierungschemiker Hiervon 3 für ihre Person Grundgehalt nach Gruppe IX	A 2f	13	Regierungschemieräte Die am 1. Oktober 1927 im Amte gewesenen Stelleninhaber mit den Bezügen der alten Besoldungsgruppe XI erhalten für ihre Person die Bezüge der Besoldungsgruppe A 2d
VIII	2	Weinkontrolleure Hiervon 1 für seine Person Grundgehalt nach Gruppe IX	A 4b	2	Weinkontrolleure Der am 1. Oktober 1927 im Amte gewesene Weinkontrolleur mit den Bezügen der alten Besoldungsgruppe IX erhält für seine Person die Bezüge der Besoldungsgruppe A 4a
	1	Verwaltungsinspektor	A 4b	1	Inspektor
V	1	Kanzleisekretärin	A 8a	1	Kanzleisekretärin
IV	1	Kanzleiassistentin	A 9	1	Kanzleiassistentin
	2	Hausverwalter	A 10	2	Hausverwalter
III	1	Kanzleigehilfin	A 10	1	Kanzleigehilfin
	3	Anstaltsoffizianten	A 11	3	Amtsoffizianten
II	1	Anstaltswart	A 11	1	Amtswart

b) Nichtetatmäßige Beamte.

X	1	Chemieassessor	A 2f	1	Chemieassessor

H. Bakteriologische Untersuchungsanstalten in München, Erlangen-Nürnberg und Würzburg-Landau.

Etatmäßige Beamte.

XII	3	II. Direktoren	A 2a	3	Direktoren
X	4	Oberärzte Hiervon 1 als Vorstand der Bakteriologischen Untersuchungsanstalt Landau Grundgehalt nach Gruppe XI	A 2f	4	Oberärzte Der am 1. Oktober 1927 im Amte gewesene Oberarzt und Vorstand der Bakteriologischen Untersuchungsanstalt Landau erhält für seine Person die Bezüge der Besoldungsgruppe A 2d
VIII	1	Verwaltungsinspektor	A 4b	1	Inspektor
VI	1	Sekretär	A 7a	1	Sekretär
V	4	Oberpräparatoren und Oberpräparatorinnen	A 8a	4	Oberpräparatoren und Oberpräparatorinnen

Bisherige Besoldungsgruppe	Zahl der Beamten im Haushalt 1927	Beamtenklasse	Uebergeleitet werden: in die neue Besoldungsgruppe	Zahl	mit der neuen Amtsbezeichnung
IV	1	Präparator	A 9	1	Präparator
	1	Kanzleiassistent	A 9	1	Kanzleiassistent
	1	Hausverwalter	A 10	1	Hausverwalter
III	3	Anstaltsoffizianten	A 11	3	Amtsoffizianten
II	2	Anstaltswarte	A 11	2	Amtswarte

M. Tierärzte.

Etatmäßige Beamte.

XI	48	Bezirkstierärzte	A 2d	48	Bezirkstierärzte
X	114	Bezirkstierärzte	A 2f	114	Bezirkstierärzte

N. Veterinärpolizeiliche Anstalt.

a) Etatmäßige Beamte.

XII	1	Direktor	A 2a	1	Direktor
XI	1	Veterinärmedizinalrat	A 2d	1	Veterinärmedizinalrat I. Klasse
X	4	Bezirkstierärzte	A 2f	4	Bezirkstierärzte
VIII	1	Verwaltungsinspektor	A 4b	1	Inspektor
IV	1	Hausverwalter	A 10	1	Hausverwalter
	2	Laborantinnen	A 9	2	Präparatorinnen
III	4	Anstaltsoffizianten	A 11	4	Amtsoffizianten
II	2	Anstaltswarte	A 11	2	Amtswarte

b) Nichtetatmäßige Beamte.

X	2	Assistenten	A 2f	2	Veterinärassessoren

Ziff. IV. Jugendfürsorge.

Staatserziehungsanstalten.

Etatmäßige Beamte.

XI	3	Direktoren	A 2d	3	Direktoren
IX	3	Oberlehrer	A 4a	3	Oberlehrer
VIII	3	Hauptlehrer	A 4b	3	Hauptlehrer
VII	1	Obersekretär	A 4b / A 5a*)	1	Obersekretär

*) Vgl. Anmerkung 3 zur Besoldungsgruppe A 4b

Bisherige Besoldungsgruppe	Zahl der Beamten im Haushalt 1927	Beamtenklasse	Uebergeleitet werden: in die neue Besoldungsgruppe	Zahl	mit der neuen Amtsbezeichnung
VI	2	Werkmeister	A 6	2	Werkmeister
V	3	Oberwerkführer	A 8a	3	Oberwerkführer
	4	Erziehungsoberaufseher	A 9	4	Obererzieher
IV	4	Werkführer	A 9	4	Werkführer
	4	Erziehungsaufseher	A 9	4	Erzieher

Ziff. VII. Staatsbauverwaltung.

A. Oberste Baubehörde.

Etatmäßige Beamte.

2	1	Ministerialdirektor	B 3	1	Ministerialdirektor Der am 1. Oktober 1927 im Amte gewesene Stelleninhaber erhält für seine Person die Bezüge der Besoldungsgruppe B 2
1	2	Ministerialräte als Abteilungsleiter	B 5	2	Ministerialräte als Abteilungsleiter
XIII	11	Ministerialräte	A 1a	11	Ministerialräte
XII	5	Oberregierungsräte	A 2a	5	Oberregierungsräte
XI	1	Regierungsrat I. Klasse	A 2d	1	Regierungsrat I. Klasse
	9	Regierungsbauräte I. Kl.	A 2d	9	Regierungsbauräte I. Klasse
	1	Ministerialrechnungsrat	A 2g	1	Ministerialrechnungsrat
X	5	Regierungsbauräte	A 2f	5	Regierungsbauräte
	4	Rechnungsräte	A 3a	4	Rechnungsräte
IX	5	Rechnungsoberinspektoren	A 4a	5	Rechnungsoberinspektoren
	2	Ministerialobersekretäre	A 4a	3	Oberinspektoren
	1	Ministerialoberregistrator	A 4a		
VIII	4	Technische Oberrechnungskommissäre	A 4b	4	Technische Rechnungsinspektoren
	5	Ministerialsekretäre	A 4b	5	Inspektoren
VII	3	Obersekretäre	A 4b A 5a*)	3	Obersekretäre *) Vgl. Anmerkung 3 zur Besoldungsgruppe A 4b
	1	Ministerialkanzleiobersekretär	A 5b	1	Ministerialkanzleiobersekretär
VI	1	Sekretär	A 7a	1	Sekretär
	2	Ministerialkanzleisekretäre und -sekretärinnen	A 7a	2	Ministerialkanzleisekretäre und -sekretärinnen

Bisherige Besoldungsgruppe	Zahl der Beamten im Haushalt 1927	Beamtenklasse	Uebergeleitet werden: in die neue Besoldungsgruppe	Zahl	mit der neuen Amtsbezeichnung
V	2	Ministerialkanzleiassistenten und -assistentinnen	A 8a	2	Ministerialkanzleiassistenten und -assistentinnen
IV	2	Ministerialoberoffizianten Hiervon 1 für seine Person Grundgehalt nach Gruppe V	A 10	2	Ministerialoberoffizianten Der am 1. Oktober 1927 im Amte gewesene Ministerialoberoffiziant mit den Bezügen der alten Besoldungsgruppe V erhält für seine Person die Bezüge der Besoldungsgruppe A 8a
III	1	Ministerialoffiziant	A 10	1	Ministerialoffiziant

B. Landesstelle für Gewässerkunde.

Etatmäßige Beamte.

XIII	1	Direktor	A 1b	1	Direktor Der am 1. Oktober 1927 im Amte gewesene Stelleninhaber mit den Bezügen der alten Besoldungsgruppe XIII erhält für seine Person die Bezüge der Besoldungsgruppe A 1a
XII	5	Oberregierungsräte	A 2a	5	Oberregierungsräte
X	1	Regierungsbaurat	A 2f	1	Regierungsbaurat
	1	Rechnungsrat	A 3a	1	Rechnungsrat
IX	3	Technische Rechnungsoberinspektoren	A 4a	3	Technische Rechnungsoberinspektoren
VIII	3	Oberbauverwalter	A 4b	3	Oberbauverwalter
	2	Verwaltungsinspektoren	A 4b	2	Inspektoren
VII	2	Bauverwalter	A 4b	2	Bauverwalter
	1	Obersekretär	A 4b A 5a*)	1	Obersekretär *) Vgl. Anmerkung 3 zur Besoldungsgruppe A 4b
VI	1	Sekretär	A 7a	1	Sekretär
V	1	Verwaltungsassistent	A 8a	1	Assistent
IV	1	Hausverwalter	A 10	1	Hausverwalter

Bisherige Besoldungsgruppe	Zahl der Beamten im Haushalt 1927	Beamtenklasse	Uebergeleitet werden: in die neue Besoldungsgruppe	Zahl	mit der neuen Amtsbezeichnung

C. Regierungen.

a) Hochbauverwaltung und Straßen- und Flußbauverwaltung.

Etatmäßige Beamte.

XII	20	Oberregierungsräte	A 2a	20	Oberregierungsräte
XI	14	Regierungsbauräte I. Klasse	A 2d	14	Regierungsbauräte I. Klasse
X	4	Rechnungsräte	A 3a	4	Rechnungsräte
IX	10	Technische Rechnungsoberinspektoren	A 4a	10	Technische Rechnungsoberinspektoren
VIII	10	Technische Oberrechnungskommissäre	A 4b	10	Technische Rechnungsinspektoren
	4	Verwaltungsinspektoren	A 4b	4	Inspektoren
VII	4	Technische Rechnungskommissäre	A 4b	4	Bauverwalter
	1	Regierungsobersekretär	A 4b / A 5a*)	1	Obersekretär *) Vgl. Anmerkung 3 zur Besoldungsgruppe A 4b

b) Kulturbauverwaltung.

Etatmäßige Beamte.

XII	8	Oberregierungsräte	A 2a	8	Oberregierungsräte
XI	2	Regierungsbauräte I. Klasse	A 2d	2	Regierungsbauräte I. Klasse
X	2	Rechnungsräte	A 3a	2	Rechnungsräte
IX	3	Technische Rechnungsoberinspektoren	A 4a	3	Technische Rechnungsoberinspektoren
VIII	3	Technische Oberrechnungskommissäre	A 4b	3	Technische Rechnungsinspektoren
	1	Verwaltungsinspektor	A 4b	1	Inspektor
VII	1	Technischer Rechnungskommissär	A 4b	1	Bauverwalter

Bisherige Besoldungsgruppe	Zahl der Beamten im Haushalt 1927	Beamtenklasse	Uebergeleitet werden: in die neue Besoldungsgruppe	Uebergeleitet werden: Zahl	Uebergeleitet werden: mit der neuen Amtsbezeichnung

D. Landbauämter, Straßen- und Flußbauämter und Neubauämter für den Ausbau der Großschiffahrtsstraße Rhein—Main—Donau.

a) Etatmäßige Beamte.

XII	6	Oberregierungsbauräte	A 2b	6	Regierungsoberbauräte Die am 1. Oktober 1927 im Amte gewesenen Stelleninhaber mit den Bezügen der alten Besoldungsgruppe XII erhalten für ihre Person die Bezüge der Besoldungsgruppe A 2a
XI	53	Oberbauamtmänner	A 2d	53	Bauamtsdirektoren
	8	Regierungsbauräte I. Klasse	A 2d	8	Regierungsbauräte I. Klasse
X	79	Bauamtmänner	A 2f	79	Regierungsbauräte
IX	14	Technische Verwaltungsoberinspektoren	A 4a	14	Technische Oberinspektoren
VIII	52	Oberbauverwalter	A 4b	52	Oberbauverwalter
	13	Verwaltungsinspektoren	A 4b	13	Inspektoren
VII	60	Bauverwalter	A 4b	60	Bauverwalter
	52	Bauamtsobersekretäre	A 4b A 5a*)	52	Obersekretäre *) Vgl. Anmerkung 3 zur Besoldungsgruppe A 4b
VI	30	Bauführer	A 7a	30	Bauführer
	39	Bauamtssekretäre	A 7a	39	Sekretäre
	1	Kanzleiobersekretär	A 7a	1	Kanzleiobersekretär
	2	Oberkanalmeister	A 7a	2	Oberkanalmeister
	19	Oberflußmeister	A 7a	19	Oberflußmeister
V	20	Bauamtsassistenten	A 8a	20	Assistenten
	4	Kanzleisekretäre	A 8a	4	Kanzleisekretäre
	9	Kanalmeister	A 8a	9	Kanalmeister
	37	Flußmeister	A 8a	37	Flußmeister
	1	Oberwerkführer	A 8a	1	Oberwerkführer
IV	7	Kanzleiassistenten im Verwaltungsdienst	A 9	7	Kanzleiassistenten
	4	Kanzleiassistenten und -assistentinnen	A 9	4	Kanzleiassistenten und -assistentinnen
	3	Hausverwalter	A 10	3	Hausverwalter

Bisherige Besoldungsgruppe	Zahl der Beamten im Haushalt 1927	Beamtenklasse	Uebergeleitet werden: in die neue Besoldungsgruppe	Zahl	mit der neuen Amtsbezeichnung
noch IV	10	Kanaloberaufseher	A 10	10	Kanaloberaufseher
	5	Flußoberaufseher	A 10	5	Flußoberaufseher
III	2	Kanzleigehilfen	A 10	2	Kanzleigehilfen
	27	Kanalaufseher	A 11	27	Kanalaufseher
	5	Flußaufseher	A 10	5	Flußaufseher
	1	Maschinist	A 10	1	Maschinist
			A 11*)		*) Vgl. Anmerkung 2 zur Besoldungsgruppe A 10
	2	Bauamtsoffizianten	A 11	2	Amtsoffizianten
	539	Straßenoberaufseher	A 11	539	Straßenoberaufseher
	2	Schleusenoberaufseher	A 11	2	Schleusenoberaufseher
	3	Magazinsoberaufseher	A 11	3	Magazinsoberaufseher
II	10	Kanalwarte	A 11	10	Kanalwärter
	2	Bauamtswarte	A 11	2	Amtswarte
	540	Straßenaufseher	A 11	540	Straßenaufseher
	1	Schleusenaufseher	A 12	1	Schleusenaufseher
	4	Magazinsaufseher	A 12	4	Magazinsaufseher
I	1	Schleusenwärter	A 12	1	Schleusenwärter
	2	Magazinswarte	A 12	2	Magazinswärter

b) Nichtetatmäßige Beamte.

X	23	Bauassessoren	A 2f	23	Bauassessoren
VI	15	Hilfsbauführer	A 7a	15	Hilfsbauführer
IV	9	Hilfsassistenten	A 9	9	Hilfsassistenten
III	1	Hilfsschreiberin	A 10	1	Hilfsschreiberin
	2	Flußhilfsaufseher	A 10	2	Flußhilfsaufseher
II	17	Straßenhilfsaufseher	A 11	17	Straßenhilfsaufseher

E. Kulturbauämter.

a) Eigentlicher Kulturbau.

a) Etatmäßige Beamte.

XII	3	Oberregierungsbauräte	A 2b	3	Regierungsoberbauräte Die am 1. Oktober 1927 im Amte gewesenen Stelleninhaber mit den Bezügen der alten Besoldungsgruppe XII erhalten für ihre Person die Bezüge der Besoldungsgruppe A 2a

Bisherige Besoldungsgruppe	Zahl der Beamten im Haushalt 1927	Beamtenklasse	Uebergeleitet werden: in die neue Besoldungsgruppe	Zahl	mit der neuen Amtsbezeichnung
XI	23	Oberbauamtmänner	A 2d	23	Bauamtsdirektoren
	3	Regierungsbauräte I. Kl.	A 2d	3	Regierungsbauräte I. Klasse
X	36	Bauamtmänner	A 2f	36	Regierungsbauräte
IX	7	Technische Oberinspektoren	A 4a	7	Technische Oberinspektoren
VIII	26	Oberbauverwalter	A 4b	26	Oberbauverwalter
	6	Verwaltungsinspektoren	A 4b	6	Inspektoren
VII	31	Bauverwalter	A 4b	31	Bauverwalter
	24	Bauamtsobersekretäre	A 4b	24	Obersekretäre
			A 5a*)		*) Vgl. Anmerkung 3 zur Besoldungsgruppe A 4b
VI	33	Bauführer	A 7a	33	Bauführer
	16	Bauamtssekretäre	A 7a	16	Sekretäre
	1	Kanzleiobersekretär	A 7a	1	Kanzleiobersekretär
V	9	Bauamtsassistenten	A 8a	9	Assistenten
	2	Kanzleisekretäre	A 8a	2	Kanzleisekretäre
IV	3	Kanzleiassistenten im Verwaltungsdienst	A 9	3	Kanzleiassistenten
	2	Kanzleiassistenten	A 9	2	Kanzleiassistenten
III	1	Kanzleigehilfe	A 10	1	Kanzleigehilfe

b) Nichtetatmäßige Beamte.

X	10	Bauassessoren	A 2f	10	Bauassessoren
VI	22	Hilfsbauführer	A 7a	22	Hilfsbauführer
IV	6	Hilfsassistenten	A 9	6	Hilfsassistenten
III	1	Hilfsschreiber	A 10	1	Hilfsschreiber

b) Wildbachverbauungen und Donaumooskulturanlagen.

Etatmäßige Beamte.

XI	2	Oberbauamtmänner	A 2d	2	Bauamtsdirektoren
X	3	Bauamtmänner	A 2f	3	Regierungsbauräte
VIII	4	Oberbauverwalter	A 4b	4	Oberbauverwalter
	1	Verwaltungsinspektor	A 4b	1	Inspektor
VII	5	Bauverwalter	A 4b	5	Bauverwalter
	2	Bauamtsobersekretäre	A 4b	2	Obersekretäre
			A 5a*)		*) Vgl. Anmerkung 3 zur Besoldungsgruppe A 4b

Bisherige Besoldungsgruppe	Zahl der Beamten im Haushalt 1927	Beamtenklasse	Uebergeleitet werden: in die neue Besoldungsgruppe	Zahl	mit der neuen Amtsbezeichnung
VI	1	Bauführer	A 7a	1	Bauführer
	1	Bauamtssekretär	A 7a	1	Sekretär
	2	Oberflußmeister	A 7a	2	Oberflußmeister
V	1	Bauamtsassistent	A 8a	1	Assistent
	5	Flußmeister	A 8a	5	Flußmeister
IV	1	Kanzleiassistent	A 9	1	Kanzleiassistent
III	4	Straßenoberaufseher	A 11	4	Straßenoberaufseher
II	4	Straßenaufseher	A 11	4	Straßenaufseher

F. Hafenämter.

Etatmäßige Beamte.

Bisherige Besoldungsgruppe	Zahl der Beamten im Haushalt 1927	Beamtenklasse	in die neue Besoldungsgruppe	Zahl	mit der neuen Amtsbezeichnung
XI	2	Regierungsbauräte I. Kl.	A 2d	2	Regierungsbauräte I. Klass-
X	2	Regierungsbauräte	A 2f	2	Regierungsbauräte
IX	2	Verwaltungsoberinspektoren	A 4a	2	Oberinspektoren
VIII	2	Oberbauverwalter	A 4b	2	Oberbauverwalter
	1	Verwaltungsinspektor	A 4b	1	Inspektor
VII	1	Oberwerkmeister	A 6	1	Oberwerkmeister Hinsichtlich des Wohnungsgeldzuschusses gilt Anmerkung 1 zu Besoldungsgruppe A 6
VI	1	Werkmeister Für seine Person Grundgehalt nach Gruppe VII	A 6	1	Werkmeister Für den am 1. Oktober 1927 im Amte gewesenen Stelleninhaber mit den Bezügen der alten Besoldungsgruppe VII gilt hinsichtlich des Wohnungsgeldzuschusses die Anmerkung 1 zur Besoldungsgruppe A 6
	2	Hafenobermeister Für ihre Person Grundgehalt nach Gruppe VII mit der Amtsbezeichnung „Schiffahrtsverwalter"	A 7a	2	Hafenobermeister Die am 1. Oktober 1927 im Amt gewesenen Schiffahrtsverwalter mit den Bezügen der alten Besoldungsgruppe VII erhalten für ihre Person die Bezüge der Besoldungsgruppe A 5a
V	3	Verwaltungassistenten	A 8a	3	Assistenten

Bisherige Besoldungsgruppe	Zahl der Beamten im Haushalt 1927	Beamtenklasse	Uebergeleitet werden: in die neue Besoldungsgruppe	Zahl	mit der neuen Amtsbezeichnung
noch V	4	Hafenmeister Hiervon 1 für seine Person Grundgehalt nach Gruppe VII mit der Amtsbezeichnung „Schiffahrtsverwalter" und 2 für ihre Person Grundgehalt nach Gruppe VI	A 8a	4	Hafenmeister Der am 1. Oktober 1927 im Amte gewesene Schiffahrtsverwalter mit den Bezügen der alten Besoldungsgruppe VII erhält für seine Person die Bezüge der Besoldungsgruppe A 5a Die am 1. Oktober 1927 im Amte gewesenen Stelleninhaber mit den Bezügen der alten Besoldungsgruppe VI erhalten für ihre Person die Bezüge der Besoldungsgruppe A 7a
	3	Oberwerkführer Hiervon 1 für seine Person Grundgehalt nach Gruppe VI	A 8a	3	Oberwerkführer Der am 1. Oktober 1927 im Amte gewesene Oberwerkführer mit den Bezügen der alten Besoldungsgruppe VI erhält für seine Person die Bezüge der Besoldungsgruppe A 6
IV	2	Kanzleiassistenten	A 9	2	Kanzleiassistenten
	2	Hafenoberaufseher	A 10	2	Hafenoberaufseher
	1	Werkführer	A 10	1	Werkführer
III	2	Hafenaufseher	A 11	2	Hafenaufseher
	2	Maschinisten	A 10 A 11*)	2	Maschinisten *) Vgl. Anmerkung 2 zur Besoldungsgruppe A 10
	1	Schleusenoberaufseher	A 11	1	Schleusenoberaufseher
I	1	Schleusenwärter	A 12	1	Schleusenwärter

Nr. 15. Staatsministerium für Unterricht und Kultus.

Ziff. I. Staatsministerium.

a) Etatmäßige Beamte.

4	1	Staatsrat	B 1	1	Staatsrat
2	1	Ministerialdirektor	B 3	1	Ministerialdirektor
1	2	Ministerialräte als Abteilungsleiter	B 5	2	Ministerialräte als Abteilungsleiter
XIII	12	Ministerialräte	A 1a	12	Ministerialräte
XII	3	Oberregierungsräte	A 2a	3	Oberregierungsräte
XI	12	Regierungsräte I. Klasse	A 2d	12	Regierungsräte I. Klasse

Bisherige Besoldungsgruppe	Zahl der Beamten im Haushalt 1927	Beamtenklasse	Uebergeleitet werden: in die neue Besoldungsgruppe	Zahl	mit der neuen Amtsbezeichnung
noch XI	2	Ministerialrechnungsräte	A 2g	2	Ministerialrechnungsräte
X	4	Regierungsräte	A 2f	4	Regierungsräte
	1	Rechnungsrat	A 3a	1	Rechnungsrat
	3	Ministerialoberinspektoren	A 3a	2	Amtmänner
			A 4b	1	Ministerialkanzleiinspektor
					Der am 1. Oktober 1927 im Amt gewesene Ministerialoberinspekto als Kanzleivorstand mit de Bezügen der alten Besoldungs gruppe X erhält für seine Per son die Bezüge der Besoldungs gruppe A 3a
IX	3	Rechnungsoberinspektoren	A 4a	3	Rechnungsoberinspektoren
	2	Ministerialobersekretäre	A 4a	2	Oberinspektoren
		Hiervon 1 für seine Person Grundgehalt nach Gruppe X			Der am 1. Oktober 1927 im Amt gewesene Ministerialobersekretä mit den Bezügen der alten Be soldungsgruppe X erhält für sein Person die Bezüge der Besol dungsgruppe A 3a
	2	Ministerialoberregistratoren	A 4a	2	Oberinspektoren
VIII	2	Oberrechnungskommissäre	A 4b	2	Rechnungsinspektoren
	3	Ministerialsekretäre	A 4b	3	Inspektoren
	6	Ministerialregistratoren	A 4b	6	Inspektoren
		Hiervon 1 für seine Person Grundgehalt nach Gruppe IX			Der am 1. Oktober 1927 im Amt gewesene Ministerialregistrato mit den Bezügen der alten Be soldungsgruppe IX erhält fü seine Person die Bezüge der Be soldungsgruppe A 4a
VII	3	Ministerialkanzleiobersekretäre	A 5b	3	Ministerialkanzleiobersekretäre
		Hiervon 2 für ihre Person Grundgehalt nach Gruppe VIII			Die am 1. Oktober 1927 im Amt gewesenen Ministerialkanzleiober sekretäre mit den Bezügen de alten Besoldungsgruppe VIII er halten für ihre Person die Be züge der Besoldungsgruppe A 4
VI	4	Ministerialkanzleisekretäre und -sekretärinnen	A 7a	4	Ministerialkanzleisekretäre und -sekretärinnen
V	3	Ministerialkanzleiassistenten u. -assistentinnen	A 8a	3	Ministerialkanzleiassistenten und -assistentinnen

Bisherige Besoldungsgruppe	Zahl der Beamten im Haushalt 1927	Beamtenklasse	Uebergeleitet werden: in die neue Besoldungsgruppe	Zahl	mit der neuen Amtsbezeichnung
IV	2	Kanzleiassistentinnen	A 9	2	Kanzleiassistentinnen
	5	Ministerialoberoffizianten Hiervon 4 für ihre Person Grundgehalt nach Gruppe V	A 10	5	Ministerialoberoffizianten Die am 1. Oktober 1927 im Amte gewesenen Ministerialoberoffizianten mit den Bezügen der alten Besoldungsgruppe V erhalten für ihre Person die Bezüge der Besoldungsgruppe A 8a
	1	Hausverwalter Für seine Person Grundgehalt nach Gruppe V	A 8a	1	Ministerialhausverwalter
III	2	Ministerialoffizianten Hiervon 1 für seine Person Grundgehalt nach Gruppe IV	A 10	2	Ministerialoffizianten

b) Nichtetatmäßige Beamte.

X	2	Regierungsassessoren	A 2f	2	Regierungsassessoren

Ziff. II. Erziehung und Bildung.

Kap. 1. Landesuniversitäten.

A. Universität München.

Etatmäßige Beamte.

XIII	1	Direktor der Bibliothek	A 1b	1	Direktor der Universitätsbibliothek München Der am 1. Oktober 1927 im Amte gewesene Stelleninhaber mit den Bezügen der alten Besoldungsgruppe XIII erhält für seine Person die Bezüge der Besoldungsgruppe A 1a
—	107	Ordentliche Professoren	A 1c	107	Ordentliche Hochschulprofessoren
XII	1	Oberregierungsrat	A 2a	1	Oberregierungsrat
	1	Oberregierungsbaurat	A 2b	1	Regierungsoberbaurat Der am 1. Oktober 1927 im Amte gewesene Stelleninhaber mit den Bezügen der alten Besoldungsgruppe XII erhält für seine Person die Bezüge der Besoldungsgruppe A 2a

Bisherige Besoldungsgruppe	Zahl der Beamten im Haushalt 1927	Beamtenklasse	Uebergeleitet werden: in die neue Besoldungsgruppe	Uebergeleitet werden: Zahl	Uebergeleitet werden: mit der neuen Amtsbezeichnung
—	39	Außerordentliche Professoren	A 2c	39	Außerordentliche Hochschulprofessoren
XI	2	Staatsoberbibliothekare	A 2d	2	Staatsoberbibliothekare
	1	Regierungsrat I. Klasse	A 2d	1	Regierungsrat I. Klasse
X	27	Oberärzte, Oberapotheker, Lektoren u. Konservatoren	A 2d	1	Apothekendirektor der Poliklinik
			A 2f	26	Oberärzte, Oberapotheker, Lektoren u. Konservatoren
	3	Staatsbibliothekare	A 2f	3	Staatsbibliothekare
	1	Hauptkassier	A 3a	1	Hauptkassier
	4	Rechnungsräte	A 3a	4	Rechnungsräte
IX	1	Apotheker	A 2f	1	Oberapotheker
	4	Verwaltungsoberinspektoren	A 4a	4	Oberinspektoren
VIII	6	Verwaltungsinspektoren	A 4b	6	Inspektoren
	1	Oberbauverwalter	A 4b	1	Oberbauverwalter
	1	Oberforstverwalter	A 4b	1	Oberforstverwalter
VII	12	Obersekretäre	A 4b	12	Obersekretäre
			A 5a*)		*) Vgl. Anmerkung 3 zur Besoldungsgruppe A 4b
	2	Zahntechniker	A 5b	2	Zahntechniker
	4	Oberwerkmeister	A 6	4	Oberwerkmeister Hinsichtlich des Wohnungsgeldzuschusses gilt Anmerkung 1 zur Besoldungsgruppe A 6
VI	16	Sekretäre Hiervon 1 für seine Person Grundgehalt nach Gruppe VII	A 7a	16	Sekretäre Der am 1. Oktober 1927 im Dienste gewesene Sekretär mit den Bezügen der alten Besoldungsgruppe VII erhält für seine Person die Bezüge der Besoldungsgruppe A 4b oder nach Maßgabe der Anmerkung 3 zu dieser Gruppe die Bezüge der Besoldungsgruppe A 5a
	11	Werkmeister	A 6	11	Werkmeister
V	5	Verwaltungsassistenten	A 8a	5	Assistenten
	7	Kanzleisekretäre	A 8a	7	Kanzleisekretäre
	15	Oberwerkführer, Oberpräparatoren	A 8a	15	Oberwerkführer, Oberpräparatoren

Bisherige Besoldungsgruppe	Zahl der Beamten im Haushalt 1927	Beamtenklasse	Uebergeleitet werden: in die neue Besoldungsgruppe	Zahl	mit der neuen Amtsbezeichnung
IV	3	Kanzleiassistenten und -assistentinnen	A 9	3	Kanzleiassistenten und -assistentinnen
	51	Hausverwalter, Präparatoren, Werkführer, Obermaschinisten, Oberoffizianten, Obermechaniker, Oberpfleger, Obergärtner	A 9	26	Oberpfleger, Präparatoren
			A 10	25	Hausverwalter, Obermaschinisten, Hochschuloberoffizianten, Obermechaniker, Obergärtner
	1	Oberhebamme	A 9	1	Oberhebamme
II	1	Kanzleigehilfe oder -gehilfin	A 10	1	Kanzleigehilfe oder -gehilfin
	41	Offizianten, Maschinisten, Pfleger	A 9	5	Pfleger
			A 10	9	Maschinisten
			A 11*)		*) Vgl. Anmerkung 2 zur Besoldungsgruppe A 10
			A 11	27	Offizianten
II	10	Universitätswarte	A 11	10	Amtswarte

B. Universität Würzburg.

—	55	Ordentliche Professoren	A 1 c	55	Ordentliche Hochschulprofessoren
XII	1	Direktor der Bibliothek	A 2 a	1	Direktor der Bibliothek
—	22	Außerordentliche Professoren	A 2 c	22	Außerordentliche Hochschulprofessoren
XI	2	Staatsoberbibliothekare	A 2 d	2	Staatsoberbibliothekare
	1	Regierungsrat I. Klasse	A 2 d	1	Regierungsrat I. Klasse
	1	Oberbauamtmann	A 2 d	1	Bauamtsdirektor
	1	Forstmeister	A 2 d	1	Forstmeister
X	8	Oberärzte, Konservatoren, Lektoren	A 2 f	8	Oberärzte, Konservatoren, Lektoren
	2	Staatsbibliothekare	A 2 f	2	Staatsbibliothekare

Bisherige Besoldungsgruppe	Zahl der Beamten im Haushalt 1927	Beamtenklasse	Uebergeleitet werden: in die neue Besoldungsgruppe	Zahl	mit der neuen Amtsbezeichnung
noch X	1	Rentamtmann Für seine Person Grundgehalt nach Gruppe XI	A 3a	1	Hochschulrentamtmann Der am 1. Oktober 1927 im Amte gewesene Stelleninhaber mit den Bezügen der alten Besoldungsgruppe XI erhält für seine Person die Bezüge der Besoldungsgruppe A 2d
	1	Rechnungsrat	A 3a	1	Rechnungsrat
IX	4	Verwaltungsoberinspektoren Hiervon 1 für seine Person Grundgehalt nach Gruppe X	A 4a	4	Oberinspektoren Der am 1. Oktober 1927 im Amte gewesene Verwaltungsoberinspektor mit den Bezügen der alten Besoldungsgruppe X erhält für seine Person die Bezüge der Besoldungsgruppe A 3a
	1	Gartenoberinspektor	A 4a	1	Gartenoberinspektor
VIII	3	Verwaltungsinspektoren	A 4b	3	Inspektoren
	1	Oberbauverwalter	A 4b	1	Oberbauverwalter
VII	3	Obersekretäre	A 4b A 5a*)	3	Obersekretäre *) Vgl. Anmerkung 3 zur Besoldungsgruppe A 4b
	2	Forstverwalter	A 4b	2	Forstverwalter
	3	Oberwerkmeister	A 6	3	Oberwerkmeister Hinsichtlich des Wohnungsgeldzuschusses gilt Anmerkung 1 zur Besoldungsgruppe A 6
	1	Zahntechniker	A 5b	1	Zahntechniker
	1	Bauverwalter	A 4b	1	Bauverwalter
VI	9	Sekretäre	A 7a	9	Sekretäre
	8	Werkmeister	A 6	8	Werkmeister
V	3	Verwaltungsassistenten	A 8a	3	Assistenten
	2	Kanzleisekretäre	A 8a	2	Kanzleisekretäre
	1	Förster	A 8a	1	Förster
	15	Oberwerkführer, Oberpräparatoren	A 8a	15	Oberwerkführer, Oberpräparatoren
IV	2	Kanzleiassistenten oder -assistentinnen	A 9	2	Kanzleiassistenten oder -assistentinnen
	25	Hausverwalter, Präparatoren, Werkführer, Obermaschinisten, Obermechaniker, Oberoffizianten	A 9	13	Präparatoren

[Bisherige Be-]soldungsgruppe	Zahl der Beamten im Haushalt 1927	Beamtenklasse	Uebergeleitet werden: in die neue Besoldungsgruppe	Zahl	mit der neuen Amtsbezeichnung
noch V			A 10	12	Hausverwalter, Werkführer, Obermaschinisten, Obermechaniker, Hochschuloberoffizianten
	1	Oberhebamme	A 9	1	Oberhebamme
	2	Forstwarte	A 9	2	Forstwarte
II	26	Offizianten, Maschinisten	A 11	26	Amtsoffizianten
II	10	Universitätswarte	A 11	10	Amtswarte
		C. Universität Erlangen.			
—	57	Ordentliche Professoren	A 1c	57	Ordentliche Hochschulprofessoren
II	1	Direktor der Bibliothek	A 2a	1	Direktor der Bibliothek
—	13	Außerordentliche Professoren	A 2c	13	Außerordentliche Hochschulprofessoren
XI	1	Universitätsmusikdirektor	A 2d	1	Universitätsmusikdirektor
	1	Staatsoberbibliothekar	A 2d	1	Staatsoberbibliothekar
	1	Regierungsrat I. Klasse	A 2d	1	Regierungsrat I. Klasse
	1	Oberbauamtmann	A 2d	1	Bauamtsdirektor
X	8	Oberärzte, Konservatoren, Lektoren	A 2f	8	Oberärzte, Konservatoren, Lektoren
	2	Staatsbibliothekare	A 2f	2	Staatsbibliothekare
	1	Rentamtmann	A 3a	1	Hochschulrentamtmann
	1	Rechnungsrat	A 3a	1	Rechnungsrat
X	1	Verwaltungsoberinspektor	A 4a	1	Oberinspektor
II	4	Verwaltungsinspektoren	A 4b	4	Inspektoren
	1	Garteninspektor	A 4b	1	Garteninspektor
	1	Oberbauverwalter	A 4b	1	Oberbauverwalter
II	3	Obersekretäre	A 4b	3	Obersekretäre
			A 5a*)		*) Vgl. Anmerkung 3 zur Besoldungsgruppe A 4b
	1	Zahntechniker	A 5b	1	Zahntechniker
	1	Oberwerkmeister	A 6	1	Oberwerkmeister
					Hinsichtlich des Wohnungsgeldzuschusses gilt Anmerkung 1 zur Besoldungsgruppe A 6

Bisherige Besoldungsgruppe	Zahl der Beamten im Haushalt 1927	Beamtenklasse	Uebergeleitet werden: in die neue Besoldungsgruppe	Zahl	mit der neuen Amtsbezeichnung
VI	6	Sekretäre	A 7a	6	Sekretäre
		Hiervon 1 für seine Person Grundgehalt nach Gruppe VIII			Der am 1. Oktober 1927 im Amte gewesene Sekretär mit den Bezügen der alten Besoldungsgruppe VIII erhält für seine Person die Bezüge der Besoldungsgruppe A 4b
	5	Werkmeister	A 6	5	Werkmeister
V	1	Verwaltungsassistent	A 8a	1	Assistent
	3	Kanzleisekretäre	A 8a	3	Kanzleisekretäre
	13	Oberwerkführer, Oberpräparatoren	A 8a	13	Oberwerkführer, Oberpräparatoren
IV	3	Kanzleiassistenten und -assistentinnen	A 9	3	Kanzleiassistenten und -assistentinnen
	22	Hausverwalter, Präparatoren, Werkführer, Obermaschinisten, Oberoffizianten	A 9	11	Präparatoren
			A 10	11	Hausverwalter, Werkführer, Obermaschinisten, Hochschuloberoffizianten
III	16	Offizianten, Maschinisten	A 10	1	Maschinist
			A 11*)		*) Vgl. Anmerkung 2 zur Besoldungsgruppe A 10
			A 11	15	Amtsoffizianten
II	7	Universitätswarte	A 11	7	Amtswarte

Kap. 2. Technische Hochschule.

Etatmäßige Beamte.

—	56	Ordentliche Professoren	A 1c	56	Ordentliche Hochschulprofessoren
XII	1	Oberregierungsrat	A 2a	1	Oberregierungsrat
	1	Direktor der Bibliothek	A 2a	1	Direktor der Bibliothek
—	4	Außerordentliche Professoren	A 2c	4	Außerordentliche Hochschulprofessoren
XI	2	Hauptkonservatoren	A 2d	2	Hauptkonservatoren
	1	Regierungsrat I. Klasse	A 2d	1	Regierungsrat I. Klasse
X	14	Konservatoren, Observatoren	A 2f	14	Konservatoren, Observatoren

Bisherige Besoldungsgruppe	Zahl der Beamten im Haushalt 1927	Beamtenklasse	Uebergeleitet werden: in die neue Besoldungsgruppe	Zahl	mit der neuen Amtsbezeichnung
noch X	1	Staatsbibliothekar	A 2 f	1	Staatsbibliothekar
	1	Rentamtmann	A 3 a	1	Hochschulrentamtmann
IX	2	Verwalt.-Oberinspektoren	A 4 a	2	Oberinspektoren
VIII	2	Verwaltungsinspektoren	A 4 b	2	Inspektoren
	1	Oberbauverwalter	A 4 b	1	Oberbauverwalter
VII	3	Obersekretäre	A 4 b	3	Obersekretäre
		Hiervon 1 für seine Person Grundgehalt nach Gruppe VIII	A 5a*)		*) Vgl. Anmerkung 3 zur Besoldungsgruppe A 4 b Der am 1. Oktober 1927 im Amte gewesene Obersekretär mit den Bezügen der alten Besoldungsgruppe VIII erhält für seine Person die Bezüge der Besoldungsgruppe A 4 b
	6	Oberwerkmeister	A 6	6	Oberwerkmeister Hinsichtlich des Wohnungsgeldzuschusses gilt Anmerkung 1 zur Besoldungsgruppe A 6
VI	7	Sekretäre	A 7 a	7	Sekretäre
	9	Werkmeister	A 6	9	Werkmeister
	1	Gartenverwalter	A 7 a	1	Gartenverwalter
V	5	Verwaltungsassistenten	A 8 a	5	Assistenten
	3	Kanzleisekretäre	A 8 a	3	Kanzleisekretäre
	18	Oberwerkführer, Oberpräparatoren, Gartenmeister	A 8 a	18	Oberwerkführer, Oberpräparatoren, Gartenmeister
IV	3	Kanzleiassistenten und -assistentinnen	A 9	3	Kanzleiassistenten und -assistentinneu
	17	Hausverwalter, Präparatoren, Werkführer, Obermaschinisten, Oberoffizianten, Obermechaniker	A 9	9	Präparatoren
			A 10	8	Hausverwalter, Werkführer, Obermaschinisten, Hochschuloberoffizianten, Obermechaniker
III	1	Kanzleigehilfe	A 10	1	Kanzleigehilfe
	9	Offizianten, Maschinisten	A 10	4	Maschinisten
			A 11*)		*) Vgl. Anmerkung 2 zur Besoldungsgruppe A 10
			A 11	5	Amtsoffizianten
II	6	Hochschulwarte	A 11	6	Amtswarte

Bisherige Besoldungsgruppe	Zahl der Beamten im Haushalt 1927	Beamtenklasse	Uebergeleitet werden: in die neue Besoldungsgruppe	Zahl	mit der neuen Amtsbezeichnung

Kap. 3. Philosophisch-theologische Hochschulen.

Etatmäßige Beamte.

—	38	Ordentliche Professoren	A 1 c	38	Ordentliche Hochschulprofessoren
—	19	Außerordentliche Professoren	A 2 c	19	Außerordentliche Hochschulprofessoren
IV	2	Oberoffizianten	A 10	2	Hochschuloberoffizianten
III	4	Offizianten	A 11	4	Amtsoffizianten
II	1	Hochschulwart	A 11	1	Amtswart

Kap. 4. A. Hochschule für Landwirtschaft und Brauerei in Weihenstephan.

Etatmäßige Beamte.

a) Hochschule.

—	15	Ordentliche Professoren	A 1 c	15	Ordentliche Hochschulprofessoren
—	6	Außerordentliche Professoren	A 2 c	6	Außerordentliche Hochschulprofessoren
X	1	Landwirtschaftsrat	A 2 f	1	Landwirtschaftsrat
	1	Hauptkassier	A 3 a	1	Amtmann
IX	1	Verwaltungsoberinspektor	A 4 a	1	Oberinspektor
VII	1	Obersekretär	A 4 b	1	Obersekretär
			A 5a*)		*) Vgl. Anmerkung 3 zur Besoldungsgruppe A 4 b
VI	1	Sekretär	A 7 a	1	Sekretär
V	2	Verwaltungsassistenten	A 8 a	2	Assistenten
	1	Kanzleisekretär	A 8 a	1	Kanzleisekretär
	1	Oberpräparator	A 8 a	1	Oberpräparator
IV	1	Kanzleiassistent	A 9	1	Kanzleiassistent
	3	Hausverwalter und Oberoffizianten	A 10	3	Hausverwalter und Hochschuloberoffizianten
III	2	Offizianten	A 11	2	Amtsoffizianten
II	1	Wart	A 11	1	Amtswart

Bisherige Besoldungsgruppe	Zahl der Beamten im Haushalt 1927	Beamtenklasse	Uebergeleitet werden: in die neue Besoldungsgruppe	Zahl	mit der neuen Amtsbezeichnung
		b) Milchwirtschaftliches Institut mit Molkereischule.			
XI	1	Landwirtschaftsrat I. Kl.	A 2d	1	Landwirtschaftsrat I. Klasse
VI	1	Werkmeister	A 6	1	Werkmeister
IV	1	Kanzleiassistent	A 9	1	Kanzleiassistent
III	1	Offiziant	A 11	1	Amtsoffiziant
		c) Versuchs- und Lehrbrauerei.			
IX	1	Lehrbraumeister	A 4a	1	Lehrbraumeister
		d) Staatliche brautechnische Versuchsstation.			
X	1	Direktor	A 2e	1	Direktor
		e) Institut für landwirtschaftliche Gewerbe.			
VI	1	Lehrbrennmeister	A 6	1	Lehrbrennmeister
III	1	Offiziant	A 11	1	Amtsoffiziant
		f) Staatsgut.			
XI	1	Direktor der Staatsbrauerei	A 2d	1	Direktor der Staatsbrauerei
VIII	1	Verwaltungsinspektor bei der Staatsbrauerei	A 4b	1	Inspektor bei der Staatsbrauerei
VI	1	Sekretär bei der Staatsbrauerei	A 7a	1	Sekretär bei der Staatsbrauerei
		B. Höhere Staatslehranstalt für Gartenbau in Weihenstephan.			
		Etatmäßige Beamte.			
XI	1	Direktor. Für seine Person Grundgehalt nach Gruppe XII	A 2d	1	Direktor. Der am 1. Oktober 1927 im Amte gewesene Stelleninhaber mit den Bezügen der alten Besoldungsgruppe XII erhält für seine Person die Bezüge der Besoldungsgruppe A 2a
X	2	Studienräte	A 2f	2	Studienräte
	1	Landwirtschaftsrat	A 2f	1	Landwirtschaftsrat
IX	2	Gartenoberinspektoren	A 4a	2	Gartenbauoberlehrer
VIII	2	Garteninspektoren	A 4b	2	Gartenbaulehrer
V	1	Kanzleisekretär	A 8a	1	Kanzleisekretär

Bisherige Besoldungsgruppe	Zahl der Beamten im Haushalt 1927	Beamtenklasse	Uebergeleitet werden: in die neue Besoldungsgruppe	Zahl	mit der neuen Amtsbezeichnung

Kap. 6. Akademie der Wissenschaften.

Etatmäßige Beamte.

XI	1	Regierungsrat I. Klasse	A 2d	1	Regierungsrat I. Klasse
IX	1	Hauptkassenverwalter	A 4a	1	Hauptkassenverwalter
VII	1	Obersekretär	A 4b	1	Obersekretär
			A 5a*)		*) Vgl. Anmerkung 3 zur Besol dungsgruppe A 4b
VI	1	Sekretär	A 7a	1	Sekretär
V	1	Kanzleisekretär	A 8a	1	Kanzleisekretär
IV	1	Kanzleiassistent	A 9	1	Kanzleiassistent
	1	Oberoffiziant	A 10	1	Akademieoberoffiziant
III	2	Offizianten	A 11	2	Amtsoffizianten

Kommission für die internationale Erdmessung.

X	1	Observator	A 2f	1	Observator
IV	1	Obermechaniker	A 10	1	Obermechaniker

Kap. 7. Verwaltung der wissenschaftlichen Sammlunge des Staates.

Etatmäßige Beamte.

XIII	1	Direktor des Museums für Völkerkunde	A 1b	1	Direktor des Museums fü Völkerkunde Der am 1. Oktober 1927 im Am gewesene Stelleninhaber mit de Bezügen der alten Besoldungs gruppe XIII erhält für seine Pe son die Bezüge der Besoldung gruppe A 1a
	1	Direktor der Münzsammlung	A 1b	1	Direktor der Münzsamm lung Der am 1. Oktober 1927 im Am gewesene Stelleninhaber mit de Bezügen der alten Besoldung gruppe XIII erhält für seine Pe son die Bezüge der Besoldung gruppe A 1a

…soldungsgruppe	Zahl der Beamten im Haushalt 1927	Beamtenklasse	Uebergeleitet werden: in die neue Besoldungsgruppe	Zahl	mit der neuen Amtsbezeichnung
II	5	Hauptkonservatoren und Abteilungsleiter	A 2a	2	Direktoren der zoologischen u. prähistorischen Staatssammlung in München
		Hauptobservatoren und Abteilungsleiter	A 2b	3	Abteilungsdirektoren Die am 1. Oktober 1927 im Amte gewesenen Stelleninhaber mit den Bezügen der alten Besoldungsgruppe XII erhalten für ihre Person die Bezüge der Besoldungsgruppe A 2a
I	5	Hauptkonservatoren und Hauptobservatoren	A 2d	5	Hauptkonservatoren und Hauptobservatoren
X	14	Konservatoren und Observatoren	A 2f	14	Konservatoren und Observatoren
X	2	Gartenoberinspektoren	A 4a	2	Gartenoberinspektoren
II	1	Verwaltungsinspektor	A 4b	1	Inspektor
II	3	Oberwerkmeister	A 5b	1	Hauptpräparator der zoologischen Staatssammlung in München
			A 6	2	Oberwerkmeister Hinsichtlich des Wohnungsgeldzuschusses gilt Anmerkung 1 zur Besoldungsgruppe A 6
I	7	Werkmeister	A 6	7	Werkmeister
V	2	Kanzleisekretäre	A 8a	2	Kanzleisekretäre
	16	Oberpräparatoren, Oberwerkführer, Gartenmeister	A 8a	16	Oberpräparatoren, Oberwerkführer, Gartenmeister
V	1	Kanzleiassistent	A 9	1	Kanzleiassistent
	13	Hausverwalter, Präparatoren, Obermaschinisten, Oberoffizianten, Obermechaniker, Obergärtner	A 9	10	Präparatoren
			A 10	3	Hausverwalter, Obermaschinisten, Sammlungsoberoffizianten, Obermechaniker, Obergärtner
I	9	Offizianten, Maschinisten	A 10	1	Maschinist
			A 11*)		*) Vgl. Anmerkung 2 zur Besoldungsgruppe A 10
			A 11	8	Sammlungsoffizianten

Bisherige Besoldungsgruppe	Zahl der Beamten im Haushalt 1927	Beamtenklasse	Uebergeleitet werden		
			in die neue Besoldungsgruppe	Zahl	mit der neuen Amtsbezeichnung

Kap. 8. Landeswetterwarte.

Etatmäßige Beamte.

XII	1	Direktor	A 2a	1	Direktor
XI	1	Hauptobservator	A 2d	1	Hauptobservator
X	3	Observatoren	A 2f	3	Observatoren
VIII	2	Verwaltungsinspektoren	A 4b	2	Inspektoren
VII	1	Obersekretär	A 4b A 5a*)	1	Obersekretär *) Vgl. Anmerkung 3 zur Beso[ldungsgruppe] dungsgruppe A 4b
V	1	Kanzleisekretär	A 8a	1	Kanzleisekretär
IV	3	Kanzleiassistentinnen	A 9	3	Kanzleiassistentinnen
III	1	Offiziant	A 11	1	Amtsoffiziant

Kap. 9. A. Biologische Versuchsanstalt für Fischerei in München.

Etatmäßige Beamte.

XI	1	Oberregierungschemiker	A 2d	1	Regierungschemierat I. K
X	2	Regierungschemiker	A 2f	2	Regierungschemieräte
IV	1	Kanzleiassistentin	A 9	1	Kanzleiassistentin
	1	Präparator	A 9	1	Präparator
III	1	Offiziant	A 11	1	Amtsoffiziant

B. Teichwirtschaftliche Versuchsanstalt „Hofer-Institut" in Wielenbach.

Etatmäßige Beamte.

X	1	Konservator	A 2f	1	Konservator

Kap. 10. A. Staatsbibliothek.

a) Etatmäßige Beamte.

1	1	Generaldirektor	B 5	1	Generaldirektor
XIII	1	Direktor	A 1a	1	Direktor

Bisherige Besoldungsgruppe	Zahl der Beamten im Haushalt 1927	Beamtenklasse	Uebergeleitet werden: in die neue Besoldungsgruppe	Zahl	mit der neuen Amtsbezeichnung
XII	5	Abteilungsdirektoren und Oberbibliothekräte Hiervon 1 für seine Person Grundgehalt nach Gruppe XIII	A 2a	3	Abteilungsdirektoren Der am 1. Oktober 1927 im Amte gewesene Abteilungsdirektor mit den Bezügen der alten Besoldungsgruppe XIII erhält für seine Person die Bezüge der Besoldungsgruppe A 1a
			A 2b	2	Oberbibliothekräte Die am 1. Oktober 1927 im Amte gewesenen Stelleninhaber mit den Bezügen der alten Besoldungsgruppe XII erhalten für ihre Person die Bezüge der Besoldungsgruppe A 2a
XI	12	Staatsoberbibliothekare	A 2d	12	Staatsoberbibliothekare
X	11	Staatsbibliothekare	A 2f	11	Staatsbibliothekare
IX	2	Verwaltungsoberinspektoren	A 4a	2	Oberinspektoren
VIII	2	Verwaltungsinspektoren	A 4b	2	Inspektoren
VII	5	Obersekretäre	A 4b	5	Obersekretäre
			A 5a*)		*) Vgl. Anmerkung 3 zur Besoldungsgruppe A 4b
VI	5	Sekretäre	A 7a	5	Sekretäre
	1	Werkmeister	A 6	1	Werkmeister
V	5	Verwaltungsassistenten	A 8a	5	Assistenten
	5	Kanzleisekretäre	A 8a	5	Kanzleisekretäre
IV	15	Hausverwalter und Oberoffizianten	A 10	15	Hausverwalter, Werkführer und Bibliothekoberoffizianten
III	5	Offizianten	A 11	5	Amtsoffizianten
II	4	Bibliothekwarte	A 11	4	Amtswarte

b) Nichtetatmäßige Beamte.

X	3	Bibliothekassessoren	A 2f	3	Bibliothekassessoren
V	1	Hilfsassistent	A 8a	1	Hilfsassistent

B. Armeebibliothek.

Etatmäßige Beamte.

III	1	Offiziant	A 11	1	Amtsoffiziant
II	1	Bibliothekwart	A 11	1	Amtswart

Kap. 11. Bibliothek in Bamberg.

Etatmäßige Beamte.

Bisherige Besoldungsgruppe	Zahl der Beamten im Haushalt 1927	Beamtenklasse	Uebergeleitet werden: in die neue Besoldungsgruppe	Zahl	mit der neuen Amtsbezeichnung
XI	1	Staatsoberbibliothekar	A 2d	1	Staatsoberbibliothekar
X	1	Staatsbibliothekar	A 2f	1	Staatsbibliothekar
VII	1	Obersekretär	A 4b	1	Obersekretär
			A 5a*)		*) Vgl. Anmerkung 3 zur Besoldungsgruppe A 4 b
III	1	Offiziant	A 11	1	Amtsoffiziant

Kap. 13. Höhere Lehranstalten.

A. Humanistische Gymnasien.

a) Etatmäßige Beamte.

Bisherige Besoldungsgruppe	Zahl der Beamten im Haushalt 1927	Beamtenklasse	Uebergeleitet werden: in die neue Besoldungsgruppe	Zahl	mit der neuen Amtsbezeichnung
XII	46	Oberstudiendirektoren	A 1d	9	Oberstudiendirektoren
			A 2a	37	Oberstudiendirektoren
	71	Oberstudienräte	A 2b	71	Oberstudienräte
					Die am 1. Oktober 1927 im Amte gewesenen Oberstudienräte mit den Bezügen der alten Besoldungsgruppe XII erhalten für ihre Person die Bezüge der Besoldungsgruppe A 2 a
XI	471	Studienprofessoren	A 2d	471	Studienprofessoren
X	421	Studienräte	A 2f	421	Studienräte
IX	11	Studienlehrer	A 4a	11	Studienlehrer
		Hiervon 9 für ihre Person Grundgehalt nach Gruppe X			Die am 1. Oktober 1927 im Amte gewesenen Studienlehrer mit den Bezügen der alten Besoldungsgruppe X erhalten für ihre Person die Bezüge der Besoldungsgruppe A 2 f
VII	3	Obersekretäre	A 5a	3	Obersekretäre
VI	4	Sekretäre	A 7a	4	Sekretäre
V	2	Verwaltungsassistenten	A 8a	2	Assistenten
		Hiervon 1 für seine Person Grundgehalt nach Gruppe IX			Der am 1. Oktober 1927 im Amte gewesene Stelleninhaber mit den Bezügen der alten Besoldungsgruppe IX erhält für seine Person die Bezüge der Besoldungsgruppe A 4 a

Bisherige Besoldungsgruppe	Zahl der Beamten im Haushalt 1927	Beamtenklasse	Uebergeleitet werden: in die neue Besoldungsgruppe	Zahl	mit der neuen Amtsbezeichnung
IV	27	Hausverwalter	A 10	27	Hausverwalter
III	20	Offizianten	A 11	20	Schuloffizianten
		Hiervon 1 für seine Person Grundgehalt nach Gruppe IV			Der am 1. Oktober 1927 im Amte gewesene Offiziant mit den Bezügen der alten Besoldungsgruppe IV erhält für seine Person die Bezüge der Besoldungsgruppe A 10
	1	Maschinist	A 10 / A 11*)	1	Maschinist *) Vgl. Anmerkung 2 zur Besoldungsgruppe A 10
II	2	Schulwarte	A 11	2	Schulwarte

b) Nichtetatmäßige Beamte.

X	28	Studienassessoren	A 2 f	28	Studienassessoren
IX	1	Studienassessor	A 4 a	1	Studienassessor

B. Realgymnasien.

a) Etatmäßige Beamte.

XII	5	Oberstudiendirektoren	A 1 d	5	Oberstudiendirektoren
	10	Oberstudienräte	A 2 b	10	Oberstudienräte
					Die am 1. Oktober 1927 im Amte gewesenen Oberstudienräte mit den Bezügen der alten Besoldungsgruppe XII erhalten für ihre Person die Bezüge der Besoldungsgruppe A 2 a
XI	85	Studienprofessoren	A 2 d	85	Studienprofessoren
X	65	Studienräte	A 2 f	65	Studienräte
IX	2	Studienlehrer	A 4 a	2	Studienlehrer
		Für ihre Person Grundgehalt nach Gruppe X			Die am 1. Oktober 1927 im Amte gewesenen Stelleninhaber mit den Bezügen der alten Besoldungsgruppe X erhalten für ihre Person die Bezüge der Besoldungsgruppe A 2 f
VII	1	Obersekretär	A 5 a	1	Obersekretär
VI	2	Sekretäre	A 7 a	2	Sekretäre
V	1	Verwaltungsassistent	A 8 a	1	Assistent
IV	3	Hausverwalter	A 10	3	Hausverwalter

Bisherige Besoldungsgruppe	Zahl der Beamten im Haushalt 1927	Beamtenklasse	Uebergeleitet werden: in die neue Besoldungsgruppe	Zahl	mit der neuen Amtsbezeichnung
III	3	Offizianten	A 11	3	Offizianten
	1	Maschinist	A 10	1	Maschinist
			A 11*)		*) Vgl. Anmerkung 2 zur Besoldungsgruppe A 10
II	1	Schulwart	A 11	1	Schulwart
		b) Nichtetatmäßige Beamte.			
X	2	Studienassessoren	A 2 f	2	Studienassessoren

C. Oberrealschulen.

a) Etatmäßige Beamte.

XII	26	Oberstudiendirektoren Hiervon 1 für seine Person Grundgehalt nach Gruppe XIII	A 1 d	4	Oberstudiendirektoren Der am 1. Oktober 1927 im Amte gewesene Oberstudiendirektor mit den Bezügen der alten Besoldungsgruppe XIII erhält für seine Person die Bezüge der Besoldungsgruppe A 1 a
			A 2 a	22	Oberstudiendirektoren
	31	Oberstudienräte	A 2 b	31	Oberstudienräte Die am 1. Oktober 1927 im Amte gewesenen Oberstudienräte mit den Bezügen der alten Besoldungsgruppe XII erhalten für ihre Person die Bezüge der Besoldungsgruppe A 2 a
XI	263	Studienprofessoren	A 2 d	263	Studienprofessoren
X	387	Studienräte	A 2 f	387	Studienräte
IX	7	Studienlehrer	A 4 a	7	Studienlehrer
VII	3	Obersekretäre	A 5 a	3	Obersekretäre
VI	6	Sekretäre	A 7 a	6	Sekretäre
V	3	Verwaltungsassistenten	A 8 a	3	Assistenten
IV	17	Hausverwalter	A 10	17	Hausverwalter
	1	Obermaschinist	A 10	1	Obermaschinist
III	13	Offizianten	A 11	13	Schuloffizianten
II	4	Schulwarte	A 11	4	Schulwarte

b) Nichtetatmäßige Beamte.

X	35	Studienassessoren	A 2 f	35	Studienassessoren
IX	1	Studienassessor	A 4 a	1	Studienassessor

Bisherige Besoldungsgruppe	Zahl der Beamten im Haushalt 1927	Beamtenklasse	Uebergeleitet werden: in die neue Besoldungsgruppe	Zahl	mit der neuen Amtsbezeichnung

D. Realschulen, Progymnasien und Lateinschulen.

a) Etatmäßige Beamte.

XII	21	Oberstudiendirektoren	A 2 a	8	Oberstudiendirektoren als Vorstände von 6klassigen höheren Lehranstalten mit mehr als 13 Klassen
			A 2 b	22	Studiendirektoren als Vorstände von 6klassigen höheren Lehranstalten mit 9 bis 13 Klassen und von Doppelanstalten Die am 1. Oktober 1927 im Amte gewesenen Stelleninhaber mit den Bezügen der alten Besoldungsgruppe XII erhalten für ihre Person die Bezüge der Besoldungsgruppe A 2 a
	15	Oberstudienräte	A 2 b	15	Oberstudienräte Die am 1. Oktober 1927 im Amte gewesenen Stelleninhaber mit den Bezügen der alten Besoldungsgruppe XII erhalten für ihre Person die Bezüge der Besoldungsgruppe A 2 a
XI	40	Studiendirektoren	A 2 d	31	Studiendirektoren
	235	Studienprofessoren	A 2 d	235	Studienprofessoren
X	496	Studienräte	A 2 f	496	Studienräte
IX	5	Studienlehrer	A 4 a	5	Studienlehrer
VI	4	Sekretäre	A 7 a	4	Sekretäre
V	2	Verwaltungsassistenten	A 8 a	2	Assistenten
IV	12	Hausverwalter	A 10	12	Hausverwalter
II	26	Offizianten	A 11	26	Schuloffizianten
II	16	Schulwarte	A 11	16	Schulwarte

b) Nichtetatmäßige Beamte.

X	86	Studienassessoren	A 2 f	86	Studienassessoren

Bisherige Besoldungsgruppe	Zahl der Beamten im Haushalt 1927	Beamtenklasse	Uebergeleitet werden: in die neue Besoldungsgruppe	Zahl	mit der neuen Amtsbezeichnung

E. Mädchenlyzeum (Alexandrinum) in Coburg.

a) Etatmäßige Beamte.

XI	1	Studiendirektor	A 2 b	1	Studiendirektor
	1	Studienprofessor	A 2 d	1	Studienprofessor
X	4	Studienräte	A 2 f	4	Studienräte
IX	2	Oberlehrer und Oberlehrerinnen	A 4 a	2	Oberlehrer und Oberlehrerinnen
		Hiervon der Inhaber der Oberlehrerstelle als Studienrat Grundgehalt nach Gruppe X			Der am 1. Oktober 1927 im Amte gewesene Inhaber der Oberlehrerstelle mit den Bezügen der alten Besoldungsgruppe X erhält für seine Person die Bezüge der Besoldungsgruppe A 2 f
VIII	4	Hauptlehrerinnen	A 4 b	4	Hauptlehrerinnen
VII	1	Handarbeitshauptlehrerin	A 4 b	2	Fachhauptlehrerinnen
	1	Turnlehrerin			
III	1	Offiziant	A 11	1	Schuloffiziant

b) Nichtetatmäßige Beamte.

X	1	Studienassessor	A 2 f	1	Studienassessor

Kap. 14. Lehrer- und Lehrerinnenbildungsanstalten.

a) Etatmäßige Beamte.

XII	15	Oberstudiendirektoren	A 2 a	15	Oberstudiendirektoren
XI	40	Studienprofessoren	A 2 d	40	Studienprofessoren
		Hiervon 1 für seine Person Grundgehalt nach Gruppe XII			Der am 1. Oktober 1927 im Amte gewesene Studienprofessor mit den Bezügen der alten Besoldungsgruppe XII erhält für seine Person die Bezüge der Besoldungsgruppe A 2 a
X	165	Studienräte	A 2 f	165	Studienräte
IX	43	Studienlehrer	A 4 a	43	Studienlehrer
IV	6	Hausverwalter	A 10	6	Hausverwalter
III	5	Offizianten	A 11	5	Schuloffizianten
II	1	Schulwart	A 11	1	Schulwart

b) Nichtetatmäßige Beamte.

X	14	Studienassessoren	A 2 f	14	Studienassessoren

Bisherige Besoldungsgruppe	Zahl der Beamten im Haushalt 1927	Beamtenklasse	Uebergeleitet werden: in die neue Besoldungsgruppe	Zahl	mit der neuen Amtsbezeichnung

Kap. 15. Volksschulen.

a) Etatmäßige Beamte.

Bisherige Besoldungsgruppe	Zahl der Beamten im Haushalt 1927	Beamtenklasse	in die neue Besoldungsgruppe	Zahl	mit der neuen Amtsbezeichnung
XI	13	Regierungsschulräte	A 2 d	13	Regierungsschulräte
X	6	Kreisschulräte Hiervon 2 für ihre Person Grundgehalt nach Gruppe XI	A 2 g	6	Kreisschulräte Die am 1. Oktober 1927 im Amte gewesenen Kreisschulräte mit den Bezügen der alten Besoldungsgruppe XI erhalten für ihre Person die Bezüge der Besoldungsgruppe A 2 d
	56	Bezirksschulräte	A 3 a	56	Bezirksschulräte 1)
IX	80	Bezirksschulräte	A 3 a	80	Bezirksschulräte 1)

b) Ständige Volksschullehrer und Volksschulfachlehrer.

Bisherige Besoldungsgruppe	Zahl der Beamten im Haushalt 1927	Beamtenklasse	in die neue Besoldungsgruppe	Zahl	mit der neuen Amtsbezeichnung
X	80	Oberlehrer	A 4 a	80	Oberlehrer 1) 2) 3) Die am 1. Oktober 1927 im Amte gewesenen Oberlehrer mit den Bezügen der alten Besoldungsgruppe X erhalten für ihre Person die Bezüge der Besoldungsgruppe A 3 a
IX	2591	Oberlehrer Hiervon 4 für ihre Person Grundgehalt nach Gruppe X	A 4 a	2591	Oberlehrer 1) 2) 3) Die am 1. Oktober 1927 im Amte gewesenen Oberlehrer mit den Bezügen der alten Besoldungsgruppe X erhalten für ihre Person die Bezüge der Besoldungsgruppe A 3 a
VIII	5653	Hauptlehrer	A 4 b	5653	Hauptlehrer 1) 2) 3)
VII	8479	Lehrer Hiervon 40 für ihre Person Grundgehalt nach Gruppe VIII	A 4 b	8479	Lehrer 1) 2) 3)

1) Unter der Bezeichnung Bezirksschulräte, Oberlehrer, Hauptlehrer, Lehrer, Hilfslehrer sind männliche wie weibliche zu verstehen.

2) Oberlehrer, Hauptlehrer oder Lehrer als Fortbildungsleiter erhalten auf die Dauer dieser Dienstesaufgabe eine widerrufliche nichtruhegehaltsfähige Zulage, und zwar bei Zuteilung von 1—5 Fortbildungspflichtigen im Betrage von 600 RM jährlich, bei Zuteilung von 6 mit 10 Fortbildungspflichtigen im Betrage von 900 RM jährlich, bei Zuteilung von mehr als 10 Fortbildungspflichtigen im Betrage von 1200 RM jährlich. Die Zulage wird nicht gewährt den Oberlehrern, die am 1. Oktober 1927 die Bezüge der alten Besoldungsgruppe X hatten und deshalb für ihre Person die Bezüge der Besoldungsgruppe A 3 a erhalten.

3) Oberlehrer, Hauptlehrer oder Lehrer als Leiter von Volksschulen mit 13 und mehr Schulklassen erhalten auf die Dauer dieser Dienstesaufgabe eine widerrufliche nichtruhegehaltsfähige Zulage von 400 RM jährlich. Die gleiche Zulage erhalten Oberlehrer als Leiter von Hilfsschulen mit 3 und mehr Klassen.

Bisherige Besoldungsgruppe	Zahl der Beamten im Haushalt 1927	Beamtenklasse	Uebergeleitet werden: in die neue Besoldungsgruppe	Zahl	mit der neuen Amtsbezeichnung
noch VII	250	Handarbeitshaupt-lehrerinnen	A 5 c	250	Handarbeitshaupt-lehrerinnen [1])
	4	Hauswirtschaftshaupt-lehrerinnen	A 5 c	4	Hauswirtschaftshaupt-lehrerinnen [1])
VI	251	Handarbeitslehrerinnen	A 5 c	251	Handarbeitslehrerinnen [1])
	5	Hauswirtschafts-lehrerinnen	A 5 c	5	Hauswirtschafts-lehrerinnen [1])
c) Unständige Volksschullehrer und Volksschulfachlehrer.					
VII	1675	Hilfslehrer	A 4 b	1675	Hilfslehrer [2])
VI	24	Handarbeitshilfs-lehrerinnen	A 5 c	24	Handarbeitshilfslehrerinnen
	1	Hauswirtschaftshilfs-lehrerin	A 5 c	1	Hauswirtschaftshilfslehrerin

Kap. 17. A. Höhere technische Staatslehranstalt Nürnberg.

a) Etatmäßige Beamte.

XIII	1	Direktor	A 1 b	1	Direktor Der am 1. Oktober 1927 im Amte gewesene Stelleninhaber mit den Bezügen der alten Besoldungsgruppe XIII erhält für seine Person die Bezüge der Besoldungsgruppe A 1 a
XII	5	Oberbauräte	A 2 a	4	Oberbauräte als Abteilungsleiter
			A 2 b	1	Oberbaurat Der am 1. Oktober 1927 im Amte gewesene Stelleninhaber mit den Bezügen der alten Besoldungsgruppe XII erhält für seine Person die Bezüge der Besoldungsgruppe A 2 a
XI	13	Professoren	A 2 d	13	Professoren
X	20	Bauräte, Studienräte	A 2 f	20	Bauräte, Studienräte

1) Die Handarbeits- und Hauswirtschaftshauptlehrerinnen oder -lehrerinnen erhalten als Fachberaterinnen für die Dauer dieser Dienstesaufgabe eine widerrufliche nichtruhegehaltsfähige Zulage von 400 RM jährlich.

2) Siehe Anmerkung 1 auf Seite 287.

Bisherige Besoldungsgruppe	Zahl der Beamten im Haushalt 1927	Beamtenklasse	Uebergeleitet werden: in die neue Besoldungsgruppe	Zahl	mit der neuen Amtsbezeichnung
IX	1	Verwaltungsoberinspektor	A 4 a	1	Oberinspektor
VII	1	Oberwerkmeister	A 6	1	Oberwerkmeister Hinsichtlich des Wohnungsgeldzuschusses gilt Anmerkung 1 zur Besoldungsgruppe A 6
VI	1	Sekretär	A 7a	1	Sekretär
	3	Werkmeister	A 6	3	Werkmeister
V	1	Kanzleisekretär	A 8a	1	Kanzleisekretär
	3	Oberwerkführer	A 8a	3	Oberwerkführer
IV	1	Hausverwalter	A 10	1	Hausverwalter
	1	Werkführer	A 10	1	Werkführer
III	3	Offizianten	A 11	3	Schuloffizianten
II	1	Anstaltswart	A 11	1	Schulwart

b) Nichtetatmäßige Beamte.

X	1	Studienassessor	A 2f	1	Studienassessor

B. Höhere technische Staatslehranstalt Kaiserslautern.

Etatmäßige Beamte.

XII	1	Direktor	A 2a	1	Direktor
XI	3	Professoren	A 2d	3	Professoren
X	5	Bauräte, Studienräte	A 2f	5	Bauräte, Studienräte
VIII	1	Verwaltungsinspektor	A 4b	1	Inspektor

Kap. 18. A. Bauschule mit Gewerbelehrerinstitut in München.

Etatmäßige Beamte.

XII	1	Direktor	A 2a	1	Direktor
	1	Oberbaurat	A 2b	1	Oberbaurat als Leiter des Gewerbelehrerinstituts Der am 1. Oktober 1927 im Amte gewesene Stelleninhaber mit den Bezügen der alten Besoldungsgruppe XII erhält für seine Person die Bezüge der Besoldungsgruppe A 2
XI	19	Professoren	A 2d	19	Professoren

Bisherige Besoldungsgruppe	Zahl der Beamten im Haushalt 1927	Beamtenklasse	Uebergeleitet werden: in die neue Besoldungsgruppe	Zahl	mit der neuen Amtsbezeichnung
X	5	Bauräte, Studienräte	A 2 f	5	Bauräte, Studienräte
VIII	1	Verwaltungsinspektor	A 4 b	1	Inspektor
VI	1	Werkmeister	A 6	1	Werkmeister
V	1	Verwaltungsassistent	A 8 a	1	Assistent
IV	1	Hausverwalter	A 10	1	Hausverwalter
III	1	Offiziant	A 11	1	Schuloffiziant

B. Bauschule Coburg.

Etatmäßige Beamte.

XI	1	Direktor	A 2 b	1	Direktor
	3	Professoren	A 2 d	3	Professoren
X	4	Bauräte, Studienräte	A 2 f	4	Bauräte, Studienräte

Kap. 19. Staatliche Industrie- und Gewerbeschule Neustadt bei Coburg.

X	1	Direktor	A 2 f	1	Direktor
VIII	3	Fachschulhauptlehrer	A 4 b	3	Fachschulhauptlehrer

Kap. 21. Hebammenschulen.

Etatmäßige Beamte.

XI	3	Medizinalräte	A 2 d	3	Medizinalräte I. Klasse
VI	1	Sekretär	A 7 a	1	Sekretär
V	1	Obermaschinist	A 10	1	Obermaschinist
III	2	Offizianten	A 11	2	Schuloffizianten

Kap. 25. Taubstummen-, Blinden- und sonstige Anstalten.

§ 1. Landestaubstummenanstalt in München.

a) Etatmäßige Beamte.

XI	1	Direktor	A 2 d	1	Direktor
X	2	Studienräte	A 3 a	2	Oberlehrer
IX	6	Oberlehrer und Oberlehrerinnen	A 4 a	6	Oberlehrer und Oberlehrerinnen
VIII	5	Hauptlehrer und Hauptlehrerinnen	A 4 b	5	Hauptlehrer und Hauptlehrerinnen
VII	1	Handarbeitshauptlehrerin	A 4 b	1	Fachhauptlehrerin

Bisherige Besoldungsgruppe	Zahl der Beamten im Haushalt 1927	Beamtenklasse	Uebergeleitet werden: in die neue Besoldungsgruppe	Zahl	mit der neuen Amtsbezeichnung

b) Nichtetatmäßige Beamte.

VII	1	(Aufsichts-) Hilfslehrer	A 4b	1	(Aufsichts-) Hilfslehrer

§ 5. Landesblindenanstalt in München.

XI	1	Direktor	A 2d	1	Direktor
IX	2	Oberlehrer und Oberlehrerinnen	A 4a	2	Oberlehrer und Oberlehrerinnen
VIII	1	Hauptlehrer oder Hauptlehrerin	A 4b	1	Hauptlehrer oder Hauptlehrerin
VII	1	Handarbeitshauptlehrerin	A 4b	1	Fachhauptlehrerin

§ 8. Landesanstalt für krüppelhafte Kinder und orthopädische Klinik bei dieser Anstalt.

Tit. 1. Erziehungs- und Unterrichtsanstalt.

a) Etatmäßige Beamte.

XI	1	Direktor	A 2d	1	Direktor
IX	4	Oberlehrer und Oberlehrerinnen	A 4a	4	Oberlehrer und Oberlehrerinnen
VIII	2	Hauptlehrer und Hauptlehrerinnen	A 4b	2	Hauptlehrer und Hauptlehrerinnen
VII	1	Handarbeitshauptlehrerin	A 4b	1	Fachhauptlehrerin

b) Nichtetatmäßige Beamte.

VII	1	(Aufsichts-) Hilfslehrer	A 4b	1	(Aufsichts-) Hilfslehrer

Kap. 26. Landesturnanstalt.

XII	1	Direktor	A 2b	1	Direktor Der am 1. Oktober 1927 im Amte gewesene Stelleninhaber mit den Bezügen der alten Besoldungsgruppe XII erhält für seine Person die Bezüge der Besoldungsgruppe A 2a
XI	4	Studienprofessoren	A 2d	4	Studienprofessoren
V	1	Hausverwalter	A 10	1	Hausverwalter

Bisherige Besoldungsgruppe	Zahl der Beamten im Haushalt 1927	Beamtenklasse	Uebergeleitet werden: in die neue Besoldungsgruppe	Zahl	mit der neuen Amtsbezeichnung

Kap. 30. Akademie der bildenden Künste.

Etatmäßige Beamte.

XII	14	Ordentliche Professoren	A 2a	14	Ordentliche Professoren
XI	1	Außerordentlicher Professor	A 2d	1	Außerordentlicher Professor
	1	Regierungsrat I. Klasse	A 2d	1	Regierungsrat I. Klasse
VIII	1	Verwaltungsinspektor	A 4b	1	Inspektor
VII	1	Fachlehrer	A 5b	1	Fachlehrer
	1	Obersekretär	A 4b A 5a*)	1	Obersekretär *) Vgl. Anmerkung 3 zur Besoldungsgruppe A 4b
VI	1	Sekretär	A 7a	1	Sekretär
V	2	Verwaltungsassistenten	A 8a	2	Assistenten
	1	Kanzleisekretär	A 8a	1	Kanzleisekretär
IV	1	Oberoffiziant	A 10	1	Akademieoberoffiziant
III	1	Offiziant	A 11	1	Amtsoffiziant
II	1	Wart	A 11	1	Amtswart

Kap. 31. Kunstgewerbeschulen.

Etatmäßige Beamte.

XIII	1	Direktor	A 1d	1	Direktor der Kunstgewerbeschule Nürnberg Der am 1. Oktober 1927 im Amt gewesene Stelleninhaber mit den Bezügen der alten Besoldungsgruppe XIII erhält für seine Person die Bezüge der Besoldungsgruppe A 1a
XII	22	Ordentliche Professoren	A 2a	22	Ordentliche Professoren
XI	4	Außerordentliche Professoren	A 2d	4	Außerordentliche Professoren
X	5	Studienräte	A 2f	5	Studienräte
IX	1	Verwaltungsoberinspektor	A 4a	1	Oberinspektor
VIII	1	Verwaltungsinspektor	A 4b	1	Inspektor
VII	5	Fachlehrer	A 5b	5	Fachlehrer
	1	Obersekretär	A 4b A 5a*)	1	Obersekretär *) Vgl. Anmerkung 3 zur Besoldungsgruppe A 4b
VI	3	Werkmeister	A 6	3	Werkmeister

Bisherige Besoldungsgruppe	Zahl der Beamten im Haushalt 1927	Beamtenklasse	Uebergeleitet werden: in die neue Besoldungsgruppe	Zahl	mit der neuen Amtsbezeichnung
V	1	Verwaltungsassistent	A 8 a	1	Assistent
IV	1	Kanzleiassistent	A 9	1	Kanzleiassistent
	2	Hausverwalter	A 10	2	Hausverwalter
III	3	Offizianten	A 11	3	Schuloffizianten
II	1	Schulwart	A 11	1	Schulwart
		Für seine Person Grundgehalt nach Gruppe III			

Kap. 32. Staatsgemäldesammlungen.

a) Etatmäßige Beamte.

1	1	Generaldirektor	B 5	1	Generaldirektor
XI	4	Hauptkonservatoren	A 2d	4	Hauptkonservatoren
X	5	Konservatoren	A 2f	5	Konservatoren
IX	1	Verwaltungsoberinspektor	A 4a	1	Oberinspektor
VII	1	Obersekretär	A 4b	1	Obersekretär
		Für seine Person Grundgehalt nach Gruppe VIII			
VI	1	Werkmeister	A 6	1	Werkmeister
V	1	Verwaltungsassistent	A 8a	1	Assistent
	2	Kanzleisekretäre	A 8a	2	Kanzleisekretäre
	2	Oberpräparatoren	A 8a	2	Oberpräparatoren
IV	11	Hausverwalter, Oberoffizianten, Präparatoren	A 9	2	Präparatoren
			A 10	9	Hausverwalter, Sammlungsoberoffizianten, Werkführer
III	8	Offizianten	A 11	8	Sammlungsoffizianten
II	7	Sammlungswarte	A 11	7	Sammlungswarte

b) Nichtetatmäßige Beamte.

X	1	Museumsassessor	A 2f	1	Museumsassessor

Bisherige Besoldungsgruppe	Zahl der Beamten im Haushalt 1927	Beamtenklasse	Uebergeleitet werden: in die neue Besoldungsgruppe	Zahl	mit der neuen Amtsbezeichnung

Kap. 33. Antikensammlungen.

Etatmäßige Beamte.

Bisherige Besoldungsgruppe	Zahl der Beamten im Haushalt 1927	Beamtenklasse	in die neue Besoldungsgruppe	Zahl	mit der neuen Amtsbezeichnung
XII	1	Direktor des Museums für antike Kleinkunst	A 2b	1	Direktor des Museums für antike Kleinkunst Der am 1. Oktober 1927 im Amte gewesene Stelleninhaber mit den Bezügen der alten Besoldungsgruppe XII erhält für seine Person die Bezüge der Besoldungsgruppe A 2a
VI	1	Werkmeister	A 6	1	Werkmeister
V	1	Oberpräparator	A 8a	1	Oberpräparator
IV	1	Hausverwalter	A 10	1	Hausverwalter
III	2	Offizianten	A 11	2	Sammlungsoffizianten
II	1	Sammlungswart Für seine Person Grundgehalt nach Gruppe V	A 11	1	Sammlungswart Der am 1. Oktober 1927 im Amte gewesene Stelleninhaber mit den Bezügen der alten Besoldungsgruppe V erhält für seine Person die Bezüge der Besol dungsgruppe A 8a

Kap. 34. Graphische Sammlung.

Etatmäßige Beamte.

Bisherige Besoldungsgruppe	Zahl der Beamten im Haushalt 1927	Beamtenklasse	in die neue Besoldungsgruppe	Zahl	mit der neuen Amtsbezeichnung
XIII	1	Direktor	A 1b	1	Direktor Der am 1. Oktober 1927 im Amte gewesene Stelleninhaber mit den Bezügen der alten Besoldungsgruppe XIII erhält für seine Person die Bezüge der Besoldungsgruppe A 1a
XI	1	Hauptkonservator	A 2d	1	Hauptkonservator
X	3	Konservatoren	A 2f	3	Konservatoren
V	1	Oberpräparator	A 8a	1	Oberpräparator
IV	1	Kanzleiassistent	A 9	1	Kanzleiassistent
	3	Oberoffizianten und Präparatoren	A 9	3	Präparatoren
III	1	Offiziant	A 11	1	Sammlungsoffiziant
II	1	Sammlungswart	A 11	1	Sammlungswart

Bisherige Besoldungsgruppe	Zahl der Beamten im Haushalt 1927	Beamtenklasse	Uebergeleitet werden: in die neue Besoldungsgruppe	Zahl	mit der neuen Amtsbezeichnung
Kap. 35. Bayerisches Nationalmuseum.					
XIII	1	Direktor	A 1a	1	Direktor
XI	2	Hauptkonservatoren	A 2d	2	Hauptkonservatoren
X	2	Konservatoren	A 2f	2	Konservatoren
IX	1	Verwaltungsoberinspektor	A 4a	1	Oberinspektor
VII	1	Restaurator	A 5b	1	Restaurator
VI	2	Werkmeister	A 6	2	Werkmeister
V	4	Kanzleisekretäre	A 8a	4	Kanzleisekretäre
	4	Oberpräparatoren	A 8a	4	Oberpräparatoren
IV	1	Kanzleiassistent	A 9	1	Kanzleiassistent
	17	Hausverwalter, Oberoffizianten, Präparatoren und Werkführer	A 9	9	Präparatoren
			A 10	8	Hausverwalter, Sammlungsoberoffizianten und Werkführer
III	15	Offizianten u. Maschinisten	A 11	15	Sammlungsoffizianten
II	9	Sammlungswarte Hiervon 3 für ihre Person Grundgehalt nach Gruppe III	A 11	9	Sammlungswarte
Kap. 36. Bayerisches Armeemuseum.					
Etatmäßige Beamte.					
XI	2	Hauptkonservatoren	A 2d	2	Hauptkonservatoren
X	1	Konservator	A 2f	1	Konservator
VIII	1	Verwaltungsinspektor	A 4b	1	Inspektor
V	1	Oberpräparator	A 8a	1	Oberpräparator
IV	5	Hausverwalter, Oberoffizianten u. Präparatoren	A 9	1	Präparator
			A 10	4	Hausverwalter, Sammlungsoberoffizianten
III	7	Offizianten u. Maschinisten	A 10	1	Maschinist
			A 11*)		*) Vgl. Anmerkung 2 zur Besoldungsgruppe A 10
			A 11	6	Sammlungsoffizianten
II	4	Museumswarte	A 11	4	Sammlungswarte

Bisherige Besoldungsgruppe	Zahl der Beamten im Haushalt 1927	Beamtenklasse	Uebergeleitet werden: in die neue Besoldungsgruppe	Zahl	mit der neuen Amtsbezeichnung

Kap. 40. a) Ruhmeshalle.

Etatmäßige Beamte.

III	1	Offiziant	A 11	1	Amtsoffiziant

b) Walhalla.

Etatmäßige Beamte.

V	1	Verwalter	A 9	1	Verwalter
III	2	Offizianten	A 11	2	Offizianten

Kap. 41. Landesamt für Denkmalpflege.

a) Etatmäßige Beamte.

XIII	1	Direktor	A 1 a	1	Direktor
XII	1	Hauptkonservator und Abteilungsleiter	A 2 b	1	Abteilungsdirektor Der am 1. Oktober 1927 im Amt gewesene Stelleninhaber mit den Bezügen der alten Besoldungsgruppe XII erhält für seine Person die Bezüge der Besoldungsgruppe A 2 a
XI	8	Hauptkonservatoren	A 2 d	8	Hauptkonservatoren
X	4	Konservatoren	A 2 f	4	Konservatoren
VII	1	Oberwerkmeister	A 6	1	Oberwerkmeister Hinsichtlich des Wohnungsgeldzuschusses gilt Anmerkung 1 zu Besoldungsgruppe A 6
VI	2	Sekretäre	A 7 a	2	Sekretäre
	2	Werkmeister	A 6	2	Werkmeister
V	3	Oberpräparatoren	A 8 a	3	Oberpräparatoren
IV	1	Kanzleiassistent	A 9	1	Kanzleiassistent
	1	Hausverwalter	A 10	1	Hausverwalter
III	1	Offiziant	A 11	1	Offiziant

b) Nichtetatmäßige Beamte.

X	1	Museumsassessor	A 2 f	1	Museumsassessor

Bisherige Besoldungsgruppe	Zahl der Beamten im Haushalt 1927	Beamtenklasse	Uebergeleitet werden: in die neue Besoldungsgruppe	Zahl	mit der neuen Amtsbezeichnung

Kap. 44. Feuerwache für die wissenschaftlichen und Kunstsammlungen und Hausverwaltung beim Glaspalast in München.

Etatmäßige Beamte.

V	4	Sammlungsoberoffizianten	A 10	4	Sammlungsoberoffizianten
	1	Hausverwalter des Glaspalastes in München	A 10	1	Hausverwalter des Glaspalastes in München
II	4	Sammlungsoffizianten	A 11	4	Sammlungsoffizianten

Kap. 45. Förderung und Pflege der Musik.

§ 1. Staatliche Akademie der Tonkunst in München.

Etatmäßige Beamte.

III	1	Direktor	A 1 a	1	Präsident
II	13	Ordentliche Professoren	A 2 a	13	Ordentliche Professoren
XI	7	Außerordentliche Professoren	A 2 d	7	Außerordentliche Professoren
X	8	Studienräte	A 2 f	8	Studienräte
	1	Rechnungsrat	A 3 a	1	Amtmann
II	1	Obersekretär	A 4 b	1	Obersekretär
			A 5a*)		*) Vgl. Anmerkung 3 zur Besoldungsgruppe A 4 b
VI	1	Sekretär	A 7 a	1	Sekretär
V	1	Kanzleisekretär	A 8 a	1	Kanzleisekretär
V	1	Kanzleiassistent	A 9	1	Kanzleiassistent
	1	Oberoffiziant	A 10	1	Akademieoberoffiziant
II	1	Offiziant	A 11	1	Amtsoffiziant
II	1	Wart	A 11	1	Amtswart

§ 2. Staatskonservatorium der Musik in Würzburg.

a) Etatmäßige Beamte.

II	1	Direktor	A 2 a	1	Direktor
XI	7	Studienprofessoren	A 2 d	7	Studienprofessoren
X	11	Studienräte	A 2 f	11	Studienräte
III	1	Verwaltungsinspektor	A 4 b	1	Inspektor
V	1	Hausverwalter	A 10	1	Hausverwalter
XI	1	Offiziant	A 11	1	Amtsoffiziant

Bisherige Besoldungsgruppe	Zahl der Beamten im Haushalt 1927	Beamtenklasse	Uebergeleitet werden in die neue Besoldungsgruppe	Zahl	mit der neuen Amtsbezeichnung
		b) Nichtetatmäßige Beamte.			
X	1	Studienassessor	A 2f	1	Studienassessor
		Kap. 46. Staatstheater in München.			
XII	1	Oberregierungsrat	A 1d	1	Direktor bei der Generaldirektion
	1	Kapellmeister Für seine Person Grundgehalt nach Gruppe XIII	A 1d	1	1. Kapellmeister Der am 1. Oktober 1927 im Amt gewesene 1. Kapellmeister mit den Bezügen der alten Besoldungsgruppe XIII erhält für seine Person die Bezüge der Besoldungsgruppe A 1a
X	3	Konzertmeister	A 2f	3	Konzertmeister
	1	Hauptkassier	A 3a	1	Hauptkassier Der am 1. Oktober 1927 im Amt gewesene Stelleninhaber erhält für seine Person die Bezüge der Besoldungsgruppe A 2f
IX	25	Kammervirtuosen	A 3a	25	Kammervirtuosen
	3	Verwaltungsoberinspektoren	A 4a	3	Oberinspektoren
VIII	40	Kammermusiker in gehobenen Stellen	A 4a	40	Kammermusiker in gehobenen Stellen
	2	Verwaltungsinspektoren Hiervon 1 für seine Person Grundgehalt nach Gruppe IX	A 4b	2	Inspektoren Der am 1. Oktober 1927 im Amt gewesene Verwaltungsinspektor mit den Bezügen der alten Besoldungsgruppe IX erhält für seine Person die Bezüge der Besoldungsgruppe A 4a
VII	60	Kammermusiker	A 4b	60	Kammermusiker
	5	Obersekretäre Hiervon 1 für seine Person Grundgehalt nach Gruppe VIII	A 4b A 5a*)	5	Obersekretäre *) Vgl. Anmerkung 3 zur Besoldungsgruppe A 4b
	3	Oberwerkmeister	A 5b	3	Oberbeleuchtungsmeister Obergarderobemeister Obertheatermeister
VI	6	Sekretäre	A 7a	6	Sekretäre
	3	Werkmeister	A 6	3	Werkmeister
V	5	Verwaltungsassistenten	A 8a	5	Assistenten

Bisherige Besoldungsgruppe	Zahl der Beamten im Haushalt 1927	Beamtenklasse	Uebergeleitet werden: in die neue Besoldungsgruppe	Zahl	mit der neuen Amtsbezeichnung
noch V	18	Oberwerkführer u. Oberwerkführerinnen	A 8 a	18	Oberwerkführer und Oberwerkführerinnen
	1	Maschinenmeister	A 9	1	Maschinenmeister
IV	1	Hausverwalter	A 10	1	Hausverwalter
	4	Oberoffizianten Hiervon 1 für seine Person Grundgehalt nach Gruppe V	A 10	4	Oberoffizianten Der am 1. Oktober 1927 im Amte gewesene Oberoffiziant mit den Bezügen der alten Besoldungsgruppe V erhält für seine Person die Bezüge der Besoldungsgruppe A 8 a
	18	Werkführer und Werkführerinnen	A 10	18	Werkführer und Werkführerinnen
	1	Geldzähler	A 10	1	Geldzähler
III	7	Offizianten Hiervon 1 für seine Person Grundgehalt nach Gruppe IV	A 11	7	Offizianten Der am 1. Oktober 1927 im Amte gewesene Offiziant mit den Bezügen der alten Besoldungsgruppe IV erhält für seine Person die Bezüge der Besoldungsgruppe A 10
II	3	Warte	A 11	3	Amtswarte

Nr. 16. Staatsministerium der Finanzen.

Ziff. I. A. Staatsministerium.

a) Etatmäßige Beamte.

4	1	Staatsrat	B 1	1	Staatsrat
2	1	Ministerialdirektor Für seine Person Grundgehalt nach Gruppe 3	B 3	1	Ministerialdirektor Der am 1. Oktober 1297 im Amte gewesene Stelleninhaber mit den Bezügen der alten Besoldungsgruppe 3 erhält für seine Person die Bezüge der Besoldungsgruppe B 2
1	2	Ministerialräte als Abteilungsleiter	B 5	2	Ministerialräte als Abteilungsleiter
XIII	11	Ministerialräte	A 1 a	11	Ministerialräte
XII	9	Oberregierungsräte	A 2 a	9	Oberregierungsräte
XI	3	Regierungsräte I. Klasse	A 2 d	3	Regierungsräte I. Klasse
	1	Ministerialrechnungsrat	A 2 g	1	Ministerialrechnungsrat

Bisherige Besoldungsgruppe	Zahl der Beamten im Haushalt 1927	Beamtenklasse	Uebergeleitet werden: in die neue Besoldungsgruppe	Zahl	mit der neuen Amtsbezeichnung
X	2	Regierungsräte	A 2f	2	Regierungsräte
	1	Rechnungsrat	A 3a	1	Rechnungsrat
	3	Ministerialoberinspektoren	A 3a	2	Amtmänner
			A 4b	1	Ministerialkanzleiinspektor Der am 1. Oktober 1927 im Amte gewesene Ministerialoberinspektor als Kanzleivorstand mit den Bezügen der alten Besoldungsgruppe X erhält für seine Person die Bezüge der Besoldungsgruppe A 3a
IX	2	Rechnungsoberinspektoren	A 4a	2	Rechnungsoberinspektoren
	2	Ministerialoberregistratoren	A 4a	2	Oberinspektoren
VIII	1	Oberrechnungskommissär	A 4b	1	Rechnungsinspektor
	4	Ministerialregistratoren	A 4b	4	Inspektoren
VII	5	Ministerialkanzleiobersekretäre und -obersekretärinnen Hiervon 1 für seine Person Grundgehalt nach Gruppe VIII	A 5b	5	Ministerialkanzleiobersekretäre u. -obersekretärinnen Der am 1. Oktober 1927 im Amte gewesene Ministerialkanzleiobersekretär mit den Bezügen der alten Besoldungsgruppe VIII erhält für seine Person die Bezüge der Besoldungsgruppe A 4b
	1	Oberwerkmeister	A 5b	1	Druckereiobersaktor
VI	7	Ministerialkanzleisekretäre und -sekretärinnen	A 7a	7	Ministerialkanzleisekretäre und -sekretärinnen
	1	Werkmeister	A 6	1	Werkmeister
V	5	Ministerialkanzleiassistenten und -assistentinnen Hiervon 3 für ihre Person Grundgehalt nach Gruppe VI	A 8a	5	Ministerialkanzleiassistenten und -assistentinnen Die am 1. Oktober 1927 im Amte gewesenen Ministerialkanzleiassistentinnen mit den Bezügen der alten Besoldungsgruppe VI erhalten für ihre Person die Bezüge der Besoldungsgruppe A 7a
	3	Oberwerkführer	A 8a	3	Oberwerkführer
IV	1	Hausverwalter Für seine Person Grundgehalt nach Gruppe V	A 8a	1	Ministerialhausverwalter

Bisherige Besoldungsgruppe	Zahl der Beamten im Haushalt 1927	Beamtenklasse	Uebergeleitet werden: in die neue Besoldungsgruppe	Zahl	mit der neuen Amtsbezeichnung
noch IV	5	Ministerialoberoffizianten	A 10	5	Ministerialoberoffizianten
		Hiervon 3 für ihre Person Grundgehalt nach Gruppe V			Die am 1. Oktober 1927 im Amte gewesenen Ministerialoberoffizianten mit den Bezügen der alten Besoldungsgruppe V erhalten für ihre Person die Bezüge der Besoldungsgruppe A 8 a
	6	Werkführer	A 10	6	Werkführer
III	2	Ministerialoffizianten	A 10	2	Ministerialoffizianten
		Für ihre Person Grundgehalt nach Gruppe V			Die am 1. Oktober 1927 im Amte gewesenen Ministerialoffizianten mit den Bezügen der alten Besoldungsgruppe V erhalten für ihre Person die Bezüge der Besoldungsgruppe A 8 a
	5	Druckereioffizianten	A 10	4	Druckereioffizianten
		Hiervon 2 für ihre Person Grundgehalt nach Gruppe IV	A 11*)		*) Vgl. Anmerkung 2 zur Besoldungsgruppe A 10

B. Oberster Rechnungshof.

3	1	Präsident	B 1	1	Präsident
XIII	7	Oberrechnungsgerichtsräte	A 1 a	7	Staatsfinanzräte
X	1	Rechnungsrat	A 3 a	1	Rechnungsrat
		Für seine Person Grundgehalt nach Gruppe XI			Der am 1. Oktober 1927 im Amte gewesene Stelleninhaber mit den Bezügen der alten Besoldungsgruppe XI erhält für seine Person die Bezüge der Besoldungsgruppe A 2 d
IX	1	Rechnungsoberinspektor	A 4 a	1	Rechnungsoberinspektor
VII	1	Oberregistrator	A 4 b	1	Obersekretär
			A 5a*)		*) Vgl. Anmerkung 3 zur Besoldungsgruppe A 4 b
VI	1	Kanzleiobersekretär	A 7 a	1	Kanzleiobersekretär
IV	1	Oberoffiziant	A 10	1	Oberoffiziant
		Für seine Person Grundgehalt nach Gruppe V			Der am 1. Oktober 1927 im Amte gewesene Stelleninhaber mit den Bezügen der alten Besoldungsgruppe V erhält für seine Person die Bezüge der Besoldungsgruppe A 8 a
III	1	Amtsoffiziant	A 11	1	Amtsoffiziant

Bisherige Besoldungsgruppe	Zahl der Beamten im Haushalt 1927	Beamtenklasse	Uebergeleitet werden: in die neue Besoldungsgruppe	Zahl	mit der neuen Amtsbezeichnung

C. Rechnungskammer.

Etatmäßige Beamte.

XIII	1	Regierungsdirektor	A 1 a	1	Regierungsdirektor
XII	2	Oberregierungsräte	A 2 a	2	Oberregierungsräte
X	15	Regierungsräte und Rentamtmänner	A 2 f	15	Regierungsräte Die am 1. Oktober 1927 im Amte gewesenen Regierungsräte I. Klasse mit den Bezügen der alten Besoldungsgruppe XI erhalten für ihre Person die Bezüge der Besoldungsgruppe A 2 d
VII	1	Oberregistrator	A 4 b A 5a*)	1	Obersekretär *) Vgl. Anmerkung 3 zur Besoldungsgruppe A 4 b
VI	1	Registrator Für seine Person Grundgehalt nach Gruppe VII	A 7 a	1	Sekretär Der am 1. Oktober 1927 im Amte gewesene Stelleninhaber mit den Bezügen der alten Besoldungsgruppe VII erhält für seine Person die Bezüge der Besoldungsgruppe A 4 b oder nach Maßgabe der Anmerkung 3 zu dieser Gruppe die Bezüge der Besoldungsgruppe A 5 a
VI	1	Kanzleiobersekretär	A 7 a	1	Kanzleiobersekretär
V	1	Kanzleisekretär	A 8 a	1	Kanzleisekretär
IV	1	Kanzleiassistent	A 9	1	Kanzleiassistent
	1	Hausverwalter	A 10	1	Hausverwalter
III	1	Amtsoffiziant Für seine Person Grundgehalt nach Gruppe IV	A 11	1	Amtsoffiziant Der am 1. Oktober 1927 im Amte gewesene Stelleninhaber mit den Bezügen der alten Besoldungsgruppe IV erhält für seine Person die Bezüge der Besoldungsgruppe A 10

D. Landesvermessungsamt.

a) Etatmäßige Beamte.

XIII	1	Präsident	B 5	1	Präsident
XII	5	Oberregierungsräte	A 2 a	5	Oberregierungsräte

Bisherige Besoldungsgruppe	Zahl der Beamten im Haushalt 1927	Beamtenklasse	Uebergeleitet werden: in die neue Besoldungsgruppe	Zahl	mit der neuen Amtsbezeichnung
noch XII	2	Obervermessungsräte	A 2 b	2	Regierungsobervermessungsräte
					Die am 1. Oktober 1927 im Amte gewesenen Obervermessungsräte mit den Bezügen der alten Besoldungsgruppe XII erhalten für ihre Person die Bezüge der Besoldungsgruppe A 2 a
XI	24	Vermessungsoberamtmänner	A 2 d	24	Regierungsvermessungsräte I. Klasse
X	31	Vermessungsamtmänner	A 2 f	31	Regierungsvermessungsräte
	1	Hauptkassier	A 3 a	1	Hauptkassier
IX	1	Hauptkassenverwalter	A 4 a	1	Hauptkassenverwalter
VIII	1	Katasterinspektor	A 4 a	1	Katasteroberinspektor
	1	Lithographieinspektor	A 4 a	1	Lithographieoberinspektor
	10	Planinspektoren	A 4 b	10	Planinspektoren
	11	Verwaltungsoberkommissäre	A 4 b	11	Inspektoren
VII	46	Obersekretäre	A 4 b	14	Obersekretäre
			A 5a*)		*) Vgl. Anmerkung 3 zur Besoldungsgruppe A 4 b
			A 5 a	32	Obersekretäre der lithographischen Abteilung und der Katasterabteilung
	1	Oberregistrator	A 4 b	1	Obersekretär
			A 5a*)		*) Vgl. Anmerkung 3 zur Besoldungsgruppe A 4 b
	1	Oberwerkmeister	A 5 b	1	Druckereioberfaktor
VI	34	Sekretäre	A 7 a	34	Sekretäre
	1	Registrator	A 7 a	1	Sekretär
	1	Werkmeister	A 6	1	Werkmeister
V	7	Oberwerkführer	A 8 a	7	Oberwerkführer
	24	Verwaltungsassistenten	A 8 a	24	Assistenten
IV	9	Werkführer	A 10	9	Werkführer
	1	Obermaschinist	A 10	1	Obermaschinist
	11	Kanzleiassistenten	A 9	11	Kanzleiassistenten
	2	Kanzleiassistenten (Beförderungsstellen für Kanzleigehilfen)	A 9	2	Kanzleiassistenten
	1	Hausverwalter	A 10	1	Hausverwalter

Bisherige Besoldungsgruppe	Zahl der Beamten im Haushalt 1927	Beamtenklasse	Uebergeleitet werden: in die neue Besoldungsgruppe	Zahl	mit der neuen Amtsbezeichnung
III	9	Druckereioffizianten	A 10	9	Druckereioffizianten
			A 11*)		*) Vgl. Anmerkung 2 zur Beso[l]dungsgruppe A 10
	28	Messungsoffizianten	A 11	28	Messungsoffizianten
	1	Amtsoffiziant	A 11	1	Amtsoffiziant
	1	Kanzleigehilfe	A 10	1	Kanzleigehilfe
II	10	Messungswarte	A 11	10	Messungswarte
	1	Amtswart	A 11	1	Amtswart
		b) Nichtetatmäßige Beamte.			
X	5	Vermessungsassessoren	A 2 f	5	Vermessungsassessoren
IV	2	Hilfsassistenten	A 9	2	Hilfsassistenten

E. Topographisches Bureau.

a) Etatmäßige Beamte.

XIII	1	Direktor	A 1 b	1	Direktor Der am 1. Oktober 1927 im Am[t] gewesene Stelleninhaber mit de[n] Bezügen der alten Besoldung[s]gruppe XIII erhält für seine Pe[r]son die Bezüge der Besoldung[s]gruppe A 1 a
XII	2	Oberregierungsräte	A 2 a	2	Oberregierungsräte
XI	1	Vermessungsoberamtmann	A 2 d	1	Regierungsvermessungsrat I. Klasse
X	1	Vermessungsamtmann	A 3 a	1	Amtmann
IX	4	Obertopographen Hiervon 1 für seine Person Grundgehalt nach Gruppe X	A 4 a	4	Obertopographen Der am 1. Oktober 1927 im Am[t] gewesene Obertopograph mit de[n] Bezügen der alten Besoldung[s]gruppe X erhält für seine Pe[r]son die Bezüge der Besoldung[s]gruppe A 3 a
	1	Hauptkassenverwalter	A 4 a	1	Hauptkassenverwalter
VIII	6	Topographen Hiervon 2 für ihre Person Grundgehalt nach Gruppe X	A 4 b	6	Topographen Die am 1. Oktober 1927 im Am[t] gewesenen Topographen mit de[n] Bezügen der alten Besoldung[s]gruppe X erhalten für ihre Pe[r]son die Bezüge der Besoldung[s]gruppe A 3 a

Bisherige Besoldungsgruppe	Zahl der Beamten im Haushalt 1927	Beamtenklasse	Uebergeleitet werden: in die neue Besoldungsgruppe	Zahl	mit der neuen Amtsbezeichnung
noch VIII	5	Planinspektoren	A 4b	5	Planinspektoren
	1	Kassier	A 4b	1	Kassier
VII	11	Obersekretäre	A 4b	1	Obersekretär
			A 5a*)		*) Vgl. Anmerkung 3 zur Besoldungsgruppe A 4b
			A 5a	10	Obersekretäre im kartographischen Dienste
	1	Oberregistrator	A 4b	1	Obersekretär
			A 5a*)		*) Vgl. Anmerkung 3 zur Besoldungsgruppe A 4b
VI	11	Sekretäre	A 7a	11	Sekretäre
	1	Werkmeister	A 6	1	Werkmeister
V	3	Verwaltungsassistenten	A 8a	3	Assistenten
	2	Oberwerkführer	A 8a	2	Oberwerkführer
	1	Kanzleisekretär	A 8a	1	Kanzleisekretär
IV	2	Werkführer	A 10	2	Werkführer
	1	Kanzleiassistent	A 9	1	Kanzleiassistent
	1	Hausverwalter	A 10	1	Hausverwalter
III	1	Druckereioffiziant	A 10	1	Druckereioffiziant
			A 11*)		*) Vgl. Anmerkung 2 zur Besoldungsgruppe A 10

b) Nichtetatmäßige Beamte.

IV	1	Hilfsassistent	A 9	1	Hilfsassistent

F. Staatshauptkasse.

a) Etatmäßige Beamte.

XII	1	Direktor	A 2a	1	Direktor
X	1	Hauptkassier	A 3a	1	Hauptkassier
	1	Rechnungsrat	A 3a	1	Rechnungsrat
IX	1	Hauptkassenverwalter	A 4a	1	Hauptkassenverwalter
	5	Rechnungsoberinspektoren	A 4a	5	Rechnungsoberinspektoren
VIII	6	Oberrechnungskommissäre	A 4b	6	Rechnungsinspektoren
VII	2	Rechnungskommissäre	A 4b	2	Obersekretäre
V	2	Kanzleisekretäre und =sekretärinnen	A 8a	2	Kanzleisekretäre und =sekretärinnen
	1	Verwaltungsassistent	A 8a	1	Assistent
IV	1	Geldzähler	A 10	1	Geldzähler
	2	Kanzleiassistenten und =assistentinnen	A 9	2	Kanzleiassistenten und =assistentinnen

Bisherige Besoldungsgruppe	Zahl der Beamten im Haushalt 1927	Beamtenklasse	Uebergeleitet werden: in die neue Besoldungsgruppe	Zahl	mit der neuen Amtsbezeichnung

b) Nichtetatmäßige Beamte.

IV	1	Hilfsassistent	A 9	1	Hilfsassistent

G. Messungsdienst bei den Landesfinanzämtern.

XII	10	Oberregierungsräte	A 2 a	10	Oberregierungsräte
XI	6	Regierungsvermessungsräte I. Klasse	A 2 d	6	Regierungsvermessungsräte I. Klasse
X	28	Regierungsvermessungsräte	A 2 f	28	Regierungsvermessungsräte

H. Messungsämter.

a) Etatmäßige Beamte.

XII	12	Obervermessungsräte	A 2 b	12	Regierungsobervermessungsräte Die am 1. Oktober 1927 im Amte gewesenen Obervermessungsräte mit den Bezügen der alten Besoldungsgruppe XII erhalten für ihre Person die Bezüge der Besoldungsgruppe A 2 a
XI	121	Vermessungsoberamtmänner	A 2 d	121	Messungsamtsdirektoren
	15	Regierungsvermessungsräte I. Klasse	A 2 d	15	Regierungsvermessungsräte I. Klasse
X	139	Vermessungsamtmänner	A 2 f	139	Regierungsvermessungsräte
VIII	42	Planinspektoren Hiervon 1 für seine Person Grundgehalt nach Gruppe IX	A 4 b	42	Planinspektoren Der am 1. Oktober 1927 im Amte gewesene Planinspektor mit den Bezügen der alten Besoldungsgruppe IX erhält für seine Person die Bezüge der Besoldungsgruppe A 4 a
VII	85	Obersekretäre	A 4 b A 5a*)	85	Obersekretäre *) Vgl. Anmerkung 3 zur Besoldungsgruppe A 4 b
VI	63	Sekretäre	A 7 a	63	Sekretäre
V	42	Verwaltungsassistenten	A 8 a	42	Assistenten
IV	22	Kanzleiassistenten	A 9	22	Kanzleiassistenten

Bisherige Besoldungsgruppe	Zahl der Beamten im Haushalt 1927	Beamtenklasse	Uebergeleitet werden: in die neue Besoldungsgruppe	Zahl	mit der neuen Amtsbezeichnung
noch IV	16	Kanzleiassistenten (Beförderungsstellen für Kanzleigehilfen)	A 9	16	Kanzleiassistenten
III	8	Kanzleigehilfen	A 10	8	Kanzleigehilfen
	167	Messungsoffizianten Hiervon 1 für seine Person Grundgehalt nach Gruppe IV	A 11	167	Messungsoffizianten Der am 1. Oktober 1927 im Amte gewesene Messungsoffiziant mit den Bezügen der alten Besoldungsgruppe IV erhält für seine Person die Bezüge der Besoldungsgruppe A 9
II	64	Messungswarte	A 11	64	Messungswarte

b) Nichtetatmäßige Beamte.

X	35	Vermessungsassessoren	A 2 f	35	Vermessungsassessoren
IV	6	Hilfsassistenten	A 9	6	Hilfsassistenten

Ziff. II. Ehemaliges Krongut.

Etatmäßige Beamte.

A. Verwaltung.

2	1	Präsident	B 4	1	Präsident Der am 1. Oktober 1927 im Amte gewesene Stelleninhaber mit den Bezügen der alten Besoldungsgruppe 3 erhält für seine Person die Bezüge der Besoldungsgruppe B 2
XIII	1	Direktor	A 1 a	1	Regierungsdirektor
	1	Direktor der Museen und Sammlungen	A 1 b	1	Direktor der Museen und Sammlungen Der am 1. Oktober 1927 im Amte gewesene Stelleninhaber mit den Bezügen der alten Besoldungsgruppe XIII erhält für seine Person die Bezüge der Besoldungsgruppe A 1a
XII	2	Oberregierungsräte	A 2 a	2	Oberregierungsräte
XI	1	Oberbauamtmann	A 2 d	1	Bauamtsdirektor
	1	Hauptkonservator	A 2 d	1	Hauptkonservator

Bisherige Besoldungsgruppe	Zahl der Beamten im Haushalt 1927	Beamtenklasse	Uebergeleitet werden: in die neue Besoldungsgruppe	Zahl	mit der neuen Amtsbezeichnung
noch XI	1	Gärtendirektor Für seine Person Grundgehalt nach Gruppe XII	A 2d	1	Gärtendirektor Der am 1. Oktober 1927 im Amte gewesene Stelleninhaber mit den Bezügen der alten Besoldungsgruppe XII erhält für seine Person die Bezüge der Besoldungsgruppe A 2a
X	1	Regierungsbaurat	A 2f	1	Regierungsbaurat
	1	Konservator	A 2f	1	Konservator
	2	Rechnungsräte Hiervon 1 für seine Person Grundgehalt nach Gruppe XI	A 3a	2	Rechnungsräte Der am 1. Oktober 1927 im Amte gewesene Oberstabsinspektor mit den Bezügen der alten Besoldungsgruppe XI erhält für seine Person die Bezüge der Besoldungsgruppe A 2g
	1	Hauptkassier Für seine Person Grundgehalt nach Gruppe XI	A 3a	1	Hauptkassier Der am 1. Oktober 1927 im Amte gewesene Stelleninhaber mit den Bezügen der alten Besoldungsgruppe XI erhält für seine Person die Bezüge der Besoldungsgruppe A 2g
IX	2	Verwalt.-Oberinspektoren	A 4a	2	Oberinspektoren
	1	Gartenoberinspektor	A 4a	1	Gartenoberinspektor
	1	Hauptkassenverwalter	A 4a	1	Hauptkassenverwalter
VIII	4	Verwaltungsinspektoren Hiervon 1 für seine Person Grundgehalt nach Gruppe XI	A 4b	4	Inspektoren Der am 1. Oktober 1927 im Amte gewesene Oberstabsinspektor mit den Bezügen der alten Besoldungsgruppe XI erhält für seine Person die Bezüge der Besoldungsgruppe A 2g
	1	Oberbauverwalter	A 4b	1	Oberbauverwalter
	1	Kassier Für seine Person Grundgehalt nach Gruppe X	A 4b	1	Kassier Der am 1. Oktober 1927 im Amte gewesene Stelleninhaber mit den Bezügen der alten Besoldungsgruppe X erhält für seine Person die Bezüge der Besoldungsgruppe A 3a
VII	3	Obersekretäre Hiervon 2 für ihre Person Grundgehalt nach Gruppe VIII	A 4b A 5a*)	3	Obersekretäre *) Vgl. Anmerkung 3 zur Besoldungsgruppe A 4b

Bisherige Besoldungsgruppe	Zahl der Beamten im Haushalt 1927	Beamtenklasse	Uebergeleitet werden in die neue Besoldungsgruppe	Zahl	mit der neuen Amtsbezeichnung
noch VII	1	Oberregistrator	A 4b	1	Obersekretär
		Für seine Person Grundgehalt nach Gruppe VIII			
	2	Bauverwalter	A 4b	2	Bauverwalter
		Hiervon 1 für seine Person Grundgehalt nach Gruppe VIII			
VI	1	Sekretär	A 7a	1	Sekretär
	1	Registrator	A 7a	1	Sekretär
		Für seine Person Grundgehalt nach Gruppe VIII			Der am 1. Oktober 1927 im Amte gewesene Stelleninhaber mit den Bezügen der alten Besoldungsgruppe VIII erhält für seine Person die Bezüge der Besoldungsgruppe A 4b
	1	Schloßverwalter	A 7a	1	Schloßverwalter
	2	Gartenverwalter	A 7a	2	Gartenverwalter
V	3	Kanzleisekretäre und -sekretärinnen	A 8a	3	Kanzleisekretäre und -sekretärinnen
IV	1	Kanzleiassistent oder -assistentin	A 9	1	Kanzleiassistent oder -assistentin
III	5	Amtsoffizianten	A 11	5	Amtsoffizianten
		Hiervon 3 für ihre Person Grundgehalt nach Gruppe V			Die am 1. Oktober 1927 im Amte gewesenen Amtsoffizianten mit den Bezügen der alten Besoldungsgruppe V erhalten für ihre Person die Bezüge der Besoldungsgruppe A 8a
	2	Fernsprechgehilfen	A 10	2	Fernsprechgehilfen
II	2	Amtswarte	A 11	2	Amtswarte
		Für ihre Person Grundgehalt nach Gruppe III			

B. Schlösser und Gärten.

X	1	Landwirtschaftsrat	A 2f	1	Landwirtschaftsrat
IX	3	Gartenoberinspektoren	A 4a	3	Gartenoberinspektoren
VIII	2	Schloßinspektoren	A 4b	2	Schloßinspektoren
	4	Garteninspektoren	A 4b	4	Garteninspektoren
	1	Verwaltungsinspektor	A 4b	1	Inspektor
VII	2	Oberschloßverwalter	A 5a	2	Oberschloßverwalter

Bisherige Besoldungsgruppe	Zahl der Beamten im Haushalt 1927	Beamtenklasse	Uebergeleitet werden: in die neue Besoldungsgruppe	Zahl	mit der neuen Amtsbezeichnung
noch VII	7	Obergartenverwalter Hiervon 5 für ihre Person Grundgehalt nach Gruppe VIII	A 5 a	7	Obergartenverwalter Die am 1. Oktober 1927 im Amt gewesenen Obergartenverwalte mit den Bezügen der alten Besoldungsgruppe VIII erhalten fü ihre Person die Bezüge der Besoldungsgruppe A 4 b
VI	2	Schloßverwalter	A 7 a	2	Schloßverwalter
	6	Gartenverwalter Hiervon für ihre Person 1 Grundgehalt nach Gruppe VIII, 1 Grundgehalt nach Gruppe VII	A 7 a	6	Gartenverwalter Der am 1. Oktober 1927 im Amt gewesene Gartenverwalter mit de Bezügen der alten Besoldungsgruppe VIII erhält für seine Person die Bezüge der Besoldungsgruppe A 4 b Der am 1. Oktober 1927 im Amt gewesene Gartenverwalter mit den Bezügen der alten Besoldungsgruppe VII erhält für seine Person die Bezüge der Besoldungsgruppe A 5 a
	1	Werkmeister	A 6	1	Werkmeister
V	2	Oberwerkführer	A 8 a	2	Oberwerkführer
	9	Gartenmeister Hiervon 1 für seine Person Grundgehalt nach Gruppe VII	A 8 a	9	Gartenmeister Der am 1. Oktober 1927 im Amt gewesene Gartenmeister mit den Bezügen der alten Besoldungsgruppe VII erhält für seine Person die Bezüge der Besoldungsgruppe A 5 a
IV	22	Kastellane und Sammlungsoberoffizianten Hiervon 3 für ihre Person Grundgehalt nach Gruppe V	A 10	22	Kastellane und Sammlungsoberoffizianten Die am 1. Oktober 1927 im Amt gewesenen Kastellane und Sammlungsoberoffizianten mit den Bezügen der alten Besoldungsgruppe V erhalten für ihre Person die Bezüge der Besoldungsgruppe A 8 a
	1	Präparator	A 9	1	Präparator
	10	Obergärtner Hiervon 1 für seine Person Grundgehalt nach Gruppe V	A 10	10	Obergärtner Der am 1. Oktober 1927 im Amt gewesene Obergärtner mit de Bezügen der alten Besoldungsgruppe V erhält für seine Person die Bezüge der Besoldungsgruppe A 8 a
	5	Werkführer	A 10	5	Werkführer

Bisherige Besoldungsgruppe	Zahl der Beamten im Haushalt 1927	Beamtenklasse	Uebergeleitet werden: in die neue Besoldungsgruppe	Zahl	mit der neuen Amtsbezeichnung
noch IV	2	Brunnmeister Hiervon 1 für seine Person Grundgehalt nach Gruppe V	A 10	2	Brunnmeister Der am 1. Oktober 1927 im Amte gewesene Brunnmeister mit den Bezügen der alten Besoldungsgruppe V erhält für seine Person die Bezüge der Besoldungsgruppe A 8 a
III	43	Schloß- und Sammlungsoffizianten Hiervon 1 für seine Person Grundgehalt nach Gruppe V	A 11	43	Schloß- und Sammlungsoffizianten Der am 1. Oktober 1927 im Amte gewesene Offiziant mit den Bezügen der alten Besoldungsgruppe V erhält für seine Person die Bezüge der Besoldungsgruppe A 8 a
	9	Gärtner Hiervon 1 für seine Person Grundgehalt nach Gruppe IV	A 10 A 11*)	9	Gärtner *) Vgl. Anmerkung 2 zur Besoldungsgruppe A 10
II	20	Schloß- und Sammlungswarte	A 11	20	Schloß- und Sammlungswarte
	9	Parkaufseher Hiervon 1 für seine Person Grundgehalt nach Gruppe III	A 11	9	Parkaufseher

C. Seen und Fischwasser.

VII	1	Obersekretär	A 4 b A 5a*)	1	Obersekretär *) Vgl. Anmerkung 3 zur Besoldungsgruppe A 4 b
V	1	Oberwerkführer	A 8 a	1	Seewart
I	1	Fischereigehilfe	A 12	1	Fischereigehilfe

D. Uebrige Besitzungen und Betriebe.

X	1	Oberapotheker	A 2 d	1	Direktor der Residenzapotheke
IX	3	Apotheker	A 2 f	3	Oberapotheker
V	1	Oberwerkführer	A 8 a	1	Oberwerkführer
IV	1	Kraftwagenführer	A 10	1	Kraftwagenführer

E. Rechnungsprüfungsstelle.

IX	1	Rechnungsoberinspektor	A 4 a	1	Rechnungsoberinspektor
VIII	1	Oberrechnungskommissär	A 4 b	1	Rechnungsinspektor

Nr. 17. Staatsministerium für Soziale Fürsorge.

Ziff. I. Allgemeiner Haushalt.

A. Staatsministerium.

a) Etatmäßige Beamte.

Bisherige Besoldungsgruppe	Zahl der Beamten im Haushalt 1927	Beamtenklasse	Uebergeleitet werden: in die neue Besoldungsgruppe	Zahl	mit der neuen Amtsbezeichnung
4	1	Staatsrat	B 1	1	Staatsrat
1	1	Ministerialrat als Abteilungsleiter	B 5	1	Ministerialrat als Abteilungsleiter
XIII	4	Ministerialräte	A 1 a	4	Ministerialräte
XII	3	Oberregierungsräte	A 2 a	3	Oberregierungsräte
XI	6	Regierungsräte I. Klasse	A 2 d	6	Regierungsräte I. Klasse
	1	Regierungsbaurat I. Kl.	A 2 d	1	Regierungsbaurat I. Klasse
	1	Ministerialrechnungsrat	A 2 g	1	Ministerialrechnungsrat
X	4	Regierungsräte	A 2 f	4	Regierungsräte
	1	Regierungswohnungsrat Für seine Person Grundgehalt nach Gruppe XI	A 2 f	1	Regierungswohnungsrat Der am 1. Oktober 1927 im Amte gewesene Stelleninhaber mit den Bezügen der alten Besoldungsgruppe XI erhält für seine Person die Bezüge der Besoldungsgruppe A 2 d
	1	Rechnungsrat	A 3 a	1	Rechnungsrat
	3	Ministerialoberinspektoren	A 3 a	2	Amtmänner
			A 4 b	1	Ministerialkanzleiinspektor Der am 1. Oktober 1927 im Amte gewesene Ministerialoberinspektor als Kanzleivorstand mit den Bezügen der alten Besoldungsgruppe X erhält für seine Person die Bezüge der Besoldungsgruppe A 3 a
IX	3	Rechnungsoberinspektoren	A 4 a	3	Rechnungsoberinspektoren
	1	Verwaltungsoberinspektor	A 4 a	4	Oberinspektoren
	1	Ministerialobersekretär			
	2	Ministerialoberregistratoren			
VIII	3	Ministerialsekretäre	A 4 b	8	Inspektoren
	5	Ministerialregistratoren			
VII	3	Ministerialkanzleiobersekretäre	A 5 b	3	Ministerialkanzleiobersekretäre

Bisherige Besoldungsgruppe	Zahl der Beamten im Haushalt 1927	Beamtenklasse	Uebergeleitet werden: in die neue Besoldungsgruppe	Zahl	mit der neuen Amtsbezeichnung
VI	3	Ministerialkanzleisekretäre und -sekretärinnen	A 7 a	3	Ministerialkanzleisekretäre und -sekretärinnen
V	3	Ministerialkanzleiassistenten und -assistentinnen	A 8 a	3	Ministerialkanzleiassistenten und -assistentinnen
IV	4	Ministerialoberoffizianten Für ihre Person Grundgehalt nach Gruppe V	A 10	4	Ministerialoberoffizianten Die am 1. Oktober 1927 im Amte gewesenen Stelleninhaber mit den Bezügen der alten Besoldungsgruppe V erhalten für ihre Person die Bezüge der Besoldungsgruppe A 8 a
III	2	Ministerialoffizianten	A 10	2	Ministerialoffizianten

b) Nichtetatmäßige Beamte.

X	1	Regierungsassessor	A 2 f	1	Regierungsassessor

B. Wohnungswesen.

Etatmäßige Beamte.

XI	2	Regierungsbauräte I. Klasse	A 2 d	2	Regierungswohnungsräte I. Klasse
X	6	Regierungswohnungsräte Hiervon 1 für seine Person Grundgehalt nach Gruppe XI	A 2 f	6	Regierungswohnungsräte Der am 1. Oktober 1927 im Amte gewesene Regierungswohnungsrat mit den Bezügen der alten Besoldungsgruppe XI erhält für seine Person die Bezüge der Besoldungsgruppe A 2 d

Ziff. II. Arbeiterschutz.

A. Gewerbeaufsicht.

a) Etatmäßige Beamte.

XII	4	Oberregierungsräte	A 2 a	4	Oberregierungsräte
XI	10	Regierungsgewerberäte I. Klasse	A 2 d	10	Regierungsgewerberäte I. Klasse
X	11	Regierungsgewerberäte	A 2 f	11	Regierungsgewerberäte
VIII	14	Gewerbeinspektoren	A 4 b	14	Gewerbeinspektoren
	2	Verwaltungsinspektoren	A 4 b	2	Inspektoren
VII	15	Gewerbekommissäre	A 4 b	15	Gewerbekommissäre

Bisherige Besoldungsgruppe	Zahl der Beamten im Haushalt 1927	Beamtenklasse	Uebergeleitet werden: in die neue Besoldungsgruppe	Zahl	mit der neuen Amtsbezeichnung
noch VII	6	Obersekretäre	A 4 b	6	Obersekretäre
			A 5a*)		*) Vgl. Anmerkung 3 zur Beso dungsgruppe A 4 b
VI	10	Gewerberevisoren	A 7 a	10	Gewerberevisoren
	2	Sekretäre	A 7 a	2	Sekretäre
V	4	Gewerbeaufsichtsassistenten	A 8 a	4	Assistenten
	2	Verwaltungsassistenten	A 8 a	2	Assistenten

b) Nichtetatmäßige Beamte.

X	1	Gewerbeassessor	A 2 f	1	Gewerbeassessor

B. Soziales Landesmuseum.

Etatmäßige Beamte.

XI	1	Regierungsgewerberat I. Klasse	A 2 d	1	Regierungsgewerberat I. Klasse
VIII	1	Gewerbeinspektor	A 4 b	1	Gewerbeinspektor
V	1	Oberwerkführer	A 8 a	1	Oberwerkführer

Ziff. III. Sozialversicherung und Versorgungsgerichtswesen.

A. Landesversicherungsamt

(einschl. Landesversorgungsgericht).

a) Etatmäßige Beamte.

2	1	Präsident	B 4	1	Präsident Der am 1. Oktober 1927 im Am gewesene Stelleninhaber erh für seine Person die Bezüge d Besoldungsgruppe B 3
XIII	4	Senatspräsidenten	A 1 a	4	Senatspräsidenten
XII	4	Oberregierungsräte	A 2 a	4	Oberregierungsräte
XI	2	Regierungsräte I. Klasse	A 2 d	2	Regierungsräte I. Klasse
X	1	Rechnungsrat	A 3 a	1	Rechnungsrat
IX	1	Rechnungsoberinspektor	A 4 a	1	Rechnungsoberinspektor
VIII	1	Oberrechnungskommissär	A 4 b	1	Rechnungsinspektor
VII	2	Rechnungskommissäre	A 4 b	2	Obersekretäre

Bisherige Besoldungsgruppe	Zahl der Beamten im Haushalt 1927	Beamtenklasse	Uebergeleitet werden: in die neue Besoldungsgruppe	Zahl	mit der neuen Amtsbezeichnung
VI	3	Sekretäre u. Registratoren Hiervon 1 für seine Person Grundgehalt nach Gruppe VII	A 7 a	3	Sekretäre Der am 1. Oktober 1927 im Amte gewesene Sekretär (Registrator) mit den Bezügen der alten Besoldungsgruppe VII erhält für seine Person die Bezüge der Besoldungsgruppe A 4 b oder nach Maßgabe der Anmerkung 3 zu dieser Gruppe die Bezüge der Besoldungsgruppe A 5 a
	1	Kanzleiobersekretär	A 7 a	1	Kanzleiobersekretär
V	1	Kanzleisekretärin	A 8 a	1	Kanzleisekretärin
	6	Verwaltungs- und Registraturassistenten	A 8 a	6	Assistenten
III	2	Amtsoffizianten	A 11	2	Amtsoffizianten

b) Nichtetatmäßige Beamte.

X	1	Regierungsassessor	A 2 f	1	Regierungsassessor

B. Oberversicherungsämter

(einschl. Versorgungsgerichte).

a) Etatmäßige Beamte.

I. Mitglieder.

XIII	8	Regierungsdirektoren als Direktoren der Oberversicherungsämter	A 1 a	2	Direktoren der Oberversicherungsämter München und Nürnberg
			A 1 b	6	Direktoren der Oberversicherungsämter Die am 1. Oktober 1927 im Amte gewesenen Direktoren mit den Bezügen der alten Besoldungsgruppe XIII erhalten für ihre Person die Bezüge der Besoldungsgruppe A 1 a
XII	8	Oberregierungsräte	A 2 a	8	Oberregierungsräte
XI	18	Regierungsräte I. Klasse	A 2 d	18	Regierungsräte I. Klasse
X	3	Regierungsräte	A 2 f	3	Regierungsräte

Bisherige Besoldungsgruppe	Zahl der Beamten im Haushalt 1927	Beamtenklasse	Uebergeleitet werden: in die neue Besoldungsgruppe	Zahl	mit der neuen Amtsbezeichnung
		II. Hilfsbeamte.			
X	2	Rechnungsräte	A 3 a	2	Rechnungsräte
IX	9	Rechnungsoberinspektoren, Verwaltungsoberinspektoren	A 4 a	9	Rechnungsoberinspektoren und Oberinspektoren
VIII	20	Oberrechnungskommissäre, Verwaltungsinspektoren	A 4 b	20	Rechnungsinspektoren und Inspektoren
VII	29	Rechnungskommissäre, Obersekretär	A 4 b / A 5a*)	29	Obersekretäre *) Vgl. Anmerkung 3 zur Beso dungsgruppe A 4 b
	4	Oberregistratoren Hiervon 1 für seine Person Grundgehalt nach Gruppe VII	A 4 b / A 5a*)	4	Obersekretäre *) Vgl. Anmerkung 3 zur Besc dungsgruppe A 4 b
VI	20	Sekretäre	A 7 a	20	Sekretäre
	6	Registratoren Hiervon 1 für seine Person Grundgehalt nach Gruppe VII	A 7 a	6	Sekretäre Der am 1. Oktober 1927 im Am gewesene Registrator mit d Bezügen der alten Besoldung gruppe VII erhält für seine Pe son die Bezüge der Besoldung gruppe A 4 b oder nach Ma gabe der Anmerkung 3 zu die Gruppe die Bezüge der Bes dungsgruppe A 5 a
	2	Kanzleiobersekretäre Hiervon 1 für seine Person Grundgehalt nach Gruppe VII	A 7 a	2	Kanzleiobersekretäre Der am 1. Oktober 1927 im An gewesene Kanzleiobersekretär n den Bezügen der alten Bes dungsgruppe VII erhält für se Person die Bezüge der Bes dungsgruppe A 5 b
V	6	Kanzleisekretäre und -sekretärinnen	A 8 a	6	Kanzleisekretäre und -sekretärinnen
	8	Verwaltungs-, Registratur- Assistenten	A 8 a	8	Assistenten
IV	8	Kanzleiassistenten und -assistentinnen	A 9	8	Kanzleiassistenten und -assistentinnen
	2	Hausverwalter	A 10	2	Hausverwalter
III	3	Kanzleigehilfinnen	A 10	3	Kanzleigehilfinnen

Bisherige Besoldungsgruppe	Zahl der Beamten im Haushalt 1927	Beamtenklasse	Uebergeleitet werden: in die neue Besoldungsgruppe	Zahl	mit der neuen Amtsbezeichnung
noch III	5	Amtsoffizianten Hiervon 1 für seine Person Grundgehalt nach Gruppe IV	A 11	5	Amtsoffizianten Der am 1. Oktober 1927 im Amte gewesene Offiziant mit den Bezügen der alten Besoldungsgruppe IV erhält für seine Person die Bezüge der Besoldungsgruppe A 10
II	3	Amtswarte	A 11	3	Amtswarte

b) Nichtetatmäßige Beamte.

X	5	Regierungsassessoren	A 2 f	5	Regierungsassessoren

C. Landwirtschaftliche Berufsgenossenschaften.

Etatmäßige Beamte.

XII	1	Oberregierungsrat	A 2 a	1	Oberregierungsrat

IV. Arbeitsvermittlung und Berufsberatung.

Landesamt für Arbeitsvermittlung.

a) Etatmäßige Beamte.

XII	1	Direktor	A 2 a	1	Direktor
XI	1	Regierungsrat I. Klasse	A 2 d	1	Regierungsrat I. Klasse
X	2	Regierungsräte Hiervon 1 für seine Person Grundgehalt nach Gruppe XI	A 2 f	2	Regierungsräte Der am 1. Oktober 1927 im Amte gewesene Regierungsrat mit den Bezügen der alten Besoldungsgruppe XI erhält für seine Person die Bezüge der Besoldungsgruppe A 2 d
IX	1	Rechnungsoberinspektor	A 4 a	1	Rechnungsoberinspektor
VIII	3	Oberrechnungskommissäre	A 4 b	3	Rechnungsinspektoren
VII	1	Inspektorin Für ihre Person Grundgehalt nach Gruppe VIII	A 4 b	1	Inspektorin
	1	Rechnungskommissär	A 4 b	1	Obersekretär
VI	1	Verwaltungssekretär	A 7 a	1	Sekretär
	1	Registrator	A 7 a	1	Sekretär
	1	Kanzleiobersekretär	A 7 a	1	Kanzleiobersekretär

Bisherige Besoldungsgruppe	Zahl der Beamten im Haushalt 1927	Beamtenklasse	Uebergeleitet werden: in die neue Besoldungsgruppe	Zahl	mit der neuen Amtsbezeichnung
V	1	Kanzleisekretärin	A 8a	1	Kanzleisekretärin
	4	Verwaltungs- und Registraturassistenten	A 8a	4	Assistenten
IV	1	Kanzleiassistentin	A 9	1	Kanzleiassistentin

b) Nichtetatmäßige Beamte.

X	1	Regierungsassessor	A 2f	1	Regierungsassessor

Ziff. V. Kriegsbeschädigten- und Kriegshinterbliebenenfürsorge.

A. Landeshauptfürsorgestelle.

Etatmäßige Beamte.

XI	2	Regierungsräte I. Klasse	A 2d	2	Regierungsräte I. Klasse
X	1	Rechnungsrat	A 3a	1	Rechnungsrat
IX	1	Rechnungsoberinspektor	A 4a	1	Rechnungsoberinspektor
VIII	1	Oberrechnungskommissär	A 4b	1	Rechnungsinspektor
VII	2	Rechnungskommissäre	A 4b	2	Obersekretäre
VI	1	Verwaltungssekretär	A 7a	1	Sekretär
	1	Kanzleiobersekretär	A 7a	1	Kanzleiobersekretär
V	1	Verwaltungsassistent	A 8a	1	Assistent
IV	1	Kanzleiassistentin	A 9	1	Kanzleiassistentin
III	1	Amtsoffiziant	A 11	1	Amtsoffiziant

B. Kreishauptfürsorgestellen.

Etatmäßige Beamte.

XII	2	Oberregierungsräte	A 2a	2	Oberregierungsräte
XI	6	Regierungsräte I. Klasse	A 2d	6	Regierungsräte I. Klasse
X	2	Regierungsräte	A 2f	2	Regierungsräte
	2	Kreisfürsorgeärzte	A 2f	2	Fürsorgeärzte
IX	1	Rechnungsoberinspektor	A 4a	1	Rechnungsoberinspektor
VIII	8	Oberrechnungskommissäre	A 4b	8	Rechnungsinspektoren
VII	7	Rechnungskommissäre	A 4b	7	Obersekretäre
VI	13	Verwaltungssekretäre	A 7a	13	Sekretäre
V	6	Verwaltungs- / Registratur- } Assistenten	A 8a	6	Assistenten
IV	3	Kanzleiassistenten	A 9	3	Kanzleiassistenten
	1	Kanzleiassistentin	A 9	1	Kanzleiassistentin
III	1	Kanzleigehilfin	A 10	1	Kanzleigehilfin

Bisherige Besoldungsgruppe	Zahl der Beamten im Haushalt 1927	Beamtenklasse	Uebergeleitet werden: in die neue Besoldungsgruppe	Zahl	mit der neuen Amtsbezeichnung

Nr. 18. Staatsministerium für Landwirtschaft.

Ziff. I. Allgemeiner Haushalt.

Kap. 1. Staatsministerium.

a) Etatmäßige Beamte.

4	1	Staatsrat	B 1	1	Staatsrat
2	1	Ministerialdirektor	B 3	1	Ministerialdirektor
1	2	Ministerialräte als Abteilungsleiter	B 5	2	Ministerialräte als Abteilungsleiter
XIII	4	Ministerialräte	A 1 a	4	Ministerialräte
XII	6	Oberregierungsräte	A 2 a	6	Oberregierungsräte
XI	5	Regierungsräte I. Klasse	A 2 d	5	Regierungsräte I. Klasse
	1	Ministerialrechnungsrat	A 2 g	1	Ministerialrechnungsrat
X	3	Regierungsräte	A 2 f	3	Regierungsräte
	1	Rechnungsrat	A 3 a	1	Rechnungsrat
	2	Ministerialoberinspektoren	A 3 a	1	Amtmann
			A 4 b	1	Ministerialkanzleiinspektor Der am 1. Oktober 1927 im Amte gewesene Ministerialoberinspektor als Kanzleivorstand mit den Bezügen der alten Besoldungsgruppe X erhält für seine Person die Bezüge der Besoldungsgruppe A 3 a
IX	2	Rechnungsoberinspektoren	A 4 a	2	Rechnungsoberinspektoren
	1	Ministerialobersekretär	A 4 a	3	Oberinspektoren
	2	Ministerialoberregistratoren			
VIII	2	Oberrechnungskommissäre Hiervon 1 für seine Person Grundgehalt nach Gruppe IX	A 4 b	2	Rechnungsinspektoren Der am 1. Oktober 1927 im Amte gewesene Oberrechnungskommissär mit den Bezügen der alten Besoldungsgruppe IX erhält für seine Person die Bezüge der Besoldungsgruppe A 4 a
	3	Ministerialregistratoren	A 4 b	3	Inspektoren
VII	4	Ministerialkanzleiobersekretäre und -obersekretärinnen	A 5 b	4	Ministerialkanzleiobersekretäre und -obersekretärinnen

Bisherige Besoldungsgruppe	Zahl der Beamten im Haushalt 1927	Beamtenklasse	Uebergeleitet werden: in die neue Besoldungsgruppe	Zahl	mit der neuen Amtsbezeichnung
VI	4	Ministerialkanzleisekretäre und -sekretärinnen	A 7a	4	Ministerialkanzleisekretäre und -sekretärinnen
V	2	Ministerialkanzleiassistenten und -assistentinnen	A 8a	2	Ministerialkanzleiassistenten und -assistentinnen
IV	3	Ministerialoberoffizianten Für ihre Person Grundgehalt nach Gruppe V	A 10	3	Ministerialoberoffizianten Die am 1. Oktober 1927 im Amt gewesenen Stelleninhaber mit den Bezügen der alten Besoldungsgruppe V erhalten für ihre Person die Bezüge der Besoldungsgruppe A 8a
	2	Kanzleiassistenten und -assistentinnen	A 9	2	Kanzleiassistenten und -assistentinnen
III	2	Ministerialoffizianten Hiervon 1 für seine Person Grundgehalt nach Gruppe V, 1 für seine Person Grundgehalt nach Gruppe IV	A 10	2	Ministerialoffizianten Der am 1. Oktober 1927 im Amt gewesene Ministerialoffiziant mit den Bezügen der alten Besoldungsgruppe V erhält für seine Person die Bezüge der Besoldungsgruppe A 8a

b) Nichtetatmäßige Beamte.

X	1	Regierungsassessor	A 2f	1	Regierungsassessor

Kap. 2. Bayerische Landessiedlung, Verwaltungsabteilung

Etatmäßige Beamte.

XII	1	Oberregierungsrat	A 2a	1	Oberregierungsrat
XI	1	Regierungsrat I. Klasse	A 2d	1	Regierungsrat I. Klasse
X	1	Regierungsrat	A 2f	1	Regierungsrat
VIII	1	Verwaltungsinspektor	A 4b	1	Inspektor
VI	1	Sekretär	A 7a	1	Sekretär

Ziff. II. Landeskultur.

Kap. 2. Landesanstalt für Pflanzenbau und Pflanzenschutz.

a) Etatmäßige Beamte.

XII	1	Direktor	A 1d	1	Direktor
XI	6	Regierungsräte I. Klasse	A 2d	6	Regierungsräte I. Klasse
X	7	Regierungsräte	A 2f	7	Regierungsräte

Bisherige Besoldungsgruppe	Zahl der Beamten im Haushalt 1927	Beamtenklasse	Uebergeleitet werden: in die neue Besoldungsgruppe	Zahl	mit der neuen Amtsbezeichnung
IX	1	Verwaltungsoberinspektor	A 4 a	1	Oberinspektor
VII	1	Obergartenverwalter	A 5 a	1	Obergartenverwalter
	1	Obersekretär	A 4 b / A 5a*)	1	Obersekretär *) Vgl. Anmerkung 3 zur Besoldungsgruppe A 4 b
VI	2	Sekretäre u. Sekretärinnen	A 7 a	2	Sekretäre u. Sekretärinnen
V	3	Verwaltungsassistenten und -assistentinnen	A 8 a	3	Assistenten u. Assistentinnen
	1	Oberpräparator	A 8 a	1	Oberpräparator
IV	3	Kanzleiassistenten und -assistentinnen	A 9	3	Kanzleiassistenten und -assistentinnen

b) Nichtetatmäßige Beamte.

X	2	Landwirtschaftsassessoren	A 2 f	2	Landwirtschaftsassessoren

Kap. 3. Landessaatzuchtanstalt.

a) Etatmäßige Beamte.

XI	2	Regierungsräte I. Klasse	A 2 d	2	Regierungsräte I. Klasse
X	6	Regierungsräte	A 2 f	6	Regierungsräte
	9	Landwirtschaftsräte	A 2 f	9	Landwirtschaftsräte
VIII	1	Verwaltungsinspektor	A 4 b	1	Inspektor
VII	1	Oekonomieoberverwalter	A 4 b	1	Oekonomieinspektor
V	1	Verwaltungsassistentin	A 8 a	1	Assistentin
IV	1	Hausverwalter	A 10	1	Hausverwalter

b) Nichtetatmäßige Beamte.

X	2	Landwirtschaftsassessoren	A 2 f	2	Landwirtschaftsassessoren

Kap. 4. Moorwirtschaft.

a) Etatmäßige Beamte.

XII	1	Direktor	A 1 d	1	Direktor
XI	7	Regierungsräte I. Klasse	A 2 d	7	Regierungsräte I. Klasse
X	8	Regierungsräte	A 2 f	8	Regierungsräte
IX	1	Verwaltungsoberinspektor	A 4 a	1	Oberinspektor
VIII	1	Verwaltungsinspektor	A 4 b	1	Inspektor
	1	Garteninspektor	A 4 b	1	Garteninspektor

Bisherige Besoldungsgruppe	Zahl der Beamten im Haushalt 1927	Beamtenklasse	Uebergeleitet werden: in die neue Besoldungsgruppe	Zahl	mit der neuen Amtsbezeichnung
VII	5	Oekonomieoberverwalter Hiervon 1 für seine Person Grundgehalt nach Gruppe VIII	A 4 b	2	Oekonomieinspektoren in Bernau und Karlshuld
			A 5 a	3	Oekonomieoberverwalter Der am 1. Oktober 1927 im Amt gewesene Oekonomieoberverwalte mit den Bezügen der alten Be soldungsgruppe VIII erhält fü seine Person die Bezüge der Be soldungsgruppe A 4 b
VI	1	Sekretär	A 7 a	1	Sekretär
	4	Oekonomieverwalter und Bauführer	A 7 a	4	Oekonomieverwalter und Bauführer
V	4	Oekonomiebaumeister	A 8 a	4	Oekonomiebaumeister
	1	Oberpräparator	A 8 a	1	Oberpräparator
IV	5	Oekonomieoberaufseher	A 10	5	Oekonomieoberaufseher
	1	Kanzleiassistentin	A 9	1	Kanzleiassistentin
III	6	Oekonomieaufseher	A 10	6	Oekonomieaufseher
II	3	Oekonomiewarte	A 11	3	Oekonomiewarte

b) Nichtetatmäßige Beamte.

X	2	Landwirtschaftsassessoren	A 2 f	2	Landwirtschaftsassessoren

Kap. 6. Staatsgut Benediktbeuern.

Etatmäßige Beamte.

X	1	Landwirtschaftsrat	A 2 f	1	Landwirtschaftsrat
VI	1	Verwaltungssekretär Für seine Person Grundgehalt nach Gruppe VII	A 7 a	1	Verwaltungssekretär Der am 1. Oktober 1927 im Amt gewesene Stelleninhaber mit de Bezügen der alten Besoldungs gruppe VII erhält für seine Per son die Bezüge der Besoldungs gruppe A 4 b oder nach Maß gabe der Anmerkung 3 zu diese Gruppe die Bezüge der Besol dungsgruppe A 5 a
III	1	Oekonomieaufseher	A 10	1	Oekonomieaufseher

Bisherige Besoldungsgruppe	Zahl der Beamten im Haushalt 1927	Beamtenklasse	Uebergeleitet werden: in die neue Besoldungsgruppe	Zahl	mit der neuen Amtsbezeichnung

Kap. 6. Flurbereinigung.

a) Etatmäßige Beamte.

Bisherige Besoldungsgruppe	Zahl der Beamten im Haushalt 1927	Beamtenklasse	in die neue Besoldungsgruppe	Zahl	mit der neuen Amtsbezeichnung
XII	7	Oberregierungsbauräte	A 1 d	1	Direktor des Flurbereinigungsamts München
			A 2 a	4	Direktoren der übrigen Flurbereinigungsämter
				1	Oberregierungsrat
			A 2 b	1	Regierungsoberbaurat
					Der am 1. Oktober 1927 im Amte gewesene Stelleninhaber mit den Bezügen der alten Besoldungsgruppe XII erhält für seine Person die Bezüge der Besoldungsgruppe A 2 a
XI	53	Flurbereinigungsoberamtmänner	A 2 d	53	Regierungsbauräte I. Klasse
	1	Regierungsrat I. Klasse	A 2 d	1	Regierungsrat I. Klasse
X	66	Flurbereinigungsamtmänner	A 2 f	66	Regierungsbauräte
VIII	27	Verwaltungsinspektoren und Oberbauverwalter Hiervon 5 für ihre Person Grundgehalt nach Gruppe IX	A 4 b	27	Inspektoren und Oberbauverwalter Die am 1. Oktober 1927 im Amte gewesenen Inspektoren mit den Bezügen der alten Besoldungsgruppe IX erhalten für ihre Person die Bezüge der Besoldungsgruppe A 4 a
VII	55	Obersekretäre und Bauverwalter	A 4 b / A 5a*)	55	Obersekretäre und Bauverwalter *) Vgl. Anmerkung 3 zur Besoldungsgruppe A 4 b
VI	41	Sekretäre	A 7 a	41	Sekretäre
V	27	Verwaltungsassistenten	A 8 a	27	Assistenten
	4	Kanzleisekretäre	A 8 a	4	Kanzleisekretäre
IV	18	Kanzleiassistenten	A 9	18	Kanzleiassistenten
	4	Hausverwalter	A 10	4	Hausverwalter
	1	Obermaschinist	A 10	1	Obermaschinist
III	2	Kanzleigehilfen	A 10	2	Kanzleigehilfen
	12	Messungs- und Amtsoffizianten	A 11	12	Messungs- und Amtsoffizianten
II	5	Messungs- u. Amtswarte	A 11	5	Messungs- und Amtswarte

Bisherige Besoldungsgruppe	Zahl der Beamten im Haushalt 1927	Beamtenklasse	Uebergeleitet werden: in die neue Besoldungsgruppe	Zahl	mit der neuen Amtsbezeichnung
		b) Nichtetatmäßige Beamte.			
X	7	Flurbereinigungsassessoren	A 2 f	7	Bauassessoren

Ziff. III. Landwirtschaftlicher Unterricht und Wirtschaftsberatung.

Kap. 1. Landwirtschaftsstellen und Landwirtschaftsschulen.

a) Etatmäßige Beamte.

XI	32	Landwirtschaftsräte I. Klasse	A 2 d	32	Direktoren der Landwirtschaftsschulen
X	96	Landwirtschaftsräte	A 2 f	96	Landwirtschaftsräte

b) Nichtetatmäßige Beamte.

X	34	Landwirtschaftsassessoren	A 2 f	34	Landwirtschaftsassessoren

Ziff. IV. Tierzucht.

Kap. 1. Tierzuchtinspektionen.

Etatmäßige Beamte.

XI	8	Tierzuchtdirektoren	A 2 d	8	Tierzuchtdirektoren
X	13	Landwirtschaftsräte	A 2 f	13	Landwirtschaftsräte

Kap. 2. Milchleistungsprüfungen.

Etatmäßige Beamte.

VII	1	Oekonomieoberverwalter	A 4 b	1	Melkinspektor
VI	1	Melklehrer	A 6	1	Melklehrer

Kap. 4. Viehhaltungs- und Melkerschule Grossthalerhof.

Etatmäßige Beamte.

X	1	Landwirtschaftsrat	A 2 f	1	Landwirtschaftsrat

Bisherige Besoldungsgruppe	Zahl der Beamten im Haushalt 1927	Beamtenklasse	Uebergeleitet werden: in die neue Besoldungsgruppe	Zahl	mit der neuen Amtsbezeichnung

Ziff. V. Pferdezucht.

Kap. 1. Gestütswesen.

A. Gestütsämter.

Etatmäßige Beamte.

XII	4	Landstallmeister	A 2b	4	Landstallmeister und Oberveterinärräte Die am 1. Oktober 1927 im Amte gewesenen Stelleninhaber mit den Bezügen der alten Besoldungsgruppe XII erhalten für ihre Person die Bezüge der Besoldungsgruppe A 2a
VII	1	Obersekretär	A 4b / A 5a*)	1	Obersekretär *) Vgl. Anmerkung 3 zur Besoldungsgruppe A 4b
VI	1	Kanzleiobersekretär	A 7a	1	Kanzleiobersekretär
V	5	Kanzleisekretäre	A 8a	5	Kanzleisekretäre
	1	Oberwerkführer	A 8a	1	Oberwerkführer
IV	1	Kanzleiassistent	A 9	1	Kanzleiassistent
	8	Obergestütsaufseher	A 10	8	Obergestütsaufseher
	2	Obergestütschmiede	A 10	2	Obergestütschmiede
III	43	Gestütsaufseher	A 11	43	Gestütsaufseher
	1	Gestütschmied	A 10	1	Gestütschmied
II	50	Gestütswärter	A 11	50	Gestütswärter

B. Stammgestüte.

Etatmäßige Beamte.

XII	2	Gestütsdirektoren	A 2b	2	Gestütsdirektoren Die am 1. Oktober 1927 im Amte gewesenen Stelleninhaber mit den Bezügen der alten Besoldungsgruppe XII erhalten für ihre Person die Bezüge der Besoldungsgruppe A 2a
X	2	Gestütstierärzte	A 2f	2	Gestütstierärzte

Bisherige Besoldungsgruppe	Zahl der Beamten im Haushalt 1927	Beamtenklasse	Uebergeleitet werden: in die neue Besoldungsgruppe	Zahl	mit der neuen Amtsbezeichnung
VII	2	Obersekretäre	A 4 b	2	Obersekretäre
		Hiervon 1 für seine Person Grundgehalt nach Gruppe X	A 5a*)		*) Vgl. Anmerkung 3 zur Beso dungsgruppe A 4 b Der am 1. Oktober 1927 im Am gewesene Obersekretär mit d Bezügen der alten Besoldung gruppe X erhält für seine Pe son die Bezüge der Besoldung gruppe A 3 a
VI	1	Oekonomieverwalter	A 7 a	1	Oekonomieverwalter
	1	Kanzleiobersreketär	A 7 a	1	Kanzleiobersekretär
V	3	Kanzleisekretäre	A 8 a	3	Kanzleisekretäre
	2	Oberwerkführer	A 8 a	2	Oberwerkführer
IV	1	Kanzleiassistent	A 9	1	Kanzleiassistent
		Für seine Person Grundgehalt nach Gruppe VI			Der am 1. Oktober 1927 im Am gewesene Stelleninhaber mit d Bezügen der alten Besoldung gruppe VI erhält für seine Pe son die Bezüge der Besoldung gruppe A 7 a
	5	Obergestütsaufseher	A 10	5	Obergestütsaufseher
		Hiervon 1 für seine Person Grundgehalt nach Gruppe V			Der am 1. Oktober 1927 im Am gewesene Obergestütsaufseher m den Bezügen der alten Beso dungsgruppe V erhält für sei Person die Bezüge der Beso dungsgruppe A 8 a
	2	Oekonomieoberaufseher	A 10	2	Oekonomieoberaufseher
III	3	Oekonomieaufseher	A 10	3	Oekonomieaufseher
	10	Gestütsaufseher	A 11	10	Gestütsaufseher
II	11	Gestütswärter	A 11	11	Gestütswärter

Kap. 2. Pferdezuchtinspektoren.

Etatmäßige Beamte.

X	5	Landwirtschaftsräte	A 2 f	5	Landwirtschaftsräte

Kap. 3. Hufbeschlagschulen.

Etatmäßige Beamte.

X	2	Landwirtschaftsräte	A 2 f	2	Landwirtschaftsräte
VI	1	Werkmeister	A 6	1	Werkmeister
V	1	Oberwerkführer	A 8 a	1	Oberwerkführer
IV	1	Werkführer	A 10	1	Werkführer

Bisherige Besoldungsgruppe	Zahl der Beamten im Haushalt 1927	Beamtenklasse	Uebergeleitet werden: in die neue Besoldungsgruppe	Zahl	mit der neuen Amtsbezeichnung

Ziff. VI.

Kap. 1. Lehr- und Versuchsanstalt für Wein- und Obstbau in Neustadt a. d. Haardt.

Etatmäßige Beamte.

XII	1	Direktor	A 2 a	1	Direktor
XI	2	Studienprofessoren	A 2 d	2	Studienprofessoren
X	1	Studienrat	A 2 f	1	Studienrat
	2	Landwirtschaftsräte	A 2 f	2	Landwirtschaftsräte
VIII	1	Garteninspektor	A 4 b	1	Gartenbaulehrer
VII	1	Obersekretär	A 4 b	1	Obersekretär
			A 5a*)		*) Vgl. Anmerkung 3 zur Besoldungsgruppe A 4 b
VI	1	Gartenverwalter	A 7 a	1	Gartenverwalter
IV	1	Hausverwalter	A 10	1	Hausverwalter
III	1	Amtsoffiziant	A 11	1	Amtsoffiziant

Kap. 2a. Lehranstalt für Wein-, Obst- und Gartenbau in Veitshöchheim.

a) Etatmäßige Beamte.

XI	1	Landwirtschaftsrat I. Kl.	A 2 d	1	Direktor
IX	1	Gartenoberinspektor	A 4 a	1	Gartenbauoberlehrer
VIII	1	Hauptlehrer Für seine Person Grundgehalt nach Gruppe X	A 4 b	1	Gartenbaulehrer Der am 1. Oktober 1927 im Amte gewesene Stelleninhaber mit den Bezügen der alten Besoldungsgruppe X erhält für seine Person die Bezüge der Besoldungsgruppe A 2 f
–	3	Garteninspektoren	A 4 b	3	Gartenbaulehrer u. Garteninspektoren
VI	1	Sekretär	A 7 a	1	Sekretär
IV	1	Obergärtner	A 10	1	Obergärtner

b) Nichtetatmäßige Beamte.

X	1	Landwirtschaftsassessor	A 2 f	1	Landwirtschaftsassessor

Bisherige Besoldungsgruppe	Zahl der Beamten im Haushalt 1927	Beamtenklasse	Uebergeleitet werden: in die neue Besoldungsgruppe	Zahl	mit der neuen Amtsbezeichnung

Kap. 2b. Staatsgut Schleehof.

Etatmäßige Beamte.

III	1	Oekonomieaufseher	A 10	1	Oekonomieaufseher

Kap. 3. Landesanstalt für Bienenzucht.

a) Etatmäßige Beamte.

XI	1	Landwirtschaftsrat I. Kl.	A 2d	1	Direktor
X	1	Landwirtschaftsrat	A 2f	1	Landwirtschaftsrat
IV	1	Werkführer	A 10	1	Werkführer
	1	Bienenmeister	A 10	1	Bienenmeister

b) Nichtetatmäßige Beamte.

X	1	Landwirtschaftsassessor	A 2f	1	Landwirtschaftsassessor

Kap. 4. Bekämpfung der Reblauskrankheit.

Etatmäßige Beamte.

XI	1	Landwirtschaftsrat I. Kl. (Sachverständiger für Reblausbekämpfung in der Pfalz)	A 2d	1	Landwirtschaftsrat I. Klas

Kap. 5. Hebung des Weinbaues.

Etatmäßige Beamte.

X	1	Landwirtschaftsrat (Leiter der Hauptstelle für Rebenzüchtung in Würzburg)	A 2f	1	Landwirtschaftsrat

Ziff. VIII. Landwirtschaftliche Fachberater.

Etatmäßige Beamte.

XI	3	Landwirtschaftsräte I. Kl. (Landesinspektoren für Obst- und Gartenbau und für Tabakbau; Landwirtschaftlicher Fachberater für die Rhön)	A 2d	3	Landwirtschaftsräte I. Klas

Bisherige Besoldungsgruppe	Zahl der Beamten im Haushalt 1927	Beamtenklasse	Uebergeleitet werden: in die neue Besoldungsgruppe	Zahl	mit der neuen Amtsbezeichnung

Nr. 19. Staatsministerium für Handel, Industrie und Gewerbe.

Ziff. I. Allgemeiner Haushalt.

Kap. 1. Staatsministerium.

a) Etatmäßige Beamte.

4	1	Staatsrat	B 1	1	Staatsrat
1	2	Ministerialräte als Abteilungsleiter	B 5	2	Ministerialräte und Abteilungsleiter
XIII	4	Ministerialräte	A 1 a	4	Ministerialräte
XII	5	Oberregierungsräte	A 2 a	5	Oberregierungsräte
XI	4	Regierungsräte I. Klasse	A 2 d	4	Regierungsräte I. Klasse
	1	Ministerialrechnungsrat	A 2 g	1	Ministerialrechnungsrat
X	1	Regierungsrat	A 2 f	1	Regierungsrat
	3	Ministerialoberinspektoren	A 3 a	2	Amtmänner
			A 4 b	1	Ministerialkanzleiinspektor Der am 1. Oktober 1927 im Amte gewesene Ministerialoberinspektor als Kanzleivorstand mit den Bezügen der alten Besoldungsgruppe X erhält für seine Person die Bezüge der Besoldungsgruppe A 3 a
IX	1	Rechnungsoberinspektor	A 4 a	1	Rechnungsoberinspektor
	3	Ministerialobersekretäre	A 4 a	5	Oberinspektoren
	2	Ministerialoberregistratoren			
VIII	3	Ministerialsekretäre	A 4 b	6	Inspektoren
	3	Ministerialregistratoren			
VII	2	Ministerialkanzleiobersekretäre und -obersekretärinnen	A 5 b	2	Ministerialkanzleiobersekretäre und -obersekretärinnen
VI	2	Ministerialkanzleisekretäre und -sekretärinnen	A 7 a	2	Ministerialkanzleisekretäre und -sekretärinnen
V	1	Ministerialkanzleiassistent oder -assistentin	A 8 a	1	Ministerialkanzleiassistent oder -assistentin
IV	1	Hausverwalter	A 8 a	1	Ministerialhausverwalter

Bisherige Besoldungsgruppe	Zahl der Beamten im Haushalt 1927	Beamtenklasse	Uebergeleitet werden: in die neue Besoldungsgruppe	Zahl	mit der neuen Amtsbezeichnung
noch IV	2	Ministerialoberoffizianten Für ihre Person Grundgehalt nach Gruppe V	A 10	2	Ministerialoberoffizianten Die am 1. Oktober 1927 im Amte gewesenen Stelleninhaber mit den Bezügen der alten Besoldungsgruppe V erhalten für ihre Person die Bezüge der Besoldungsgruppe A 8a
III	2	Ministerialoffizianten Hiervon 1 für seine Person Grundgehalt nach Gruppe V	A 10	2	Ministerialoffizianten Der am 1. Oktober 1927 im Amte gewesene Ministerialoffiziant mit den Bezügen der alten Besoldungsgruppe V erhält für seine Person die Bezüge der Besoldungsgruppe A 8a

b) Nichtetatmäßige Beamte.

X	1	Regierungsassessor	A 2f	1	Regierungsassessor

Kap. 2. Staatliche Bayerische Wirtschaftsstelle in Berlin.

Etatmäßige Beamte.

2	1	Ministerialdirektor	B 3	1	Ministerialdirektor
XIII	1	Ministerialrat	A 1a	1	Ministerialrat
XII	1	Oberregierungsrat	A 2a	1	Oberregierungsrat
VI	1	Ministerialkanzleisekretärin	A 7a	1	Ministerialkanzleisekretärin

Ziff. III. Bergbehörden.

A. Oberbergamt.

a) Etatmäßige Beamte.

1	1	Präsident	B 5	1	Präsident
XII	2	Oberregierungsräte	A 2a	2	Oberregierungsräte
XI	1	Bergrat Für seine Person Grundgehalt nach Gruppe XII	A 2d	1	Regierungsbergrat I. Klasse Der am 1. Oktober 1927 im Amte gewesene Stelleninhaber mit den Bezügen der alten Besoldungsgruppe XII erhält für seine Person die Bezüge der Besoldungsgruppe A 2a

Bisherige Besoldungsgruppe	Zahl der Beamten im Haushalt 1927	Beamtenklasse	Uebergeleitet werden: in die neue Besoldungsgruppe	Zahl	mit der neuen Amtsbezeichnung
X	2	Regierungsrat, Bergmeister Hiervon 1 für seine Person Grundgehalt nach Gruppe XI	A 2f	2	Regierungsrat, Regierungsbergrat Der am 1. Oktober 1927 im Amte gewesene Stelleninhaber mit den Bezügen der alten Besoldungsgruppe XI erhält für seine Person die Bezüge der Besoldungsgruppe A 2d
VIII	2	Verwaltungsinspektoren	A 4b	2	Inspektoren
	1	Berginspektor	A 4b	1	Berginspektor
VII	1	Obersekretär	A 4b A 5a*)	1	Obersekretär *) Vgl. Anmerkung 3 zur Besoldungsgruppe A 4b
VI	1	Sekretär	A 7a	1	Sekretär
V	1	Registraturassistent	A 8a	1	Assistent
IV	2	Kanzleiassistenten und -assistentinnen	A 9	2	Kanzleiassistenten und -assistentinnen
III	1	Amtsoffiziant	A 11	1	Amtsoffiziant

b) Nichtetatmäßige Beamte.

X	1	Bergassessor	A 2f	1	Bergassessor

B. Berginspektionen.

Etatmäßige Beamte.

XI	3	Bergräte	A 2d	3	Regierungsbergräte I. Klasse
X	1	Bergmeister	A 2f	1	Regierungsbergrat
IX	2	Technische Oberinspektoren (Markscheider)	A 4a	2	Technische Oberinspektoren (Markscheider)
VIII	2	Berginspektoren	A 4b	2	Berginspektoren
VII	2	Bergkommissäre	A 4b	2	Bergkommissäre
	1	Obersekretär	A 4b A 5a*)	1	Obersekretär *) Vgl. Anmerkung 3 zur Besoldungsgruppe A 4b
VI	2	Sekretäre	A 7a	2	Sekretäre
V	1	Verwaltungsassistent	A 8a	1	Assistent

Bisherige Besoldungsgruppe	Zahl der Beamten im Haushalt 1927	Beamtenklasse	Uebergeleitet werden: in die neue Besoldungsgruppe	Zahl	mit der neuen Amtsbezeichnung

C. Geologische Landesuntersuchung.

Etatmäßige Beamte.

XII	1	Oberbergrat	A 2 a	1	Oberregierungsrat
XI	5	Landesgeologen	A 2 d	5	Landesgeologen
X	3	Regierungsgeologen	A 2 f	3	Regierungsgeologen
VIII	1	Planinspektor	A 4 b	1	Planinspektor
VII	1	Obersekretär	A 4 b	1	Obersekretär
			A 5a*)		*) Vgl. Anmerkung 3 zur Besoldungsgruppe A 4 b
IV	1	Präparator	A 9	1	Präparator

Auf Grund der Ermächtigung in Ziff. 3 der Vorbemerkungen zu Anlage 5 des BBesG. wurden die Beamten der Nettohaushalte wie folgt übergeleitet:

a) Beamte der Schiffahrt auf dem Würmsee und Ammersee und auf der Amper (FinMinEntschl. vom 2. April 1928 Nr. 3166):

2 Schiffahrtsverwalter der bisherigen Gruppe VII in die BesGr. A 5 a
1 Werkmeister der bisherigen Gruppe VI in die BesGr. A 6
4 Kapitäne der bisherigen Gruppe VI in die BesGr. A 7 a
4 Schiffsmaschinenmeister der bisherigen Gruppe V in die BesGr. A 8 a
5 Steuermänner der bisherigen Gruppe V in die BesGr. A 8 a
2 Schiffsmaschinisten der bisherigen Gruppe IV in die BesGr. A 10
6 Obermatrosen der bisherigen Gruppe IV in die BesGr. A 10
1 Schiffsoberheizer der bisherigen Gruppe IV in die BesGr. A 10
6 Schiffsheizer der bisherigen Gruppe III in die BesGr. A 10
13 Matrosen der bisherigen Gruppe III in die BesGr. A 11

Die Amtsbezeichnungen sind die gleichen wie bisher.

b) Beamte der bayerischen Weinguts- und Hofkellereiverwaltung in Würzburg (FinMinEntschl. vom 10. April 1928 Nr. 16 394):
   1 Weingutsdirektor der bisherigen Gruppe XI in die BesGr. A 2 b
   1 Verwaltungsinspektor der bisherigen Gruppe VIII in die BesGr. A 4 b
   1 Weinbergoberaufseher der bisherigen Gruppe IV in die BesGr. A 10
   1 Weinbergoberaufseher der bisherigen Gruppe III in die BesGr. A 10
   Die Amtsbezeichnungen sind die gleichen wie bisher.

c) Beamte des Hofbräuamts München (FinMinEntschl. vom 10. April 1928 Nr. 16 393):
   1 Direktor der bisherigen Gruppe XII in die BesGr. A 2 a
   1 Rechnungsrat der bisherigen Gruppe X in die BesGr. A 3 a
   1 Verwaltungsinspektor der bisherigen Gruppe VIII in die BesGr. A 4 b
   (Der derzeitige Stelleninhaber mit den Bezügen der bisherigen Gruppe IX wurde für seine Person als Verwaltungsoberinspektor in die BesGr. A 4 a übergeleitet.)
   1 Oberbauverwalter der bisherigen Gruppe VIII in die Bes.-Gr. A 4 b
   4 Obersekretäre der bisherigen Gruppe VII in die BesGr. A 4 b
   3 Sekretäre der bisherigen Gruppe VI in die BesGr. A 7 a (Hiervon wurden 2 mit den Bezügen der bisherigen Gruppe VII für ihre Person in die BesGr. A 4 b übergeleitet.)
   1 Werkmeister der bisherigen Gruppe VI in die BesGr. A 6
   1 Amtsoffiziant der bisherigen Gruppe III in die BesGr. A 11
   Die Amtsbezeichnungen sind die gleichen wie bisher.

d) Beamte der Bayerischen Berg-, Hütten- und Salzwerke AG. (FinMinEntschl. vom 17. April 1928 Nr. 17 673). Die Ueberleitung bezieht sich nur auf etatmäßige Staatsbeamte, die gemäß § 5 Abs. I des Gesetzes vom 1. April 1927 über die Uebertragung der Verwaltung und Ausbeutung des staatlichen Bergwerks-, Hütten- und Salinenbesitzes an eine Aktiengesellschaft (GVBl. 1927 S. 109) im Dienst der Gesellschaft stehen und als ohne Gehalt aus dem Staatsdienst beurlaubt gelten, ferner diejenigen unwiderruflichen etatmäßigen Staatsbeamten, die gemäß § 5 Abs. II des angeführten Gesetzes unter Entlassung aus dem Staatsdienst in den Dienst der Gesellschaft übergetreten sind und nach dem Ausscheiden aus dem Dienste der Gesellschaft wegen Vollendung des 65. Lebensjahres oder dauernder Dienstunfähigkeit oder Todes Versorgungsbezüge aus der Staatskasse für sich oder ihre Hinterbliebenen erhalten.

1 Präsident der bisherigen Gruppe B 2 in die BesGr. B 4
5 Oberregierungsräte der bisherigen Gruppe XII in die Bes.-Gr. A 2a
2 Oberbergräte der bisherigen Gruppe XII in die BesGr. A 2a
14 Bergräte der bisherigen Gruppe XI in die BesGr. A 2d
2 Bergmeister der bisherigen Gruppe X in die BesGr. A 2f
2 Rechnungsräte der bisherigen Gruppe X in die BesGr. A 3a

4 Rechnungsoberinspektoren
5 Hauptkassenverwalter
10 Verwaltungsoberinspektoren
5 Obereinfahrer
} der bisherigen Gruppe IX in die BesGr. A 4a

14 Verwaltungsinspektoren
4 Oberbauverwalter
1 Oberrechnungskommissär
4 Obersteiger
4 Fahrsteiger
1 technischer Inspektor
1 Hütteningenieur
} der bisherigen Gruppe VIII in die BesGr. A 4b

13 Obersekretäre
1 Oberregistrator
} der bisherigen Gruppe VII in die BesGr. A 4b oder A 5a gemäß Anmerkung 3 zur BesGr. A 4b

3 Bauverwalter der bisherigen Gruppe VII in die BesGr. A 4b
4 Oberwerkmeister der bisherigen Gruppe VII in die Bes.-Gr. A 6
5 Steiger der bisherigen Gruppe VII in die BesGr. A 4b
5 Sekretäre der bisherigen Gruppe VI in die BesGr. A 7a
2 Werkmeister der bisherigen Gruppe VI in die BesGr. A 6

1 Kanzleisekretär
1 Verwaltungsassistent
4 Oberwerkführer
} der bisherigen Gruppe V in die BesGr. A 8a

3 Kanzleiassistenten der bisherigen Gruppe IV in die Bes.-Gr. A 9
5 Brunnmeister der bisherigen Gruppe IV in die BesGr. A 10
1 Amtsoffiziant der bisherigen Gruppe III in die BesGr. A 11
5 Brunnwärter der bisherigen Gruppe III in die BesGr. A 10, wenn sie die Voraussetzungen der Anm. 2 zur BesGr. A 10 erfüllen, sonst in die BesGr. A 11.

III.

Besondere Besoldungsordnungen.

1. Verordnung über die Besoldung der Beamten der Bayerischen Staatsbank vom 13. Juni 1928

(GVBl. S. 341).

Gesamtstaatsministerium des Freistaates Bayern.

§ 1.

Die Vorschriften des Beamtenbesoldungsgesetzes vom 20. April 1928 (GVBl. S. 205) sowie die Ausführungsbestimmungen zu diesem Gesetze finden auf die Beamten der Bayerischen Staatsbank entsprechende Anwendung.

§ 2.

Der Grundgehalt, die Tarifklasse des Wohnungsgeldzuschusses und die Amtsbezeichnung der etatmäßigen Beamten der Bayerischen Staatsbank bemessen sich nach der beigefügten Besoldungsordnung (Anlage).

§ 3.

Die Probebuchhalter der Bayerischen Staatsbank sind nichtetatmäßige Beamte im Sinne des Beamtenbesoldungsgesetzes. Sie erhalten als Grundvergütung

im 1. und 2. Dienstjahr	2350 *RM*
im 3. und 4. Dienstjahr	2500 *RM*
im 5. Dienstjahr	2650 *RM*
vom 6. Dienstjahr an	2800 *RM*.

§ 4.

Aus dem Reingewinn der Bayerischen Staatsbank kann das Staatsministerium der Finanzen den Beamten widerrufliche Nebenbezüge gewähren.

§ 5.

Die Ueberleitung der am 1. Oktober 1927 im Amte gewesenen Beamten, dann der nach dem 1. Oktober 1927 nach Maßgabe der bisherigen Besoldungsvorschriften ernannten oder beförderten Beamten regelt das Staatsministerium der Finanzen.

§ 6.

Diese Verordnung tritt mit Wirkung vom 1. Oktober 1927 an in Kraft. Gleichzeitig treten die entgegenstehenden früheren Vorschriften außer Kraft.

München, den 13. Juni 1928.

Dr. **Held**. **Gürtner**. Dr. **Stützel**. **Goldenberger**.
Dr. **Schmelzle**. **Oswald**. Dr. **Fehr**.

Besoldungs-

für die etatmäßigen Beamten

Besoldungsgruppe der Besoldungsordnung für die Beamten der Bayer. Staatsbank	Besoldungsgruppe der allgemeinen Besoldungsordnungen für die Staatsbeamten	Beamtenklasse	Einzelgehalt (Jahresbetrag)	Aufsteigende (Jahres- 1. u. 2.	3. u. 4.	5. u. 6.	7. u. 8.
				Besoldungs-			
			RM	RM	RM	RM	RM
			Die römische Ziffer unter dem Grund- Wohnungs-				
1	B 2	Präsident der Bayer. Staatsbank	18000 I	—	—	—	—
2	A 1a	Regierungsdirektor Oberfinanzdirektoren	—	8400 III	9500 III	10600 II	11600 II
3	A 1d	Direktor im Staatsbankdirektorium	—	7100 III	7800 III	8500 III	9200 III
4	A 2a	Oberregierungsräte Oberfinanzräte Staatsbankdirektoren I. Klasse als Vorstände der größten Staatsbankanstalten	—	7000 III	7500 III	8000 III	8500 III
5	A 2b	Staatsbankdirektoren als Abteilungsleiter der Staatsbank München	—	5400 III	6000 III	6500 III	7000 III
6	A 2d	Regierungsräte I. Klasse Finanzräte Staatsbankdirektoren als Vorstände von Staatsbankanstalten und als Abteilungsvorstände der größten Staatsbankanstalten, soweit nicht in Besoldungsgruppe 5 (A 2 b)	—	5700 III	6100 III	6500 III	6900 III

Anlage
zur Verordnung vom 13. Juni 1928.

ordnung

der Bayerischen Staatsbank.

Gehälter beträge)							Ueberleitungsgrundsätze
9. u. 10.	11. u. 12.	13. u. 14.	15. u. 16.	17. u. 18.	19. u. 20.	21. u. 22.	
dienstjahr							
RM	RM	RM	RM	RM	RM	RM	
gehaltssatz bedeutet die zuständige Tarifklasse des geldzuschusses							
—	—	—	—	—	—	—	—
12600 II	—	—	—	—	—	—	Beamte mit den Bezügen der alten Besoldungsgruppe A XIII erhalten ihr bisheriges Besoldungsdienstalter.
9900 III	10600 II	—	—	—	—	—	—
8900 III	9300 III	9700 III	—	—	—	—	Beamte mit den Bezügen der alten Besoldungsgruppe A XII erhalten ihr bisheriges Besoldungsdienstalter.
7400 III	7800 III	8200 III	8600 III	9000 III	—	—	—
7300 III	7700 III	8100 III	8400 III	—	—	—	Beamte mit den Bezügen der alten Besoldungsgruppe A XI erhalten ihr bisheriges Besoldungsdienstalter.

Besoldungsgruppe der Besoldungsordnung für die Beamten der Bayer. Staatsbank	Besoldungsgruppe der allgemeinen Besoldungsordnungen für die Staatsbeamten	Beamtenklasse	Einzelgehalt (Jahresbetrag)	Aufsteigende Jahres- 1. u. 2.	3. u. 4.	5. u. 6.	7. u. 8.
				Besoldungs-			
			RM	*RM*	*RM*	*RM*	*RM*
			Die römische Ziffer unter dem Grund- Wohnungs-				
7	A 2 f	Regierungsräte Staatsbankräte	—	4800 IV	5200 IV	5600 IV	6000 III
8	A 3 a	Staatsbankoberbeamte[1]) 1) Der am 1. Oktober 1927 im Amte gewesene Hauptkassier der Staatsbank München erhält für seine Person die Bezüge der Besoldungsgruppe 7 (A 2 f).	—	4800 IV	5200 IV	5600 IV	6000 III
9	A 4 a	Staatsbankkassiere Verwaltungsoberinspektor	—	4100 IV	4400 IV	4700 IV	4950 IV
10	A 4 b	Staatsbankbuchhalter[1]) Staatsbankinspektoren Verwaltungsinspektoren 1) Staatsbankbuchhalter, die nach den geltenden Beförderungsgrundsätzen nicht in die alte Besoldungsgruppe A VIII befördert werden konnten oder künftig nicht in der Besoldungsgruppe 10 (A 4 b) etatmäßig angestellt werden können, werden der Besoldungsgruppe 11 (A 5 a) zugeteilt.	—	2800 V	3050 V	3300 V	3550 IV
11	A 5 a	Staatsbankbuchhalter, soweit nicht in Besoldungsgruppe 10 (A 4 b)	—	2800 V	3000 V	3200 V	3400 IV
12	A 5 b	Staatsbankobersekretäre Staatsbankhauptbuchhalterinnen	—	2300 V	2550 V	2800 V	3000 V

ehälter eträge)							Ueberleitungsgrundsätze
9. u. 10.	11. u. 12.	13. u. 14.	15. u. 16.	17. u. 18.	19. u. 20.	21. u. 22.	
ienstjahr							
RM	RM	RM	RM	RM	RM	RM	
haltssatz bedeutet die zuständige Tarifklasse des ldzuschusses							
6400 III	6800 III	7200 III	7500 III	—	—	—	Beamte mit den Bezügen der alten Besoldungsgruppe A X erhalten ihr bisheriges Besoldungsdienstalter, im günstigsten Falle ein solches von 14 Jahren,
6400 III	6700 III	7000 III	—	—	—	—	—
5200 IV	5500 IV	5800 IV	—	—	—	—	Beamte mit den Bezügen der alten Besoldungsgruppe A IX erhalten ihr bisheriges Besoldungsdienstalter.
3800 IV	4000 IV	4200 IV	4400 IV	4600 IV	4800 IV	5000 IV	Beamte mit den Bezügen der alten Besoldungsgruppe A VIII erhalten ihr um vier Jahre verbessertes Besoldungsdienstalter und den Wohnungsgeldzuschuß der Tarifklasse IV; Beamte mit den Bezügen der alten Besoldungsgruppe A VII erhalten ihr bisheriges Besoldungsdienstalter, im günstigsten Falle ein solches von 14 Jahren.
3600 IV	3750 IV	3900 IV	4050 IV	4200 IV	—	—	Beamte mit den Bezügen der alten Besoldungsgruppe A VII erhalten ihr bisheriges Besoldungsdienstalter.
3200 V	3400 IV	3600 IV	3800 IV	4000 IV	4200 IV	—	Beamte mit den Bezügen der alten Besoldungsgruppe A VII erhalten ihr um vier Jahre verbessertes Besoldungsdienstalter; Beamte mit den Bezügen der alten Besoldungsgruppe A VI erhalten ihr bisheriges Besoldungsdienstalter, im günstigsten Falle ein solches von 12 Jahren.

F. Besoldungsgruppe der Besoldungsordnung für die Beamten der Bayer. Staatsbank	Besoldungsgruppe der allgemeinen Besoldungsordnungen für die Staatsbeamten	Beamtenklasse	Einzelgehalt (Jahresbetrag)	Aufsteigend (Jahres-			
				1. u. 2.	3. u. 3.	5. u. 6.	7. u. 8.
				Besoldungs			
			RM	RM	RM	RM	RM
			Die römische Ziffer unter dem Grund Wohnungs				
13	A 7 a	Staatsbankassistenten (künftig wegfallend) Kanzleiobersekretäre [1]) Staatsbankoberbuchhalterinnen 1) Die am 1. Oktober 1927 im Amte gewesenen Kanzleiobersekretäre mit den Bezügen der alten Besoldungsgruppe VII erhalten für ihre Person die Bezüge der Besoldungsgruppe 12 (A 5 b).	—	2350 V	2500 V	2650 V	280 V
14	A 8 a	Kanzleisekretäre Oberwerkführer Staatsbankbuchhalterinnen	—	2000 V	2090 V	2180 V	227 V
15	A 9	Kanzleiassistenten Obergeldzähler Staatsbankassistentinnen	—	1700 VI	1800 VI	1900 VI	200 VI
16	A 10	Geldzähler Oberoffizianten beim Direktorium Hausverwalter Werkführer Obermaschinisten Staatsbankgehilfinnen	—	1600 VI	1690 VI	1780 VI	187 VI
17	A 11	Staatsbankwarte Staatsbankoffizianten Maschinisten	—	1500 VI	1590 VI	1680 VI	177 VI

Gehälter beträge)							Ueberleitungsgrundsätze
9. u. 10.	11. u. 12.	13. u. 14.	15. u. 16.	17. u. 18.	19. u. 20.	21. u. 22.	
dienstjahr							
RM	RM	RM	RM	RM	RM	RM	
gehaltssatz bedeutet die zuständige Tarifklasse des geldzuschusses							
2950 V	3100 V	3200 V	3300 V	3400 V	3500 V	—	Beamte mit den Bezügen der alten Besoldungsgruppe A VI erhalten ihr bisheriges Besoldungsdienstalter.
2360 V	2450 V	2540 V	2620 V	2700 V	—	—	Beamte mit den Bezügen der alten Besoldungsgruppe A V erhalten ihr bisheriges Besoldungsdienstalter.
2100 V	2200 V	2300 V	2400 V	2500 V	2600 V	—	Beamte mit den Bezügen der alten Besoldungsgruppe A IV erhalten ihr bisheriges Besoldungsdienstalter, im günstigsten Falle ein solches von 16 Jahren.
1960 VI	2050 VI	2140 V	2230 V	2320 V	2400 V	—	Beamte mit den Bezügen der alten Besoldungsgruppe A IV erhalten ihr um vier Jahre verbessertes Besoldungsdienstalter; Beamte mit den Bezügen der alten Besoldungsgruppe A III erhalten ihr bisheriges Besoldungsdienstalter, im günstigsten Falle ein solches von 14 Jahren.
1860 VI	1950 VI	2040 V	2120 V	2200 V	—	—	Beamte mit den Bezügen der alten Besoldungsgruppe A III erhalten ihr um vier Jahre verbessertes Besoldungsdienstalter; Beamte mit den Bezügen der alten Besoldungsgruppe A II erhalten ihr bisheriges Besoldungsdienstalter, im günstigsten Falle ein solches von 14 Jahren.

2. Verordnung über die etatmäßigen Beamten bei den Kreis-Heil- und Pflegeanstalten und bei der Kreis-Kranken- und Pflegeanstalt Frankenthal vom 21. Juni 1928

(GVBl. S. 346).

Staatsministerien des Innern und der Finanzen.

I.

Auf Grund des Art. 38 der Kreisordnung vom 17. Oktober 1927 (GVBl. S. 335) wird mit Wirkung vom 1. April 1928 bestimmt:

§ 1.

I. Die etatmäßigen Beamten bei den Kreis-Heil- und Pflegeanstalten und der Kreis-Kranken- und Pflegeanstalt Frankenthal (Art. 2 und 5 Abs. 1 des Beamtengesetzes) erhalten — unbeschadet des Art. 3 Abs. II des Beamtenbesoldungsgesetzes — den Grund-
nlage 1. gehalt nach der als Anlage 1 abgedruckten Besoldungsordnung.

II. Für die nicht in dieser Besoldungsordnung aufgeführten etatmäßigen Beamten wird der Grundgehalt vom Staatsministerium des Innern im Benehmen mit dem Staatsministerium der Finanzen bestimmt.

§ 2.

I. Die etatmäßigen Beamten werden auf die Stellen der Besoldungsgruppen 1 mit 5a und die Stellen der Verwaltungssekretäre und Kanzleiobersekretäre der Besoldungsgruppe 7a vom Staatsministerium des Innern, auf die übrigen Stellen von der Regierung, Kammer des Innern, ernannt.

II. Für die Versetzung, Wiederanstellung, Beförderung, Versetzung in den Ruhestand, sowie für die Entlassung etatmäßiger Beamter außerhalb eines Disziplinarverfahrens gelten die gleichen Zuständigkeiten.

§ 3.

I. Das Dienstverhältnis der Beamten, die auf eine Stelle der Besoldungsgruppen 3 mit 12 der Besoldungsordnung ernannt sind, ist nach einer etatmäßigen Dienstzeit von 10, das der übrigen Beamten nach einer etatmäßigen Dienstzeit von 3 Jahren unwiderruflich.

II. Die in etatmäßiger Eigenschaft im Dienste des bayerischen Staates oder eines bayerischen Kreises zugebrachte Zeit wird auf die Dauer der Widerruflichkeit angerechnet.

§ 4.

I. Die in etatmäßiger Eigenschaft ernannten Beamten führen die in Anlage 1 vorgesehenen Amtsbezeichnungen, soweit nicht bei der Ueberleitung vom Staatsministerium des Innern im Einvernehmen mit dem Staatsministerium der Finanzen anders bestimmt wird.

II. Das Staatsministerium des Innern kann im Einvernehmen mit dem Staatsministerium der Finanzen die Amtsbezeichnungen ändern und neue Beamtenklassen in die Besoldungsordnung einreihen.

§ 5.

Bei der Festsetzung des Besoldungsdienstalters ist die im Dienste des bayerischen Staates und bayerischer Kreise in etatmäßiger Eigenschaft zugebrachte Dienstzeit nach Maßgabe des Art. 6 des Beamtenbesoldungsgesetzes anzurechnen.

§ 6.

Art. 7 des Beamtenbesoldungsgesetzes findet Anwendung, soweit die Verhältnisse der nicht in etatmäßiger Eigenschaft ernannten Beamten mit Genehmigung des Staatsministeriums des Innern im Benehmen mit dem Staatsministerium der Finanzen nach den für die nichtetatmäßigen Staatsbeamten geltenden Vorschriften geregelt sind.

§ 7.

Die Behörde, die die Anstellung, Versetzung, Wiederanstellung oder Beförderung verfügt, weist den Beamten den Grundgehalt zu. Im übrigen wird die Besoldung von den Direktionen der Anstalten zugewiesen.

§ 8.

Die am 1. Oktober 1927 im Amte gewesenen und seit diesem Zeitpunkt bis zum Erlaß dieser Verordnung ernannten oder beförderten etatmäßigen Beamten werden vom Staatsministerium des Innern im Benehmen mit dem Staatsministerium der Finanzen nach Maßgabe der Anlage 2 in die neuen Dienstbezüge übergeleitet. Anlage 2

§ 9.

In den Fällen der Art. 25 Abs. I und II und Art. 27 Abs. I des Beamtenbesoldungsgesetzes tritt an Stelle des Staatshaushalts der Kreishaushalt, in den Fällen der Art. 45 Abs. 3, 62 Abs. 3, 67 Abs. 3, 99, 100 Abs. 2 und 3, 101 Abs. 2, 179 Abs. 1 und 4 und 180 Abs. 1 des Beamtengesetzes, ferner der Art. 26 Abs. II, 37 Abs. I und II und 40 Abs. I des Beamtenbesoldungsgesetzes an Stelle des Staates und der Staatskasse der Kreis.

II.

Mit Wirkung vom 1. Oktober 1927 wird die im Anhang zu § 2 der Verordnung über die etatmäßigen Beamten bei den Kreis-Heil- und Pflegeanstalten und bei der Kreis-Kranken- und Pflegeanstalt Frankenthal vom 28. November 1921 (GVBl. S. 569) abgedruckte Besoldungsordnung durch die als Anlage 1 zu vorstehender Ziffer I § 1 abgedruckte Besoldungsordnung ersetzt.

München, den 21. Juni 1928.

Dr. Stützel. Dr. Schmelzle.

Anlage 1.

Besoldungsordnung

für die etatmäßigen Beamten bei den Kreis-Heil- und Pflegeanstalten und bei der Kreis-Kranken- und Pflege-anstalt Frankenthal.

Besoldungsgruppe 1.

a) 8400—9500—10600—11600—12600 *RM* jährlich.

Wohnungsgeldzuschuß: III in der ersten und zweiten Dienstaltersstufe, II von der dritten Dienstaltersstufe an.

Ueberleitung: Beamte mit den Bezügen der alten Besoldungsgruppe XIII erhalten ihr bisheriges Besoldungsdienstalter.

Direktor der Kreis-Heil- und Pflegeanstalt Eglfing.

b) —

c) —

d) 7100—7800—8500—9200—9900—10600 *RM* jährlich.

Wohnungsgeldzuschuß: III in der ersten bis fünften Dienstaltersstufe, II in der sechsten Dienstaltersstufe.

Ueberleitung: Beamte mit den Bezügen der alten Besoldungsgruppe XII erhalten ihr bisheriges Besoldungsdienstalter, im günstigsten Falle ein solches von 8 Jahren.

Direktoren der Kreis-Heil- und Pflegeanstalten Klingenmünster, Regensburg und Erlangen [1]).

---

1) Der am 1. Oktober 1927 im Amte gewesene Stelleninhaber der Anstalt Erlangen mit den Bezügen der alten Besoldungsgruppe XIII erhält für seine Person die Bezüge der Besoldungsgruppe 1 a.

Besoldungsgruppe 2.

a) 7000—7500—8000—8500—8900—9300—9700 *RM* jährlich.

Wohnungsgeldzuschuß: III.

Ueberleitung: Beamte mit den Bezügen der alten Besoldungsgruppe XII erhalten ihr bisheriges Besoldungsdienstalter.

Direktoren, soweit nicht in den Besoldungsgruppen 1 a und 1 d[1]).

b) 5400—6000—6500—7000—7400—7800—8200—8600—9000 RM jährlich.

Wohnungsgeldzuschuß: III.

Ueberleitung: —

Medizinalräte I. Klasse bei den Kreis-Heil- und Pflegeanstalten Eglfing, Klingenmünster, Regensburg und Erlangen als stellvertretende Direktoren.

c) —

d) 5700—6100—6500—6900—7300—7700—8100—8400 RM jährlich.

Wohnungsgeldzuschuß: III.

Ueberleitung: Beamte mit den Bezügen der alten Besoldungsgruppe XI erhalten ihr bisheriges Besoldungsdienstalter.

Medizinalräte I. Klasse, soweit nicht in Besoldungsgruppe 2 b — Oberpfarrer.

e) —

f) 4800—5200—5600—6000—6400—6800—7200—7500 RM jährlich.

Wohnungsgeldzuschuß: IV in der ersten bis dritten Dienstaltersstufe, III von der vierten Dienstaltersstufe an.

Ueberleitung: Beamte mit den Bezügen der alten Besoldungsgruppe X erhalten ihr bisheriges Besoldungsdienstalter, im günstigsten Falle ein solches von 14 Jahren.

Oberärzte [2]) — Pfarrer [2]).

g) 4800—5200—5600—6000—6400—6800—7200—7500—7800 RM jährlich.

Wohnungsgeldzuschuß: IV in der ersten bis dritten Dienstaltersstufe, III von der vierten Dienstaltersstufe an.

Ueberleitung: Beamte mit den Bezügen der alten Besoldungsgruppe XI erhalten ihr um 4 Jahre verbessertes Besoldungsdienstalter.

---

1) Die am 1. Oktober 1927 im Amte gewesenen Stelleninhaber mit den Bezügen der alten Besoldungsordnung XIII erhalten für ihre Person die Bezüge der Besoldungsgruppe 1 a.

2) Beamte mit einem Besoldungsdienstalter von mehr als 18 Jahren dürfen bei sonst gegebenen Voraussetzungen für ihre Person in die Besoldungsgruppe 2 d befördert werden.

Besoldungsgruppe 3.

a) 4800—5200—5600—6000—6400—6700—7000 *RM* jährlich.

Wohnungsgeldzuschuß: IV in der ersten bis dritten Dienstaltersstufe, III von der vierten Dienstaltersstufe an.

Ueberleitung: Beamte mit den Bezügen der alten Besoldungsgruppe X erhalten ihr bisheriges Besoldungsdienstalter.

Verwaltungsamtmänner bei den Kreis-Heil- und Pflegeanstalten Eglfing, Klingenmünster, Regensburg und Erlangen.

b) —

Besoldungsgruppe 4.

a) 4100—4400—4700—4950—5200—5500—5800 *RM* jährlich.

Wohnungsgeldzuschuß: IV.

Ueberleitung: Beamte mit den Bezügen der alten Besoldungsgruppe IX erhalten ihr bisheriges Besoldungsdienstalter.

Verwaltungsoberinspektoren — Hauptkassenverwalter bei den Kreis-Heil- und Pflegeanstalten Eglfing, Klingenmünster, Regensburg und Erlangen — Oberlehrer — Oberinspektor der technischen Betriebszentrale Eglfing [1]).

b) 2800—3050—3300—3550—3800—4000—4200—4400—4600—4800—5000 *RM* jährlich.

Wohnungsgeldzuschuß: V in der ersten bis dritten Dienstaltersstufe, IV von der vierten Dienstaltersstufe an.

Ueberleitung: Beamte mit den Bezügen der alten Besoldungsgruppe VIII erhalten ihr um 4 Jahre verbessertes Besoldungsdienstalter und den Wohnungsgeldzuschuß der Tarifklasse IV;

Beamte mit den Bezügen der alten Besoldungsgruppe VII erhalten ihr bisheriges Besoldungsdienstalter, im günstigsten Falle ein solches von 14 Jahren.

Verwaltungsobersekretäre — Verwaltungsinspektoren — Kassenverwalter — Kassiere — Lehrer — Hauptlehrer [2]) — Chorregent und Organist in Eglfing — Oekonomieinspektoren bei den Kreis-Heil- und Pflegeanstalten Eglfing und Gabersee.

c) —
d) —

---

1) Der am 1. Oktober 1927 im Amte gewesene Stelleninhaber mit den Bezügen der alten Besoldungsgruppe XII erhält für seine Person die Bezüge der Besoldungsgruppe 2a.

2) Bei der Ernennung zum Hauptlehrer wird das Besoldungsdienstalter um 4 Jahre verbessert.

Besoldungsgruppe 5.

a) 2800—3000—3200—3400—3600—3750—3900—4050—4200 RM jährlich.

Wohnungsgeldzuschuß: V in der ersten bis dritten Dienstaltersstufe, IV von der vierten Dienstaltersstufe an.

Ueberleitung: Beamte mit den Bezügen der alten Besoldungsgruppe VII erhalten ihr bisheriges Besoldungsdienstalter.

Obersekretäre [1]) — Dekonomieoberverwalter.

b) 2300—2550—2800—3000—3200—3400—3600—3800—4000—4200 RM jährlich.

Wohnungsgeldzuschuß: V in der ersten bis fünften Dienstaltersstufe, IV von der sechsten Dienstaltersstufe an.

Ueberleitung: Beamte mit den Bezügen der alten Besoldungsgruppe VII erhalten ihr um 4 Jahre verbessertes Besoldungsdienstalter.

Betriebsverwalter der technischen Betriebszentrale Eglfing.

c) 2350—2500—2650—2800—2950—3100—3250—3400—3600—4000—4200 RM jährlich.

Wohnungsgeldzuschuß: V in der ersten bis siebenten Dienstaltersstufe, IV von der achten Dienstaltersstufe an.

Ueberleitung: Beamte mit den Bezügen der alten Besoldungsgruppe VI erhalten ihr bisheriges Besoldungsdienstalter, im günstigsten Falle ein solches von 16 Jahren.

Handarbeitslehrerinnen — Kindergärtnerinnen.

1) D. s. Obersekretäre, die nach den bestehenden Bestimmungen oder Beförderungsgrundsätzen nicht in die alte Besoldungsgruppe VIII befördert werden konnten oder künftig nicht in die Besoldungsgruppe 4b befördert werden können.

Besoldungsgruppe 6.

2400—2600—2750—2900—3050—3200—3350—3500—3600 RM jährlich.

Wohnungsgeldzuschuß: V.

Ueberleitung: Beamte mit den Bezügen der alten Besoldungsgruppe VII erhalten ihr um 4 Jahre verbessertes Besoldungsdienstalter;

Beamte mit den Bezügen der alten Besoldungsgruppe VI erhalten ihr bisheriges Besoldungsdienstalter.

Pflegersekretäre — Werkmeister — Oberwerkmeister.

Besoldungsgruppe 7.

a) 2350—2500—2650—2800—2950—3100—3200—3300—3400—3500 *RM* jährlich.

Wohnungsgeldzuschuß: V.

Ueberleitung: Beamte mit den Bezügen der alten Besoldungsgruppe VI erhalten ihr bisheriges Besoldungsdienstalter.

Verwaltungssekretäre — Kanzleiobersekretäre — Gartenverwalter — Oekonomieverwalter.

b) 2200—2350—2500—2600—2700—2800—2900—3000—3100—3200 *RM* jährlich.

Wohnungsgeldzuschuß: V.

Ueberleitung: Beamte mit den Bezügen der alten Besoldungsgruppe V erhalten ihr um 2 Jahre verbessertes Besoldungsdienstalter.

Bezirksoberpfleger.

c) —

Besoldungsgruppe 8.

a) 2000—2090—2180—2270—2360—2450—2540—2620—2700 *RM* jährlich.

Wohnungsgeldzuschuß: V.

Ueberleitung: Beamte mit den Bezügen der alten Besoldungsgruppe V erhalten ihr bisheriges Besoldungsdienstalter.

Verwaltungsassistenten — Kanzleisekretäre — Abteilungspfleger — Oberwerkführer — Gartenmeister — Oekonomiebaumeister.

b) —

Besoldungsgruppe 9.

1700—1800—1900—2000—2100—2200—2300—2400—2500—2600 *RM* jährlich.

Wohnungsgeldzuschuß: VI in der ersten bis vierten Dienstaltersstufe. V von der fünften Dienstaltersstufe an.

Ueberleitung: Beamte mit den Bezügen der alten Besoldungsgruppe V erhalten ihr um 4 Jahre verbessertes Besoldungsdienstalter;

Beamte mit den Bezügen der alten Besoldungsgruppe IV erhalten ihr bisheriges Besoldungsdienstalter, im günstigsten Falle ein solches von 16 Jahren;

Pfleger mit den Bezügen der alten Besoldungsgruppe III erhalten ihr um 4 Jahre verkürztes

Besoldungsdienstalter, im günstigsten Falle ein solches von 12 Jahren;

Pflegerinnen mit den Bezügen der alten Besoldungsgruppe III erhalten ihr um 6 Jahre verkürztes Besoldungsdienstalter, im günstigsten Falle ein solches von 8 Jahren;

Pflegegehilfinnen mit den Bezügen der alten Besoldungsgruppe II erhalten ihr um 8 Jahre verkürztes Besoldungsdienstalter, im günstigsten Falle ein solches von 8 Jahren.

Kanzleiassistenten — Pfleger — Oberpfleger — Maschinenmeister — Werkführer mit Aufsichtsdienst.

Besoldungsgruppe 10.

1600—1690—1780—1870—1960—2050—2140—2230—2320—2400 RM jährlich.

Wohnungsgeldzuschuß: VI in der ersten bis sechsten Dienstaltersstufe, V von der siebten Dienstaltersstufe an.

Ueberleitung: Beamte mit den Bezügen der alten Besoldungsgruppe IV erhalten ihr um 4 Jahre verbessertes Besoldungsdienstalter;

Beamte mit den Bezügen der alten Besoldungsgruppe III erhalten ihr bisheriges Besoldungsdienstalter, im günstigsten Falle ein solches von 14 Jahren.

Kanzleigehilfen — Hausverwalter [1]) — Maschinisten [2]) — Obermaschinisten — Werkführer [2]), soweit nicht in Besoldungsgruppe 9 — Gärtner [2]) — Obergärtner — Oekonomieaufseher — Oekonomieoberaufseher.

1) Die am 1. Oktober 1927 im Amt gewesenen Fernsprechgehilfen der alten Besoldungsgruppe III erhalten für ihre Person die Bezüge der Besoldungsgruppe 10 und die Amtsbezeichnung „Hausverwalter".

2) Dieser Besoldungsgruppe werden nur solche Maschinisten, Werkführer, Werkaufseher und Gärtner zugeteilt, die handwerksmäßig vorgebildet sind und von denen zur Erledigung ihrer Amtsgeschäfte eine handwerksmäßige Vorbildung gefordert wird. Soweit eine dieser beiden Voraussetzungen nicht erfüllt ist, sind die Beamten der Besoldungsgruppe 11 zuzuteilen.

Besoldungsgruppe 11.

1500—1590—1680—1770—1860—1950—2040—2120—2200 RM jährlich.

Wohnungsgeldzuschuß: VI in der ersten bis sechsten Dienstaltersstufe, V von der siebten Dienstaltersstufe an.

Ueberleitung: Beamte mit den Bezügen der alten Besoldungsgruppe III erhalten ihr um 4 Jahre verbessertes Besoldungsdienstalter;

Beamte mit den Bezügen der alten Besoldungsgruppe II erhalten ihr bisheriges Besoldungsdienstalter, im günstigsten Falle ein solches von 14 Jahren.

Anstaltswarte — Anstaltsoffizianten [1]) — Maschinisten, soweit nicht in Besoldungsgruppe 10 — Werkaufseher, soweit nicht in Besoldungsgruppe 10 [2]) — Gärtner, soweit nicht in Besoldungsgruppe 10 — Heizer (ohne Fachausbildung) — Oekonomiewarte — Straßenaufseher.

1) Die am 1. Oktober 1927 im Amt gewesenen Magazinsoberaufseher der alten Besoldungsgruppe III erhalten die Amtsbezeichnung „Anstaltsoffizianten".
2) D. s. Werkaufseher, die nicht handwerksmäßig vorgebildet sind und von denen zur Erledigung ihrer Amtsgeschäfte eine handwerksmäßige Vorbildung nicht gefordert wird.

Besoldungsgruppe 12.

1500—1580—1650—1730—1800—1880—1950—2030—2100 RM jährlich.

Wohnungsgeldzuschuß: VI.

—

Wohnungsgeldzuschuß.

	Jahresbetrag in Reichsmark für Tarifklasse						
	I	II	III	IV	V	VI	VII
Sonderklasse . .	2100	1680	1320	960	720	528	336
A	1800	1440	1140	840	612	444	288
B	1500	1200	900	660	504	372	240
C	1140	900	720	540	396	288	180
D	840	660	540	396	288	216	132

Der Wohnungsgeldzuschuß ist mit Wirkung vom 1. Oktober 1927 an mit 120 v. H. der vorstehenden Grundbeträge zu gewähren (s. FinMinBek. vom 28. März 1928, StAnz. Nr. 73).

Grundvergütungen

für die nichtetatmäßigen Beamten

wenn sie beim regelmäßigen Verlauf ihrer Dienstlaufbahn erstmals etatmäßig angestellt werden in der Besoldungsgruppe	im 1. und 2. Dienstjahr Versorgungsanwärter im 1. Dienstjahr	im 3. und 4. Dienstjahr Versorgungsanwärter im 2. und 3. Dienstjahr	im 5. Dienstjahr Versorggs.-anwärter im 4. Dienstjahr	vom 6. Dienstjahr an Versorgungsanwärter vom 5. Dienstjahr an
	RM	RM	RM	RM
2f . . .	4000	4250	4500	4800
4a . . .	3400	3600	3800	4100
4b . . .	2350	2500	2650	2800
5c oder 7a	1950	2080	2220	2350
8a . . .	1650	1770	1880	2000
9	1300	1400	1500	1700
10	1300	1400	1500	1600
11 oder 12 .	1250	1330	1400	1500

Die am 1. Oktober 1927 im Amte gewesenen nichtetatmäßigen Beamten erhalten ihr um 2 Jahre verbessertes Besoldungsdienstalter. Ihnen wird bei der ersten etatmäßigen Anstellung (Art. 7 BBesG.) die bei dem gleichen Dienstzweige zwischen dem Beginne des nichtetatmäßigen Besoldungsdienstalters (Art. 31 BBesG.) und der ersten etatmäßigen Anstellung verbrachte Dienstzeit auf das Besoldungsdienstalter angerechnet, soweit sie sieben Jahre, bei Versorgungsanwärtern sechs Jahre übersteigt.

Bezüge der Beamten auf Probe.

Die Beamten auf Probe erhalten 95 v. H. der Anfangsgrundvergütung eines nichtetatmäßigen Beamten der betreffenden Besoldungsgruppe sowie den Wohnungsgeldzuschuß und Kinderzuschläge wie die nichtetatmäßigen Beamten (s. Ziffer 5 der ME. vom 3. Mai 1928 Nr. 5239 I 20).

Anlage 2

Uebersicht

über die Ueberleitung der am 1. Oktober 1927 im Amte gewesenen etatmäßigen und nichtetatmäßigen Beamten und der Beamten auf Probe bei den Kreis-Heil- und Pflegeanstalten und der Kreis-Kranken- und Pflegeanstalt Frankenthal in die neue Besoldungsordnung

Bisherige Besoldungsgruppe	Beamtenklasse	werden übergeleitet in die neue Besoldungsgruppe	werden übergeleitet mit der neuen Amtsbezeichnung
	a) Etatmäßige Beamte.		
XII	Direktor der Anstalt Eglfing Für seine Person Grundgehalt nach Gruppe XIII	1 a	Direktor
	Direktor der Anstalt Erlangen Für seine Person Grundgehalt nach Gruppe XIII	1 d	Direktor Der am 1. Oktober 1927 im Amt gewesene Direktor der Anstalt Erlangen mit den Bezügen der alten Besoldungsgruppe XIII erhält für seine Person die Bezüge der Besoldungsgruppe 1 a
	Direktoren der Anstalten Haar und Kaufbeuren Für ihre Person Grundgehalt nach Gruppe XIII	2 a	Direktoren Die am 1. Oktober 1927 im Amte gewesenen Direktoren der Anstalten Haar und Kaufbeuren mit den Bezügen der alten Besoldungsgruppe XIII erhalten für ihre Person die Bezüge der Besoldungsgruppe 1 a
	Direktoren der übrigen Anstalten	2 a	Direktoren
XI	Oberärzte	2 d	Medizinalräte I. Kl.
	Oberpfarrer	2 d	Oberpfarrer
	Oberingenieur der technischen Betriebszentrale Eglfing	4 a	Technischer Oberinspektor Der am 1. Oktober 1927 im Amt gewesene Oberingenieur mit den Bezügen der alten Besoldungsgruppe XII erhält für seine Person die Bezüge der Besoldungsgruppe 2. und die Amtsbezeichnung „Oberingenieur"
X	Anstaltsärzte	2 f	Oberärzte
	Pfarrer	2 f	Pfarrer
	Rechnungsräte	3 a	Verwaltungsamtmänner
IX	Verwaltungsoberinspektoren	4 a	Verwaltungsoberinspektoren
	Hauptkassenverwalter	4 a	Hauptkassenverwalter

Bisherige Besoldungsgruppe	Beamtenklasse	werden übergeleitet in die neue Besoldungsgruppe	mit der neuen Amtsbezeichnung
IX	Oberlehrer	4 a	Oberlehrer
VIII	Verwaltungsinspektoren	4 b	Verwaltungsinspektoren
	Kassiere	4 b	Kassiere
	Oekonomieinspektoren der Anstalten Eglfing u. Gabersee	4 b	Oekonomieinspektoren Der am 1. Oktober 1927 im Amte gewesene Stelleninhaber in Eglfing mit den Bezügen der alten Besoldungsgruppe XII erhält für seine Person die Bezüge der Besoldungsgruppe 2 a und die Amtsbezeichnung „Landwirtschaftsrat I. Klasse" Der am 1. Oktober 1927 im Amte gewesene Stelleninhaber in Gabersee mit den Bezügen der alten Besoldungsgruppe XI erhält für seine Person die Bezüge der Besoldungsgruppe 2 g und die Amtsbezeichnung „Kreisgutsoberverwalter"
VII	Obersekretäre	4 b 5 a	Verwaltungsobersekretäre bzw. Obersekretäre
	Kassenverwalter	4 b	Kassenverwalter
	Lehrer	4 b	Lehrer
	Chorregent und Organist in Eglfing	4 b	Chorregent und Organist
	Oekonomieoberverwalter	5 a	Oekonomieoberverwalter
	Oberwerkmeister der technischen Betriebszentrale Eglfing	5 b	Betriebsverwalter der technischen Betriebszentrale Eglfing
VI	Handarbeitslehrerinnen	5 c	Handarbeitslehrerinnen
	Kindergärtnerinnen	5 c	Kindergärtnerinnen
	Pflegersekretäre	6	Pflegersekretäre
	Werkmeister	6	Werkmeister
	Sekretäre (Verwaltung)	7 a	Verwaltungssekretäre
	Gartenverwalter	7 a	Gartenverwalter
	Oekonomieverwalter	7 a	Oekonomieverwalter Die am 1. Oktober 1927 im Amte gewesenen Stelleninhaber in Mainkofen u. Kutzenberg mit den Bezügen der alten Besoldungsgruppe VIII erhalten für ihre Person die Bezüge der Besoldungsgruppe 4 b und die Amtsbezeichnung „Oekonomieinspektor".

Bisherige Besoldungsgruppe	Beamtenklasse	werden übergeleitet in die neue Besoldungsgruppe	mit der neuen Amtsbezeichnung
V	Pflegermeister	7 b	Bezirksoberpfleger
	Verwaltungsassistenten	8 a	Verwaltungsassistenten
	Kanzleisekretäre	8 a	Kanzleisekretäre
	Oberwerkführer	8 a	Oberwerkführer
	Gartenmeister	8 a	Gartenmeister
	Oekonomiebaumeister	8 a	Oekonomiebaumeister
	Maschinenmeister	9	Maschinenmeister
IV	Kanzleiassistenten	9	Kanzleiassistenten
	Oberpfleger	9	Oberpfleger
	Werkführer mit Aufsichtsdienst	9	Werkführer mit Aufsichtsdienst
	Hausverwalter	10	Hausverwalter
	Obermaschinisten	10	Obermaschinisten
	Werkführer ohne Aufsichtsdienst	10	Werkführer ohne Aufsichtsdienst
	Obergärtner	10	Obergärtner
	Oekonomieoberaufseher	10	Oekonomieoberaufseher
	Kraftwagenführer	10	Werkführer
III	Pfleger	9	Pfleger
	Kanzleigehilfen	10	Kanzleigehilfen
	Fernsprechgehilfen	10	Hausverwalter
	Maschinisten	10	Maschinisten
	Gärtner	10	Gärtner
	Oekonomieaufseher	10	Oekonomieaufseher
	Anstaltsoffizianten	11	Anstaltsoffizianten
	Magazinsoberaufseher	11	Anstaltsoffizianten
	Werkaufseher	10	Werkführer
	Schweizer	10	Oekonomieaufseher
II	Anstaltswarte	11	Anstaltswarte
	Heizer (ohne Fachausbildung)	11	Heizer (ohne Fachausbildung)
	Oekonomiewarte	11	Oekonomiewarte
	Straßenaufseher	11	Straßenaufseher
	Kanalwärter	11	Anstaltswarte
	Magazinsaufseher	11	Anstaltswarte
	Pflegegehilfinnen	9	Pflegerinnen

Bisherige Besoldungsgruppe	Beamtenklasse	werden übergeleitet in die neue Besoldungsgruppe	mit der neuen Amtsbezeichnung
	b) Nichtetatmäßige Beamte.		
X	Hilfsärzte	2 f	Assistenzärzte
VII	Hilfslehrer	4 b	Hilfslehrer
VI	Hilfskindergärtnerin	5 c	Hilfskindergärtnerin
IV	Hilfsassistenten	9	Hilfsassistenten
III	Hilfsschreiberin	10	Hilfsschreiberin
	Hilfsgärtner	10	Hilfsgärtner
	Hilfspfleger	9	Hilfspfleger
	Hilfsaufseher	10	Werkhilfsaufseher
	Hilfsmaschinisten	10	Hilfsmaschinisten
II	Hilfspflegerinnen	9	Hilfspflegerinnen
	Hilfsheizer	11	Hilfsheizer
	Hilfswarte	11	Hilfswarte
	Hilfsstraßenaufseher	11	Straßenhilfsaufseher
	c) Beamte auf Probe.		
III	Hilfsgärtner auf Probe	10	Hilfsgärtner auf Probe
	Hilfspfleger auf Probe	9	Hilfspfleger auf Probe
	Hilfsaufseher auf Probe	10	Werkhilfsaufseher auf Probe
	Hilfsmaschinisten auf Probe	10	Hilfsmaschinisten auf Probe
II	Hilfspflegerinnen auf Probe	9	Hilfspflegerinnen auf Probe
	Hilfsheizer auf Probe	11	Hilfsheizer auf Probe
	Hilfswarte auf Probe	11	Hilfswarte auf Probe

3. Bekanntmachung vom 21. Juni 1928 zum Vollzuge der Verordnung über die etatmäßigen Beamten bei den Kreis-Heil- und Pflegeanstalten und bei der Kreis-Kranken- und Pflegeanstalt Frankenthal (GVBl. S. 356).

Staatsministerien des Innern und der Finanzen.

Zum Vollzuge der Verordnung über die etatmäßigen Beamten bei den Kreis-Heil- und Pflegeanstalten und bei der Kreis-Kranken- und Pflegeanstalt Frankenthal vom 21. Juni 1928 (GVBl. S. 346) wird verfügt:

I.

1. Die Verhältnisse der etatmäßigen Beamten bei den Kreis-Heil- und Pflegeanstalten und der Kreis-Kranken- und Pflegeanstalt

Frankenthal waren bisher auf Grund des Art. 189 des Beamtengesetzes durch die Verordnung vom 28. November 1921 (GVBl. S. 569) und die hierzu ergangene Vollzugsbekanntmachung vom gleichen Tage (GVBl. S. 574) geregelt. Diese Regelung ist durch Art. 45 Abs. II der Kreisordnung vom 17. Oktober 1927 (GVBl. S. 335) vom 1. April 1928 ab weggefallen und durch die Regelung des Art. 38 der Kreisordnung ersetzt worden. Darnach gelten für die genannten Beamten die Vorschriften des Staatsbeamtenrechts. Es haben deshalb das Beamtengesetz vom 16. August 1908 und das Beamtenbesoldungsgesetz vom 20. April 1928 über die etatmäßigen Beamten in der jeweiligen Fassung, ferner die auf Grund dieser gesetzlichen Vorschriften ergangenen und ergehenden Verordnungen, ministeriellen Bekanntmachungen und Entschließungen auf die Anstaltsbeamten ohne weiteres entsprechende Anwendung zu finden, soweit nicht Gegenteiliges bestimmt wird oder sich nicht aus der Natur der Sache etwas anderes ergibt.

2. Die als Anlage 1 zur Verordnung abgedruckte Besoldungsordnung bildet die Grundlage für die Besoldung der bei den Anstalten in etatmäßiger Eigenschaft ernannten Beamten. Die Kreise sind nicht verpflichtet, alle in der Besoldungsordnung vorgesehenen Stellen zu errichten. Die Besoldungsordnung ist vielmehr nur der Rahmen, in den die Beamten nach Maßgabe des tatsächlichen Bedürfnisses und nach der Bedeutung und Wichtigkeit ihrer Dienstesaufgaben und Dienstleistungen einzufügen sind. Andrerseits kann das Staatsministerium des Innern im Benehmen mit dem Staatsministerium der Finanzen Beamtenklassen, die von den Kreisen bei hervortretendem Bedürfnis neu geschaffen werden, oder Stellen, die wegen ihrer Eigenart gesondert zu behandeln sind, unter gleichzeitiger Festsetzung der Amtsbezeichnung in die Besoldungsordnung einreihen.

3. Den Maßstab für die Einreihung der Beamten in die Besoldungsgruppen bildet grundsätzlich die geforderte Leistung unter Berücksichtigung der vorgeschriebenen Vorbildung und der im Dienste erworbenen Aus- und Fortbildung.

4. Die weiblichen Beamten sind bei Erfüllung derselben Voraussetzungen und bei gleichen Anforderungen, Fähigkeiten und Leistungen in dieselbe Besoldungsgruppe wie die männlichen Beamten einzureihen. Sie sind deshalb, soweit nicht ausschließlich weiblichen Beamten vorbehaltene Stellen, wie Kindergärtnerinnen und Handarbeitslehrerinnen, in Frage kommen, nicht besonders aufgeführt.

5. Sogenannte automatische Vorrückungen (d. h. das Aufsteigen in eine höhere Besoldungsgruppe ohne weiteres nach einer im Voraus festgesetzten Dienstzeit) sind ausgeschlossen. Die Beförderungen haben sich ausschließlich nach den verfügbaren Stellen und nach der Eignung des Beamten zu richten. Ohne Rücksicht auf die Zahl der verfügbaren Stellen ist eine Beförderung nur möglich bei Beamten der Besoldungsgruppe 2 f, die die in der Fußnote 1 zu dieser Gruppe umschriebene Voraussetzung erfüllt haben.

6. Im Falle des Art. 3 Abs. II BBesG. bemißt sich die Zuständigkeit nach der zu besetzenden Stelle (§ 2 der Verordnung). Wenn z. B. ein Beamter auf eine etatmäßige Verwaltungssekretärstelle nach Besoldungsgruppe 7 a mit dem Gehalte der Besoldungsgruppe 8 a ernannt werden soll, ist zur Ernennung nicht die Regierung, Kammer des Innern, sondern das Staatsministerium des Innern zuständig.

7. Auf die Dauer der Widerruflichkeit ist grundsätzlich, soweit nicht für die Versorgungsanwärter besondere Vorschriften gelten, nur die etatmäßige Dienstzeit (Art. 2 und 189 BG. und Art. 38 KrO.) anzurechnen.

Bei Versorgungsanwärtern sind § 3 Abs. 2 der Verordnung über den Vollzug des Beamtengesetzes vom 10. Dezember 1908 (GVBl. S. 1041) und die Ministerialbekanntmachung über die Anrechnung der Militärdienstzeit auf die Dauer der Widerruflichkeit der etatmäßigen Beamten vom 29. Oktober 1909 (MABl. S. 948) zu beachten.

Aus besonderen Gründen kann das Staatsministerium des Innern im Einvernehmen mit dem Staatsministerium der Finanzen das Dienstverhältnis eines zeitlich widerruflichen Beamten schon vor Ablauf der in § 3 Abs. I der Verordnung bestimmten Zeit als unwiderruflich erklären (Art. 7 BG.).

8. Die im Dienste bayerischer Kreis-Heil- und Pflegeanstalten und der Kreis-Kranken- und Pflegeanstalt Frankenthal in der gleichen Dienststelle zugebrachte Dienstzeit gilt als im gleichen Dienstzweige im Sinne des Art. 7 Abs. I BBesG. zugebracht.

9. Amtsbezeichnungen ohne gleichzeitige Beförderung können ohne Rücksicht auf die Besoldungsgruppe nur vom Staatsministerium des Innern verliehen werden. Die für die Verleihung von Amtsbezeichnungen (Titeln) für Staatsbeamte maßgebenden Vorschriften gelten entsprechend. In der Regel kommen nur in der Besoldungsordnung vorgesehene Amtsbezeichnungen in Betracht.

10. Entsprechende Anwendung haben zu finden die für die Staatsbeamten jeweils geltenden Vorschriften über

a) die Vergütung von Umzugskosten und die Entschädigung der Beamten bei auswärtigen Dienstgeschäften und für getrennte Haushaltführung. Die in diesen Vorschriften den Ministerien für die Behandlung von Einzelfällen vorbehaltenen Zuständigkeiten werden von den Regierungen, Kammern des Innern, im Benehmen mit den Landesfinanzämtern, Abt. für Besitz- und Verkehrssteuern, Zweigstellen, wahrgenommen, soweit nicht Beschwerden gegen Rechnungsstellen in Frage kommen;

b) die Mietentschädigungen für Dienstwohnungen und Dienstzimmer;

c) die Vergütungen für Beheizung und Beleuchtung von Dienstwohnungen und für Mitbenützung der in Amtsgebäuden eingerichteten Sammelheizungen und Warmwasserbereitungsanlagen;

d) die Ausübung von Nebenämtern oder Nebengeschäften durch Beamte;
e) die Gegenleistungen für gewährte Verpflegung;
f) den Urlaub und die Dienstbefreiung.

11. Die Höhe des für Nebenbezüge anzurechnenden Betrags (Art. 27 Abs. 1 BBesG.) — mit Ausnahme der unter Ziff. 10 c) und e) fallenden Vergütungen — wird von der Regierung, Kammer des Innern, festgesetzt; die Mietentschädigungen für Dienstwohnungen und Dienstzimmer und die Pachtentschädigungen für Gärten und sonstige Grundstücke werden von der Regierung, Kammer des Innern, im Benehmen mit den Zweigstellen der Landesfinanzämter festgesetzt.

12. Zur Erteilung der Erlaubnis zur Annahme von Gehalten, Belohnungen und Geschenken im Sinne des Art. 20 BG. ist die zur Ernennung des Beamten zuständige Behörde berufen.

13. Die Bekanntmachung über die Versetzung etatmäßiger Beamter in den Ruhestand usw. vom 22. Oktober 1909 (GVBl. S. 781) gilt entsprechend mit folgenden Aenderungen:
a) In den Fällen des § 2 Abs. 12 tritt an die Stelle der Staatskasse der Kreis.
b) Zur Erteilung der Erlaubnis im Sinne des Art. 37 Abs. II BBesG. werden die Regierungen, Kammern des Innern, ermächtigt, soweit sie zur Ernennung des betreffenden Beamten zuständig sind.
c) In den Fällen des § 21 der Ministerialbekanntmachung treten an Stelle der Ministerien und der Regierungen, Kammern der Finanzen, die Regierungen, Kammern des Innern, im Benehmen mit den Landesfinanzämtern, Abteilung für Besitz- und Verkehrssteuern, Zweigstellen.

Eine von den Anstaltsbeamten während des Krieges 1914/1918 zurückgelegte Dienstzeit ist nach Maßgabe des Gesetzes vom 9. August 1921 (GVBl. S. 479) erhöht anzurechnen.

14. Die Ministerialbekanntmachung über die Dienstaufsicht und das Dienststrafrecht für nichtrichterliche Beamte vom 22. Oktober 1909 (GVBl. S. 737) gilt entsprechend mit folgenden Aenderungen:
a) Die Zwangs- und Geldstrafen (Art. 104 Abs. 1, 3, Art. 107 Abs. 1 Ziff. 2 und Abs. 3, Art. 109 Abs. 2, Art. 164 mit 168 des Beamtengesetzes) fließen in die Unterstützungsfonds der Kreise.

   Diesen Fonds ist auch der nicht verbrauchte Teil des bei der vorläufigen Dienstenthebung eines Beamten einbehaltenen Gehalts (Art. 175 Satz 3 BG.) zu überweisen.
b) Verfügungen nach Art. 174 Abs. 3 BG. werden von den Regierungen, Kammern des Innern, erlassen (§ 26 Abs. 1 der Bekanntmachung).

15. Vorgesetzte Dienstbehörde im Sinne des Art. 21 Abs. 2 und zuständige Dienstbehörde im Sinne der Art. 13 Abs. 3, 17 Abs. 1 und 2 und 179 Abs. 1 BG. ist die Regierung, Kammer des Innern.

II.

Für die Zeit bis zum 31. März 1928 galten die Vorschriften der Verordnung vom 28. November 1921 und der Vollzugsbekanntmachung vom gleichen Tage (GVBl. S. 569 und 574). Die im Anhang zu § 2 der genannten Verordnung abgedruckte Besoldungsordnung wurde jedoch mit Wirkung vom 1. Oktober 1927 durch die als Anlage 1 zu Ziff. I § 1 der Verordnung vom 21. Juni 1928 (GVBl. S. 346) abgedruckte Besoldungsordnung ersetzt.

München, den 21. Juni 1928.

Dr. **Stützel.** Dr. **Schmelzle.**

---

4. Verordnung über die Besoldung der Beamten der Bayerischen Versicherungskammer vom 1. August 1928 (GVBl. S. 369).

Gesamtstaatsministerium des Freistaates Bayern.

§ 1.

Die Vorschriften des Beamtenbesoldungsgesetzes vom 20. April 1928 (GVBl. S. 205) sowie die Ausführungsbestimmungen zu diesem Gesetze finden auf die Beamten der Bayer. Versicherungskammer entsprechende Anwendung.

§ 2.

Der Grundgehalt, die Tarifklasse des Wohnungsgeldzuschusses und die Amtsbezeichnung der etatmäßigen Beamten der Bayer. Versicherungskammer bemessen sich nach der beigefügten Besoldungsordnung (Anlage). ./.

§ 3.

Die Ueberleitung der am 1. Oktober 1927 im Amte gewesenen Beamten, dann der nach dem 1. Oktober 1927 nach Maßgabe der bisherigen Besoldungsvorschriften ernannten oder beförderten Beamten regelt das Staatsministerium des Innern im Benehmen mit dem Staatsministerium der Finanzen.

§ 4.

Diese Verordnung tritt mit Wirkung vom 1. Oktober 1927 an in Kraft. Gleichzeitig treten die entgegenstehenden früheren Vorschriften außer Kraft.

München, den 1. August 1928.

Dr. **Held.** **Gürtner.** Dr. **Stützel.** I. V. Dr. **Korn.**
Dr. **Schmelzle.** I. V. **Lang.**

Besoldungs-

für die etatmäßigen Beamten

Besoldungsgruppe der Besoldungsordnung für die Beamten der Bayer. Versicherungskammer	Besoldungsgruppe der allgemeinen Besoldungsordnungen für die Staatsbeamten	Beamtenklasse	Einzelgehalt (Jahresbetrag)	Aufsteigende (Jahres-			
				1. u. 2.	3. u. 4.	5. u. 6.	7. u. 8.
				Besoldungs-			
			RM	RM	RM	RM	RM
			Die römische Ziffer unter dem Grund- Wohnungs-				
1	B 2	Präsident	18000 I	—	—	—	—
2	A 1 a	Regierungsdirektor	—	8400 III	9500 III	10600 II	11600 II
3	A 1 d	Direktoren	—	7100 III	7800 III	8500 III	9200 III
4	A 2 a	Oberregierungsräte 1) 1) Der am 1. Oktober 1927 im Amte gewesene Oberregierungsrat mit den Bezügen der alten Besoldungsgruppe A XIII erhält für seine Person die Bezüge der Besoldungsgruppe 2 (A 1 a).	—	7000 III	7500 III	8000 III	8500 III
5	A 2 d	Regierungsräte I. Klasse Brandversicherungsräte I. Klasse Veterinärmedizinalräte I. Klasse Landwirtschaftsräte I. Klasse	—	5700 III	6100 III	6500 III	6900 III
6	A 2 f	Regierungsräte 1) Brandversicherungsräte 2) Bezirkstierärzte Landwirtschaftsräte 1) 1) Beamte mit einem Besoldungsdienstalter von mehr als 18 Jahren dürfen bei sonst gegebenen Voraussetzungen für ihre Person in die Besoldungsgruppe 5 (A 2 d) befördert werden. An die Stelle des	—	4800 IV	5200 IV	5600 IV	6000 III

Anlage

zur Verordnung vom 1. August 1928.

ordnung

der Bayer. Versicherungskammer.

Gehälter beträge)							Ueberleitungsgrundsätze
9. u. 10.	11. u. 12.	13. u. 14.	15. u. 16.	17. u. 18.	19. u. 20.	21. u. 22.	
dienstjahr							
RM	RM	RM	RM	RM	RM	RM	
gehaltssatz bedeutet die zuständige Tarifklasse des geldzuschusses							
—	—	—	—	—	—	—	
12600 II	—	—	—	—	—	—	Beamte mit den Bezügen der alten Besoldungsgruppe A XIII erhalten ihr bisheriges Besoldungsdienstalter.
9900 III	10600 II	—	—	—	—	—	
8900 III	9300 III	9700 III	—	—	—	—	Beamte mit den Bezügen der alten Besoldungsgruppe A XII erhalten ihr bisheriges Besoldungsdienstalter.
7300 III	7700 III	8100 III	8400 III	—	—	—	Beamte mit den Bezügen der alten Besoldungsgruppe A XI erhalten ihr bisheriges Besoldungsdienstalter.
6400 III	6800 III	7200 III	7500 III	—	—	—	Beamte mit den Bezügen der alten Besoldungsgruppe A X erhalten ihr bisheriges Besoldungsdienstalter, im günstigsten Falle ein solches von 14 Jahren.

Besoldungsgruppe der Besoldungsordnung für die Beamten der Bayer. Versicherungskammer	Besoldungsgruppe der allgemeinen Besoldungsordnungen für die Staatsbeamten	Beamtenklasse	Einzelgehalt (Jahresbetrag)	Aufsteigend (Jahre			
				1. u. 2.	3. u. 4.	5. u. 6.	7. u. 8.
				Besoldungs			
			RM	RM	RM	RM	RM
			Die römische Ziffer unter dem Grun Wohnung				
		Besoldungsdienstalters von 18 Jahren tritt ein Besoldungsdienstalter von 20 Jahren, wenn der Beamte nicht das Reifezeugnis einer neunklassigen höheren Lehranstalt oder einer früheren bayerischen Industrieschule besitzt. 2) Diplomingenieure mit einem Besoldungsdienstalter von mehr als 18 Jahren dürfen bei sonst gegebenen Voraussetzungen für ihre Person in die Besoldungsgruppe 5 (A 2d) befördert werden.					
7	A 2g	Brandversicherungsoberamtmänner[1]) 1) Der am 1. Oktober 1927 im Amte gewesene Vorstand des Brandversicherungsamtes München-Nord erhält für seine Person die Bezüge der Besoldungsgruppe 5 (A 2d) und die Amtsbezeichnung Brandversicherungsrat I. Klasse.	—	4800 IV	5200 IV	5600 IV	60 II
8	A 3a	Rechnungsräte Brandversicherungsamtmänner	—	4800 IV	5200 IV	5600 IV	60 II
9	A 4a	Rechnungsoberinspektoren Brandversicherungsoberinspektoren[1]) 1) Die am 1. Oktober 1927 im Amte gewesenen Brandversicherungsoberinspektoren mit den Bezügen der alten Besoldungsgruppe A X erhalten für ihre Person die Bezüge der Besoldungsgruppe 8 (A 3a).	—	4100 IV	4400 IV	4700 IV	49 IV

Gehälter (…eträge)							Ueberleitungsgrundsätze
9. u. 10.	11. u. 12.	13. u. 14.	15. u. 16.	17. u. 18.	19. u. 20.	21. u. 22.	
…ienstjahr							
RM	RM	RM	RM	RM	RM	RM	
…ehaltssatz bedeutet die zuständige Tarifklasse des …eldzuschusses							
6400 III	6800 III	7200 III	7500 III	7800 III	—	—	Die Beamten mit den Bezügen der alten Besoldungsgruppe A XI erhalten ihr um 4 Jahre verbessertes Besoldungsdienstalter.
6400 III	6700 III	7000 III	—	—	—	—	Beamte mit den Bezügen der alten Besoldungsgruppe A X erhalten ihr bisheriges Besoldungsdienstalter.
5200 IV	5500 IV	5800 IV	—	—	—	—	Beamte mit den Bezügen der alten Besoldungsgruppe A IX erhalten ihr bisheriges Besoldungsdienstalter.

Besoldungsgruppe der Besoldungsordnung für die Beamten der Bayer. Versicherungskammer	Besoldungsgruppe der allgemeinen Besoldungsordnungen für die Staatsbeamten	Beamtenklasse	Einzelgehalt (Jahresbetrag)	Aufsteigend (Jahres… 1. u. 2.	3. u. 3.	5. u. 6.	7. u. 8.
				Besoldungs…			
			RM	RM	RM	RM	RM
			Die römische Ziffer unter dem Grund… Wohnung…				
10	A 4b	Verwaltungsobersekretäre[1]), soweit nicht in Besoldungsgruppe 11 (A 5a) Rechnungsinspektoren Brandversicherungsinspektoren 1) Obersekretäre, die nach den bestehenden Bestimmungen oder Beförderungsgrundsätzen nicht in die alte Besoldungsgruppe A VIII befördert werden konnten oder künftig nicht in die Besoldungsgruppe 10 (A 4b) befördert werden können, werden der Besoldungsgruppe 11 (A 5a) zugeteilt.	—	2800 V	3050 V	3300 V	355 IV
11	A 5a	Verwaltungsobersekretäre, soweit nicht in Besoldungsgruppe 10 (A 4b)	—	2800 V	3000 V	3200 V	340 IV
12	A 6	Werkmeister	—	2400 V	2600 V	2750 V	290 V
13	A 7a	Verwaltungssekretäre Technische Sekretäre Kanzleiobersekretäre	—	2350 V	2500 V	2650 V	280 V
14	A 8a	Verwaltungsassistenten Kanzleisekretäre Oberwerkführer	—	2000 V	2090 V	2180 V	227 V
15	A 9	Kanzleiassistenten	—	1700 VI	1800 VI	1900 VI	200 VI

Gehälter beträge)							Ueberleitungsgrundsätze
9. u. 10.	11. u. 12.	13. u. 14.	15. u. 16.	17. u. 18.	19. u. 20.	21. u. 22.	
dienstjahr							
RM	RM	RM	RM	RM	RM	RM	
gehaltssatz bedeutet die zuständige Tarifklasse des geldzuschusses							
3800 IV	4000 IV	4200 IV	4400 IV	4600 IV	4800 IV	5000 IV	Beamte mit den Bezügen der alten Besoldungsgruppe A VIII erhalten ihr um 4 Jahre verbessertes Besoldungsdienstalter und den Wohnungsgeldzuschuß der Tarifklasse IV. Beamte mit den Bezügen der alten Besoldungsgruppe A VII erhalten ihr bisheriges Besoldungsdienstalter, im günstigsten Falle ein solches von 14 Jahren.
3600 IV	3750 IV	3900 IV	4050 IV	4200 IV	—	—	Beamte mit den Bezügen der alten Besoldungsgruppe A VII erhalten ihr bisheriges Besoldungsdienstalter.
3050 V	3200 V	3350 V	3500 V	3600 V	—	—	—
2950 V	3100 V	3200 V	3300 V	3400 V	3500 V	—	Beamte mit den Bezügen der alten Besoldungsgruppe A VI erhalten ihr bisheriges Besoldungsdienstalter.
2360 V	2450 V	2540 V	2620 V	2700 V	—	—	Beamte mit den Bezügen der alten Besoldungsgruppe A V erhalten ihr bisheriges Besoldungsdienstalter.
2100 V	2200 V	2300 V	2400 V	2500 V	2600 V	—	Beamte mit den Bezügen der alten Besoldungsgruppe A IV erhalten ihr bisheriges Besoldungsdienstalter, im günstigsten Falle ein solches von 16 Jahren.

Besoldungsgruppe der Besoldungsordnung für die Beamten der Bayer. Versicherungskammer	Besoldungsgruppe der allgemeinen Besoldungsordnungen für die Staatsbeamten	Beamtenklasse	Einzelgehalt (Jahresbetrag)	Aufsteigende Jahres= Besoldungs= 1. u. 2.	3. u. 4.	5. u. 6.	7. u. 8.
			RM	RM	RM	RM	RM
			Die römische Ziffer unter dem Grund= Wohnungs=				
16	A 10	Kanzleigehilfen Hausverwalter Werkführer	—	1600 VI	1690 VI	1780 VI	1870 VI
17	A 11	Amtswarte Amtsoffizianten	—	1500 VI	1590 VI	1680 VI	1770 VI

5. Verordnung über die Besoldung der Beamten des Landesamts für Wasserversorgung vom 1. August 1928 (GVBl. S. 374).

Gesamtstaatsministerium des Freistaates Bayern.

§ 1.

Die Vorschriften des Beamtenbesoldungsgesetzes vom 20. April 1928 (GVBl. S. 205) sowie die Ausführungsbestimmungen zu diesem Gesetze finden auf die Beamten des Landesamts für Wasserversorgung entsprechende Anwendung.

§ 2.

Der Grundgehalt, die Tarifklasse des Wohnungsgeldzuschusses und die Amtsbezeichnung der etatmäßigen Beamten des Landesamts für Wasserversorgung bemessen sich nach der beigefügten Besoldungsordnung (Anlage).

Gehälter beträge)							Ueberleitungsgrundsätze
9. u. 10.	11. u. 12.	13. u. 14.	15. u. 16.	17. u. 18.	19. u. 20.	21. u. 22.	
dienstjahr							
RM	RM	RM	RM	RM	RM	RM	
gehaltssatz bedeutet die zuständige Tarifklasse des geldzuschusses							
1960 VI	2050 VI	2140 V	2230 V	2320 V	2400 V	—	Beamte mit den Bezügen der alten Besoldungsgruppe A IV erhalten ihr um 4 Jahre verbessertes Besoldungsdienstalter; Beamte mit den Bezügen der alten Besoldungsgruppe A III erhalten ihr bisheriges Besoldungsdienstalter, im günstigsten Falle ein solches von 14 Jahren.
1860 VI	1950 VI	2040 V	2120 V	2200 V	—	—	Beamte mit den Bezügen der alten Besoldungsgruppe A III erhalten ihr um 4 Jahre verbessertes Besoldungsdienstalter; Beamte mit den Bezügen der alten Besoldungsgruppe A II erhalten ihr bisheriges Besoldungsdienstalter, im günstigsten Falle ein solches von 14 Jahren.

§ 3.

Die Ueberleitung der am 1. Oktober 1927 im Amte gewesenen Beamten, dann der nach dem 1. Oktober 1927 nach Maßgabe der bisherigen Besoldungsvorschriften ernannten oder beförderten Beamten regelt das Staatsministerium des Innern im Benehmen mit dem Staatsministerium der Finanzen.

§ 4.

Diese Verordnung tritt mit Wirkung vom 1. Oktober 1927 an in Kraft. Gleichzeitig treten die entgegenstehenden früheren Vorschriften außer Kraft.

München, den 1. August 1928.

Dr. **Held.** **Gürtner.** Dr. **Stützel.** J. V. Dr. **Korn.**
Dr. **Schmelzle.** J. V. **Lang.**

Besoldungs-

für die etatmäßigen Beamten des

Besoldungsgruppe der Besoldungsordnung für die Beamten des Landesamts für Wasserversorgung	Besoldungsgruppe der allgemeinen Besoldungsordnungen für die Staatsbeamten	Beamtenklasse	Aufsteigende (Jahres- Besoldungs- 1. u. 2. RM	3. u. 4. RM	5. u. 6. RM	7. u. 8. RM
			Die römische Ziffer unter dem klasse des Wohnungs-			
1	A 1a	Präsident	8400 III	9500 III	10600 II	11600 II
2	A 2a	Oberregierungsräte	7000 III	7500 III	8000 III	8500 III
3	A 2d	Regierungsbauräte I. Klasse Landesgeologe	5700 III	6100 III	6500 III	6900 III
4	A 2f	Regierungsbauräte [1]) 1) Beamte mit einem Besoldungsdienstalter von mehr als 18 Jahren dürfen bei sonst gegebenen Voraussetzungen für ihre Person in die Besoldungsgruppe 3 (A 2d) befördert werden.	4800 IV	5200 IV	5600 IV	6000 III
5	A 3a	Rechnungsrat	4800 IV	5200 IV	5600 IV	6000 III
6	A 4a	Rechnungsoberinspektoren Verwaltungsoberinspektoren	4100 IV	4400 IV	4700 IV	4950 IV

Anlage

zur Verordnung vom 1. August 1928.

ordnung

Landesamts für Wasserversorgung.

Gehälter beträge)							Ueberleitungsgrundsätze
9. u. 10.	11. u. 12.	13. u 14.	15. u. 16.	17. u. 18.	19. u. 20.	21. u. 22.	
dienstjahr							
RM	RM	RM	RM	RM	RM	RM	
Grundgehaltssatze bedeutet die zuständige Tarif- geldzuschusses							
2600 II	—	—	—	—	—	—	Erhält als Beamter mit den Bezügen der alten Besoldungsgruppe A XIII sein bisheriges Besoldungsdienstalter.
8900 III	9300 III	9700 III	—	—	—	—	Beamte mit den Bezügen der alten Besoldungsgruppe A XII erhalten ihr bisheriges Besoldungsdienstalter.
7300 III	7700 III	8100 III	8400 III	—	—	—	Beamte mit den Bezügen der alten Besoldungsgruppe A XI erhalten ihr bisheriges Besoldungsdienstalter.
6400 III	6800 III	7200 III	7500 III	—	—	—	Beamte mit den Bezügen der alten Besoldungsgruppe A X erhalten ihr bisheriges Besoldungsdienstalter, im günstigsten Falle ein solches von 14 Jahren.
6400 III	6700 III	7000 III	—	—	—	—	Beamte mit den Bezügen der alten Besoldungsgruppe A X erhalten ihr bisheriges Besoldungsdienstalter.
5200 IV.	5500 IV	5800 IV	—	—	—	—	Beamte mit den Bezügen der alten Besoldungsgruppe A IX erhalten ihr bisheriges Besoldungsdienstalter.

Besoldungsgruppe der Besoldungsordnung für die Beamten des Landesamts für Wasserversorgung	Besoldungsgruppe der allgemeinen Besoldungsordnungen für die Staatsbeamten	Beamtenklasse	Aufsteigend (Jahres			
			1. u. 2.	3. u. 4.	5. u. 6.	7. u. 8.
			Besoldungs			
			RM	RM	RM	RM
			Die römische Ziffer unter der klasse des Wohnungs			
7	A 4 b	Verwaltungsobersekretäre[1]), soweit nicht in Besoldungsgruppe 8 (A 5a) Verwaltungsinspektoren Rechnungsinspektoren Bauverwalter Oberbauverwalter 1) Obersekretäre, die nach den bestehenden Bestimmungen oder Beförderungsgrundsätzen nicht in die alte Besoldungsgruppe A VIII befördert werden konnten, oder künftig nicht in die Besoldungsgruppe 7 (A 4b) befördert werden können, werden der Besoldungsgruppe 8 (A 5a) zugeteilt.	2800 V	3050 V	3300 V	355 IV
8	A 5 a	Verwaltungsobersekretäre, soweit nicht in Besoldungsgruppe 7 (A 4 b)	2800 V	3000 V	3200 V	340 IV
9	A 7 a	Verwaltungssekretäre Bauführer	2350 V	2500 V	2650 V	280 V
10	A 8 a	Verwaltungsassistenten Kanzleisekretäre	2000 V	2090 V	2180 V	227 V
11	A 9	Kanzleiassistenten	1700 VI	1800 VI	1900 VI	200 VI
12	A 11	Amtsoffiziant	1500 VI	1590 VI	1680 VI	177 VI

Gehälter beträge)							Ueberleitungsgrundsätze
9. u. 10.	11. u. 12.	13. u. 14.	15. u. 16.	17. u. 18.	19. u. 20.	21. u. 22.	
dienstjahr							
RM	RM	RM	RM	RM	RM	RM	
Grundgehaltssatze bedeutet die zuständige Tarif-geldzuschusses							
3800 IV	4000 IV	4200 IV	4400 IV	4600 IV	4800 IV	5000 IV	Beamte mit den Bezügen der alten Besoldungsgruppe A VIII erhalten ihr um 4 Jahre verbessertes Besoldungsdienstalter und den Wohnungsgeldzuschuß der Tarifklasse IV. Beamte mit den Bezügen der alten Besoldungsgruppe A VII erhalten ihr bisheriges Besoldungsdienstalter, im günstigsten Falle ein solches von 14 Jahren.
3600 IV	3750 IV	3900 IV	4050 IV	4200 IV	—	—	Beamte mit den Bezügen der alten Besoldungsgruppe A VII erhalten ihr bisheriges Besoldungsdienstalter.
2950 V	3100 V	3200 V	3300 V	3400 V	3500 V	—	Beamte mit den Bezügen der alten Besoldungsgruppe A VI erhalten ihr bisheriges Besoldungsdienstalter.
2360 V	2450 V	2540 V	2620 V	2700 V	—	—	Beamte mit den Bezügen der alten Besoldungsgruppe A V erhalten ihr bisheriges Besoldungsdienstalter.
2100 V	2200 V	2300 V	2400 V	2500 V	2600 V	—	Beamte mit den Bezügen der alten Besoldungsgruppe A IV erhalten ihr bisheriges Besoldungsdienstalter, im günstigsten Falle ein solches von 16 Jahren.
1860 VI	1950 VI	2040 V	2120 V	2200 V	—	—	Beamte mit den Bezügen der alten Besoldungsgruppe A III erhalten ihr um 4 Jahre verbessertes Besoldungsdienstalter.

IV.

Ausführungsbestimmungen zum BBesG.

1. Bekanntmachung des Staatsministeriums der Finanzen vom 28. März 1928 Nr. 14200 über die Neuregelung der Dienstbezüge der Staatsbeamten im Dienste und der Versorgungsbezüge (StAnz. Nr. 73).

Im Einverständnisse mit den übrigen Staatsministerien ergeht folgendes:

Der Landtag hat den Entwurf eines Beamtenbesoldungsgesetzes in der Fassung der Regierungsvorlage (Landtagsdrucksache Beil. 3678 vom 9. März 1928) in der Vollsitzung vom 27. d. Mts. mit der Einschränkung angenommen, daß die Einführung der neuen Amtsbezeichnungen bis zu einer Nachprüfung des Gesetzes durch den kommenden Landtag zurückgestellt bleibt. Das Gesetz hat rückwirkende Kraft zum 1. Oktober 1927. Um die neuen Bezüge noch vor Ostern auszahlen zu können, haben die Zahlstellen auf Grund des ihnen mitgeteilten Entwurfs des Beamtenbesoldungsgesetzes samt Anlagen schon jetzt die Ueberleitung der bayerischen Beamten in die neuen Bezüge vorzunehmen. Dabei ist vorbehaltlich der später zu erlassenden Ausführungsbestimmungen folgendes zu beachten:

A. Etatmäßige Beamte.

I. Die etatmäßigen Beamten erhalten mit Wirkung vom 1. Oktober 1927 an

a) Grundgehalt
b) Wohnungsgeldzuschuß
c) Kinderzuschläge und Kinderbeihilfen
d) Zulagen, soweit sie in der neuen Besoldungsordnung vorgesehen sind.

Die Zuschläge zum Grundgehalt in Höhe von 10 und $12\frac{1}{2}$ v. H. und der Frauenzuschlag werden ab 1. Oktober 1927 nicht mehr gewährt.

Zu a) Grundgehalt: Der Jahresbetrag des neuen Grundgehalts, der bei den Beamten mit aufsteigenden Gehältern von 2 zu 2 Jahren steigt, ergibt sich aus den Besoldungsordnungen A und B (Anlage 1 und 2 zum Gesetzentwurf).

Zu b) Der Wohnungsgeldzuschuß ist mit Wirkung vom 1. Oktober 1927 an mit 120 v. H. der aus der Anlage 3 zum

Gesetzentwurf ersichtlichen Grundbeträge zu gewähren. Die für die Berechnung der neuen Bezüge maßgebenden Jahressätze zeigt die nachstehende Uebersicht:

In Ortsklasse	In Tarifklasse I	II	III	IV	V	VI	VII	VII bei 40 v. H. Abzug
S	2520	2016	1584	1152	864	636	402	240
A	2160	1728	1368	1008	732	534	348	210
B	1800	1440	1080	792	606	444	288	174
C	1368	1080	864	648	474	348	216	132
D	1008	792	648	474	348	258	156	96

Die Gliederung des Wohnungsgeldzuschusses nach Grundgehaltssätzen ist weggefallen. Die Beamten erhalten künftig den Wohnungsgeldzuschuß der Tarifklasse, die am Anfang jeder Besoldungsgruppe angegeben ist. Die Oberwerkmeister mit den Bezügen der alten Besoldungsgruppe VII, soweit sie in die neue Besoldungsgruppe A 6 überzuleiten sind, erhalten an Stelle des für die Beamten dieser Gruppe zuständigen Wohnungsgeldzuschusses der Tarifklasse V den Wohnungsgeldzuschuß der Tarifklasse IV. Die Beamten der bisherigen Besoldungsgruppe VIII erhalten in allen Fällen den Wohnungsgeldzuschuß der Tarifklasse IV, also überleitungsweise auch in der ersten bis dritten Dienstaltersstufe (vgl. Ueberleitungsbestimmungen zur BesGr. A 4 b und Anm. 1 zur BesGr. A 6).

Nach Art. 14 des Gesetzentwurfs erhalten ledige Beamte bis zum vollendeten 45. Lebensjahr an Stelle des Wohnungsgeldzuschusses der Besoldungsgruppe, in die sie eingereiht sind, den Wohnungsgeldzuschuß der nächstniedrigeren Tarifklasse. Diese Bestimmung gilt aber nicht für Geistliche.

Beispiel: Ein lediger Regierungsrat in der ersten Dienstaltersstufe der alten Besoldungsgruppe X, der in den Anfangsgrundgehalt der neuen Besoldungsgruppe A 2 f überzuleiten ist, erhält an Stelle des Wohnungsgeldzuschusses der Tarifklasse IV den der Tarifklasse V.

Ledige Beamte über 45 Jahre erhalten den vollen Wohnungsgeldzuschuß vom Ersten des Monats an, in dem sie das 45. Lebensjahr vollenden. Ein am ersten Tage eines Monats geborener Beamter vollendet ein Lebensjahr mit Ablauf des letzten Tages des vorhergehenden Monats (§ 187 Abs. 2 des Bürgerlichen Gesetzbuchs). Ein am 1. Mai 1883 geborener lediger Beamter erhält deshalb den vollen Wohnungsgeldzuschuß ab Mai 1928, da er das 45. Lebensjahr nicht schon im Laufe des Monats April vollendet, sondern erst mit dem Ablaufe dieses Monats.

Als ledig sind alle Beamten anzusehen, die nicht verheiratet sind oder waren. Zu den ledigen Beamten zählen demnach die verwitweten und geschiedenen Beamten nicht; diese erhalten den gleichen Wohnungsgeldzuschuß wie die verheirateten Beamten. Den gleichen Wohnungsgeldzuschuß erhalten auch die Geistlichen ohne Rücksicht auf das Amt, das sie im Staatsdienste bekleiden. Da der Zahlstelle das Geburtsdatum des Beamten in der Regel nicht bekannt ist, haben die Beschäftigungsbehörden (bei Volksschullehrern der Schulleiter) der Zahlstelle umgehend die notwendigen Angaben zu machen.

Die Ortsklasseneinteilung wird durch das neue Besoldungsgesetz nicht berührt.

Zu c) Kinderzuschläge und Kinderbeihilfen:

1. Der Kinderzuschlag ist künftig für alle noch nicht 21 Jahre alten Kinder ohne Rücksicht auf das Lebensalter des Kindes gleich hoch. Neu sieht der Entwurf vor eine Staffelung der Kinderzuschlagssätze je nach der Zahl der kinderzuschlagsfähigen Kinder. Der Kinderzuschlag beträgt vom 1. Oktober 1927 an

für die ersten beiden Kinder	je 20 RM monatlich,
für das 3. und 4. Kind	je 25 RM monatlich,
für das 5. und jedes weitere Kind	je 30 RM monatlich.

In die Zahl der kinderzuschlagsfähigen Kinder sind außer den Kindern, für die nach den Bestimmungen des Gesetzentwurfs der Kinderzuschlag zusteht, auch solche Kinder einzurechnen, für die die Kinderbeihilfe gewährt wird.

Zu beachten ist, daß vom 1. Oktober 1927 an der Kinderzuschlag schon bei einem eigenen Einkommen des Kindes von monatlich mindestens 30 RM ganz wegfällt und daß die Zahlung eines halben Kinderzuschlags nicht mehr in Frage kommt. Außerdem fällt nach Art. 23 Abs. II des Gesetzentwurfs im Gegensatze zur bisherigen Regelung (Ablauf des Kalendervierteljahres) der Kinderzuschlag ab 1. Oktober 1927 mit dem Ablaufe des Monats weg, der auf den Monat folgt, in dem das für den Wegfall maßgebende Ereignis eingetreten ist.

Kinderzuschläge für Pflegekinder oder Enkel, die nach Art. 21 Abs. V des Gesetzentwurfs künftig gewährt werden können, dürfen zunächst noch nicht berechnet und gezahlt werden. Das gleiche gilt hinsichtlich der neu eingeführten Kinderzuschläge für Kinder über 21 Jahre, die wegen körperlicher oder geistiger Gebrechen dauernd erwerbsunfähig sind.

2. Kinderbeihilfen für Kinder über 21 Jahre. Die bisherigen Vorschriften über die Gewährung von Kinderbeihilfen (vgl. Bek. vom 13. März 1923 — GVBl. S. 140 — und 25. April 1924 — GVBl. S. 147) bleiben aufrecht erhalten. Jedoch treten an die Stelle des bisherigen Höchstsatzes von monatlich 22 RM die neuen Höchstsätze und die neue Einkommensgrenze von monatlich mindestens 30 RM (vgl. Ziff. 1).

Zu d) Zulagen:

Die in den Anmerkungen 2—4 zur neuen Besoldungsgruppe A 4 a und in den Anmerkungen 4, 5 zur neuen Besoldungsgruppe A 4 b, ferner die in der Anmerkung 1 zur neuen Besoldungsgruppe A 5 c vorgesehenen Zulagen für Lehrpersonen mit besonderen Dienstesaufgaben sind bei der Berechnung der neuen Bezüge zunächst außer Betracht zu lassen.

Die Zulage bis zu jährlich 1800 *RM* für einzelne Oberstudiendirektoren und Amtsgerichtsdirektoren wird neben den neuen Bezügen nicht mehr gewährt (vgl. Ueberleitungsbestimmung zur Besoldungsgruppe A 1 d). In den sonstigen Zulagen und Dienstaufwandsentschädigungen tritt dagegen eine Aenderung nicht ein.

II. In welche Besoldungsgruppen der neuen Besoldungsordnung die etatmäßigen Beamten überzuleiten sind, ist im einzelnen in der Anlage 5 zum Gesetzentwurf geregelt (Uebersicht über die Ueberleitung der am 1. Oktober 1927 im Amte gewesenen etatmäßigen und nichtetatmäßigen Staatsbeamten in die Besoldungsordnungen A und B).

Als Stichtag für die Ueberleitung (Ueberleitungstag) gilt in der Regel der 1. Oktober 1927, d. i. der Tag des Inkrafttretens des Gesetzes. In die neuen Dienstbezüge werden alle am 1. Oktober 1927 im Amte gewesenen etatmäßigen Beamten übergeleitet, insbesondere also auch jene etatmäßigen Beamten, die am 1. Oktober 1927 noch im Dienste waren, nach diesem Zeitpunkt aber mit Ruhegehalt oder Wartegeld in den Ruhestand versetzt wurden oder unter Hinterlassung von versorgungsberechtigten Hinterbliebenen starben oder unter Gewährung von Unterhaltsbeiträgen nach Art. 110 Abs. 2 des Beamtengesetzes und des Volksschullehrergesetzes oder nach Art. 7 Abs. 5 des Disziplinargesetzes für richterliche Beamte aus dem Staatsdienst entlassen wurden.

Bei Beamten, die nach dem 1. Oktober 1927 nach Maßgabe der alten Besoldungsvorschriften erstmals etatmäßig ernannt wurden, tritt an die Stelle des 1. Oktober 1927 der Tag der Ernennung als Ueberleitungstag.

Ferner werden Beamte, die am 1. Oktober 1927 bereits im Dienste waren, nach dem 1. Okt. 1927 aber nach Maßgabe der alten Besoldungsvorschriften befördert oder auf eine Amtsstelle einer niedrigeren Besoldungsgruppe der bisherigen Besoldungsordnung ernannt worden sind, am Tage der Beförderung oder Ernennung in die der alten Besoldungsgruppe entsprechende neue Besoldungsgruppe übergeleitet (vgl. Art. 41 Abs. I des Gesetzentwurfs); für diese Beamten hat somit — wie das folgende Beispiel zeigt — eine mehrfache Ueberleitung stattzufinden.

Beispiel: Ein Regierungsrat der Gruppe X mit einem Besoldungsdienstalter vom 1. September 1918 in dieser Gruppe wurde am 1. Januar 1928 zum Regierungsrat I. Klasse der Gruppe XI befördert und erhielt in dieser Gruppe ein Besoldungsdienstalter vom 1. September 1922. Er wird zunächst vom 1. Oktober 1927 an in die neue Besoldungsgruppe A 2 f mit seinem bisherigen Besoldungsdienstalter (1. September 1918) übergeleitet. Mit Wirkung vom 1. Januar 1928 ist er in die Besoldungsgruppe A 2 d mit seinem bisherigen Besoldungsdienstalter in der Gruppe XI (1. September 1922) einzureihen.

In gleicher Weise wie in dem vorliegenden Falle ist dann zu verfahren, wenn einem Beamten nach dem 1. Oktober 1927 eine Amtsstelle der gleichen Besoldungsgruppe der bisherigen Besoldungsordnung übertragen worden ist, in der neuen Besoldungsordnung die frühere und jetzige Amtsstelle aber verschiedenen Besoldungsgruppen zugeteilt sind.

Beispiel: Ein Hochschuloberoffiziant der Gruppe IV ist am 1. Januar 1928 zum Präparator der gleichen Gruppe ernannt worden. Er ist ab 1. Oktober 1927 in die neue Besoldungsgruppe A 10 und ab 1. Januar 1928 in die Besoldungsgruppe A 9 überzuleiten. Bei Anwendung der Ueberleitungsbestimmung des Art. 41 Abs. I Satz 2 des Gesetzentwurfs kann sich für den Beamten unter Umständen ein ungünstigeres Besoldungsdienstalter ergeben als er erhalten würde, wenn bei der nach dem 1. Oktober 1927 verfügten Beförderung oder Ernennung nicht nach den Ueberleitungsbestimmungen, sondern nach den Vorschriften des Art. 11 des Gesetzentwurfs verfahren worden wäre. In diesen Fällen bleibt die Anwendung des Art. 59 des Gesetzentwurfs (Härtenausgleich) vorbehalten.

Ausgeschlossen von der Ueberleitung sind Beamte, die bis zur Veröffentlichung des neuen Besoldungsgesetzes aus dem Staatsdienst ohne Anspruch auf Versorgungsbezüge ausgeschieden oder ohne Hinterlassung von Hinterbliebenen im Sinne des Art. 72 des BG. oder der Art. 65 und 66 des Volksschullehrergesetzes gestorben sind. Das Staatsministerium der Finanzen behält sich vor, die Ueberleitung solcher Beamten zuzulassen, die aus dem Staatsdienste unmittelbar in den Dienst des Reiches oder einer Gemeinde oder einer sonstigen Körperschaft des öffentlichen Rechtes übergetreten sind.

Regelungen auf Grund des Art. 41 Abs. II des Gesetzentwurfs werden den Zahlstellen bis längstens 1. April 1928 vom zuständigen Staatsministerium mitgeteilt werden.

Landgerichtsräte und Oberamtsrichter, die II. Staatsanwälte waren, werden nach Anmerkung 1 und 2 zur Besoldungsgruppe A 2 d in diese Besoldungsgruppe, nicht in die Besoldungsgruppe A 2 e übergeleitet.

Die Obersekretäre der alten Besoldungsgruppe VII, ferner die Sekretäre der alten Besoldungsgruppe VI, die für ihre Person die Bezüge der alten Besoldungsgruppe VII erhalten, werden in die

Besoldungsgruppe A 4 b oder nach Maßgabe der Anmerkung 3 zu dieser Gruppe in die Besoldungsgruppe A 5 a übergeleitet. Da die Zahlstellen nicht in der Lage sind, Entscheidung darüber zu treffen, welcher Besoldungsgruppe die von ihr überzuleitenden Obersekretäre zuzuteilen sind, werden die zuständigen Staatsministerien darauf bedacht sein, ihnen bis zum 1. April 1928 diejenigen Obersekretäre namentlich zu bezeichnen, die in die Besoldungsgruppe A 5 a überzuleiten sind. Alle übrigen Obersekretäre der alten Besoldungsgruppe VII sind in die neue Besoldungsgruppe A 4 b überzuführen, soweit nicht in der Anlage 5 zum Gesetzentwurf die Ueberleitung in die neue Besoldungsgruppe A 5 a vorgeschrieben ist. Soweit die Entscheidungen der Ministerien bis zum 1. April 1928 der Zahlstelle nicht zugegangen sein sollten, darf hierdurch der Vollzug der Ueberleitung nicht aufgehalten werden. Die Ueberleitung hat in diesem Falle vorerst in die Gruppe A 5 a zu erfolgen. Die Ueberleitung in die Gruppe A 4 b kann später nachgeholt werden. Dem Beamten entsteht daraus kein Nachteil.

Die Anmerkung 2 zur Besoldungsgruppe A 10 ist bei der Ueberleitung zunächst nicht zu beachten; es sind vielmehr die darin genannten Beamten ohne Rücksicht auf ihre Vorbildung in die Bezüge der Besoldungsgruppe A 10 einzuweisen.

Für die Ueberleitung der Beamten der Schutzmannschaft und der Gendarmerie, dann der Beamten der Fachschulen (Art. 190 des BG.) und der Kreis- und Stiftungsbeamten (Art. 188, 189 des BG.) sowie der Beamten der Nettohaushalte ergehen besondere Anweisungen der zuständigen Staatsministerien.

Wegen der den Hochschulprofessoren in Anwendung des Art. 3 Abs. II des Beamtenbesoldungsgesetzes vom 2. Juni 1920 verliehenen Zusatzgehälter werden die zuständigen Zahlstellen besondere Weisung des Staatsministeriums für Unterricht und Kultus erhalten. In den übrigen Fällen der Gewährung von Zusatzgehältern ist die Entscheidung des Staatsministeriums der Finanzen einzuholen.

III. Welches Besoldungsdienstalter die am 1. Oktober 1927 im Amte gewesenen etatmäßigen Beamten bei der Ueberleitung in die Gruppen der neuen Besoldungsordnung zu erhalten haben, ergibt sich aus den an der Spitze jeder Besoldungsgruppe der Besoldungsordnung A stehenden Ueberleitungsbestimmungen.

Wenn in den Ueberleitungsbestimmungen das Besoldungsdienstalter in der neuen Besoldungsgruppe auf eine bestimmte Anzahl von Jahren beschränkt ist (z. B. in der Besoldungsgruppe A 2 f für die Beamten der alten Besoldungsgruppe X auf günstigstenfalls 14 Jahre, in der Besoldungsgruppe A 5 b für die Beamten der alten Besoldungsgruppe VI auf günstigstenfalls 12 Jahre), so ist das Besoldungsdienstalter bei allen Beamten neu festzusetzen, die am Tage der Ueberleitung in der alten Besoldungsgruppe ein Besoldungsdienstalter haben, das höher ist als das in der neuen Besoldungsgruppe im günstigsten Falle zugelassene Besoldungsdienstalter.

Beispiel: Ein Bezirksarzt mit einem Besoldungsdienstalter in der alten Besoldungsgruppe X vom 1. Januar 1910 hat am 1. Oktober 1927 ein Besoldungsdienstalter von 17 Jahren 9 Monaten. Er ist in die neue Besoldungsgruppe A 2 f überzuleiten und erhält ein Besoldungsdienstalter vom 1. Oktober 1927 — 14 Jahre = 1. Oktober 1913.

Bei dieser Berechnung ist immer von dem nach Art. 41 Abs. I als Tag der Ueberleitung geltenden Zeitpunkt auszugehen.

Beispiel: Wäre der im vorigen Beispiel genannte Beamte in der Zeit vom 1. Juli mit 31. Dezember 1927 im zeitlichen Ruhestande gewesen und ab 1. Januar 1928 mit einem Besoldungsdienstalter vom 1. Juli 1910 in Gruppe X etatmäßig wiederangestellt worden, so wäre er am 1. Januar 1928 in die Besoldungsgruppe A 2 f überzuleiten und dabei sein Besoldungsdienstalter in der neuen Gruppe auf den 1. Januar 1928 — 14 Jahre = 1. Januar 1914 festzusetzen.

Wenn nach den Ueberleitungsbestimmungen das Besoldungsdienstalter in der neuen Besoldungsgruppe durch Verkürzung des alten Besoldungsdienstalters um 2 oder 4 oder 6 Jahre zu errechnen ist, muß das Besoldungsdienstalter auf den Ueberleitungstag nach Art. 41 Abs. I des Gesetzentwurfs (also 1. Oktober 1927 oder späterer Zeitpunkt) festgesetzt werden, wenn das bisherige Besoldungsdienstalter weniger als 2 oder 4 oder 6 Jahre beträgt.

Die Anmerkung 6 zur Besoldungsgruppe A 4 b bleibt bei der Ueberleitung durch die Zahlstellen zunächst außer Betracht.

Versorgungsanwärter.

Die gegenüber bisher weitergehende Anrechnung von Militär- usw. Dienstzeiten auf das Besoldungsdienstalter bei der ersten etatmäßigen Anstellung von Versorgungsanwärtern nach Art. 8 des Gesetzentwurfs hat keine rückwirkende Kraft. Das Besoldungsdienstalter der am 1. Oktober 1927 vorhandenen etatmäßigen Beamten aus dem Stande der Versorgungsanwärter darf daher nach dieser Bestimmung nicht verbessert werden. Die in Art. 42 des Gesetzentwurfs für die am 30. September 1927 im Amte gewesenen etatmäßigen Beamten aus dem Stande der Versorgungsanwärter vorgesehene Verbesserung des Besoldungsdienstalters ist bei der Ueberleitung durch die Zahlstellen zunächst nicht zu berücksichtigen. Die veranlaßten Verbesserungen werden mit rückwirkender Kraft auf den Tag der Ueberleitung durch das zuständige Staatsministerium im Benehmen mit dem Staatsministerium der Finanzen durchgeführt werden.

IV. Die neuen Amtsbezeichnungen werden vorerst nicht eingeführt. Es behält also jeder Beamte bis auf weiteres seine bisherige Amtsbezeichnung.

B. Nichtetatmäßige Beamte und Hochschulassistenten.

I. Die am 1. Oktober 1927 im Amte gewesenen und die nach diesem Zeitpunkt nach den alten Besoldungsvorschriften ernannten nichtetatmäßigen Beamten erhalten Grundvergütungen nach der Anlage 4 Buchst. a zum Gesetzentwurf. Dabei ist zu beachten, daß das Besoldungsdienstalter dieser nichtetatmäßigen Beamten um zwei Jahre verbessert wird, jedoch mit der Einschränkung, daß der Uebertritt in die zweite Dienstaltersstufe der Anstellungs-Besoldungsgruppe erst mit dem 10. und bei Militäranwärtern erst mit dem 9. Dienstjahr erfolgt.

Neben den Grundvergütungen erhalten die nichtetatmäßigen Beamten den Wohnungsgeldzuschuß, den sie in der ersten Dienstaltersstufe derjenigen Besoldungsgruppe beziehen würden, in der sie beim regelmäßigen Verlauf ihrer Dienstlaufbahn erstmals etatmäßig angestellt werden, ferner Kinderzuschläge wie die etatmäßigen Beamten.

Wegen der Ermittlung des zuständigen Wohnungsgeldzuschusses und wegen der Berechnung der Kinderzuschläge siehe Abschnitt A.

II. Für die Ueberleitung der Hochschulassistenten werden den zuständigen Zahlstellen besondere Ueberleitungsbestimmungen durch das Staatsministerium für Unterricht und Kultus zugehen.

C. Staatsdienstanwärter und sonstige im staatlichen Vorbereitungsdienst stehende Personen.

Die Unterhaltszuschüsse der Staatsdienstanwärter und der sonstigen im staatlichen Vorbereitungsdienste stehenden Personen bleiben zunächst unverändert.

D. Art der Durchführung.

1. Zur Durchführung der Ueberleitung ist das nachstehend abgedruckte*) Formblatt (Anlage 1) zu benützen. Es sind zwei Durchschriften und bei Beamten, die nach dem 1. Oktober 1927 mit Ruhegehalt oder Wartegeld oder mit Unterhaltsbeiträgen nach Art. 110 Abs. 2 BG. und des Volksschullehrergesetzes oder nach Art. 7 Abs. 5 des Disziplinargesetzes für richterliche Beamte aus dem Staatsdienste ausgeschieden oder unter Hinterlassung von versorgungsberechtigten Hinterbliebenen gestorben sind, eine weitere (dritte) Durchschrift herzustellen.

2. Die Abgleichung der alten und neuen Bezüge hat sich auf die Zeit vom 1. Oktober 1927 (oder dem jeweiligen späteren Ueberleitungstag) bis 30. April 1928 zu erstrecken. Zu den alten Bezügen zählen auch die Vorschüsse auf die Besoldungsneuregelung gemäß

---

*) Vom Abdruck des Formblattes wurde als hier nicht notwendig abgesehen.

Bek. vom 26. September 1927 Nr. 44 147 (StAnz. Nr. 221) und Bek. vom 15. Dezember 1927 Nr. 55 082 (StAnz. Nr. 289). Wenn auf Grund der zuletzt genannten Bek. vom 15. Dezember 1927 im Dezember 1927 ein doppelter Vorschuß gezahlt worden ist, gilt die Hälfte dieses Betrags als Vorschuß für Januar 1928. Die für die Zeit vom 1. Oktober 1927 bis 30. April 1928 gezahlten örtlichen Sonderzuschläge sind bei der Abgleichung außer Betracht zu lassen; ebenso sind in die für die gleiche Zeit ermittelten neuen Bezüge örtliche Sonderzuschläge nicht miteinzurechnen. Die Neuregelung der örtlichen Sonderzuschläge wird vom 1. Mai 1928 an verfügt werden.

3. Der im Formblatt Anlage 1 durchgeführte Fall verhält sich wie folgt:

Ein Bezirksamtmann der Besoldungsgruppe X mit einem Besoldungsdienstalter vom 1. Dezember 1909 ist am 1. November 1927 zum Regierungsrat I. Klasse befördert und gleichzeitig von München nach Laufen versetzt worden. Er ist verheiratet und hat drei kinderzuschlagsberechtigte Kinder in der Zeit vom 1. Oktober 1927 mit 31. Dezember 1927, und zwei kinderzuschlagsberechtigte Kinder ab 1. Januar 1928. Weil hiernach an seinen Dienstbezügen am 1. November, am 1. Dezember und am 1. Januar Aenderungen eingetreten sind, sind für die Zeit vom 1. Oktober 1927 bis 31. März 1928 vier Spalten für die Abgleichung notwendig. In Fällen, in denen die Dienstbezüge in der Zeit vom 1. Oktober 1927 bis 30. April 1928 unverändert geblieben sind, genügt die Ausfüllung einer Spalte für die Dienstbezüge in der Zeit vom 1. Oktober 1927 bis zum 31. März 1928. Die Abgleichung der Dienstbezüge für den Monat April muß in allen Fällen getrennt von den übrigen Monaten in der letzten Spalte des Formblattes durchgeführt werden. Letzteres ist deshalb notwendig, weil mit dem 1. April 1928 das neue Rechnungsjahr 1928 beginnt.

Wegen der Aenderungen, die im Steuerabzug vom Arbeitslohn mit Wirkung vom 1. Januar 1928 eingetreten sind, läßt es sich nicht vermeiden, die Nachzahlung für die Monate Oktober mit Dezember 1927 einerseits und die Nachzahlung für die Monate Januar mit März 1928 andererseits gesondert zusammenzuzählen.

4. Die Zahlstellen werden beauftragt und ermächtigt, auf Grund der von ihnen durchgeführten Ueberleitungen die Nachzahlungen an die Beamten sofort, möglichst noch vor Ostern, zu leisten. Zuständig zur Vornahme der Ueberleitung ist die Zahlstelle, die die Dienstbezüge für April 1928 zu zahlen hat; ihr obliegt in allen Fällen die Abgleichung der alten und neuen Bezüge für den ganzen Zeitraum, auf den sich die Abgleichung erstreckt (vgl. das Beispiel in Anlage 1). Die für die Verrechnung maßgebenden Bestimmungen werden hierdurch nicht berührt.

Sind die für die Zeit vom 1. Oktober 1927 mit 30. April 1928 gezahlten Dienstbezüge einschließlich der Vorschüsse auf die Neuregelung höher als die für den gleichen Zeitraum zustehenden neuen Dienstbezüge, so darf der Mehrbetrag in Ausgabe belassen werden.

Bei Beamten, die sich ihre Dienstbezüge schon bisher regelmäßig auf ein Konto überweisen ließen, ist auch die Nachzahlung sofort von der Zahlstelle zu überweisen. Eine Abschrift der Anlage 1, die als Mitteilung nach Art. 12 Abs. I des Gesetzentwurfs für den Beamten bestimmt ist, gibt die Zahlstelle an die Beschäftigungsbehörde zum Zwecke der Aushändigung an die Beamten ab; hierbei sind, zur Unterscheidung zwischen Ueberweisungs- und Barempfängern, die Anlagen 1 bei den Ueberweisungsempfängern mit der Aufschrift „Konto" zu versehen. Die Beschäftigungsbehörde stellt die auf ihre Beamten treffenden Nachzahlungen — mit Ausnahme der Nachzahlungen für Kontoinhaber — in zwei Verzeichnissen nach dem Muster der Anlage 2*) zusammen, von denen das eine die Zeit vom Oktober 1927 mit März 1928 und das andere den Monat April 1928 umfaßt. Die Führung von zwei Verzeichnissen ist wegen der beiden in Frage kommenden Rechnungsjahre 1927 und 1928 notwendig. Nur bei den Beamten, deren Bezüge auf den Haushalt der Staatsforstverwaltung verrechnet werden, ist eine Scheidung in zwei Verzeichnisse nicht veranlaßt; hier kann das Verzeichnis den Gesamtzeitraum der Nachzahlung Oktober 1927 mit April 1928 umfassen. Die Beschäftigungsbehörde läßt in der letzten Spalte des Verzeichnisses den Empfang durch die einzelnen Beamten bestätigen.

Beschäftigungsbehörden am Sitze der Zahlstelle erheben gegen Rückgabe der unterfertigten Verzeichnisse den Gesamtbetrag der Nachzahlung für ihre Beamten in einer Summe in bar bei der Zahlstelle. Beschäftigungsbehörden, die nicht am Sitze der Zahlstellen sind, übersenden die unterfertigten Verzeichnisse der Zahlstelle mittels Einschreibebrief; die Zahlstelle übersendet ihnen nach Empfang der Verzeichnisse den Gesamtbetrag der Nachzahlung in einer Summe. Die Auszahlung der Nachzahlung an die einzelnen Beamten obliegt der Beschäftigungsbehörde.

5. Den Bedarf an Formblättern Anlage 1 haben die Zahlstellen umgehend telegraphisch oder soweit sie ihren Sitz in München haben durch Boten beim Expeditionsamt des Staatsministeriums der Finanzen anzufordern. Dabei ist die Urschrift samt zwei Durchschriften als e i n Stück zu rechnen.

Das Formblatt Anlage 2 stellen die Beschäftigungsbehörden selbst her.

6. Nach Durchführung der Ueberweisungen und der Barnachzahlungen legen die Zahlstellen die Erstschrift und eine Durchschrift der Anlage 1 dem zuständigen Staatsministerium, bei Volksschullehrern der Regierung, Kammer des Innern, unmittelbar vor. Die gemäß Ziff. 1 herzustellende dritte Durchschrift (Beamte, die nach dem

*) Vom Abdruck des Formblattes wurde als hier nicht notwendig abgesehen.

1. Oktober 1927 mit Anspruch auf Ruhegehalt usw. ausgeschieden sind) ist der zuständigen Pensionsregelungsbehörde zwecks Neufestsetzung der Versorgungsbezüge vorzulegen.

7. Die Beschäftigungsbehörden am Sitze der Zahlstellen sind verpflichtet, etwaigen über die allgemeinen Anordnungen hinausgehenden Ersuchen der Zahlstellen um Mitwirkung bei der Ueberleitung insbesondere durch vorübergehende Abstellung von Hilfskräften zum Zwecke der Beschleunigung des Verfahrens stattzugeben.

E. Neuregelung der Versorgungsbezüge.

1. Nach Art. 43 des Entwurfs eines Beamtenbesoldungsgesetzes wird das Wartegeld der am 1. Oktober 1927 im einstweiligen Ruhestande befindlichen Beamten nach den Vorschriften dieses Gesetzes neu festgesetzt. Die Wartestandsbeamten sind daher in die Besoldungsgruppen der neuen Besoldungsordnungen A und B überzuleiten. Diese Ueberleitungen führen die zuständigen Staatsministerien im Benehmen mit dem Staatsministerium der Finanzen, bei den Volksschullehrern die Regierungen, Kammern des Innern, durch. Zu diesem Zwecke legen die Zahlstellen nach dem Muster der Anlage 3 *) nach Haushalten aufgestellte Verzeichnisse der Wartestandsbeamten, deren Wartegeld sie zahlen, sofort den zuständigen Pensionsregelungsbehörden vor; diese prüfen, berichtigen oder ergänzen die Einträge und leiten die Verzeichnisse an die Ueberleitungsstellen weiter, soweit sie nicht selbst Ueberleitungsstelle sind. Die Ueberleitungsstellen führen die Ueberleitungen durch und geben sie der Pensionsregelungsbehörde bekannt, die sodann die neuen Wartestandsbezüge festsetzt und bei der Zahlstelle anweist.

2. Die mit Wirkung vom 1. Oktober 1927 oder einem früheren Zeitpunkt in den zeitlichen oder dauernden Ruhestand versetzten Beamten sowie die vor dem 1. Oktober 1927 im Dienste gestorbenen Beamten werden in die neuen Besoldungsgruppen nicht übergeleitet. Es gilt dies auch für solche Beamte, deren Anspruch auf Ruhegehalt wegen Fortverwendung im Dienste über den 1. Oktober 1927 hinaus gemäß Art. 62 des BG. und Art. 52 des Volksschullehrergesetzes erst von einem nach dem 1. Oktober 1927 liegenden Zeitpunkt an beginnt; bis zu diesem Zeitpunkt erhalten diese Beamten ab 1. Oktober 1927 das nach Art. 44 des Gesetzentwurfs sich berechnende Diensteinkommen, allenfalls mit Frauenzuschlag nach Art. 45 des Gesetzentwurfs.

Die Neuregelung der Versorgungsbezüge der in Absatz 1 bezeichneten Versorgungsberechtigten ergibt sich aus Art. 44 des Gesetzentwurfs. Die Ueberleitung in die neuen Versorgungsbezüge ist, soweit nachstehend nichts anderes bestimmt ist, von den Pensionszahlstellen durchzuführen. Umrechnungstafeln werden den Zahlstellen noch zugehen.

---

*) Vom Abdruck des Formblattes wurde als hier nicht notwendig abgesehen.

Die Neuberechnung der Versorgungsbezüge in den Fällen einer Kürzung nach Art. 66 Ziff. 2, Art. 76, 77, 86 Abs. 1 Ziff. 2 und 3 des BG. und den entsprechenden Vorschriften des Volksschullehrergesetzes hat von den Pensionsregelungsbehörden zu erfolgen. Das gleiche gilt in den Fällen, in denen beim pensionsfähigen Diensteinkommen ein Aufsatzgehalt oder ein Nebeneinkommen berücksichtigt wurde. Die Doppelabdrucke der letzten Anweisung — soweit solche nicht vorhanden sind, ein Verzeichnis der in Betracht kommenden Personen — sind von den Zahlstellen den Pensionsregelungsbehörden sofort vorzulegen; entsprechendes gilt für Zweifelsfälle. Die Ruhegehälter nach Art. 68 des BG. und nach Art. 61 des Volksschullehrergesetzes, die Unterhaltsbeiträge nach Art. 110 Abs. 3, Art. 206 a des BG. sowie Art. 99, Art. 110 Abs. 3 des Volksschullehrergesetzes, Art. 7 Abs. 6 des Richterdisziplinargesetzes und des Art. 5 des Gesetzes vom 10. Juli 1927 über die Aenderung beamtenrechtlicher Vorschriften — GVBl. S. 227 — sind gleichfalls nach den Pensionsumrechnungstabellen von den Zahlstellen nach Maßgabe der bisherigen Anweisungen neu festzusetzen. Soweit Unterhaltsbeiträge in festen Beträgen gewährt wurden, legen die Zahlstellen ein Verzeichnis der Unterhaltsbeitragsempfänger der zur Neubewilligung zuständigen Behörde durch Vermittlung der Pensionsregelungsbehörde mit gutachtlicher Aeußerung vor.

Der Sterbegehalt für die Monate Oktober, November und Dezember 1927 bleibt unverändert, wenn der Beamte bereits vor dem 1. Oktober 1927 gestorben ist. Sind die nach Art. 44 des Gesetzentwurfs zustehenden Hinterbliebenenbezüge in einzelnen Fällen höher als die in die Zeit nach dem 30. September 1927 fallenden Teile des gezahlten Sterbevierteljahres, so ist der Unterschied den Hinterbliebenen zu zahlen.

3. Die Unterhaltsbeiträge nach Art. 2 des PEG. sind um 20 vom Hundert gegenüber dem Stande vom 30. September 1927 zu erhöhen. Bezüglich der Erhöhung der Unterhaltsbeiträge nach Art. 3 des PEG. ergeht besondere Verfügung.

4. Die Nachprüfung der nach Ziff. 2 und 3 umgerechneten bei den Finanzämtern und den Kreiskassen in Rechnung liegenden Versorgungsbezüge erfolgt durch die Landesfinanzamtszweigstellen, im übrigen durch die Pensionsregelungsbehörden. Soweit ein Ministerium Pensionsregelungsbehörde ist, hat die Nachprüfung die Rechnungskammer vorzunehmen.

5. Der Erlaß besonderer Vorschriften für die Angehörigen der früheren bayerischen Eisenbahn- und Postverwaltung bleibt vorbehalten.

2. Bekanntmachung des Staatsministeriums der Finanzen vom 29. März 1928 Nr. 14775 über die Bezüge der Versorgungsanwärter während der Probedienstleistung (StAnz. Nr. 74).

Im Nachgang zur Bek. vom 28. März 1928 Nr. 14 200 — StAnz. Nr. 73 — wird zur Ausschließung von Zweifeln im Einverständnis mit den übrigen Staatsministerien verfügt:

Die zur Probedienstleistung einberufenen Versorgungsanwärter im Sinne der Anstellungsgrundsätze (RGBl. I 1926 S. 435) zählen gemäß § 1 der Bek. vom 11. März 1921 — GVBl. S. 73 — zu den nichtetatmäßigen Beamten. Sie erhalten daher neben der Grundvergütung den Wohnungsgeldzuschuß, den sie in der ersten Dienstaltersstufe derjenigen Besoldungsgruppe beziehen würden, in der sie beim regelmäßigen Verlauf ihrer Dienstlaufbahn erstmals etatmäßig angestellt werden. Als Grundvergütung kommt indes für sie ohne Rücksicht auf die Dauer der Probedienstleistung in jedem Falle nur die Anfangsgrundvergütung eines nichtetatmäßigen Beamten der gleichen Besoldungsgruppe in Frage. Abschnitt B Ziff. 1 der Bek. vom 28. März 1928 Nr. 14 200 — StAnz. Nr. 73 — (Verbesserung des Besoldungsdienstalters um 2 Jahre) findet daher auf die Versorgungsanwärter während der Probedienstleistung keine Anwendung.

---

3. Entschl. des Staatsministeriums für Unt. und K. vom 3. April 1928 Nr. IV 13346 über die Vergütungen für die klösterlichen Lehrkräfte an den Volksschulen (Staatsanz. Nr. 80).

An die Reg., K. d. J., und die Finanzämter.

Im Hinblick auf die Bek. des Staatsmin. d. Fin. vom 28. März 1928 Nr. 14 200 (StAnz. Nr. 73) wird hinsichtlich der Neuberechnung der Vergütungen für die klösterlichen Lehrkräfte an den Volksschulen nach Art. 24 SchBG. unter Aufhebung der Min.-Entschl. vom 24. Dezember 1923 (StAnz. Nr. 299) folgendes angeordnet:

1. Mit Wirkung vom 1. Oktober 1927 an sind folgende Vergütungen zu gewähren:

	Grundvergütung RM	Wohnungsgeldzuschuß bis zum vollendeten 45. Lebensjahre	Wohnungsgeldzuschuß vom Beginne des 46. Lebensjahres an
A. Klösterliche Volksschullehrerinnen			
a) Unständige Lehrkräfte	2.350	1/2 n. Tarifklasse VI	—
Die am 1. Oktober 1927 schon im Dienste gewesenen unständigen Lehrkräfte erhalten übergangsweise . .	2.500	"	—
b) Lehrerinnen und Hauptlehrerinnen	2.800	"	1/2 n. Tarifklasse V
Die am 1. Oktober 1927 im Bezuge der Vergütung nach BesGr. VIII gewesenen Hauptlehrerinnen erhalten übergangsweise	3.300	1/2 n. Tarifklasse V	1/2 n. Tarifklasse IV
c) Oberlehrerinnen, deren Vergütung bisher nach Gr. IX bemessen war	4.100	"	"
B. Hauptamtliche klösterliche Handarbeitslehrerinnen.			
a) Unständige Lehrkräfte	1.950	1/2 n. Tarifklasse VI	—
Die am 1. Oktober 1927 schon im Dienste gewesenen unständigen Lehrkräfte erhalten übergangsweise . .	2.080	"	—
b) Handarbeitslehrerinnen und Handarbeitshauptlehrerinnen	2.350	"	1/2 n. Tarifklasse V
Die am 1. Oktober 1927 im Bezuge der Vergütung nach BesGr. VII gewesenen Hauptlehrerinnen erhalten übergangsweise	2.650	"	"

2. Die Vergütungen der klösterlichen Volksschullehrerinnen an Schulen von Stiftungen und gemeinnützigen Unternehmungen bemessen sich nach Ziff. 1 A a—c; jedoch sind die errechneten Vergütungen in entsprechender Anwendung der Art. 35 mit 33 SchBG. um 20 v. H. zu kürzen.

3. Hinsichtlich der Zahlung sind die jeweiligen Bestimmungen über die Zahlung der Besoldungen der Beamten und die ergangenen besonderen Anweisungen maßgebend. Für die Festsetzung und Abgleichung der Vergütungen ab 1. Oktober 1927 sind die Formblätter Anlage 1 und 2 zur Bek. vom 28. März 1928 entsprechend zu verwenden.

4. Bekanntmachung des Staatsministeriums der Finanzen vom 17. April 1928 Nr. 17383 über die Gegenleistungen der Staatsbeamten, Aerzte und Angestellten des Staates für gewährte Verpflegung (StAnz. Nr. 89).

Im Einverständnisse mit den übrigen Staatsministerien wird unter Aufhebung der Bekanntmachung vom 15. Mai 1924 Nr. 18 008 — StAnz. Nr. 113 — mit Wirkung vom 1. April 1928 in stets widerruflicher Weise nachstehendes verfügt:

A. 1. Die regelmäßige Gegenleistung der Beamten, Aerzte und der Angestellten des Staates für die vom Staate gewährte Verpflegung wird einheitlich für alle Kostempfänger ohne Rücksicht auf die Höhe ihrer Besoldung auf 1.50 RM für die volle Tagesverpflegung festgesetzt.

2. Die Regelleistung (Ziff. 1) bildet die Entschädigung für einfache Verköstigung. Erhalten Beamte, Aerzte und Angestellte eine höherwertige Verköstigung, so beträgt die Gegenleistung mindestens 2 RM, aber nicht mehr als 2.50 RM täglich.

3. Allenfalls verabreichte Getränke (außer dem Frühstück) sowie Zwischenmahlzeiten (zweites Frühstück, Nachmittagskaffee oder -Tee u. dgl.) sind nach ihrem Werte gesondert in Ansatz zu bringen.

4. Für Verpflegsteilnehmer, die aus besonderen Gründen nicht die volle Verpflegung, sondern nur einzelne Tagesmahlzeiten in Anspruch nehmen, werden, sofern die Verhältnisse nicht eine andere Verteilung bedingen, von der Gegenleistung je $^1/_{10}$ für das Frühstück, $^5/_{10}$ für das Mittagessen und $^4/_{10}$ für das Abendessen berechnet.

B. 1. Die Festsetzung der Gegenleistung steht, soweit Einzelpersonen in Frage kommen, dem Vorstande der Anstalt zu, in der die Verpflegung verabfolgt wird. Die Festsetzung beschränkt sich auf den Berechnungsmaßstab, z. B. „Regelleistung" (Abschnitt A 1) oder „Erhöhte Gegenleistung von .... RM täglich" (Abschnitt A 2).

2. Wird Familienverpflegung vom Staate gewährt, so wird die Gegenleistung nach Lage des einzelnen Falles vom zuständigen Staatsministerium im Benehmen mit dem Staatsministerium der Finanzen festgesetzt.

C. 1. Die Berechnung und Erhebung der Gegenleistungen obliegt den Zahlstellen.

2. Die Gegenleistungen sind durch Gehaltsabzug jeweils für den Zeitraum einzuheben, für den die Dienstbezüge gezahlt werden.

D. Wegen der Gegenleistungen für die Verpflegung der unbesoldeten Volontärärzte in den staatlichen Krankenhäusern und Universitätskliniken bleibt besondere Entschließung vorbehalten.

E. Für die Zeit vom 1. Oktober 1927 bis 31. März 1928 verbleibt es bei den Gegenleistungen, die nach der Bek. vom 15. Mai 1924 Nr. 18 008 — StAnz. Nr. 113 — auf der Grundlage der Bezüge nach dem alten Beamtenbesoldungsgesetz erhoben worden sind.

5. Bekanntmachung des Staatsministeriums der Finanzen vom 25. April 1928 über die örtlichen Sonderzuschläge der Staatsbeamten (GVBl. S. 324; Berichtigung hierzu GVBl. S. 366).

Unter Aufhebung der Bekanntmachungen vom 13. März 1923 (GVBl. S. 143) / 25. April 1924 (GVBl. S. 147) wird mit Wirkung vom 1. Mai 1928 folgendes bestimmt:

I.

1. Die etatmäßigen und nichtetatmäßigen Staatsbeamten, die Staatsbeamten im Ruhestande, die Witwen und Doppelwaisen von Staatsbeamten, ferner die Unterhaltsbeitragsempfänger nach Art. 110 Abs. 2 des Beamtengesetzes und des Volksschullehrergesetzes sowie nach Art. 7 Abs. 5 des Disziplinargesetzes für richterliche Beamte, dann die Unterhaltsbeitragsempfänger nach Art. 5 und 9 des Gesetzes vom 10. Juli 1927 (GVBl. S. 227) erhalten mit Wirkung vom 1. Mai 1928 in den in der Anlage aufgeführten pfälzischen Orten an Stelle der bisher gewährten örtlichen Sonderzuschläge einen örtlichen Sonderzuschlag in dem aus der Anlage ersichtlichen Hundertsatz (8 oder 5) des Grundgehalts.

Soweit Staatsbeamte im Dienste ihren Amtssitz oder Staatsbeamte im Ruhestande sowie Witwen oder Doppelwaisen von Staatsbeamten oder Unterhaltsbeitragsempfänger im Sinne des Abs. I ihren Wohnsitz an sonstigen Orten haben, in denen den Reichsbeamten örtliche Sonderzuschläge gewährt werden, erhalten sie den örtlichen Sonderzuschlag in Höhe des für die Reichsbeamten zuständigen Hundertsatzes des Grundgehalts. Demgemäß steht beispielsweise den bayerischen Staatsbeamten in Berlin ein örtlicher Sonderzuschlag in Höhe von 3 v. H. des Grundgehalts zu.

2. Der örtliche Sonderzuschlag wird nur zum Grundgehalt gewährt; dagegen nicht mehr zum Wohnungsgeldzuschuß oder zu den Kinderzuschlägen oder Kinderbeihilfen oder zum Frauenzuschlag oder zu sonstigen Dienstbezügen.

Als Grundgehalt gilt bei Beamten im Dienste der nach dem Besoldungsgesetze vom 20. April 1928 zustehende Grundgehalt (gegebenenfalls unter Einrechnung einer ruhegehaltsfähigen Zulage nach Art. 3 Abs. I des BBesG.). Bei Versorgungsempfängern und bei den in Ziff. 1 Abs. I bezeichneten Unterhaltsbeitragsempfängern erhöht sich das ruhegehaltsfähige Diensteinkommen um den örtlichen Sonderzuschlag, der sich aus dem zum ruhegehaltsfähigen Diensteinkommen gehörigen Grundgehalt errechnet. Hierbei gilt als Grundgehalt bei den zum oder vor dem 1. Oktober 1927 in den Ruhestand versetzten oder emeritierten Beamten oder vor dem 1. Oktober 1927 im Dienste gestorbenen Beamten und den Hinterbliebenen dieser Beamten der nach Art. 44 und 46 des Beamtenbesoldungsgesetzes vom 20. April 1928 erhöhte Grundgehalt.

Beispiele:

a) Ein Beamter im Dienste mit einem Jahresgrundgehalt von 4200 *RM* in Germersheim erhält einen örtlichen Sonderzuschlag von 5 v. H., also von jährlich 210 *RM* ab 1. Mai 1928.

b) Ein Beamter der alten Besoldungsgruppe VII mit einem Besoldungsdienstalter in dieser Gruppe vom 1. Januar 1910, der am 1. August 1927 in den dauernden Ruhestand versetzt worden war und seitdem in Ludwigshafen wohnt, hat ab 1. Oktober 1927 ein ruhegehaltsfähiges Diensteinkommen von

3432 *RM*	Endgrundgehalt samt Zuschlag der Gruppe VII,
756 *RM*	Erhöhung um 22% gemäß Art. 44 des Besoldungsgesetzes,
792 *RM*	Wohnungsgeldzuschuß (Ortsklasse B),
4980 *RM*.	

Er erhält ab 1. Mai 1928 einen örtlichen Sonderzuschlag von 8 v. H. des Grundgehalts, also von 3432 *RM* + 756 *RM* $= 4188 \frac{8 \mathit{RM}}{100} = 335{,}04$ *RM*. Sein ruhegehaltsfähiges Diensteinkommen erhöht sich demgemäß auf

4980 + 355,04 *RM* = 5335,04 *RM*.

Hieraus berechnet sich der Ruhegehalt. Angenommen die pensionsfähige Dienstzeit betrage mehr als 40 Jahre, so erhält der Beamte 80 Prozent aus 5335,04 *RM* = 4268,03 *RM*, aufgerundet auf 4269 *RM*.

Das Witwengeld würde 2562 *RM* betragen, wenn die Witwe ihren Wohnsitz in Ludwigshafen beibehält.

3. Maßgebend für die Gewährung des örtlichen Sonderzuschlags ist bei Beamten im Dienste der Ort, nach dem der Beamte den Wohnungsgeldzuschuß erhält, bei Beamten im Ruhestande, den Beamtenwitwen, den Beamtendoppelwaisen und den in Ziff. 1 genannten Unterhaltsbeitragsempfängern der tatsächliche Wohnsitz. Bei einem Wechsel des tatsächlichen Wohnsitzes ist der örtliche Sonderzuschlag der Versorgungsempfänger vom Ersten des auf die Aenderung folgenden Monats nach dem für den neuen Wohnsitz geltenden Satze zu bemessen. Wird der Wohnsitz am Ersten eines Monats gewechselt, so tritt die Aenderung im örtlichen Sonderzuschlag schon mit diesem Tage ein. Als Tag des Wohnsitzwechsels gilt der Tag, an dem der überwiegende Teil des Hausgeräts in die neue Wohnung verbracht ist. Die Versorgungsempfänger sind verpflichtet, jeden

Wechsel des Wohnsitzes der Zahlstelle sofort anzuzeigen; auf diese Vorschrift sind sie ausdrücklich hinzuweisen.

4. Bei Eingemeindung einer Gemeinde oder eines Gemeindeteils in einen anderen Gemeindebezirk ist der örtliche Sonderzuschlag des Hauptortes auch für die eingemeindeten Orte oder Ortsteile von dem Tage ab zu zahlen, an dem die Eingemeindung in Kraft tritt. Tritt die Eingemeindung am ersten Tag eines Monats in Kraft, so wird der örtliche Sonderzuschlag schon von diesem Monat an gezahlt; in den übrigen Fällen vom Ersten des Monats, der auf den Monat der Eingemeindung folgt.

5. Der örtliche Sonderzuschlag wird für den gleichen Berechtigten nur einmal und zwar nach der für ihn günstigsten Berechnung gewährt.

6. Ein Rechtsanspruch auf den örtlichen Sonderzuschlag besteht nicht.

II.

Sind die Bezüge der Beamten und der Versorgungsempfänger auf Grund des Beamtenbesoldungsgesetzes vom 20. April 1928 infolge der Neuregelung der örtlichen Sonderzuschläge ab 1. Mai 1928 geringer als die bisherigen Bezüge nach dem Stande vom 30. September 1927, so ist ihnen der jeweilige Unterschiedsbetrag als nicht ruhegehaltsfähiger Zuschuß bis zu dem Zeitpunkte weiterzugewähren, in dem er durch die Erhöhung der neuen Bezüge ausgeglichen wird.

Für die Zeit vom 1. Oktober 1927 mit 30. April 1928 verbleibt es bei den bisher tatsächlich gezahlten örtlichen Sonderzuschlägen (vgl. Abschnitt D Ziff. 2 der FinMinBek. vom 28. März 1928 Nr. 14 200 — StAnz. Nr. 73).

III.

Wegen der Gewährung des örtlichen Sonderzuschlags an die Unterhaltsbeitragsempfänger nach Art. 3 des PEG., Art. 110 Abs. 3 und Art. 206 a des BG., Art. 7 Abs. 6 des Disziplinargesetzes für richterliche Beamte wird auf die Finanzministerialentschließung vom 13. April 1928 Nr. 11 223 verwiesen. Die Vorschriften in Abschnitt I und II sind auf die hiernach zustehenden örtlichen Sonderzuschläge entsprechend anzuwenden, jedoch mit dem Abmaße, daß der örtliche Sonderzuschlag in den Fällen, in denen das Staatsministerium der Finanzen den Unterhaltsbeitrag in einem festen Betrag bewilligt hat, der örtliche Sonderzuschlag aus diesem festen Betrag mit dem halben Hundertsatz (also statt 8 mit 4, statt 5 mit 2,5) zu berechnen und zu gewähren ist.

IV.

Das Reich hat seinen Beamten aus Anlaß des Abbaues der örtlichen Sonderzuschläge Abfindungen bewilligt (vgl. Bekanntmachung des Reichsministers der Finanzen vom 16. und 17. Dezember 1927 Nr. I B 18 888 und 18 889 — RBesBl. S. 149, 150). Die Entscheidung der Frage, ob und in welcher Höhe den bayerischen Beamten solche Abfindungen gezahlt werden können, muß zunächst bis zum Abschlusse der Verhandlungen zurückgestellt werden, die mit dem Herrn Reichsminister der Finanzen auf Grund des Landtagsbeschlusses vom 27. März 1928 zu führen sind. Durch diesen Landtagsbeschluß ist die Staatsregierung beauftragt, bei der Reichsregierung dahin zu wirken, daß in eine Prüfung der Frage eingetreten wird, ob und in welcher Weise die Wiedergewährung der örtlichen Sonderzuschläge für die pfälzischen Beamten erreicht werden kann.

München, den 25. April 1928. **Dr. Schmelzle.**

	Der örtliche Sonderzuschlag beträgt ... % vom Grundgehalt
Regierungsbezirk Pfalz:	
Frankenthal, St.	8
Kaiserslautern, St.	8
Ludwigshafen a. Rh., St.	8
Pirmasens, St.	8
Zweibrücken, St.	8
Landau i. Pf., St.	5
Neustadt a. d. H., St.	5
Speyer, St.	5
BA. Bergzabern:	
Annweiler	5
Bergzabern	5
BA. Frankenthal:	
Edigheim	8
Oppau	8
BA. Germersheim:	
Germersheim	5
Winden	5
BA. Kaiserslautern:	
Oberarnbach	5
Erfenbach	5
Fockenberg-Limbach	5
Hauptstuhl	5
Bruchmühlbach	5
Landstuhl	5
Bann	5
Kindsbach	5
Kottweiler-Schwanden	5
Mackenbach	5
Miesenbach	5
Queidersbach	5
Reichenbach	5
Reichenbachsteegen	5
Rodenbach	5
Schwedelbach	5
Siegelbach	5
Weilerbach	5
Bettenhausen	5
Gerhardsbrunn	5
Gimsbach	5
Hütschenhausen	5
Katzenbach	5
Matzenbach	5
Mittelbrunn	5
Mühlbach	5
Nanzdiezweiler	5
Niedermohr	5
Obermohr	5
Obernheim-Kirchenarmbach	5
Ramstein	5
Schrollbach	5
Spesbach	5
Steinwenden	5

	Der örtliche Sonderzuschlag beträgt . . . % vom Grundgehalt
Vogelbach	5
Weltersbach	5
BA. Kusel:	
Altenglan	
Godelhausen	
Haschbach (AG. Kusel)	
Mühlbach a. Glan	
Rammelsbach	
Rutsweiler a. Glan	
Schönenberg	
Theisbergstegen	
Waldmohr mit Eichelscheiderhof	
Albessen	
Altenkirchen	
Blaubach	
Bledesbach	
Börsborn	
Breitenbach	
Brücken	
Bubach	
Dennweiler-Frohnbach	5
Diedelkopf	
Dietschweiler	
Dittweiler	
Dunzweiler	
Ehweiler	
Eisenbach	
Elschbach	
Etschberg	
Frohnhofen	
Frutzweiler	
Glanmünchweiler	
Gries	
Haschbach (AG. Waldmohr)	
Herchweiler	
Herschweiler-Petersheim	
Hoof	
Hüffler	
Körborn	
Konken	
Krottelbach	
Kübelberg	
Kusel	
Langenbach	
Liebsthal	
Marth	
Nanzweiler	
Niederkirchen	
Niedermiesau	
Niederohmbach	
Obermiesau	5
Oberohmbach	
Osterbrücken	
Quirnbach	
Rehweiler	
Saal	
Sand	
Schellweiler	
Schmittweiler (AG. Waldmohr)	
Selchenbach	
Steinbach	
Trahweiler	
Wahnwegen	
BA. Ludwigshafen a. Rh.:	
Oggersheim	8
Rheingönheim	8
Altrip	5
Maudach	5
Mutterstadt	5
Neuhofen	5
BA. Pirmasens:	
Dahn	
Eppenbrunn	5
Fehrbach	
Fischbach	

	Der örtliche Sonderzuschlag beträgt ... % vom Grundgehalt
Fröschen	
Gersbach	
Hengsberg	
Hirschthal	
Höheischweiler	
Ludwigswinkel	
Rodalben	
Rumbach	
Schönau	
Stimten	
Thaleischweiler mit Bahnhof Biebermühle	
Trulben	
Vinningen	5
Winzeln	
Harsberg	
Herschberg	
Hettenhausen	
Hilst	
Höhmühlbach	
Kröppen	
Nünschweiler	
Saalstadt	
Schauerberg	
Schweix	
Wallhalben	
Windsberg	
BA. Speyer:	
Schifferstadt	5
BA. Zweibrücken:	
Althornbach	
Battweiler	
Bechhofen	5
Biedershausen	
Bottenbach	
Bruchhof	

	Der örtliche Sonderzuschlag beträgt ... % vom Grundgehalt
Contwig	
Dellfeld	
Dietrichingen	
Großbundenbach	
Großsteinhausen	
Hengstbach	
Hornbach	
Ixheim	
Käshofen	
Kirrberg	
Kleinbundenbach	
Kleinsteinhausen	
Knopp-Labach	
Krähenberg	
Lambsborn	
Langwieden	
Martinshöhe	
Maßweiler	
Mauschbach	
Mittelbach	5
Mörsbach	
Niederauerbach	
Niederhausen	
Oberauerbach	
Oberhausen	
Reifenberg	
Riedelberg	
Rieschweiler	
Rimschweiler	
Rosenkopf	
Sanddorf	
Sanddorf-Bruchhof	
Schmittshausen	
Stambach	
Walshausen	
Wattweiler	
Wiesbach	
Winterbach	

6. Bekanntmachung des Gesamtministeriums des Freistaates Bayern vom 15. Mai 1928 über die Amtsbezeichnungen der Staatsbeamten (GVBl. S. 330).

Bei der Beratung des Beamtenbesoldungsgesetzes hat der Landtag in der Sitzung vom 27. März 1928 folgenden Beschluß gefaßt:

„Die Einführung der neuen Amtsbezeichnungen bleibt bis zu einer Nachprüfung des Gesetzes durch den kommenden Landtag zurückgestellt."

Im Vollzuge dieses Beschlusses wird auf Grund des Art. 57 des Beamtenbesoldungsgesetzes vom 20. April 1928 bestimmt, daß an Stelle der neuen Amtsbezeichnungen des Beamtenbesoldungsgesetzes, soweit sie in Spalte 2 der nachstehenden Uebersicht aufgeführt sind, die bisherigen Amtsbezeichnungen (Spalte 3) bleiben.

Gruppe der Bes.O.	Durch das Beamtenbesoldungsgesetz vom 20. April 1928 neu eingeführte Amtsbezeichnungen	Bisherige Amtsbezeichnungen
B 5	Generalstaatsanwälte der Oberlandesgerichte München und Nürnberg	Oberstaatsanwälte der Oberlandesgerichte München und Nürnberg
A 1 a	Regierungsdirektor (Direktor der Verwaltung des ehem. Kronguts)	Direktor der Verwaltung des ehemaligen Kronguts
	Oberstaatsanwälte des Obersten Landesgerichts	Staatsanwälte des Obersten Landesgerichts
	Generalstaatsanwälte der Oberlandesgerichte	Oberstaatsanwälte der Oberlandesgerichte
	Oberstaatsanwalt beim Landgericht München I	I. Staatsanwalt beim Landgericht München I
	Oberstaatsanwalt des Verwaltungsgerichtshofs	Staatsanwalt des Verwaltungsgerichtshofs
	Polizeipräsident der Polizeidirektion Nürnberg-Fürth	Polizeidirektor
	Staatsfinanzräte des Obersten Rechnungshofs	Oberrechnungsgerichtsräte
A 1 d	Direktor bei der Generaldirektion der Staatstheater	Oberregierungsrat
	Direktor des Flurbereinigungsamtes München	Oberregierungsbaurat
A 2 a	Staatsarchivdirektoren	Archivdirektoren
	Oberstaatsanwälte der Oberlandesgerichte	Staatsanwälte der Oberlandesgerichte

Gruppe der Bes.O.	Durch das Beamtenbesoldungsgesetz vom 20. April 1928 neu eingeführte Amtsbezeichnungen	Bisherige Amtsbezeichnungen
noch A 2a	Oberstaatsanwälte der Landgerichte	I. Staatsanwälte der Landgerichte
	Direktoren der Bakteriologischen Untersuchungsanstalten	II. Direktoren der Bakteriologischen Untersuchungsanstalten
	Direktoren der Untersuchungsanstalten für Nahrungs- und Genußmittel	II. Direktoren der Untersuchungsanstalten für Nahrungs- und Genußmittel
	Direktoren der Zoologischen und Prähistorischen Staatssammlung in München	Hauptkonservatoren und Abteilungsleiter
	Direktoren der Flurbereinigungsämter	Oberregierungsbauräte
A 2b	Regierungsoberbauräte	Oberregierungsbauräte
	Abteilungsdirektoren bei den wissenschaftlichen Anstalten und bei den Kunstsammlungen des Staates	Hauptkonservatoren und Abteilungsleiter, Hauptobservatoren und Abteilungsleiter
	Regierungsoberbergräte	Oberbergräte
	Regierungsobervermessungsräte	Obervermessungsräte
A 2d	Staatsarchivräte I. Klasse	Staatsoberarchivare
	Archivräte I. Klasse im Kriegsarchiv	Oberarchivare im Kriegsarchiv
	I. Staatsanwälte	II. Staatsanwälte
	Amtsgerichtsräte	Oberamtsrichter
	Medizinalräte I. Klasse	Medizinalräte
	Veterinärmedizinalräte I. Klasse	Veterinärmedizinalräte
	Bezirkshauptmänner, soweit nicht in Besoldungsgruppe A 2b	Bezirksoberamtmänner
	Landesfischereirat	Landwirtschaftsrat I. Klasse
	Bauamtsdirektoren	Oberbauamtmänner
	Regierungsbauräte I. Klasse bei den Flurbereinigungsämtern	Flurbereinigungsoberamtmänner
	Regierungschemieräte I. Klasse	Oberregierungschemiker
	Apothekendirektor der Poliklinik der Universität München	Oberapotheker
	Messungsamtsdirektoren	Vermessungsoberamtmänner
	Regierungsbergräte I. Klasse	Bergräte
	Direktor der Residenzapotheke in München	Oberapotheker
	Regierungswohnungsräte I. Kl.	Regierungsbauräte I. Klasse

Gruppe der Bes.O.	Durch das Beamtenbesoldungsgesetz vom 20. April 1928 neu eingeführte Amtsbezeichnungen	Bisherige Amtsbezeichnungen
noch A 2d	Direktoren der Landwirtschaftsschulen	Landwirtschaftsräte I. Klasse
	Direktor der Lehranstalt für Wein-, Obst- und Gartenbau in Veitshöchheim	Landwirtschaftsrat I. Klasse
	Direktor der Landesanstalt für Bienenzucht	Landwirtschaftsrat I. Klasse
A 2e	Amtsgerichtsräte	Amtsrichter, Oberamtsrichter
A 2f	Regierungsräte bei den Bezirksämtern	Bezirksamtmänner
	Staatsarchivräte	Staatsarchivare
	Archivräte im Kriegsarchiv	Archivare im Kriegsarchiv
	Staatsanwälte	III. Staatsanwälte
	Regierungsbauräte bei den Landbauämtern, Straßen- und Flußbauämtern, Neubauämtern für den Ausbau der Großschiffahrtsstraße Rhein—Main—Donau, den Kulturbauämtern, den Hafenämtern	Bauamtmänner
	Regierungsbauräte bei den Flurbereinigungsämtern	Flurbereinigungsamtmänner
	Regierungschemieräte	Regierungschemiker
	Regierungsbergräte	Bergmeister
	Regierungsforsträte bei den Forstämtern und bei der Forstlichen Versuchsanstalt	Forstamtmänner
	Regierungsvermessungsräte beim Landesvermessungsamt und bei den Messungsämtern	Vermessungsamtmänner
	Oberapotheker	Apotheker
A 3a	Amtmänner	Rechnungsräte, Ministerialoberinspektoren, Hauptkassiere
	Polizeischulrat	Studienrat
A 4a	Gartenbauoberlehrer	Gartenoberinspektoren
A 4b	Ministerialkanzleiinspektoren	Ministerialoberinspektoren als Vorstände der Ministerialkanzleien
	Gartenbaulehrer	Garteninspektoren

Gruppe der Bes.O.	Durch das Beamtenbesoldungsgesetz vom 20. April 1928 neu eingeführte Amtsbezeichnungen	Bisherige Amtsbezeichnungen
noch A 4b	Oekonomieinspektoren	Oekonomieoberverwalter
	Melkinspektor	Oekonomieoberverwalter
A 5a	Oberverwalter des Polizeigefängnisses in München	Arrestverwalter der Polizeidirektion München
A 5b	Druckereioberfaktoren	Oberwerkmeister
	Hauptpräparator der zoologischen Staatssammlung	Oberwerkmeister
	Oberbeleuchtungsmeister	Oberwerkmeister
	Obergarderobemeister	Oberwerkmeister
	Obertheatermeister	Oberwerkmeister
A 8a	Ministerialhausverwalter	Hausverwalter
A 9	Erzieher der Staatserziehungsanstalten	Erziehungsaufseher der Staatserziehungsanstalten
	Obererzieher der Staatserziehungsanstalten	Erziehungsoberaufseher der Staatserziehungsanstalten.

München, den 15. Mai 1928.

J. A. Dr. **Bleyer.** **Gürtner.** Dr. **Stützel.** **Goldenberger.**
Dr. **Schmelzle.** **Oswald.** Dr. **Fehr.** J. V. **Frhr. v. Welser.**

---

7. Bekanntmachung des Staatsministeriums der Finanzen vom 20. Mai 1928 über den Wohnungsgeldzuschuß der bayerischen Staatsbeamten mit Amtssitz im Auslande
(GVBl. S. 332).

Mit Wirkung vom 1. Oktober 1927 werden gemäß Art. 17 Abs. II des Beamtenbesoldungsgesetzes vom 20. April 1928 — GVBl. S. 205 — unter Aufhebung der bisherigen Vorschriften Rom der Ortsklasse A, Salzburg der Ortsklasse B und die übrigen Orte in Deutsch-Oesterreich der Ortsklasse C zugewiesen.

München, den 29. Mai 1928. Dr. **Schmelzle.**

---

8. Bekanntmachung des Staatsministeriums der Finanzen vom 27. August 1928 (GVBl. S. 401) über das Besoldungsdienstalter der Versorgungsanwärter und Schwerkriegsbeschädigten im Vollzuge des Art. 8 Abs. IV und V und des Art. 42 des Beamtenbesoldungsgesetzes.

Gemäß Art. 61 des Beamtenbesoldungsgesetzes wird im Einverständnisse mit den übrigen Staatsministerien folgendes bestimmt:

Abschnitt A.

Ausführungsbestimmungen zu Art. 8 Abs. IV.

1. Als Versorgungsanwärter im Sinne des Beamtenbesoldungsgesetzes gelten nur die Inhaber

a) des Zivilversorgungsscheins (Militäranwärter) gemäß § 75 des Reichsmilitärpensionsgesetzes vom 27. Juni 1871 (Reichsgesetzblatt S. 275), § 10 des Ergänzungsgesetzes vom 4. April 1874 (Reichsgesetzblatt S. 25), §§ 15, 16 des Mannschaftsversorgungsgesetzes vom 31. Mai 1906 (Reichsgesetzblatt S. 593) und § 30 des Wehrmachtversorgungsgesetzes vom 4. August 1921 in der Fassung des Gesetzes vom 19. September 1925 (RGBl. I S. 349);

b) des Zivilversorgungsscheins (Militäranwärter) gemäß § 1 Abs. 4, 5, 7 und 8 der Anstellungsgrundsätze für den Reichs- und Staatsdienst vom 20. Juni 1907 (Zentralblatt für das Deutsche Reich S. 309; GVBl. S. 685);

c) des Zivildienstscheins gemäß § 10 (nicht auch § 61) des Wehrmachtversorgungsgesetzes vom 4. August 1921 in der Fassung des Gesetzes vom 19. September 1925;

d) des Polizeiversorgungsscheins gemäß § 2 des Reichsgesetzes über die Schutzpolizei der Länder vom 17. Juli 1922 (Reichsgesetzblatt I S. 597) und § 2 des Reichsgesetzes über die Versorgung der Polizeibeamten beim Reichswasserschutz vom 26. Februar 1926 (RGBl. I S. 149);

e) die vormaligen Angehörigen der Gendarmerie, die auf Grund der früheren Vorschriften den Zivilanstellungsschein erworben haben (vgl. Ziff. 2 Abs. 4 der Bek. vom 28. Dezember 1910 — GVBl. S. 1202).

2. Zu den Versorgungsanwärtern im Sinne des Beamtenbesoldungsgesetzes gehören nicht die Inhaber des Anstellungsscheins, des Beamtenscheins, des Zivildienstscheins gemäß § 61 des Wehrmachtversorgungsgesetzes (ehemalige Offiziere) und des Forstversorgungsscheins; ferner nicht die vormaligen Angehörigen der Gendarmerie,

die lediglich auf Grund des Vorzugsvermerks nach der Bek. vom 31. Juli 1889 (GVBl. S. 431) zur etatmäßigen Anstellung gelangt sind.

Abschnitt B.

Ausführungsbestimmungen zu Art. 8 Abs. V.

3. Den auf Grund des Beamtenscheins angestellten schwerkriegsbeschädigten Beamten wird bei der erstmaligen etatmäßigen Anstellung das Besoldungsdienstalter um 4 Jahre verbessert, jedoch

a) bei etatmäßiger Anstellung in den Besoldungsgruppen A 10 bis A 12 günstigstenfalls auf den Ersten des Monats, in dem der Beamte das dreißigste Lebensjahr vollendet,

b) bei etatmäßiger Anstellung in den Besoldungsgruppen A 9 und aufwärts günstigstenfalls auf den Ersten des Monats, in dem der Beamte das dreiunddreißigste Lebensjahr vollendet.

4. An Stelle der Anrechnung nach Ziff. 3 ist, wenn dies für den Beamten günstiger ist, das Besoldungsdienstalter nach Maßgabe der Vorschriften des Art. 8 Abs. I—III des BBesG. festzusetzen; hierbei ist zu unterstellen, daß der schwerkriegsbeschädigte Beamte Versorgungsanwärter im Sinne des BBesG. sei.

5. Das zuständige Staatsministerium kann auch das Besoldungsdienstalter eines schwerkriegsbeschädigten Beamten, der nicht auf Grund des Beamtenscheins angestellt worden ist, nach Ziff. 3 und 4 festsetzen, wenn die Beschädigung vor Aufnahme in das Beamtenverhältnis eingetreten ist.

6. Bei der erstmaligen etatmäßigen Anstellung schwerkriegsbeschädigter Versorgungsanwärter, die nicht im Besitze des Beamtenscheins sind, ist nach Ziff. 3 zu verfahren, wenn dies günstiger wirkt als die Anwendung des Art. 8 Abs. I—III BBesG.

7. Scheidet ein schwerkriegsbeschädigter Beamter lediglich zum Zwecke des Uebertritts in eine andere etatmäßige Stelle aus, so ist bei der Wiederanstellung nach Ziff. 3 bis 6 zu verfahren, wenn nicht die Anwendung des Art. 11 des BBesG. günstiger wirkt.

8. Soweit schon bisher in Ausnahmefällen eine Verbesserung des Besoldungsdienstalters von schwerkriegsbeschädigten Beamten stattgefunden hat, ist sie auf die nach vorstehenden Bestimmungen vorzunehmende Verbesserung anzurechnen.

9. Ziff. 3, 4 und 5 gelten auch für die gemäß Art. 41 des BBesG. am 30. September 1927 übergeleiteten Beamten, Ziff. 4 jedoch mit der Maßgabe, daß sich die Anrechnung auf höchstens ein Jahr (Art. 8 Abs. I a) beschränkt.

Abschnitt C.

Ausführungsbestimmungen zu Art. 42.

10. Das Besoldungsdienstalter der am 30. September 1927 im Amte gewesenen etatmäßigen Beamten aus dem Stande der Versorgungsanwärter wird in der Weise verbessert, daß das Besoldungsdienstalter, das sie am 30. September 1927 hatten, in der Besoldungsgruppe, der sie an diesem Tage angehörten, um die anzurechnende Zeit (Hälfte der über 13 Jahre hinausgehenden Heeres- oder Marinedienstzeit, höchstens jedoch 3 Jahre) vorgerückt wird. Die anzurechnende Zeit ist aber vorher um die Zeit zu kürzen, um die das Besoldungsdienstalter der Beamten in der Anstellungsgruppe auf Grund des Art. 28 Abs. 7 des Beamtengesetzes oder nach etwaigen Sonderbestimmungen, z. B. für die frühere Zahlmeisterlaufbahn oder zum Ausgleich von Härten, verbessert worden war. Die bei den einzelnen Besoldungsgruppen vorgesehenen Ueberleitungsbestimmungen, wonach das Besoldungsdienstalter eine bestimmte Zahl von Jahren nicht überschreiten darf, bleiben unberührt.

11. Die Anrechnung nach Art. 42 Abs. II des BBesG. erfolgt bei der erstmaligen etatmäßigen Anstellung der Beamten.

12. Treten Versorgungsanwärter, die sich am 30. September 1927 in der Eingangsstelle befunden hatten oder deren Besoldungsdienstalter bei der erstmaligen etatmäßigen Anstellung nach Art. 42 Abs. II BBesG. festgesetzt worden ist, erstmals in eine andere Besoldungsgruppe über, so ist ihr Besoldungsdienstalter in der neuen Besoldungsgruppe nach Ziff. 10 und 11 festzusetzen, wenn nicht die Anwendung des Art. 11 des BBesG. günstiger wirkt.

Abschnitt D.

Uebergangs- und Schlußbestimmungen.

13. Die vorstehenden Bestimmungen treten mit Wirkung vom 1. Oktober 1927 an in Wirksamkeit. Soweit frühere Ausführungsbestimmungen zum Beamtenbesoldungsgesetz vom 2. Juni 1920 hierzu in Widerspruch stehen, gelten sie als aufgehoben.

14. Die Feststellung der auf das Besoldungsdienstalter anzurechnenden Dienstzeiten gemäß Art. 8 und 42 Abs. II BBesG. sowie Ziff. 12 dieser Bekanntmachung und ihre Anrechnung auf das Besoldungsdienstalter kommt der zur Ernennung des Beamten zuständigen Stelle zu. Für die gemäß Art. 41 des BBesG. übergeleiteten Beamten erfolgt die Neufestsetzung des Besoldungsdienstalters nach Art. 42 Abs. I BBesG. und nach Ziff. 9 dieser Bekanntmachung durch das zuständige Staatsministerium oder die von diesem ermächtigte Stelle.

9. Bekanntmachung des Staatsministeriums der Finanzen vom 27. August 1928 (GVBl. S. 403) zum Vollzuge des Art. 21 Abs. IV und V des Beamtenbesoldungsgesetzes.

Im Nachgange zu Abschn. A Ziff. I zu c (Kinderzuschläge und Kinderbeihilfen) der FinMinBek. vom 28. März 1928 Nr. 14 200 (StAnz. Nr. 73) wird auf Grund des Art. 61 des Beamtenbesoldungsgesetzes im Einverständnisse mit den übrigen Staatsministerien folgendes bestimmt:

Abschnitt A.

Zu Art. 21 Abs. IV.

1. Das Bestehen dauernder Erwerbsunfähigkeit ist, wenn sie nicht offenkundig ist, durch ein amtsärztliches Zeugnis nachzuweisen. Das Zeugnis ist spätestens alle drei Jahre neu einzufordern.

2. Besteht dauernde Erwerbsunfähigkeit im Zeitpunkt der Vollendung des einundzwanzigsten Lebensjahres, so wird der Kinderzuschlag weitergewährt, solange dieser Zustand fortbesteht. Besteht die Erwerbsunfähigkeit nicht mehr, so erlischt der Anspruch auf den Kinderzuschlag endgültig; er lebt nicht wieder auf, wenn sie später wieder eintritt.

3. Wären für ein Kind, das am 1. Oktober 1927, nicht aber bereits am 1. April 1920, das einundzwanzigste Lebensjahr überschritten hatte, alle Voraussetzungen für den ununterbrochenen Bezug des Kinderzuschlags seit der Vollendung des einundzwanzigsten Lebensjahres gegeben gewesen, wenn Art. 21 Abs. IV des BBesG. bereits gegolten hätte, so ist der Kinderzuschlag mit Wirkung vom 1. Oktober 1927 an anzuweisen. Ziff. 2 Satz 2 findet Anwendung.

4. Für den Begriff „eigenes Einkommen" gilt Ziff. 19 der Bek. über die Kinderzuschläge vom 13. März 1923 (GVBl. S. 132) in der Fassung der Bek. vom 25. April 1924 (GVBl. S. 147).

Abschnitt B.

Zu Art. 21 Abs. V.

5. Voraussetzung für die Gewährung des Kinderzuschlags für Pflegekinder und Enkel ist, daß nicht eine andere Person vorhanden ist, die zum Unterhalte des Kindes gesetzlich verpflichtet und hierzu imstande ist.

6. Für den Begriff „Aufnahme in den Hausstand" gilt Ziff. 6 Abs. II S. 2 bis 4 der Bek. über die Kinderzuschläge vom 13. März

1923 (GVBl. S. 132) in der Fassung der Bek. vom 25. April 1924 (GVBl. S. 147).

Abschnitt C.

Uebergangs- und Schlußbestimmungen.

7. Die vorstehenden Bestimmungen treten mit Wirkung vom 1. Oktober 1927 an in Wirksamkeit. Soweit frühere Ausführungsbestimmungen zum Beamtenbesoldungsgesetz vom 2. Juni 1920 hierzu in Widerspruch stehen, gelten sie als aufgehoben.

8. Die Kinderzuschläge nach Art. 21 Abs. IV und V werden von den zur Anweisung der Kinderzuschläge zuständigen Stellen (Ziff. 31, 37 der Bek. vom 13. März 1923 (GVBl. S. 132) in der Fassung der Bek. vom 25. April 1924 (GVBl. S. 147)) angewiesen.

V.

Uebersichten.

Jahresbeträge der Grundgehaltssätze

Bes. Gruppe	Beamtenklasse
B 1	Staatsräte usw.
B 2	Regierungspräsidenten usw.
B 3	Ministerialdirektoren usw.
B 4	Gesandte usw.
B 5	Ministerialräte als Abteilungsleiter usw.
A 1 a	Ministerialräte usw.
A 1 b	Direktoren der Oberversicherungsämter usw.
A 1 c	Ordentliche Hochschulprofessoren
A 1 d	Oberstudiendirektoren in gehobener Dienstesstellung usw.
A 2 a	Oberregierungsräte, Oberstudiendirektoren usw.
A 2 b	Gehobene Amtsvorstände, Oberstudienräte usw.
A 2 c	Außerordentliche Hochschulprofessoren
A 2 d	Regierungsräte I. Klasse usw.
A 2 e	Amtsrichter (Amtsgerichtsräte), Landgerichtsräte usw.
A 2 f	Regierungsräte usw.
A 2 g	Ministerialrechnungsräte usw.
A 3 a	Rechnungsräte usw.
A 3 b	Polizeihauptleute usw.
A 4 a	Oberinspektoren usw.
A 4 b	Inspektoren, Obersekretäre usw.
A 4 c	Polizeioberärzte usw.
A 4 d	Polizeileutnante usw.
A 5 a	Obersekretäre usw.
A 5 b	Ministerialkanzleiobersekretäre usw.
A 5 c	Fachlehrerinnen
A 6	Oberwerkmeister, Werkmeister usw.
A 7 a	Sekretäre usw.
A 7 b	Gefängnisverwalter usw.
A 7 c	Hauptwachtmeister der Polizei
A 8 a	Assistenten usw.
A 8 b	Oberwachtmeister der Polizei
A 9	Kanzleiassistenten usw.
A 10	Kanzleigehilfen usw.
A 11	Amtswarte usw.
A 12	Schleusenwärter usw.

Tafel I.

r Besoldungsordnungen A u. B ab 1. Oktober 1928.

ef.-ruppe	Tarif-Klasse	Jahresbeträge der Gehaltssätze
1	I	19000
2		18000
3	II	17000
4		16000
5		14000
1 a	III	8400—9500—10600—11600—12600
1 b		8100—9000—9900 —10800—11700
1 c		7200—7800—8400—9000—9600—10100—10600—11100—11600—12100—12600
1 d		7100—7800—8500—9200—9900—10600
2 a		7000—7500—8000—8500—8900—9300—9700
2 b		5400—6000—6500—7000—7400—7800—8200—8600—9000
2 c		5700—6200—6700—7200—7700—8200—8600—9000
2 d		5700—6100—6500—6900—7300—7700—8100—8400
2 e	IV	4800—5200—5600—6000—6400—6800—7200—7500—7800—8100—8400
2 f		4800—5200—5600—6000—6400—6800—7200—7500
2 g		4800—5200—5600—6000—6400—6800—7200—7500—7800
3 a		4800—5200—5600—6000—6400—6700—7000
3 b		4800—6000—6900
4 a		4100—4400—4700—4950—5200—5500—5800
4 b	V	2800—3050—3300—3550—3800—4000—4200—4400—4600—4800—5000
4 c		3400—3800—4200—
4 d		2400—2700—3100—3400—3800—4200
5 a		2800—3000—3200—3400—3600—3750—3900—4050—4200
5 b		2300—2550—2800—3000—3200—3400—3600—3800—4000—4200
5 c		2350—2500—2650—2800—2950—3100—3250—3400—3600—4000—4200
6		2400—2600—2750—2900—3050—3200—3350—3500—3600
7 a		2350—2500—2650—2800—2950—3100—3200—3300—3400—3500
7 b		2200—2350—2500—2600—2700—2800—2900—3000—3100—3200
7 c		2000—2100—2200—2300—2450—2550—2650—2750—2850—3000
8 a		2200—2090—2180—2270—2360—2450—2540—2620—2700
8 b	VI	1860—1980—2220—2340
9		1700—1800—1900—2000—2100—2200—2300—2400—2500—2600
10		1600—1690—1780—1870—1960—2050 2140—2230—2320—2400
11		1500—1590—1680—1770—1860—1950—2040—2120—2200
12		1500—1580—1650—1730—1800—1880—1950—2030—2100

Jahresbetrag des Wohnungsgeldzuschusses

ab 1. Oktober 1928 (120% der Grundbeträge der Anlage 3)

in Tarifklasse	I	II	III	IV	V	VI	VII	VII 60 %
	Reichsmark							
Sonderklasse	2520	2016	1584	1152	864	636	402	240
Ortsklasse A	2160	1728	1368	1008	732	534	348	210
„ B	1800	1440	1080	792	606	444	288	174
„ C	1368	1080	864	648	474	348	216	132
„ D	1008	792	648	474	348	258	156	96

Ledige Beamte bis zum vollendeten 45. Lebensjahre (mit Ausnahme der Geistlichen) erhalten den Wohnungsgeldzuschuß nach der nächstniedrigeren als der sonst zuständigen Tarifklasse.

Jahresbetrag der Kinderzuschläge

ab 1. Oktober 1928.

Für 1 Kind	240 RM;
für 2 Kinder	480 RM;
für 3 Kinder	780 RM;
für 4 Kinder	1080 RM;
für 5 Kinder	1440 RM;
für jedes weitere Kind je	360 RM mehr.

Jahresbetrag der Besatzungszulage:

für Verheiratete	48.— RM;
für Ledige über 21 Jahre	38.40 RM;
für Ledige unter 21 Jahren	19.20 RM;
Jahresbetrag der Kinderzulage hierzu	9.60 RM.

Tafel II.

a) Jahresbeträge der Grundvergütungen der nichtetatmäßigen Beamten.

Beamtenklasse	Bes.-Gruppe	Tarifklasse des Wohnungsgeldzuschusses	1. u. 2. Dienstjahr Versorgungsanwärter im 1. Dienstjahr	3. u. 4. Dienstjahr Versorgungsanwärter im 2. u. 3. Dienstjahr	5. Dienstjahr Versorgungsanwärter im 4. Dienstjahr	vom 6. Dienstjahr an Versorgungsanwärter vom 5. Dienstjahr an
			Reichsmark			
Assessoren	A 2e oder A 2f	IV	4000	4250	4500	4800
Assessoren	A 4a		3400	3600	3800	4100
Hilfslehrer	A 4b	V	2350	2500	2650	2800
Hilfsfachlehrerinnen Hilfsbauführer	A 5c A 7a		1950	2080	2220	2350
Hilfsassistenten	A 8a		1650	1770	1880	2000
Hilfsassistenten	A 9	VI	1300	1400	1500	1700
Hilfsschreiber	A 10		1300	1400	1500	1600
Hilfsaufseher Hilfsaufseher	A 11 A 12		1250	1330	1400	1500

b) Jahresbeträge der Grundvergütungen der nichtetatmäßigen Polizeiwachtmeister und nichtetatmäßigen Polizeioberwachtmeister.

Beamtenklasse	im 4. Polizeidienstjahr	im 5. u. 6. Polizeidienstjahr	im 7. u. 8. Polizeidienstjahr	im 9. u. 10. Polizeidienstjahr	vom 11. Polizeidienstjahr an
Polizeiwachtmeister	1410 Tarifklasse VII	1680 Tarifklasse VII	1800 Tarifklasse VI		
Polizeioberwachtmeister	—	1860 Tarifklasse VI	1980 Tarifklasse VI	2220 Tarifklasse VI	2340 Tarifklasse VI

Die Polizeihilfswachtmeister (Polizeidienstanwärter im 1. Jahre) erhalten als Unterhaltszuschuß jährlich 1140 *RM*; die Polizeiunterwachtmeister (Polizeidienstanwärter im 2. und 3. Jahre) erhalten einen Unterhaltszuschuß von jährlich 1260 *RM*, dazu aber keinen Wohnungsgeldzuschuß, sondern freie gemeinschaftliche Unterkunft.

c) Jahresbeträge der Grundvergütungen der ordentlichen Hochschulassistenten.

im 1. u. 2. Dienstjahr	im 3. u. 4. Dienstjahr	im 5. Dienstjahr	im 6. u. 7. Dienstjahr	im 8. u. 9. Dienstjahr	im 10. und 11. Dienstjahr	im 12. u. 13. Dienstjahr	vom 14. Dienstjahr an
Reichsmark							
3600 Tarifklasse IV	3900 Tarifklasse IV	4200 Tarifklasse IV	4400 Tarifklasse IV	4900 Tarifklasse IV	5400 Tarifklasse IV	5800 Tarifklasse III	6200 Tarifklasse III

ferner für einen Teil der Stellen nach näherer Bestimmung der Staatsministerien für Unterricht und Kultus und der Finanzen:

im 16. u. 17. Dienstjahr	im 18. u. 19. Dienstjahr	vom 20. Dienstjahr an
Reichsmark		
6600 Tarifklasse III	7000 Tarifklasse III	7400 Tarifklasse III

d) Höhe des Wohnungsgeldzuschusses wie bei den etatmäßigen Beamten der gleichen Tarifklasse (siehe Tafel I). Zu beachten ist, daß die ledigen Beamten jeweils den Wohnungsgeldzuschuß der nächstniedrigeren als der sonst zuständigen Tarifklasse erhalten und daß die unverheirateten Beamten der Bereitschaftspolizei in gemeinschaftlicher Unterkunft keinen Anspruch auf den Wohnungsgeldzuschuß haben.

e) Höhe der Kinderzuschläge wie bei den etatmäßigen Beamten (siehe Tafel I).

f) Höhe der Besatzungszulage wie bei den etatmäßigen Beamten (siehe Tafel I).

Uebersicht III (zu Art. 17 und 25).

Ortsklasseneinteilung für Bayern (nach dem Stande vom 1. Okt. 1927) unter gleichzeitiger Angabe des zuständigen örtlichen Sonderzuschlags.

Vorbem. Die nicht aufgeführten Gemeinden gehören zur Ortsklasse D. In den mit einem Stern (*) bezeichneten pfälzischen Gemeinden wird ein örtlicher Sonderzuschlag von 5 v. Hundert, in den mit zwei Sternen (**) bezeichneten pfälzischen Gemeinden wird ein örtlicher Sonderzuschlag von 8 v. H. zum Grundgehalt gewährt (vgl. Fin.-MinBek. vom 25. April 1928 — GVBl. S. 324).

Reg.-Bez. Oberbayern

Kreisunmittelbare Stadt

Freising	B
Ingolstadt	B
Landsberg	B
München	Sonderklasse
Rosenheim	B
Traunstein	B

1. Bezirksamt Aibling

Aibling Bad	B
Kirchdorf a. H.	C
Kolbermoor	C

2. Bezirksamt Aichach

Aichach u. Bhf.	C

3. Bezirksamt Altötting

Altötting	C
Burghausen	C
Neuötting u. Bhf.	C

4. Bezirksamt Berchtesgaden

Au b. Berchtesgaden	C
Bad Reichenhall	B
Berchtesgaden	B
Bischofswiesen	C
Gern bei Berchtesgaden	C
Gmain	B
Karlstein bei Reichenhall	B
Königssee	C
Ramsau b. Berchtesgaden	C
Salzberg b. Berchtesgaden	B
Scheffau b. Berchtesgaden	C
Schellenberg-Land	C
Schellenberg-Markt	C
Schönau b. Berchtesgaden	C

5. Bezirksamt Dachau

Dachau	B

6. Bezirksamt Ebersberg

Ebersberg	C
Eglharting	C
Grafing u. Bhf.	C
Oexing	C
Schwaben	C
Zorneding	C

7. Bezirksamt Erding

Dorfen mit Bhf.	C
Erding	C

8. Bezirksamt Freising

Moosburg	C
Vötting b. Freising	B

9. Bezirksamt Friedberg

Friedberg	C
Mering	C

10. Bezirksamt Fürstenfeldbruck

Fürstenfeldbruck	B

11. Bezirksamt Garmisch

Eschenlohe	C
Ettal	B
Farchant	C
Garmisch-Partenkirchen	A
Kohlgrub	C
Krünn	C
Mittenwald	B
Oberammergau	B
Oberau	C
Obergrainau	B
Ohlstadt	C
Unterammergau	C
Untergrainau	B
Wallgau	C
Wamberg	C

12. Bezirksamt Ingolstadt

Ortschaft Ringsee (Gemeinde Unsernherrn D)	B

13. Bezirksamt Landsberg

Dießen	C
Kaufering	C
Sankt Georgen	C

14. Bezirksamt Laufen

Freilassing	C
Laufen u. Bahnhof	C
Teisendorf	C

15. Bezirksamt Miesbach

Bayrischzell	C
Fischbachau	C
Hausham	C
Holzkirchen	C
Kreuth	C
Miesbach	B
Ostin	C
Rottach	B
Schaftlach	C
Schliersee	B
Tegernsee	B
Wiessee	C

16. Bezirksamt Mühldorf

Mühldorf	C
Neumarkt a. R. und Sankt Veit (Gde. Wolfsberg-Sankt Veit)	C

17. Bezirksamt München

Allach	C
Aubing	B
Daglfing	B
Dornach	B
Feldkirchen b. München	C
Feldmoching	C
Freimann b. München	A
außer Ortschaft Fröttmaning	C
Gräfelfing	B
Großhadern	C
Grünwald b. München	B
Haar	B
Langwied	C
Ludwigsfeld b. München	C
Neuried	C
Obermenzing	A
Oberschleißheim	C
Pasing	A
Perlach b. München	B
Planegg	B
Pullach	B
Solln	A
Trudering	B
Unterbiberg	C
Unterföhring	C
Untermenzing	C

18. Bezirksamt Pfaffenhofen

Geisenfeld	C
Pfaffenhofen	C
Wolnzach u. Bhf.	C

19. Bezirksamt Rosenheim

Brannenburg	C
Degerndorf	C
Endorf	C
Hohenaschau	C
Kiefersfelden	C
Niederaschau	C

Niederaudorf	C
Oberaudorf	C
Prien	C
Stephanskirchen	C

20. Bezirksamt Schongau

Peiting	C
Schongau	C

21. Bezirksamt Schrobenhausen

Schrobenhausen	C

22. Bezirksamt Starnberg

Berg bei Starnberg	C
Erling	C
Feldafing	C
Gauting	C
Herrsching	B
Krailling	C
Leutstetten	C
Percha	C
Pöcking	C
Söcking	C
Starnberg	B
Tutzing	B

23. Bezirksamt Tölz

Benediktbeuern	C
Bichl	C
Jachenau	C
Kochel	B
Lenggries	C
Steinbach	C
Bad Tölz	C

24. Bezirksamt Traunstein

Bergen	C
Obersiegsdorf	C
Ruhpolding	C
Trostberg (einschl. der eingemeindeten Ortschaften Getzing und Zagl)	C
Uebersee	C
Untersiegsdorf	C
Unterwössen mit Bhf. Marquartstein	C

25. Bezirksamt Wasserburg

Attel	C
Haag	C
Isen	C
Wasserburg a. J. u. Bhf.	C

26. Bezirksamt Weilheim

Ammerhöfe	C
Murnau	B
Peißenberg Markt	C
Penzberg	C
Schlehdorf	C
Seehausen	C
Seeshaupt	C
Weilheim	C

27. Bezirksamt Wolfratshausen

Schäftlarn	C
Wolfratshausen	B

Reg.-Bez. Niederbayern

Kreisunmittelbare Stadt

Deggendorf u. Bhf.	B
Landshut	B
Passau	B
Straubing	C

1. Bezirksamt Bogen

Bogen	C
Mitterfels	C

2. Bezirksamt Deggendorf

Hengersberg	C
Metten	C
Plattling	C
Schaching	C

3. Bezirksamt Dingolfing

Dingolfing	C
Reisbach	C

4. Bezirksamt Eggenfelden

Arnstorf	C
Eggenfelden	C

5. Bezirksamt Grafenau

Grafenau C
Schönberg C

6. Bezirksamt Griesbach

Griesbach C
Pocking C
Rotthalmünster C

7. Bezirksamt Kelheim

Abensberg C
Kelheim C
Neustadt a. D. C

8. Bezirksamt Kötzting

Kötzting C

9. Bezirksamt Landau a. J.

Landau a. J. C

10. Bezirksamt Landshut

Achdorf bei Landshut . . . B
Berg bei Landshut . . . . B

11. Bezirksamt Mainburg

Mainburg C

12. Bezirksamt Mallersdorf

Ergoldsbach C
Mallersdorf C

13. Bezirksamt Passau

Grubweg C
Hacklberg C
außer Oberhaus b. Passau, O. B

14. Bezirksamt Pfarrkirchen

Pfarrkirchen C
Simbach a. J. C

15. Bezirksamt Regen

Bodenmais C
Eisenstein C
Regen C
Zwiesel C

16. Bezirksamt Rottenburg

Rottenburg C

17. Bezirksamt Viechtach

Viechtach C

18. Bezirksamt Vilsbiburg

Velden C
Vilsbiburg C

19. Bezirksamt Vilshofen

Osterhofen C
Vilshofen C

20. Bezirksamt Wegscheid

Wegscheid C

21. Bezirksamt Wolfstein

Freyung u. Wolfstein . . . C
Waldkirchen u. Bhf. C

Reg.-Bez. Pfalz

Kreisunmittelbare Stadt

Frankenthal ** . . . . . . A
Kaiserslautern ** u. Bhf. Einsiedlerhof ** . . . . . . B
Landau i. Pf. * . . . . . . A
Ludwigshafen a. Rh. ** Sonderklasse
Neustadt a. H. * . . . . . B
Pirmasens ** . . . . . . B
Speyer * . . . . B
Zweibrücken (einschl. der eingemeindeten früheren Gemeinde Bubenhausen) ** . B

1. Bezirksamt Bergzabern

Albersweiler C
Annweiler * . . . . B
Barbelroth C
Bergzabern * . . . . . . B
Billigheim C
Gleiszellen-Gleishorbach . . C
Klingenmünster C
Niederhorbach C
Ramberg C
Wilgartswiesen-Hofstätten . C

2. Bezirksamt Dürkheim

Deidesheim . . . . B
Dürkheim Bad . . . . . B
Erpolzheim C
Forst C
Freinsheim C
Herxheim a. Berg . . . C
Kallstadt C
Leistadt C
Ungstein C
Wachenheim C
Weisenheim a. Sand . . . C

3. Bezirksamt Frankenthal

Beindersheim C
Bobenheim a. Rh. C
Dirmstein C
Ebigheim ** C
Eppstein C
Grünstadt . . . . B
Heßheim C
Hettenleidelheim C
Heuchelheim b. Frankenthal C
Lambsheim C
Oppau ** . . . . A
Roxheim C
Wattenheim C

4. Bezirksamt Germersheim

Bellheim C
Berg C
Germersheim * . . . . . B
Hagenbach C
Jockgrim C
Kandel C
Neuburg a. Rh. C
Pfortz C
Rheinzabern C
Rülzheim C
Scheibenhardt C
Sondernheim C
Winden * C
Wörth a. Rh. C

5. Bezirksamt Kaiserslautern

Alsenborn C
Bann * . . . . D
Bettenhausen * C
Bruchmühlbach * C
Enkenbach C
Erfenbach * . . . . . . D
Fischbach C
Fockenberg-Limbach * . . . D
Frankenstein C
Gerhardsbrunn * . . . . . D
Gimbsbach * C
Hauptstuhl * C
Hochspeyer C
Hütschenhausen * . . . . D
Katzenbach * . . . . . . D
Kindsbach * C
Kottweiler-Schwanden * . . D
Landstuhl * . . . . . . B
Mackenbach * . . . . . . D
Matzenbach * C
Miesenbach * . . . . . . D
Mittelbrunn * . . . . . D
Mühlbach * C
Nanzdiezweiler * C
Niedermohr * C
Oberarnbach * . . . . . D
Obermohr * C
Obernheim-Kirchenarnbach * . D
Otterbach C
Otterberg C
Queidersbach * . . . . . D
Ramstein * C
Reichenbach * . . . . . D
Reichenbachstegen * . . . D
Rodenbach * . . . . . . D
Schrollbach * C
Schwedelbach * . . . . . D
Siegelbach * . . . . . . D
Spesbach * . . . . . . D
Steinwenden * C
Vogelbach * C
Weilerbach * . . . . . . D
Weltersbach * C

6. Bezirksamt Kirchheimbolanden

Eisenberg C
Göllheim C
Kerzenheim C
Kirchheimbolanden . . . . B

7. Bezirksamt Kusel

Albessen*	D
Altenglan*	C
Altenkirchen*	D
Blaubach*	D
Bledesbach*	D
Börsborn*	D
Breitenbach*	D
Brücken*	D
Bubach*	D
Dennweiler-Frohnbach*	D
Diedelkopf*	D
Dietschweiler*	C
Dittweiler*	D
Dunzweiler*	D
Ehweiler*	D
Eisenbach*	C
Elschbach*	D
Etschberg*	D
Frohnhofen*	D
Frutzweiler*	D
Glanmünchweiler*	C
Godelhausen*	C
Gries*	D
Haschbach (A.-G. Kusel)*	D
Haschbach (A.-G. Waldmohr)*	D
Herchweiler*	D
Herschweiler-Pettersheim*	D
Hoof*	D
Hüffler*	D
Körborn*	D
Konken*	D
Krottelbach*	D
Kübelberg*	C
Kusel*	B
Langenbach*	D
Lauterecken	B
Liebsthal*	D
Marth*	D
Mühlbach a. Glan*	C
Nanzweiler*	C
Niederkirchen*	D
Niedermiesau*	D
Niederohmbach*	D
Obermiesau*	D
Oberohmbach*	D
Odenbach	C
Osterbrücken*	D
Quirnbach*	D
Rammelsbach*	C
Rehweiler*	C
Rutsweiler a. Glan*	C
Saal*	D
Sand*	C
Schellweiler*	D
Schmittweiler (A.-G. Waldmohr)*	D
Schönenberg*	C
Selchenbach*	D
Steinbach*	D
Theisbergstegen*	C
Trahweiler*	D
Wahnwegen*	D
Waldmohr mit Eichelscheiderhof*	B
Wolfstein	B

8. Bezirksamt Landau

Altdorf	C
Arzheim	C
Birkweiler	C
Böbingen	C
Böchingen	C
Bornheim	C
Burrweiler	C
Dammheim	C
Diedesfeld	C
Edenkoben	B
Edesheim	C
Eschbach	C
Essingen	C
Flemlingen	C
Frankweiler	C
Freimersheim	C
Gleisweiler	C
Göcklingen	C
Godramstein	C
Gommersheim	C
Großfischlingen	C
Hainfeld	C
Herxheim	C
Ilbesheim	C
Kirrweiler	C
Kleinfischlingen	C

Knöringen C
Leinsweiler C
Maikammer-Alsterweiler . . C
Mörzheim C
Niederhochstadt C
Nußdorf C
Oberhochstadt C
Queichheim . . . . B
Ranschbach C
Rhodt C
Roschbach C
Sankt Martin C
Siebeldingen C
Venningen C
Walsheim C
Weyher C
Wollmesheim C

9. Bezirksamt Ludwigshafen a. Rh.

Altrip* C
Böhl C
Iggelheim C
Maudach* . . . . B
Mutterstadt* . . . . . . B
Neuhofen* . . . . B
Oggersheim** . . . . . . B
Rheingönheim** . . . . . B

10. Bezirksamt Neustadt a. H.

Elmstein . . . . B
Esthal C
Frankeneck C
Gimmeldingen-Lobloch . . . C
Haardt . . . . B
Hambach C
Haßloch . . . . B
Königsbach C
Lachen-Speyerdorf C
Lambrecht . . . . B
Lindenberg C
Meckenheim C
Mußbach C
Neidenfels C
Ruppertsberg C
Weidenthal C

11. Bezirksamt Pirmasens

Burgalben C
Clausen C
Dahn* . . . . B
Donsieders C
Eppenbrunn* . . . . . . D
Fehrbach* . . . . D
Fischbach* . . . . D
Fröschen* C
Gersbach* . . . . D
Harsberg* . . . . D
Hauenstein C
Hengsberg* . . . . D
Herschberg* . . . . D
Hettenhausen* . . . . . . D
Hilst* . . . . D
Hinterweidenthal C
Hirschthal* . . . . D
Höheischweiler* . . . . . D
Höhmühlbach* . . . . . . D
Kröppen* . . . . D
Leimen C
Ludwigswinkel* . . . . . D
Merzalben C
Münchweiler a. d. Rodalbe . C
Nünschweiler* . . . . . . D
Rodalben* C
Rumbach* . . . . D
Saalstadt* . . . . D
Schauerberg* . . . . . . D
Schönau* . . . . D
Schweix* . . . . D
Simten* . . . . D
Thaleischweiler* mit Bhf. Biebermühle* C
Trulben* . . . . D
Vinningen* . . . . D
Waldfischbach u. Bhf. . . . C
Wallhalben* . . . . D
Windsberg* . . . . D
Winzeln* . . . . D

12. Bezirksamt Rockenhausen

Alsenz C
Altenbamberg u. Bhf. . . . C
Duchroth-Oberhausen . . . C
Ebernburg . . . . B

Feilbingert	C
Hochstätten	C
Obermoschel	C
Odernheim	C
Rockenhausen	B
Winnweiler	B

13. Bezirksamt Speyer

Berghausen	C
Dudenhofen	C
Otterstadt	C
Schifferstadt*	B
Waldsee	C

14. Bezirksamt Zweibrücken

Althornbach*	D
Battweiler*	D
Bechhofen*	C
Biedershausen*	D
Bottenbach*	D
Bruchhof-Sanddorf*	C
Contwig*	D
Dellfeld*	D
Dietrichingen*	D
Großbundenbach*	D
Großsteinhausen*	D
Hengstbach*	D
Hornbach*	C
Ixheim*	C
Käshofen*	D
Kirrberg*	D
Kleinbundenbach*	D
Kleinsteinhausen*	D
Knopp-Labach*	D
Krähenberg*	D
Lambsborn*	D
Langwieden*	D
Martinshöhe*	D
Maßweiler*	D
Mauschbach*	D
Mittelbach*	D
Mörsbach*	D
Niederauerbach*	C
Niederhausen*	D
Oberauerbach*	D
Oberhausen*	D
Reifenberg*	D
Riedelberg*	D
Rieschweiler*	D
Rimschweiler*	D
Rosenkopf*	D
Sanddorf*	D
Sanddorf-Bruchhof*	D
Schmittshausen*	D
Stambach*	D
Walshausen*	D
Wattweiler*	D
Wiesbach*	D
Winterbach*	D

Reg.-Bez. Oberpfalz

Kreisunmittelbare Stadt

Amberg	C
Neumarkt (Oberpfalz)	C
Regensburg	B
Schwandorf	C
Weiden	C

1. Bezirksamt Amberg

Vilseck	C

2. Bezirksamt Beilngries

Beilngries	C

3. Bezirksamt Burglengenfeld

Burglengenfeld	C

4. Bezirksamt Cham

Cham	C
Furth i. W.	C

5. Bezirksamt Eschenbach

Auerbach (Oberpfalz)	C
Eschenbach	C
Grafenwöhr	C

6. Bezirksamt Kemnath

Erbendorf	C
Kemnath u. Bhf.	C

7. Bezirksamt Nabburg

Nabburg	C

8. Bezirksamt Neunburg v. W.

Bodenwöhr C

9. Bezirksamt Neustadt a. d. W.-N.

Altenstadt C
Neustadt a. d. W.-N. und Wöllershof (Gde. Lanz) . C

10. Bezirksamt Obervitechtach

Oberviechtach C

11. Bezirksamt Parsberg

Hemau C
Parsberg C

12. Bezirksamt Regensburg

Wörth a. D. C

13. Bezirksamt Riedenburg

Dietfurt C
Riedenburg C

14. Bezirksamt Roding

Bergham C
Mitterdorf C
Nittenau C
Roding C

15. Bezirksamt Stadtamhof

Regenstauf C

16. Bezirksamt Sulzbach

Rosenberg C
Sulzbach (Oberpfalz) . . . C

17. Bezirksamt Tirschenreuth

Bärnau C
Mitterteich C
Tirschenreuth C
Waldershof C
Waldsassen C
Wiesau C

18. Bezirksamt Vohenstrauß

Vohenstrauß C

19. Bezirksamt Waldmünchen

Waldmünchen C

Reg.-Bez. Oberfranken

Kreisunmittelbare Stadt

Bamberg . . . . B
Bayreuth . . . . B
Coburg . . . . B
Forchheim (einschl. der eingemeindeten Ortschaft Serlbach) C
Hof . . . . B
Kulmbach C
Marktredwitz C
Neustadt (Coburg) . . . . B
Rodach (Coburg) C
Selb C

1. Bezirksamt Bayreuth

Colmdorf C
Laineck C
Sankt Johannis C

2. Bezirksamt Berneck

Berneck . . . . B
Marktschorgast C

3. Bezirksamt Coburg

Cortendorf C
Ketschendorf C
Neuses b. Coburg C
Sonnefeld C

4. Bezirksamt Ebermannstadt

Ebermannstadt C
Hollfeld C

5. Bezirksamt Forchheim

Gräfenberg C

6. Bezirksamt Höchstadt a. A.

Herzogenaurach C
Höchstadt a. A. C

7. Bezirksamt Hof

Oberkotzau C
Schwarzenbach a. S. C

8. Bezirksamt Kronach

Kronach C

9. Bezirksamt Lichtenfels

Burgkundstadt C
Lichtenfels C
Schney C

10. Bezirksamt Münchberg

Helmbrechts C
Münchberg C

11. Bezirksamt Naila

Bad Steben C
Naila C
Schwarzenbach a. W. . . . C

12. Bezirksamt Pegnitz

Pegnitz . . . . B

13. Bezirksamt Rehau

Rehau C
Schönwald C

14. Bezirksamt Stadtsteinach

Stadtsteinach C

15. Bezirksamt Staffelstein

Staffelstein C

16. Bezirksamt Teuschnitz

Ludwigstadt C
Pressig C
Rothenkirchen C

17. Bezirksamt Wunsiedel

Arzberg C
Dörflas b. Marktredwitz . . C
Thiersheim C
Weißenstadt C
Wunsiedel C

Reg.-Bez. Mittelfranken

Kreisunmittelbare Stadt

Ansbach . . . . B
Dinkelsbühl C
Eichstätt u. Bhf. C
Erlangen . . . . B
Fürth . . . . A
Nürnberg . . . . A
Rothenburg o. T. . . . . . B
Schwabach (einschließlich der eingemeindeten Ortschaft Uigenau-Forsthof) . . . B
Weißenburg i. B. C

1. Bezirksamt Ansbach

Windsbach C

2. Bezirksamt Dinkelsbühl

Wassertrüdingen C

3. Bezirksamt Eichstätt

Marienstein C

4. Bezirksamt Erlangen

Heroldsberg C

5. Bezirksamt Feuchtwangen

Feuchtwangen C

6. Bezirksamt Fürth

Cadolzburg C
Kraftshof C
Neunhof C
Zirndorf . . . . B

7. Bezirksamt Gunzenhausen

Gunzenhausen C

8. Bezirksamt Hersbruck

Hersbruck u. Bhf. Hersbruck r. d. P. C

9. Bezirksamt Lauf

Behringersdorf . . . . . . B
Lauf . . . . B
Neunkirchen C
Ottensoos C
Röthenbach b. Lauf . . . C
Rückersdorf C
Schnaittach C

10. Bezirksamt Neustadt a. A.

Neustadt a. A. C

11. Bezirksamt Nürnberg

Altdorf b. Nürnberg	C
Feucht	B
Fischbach b. Feucht	C
Laufamholz	B
Schwaig b. Nürnberg	C
Stein b. Nürnberg	A

12. Bezirksamt Schwabach

Roth b. Nürnberg	C
Spalt	C

13. Bezirksamt Uffenheim

Uffenheim	C
Windsheim	C

14. Bezirksamt Weißenburg i. B.

Pappenheim	C
Treuchtlingen	C

Reg.-Bez. Unterfranken

Kreisunmittelbare Stadt

Aschaffenburg	B
Bad Kissingen	A
Kitzingen	B
Schweinfurt	B
Würzburg	B

1. Bezirksamt Alzenau

Alzenau	C
Dettingen	C
Kahl a. M.	C
Schöllkrippen	C

2. Bezirksamt Aschaffenburg

Laufach	C
Schweinheim	C

3. Bezirksamt Brückenau

Brückenau und Bhf. Bad Brückenau	B

4. Bezirksamt Ebern

Ebern	C

5. Bezirksamt Gemünden

Gemünden	C

6. Bezirksamt Gerolzhofen

Gerolzhofen	C

7. Bezirksamt Hammelburg

Hammelburg mit Lager	C

8. Bezirksamt Haßfurt

Eltmann	C
Haßfurt	C

9. Bezirksamt Hofheim

Hofheim	C

10. Bezirksamt Karlstadt

Arnstein	C
Karlstadt	C

11. Bezirksamt Kissingen

Garitz	C
Hausen b. Bad Kissingen	C
Münnerstadt	B
Reiterswiesen	C
Winkels b. Bad Kissingen	C

12. Bezirksamt Kitzingen

Dettelbach	C
Marktbreit	C

13. Bezirksamt Königshofen

Königshofen	C

14. Bezirksamt Lohr

Lohr	C

15. Bezirksamt Marktheidenfeld

Marktheidenfeld	C

16. Bezirksamt Mellrichstadt

Mellrichstadt	C

17. Bezirksamt Miltenberg

Amorbach	C
Miltenberg	B

18. Bezirksamt Neustadt a. S.	
Bischofsheim a. Rhön	C
Neustadt a. S.	C
19. Bezirksamt Obernburg	
Klingenberg u. Bhf.	C
Obernburg u. Bhf.	C
20. Bezirksamt Ochsenfurt	
Ochsenfurt	C
21. Bezirksamt Schweinfurt	
Sennfeld	C
Werneck	C
22. Bezirksamt Würzburg	
Heidingsfeld	C
Rottendorf	C
Veitshöchheim	C
Zell	C

Reg.-Bez. Schwaben

Kreisunmittelbare Stadt	
Augsburg	B
Dillingen	B
Donauwörth	C
Günzburg	C
Kaufbeuren	B
Kempten	B
Lindau	B
Memmingen	B
Neuburg a. D.	B
Neu-Ulm	B
Nördlingen	C
1. Bezirksamt Augsburg	
Gersthofen und Flugplatz	C
Göggingen	B
Haunstetten	C
Westheim b. Augsburg	C
2. Bezirksamt Dillingen	
Gundelfingen	C
Höchstädt a. D.	C
Lauingen	B
3. Bezirksamt Füssen	
Füssen	B
Hohenschwangau, O. (Gde. Schwangau)	C
Lechbruck	C
Nesselwang	C
Pfronten-Berg	C
Pfronten-Steinach	C
4. Bezirksamt Günzburg	
Burgau	C
Ichenhausen	C
5. Bezirksamt Illertissen	
Babenhausen	C
Illertissen	C
6. Bezirksamt Kaufbeuren	
Buchloe	C
7. Bezirksamt Kempten	
Hegge, O. (Gde. Waltenhofen)	C
Sankt Lorenz	C
Sankt Mang	C
8. Bezirksamt Krumbach	
Krumbach	C
9. Bezirksamt Lindau	
Enzisweiler, O. (Gde. Bodolz)	C
Heimenkirch	C
Lindenberg i. Allgäu	B
Mitten	C
Nonnenhorn	C
Scheidegg	C
Simmerberg	C
Weiler	C
10. Bezirksamt Marktoberdorf	
Marktoberdorf	C
Obergünzburg	C
11. Bezirksamt Memmingen	
Ottobeuren	C

12. Bezirksamt Mindelheim

Bad Wörishofen	C
Mindelheim	C
Türkheim	C

13. Bezirksamt Neu-Ulm

Weißenhorn	C

14. Bezirksamt Nördlingen

Oettingen	C

15. Bezirksamt Schwabmünchen

Bobingen	C
Schwabmünchen	C

16. Bezirksamt Sonthofen

Fischen b. Oberstdorf . . .	C
Hindelang	C
Immenstadt	B
Oberstaufen	C
Oberstdorf	A
Sonthofen	B
Tiefenbach	C

17. Bezirksamt Wertingen

Wertingen	C

18. Bezirksamt Zusmarshausen

Zusmarshausen	C

Uebersicht IV.

Grundsätze für die Berechnung des nichtetatmäßigen Besoldungsdienstalters der hochschulmäßig vorgebildeten Beamten

(vgl. § 9 der Bek. vom 11. März 1921 in der Fassung der Bek. vom 10. Dezember 1921 — GVBl. S. 589).

Lfde. Nr.	Beamten-gattung	Grundsätze
1	Archiv-assessoren	Das Besoldungsdienstalter als nichtetatmäßiger Beamter beginnt für alle Beamten mit der Prüfungsnote bis II 4/28 einschl. mit dem 1. Januar des Jahres, in dem von dem Archivassessor die juristische Universitätsschlußprüfung oder der I. Teil der Lehramtsprüfung (Hauptlehramtsprüfung) in den philologisch-historischen Fächern oder die Doktorprüfung der Philosophie bestanden worden ist, im letzteren Falle jedoch nicht vor dem 1. Januar des Jahres, in dem ein vierjähriges Hochschulstudium beendet worden wäre. Bei Beamten mit einer schlechteren Prüfungsnote wird dem günstigsten Anfangszeitpunkt eine bestimmte Wartezeit hinzugerechnet. Diese beträgt: 1. für Archivassessoren mit einer Prüfungsnote II 5/28 mit II 15/28 einschl. ½ Jahr 2. für Archivassessoren mit einer Prüfungsnote II 16/28 mit II 20/28 einschl. 1½ Jahre

Lfde. Nr.	Beamten-gattung	Grundsätze
		3. für Archivassessoren mit einer Prüfungsnote II 21/28 oder einer schlechteren Note . . . . 3 Jahre. Wenn sich infolge der Verbesserung der Prüfungsnote durch eine Wiederholung der Prüfung bei Zugrundelegung der verbesserten Note und des Jahres der Prüfungswiederholung ein günstigerer Beginn des Besoldungsdienstalters ergibt, darf dieser günstigere Beginn des Besoldungsdienstalters für den Beamten angenommen werden.
2	Bauassessoren	Das Besoldungsdienstalter als nichtetatmäßiger Beamter beginnt für Beamte mit der Notensumme 64 einschl. mit dem 1. Januar des Jahres, in dem die Hochschulschlußprüfung bestanden worden ist. Bei Beamten, die ein schlechteres Prüfungsergebnis als Notensumme 64 haben, ist dem günstigsten Anfangszeitpunkt eine Wartezeit zuzurechnen, die beträgt: 1. bei Notensumme 65 mit 68 einschl. (60,80 mit 63,80 für die Staatskonkurse 1872 bis 1912) . . . . ½ Jahr 2. bei Notensumme 69 mit 76 einschl. (64,80 mit 71,80 für die Staatskonkurse 1872 bis 1912) . . . . 1½ Jahre 3. bei Notensumme 77 und schlechter (72,80 und schlechter für die Staatskonkurse 1872 bis 1912) . . . . 3 Jahre.
3	Bibliothek-assessoren	Der Beginn des nichtetatmäßigen Besoldungsdienstalters bemißt sich bei den Bibliothekassessoren, die die Lehramtsprüfung abgelegt haben, nach den Bestimmungen für die Studienassessoren. Bei den Bibliothekassessoren, die die erste juristische oder die juristische Universitätsschlußprüfung abgelegt haben, beginnt das Besoldungsdienstalter mit dem 1. Januar des Jahres, in dem diese Prüfung abgelegt wurde. Bei Bibliothekassessoren, die eine sonstige Staats- oder Hochschulabgangsprüfung oder nur eine Doktorprüfung abgelegt haben, beginnt das Besoldungsdienstalter mit dem 1. Januar des Jahres, in dem die Prüfung abgelegt, günstigstenfalls jedoch mit dem 1. Januar des Jahres, in dem ein vierjähriges Hochschulstudium beendet wurde.

Lfde. Nr.	Beamten-gattung	Grundsätze
		Im übrigen gelten die für Studienassessoren aufgestellten Grundsätze. Als Anstellungsnote gilt die Note der Prüfung für den höheren Bibliothekdienst.
4	Forstassessoren	Das Besoldungsdienstalter als nichtetatmäßiger Beamter beginnt für Beamte aus den Konkursen bis zum Jahre 1914 bis Notensumme 65 einschl., aus den Konkursen ab 1914 bis Notensumme 45 1/9 einschl. mit dem 1. Januar des Jahres, in dem die Universitätsschlußprüfung abgelegt wurde. Bei Beamten mit einem schlechteren Prüfungsergebnis wird eine Wartezeit hinzugerechnet, die beträgt: 1. bei Notensumme 45 2/9 bis 47 6/9 einschl. (66 mit 68 einschl. für die Staatskonkurse bis 1914) . . . . . . ½ Jahr 2. bei Notensumme 47 7/9 mit 53 7/9 einschl. (69 mit 75 einschl. für die Staatskonkurse bis 1914) . . . . . . 1½ Jahre 3. bei Notensumme 53 8/9 und schlechter (76 und schlechter für die Staatskonkurse bis 1914) . . . . 3 Jahre.
5	Juristen	Das Besoldungsdienstalter als nichtetatmäßiger Beamter beginnt für Beamte mit der Prüfungsnote bis II 15/40 (Notensumme 75) einschl. mit dem 1. Januar des Jahres, in dem die Hochschulschlußprüfung bestanden worden ist. Bei Beamten mit einer schlechteren Prüfungsnote wird eine Wartezeit hinzugerechnet, die beträgt: 1. für Beamte mit einer Prüfungsnote II 16/40 mit II 20/40 (Notensumme 76 mit 80) einschl. . . . . . . ½ Jahr 2. für Beamte mit einer Prüfungsnote II 21/40 mit II 30/40 (Notensumme 81 mit 90) einschl. . . . . . . 1½ Jahre 3. für Beamte mit einer Prüfungsnote II 31/40 oder schlechter (Notensumme 91 oder schlechter) . . . . 3 Jahre.
6	Vermessungs-assessoren	Das Besoldungsdienstalter beginnt: 1. für die nach den Prüfungsbestimmungen vom 9. Mai 1883 geprüften Beamten mit dem 1. Januar

Lfde. Nr.	Beamtengattung	Grundsätze
		des zweiten Jahres nach erfolgreicher Ablegung der Fachprüfung für Vermessungsingenieure, 2. für die nach dem „Neuen Studienplan für Vermessungsingenieure" (Bek. vom 13. Nov. 1903 FMBl. 1903 Nr. 33) geprüften Beamten mit dem 1. Januar des Jahres, das auf das Jahr folgt, in dem sie die Diplomhauptprüfung bestanden haben. Diesem günstigsten Zeitpunkt für den Beginn des nichtetatmäßigen Besoldungsdienstalters ist bei Beamten mit einer Prüfungsnote 1. II, 51 mit II, 70 einschl. eine Wartezeit von . . . . ½ Jahr 2. II, 71 mit III, 0 einschl. eine Wartezeit von . . . . 1½ Jahren 3. III, 01 mit III, 25 einschl. eine Wartezeit von . . . . 3 Jahren hinzuzurechnen.
7	Nahrungsmittelchemiker	Das Besoldungsdienstalter als nichtetatmäßiger Beamter beginnt mit dem 1. Januar des Jahres, in dem die Hauptprüfung als Nahrungsmittelchemiker abgelegt worden ist. Diesem Zeitpunkt wird bei Beamten mit einer schlechteren Note als „sehr gut" = I (normal) eine bestimmte Wartezeit hinzugerechnet. Diese beträgt: 1. bei der Note „gut" = II 1 Jahr 2. bei der Note „genügend" = III 3 Jahre.
8	Studienassessoren	Das Besoldungsdienstalter beginnt: a) bei allen Studienassessoren, die nach der Prüfungsordnung vom 4. September 1912 (KMBl. S. 523 ff.) geprüft sind (4 Jahre Hochschulstudium, I. Abschn. der Lehramtsprüfung, 1 Jahr pädagogisches Seminar, II. Abschn. der Lehramtsprüfung), mit dem 1. Januar des Jahres, das dem Jahre vorhergeht, in dem der II. Abschn. der Lehramtsprüfung bestanden wurde; b) bei den nach der Prüfungsordnung vom 21. Januar 1895 (KMBl. S. 35 ff.) in der Fassung der Ministerial-Bekanntmachung vom 23. Juli 1905 Nr. 15 776 (KMBl. S. 331) geprüften 1. Studienassessoren für philologisch-historische Fächer, für Mathematik und Physik, für Neuere Sprachen

Lfde. Nr.	Beamten-gattung	Grundsätze
		und für Deutsche Sprache, Geschichte und Geographie — die letzteren, soweit sie im Jahre 1906 und später geprüft wurden — (4 Jahre Hochschulstudium) mit dem 1. Januar des Jahres, in dem der II. Abschn. der Lehramtsprüfung bezw. (für Deutsch, Geschichte und Geographie) in dem die Lehramtsprüfung bestanden wurde; 2. Studienassessoren für beschreibende Naturwissenschaften und für Deutsche Sprache, Geschichte und Geographie, letztere soweit sie vor 1906 geprüft wurden (3 Jahre Hochschulstudium) mit dem 1. Januar des Jahres, das dem Jahre folgt, in dem die Prüfung bestanden wurde; zu beachten ist bei den Lehrern für Chemie und beschreibende Naturwissenschaften, daß sie erst anstellungsfähig waren, wenn sie neben der Prüfung für beschreibende Naturwissenschaften auch die Prüfung für Chemie (nach der Prüfungsordnung von 1873) bestanden hatten. Die beiden Prüfungen konnten in einem Jahre abgelegt werden. Bei ihnen wirkt daher bei verzögerter Ablegung einer der beiden Prüfungen § 11 b der Min.-Bek. vom 11. März 1921; von der Anrechnung ausgeschlossen ist jedoch nur die Hälfte der selbstverschuldeten Verzögerung. 3. Studienassessoren für Zeichnen und Modellieren und für Handelswissenschaften (6 Jahre Mittelschule, 4 Jahre höheres Studium bezw. Praktikum und Hochschulstudium) mit dem 1. Januar des dritten, dem Prüfungsjahr folgenden Jahres. Bemerkung: Für die Studienassessoren der philologisch-historischen Fächer (von 1903 an), der Mathematik (von 1908 an), der Neueren Sprachen, und (von 1906 an) der Deutschen Sprache, der Geschichte und Geographie soll die später als im Anschluß an die Prüfung erfolgte Ablegung des Seminarjahres nicht von Nachteil für die Festsetzung des günstigsten Anfangszeitpunktes des Besoldungsdienstalters sein. c) Bei den Studienassessoren für Turnen und Musik, die nach den Prüfungsordnungen vom — Turnen — 14. September 1912 (KMBl. S. 593 ff.) bezw.

Lfde. Nr.	Beamtengattung	Grundsätze
		— Musik — vom 25. März 1911 (KMBl. S. 157 ff.) oder vom 2. Oktober 1916 (KMBl. S. 329) geprüft sind, mit dem 1. Januar des Jahres nach Ablauf der Wartezeit. Studienassessoren, die die vorbezeichneten Prüfungen nicht abgelegt und demnach auch die für diese Prüfungen maßgebenden Vorbedingungen nicht erfüllt haben, dürfen keinesfalls einen günstigeren Anfangszeitpunkt des Besoldungsdienstalters erhalten, als wenn sie die vorschriftsmäßige Vorbildung sich hätten aneignen und die vorgeschriebene Prüfung hätten ablegen müssen. Bei Studienassessoren der Musik, die nicht mindestens den erfolgreichen Besuch einer sechsklassigen Mittelschule oder einer Lehrerbildungsanstalt nachweisen, soll der günstigste Anfangszeitpunkt des Besoldungsdienstalters im allgemeinen nicht vor dem 1. Januar des der Vollendung des 25. Lebensjahres folgenden Jahres liegen. Als Prüfungsjahr gilt das Jahr, in das der Beamte mit der maßgebenden Prüfung eingereiht ist. Der so festgestellte günstigste Anfangszeitpunkt ist für alle Beamten mit der Anstellungsnote bis II, 00 (einschließlich) als Beginn des nichtetatmäßigen Besoldungsdienstalters festzusetzen. Bei Beamten mit einer schlechteren Anstellungsnote wird dem günstigsten Anfangszeitpunkt eine bestimmte Wartezeit hinzugerechnet. Als Anstellungsnote gilt bei den nach der Prüfungsordnung von 1912 geprüften Studienassessoren die nach Bestehen des II. Abschnittes der Lehramtsprüfung erhaltene Note, im übrigen bei Ablegung nur einer Prüfung die Note dieser Prüfung, bei Ablegung mehrerer Prüfungen (Abschnitte) das Mittel der dabei erlangten Noten. Die dem günstigsten Anfangszeitpunkt des Besoldungsdienstalters zuzurechnende Wartezeit beträgt: a) für Studienassessoren, die nach der Prüfungsordnung vom Jahre 1895 geprüft sind, ferner für Turnlehrer bei einer Anstellungsnote von II, 01 bis II, 59 einschließlich ½ Jahr,

Lfde. Nr.	Beamten-gattung	Grundsätze
		bei einer Anstellungsnote von II, 60 bis III, 00 einschließlich 1½ Jahre, bei einer Anstellungsnote von III, 01 bis III, 19 einschließlich 3 Jahre; b) für Studienassessoren, die nach der Prüfungsordnung von 1912 geprüft sind, ferner für Musiklehrer bei einer Anstellungsnote von II, 01 bis II, 50 (einschließlich) ½ Jahr, bei einer Anstellungsnote von II, 51 bis III, 00 (einschließlich) 1½ Jahre, bei einer Anstellungsnote von III, 01 bis III, 50 (einschließlich) (bei Musiklehrern der Prüfungsordnung von 1911 bis III, 10 einschließlich) 3 Jahre. Bei dem Vollzug des Art. 34 BBesG. (36 n. F.) waren außerdem noch folgende Richtlinien maßgebend: Das Besoldungsdienstalter beginnt: a) für die nach der Prüfungsordnung vom 26. Mai 1873 geprüften: 1. Lehrer der philologisch-historischen Fächer, der neueren Sprachen, der Chemie und Mineralogie (von 1880 an der Chemie), der beschreibenden Naturwissenschaften und der Deutschen Sprache, Geschichte und Geographie (3 Jahre Hochschulstudien) mit dem 1. Januar des Jahres, das dem Jahre folgt, in dem die Hauptprüfung abgelegt und bestanden wurde; Zu beachten ist bei den nach den Prüfungsordnungen von 1873 und 1895 geprüften Lehrern für Chemie und beschreibende Naturwissenschaften, daß sie erst anstellungsfähig waren, wenn sie beide Prüfungen abgelegt und bestanden hatten. Beide Prüfungen konnten in einem Jahre (nach 3 jährigem Hochschulstudium) abgelegt werden. 2. Lehrer der Mathematik und Physik (4 Jahre Hochschulstudium) mit dem 1. Januar des Jahres, in dem die Hauptprüfung abgelegt und bestanden wurde; 3. Lehrer für Handelswissenschaften (6 Jahre Mittelschule, 4 Jahre höheres Studium, Praktikum

Lfde. Nr.	Beamten-gattung	Grundsätze
		und Hochschulstudium) mit dem 1. Januar des 3. Jahres nach dem Jahre, in dem die Hauptprüfung abgelegt und bestanden wurde; b) für die nach der Prüfungsordnung vom 26. Mai 1873 und vom 21. Januar 1895 geprüften Lehrer für Zeichnen und Modellieren (6 Jahre Mittelschule, 4 Jahre höheres und Hochschulstudium) mit dem 1. Januar des Jahres, in dem die Hauptprüfung abgelegt und bestanden wurde. Bemerkung: Soweit ein Zeichenlehrer ausnahmsweise nicht in Klasse 14, sondern in Klasse 12 (bezw. in einer dieser gleichzuachtenden Gehaltsklasse) die erste Anstellung fand, darf er günstigstenfalls das Besoldungsdienstalter seines gleichbenoteten und gleichalterigen in Klasse 14 erstmals angestellten Kollegen erhalten.

Alphabetisches Beamtenverzeichnis.

Bem. Amtsbezeichnungen, die durch die Besoldungsordnungen neu eingeführt sind, auf Grund des Landtagsbeschlusses vom 27. März 1928 und der Bek. vom 15. Mai 1928 (GVBl. S. 330) vorerst aber nicht gebraucht werden dürfen, sind mit einem Stern * versehen; die an ihrer Stelle bis zur Nachprüfung durch den Landtag noch gültigen, in den Besoldungsordnungen selbst aber nicht mehr vorgetragenen Amtsbezeichnungen sind in Klammern [ ] gesetzt.

A.

Abteilungsdirektoren der Staatsbibliothek A 2 a.
Abteilungsdirektoren bei den wissenschaftlichen Anstalten und bei den Kunstsammlungen des Staates * A 2 b.
Abteilungsvorstände der Amtsgerichte siehe Amtsgerichtsdirektoren.
Akademieoberoffizianten A 10.
Akademieprofessoren, außerordentliche:
der Akademie der bildenden Künste A 2 d.
der Akademie der Tonkunst A 2 d.
Akademieprofessoren, ordentliche:
der Akademie der bildenden Künste A 2 a.
der Akademie der Tonkunst A 2 a.
Amtmänner * A 3 a.
Amtsanwälte im Hauptamte mit Befähigung zum Richteramt A 2 f.
Amtsgerichtsdirektoren als Abteilungsvorstände bei Amtsgerichten mit Bezirken von über 75—100000 Einwohner A 2 b, von über 100000 Einwohner A 2 a.
Amtsgerichtsdirektoren als dienstaufsichtführende Richter von Amtsgerichten mit Bezirken von über 40—75000 Einwohner A 2 b, von über 75—100000 Einwohner A 2 a, von über 100000 Einwohner A 1 d.
Amtsgerichtsräte * A 2 e.
—, die vorher I. Staatsanwälte waren A 2 d.
Amtsoffizianten A 11.
[Amtsrichter A 2 e.]
Amtswarte A 11.
Apothekendirektor * der Poliklinik der Universität München und der Residenzapotheke in München A 2 d.
[Apotheker A 2 f].
[Archivare im Kriegsarchiv A 2 f.]
[Archivdirektoren A 2 a.]
Archivräte im Kriegsarchiv * A 2 f.
— I. Klasse * A 2 d.
[Arrestverwalter A 5 a.]
Assistenten im Verwaltungsdienst A 8 a.
Aufseherinnen der Polizeigefängnisse A 9.
Aufseherinnen der Strafanstalten, Gerichtsgefängnisse und Arbeitshäuser A 9.
Außerordentliche Hochschulprofessoren A 2 c.

B.

[Bauamtmänner A 2 f.]
Bauamtsdirektoren * A 2 d.
Bauführer A 7 a.
Bauräte der Bauschulen und der Höheren technischen Staatslehranstalten A 2 f.
Bauverwalter A 4 b.
Berginspektoren A 4 b.
Bergkommissäre A 4 b.
[Bergmeister A 2 f.]
Bergoberinspektoren A 4 a.
[Bergräte A 2 d.]
Bergrevisoren A 7 a.
Betriebsverwalter der Strafanstalten A 5 b.

E.

F.

G.

P.

T.

U.

V.

W.

Z.

Sachregister.

Die Zahlen bedeuten die Seiten.

A.

B.

E.

F.

G.

L.

M.

N.

W.

Z.

FSC
www.fsc.org
MIX
Papier | Fördert
gute Waldnutzung
FSC® C083411

Kolibri 360 GmbH
Ferdinand-Jühlke-Straße 7
99095 Erfurt, Deutschland
produktsicherheit@kolibri360.de